Aktiengesetz · GmbH-Gesetz

dtv

## Schnellübersicht

# Aktiengesetz · GmbH-Gesetz

mit Umwandlungsgesetz, Publizitätsgesetz,
Mitbestimmungsgesetzen
Textausgabe mit ausführlichem Sachregister
und einer Einführung
von Universitätsprofessor
Dr. iur. Dr. h. c. Wolfgang Hefermehl

31., überarbeitete Auflage
Stand: 20. März 1999

Deutscher Taschenbuch Verlag

Sonderausgabe unter redaktioneller Verantwortung
des Verlages C. H. Beck, München
Umschlagtypographie auf der Grundlage
der Gestaltung von Celestino Piatti
Gesamtherstellung: C. H. Beck'sche Buchdruckerei, Nördlingen
ISBN 3 423 050101 (dtv)
ISBN 3 406 45238 8 (C. H. Beck)

# Inhaltsverzeichnis

# Abkürzungsverzeichnis

| | |
|---|---|
| Abs. .............................. | Absatz |
| AktG ............................ | Aktiengesetz |
| angef. ........................... | angefügt |
| Anm. ............................ | Anmerkung |
| Art. .............................. | Artikel |
| AVO ............................. | Ausführungsverordnung |
| | |
| Bek. .............................. | Bekanntmachung |
| ber. ............................... | berichtigt |
| Beschl. .......................... | Beschluß |
| BGBl. I bzw. II ............. | Bundesgesetzblatt Teil I bzw. II (ab 1951) |
| BGBl. III ...................... | Bereinigte Sammlung des Bundesrechts, abgeschlossen am 31. 12. 1968 (in Nachweisform fortgeführt durch FNA) |
| BGH ............................. | Bundesgerichtshof |
| BVerfG ......................... | Bundesverfassungsgericht |
| | |
| DVO ............................. | Durchführungsverordnung |
| | |
| EGAktG ....................... | Einführungsgesetz zum Aktiengesetz |
| eingef. ........................... | eingefügt |
| Erl. ............................... | Erlaß |
| EVertr. .......................... | Einigungsvertrag |
| | |
| FNA ............................. | Bundesgesetzblatt Teil I, Fundstellennachweis A (Bundesrecht ohne völkerrechtliche Vereinbarungen) |
| | |
| G .................................. | Gesetz |
| geänd. ........................... | geändert |
| GmbHG ....................... | Gesetz betreffend die Gesellschaften mit beschränkter Haftung |
| | |
| HGB ............................. | Handelsgesetzbuch |
| | |
| idF ............................... | in der Fassung |
| | |
| MitbestG ...................... | Gesetz über die Mitbestimmung der Arbeitnehmer |
| MitbestErgG ................. | Mitbestimmungsergänzungsgesetz |
| Montan-MitbestG ......... | Montan-Mitbestimmungsgesetz |
| mWv ............................ | mit Wirkung vom |
| neugef. .......................... | neu gefaßt |
| Nr. ............................... | Nummer |
| | |
| PublizitätsG .................. | Gesetz über die Rechnungslegung von bestimmten Unternehmen und Konzernen |

# Abkürzungsverzeichnis

RGBl. ............................ Reichsgesetzblatt (ab 1922, Teil I)

S. ................................. Seite

UmwG .......................... Umwandlungsgesetz

v. ................................. von, vom
vgl. .............................. vergleiche
VO ............................... Verordnung

# Einführung

von Universitätsprofessor Dr. iur. Dr. h. c. Wolfgang Hefermehl

## Allgemeine Bedeutung

1. Unter den verschiedenen Organisationsformen, die das Gesellschaftsrecht für den Betrieb eines Unternehmens zur Verfügung stellt, kommt der Aktiengesellschaft (AG) und der Gesellschaft mit beschränkter Haftung (GmbH) eine überragende Bedeutung in der deutschen Wirtschaft zu. Dies beruht vornehmlich darauf, daß die Gesellschafter für die Verbindlichkeiten der Gesellschaften nicht persönlich haften, ihr Risiko, das sie durch eine Beteiligung an einer AG oder GmbH eingehen, demnach im Vergleich zu einer Beteiligung an einer offenen Handelsgesellschaft begrenzt ist. Auch können eine AG und GmbH für jeden erlaubten Zweck errichtet werden. Als körperschaftlich organisierte Verbände sind sie in ihrem Bestand vom Wechsel ihrer Gesellschafter unabhängig. Die Unterschiede zwischen den beiden Rechtsformen sind folgende: Die AG ist ein starrer Organisationstyp. Er gibt im Gegensatz zur GmbH für eine individuelle Gestaltung der inneren Organisation und der Rechte und Pflichten der Gesellschafter nur wenig Spielraum. Aktien sind Wertpapiere und vor allem als Inhaberpapiere leicht übertragbar. Die AG ist daher in der Lage, über den öffentlichen Kapitalmarkt große Kapitalien aus dem breiten Publikum zu sammeln. Dagegen sind bei der GmbH die Geschäftsanteile nicht wertpapiermäßig verbrieft, ihre Übertragung ist zudem formbedürftig. Der GmbH ist aus diesem Grunde der öffentliche Kapitalmarkt verschlossen. Sie unterliegt dagegen aber auch nicht durchweg den strengen Kontroll- und Publizitätsvorschriften einer AG.

2. Nach ihrer rechtlichen Gestaltung ist die AG die geeignete Organisationsform für Unternehmen, die zur Durchführung ihrer Vorhaben großer Kapitalien bedürfen. Das begrenzte Risiko, der Vorteil wertmäßiger Beteiligung und die Aussicht auf Gewinn veranlassen große und kleine Geldgeber dazu, ihr Geld in Aktien anzulegen. Als Sammelbecken der Kapitalbeiträge vieler wird die Form der AG vornehmlich von *Großunternehmen* der Industrie, des Handels und des Verkehrs sowie von Banken und Versicherungsunternehmen bevorzugt. Demgegenüber ist die GmbH eine Organisationsform für kleinere und mittlere Unternehmen, die auf den öffentlichen Kapitalmarkt nicht angewiesen sind. Ihr großer Vorzug liegt in der beweglichen Vertragsgestaltung, die es ermöglicht, für die jeweiligen Bedürfnisse die richtige Organisation zu finden. Eine Abart der AG ist die *Kommanditgesellschaft auf Aktien* (KGaA).

## Rechtsgrundlagen

1. Durch das *Aktiengesetz* (AktG) vom 6. September 1965 (BGBl. I S. 1089) ist das auf dem Gesetz vom 30. Januar 1937 (RGBl. I S. 107) beruhende Recht der AG und KGaA grundlegend reformiert worden. Das Gesetz baut

# Einführung

auf den bewährten Einrichtungen des bisherigen Rechts auf, paßt sie jedoch den wirtschafts- und gesellschaftspolitischen Erfordernissen der heutigen Zeit an. Ein Hauptanliegen des Gesetzes ist es, das Interesse weiter Bevölkerungskreise am Erwerb von Aktien zu wecken und auf diese Weise einmal die Bedeutung der Aktie als Finanzierungsmittel zu steigern, zum anderen durch eine möglichst weite Streuung des Aktienkapitals großer Unternehmen dem wirtschafts- und gesellschaftspolitischen Ziel breiterer Vermögensbildung näher zu kommen. Wesentlich gefördert wurden zu diesem Zweck die Mittel und das Ausmaß der Publizität. Im Hinblick auf die starke konzernmäßige Verflechtung der deutschen AGen hat das Gesetz erstmals das Recht der *verbundenen Unternehmen* eingehend geregelt und insoweit dogmatisch Neuland betreten.

Das Aktiengesetz trat zusammen mit einem Einführungsgesetz am 1. Januar 1966 in Kraft (§ 410 AktG). Es ist mehrfach geändert worden, insbesondere durch das *Bilanzrichtlinien-Gesetz* (BiRiLiG) vom 19. Dezember 1985 (BGBl. I S. 2355) und das am 10. 8. 1994 in Kraft getretene *Gesetz für kleine Aktiengesellschaften* vom 2. 8. 1994 (BGBl. I S. 1961), durch das auch für mittelständische Unternehmen ein Anreiz zur Wahl der Rechtsform der AG geschaffen und ihnen der Zugang zur Börse ermöglicht worden ist, sowie durch das *Gesetz zur Bereinigung des Umwandlungsrechts* vom 28. 10. 1994 (BGBl. I S. 3210), das in Art. 1 ein neues Umwandlungsgesetz enthält. Die Zahl der Gründungen von Aktiengesellschaften hat seit 1994 in der *mittelständischen* Wirtschaft ständig zugenommen, wodurch die wirtschaftliche Bedeutung der AG gestiegen ist. Zur Förderung des Wettbewerbs auf internationalen Kapitalmärkten ist im Interesse der Anleger eine *Steigerung der Wettbewerbsfähigkeit* der Aktiengesellschaften erforderlich, die ihre Grundlage in dem Gesetz zur Kontrolle und Transparenz im Unternehmensbereich (KonTraG) vom 27. 4. 1998 (BGBl. I S. 786) findet.

2. Das *Recht der GmbH* beruht auf dem *Gesetz betreffend die Gesellschaften mit beschränkter Haftung* (GmbHG) vom 20. April 1892 (RGBl. S. 477). Die geplante Gesamtreform des GmbH-Rechts hat bisher nicht stattgefunden. Durch die *GmbH-Novelle* vom 4. Juli 1980 (BGBl. I S. 836 ff.) sind jedoch der *Gläubigerschutz* verstärkt und die *Einmanngründung* der GmbH zugelassen worden. Das GmbH-Gesetz gilt ebenso wie das AktienG nach Wiederherstellung der Deutschen Einheit auch in den neuen Bundesländern.

3. Der Rat der Europäischen Gemeinschaften (EG) hat zur *Harmonisierung* des Gesellschaftsrechts in der Gemeinschaft mehrere *Richtlinien* erlassen, die die Mitgliedstaaten innerhalb von zwei Jahren auszuführen verpflichtet waren. Sie beziehen sich auf die Verbesserung der Publizität, den Kapitalschutz und die Rechnungslegung. Zur Durchführung der *Ersten Richtlinie* vom 9. März 1968 in der Bundesrepublik Deutschland sind durch das Gesetz vom 15. August 1969 (BGBl. I S. 1146) einige Vorschriften des Aktiengesetzes zur *Stärkung* der Publizität geändert worden. Zur Durchführung der *Zweiten Richtlinie* vom 13. Dezember 1976 – der sog. Kapitalschutzrichtlinie – wurde das Gesetz vom 13. Dezember 1978 (BGBl. I S. 1959) erlassen. Es verschärft u. a. die Gründung mit Sacheinlagen, führt eine Prüfung der Sacheinlagen auch bei Kapitalerhöhungen ein und regelt den Erwerb eigener Aktien neu. Zur Angleichung an diese Änderungen wurden im Einklang mit der Zweiten Richtlinie des Rates der EG geräumige *Übergangsfristen* vorgesehen. Zur Durchführung der *Dritten Richtlinie* – Verschmelzungsrichtlinie – wurde das

# Einführung

Gesetz vom 25. Oktober 1982 (BGBl. I S. 1425) erlassen. Es verstärkt den *Aktionärschutz* bei Verschmelzung und Vermögensübertragung, den stärksten Formen der Konzentration. Zur Durchführung der *Vierten Richtlinie* des Rates der EG vom 25. Juli 1978 – der *Bilanzrichtlinie* –, der *Siebten Konzernrechnungslegungs-* und der *Achten Rechnungsprüferrichtlinie* wurde das *Bilanzrichtlinien-Gesetz* vom 19. Dezember 1985 (BGBl. I S. 2355) erlassen, das am 1. Januar 1986 in Kraft trat – zur Durchführung der *Elften gesellschaftsrechtlichen Richtlinie des Rates der EG* das Durchführungsgesetz vom 22. 7. 1993 (BGBl. I S. 1282), das am 1. 11. 1993 in Kraft getreten ist und durch Art. 3 die §§ 42 bis 44 AktG aufgehoben und dem § 80 AktG einen Abs. 4 eingefügt hat. Weitere Richtlinien befinden sich für Teilbereiche in Vorbereitung. Sie werden allmählich zu einer *Harmonisierung* des Gesellschaftsrechts in der Gemeinschaft führen. Berücksichtigt wurde das Begleitgesetz zum Gesetz zur Umsetzung von EG-Richtlinien zur Harmonisierung bank- und wertpapieraufsichtsrechtlicher Vorschriften vom 22. Oktober 1997 (BGBl. I S. 2567).

4. Durch das Gesetz über die Zulassung von *Stückaktien* (StückAG) vom 25. März 1998 (BGBl. I S. 590 ff.), das am 1. April 1989 in Kraft getreten ist, sind neben den bisherigen Nennwertaktien nennbetragslose *Stückaktien* zugelassen worden. Anlaß für die Zulassung von Stückaktien ist die zur Schaffung einer Europäischen Währungsunion (EWU) zum 1. Januar 1999 erfolgte Einführung des *Euro*. Sie beruht auf der vom Rat der Europäischen Gemeinschaft erlassenen VO über bestimmte Vorschriften im Zusammenhang mit der Einführung des Euro vom 17. Juni 1997 (ABl EG Nr. L 162 vom 19. 6. 1997, VO 1103/97), die am 20. Juni 1997 in Kraft getreten ist. Die Umstellung der nationalen Währungen auf den Euro führt zu Rechtsänderungen im Aktienrecht. Sie sind in dem *Gesetz zur Einführung des Euro* (EuroEG) vom 9. 6. 1998 (BGBl. I S. 1242) enthalten.

## Aktiengesellschaft

### I. Wesen

1. Die AG stellt die reinste Form einer *Kapitalgesellschaft* dar. Sie ist eine *juristische Person* mit einem in Aktien zerlegten Grundkapital, bei welcher den Gläubigern nur das Gesellschaftsvermögen haftet (§ 1 AktG). Kennzeichnend sind die beschränkte Haftung der Aktionäre, das feste Grundkapital, die körperschaftliche Organisation und die Unpersönlichkeit der Mitgliedschaft. Das *Grundkapital* der AG, dessen Nennbetrag für Neugründungen mindestens 50 000 Euro beträgt (§ 7 AktG), ist eine feste Ziffer, welche die Höhe des gebundenen Vermögens angibt. Zum Schutz der Gläubiger wird dafür gesorgt, daß das Vermögen in Höhe des Grundkapitals effektiv aufgebracht und möglichst erhalten bleibt. Aus diesem Grunde bildet das Grundkapital einen ständigen Passivposten in der Bilanz (§ 152 I AktG; § 266 III A I HGB), wodurch die Verteilung von Gewinn verhindert wird, solange das effektive Gesellschaftsvermögen das Grundkapital einschließlich der Rücklagen nicht übersteigt (§ 57 AktG). Die *Aktie* ist eine Einheit des Grundkapitals. Aktien können entweder als *Nennbetragsaktien* oder als *Stückaktien* begründet werden (§ 8 Abs. 1 AktG). Um den Erwerb von Nennbetragsaktien zu erleichtern, beträgt der *Mindestnennbetrag* einen Euro (§ 8 Abs. 2 Satz 1 AktG). Aktien über einen geringeren Betrag sind nichtig (§ 8 Abs. 2 Satz 2 AktG). *Stückaktien* lauten auf

# Einführung

keinen Nennbetrag. Sie sind am Grundkapital in gleichem Umfang beteiligt (§ 8 Abs. 3 Satz 2 AktG). Der auf die einzelne Aktie entfallende anteilige Betrag des Grundkapitals darf einen Euro nicht unterschreiten (§ 8 Abs. 3 Satz 2 AktG). Während der Anteil am Grundkapital sich bei *Nennbetragsaktien* nach dem Verhältnis ihres Nennbetrags zum Grundkapital bestimmt, bestimmt sich bei *Stückaktien* der Anteil des Grundkapitals nach der Zahl der Aktien (§ 8 Abs. 4 AktG), so daß er sich aufgrund einer Teilung des Grundkapitals durch die Zahl der Aktien errechnet. Die Aktienurkunden sind Wertpapiere, die auf den Inhaber oder auf Namen lauten (§ 10 AktG). Der Anspruch auf Einzelverbriefung der Aktien kann ausgeschlossen oder eingeschränkt werden (§ 10 Abs. 5 AktG). In der Praxis herrschen die Inhaberaktien vor, die jedoch erst nach Leistung der vollen Einlage ausgegeben werden. An der Gründung einer AG müssen sich eine oder mehrere Personen beteiligen, welche die Aktien gegen Einlagen übernehmen (§ 2 AktG). Zugelassen ist danach auch die Gründung einer Einpersonen-Gesellschaft. Nachträglich können seit jeher alle Mitgliedschaften wegen ihrer versachlichten Natur in einer Hand vereinigen, ohne daß dadurch die Gesellschaft aufgelöst wird. Einmanngesellschaft und Einmanngesellschafter sind rechtlich verschiedene Personen, so daß dieser grundsätzlich nicht für Verbindlichkeiten der Gesellschaft haftet.

2. Das *neue Währungsrecht* der Europäischen Gemeinschaft hat nach Art. 3 Euro-Einführungsgesetz (EuroEG) eine Umstellung der DM auf den *Euro* zur Folge. Die Nennbeträge des Grundkapitals und der Aktien lauten mit Wirkung vom 1. Januar 1999 auf den *Euro* (§ 6 AktG). Der Mindestnennbetrag des Grundkapitals (§ 7 AktG) beträgt 50 000 Euro, und der Mindestnennbetrag der Aktien (§ 8 AktG) ist auf einen Euro herabgesetzt worden. Doch können vor dem 1. Januar 1999 in das Handelsregister eingetragene Aktiengesellschaften die Nennbeträge ihres Grundkapitals und ihrer Aktien vorerst weiter in DM bezeichnen (§ 1 Abs. 2 EG AktG). Ferner können noch bis zum 31. Dezember 2001 neue Aktiengesellschaften eingetragen werden, deren Grundkapital und Aktien auf Deutsche Mark lauten (§ 1 Abs. 2 Satz 2 EG AktG). Danach dürfen Aktiengesellschaften nur eingetragen werden, wenn die Nennbeträge von Grundkapital und Aktien in *Euro* bezeichnet sind (§ 1 Abs. 2 Satz 3 EG AktG).

3. Die AG als *Großunternehmen* mit eigener Rechtspersönlichkeit gründet sich auf das Zusammenwirken dreier Interessengruppen: der *Aktionäre,* die ihr Geld der Gesellschaft anvertrauen, der *Verwaltung,* die das Unternehmen leitet, und der übrigen in ihm tätigen Personen, insbesondere der *Arbeitnehmerschaft.* Aus dieser strukturellen Zusammensetzung folgt, daß nicht eine dieser Gruppen die alleinige Herrschaft unumschränkt ausüben darf, sondern eine sinnvolle Ordnung notwendig ist, die jeder Gruppe die ihr funktionell gebührende Rolle zuweist. Als „wirtschaftlicher Miteigentümer" ist der *Aktionär* der wichtigste Risikoträger. Dieser Funktion wurde das Aktienrecht von 1937, das die Machtbefugnisse in zu starkem Umfang auf die Verwaltung verlagert hatte, nicht gerecht. Das zeigte sich einmal darin, daß die Hauptversammlung, die den Willen der Gesamtheit der Aktionäre repräsentiert, auf die Verwendung des erwirtschafteten Gewinns keinen Einfluß nehmen konnte. Sie konnte nur über den Teil des Gewinns entscheiden, den die Verwaltung als verteilungsfähigen Reingewinn in der Bilanz ausgewiesen hatte. Über die Rücklagenpolitik entschied allein die Verwaltung. Zum anderen war die rechtliche Stellung des einzelnen Aktionärs zu schwach, um seine Belange in-

nerhalb der Gesellschaft genügend zur Geltung zu bringen und gegenüber einem Mißbrauch wirtschaftlicher Macht geschützt zu sein. Das Aktiengesetz von 1965 stärkte die Stellung des Aktionärs und sorgte vor allem für eine bessere Information. Die Verfassung der AG wurde im übrigen nicht geändert. Von großer Tragweite für die weitere Entwicklung des Gesellschaftsrechts ist die *Mitbestimmung* der Arbeitnehmerschaft (vgl. unter IV).

## II. Gründungshergang

1. Die *Gründung einer AG* vollzieht sich in drei Stufen:

a) Eine oder mehrere Personen stellen als Gründer in einer notariellen Urkunde die *Satzung* der künftigen AG fest (§ 2 AktG). In der Satzung werden die Normen festgelegt, denen die Aktionäre und die Organe der AG nach ihrer Entstehung unterworfen sind. Zum Mindestinhalt der Satzung (§ 23 AktG) gehören die *Firma,* die in der Regel dem *Gegenstand* des Unternehmens zu entnehmen ist und den Zusatz „Aktiengesellschaft" enthalten muß (§ 4 AktG), der *Sitz,* der im Inland liegen muß und eine tatsächliche Beziehung der Gesellschaft zum Ort des Sitzes verlangt (§ 5 AktG), und der *Gegenstand* des Unternehmens, der eindeutig und bestimmt bezeichnet sein muß. Bei Industrie- und Handelsunternehmen ist die Art der hergestellten und gehandelten Erzeugnisse näher anzugeben (§ 23 Abs. 3 Nr. 2 AktG). Ferner sind die *Höhe des Grundkapitals* und die Zerlegung des Grundkapitals entweder in Nennbetragsaktien oder in Stückaktien sowie bei Nennbetragsaktien deren Nennbeträge und die Zahl der Aktien jeden Nennbetrags, bei Stückzahlen deren Zahl (§ 23 Abs. 3 Nr. 3 und 4 AktG). Werden Aktiengattungen geschaffen, die Aktionären besondere Rechte, z.B. bei der Gewinnverteilung einräumen (§ 11 AktG), so müssen die *Gattung* der einzelnen Aktien und die *Zahl* der Aktien jeder Gattung angegeben werden (§ 23 Abs. 3 Nr. 4 AktG). Auch muß in der Satzung bestimmt werden, ob die Aktien auf den *Inhaber* oder auf den *Namen* auszustellen sind; ferner müssen die *Zahl der Vorstandsmitglieder* oder die Regeln, nach denen diese Zahl festgelegt wird (§ 23 Abs. 3 Nr. 5 und 6 AktG) und die *Form der Bekanntmachungen* bestimmt werden (§ 23 Abs. 4 AktG). Häufig sollen Aktionäre ihre Einlagen in anderer Weise als durch Bareinzahlung machen, z.B. durch Einbringen eines Grundstücks, eines Patents oder eines schon bestehenden Unternehmens, oder die Gesellschaft soll Anlagen oder sonstige Vermögensgegenstände entgeltlich erwerben. Um Mißbräuche zu verhindern, gelten für eine solche *Sachgründung* besondere Vorschriften (§ 27 AktG). Die Verträge sind nur gültig, wenn in der Satzung der Gegenstand der Sacheinlage oder Sachübernahme, die Person, von der die Gesellschaft den Gegenstand erwirbt, und der Betrag der bei der Sacheinlage zu gewährenden Aktien, bei Stückaktien die Zahl oder die bei der Sachübernahme zu gewährende Vergütung festgesetzt werden. Einer solchen Offenlegung bedürfen auch *Sondervorteile* zugunsten einzelner Aktionäre, ferner die Vereinbarung einer Entschädigung für Auslagen oder einer Belohnung für die Gründung an Aktionäre oder andere Personen (§ 26 AktG).

b) Sodann übernehmen die Gründer bei der nur noch zulässigen Simultangründung sämtliche Aktien, womit eine *sog.* Vorgesellschaft der Gründer entstanden ist (§ 29 AktG). Diese bestellen für die künftige AG den ersten Aufsichtsrat und den Abschlußprüfer für das erste Voll- oder Rumpfgeschäftsjahr (§ 30 AktG). Der erste Aufsichtsrat bestellt seinerseits den ersten Vorstand.

XIII

# Einführung

Um Mißbräuche zu verhindern, ist der Gründungshergang durch besondere Schutzmaßnahmen gesichert. Die Gründer haben über den Gründungshergang einen schriftlichen *Gründungsbericht* zu erstatten, der über den Hergang der Gründung Aufschluß geben muß (§ 32 AktG). Weiter findet eine *Gründungsprüfung* durch sämtliche Vorstands- und Aufsichtsratsmitglieder statt (§§ 33, 34 AktG). In besonderen Fällen findet zusätzlich noch eine Prüfung durch gerichtlich bestellte unabhängige Gründungsprüfer statt, nämlich vor allem dann, wenn ein Vorstands- oder Aufsichtsratsmitglied zu den Gründern gehört oder wenn eine *Sachgründung* vorliegt. Die Gründungsprüfer können von den Gründern alle Aufklärungen und Nachweise verlangen, die für eine sorgfältige Prüfung notwendig sind (§ 35 Abs. 1 AktG). Das Ergebnis der Prüfung, die sich auf den gesamten Gründungshergang erstreckt, wird in einem *Prüfungsbericht* niedergelegt, der beim Registergericht und bei der Industrie- und Handelskammer von jedermann eingesehen werden kann.

c) Zum Abschluß wird die Gesellschaft von sämtlichen Gründern, Vorstands- und Aufsichtsratsmitgliedern beim Gericht des Sitzes zur Eintragung in das Handelsregister angemeldet (§ 36 AktG). Die Anmeldung darf erst erfolgen, wenn bei *Bareinlagen* zuvor auf jede Aktie mindestens ein Viertel des Nennbetrages der Aktie zuzüglich eines etwaigen Aufgelds eingezahlt worden ist und endgültig zur freien Verfügung des Vorstands steht. Auch die Gründung einer Einpersonen-Gesellschaft setzt voraus, daß der alleinige Gründer bei einer Bareinlage ein Viertel des Nennbetrages der Aktie zuzüglich eines etwaigen Aufgeldes eingezahlt hat. Für den Teil der Bareinlage, die den eingeforderten Betrag übersteigt, ist eine *Sicherung* zu bestellen (§ 36 Abs. 2 AktG). – Gehören *nachträglich* alle Aktien allein oder neben der Gesellschaft *einem* Aktionär, ist dies sowie der Name, Vorname, Beruf und Wohnort des alleinigen Aktionärs unverzüglich bei Gericht anzumelden (§ 42 AktG).

d) Das Gericht prüft, ob die Gesellschaft ordnungsgemäß errichtet und angemeldet ist (§ 38 Abs. 1 AktG) und trägt sie, wenn dies der Fall ist, in das Handelsregister ein (§ 39 AktG). *Sacheinlagen* müssen vollständig geleistet sein (§ 36 a Abs. 2 AktG). Erst durch die *Eintragung* ist die AG als juristische Person entstanden (§ 41 Abs. 1 AktG). Als Nachspiel schließen sich die Bekanntmachung der Eintragung und die Ausgabe der Aktienurkunden an. Sie müssen bei nicht voll eingezahlten Aktien auf Namen lauten. Für die an der Gründung beteiligten Personen besteht eine besondere zivil- und strafrechtliche Verantwortlichkeit (§§ 46ff., §§ 399, 400 AktG).

2. Außer ihrer Hauptniederlassung am Ort des Sitzes kann die AG *Zweigniederlassungen* haben. Ihre Errichtung erfolgt durch den Vorstand. Sie besitzen keine rechtliche Selbständigkeit, sondern stellen einen Teil des Gesamtunternehmens dar. Über die registerrechtliche Behandlung von Zweigniederlassungen vgl. §§ 13 bis 13 h HGB.

## III. Verfassung

Die AG hat *drei* notwendige Organe: den Vorstand, den Aufsichtsrat und die Hauptversammlung. Ihre Zuständigkeiten sind scharf gegeneinander abgegrenzt.

1. Der *Vorstand* hat die Gesellschaft *unter eigener Verantwortung* zu leiten (§ 76 Abs. 1 AktG). Er ist das alleinige Geschäftsführungs- und Vertretungsorgan (§§ 77, 78 AktG). Bei der Leitung der Gesellschaft hat der Vor-

stand nicht nur die Belange der Aktionäre und der Arbeitnehmer, sondern auch die der Allgemeinheit zu beachten.

a) Der Vorstand kann aus *einer oder mehreren Personen* bestehen (§ 76 Abs. 2 AktG). Bei Gesellschaften mit einem Grundkapital von mehr als drei Millionen Euro muß der Vorstand vorbehaltlich einer abweichenden Satzungsbestimmung aus *mindestens zwei Personen* bestehen. Unternehmen, die der paritätischen Mitbestimmung unterliegen (s. unter IV Nr. 2, 3) müssen als gleichberechtigtes Mitglied einen *Arbeitsdirektor* haben.

Vorstandsmitglied kann nur eine *natürliche, unbeschränkt geschäftsfähige* Person sein (§ 76 Abs. 3 Satz 1 AktG). Auch Personen, die wegen eines *Konkursdelikts* (§§ 283 bis 283 d StGB) verurteilt worden sind, können auf die *Dauer von fünf Jahren* seit Rechtskraft des Urteils nicht Mitglied des Vorstands sein (§ 76 Abs. 3 Satz 2 AktG). Gleiches gilt für Personen, denen durch gerichtliches Urteil oder Entscheidung einer Verwaltungsbehörde die Ausübung eines Berufs oder Gewerbes untersagt worden ist, für die *Dauer der Untersagung* bei einer Gesellschaft, deren Unternehmensgegenstand ganz oder teilweise mit dem Verbotsgegenstand übereinstimmt (§ 76 Abs. 3 Satz 3 AktG).

b) Die Vorstandsmitglieder sind, sofern die Satzung oder die Geschäftsordnung nichts anderes bestimmt, nur *gemeinschaftlich* zur Geschäftsführung und Vertretung der Gesellschaft befugt. Weder die Satzung noch die Geschäftsordnung kann vorsehen, daß ein oder mehrere Vorstandsmitglieder bei Meinungsverschiedenheiten im Vorstand gegen die Mehrheit seiner Mitglieder entscheiden (§ 77 Abs. 1 AktG). Wenn die Satzung den Erlaß einer *Geschäftsordnung* nicht dem Aufsichtsrat übertragen oder dieser eine Geschäftsordnung für den Vorstand nicht erlassen hat, kann der Vorstand sich selbst eine Geschäftsordnung geben. Doch kann dies nur einstimmig geschehen (§ 77 Abs. 2 AktG).

c) Die Vorstandsmitglieder werden vom Aufsichtsrat bestellt, und zwar auf *höchstens fünf Jahre* (§ 84 Abs. 1 AktG). Eine wiederholte Bestellung oder Verlängerung der Amtszeit, jeweils für höchstens fünf Jahre, ist zulässig. Werden mehrere Personen zu Vorstandsmitgliedern bestellt, so kann der Aufsichtsrat ein Mitglied zum *Vorsitzenden* des Vorstands ernennen (§ 84 Abs. 2 AktG). Abberufen werden kann ein Vorstandsmitglied nur vom Aufsichtsrat und nur dann, wenn ein wichtiger Grund vorliegt, wie z.B. grobe Pflichtverletzung, Unfähigkeit zur ordnungsmäßigen Geschäftsführung oder Vertrauensentzug durch die Hauptversammlung, der jedoch nicht willkürlich erfolgt sein darf (§ 84 Abs. 3 AktG). Zum Einfluß des *Mitbestimmungsrechts* auf die Bestellung und den Widerruf der Bestellung von Vorstandsmitgliedern s. unter IV.

Besondere Grundsätze bestehen für die *Bezüge* der Vorstandsmitglieder, insbesondere für die Berechnung der Tantiemen (§§ 86, 87 AktG). Vorstandsmitglieder unterliegen ferner einem Wettbewerbsverbot (§ 88 AktG). Ihrer starken Stellung entspricht eine erhöhte Sorgfaltspflicht und *Verantwortlichkeit* (§ 93 AktG). Der Gesellschaft gegenüber tritt eine Ersatzpflicht jedoch nicht ein, wenn die Handlung auf einem gesetzmäßigen Beschluß der Hauptversammlung beruht (§ 93 Abs. 4 AktG). Eine Billigung des Aufsichtsrats schließt dagegen die Ersatzpflicht nicht aus.

2. Der *Aufsichtsrat,* der sich aus Vertretern der Aktionäre und der Arbeitnehmer zusammensetzt, hat vor allem als Kontrollorgan die Geschäftsführung zu überwachen (§ 111 Abs. 1 AktG). Maßnahmen der Geschäftsführung kön-

nen ihm weder durch die Satzung noch durch die Hauptversammlung übertragen werden (§ 111 Abs. 4 AktG). Die Satzung oder der Aufsichtsrat kann jedoch bestimmen, daß bestimmte Arten von Geschäften nur mit seiner Zustimmung vorgenommen werden dürfen. Verweigert der Aufsichtsrat die Zustimmung, so kann der Vorstand verlangen, daß die Hauptversammlung über die Zustimmung beschließt. Ein zustimmender Beschluß bedarf einer Mehrheit von mindestens drei Vierteln der abgegebenen Stimmen. Im übrigen obliegt dem Vorstand gegenüber dem Aufsichtsrat eine erhöhte *Berichtspflicht* (§ 90 AktG). Sie erstreckt sich auf die beabsichtigte Geschäftspolitik, auf die Rentabilität der Gesellschaft und auf Geschäfte, die für die Rentabilität und Liquidität der Gesellschaft bedeutsam sein können.

Der Aufsichtsrat besteht aus mindestens *drei* Mitgliedern, jedoch kann die Satzung eine höhere durch drei teilbare Zahl festsetzen; die Höchstzahl bemißt sich nach der Höhe des Grundkapitals (§ 95 Abs. 1 AktG). Sie beträgt bei Gesellschaften mit einem Grundkapital bis zu 1 500 000 Euro neun, von mehr als 1 500 000 Euro fünfzehn, von mehr als zwanzig Millionen 10 000 000 Euro einundzwanzig Mitglieder. Dieser Grundregelung kommt jedoch nur geringe Bedeutung zu. Vorrangig sind die besonderen Regelungen des *Mitbestimmungsrechts* (s. unter IV).

Die *Höchstzahl der Aufsichtsratssitze,* die eine Person innehaben kann, beträgt *zehn.* In diese Zahl sind auch Aufsichtsratssitze in anderen Handelsgesellschaften als Aktiengesellschaften, die gesetzlich einen Aufsichtsrat zu bilden haben, einzurechnen. Auf die Höchstzahl von zehn Sitzen sind jedoch bis zu fünf Sitze nicht anzurechnen, die der gesetzliche Vertreter des herrschenden Unternehmens eines *Konzerns* inne hat (§ 100 Abs. 2 AktG).

Die Aufsichtsratmitglieder der Aktionäre werden von der *Hauptversammlung* gewählt, und zwar höchstens auf die Zeit bis zur Beendigung der Hauptversammlung, die über die Entlastung für das *vierte* Geschäftsjahr nach dem Beginn der Amtszeit beschließt (§§ 101, 102 AktG). Gewöhnlich sieht die Satzung ein turnusmäßiges Ausscheiden vor. Zur Wahl der Mitglieder der *Arbeitnehmer* s. unter IV. Vor Ablauf ihrer Wahlzeit können Aufsichtsratmitglieder von der Hauptversammlung mit einer Mehrheit von mindestens drei Vierteln der abgegebenen Stimmen abberufen werden (§ 103 AktG). Zur Abberufung der *Arbeitnehmervertreter* im Aufsichtsrat s. unter IV. Ferner kann jedes Aufsichtsratmitglied auf Antrag des Aufsichtsrats aus wichtigem Grunde durch das *Gericht* abberufen werden (§ 103 Abs. 3 AktG).

Um seiner Überwachungspflicht genügen zu können, sind die Rechte des *einzelnen* Aufsichtsratmitglieds verstärkt worden. Es kann von allen vom Vorstand erstatteten Berichten Kenntnis nehmen (§ 90 Abs. 5 AktG). Von der *Teilnahme* an Ausschußsitzungen kann es nicht allgemein durch die Satzung, sondern nur im Einzelfall durch den Vorsitzenden des Aufsichtsrats ausgeschlossen werden (§ 109 Abs. 2 AktG). – Sorgfaltspflicht und *Verantwortlichkeit* der Aufsichtsratmitglieder gleichen der der Vorstandsmitglieder (§ 116 AktG).

3. Die *Hauptversammlung* der Aktionäre besitzt keine umfassende Zuständigkeit. Sie beschließt nur in den im Gesetz und den in der Satzung bestimmten Fällen (§ 119 AktG). Ihr Wirkungskreis beschränkt sich im wesentlichen auf die mit dem wirtschaftlichen und rechtlichen Aufbau der Gesellschaft zusammenhängenden Fragen. Sie beschließt über *Satzungsänderungen,* insbesondere Änderungen der Kapitalgrundlage (§§ 179 ff. AktG), sowie über die *Auflösung*

der Gesellschaft (§ 262 Abs. 1 Nr. 2 AktG). Ferner wählt sie die Aufsichtsratsmitglieder der Aktionäre (§ 101 AktG), beschließt über die *Entlastung* der Vorstands- und Aufsichtsratsmitglieder (§ 120 AktG), bestellt den *Abschlußprüfer* (§ 318 HGB) und die *Sonderprüfer* zur Prüfung von Vorgängen bei der Gründung oder der Geschäftsführung (§§ 142 ff. AktG) und entscheidet über die *Verwendung eines Bilanzgewinns* (§ 174 AktG). Die Hauptversammlung kann den Vorstand jedoch nicht anweisen, bestimmte Maßnahmen zu treffen. Über Fragen der *Geschäftsführung* kann die Hauptversammlung vielmehr nur entscheiden, wenn der *Vorstand* es verlangt (§ 119 Abs. 2 AktG). Dann ist er an den Beschluß gebunden. Da der Vorstand der Gesellschaft nicht ersatzpflichtig ist, wenn seine Handlung auf einem gesetzmäßigen Beschluß der Hauptversammlung beruht (§ 93 Abs. 4 AktG), hat er somit die Möglichkeit, sich von seiner Verantwortung (§ 76 Abs. 1 AktG) weitgehend zu befreien. Bei schwerwiegenden Eingriffen in die Rechte und Interessen der Aktionäre, wie z. B. die Ausgliederung eines wichtigen Betriebs, kann der Vorstand ausnahmsweise nicht nur berechtigt, sondern auch *verpflichtet* sein, eine Entscheidung der Hauptversammlung herbeizuführen.

Die Hauptversammlung wird in den durch Gesetz oder Satzung bestimmten Fällen sowie dann *einberufen*, wenn das Wohl der Gesellschaft es erfordert (§ 121 Abs. 1 AktG). Die Einberufung erfolgt grundsätzlich durch den *Vorstand*. Wenn das Wohl der Gesellschaft es fordert, hat auch der *Aufsichtsrat* die Hauptversammlung einzuberufen (§ 111 Abs. 3 AktG). Ferner kann eine *Aktionärminderheit* von 5% des Grundkapitals die Einberufung einer Hauptversammlung erzwingen (§ 122 AktG). Die *Einberufungsfrist* ist im Interesse des Aktionärs auf *einen Monat* verlängert worden (§ 123 AktG). Bei der Einberufung ist die *Tagesordnung* der Hauptversammlung in den Gesellschaftsblättern bekanntzumachen (§ 124 AktG). Zu jedem Gegenstand der Tagesordnung haben der Vorstand und der Aufsichtsrat in der Bekanntmachung der Tagesordnung Vorschläge zur Beschlußfassung zu machen (§ 124 Abs. 3 AktG). *Jeder Aktionär* kann binnen einer Woche nach der Bekanntmachung einen Gegenantrag oder andere Wahlvorschläge der Gesellschaft mit der Aufforderung an seine Mitaktionäre mitteilen, für seine Anträge zu stimmen (§§ 126, 127 AktG). Über Gegenstände der Tagesordnung, die nicht ordnungsgemäß bekanntgemacht sind, dürfen keine Beschlüsse gefaßt werden (§ 124 Abs. 4 AktG).

In der Hauptversammlung ist ein *Verzeichnis der Teilnehmer* aufzustellen (§ 129 AktG).

Die *Beschlüsse* bedürfen zu ihrer Gültigkeit gerichtlicher oder notarieller Beurkundung (§ 130 AktG). In Anbetracht der bei einer AG bestehenden Vielfalt auszugleichender Interessen ist für die Beschlußfassung das Mehrheitsprinzip maßgebend. Das Stimmrecht wird bei Nennbetragsaktien nach Aktiennennbeträgen, bei Stückaktien nach deren Zahl ausgeübt (§ 134 Abs. 1 AktG). Grundsätzlich werden die Beschlüsse mit *einfacher* Stimmenmehrheit gefaßt (§ 133 AktG). Für Beschlüsse von besonderer Bedeutung, wie z. B. Satzungsänderungen, bedarf es außer der Stimmenmehrheit noch einer qualifizierten Kapitalmehrheit, die mindestens drei Viertel des bei der Beschlußfassung vertretenen Grundkapitals umfaßt. Bestehen mehrere Aktiengattungen, so ist meist noch ein Sonderbeschluß der benachteiligten Aktionäre notwendig (z. B. § 179 Abs. 3, § 182 Abs. 2, § 222 Abs. 2 AktG). Der Sonderbeschluß ist in einer gesonderten Versammlung dieser Aktionäre oder in einer gesonderten Abstimmung zu fassen (§ 138 AktG).

# Einführung

4. Wer vorsätzlich unter *Benutzung seines Einflusses* auf die Gesellschaft ein Vorstands- oder Aufsichtsratsmitglied, einen Prokuristen oder Handlungsbevollmächtigten dazu bestimmt, zum *Schaden der Gesellschaft oder ihrer Aktionäre* zu handeln, ist der Gesellschaft zum Schadenersatz verpflichtet. Diese Haftung besteht auch gegenüber den Aktionären, soweit sie über die Schädigung der Gesellschaft hinaus geschädigt worden sind (§ 117 Abs. 1 AktG). Neben den „Anstiftern" haften auch die Vorstands- und Aufsichtsratsmitglieder, die ihre Pflichten verletzt haben; diese Haftung besteht jedoch nicht, wenn ihre Handlung auf einem gesetzmäßigen Beschluß der Hauptversammlung beruht (§ 117 Abs. 2 AktG). Um die Freiheit der Stimmrechtsausübung zu sichern, soll die Haftung wegen schädigender Einflußnahme überhaupt entfallen, wenn das Vorstands- oder Aufsichtsratsmitglied durch *Ausübung des Stimmrechts* in der Hauptversammlung zu der schädigenden Handlung bestimmt worden ist (§ 117 Abs. 7 AktG). Dieser Haftungsausschluß begünstigt in starkem Maße den Mehrheitsaktionär und schränkt damit die grundsätzliche Bedeutung der aktienrechtlichen Haftung erheblich ein. Allerdings ist der gefaßte Hauptversammlungsbeschluß *anfechtbar,* wenn er nicht den anderen Aktionären einen angemessenen Ausgleich für ihren Schaden gewährt (§ 243 Abs. 2 AktG).

## IV. Mitbestimmung

Von grundsätzlicher Bedeutung für Unternehmen ist die *Mitbestimmung der Arbeitnehmerschaft.* Sie findet ihren rechtlichen Ansatz im *Aufsichtsrat,* der als Unternehmensorgan die Interessen von Kapital und Arbeit repräsentiert. Der erste Schritt zur Mitbestimmung wurde 1951 in der *Montanindustrie* durch das Montan-Mitbestimmungsgesetz vollzogen und fand seinen Ausdruck in einer *paritätischen* Zusammensetzung des Aufsichtsrats (vgl. Nr. 3). Durch das Betriebsverfassungsgesetz von 1952 wurde für Kapitalgesellschaften bestimmt, daß ihre Aufsichtsräte zu *einem Drittel* aus Arbeitnehmern bestehen müssen (vgl. Nr. 1). Das Mitbestimmungsgesetz von 1976 hat die Mitbestimmung für Unternehmen mit in der Regel mehr als 2000 Arbeitnehmern durch eine *paritätische Zusammensetzung* des Aufsichtsrats verstärkt, ohne jedoch in sachlicher Hinsicht die volle Parität zu verwirklichen, da der maßgebliche Einfluß und das Letztentscheidungsrecht der Anteilseigner erhalten bleibt und für alle mit dem wirtschaftlichen und rechtlichen Aufbau der Gesellschaft zusammenhängenden Grundfragen (vgl. III Nr. 3) nach wie vor die Versammlung der Anteilseigner allein zuständig ist (vgl. Nr. 2). Für die vom Mitbestimmungsgesetz nicht erfaßten Gesellschaften findet weiterhin das Betriebsverfassungsgesetz von 1952 Anwendung (vgl. Nr. 1). Auch gilt die für die Montanindustrie getroffene Regelung weiter. Demnach sind für die AG *drei Formen* der Mitbestimmung zu unterscheiden:

1. Für Unternehmen mit in der Regel weniger als 2000 Arbeitnehmern gilt das Betriebsverfassungsgesetz (BetrVG) vom 11. 10. 1952 (BGBl. I S. 681). Danach müssen 1/3 der Aufsichtsratsmitglieder Vertreter der Arbeitnehmer sein (§ 96 Abs. 1 AktG; § 76 Abs. 1 BetrVG). Sie werden von den Arbeitnehmern der Betriebe des Unternehmens direkt gewählt (§ 76 Abs. 2 BetrVG).

2. Für Unternehmen in der Rechtsform einer AG, KGaA, GmbH, bergrechtlichen Gewerkschaft oder einer Erwerbs- und Wirtschaftsgenossenschaft,

die in der Regel mehr als 2000 *Arbeitnehmer* beschäftigen, gilt das *Mitbestimmungsgesetz* (MitbestG) vom 4. 5. 1976 (BGBl. I S. 1153). Danach setzt sich der Aufsichtsrat *paritätisch* aus Mitgliedern der Anteilseigner und der Arbeitnehmer zusammen, und zwar bei Unternehmen mit in der Regel nicht mehr als 10000 Arbeitnehmern aus je sechs, bei Unternehmen mit in der Regel mehr als 10000 − jedoch nicht mehr als 20000 Arbeitnehmern − aus je acht und bei Unternehmen mit in der Regel mehr als 20000 Arbeitnehmern aus je zehn Mitgliedern (§ 7 Abs. 1 MitbestG). Unter den Aufsichtsratsmitgliedern der Arbeitnehmer müssen sich, wenn es sechs sind, vier Arbeitnehmer des Unternehmens und zwei Gewerkschaftsvertreter, wenn es acht sind, sechs Arbeitnehmer des Unternehmens und zwei Gewerkschaftsvertreter, und wenn es zehn sind, sieben Arbeitnehmer des Unternehmens und drei Gewerkschaftsvertreter befinden (§ 7 Abs. 2 MitbestG). Für die Bemessung der Zahl der Arbeitnehmer (§§ 1 Abs. 1 Nr. 2, 7 Abs. 1 MitbestG) werden bei einem *Unterordnungskonzern* die Arbeitnehmer der abhängigen Unternehmen den Arbeitnehmern des herrschenden Unternehmens *zugerechnet* (§ 5 MitbestG).

Die Aufsichtsratsmitglieder der Arbeitnehmer eines Unternehmens mit in der Regel mehr als 8000 Arbeitnehmern werden gewöhnlich durch *Wahlmänner* gewählt, soweit nicht die wahlberechtigten Arbeitnehmer die unmittelbare Wahl beschließen; umgekehrt werden die Aufsichtsratsmitglieder der Arbeitnehmer eines Unternehmens mit in der Regel nicht mehr als 8000 Arbeitnehmern in unmittelbarer Wahl gewählt, sofern nicht die wahlberechtigten Arbeitnehmer die Wahl durch Wahlmänner beschließen (§ 9 MitbestG). Für die Wahl der Aufsichtsratsmitglieder durch Wahlmänner besteht ein kompliziertes Wahlverfahren. Die Wahlmänner für Arbeiter und Angestellte müssen in jedem Betrieb entsprechend ihrem zahlenmäßigen Verhältnis vertreten sein. Unter den Wahlmännern der Angestellten besteht eine Sondervertretung der *leitenden Angestellten,* die der Arbeitnehmerseite zugeordnet sind (§ 11 Abs. 2 MitbestG). Zum Verfahren für die Wahl der Aufsichtsratsmitglieder der Arbeitnehmer sind *drei Wahlordnungen* vom 23. Juni 1977 (BGBl. I S. 861 ff.; 893 ff.; 934 ff.) erlassen worden.

Der Aufsichtsrat wählt mit einer Mehrheit von 2/3 der Mitglieder, aus denen er insgesamt zu bestehen hat, aus seiner Mitte einen *Aufsichtsratsvorsitzenden* und einen *Stellvertreter* (§ 27 Abs. 1 MitbestG). Wird die erforderliche Mehrheit nicht erreicht, so findet ein zweiter Wahlgang statt, in dem die Aufsichtsratsmitglieder der Anteilseigner den Aufsichtsratsvorsitzenden und die Aufsichtsratsmitglieder der Arbeitnehmer den Stellvertreter jeweils mit der Mehrheit der abgegebenen Stimmen wählen.

Die besondere Stellung des *Aufsichtsratsvorsitzenden* zeigt sich, wenn eine Abstimmung im Aufsichtsrat Stimmengleichheit ergibt. Ergibt dann auch eine erneute Abstimmung über denselben Gegenstand *Stimmengleichheit,* so hat der Aufsichtsratsvorsitzende *zwei Stimmen* (§ 29 Abs. 2 MitbestG). Durch diese Regelung wird das für die zahlenmäßige Zusammensetzung des Aufsichtsrats geltende Paritätsprinzip durchbrochen und den Anteilseignern ein Übergewicht im Aufsichtsrat verschafft.

Die Funktionen des Aufsichtsrats richten sich grundsätzlich nach *Gesellschaftsrecht.* Für die Bestellung des Vorstands ist daher der Aufsichtsrat zuständig (§ 84 AktG), jedoch bedarf der Beschluß einer Mehrheit, die mindestens zwei Drittel der Stimmen seiner Mitglieder umfaßt. Kommt eine Bestellung nicht zustande, so hat bei einer erneuten Abstimmung, bei der die einfache Stimmenmehrheit genügt, der *Aufsichtsratsvorsitzende zwei Stimmen* (§ 31

# Einführung

Abs. 2 bis 4 MitbestG). Entsprechendes gilt für den *Widerruf* der Bestellung eines Vorstandsmitglieds (§ 31 Abs. 5 MitbestG).

Für die *Hauptversammlung* und den *Vorstand* gilt die paritätische Mitbestimmung nicht. Wohl aber muß als gleichberechtigtes Mitglied des Vorstands ein *Arbeitsdirektor* vom Aufsichtsrat bestellt werden (§ 33 MitbestG), der die Interessen der Arbeitnehmer auch im Vorstand zur Geltung bringen soll. Er hat seine Aufgaben im engsten Einvernehmen mit dem Gesamtorgan auszuüben. Die nähere Bestimmung seines Aufgabenbereichs obliegt der Geschäftsordnung. Ihm werden vor allem personale und soziale Aufgaben zu übertragen sein. Anders als im Montanmitbestimmungsrecht (vgl. Nr. 3) kann der Arbeitsdirektor vom Aufsichtsrat auch gegen die Stimmen der Mehrheit der Aufsichtsratsmitglieder der Arbeitnehmer bestellt werden.

3. Für Unternehmen des *Bergbaus und der Eisen und Stahl erzeugenden Industrie* gilt das *Montan-Mitbestimmungsgesetz* (Montan-MitbestG) vom 21. 5. 1951 (BGBl. I S. 347). Der Aufsichtsrat setzt sich paritätisch aus Vertretern der Anteilseigner und der Arbeitnehmer zusammen. Gewöhnlich besteht er aus elf Mitgliedern, von denen je fünf Vertreter der Aktionäre und der Arbeitnehmer sein müssen. Sie werden von der Hauptversammlung gewählt, die jedoch an die Vorschläge der Betriebsräte, der in den Betrieben vertretenen Gewerkschaften und deren Spitzenorganisationen gebunden ist (§§ 4 ff. Montan-MitbestG). Das elfte unabhängige Mitglied wird von den zehn gewählten Mitgliedern in einem besonderen Verfahren der Hauptversammlung zur Wahl vorgeschlagen (§ 8 Montan-MitbestG).

Die Bestellung der Vorstandsmitglieder und der Widerruf ihrer Bestellung erfolgen durch den Aufsichtsrat (§ 84 AktG). Als gleichberechtigtes Vorstandsmitglied wird ein *Arbeitsdirektor* bestellt, jedoch nicht gegen die Mehrheit der Aufsichtsratsmitglieder der Arbeitnehmer. Gleiches gilt für den *Widerruf* der Bestellung.

Die Mitbestimmung in Konzernen regelt sich nach dem Mitbest.-ErgänzG vom 7. 8. 1956 (BGBl. I S. 707).

## V. Rechnungslegung und Gewinnverwendung

1. Durch das Bilanzrichtlinien-Gesetz vom 19. Dezember 1985 (BGBl. I S. 2355) wurden wesentliche Vorschriften der Rechnungslegung aus dem Aktiengesetz herausgenommen. Die jetzige Regelung befindet sich in dem neugeschaffenen dritten Buch des HGB (§§ 238 bis 339 HGB). Neben den für alle Kaufleute geltenden §§ 238 bis 263 HGB, die sich auf die grundlegenden Buchführungspflichten beziehen, enthalten die §§ 264 bis 335 HGB *ergänzende Vorschriften für Kapitalgesellschaften* (AG, KGaA, GmbH). *Erleichterungen* sind für *kleine* und *mittelgroße* Kapitalgesellschaften (§ 267 HGB) vorgesehen.

2. Der *Jahresabschluß* (Jahresbilanz und Gewinn- und Verlustrechnung) wird grundsätzlich vom Vorstand und vom Aufsichtsrat festgestellt (§ 172 AktG). Nur wenn der Aufsichtsrat den vom Vorstand aufgestellten Jahresabschluß nicht billigt, oder Vorstand und Aufsichtsrat beschließen, die Entscheidung der Hauptversammlung zu überlassen, ist diese für die Feststellung des Jahresabschlusses zuständig (§ 173 AktG). Ohne vorherige *Prüfung* durch einen oder mehrere Abschlußprüfer kann der Jahresabschluß von Kapitalgesellschaften, die nicht kleine im Sinne des § 267 I HGB sind, nicht festgestellt werden

(§ 316 HGB); ein ohne Prüfung festgestellter Jahresabschluß wäre nichtig (§ 256 Abs. 1 Nr. 2 AktG). Der festgestellte Jahresabschluß wird zum Handelsregister eingereicht und in den Gesellschaftsblättern bekanntgemacht (§ 325 HGB).

3. Die Verwaltung kann, wenn sie den Jahresabschluß feststellt, nicht mehr allein über die Gewinnverwendung befinden. Bisher konnte sie durch Bildung offener und stiller Rücklagen in größtem Ausmaße *Selbstfinanzierungen* auf Kosten der Aktionäre vornehmen. Die Hauptversammlung konnte lediglich über die Verteilung des Gewinnrestes entscheiden, den die Verwaltung nach Bildung von Abschreibungen, Wertberichtigungen, Rückstellungen und Rücklagen als verteilungsfähig in der Jahresbilanz ausgewiesen hatte. Jetzt können Vorstand und Aufsichtsrat im Interesse der Stabilität des Unternehmens von dem nach Vornahme der zulässigen Abschreibungen, Wertberichtigungen und Rückstellungen sich ergebenden Jahresüberschuß nur noch die *Hälfte* ohne besondere Satzungsermächtigung und ohne Rücksicht auf die bereits vorhandenen in andere Gewinnrücklagen einstellen (§ 58 Abs. 2 AktG; § 270 Abs. 2 HGB).

Eingehende Vorschriften bestehen über die *Gliederung* des Jahresabschlusses (§§ 266, 275 HGB) und über die *Wertansätze* der Gegenstände des Anlage- und Umlaufvermögens. Durch Höchstwertvorschriften soll im Interesse der Erhaltung eines dem Grundkapital entsprechenden Vermögens eine zu hohe Bemessung des jährlichen Bilanzgewinns verhindert werden. Während das bisherige Recht sich jedoch hierauf beschränkte, schiebt das neue Recht in seinen Bewertungsvorschriften auch der *willkürlichen* Bildung von stillen Rücklagen einen Riegel vor und verhindert eine willkürliche Manipulierung des Bilanzgewinns. Nichtig ist ein Jahresabschluß nicht nur, wenn Posten entgegen den Höchstwertvorschriften überbewertet, sondern auch, wenn sie unterbewertet sind und dadurch die Vermögens- und Ertragslage der Gesellschaft vorsätzlich unrichtig wiedergegeben oder verschleiert wird (§ 256 Abs. 5 AktG). Besteht der Verdacht einer unzulässigen Unterbewertung, so kann ferner von einer Aktionärminderheit die Bestellung von *Sonderprüfern* beim Gericht beantragt werden (§ 258 AktG). Gegen die abschließenden Feststellungen der Sonderprüfer kann eine gerichtliche Entscheidung erwirkt werden (§ 260 AktG).

Zwingend vorgeschrieben ist die Bildung einer *gesetzlichen Rücklage* (§ 150 AktG). Sie darf nur unter bestimmten Voraussetzungen zum Ausgleich eines Jahresfehlbetrages oder eines Verlustvortrages verwendet werden.

In einem besonderen *Lagebericht* hat ferner der Vorstand den Geschäftsverlauf und die Lage der Gesellschaft darzulegen und den Jahresabschluß zu erläutern (§ 289 HGB). Die Bewertungsmethoden sind im *Anhang* anzugeben (§ 284 Abs. 2 Nr. 1 HGB).

4. Die Entscheidung über die *Verwendung des Bilanzgewinns* liegt bei der Hauptversammlung (§ 174 AktG). Sie ist hierbei an den vom Vorstand und Aufsichtsrat festgestellten Jahresabschluß gebunden. Im Gegensatz zu früher entscheidet sie jetzt mindestens über die *Hälfte* des Jahresüberschusses (arg. § 58 Abs. 2 AktG) und bestimmt, ob und inwieweit Beträge an die Aktionäre auszuschütten, in Gewinnrücklagen einzustellen oder als Gewinn vorzutragen sind. Meint die Verwaltung, daß die von ihr für Rücklagen verwendete Hälfte des Jahresüberschusses nicht ausreicht, so muß sie versuchen, von der Hauptversammlung eine höhere Dotierung zu erreichen.

# Einführung

Auch die Hauptversammlung hat *kein unumschränktes* Gewinnverwendungsrecht. Sie kann zwar weitere Beträge in Gewinnrücklagen einstellen oder als Gewinn vortragen, den Rest muß sie jedoch, soweit sie nicht durch die Satzung zu einer anderen Verwendung ermächtigt ist, *unter die Aktionäre verteilen* (§ 58 Abs. 3, 4 AktG). Gegen eine übermäßige Bildung von Gewinnrücklagen steht ferner einer *Aktionärminderheit,* deren Anteile zusammen den zwanzigsten Teil des Grundkapitals oder den Nennbetrag von 500 000 Euro erreichen, ein *Anfechtungsrecht* zu (§ 254 AktG).

## VI. Rechtsstellung des Aktionärs

1. Die allgemeinen Mitgliedschaftsrechte, die jedem Aktionär zustehen, sind entweder *Verwaltungsrechte,* insbesondere das Stimmrecht, das Teilnahme- und Auskunftsrecht und das Anfechtungsrecht gegenüber Hauptversammlungsbeschlüssen, oder *Vermögensrechte,* wie das Recht auf Dividende, den Bezug neuer Aktien bei einer Kapitalerhöhung und den Liquidationserlös. Im einzelnen:

a) Jede Aktie gewährt grundsätzlich ein *Stimmrecht* (§ 12 AktG), das nach Aktiennennbeträgen, bei Stückaktien nach deren Zahl ausgeübt wird (§ 134 AktG). Doch kann die Satzung Vorzugsaktien ohne Stimmrecht schaffen, wenn die Aktien mit einer kumulativen Vorzugsdividende ausgestattet werden (§§ 139 ff. AktG). Mehrstimmrechtsaktien sind unzulässig; der Aktionär braucht sein Stimmrecht nicht persönlich in der Hauptversammlung auszuüben, sondern kann sich durch einen Bevollmächtigten vertreten lassen (§ 134 Abs. 3 AktG). Weiter können Aktionäre *Kreditinstitute* zur Ausübung des Stimmrechts schriftlich bevollmächtigen (§ 135 AktG). Zur Verhütung von Mißbräuchen ist das umstrittene ,,Bankenstimmrecht'' besonderen Kautelen unterworfen. Auf Grund der Vollmacht kann das Kreditinstitut das Stimmrecht nur unter Benennung des Aktionärs in dessen Namen, oder, wenn die Vollmacht es bestimmt, im Namen dessen, den es angeht, ausüben (§ 135 Abs. 4 AktG). Die Ausübung des Stimmrechts muß weisungsgemäß geschehen. Zu diesem Zweck hat das Kreditinstitut dem Aktionär einen Vorschlag zur Ausübung des Stimmrechts zu machen und um Weisung zu bitten, wie es stimmen soll (§ 128 AktG). Erteilt der Aktionär keine Weisung, so ist das Kreditinstitut an die eigenen, dem Aktionär gemachten Vorschläge gebunden (§ 135 Abs. 5 AktG). Es kann von diesen nur abweichen, wenn es den Umständen nach annehmen darf, daß der Aktionär bei Kenntnis der Sachlage dies billigen würde, muß dann aber den Aktionär davon unter Angabe der Gründe unterrichten (§ 135 Abs. 8 AktG). – Werden *Vorzugsaktien* geschaffen, so dürfen sie nur bis zur Hälfte des Grundkapitals ausgegeben werden (§ 139 Abs. 2 AktG).

b) Unabhängig von der Höhe seiner Beteiligung hat jeder Aktionär ein *Auskunftsrecht* in der Hauptversammlung, damit er seine Rechte sachgemäß ausüben kann (§ 131 AktG). Der Vorstand darf die Auskunft nur aus bestimmten Gründen verweigern, und zwar im allgemeinen nur dann, wenn die Auskunft geeignet ist, der Gesellschaft oder einem verbundenen Unternehmen einen nicht unerheblichen Nachteil zuzufügen (§ 131 Abs. 3 Nr. 1 AktG). Ob der Vorstand die Auskunft zu geben hat, entscheidet er nicht selbst in eigener Machtvollkommenheit, sondern auf Antrag ausschließlich das *Gericht* (§ 132 AktG).

c) Gegenüber gesetz- oder satzungswidrigen Beschlüssen der Hauptversammlung hat der in der Hauptversammlung erschienene Aktionär ein *Anfechtungsrecht*, wenn er gegen den Beschluß Widerspruch zur Niederschrift erklärt hat (§ 245 Nr. 1 AktG). Dieses gibt ihm insbesondere auch die Möglichkeit, sich gegenüber einem Machtmißbrauch der *Mehrheit* der Aktionäre zur Wehr zu setzen. Er kann die Anfechtung darauf stützen, daß ein Mehrheitsaktionär mit der Ausübung des Stimmrechts für sich oder einen Dritten Sondervorteile zum Schaden der Gesellschaft oder der anderen Aktionäre zu erlangen suchte und der Beschluß geeignet ist, diesem Zweck zu dienen (§ 243 Abs. 2 AktG). Während früher diese Waffe eines Minderheitsaktionärs entfiel, wenn der Einfluß benutzt wurde, um einen Vorteil zu erlangen, der schutzwürdigen Belangen, insbesondere Konzernbelangen, diente, ist jetzt die Anfechtung nur dann ausgeschlossen, wenn der Beschluß den anderen Aktionären einen *angemessenen Ausgleich für ihren Schaden* gewährt (§ 243 Abs. 2 Satz 2 AktG). Zur Anfechtung wegen Erlangung von Sondervorteilen durch Dritte ist *jeder* Aktionär befugt (§ 245 Nr. 3 AktG).

d) Das wichtigste Recht des Aktionärs ist das Recht auf seinen *Gewinnanteil*. Solange die Gesellschaft nicht aufgelöst ist, haben die Aktionäre einen Anspruch nur auf den Bilanzgewinn, soweit er nicht nach Gesetz oder Satzung oder durch Hauptversammlungsbeschluß oder als zusätzlicher Aufwand auf Grund des Gewinnverwendungsbeschlusses von der Verteilung ausgeschlossen ist (§ 58 Abs. 4 AktG). Dieser mitgliedsrechtliche Anspruch wird mit dem Beschluß der Hauptversammlung über die Gewinnverwendung (§ 174 AktG) zu einem unentziehbaren Gläubigerrecht des einzelnen Aktionärs. Die Satzung kann den Vorstand ermächtigen, nach Ablauf des Geschäftsjahres auf den voraussichtlichen Bilanzgewinn einen *Abschlag* an die Aktionäre zu zahlen (§ 59 AktG). Der Abschlag darf nur gezahlt werden, wenn ein vorläufiger Abschluß für das vergangene Geschäftsjahr einen Jahresüberschuß ergibt. Die Höhe der Abschlagszahlung ist begrenzt; auch muß der Aufsichtsrat zustimmen.

2. Um seine Rechte sachgemäß ausüben zu können, muß der Aktionär genügend *informiert* sein. Diesem Interesse dienen einmal die strengen Publizitätserfordernisse, wie die *Bekanntmachung des Jahresabschlusses* und der zum Handelsregister einzureichende Geschäftsbericht (§ 325 HGB), zum anderen das jedem Aktionär zustehende *Auskunftsrecht* (§ 131 AktG). Jedem Aktionär ist auf Verlangen in der Hauptversammlung vom Vorstand Auskunft über *Angelegenheiten der Gesellschaft* zu geben, soweit sie zur sachgemäßen Beurteilung des Gegenstands der Tagesordnung erforderlich ist. Die Auskunft hat den Grundsätzen einer gewissenhaften und getreuen Rechenschaft zu entsprechen. Der Vorstand darf die Auskunft nur aus bestimmten Gründen verweigern (§ 131 Abs. 3 AktG). Der Aktionär kann, wenn ihm die verlangte Auskunft nicht gegeben wurde, in einem besonderen gerichtlichen Verfahren sein Auskunftsrecht durchsetzen (§ 132 AktG).

3. Der Aktionär hat auch ein Interesse daran, die Zusammensetzung der Aktionäre zu kennen. Er soll wissen, ob ein Großaktionär vorhanden ist, der auf Grund seiner Beteiligung auf die Gesellschaft Einfluß nehmen kann. Um auch insoweit die Publizität zu verbessern, bestehen besondere *Mitteilungspflichten* (§ 20 AktG). Sobald einem Unternehmen *mehr als 25% der Aktien* einer Gesellschaft mit Sitz im Inland gehören, hat es dies der Gesellschaft unverzüglich schriftlich mitzuteilen. Die gleiche Mitteilungspflicht besteht, so-

# Einführung

bald einem Unternehmen eine Mehrheitsbeteiligung gehört. Bei der Berechnung der meldepflichtigen Beteiligung werden zu den Aktien, die dem Unternehmen selbst gehören, auch die Aktien hinzugerechnet, die einem von ihm abhängigen Unternehmen gehören, oder die ein anderer für Rechnung des Unternehmens oder eines von ihm abhängigen Unternehmens übernommen hat (§ 20 Abs. 2 AktG). Die Gesellschaft ist verpflichtet, in den Gesellschaftsblättern das Bestehen der ihr mitgeteilten Beteiligungen unverzüglich bekanntzumachen. Auf diese Weise erhält der Aktionär die für ihn erforderliche Information.

4. Die *Hauptpflicht* des Aktionärs besteht in der Erfüllung seiner *Einlagepflicht* (§ 54 AktG). Bei vinkulierten Namensaktien kann dem Aktionär in der Satzung eine Nebenleistungspflicht, jedoch nur für *wiederkehrende,* nicht in Geld bestehende Leistungen auferlegt werden (§ 55 AktG), z.B. den Aktionären einer Zuckerfabrik die Pflicht, bestimmte Mengen von Rüben zu liefern.

Da den Gläubigern der AG nur das Gesellschaftsvermögen haftet (§ 1 AktG), ist es verboten, den Aktionären die Einlagen zurückzugewähren (§ 57 AktG). Das Verbot sichert den Grundsatz der Erhaltung des Grundkapitals. Dem gleichen Zweck dient die Beschränkung des Erwerbs eigener Aktien (§§ 71–71 e AktG). Soweit Aktionäre gesetzwidrig Zahlungen von der AG erhalten haben, haften sie den Gläubigern persönlich für die Schulden der Gesellschaft (§ 62 AktG).

## VII. Kapitalbeschaffung und Kapitalherabsetzung

1. Zur Kapitalbeschaffung durch Ausgabe von Aktien dienen vier Formen: die gewöhnliche *Kapitalerhöhung gegen Einlagen* (§§ 182ff. AktG), die *bedingte Kapitalerhöhung* (§§ 192ff. AktG), das *genehmigte Kapital* (§§ 202ff. AktG) und die *Kapitalerhöhung aus Gesellschaftsmitteln* (§§ 207ff. AktG). Sie bezwecken die Schaffung neuer Aktien durch Erhöhung des satzungsmäßigen Grundkapitals. Bei Gesellschaften mit *Stückaktien* muß sich die Zahl der Aktien in demselben Verhältnis wie das Grundkapital erhöhen (§ 182 Abs. 1 Satz 5 AktG).

Bei einer *bedingten* Kapitalerhöhung soll die Erhöhung nur insoweit durchgeführt werden, als von einem unentziehbaren Umtausch- oder Bezugsrecht Gebrauch gemacht wird, das die AG auf die neuen Aktien einräumt. Sie ist jedoch nur zugelassen zur Sicherung der Gläubiger von Wandelschuldverschreibungen (§ 221 AktG), zur Vorbereitung des Zusammenschlusses von Unternehmen (UmwG) und zur Gewährung von Bezugsrechten an *Arbeitnehmer* der Gesellschaft zum Bezug neuer Aktien gegen Einlage von Geldforderungen, die den Arbeitnehmern aus einer ihnen von der Gesellschaft eingeräumten Gewinnbeteiligung zustehen (§ 192 Abs. 2 AktG). Das hat für die Gesellschaft den Vorteil, daß sie nicht genötigt ist, sich die erforderlichen Aktien erst auf dem Kapitalmarkt, womöglich zu überhöhten Kursen, zu verschaffen (§ 71 Abs. 1 Nr. 2 AktG).

Beim *genehmigten Kapital* handelt es sich um eine Ermächtigung des Vorstands, das Grundkapital bis zu einem bestimmten Nennbetrag durch Ausgabe neuer Aktien zu erhöhen (§ 202 AktG). Die Ermächtigung kann dem Vorstand für höchstens fünf Jahre erteilt werden. Sie macht es ihm möglich, während dieser Zeit eine günstige Lage des Kapitalmarktes sofort auszunutzen, ohne daß erst eine gewöhnliche Kapitalerhöhung von der Hauptversammlung beschlossen zu werden braucht. Weiter kann die Satzung die Ausgabe neuer Aktien an *Arbeitnehmer* der Gesellschaft auch durch genehmigtes Kapital zulassen (§ 202 Abs. 4 AktG). – Die *Kapitalerhöhung aus Gesellschaftsmitteln* ermöglicht es, eine Erhöhung des Grundkapitals nicht effektiv gegen Einlagen, sondern lediglich *nominell* durch Umwandlung der Kapitalrücklage und von Gewinnrücklagen in Grundkapital vorzunehmen (§ 207 AktG). Gesellschaften mit Stückaktien können ihr Grundkapital auch ohne Ausgabe neuer Aktien durch eine Erhöhung des rechnerisch auf jede einzelne Stückaktie entfallenden Anteils am Grundkapital erhöhen; die Art der Erhöhung muß im Beschluß über die Kapitalerhöhung angegeben werden (§ 207 Abs. 2 AktG).

Von besonderer Bedeutung für den Aktionär ist das ihm bei einer effektiven Kapitalerhöhung zustehende Recht auf den *Bezug neuer Aktien,* das seine Beteiligung gegen Verwässerung schützt. Das Bezugsrecht läßt sich nur unter erschwerten Voraussetzungen ausschließen (§ 186 AktG). Zulässig ist ein Ausschluß des Bezugsrechts insbesondere dann, wenn eine Kapitalerhöhung gegen Barzahlung 10 vom Hundert des Grundkapitals nicht übersteigt und der Ausgabebetrag den Börsenpreis nicht wesentlich unterschreitet (§ 186 Abs. 3 AktG). – Bei einer Kapitalerhöhung aus Gesellschaftsmitteln wird das Verhältnis der mit den Aktien verbundenen Rechte zueinander nicht berührt (§ 216 AktG).

2. Zur Kapitalherabsetzung dienen drei Formen: die *ordentliche* und die *vereinfachte* Kapitalherabsetzung (§§ 222 ff., §§ 229 ff. AktG) sowie die Herabsetzung durch *Einziehung* von Aktien (§§ 237 ff. AktG). Sie bezwecken eine Herabsetzung des satzungsmäßigen Grundkapitals. Während die ordentliche Kapitalherabsetzung für jeden Zweck einer Herabsetzung verwendbar ist, also auch für Rückzahlungen an die Aktionäre, darf eine vereinfachte Herabsetzung nur dazu dienen, Wertminderungen auszugleichen, sonstige Verluste zu decken oder Beträge in die Kapitalrücklage und die gesetzliche Rücklage einzustellen (§§ 229, 230 AktG). Eine ordentliche Kapitalherabsetzung setzt die Befriedigung oder Sicherstellung der Gläubiger voraus (§ 225 AktG); bei einer vereinfachten Herabsetzung werden die Belange der Gläubiger vornehmlich durch die Begrenzung der Dividendenausschüttung gewahrt (§ 233 AktG).

## VIII. Auflösung und Abwicklung

Gesetzliche Auflösungsgründe sind der Ablauf der in der Satzung bestimmten Zeit, ein mit qualifizierter Mehrheit gefaßter Auflösungsbeschluß der Hauptversammlung und die Eröffnung des Insolvenzverfahrens bei Zahlungsunfähigkeit und bei Überschuldung (§ 19 InsO) oder Ablehnung der Eröffnung mangels Masse (§ 262 Abs. 1 Nr. 4 AktG), ferner die Löschung wegen Vermögenslosigkeit durch das Registergericht (§ 2 Gesetz vom 9. 10. 1934, RGBl. I S. 914) und die Auflösung wegen Gefährdung des Gemeinwohls durch Urteil des Landgerichts (§ 396 ff. AktG). Nach der Auflösung findet, sofern nicht das Insolvenzverfahren eröffnet worden ist, die Abwicklung statt (§§ 264 ff. AktG). Das nach Berichtigung der Schulden verbliebene Vermögen wird an die Aktionäre nach ihren Anteilen am Grundkapital verteilt (§ 271 AktG). Solange noch nicht mit der Verteilung des Vermögens an die Aktionäre begonnen wurde, kann die Hauptversammlung die *Fortsetzung* der aufgelösten AG beschließen (§ 274 AktG).

# Einführung

## IX. Verbundene Unternehmen

1. Die technische Entwicklung hat in ständig steigendem Maße zu einer *Konzentration* der Wirtschaft geführt, die vor allem in den zahlreichen Unternehmenszusammenfassungen sichtbar wird. Über 70% des deutschen Aktienkapitals stecken in irgendwelchen Konzernzusammenhängen. Von dieser Rechtstatsache ausgehend beschränkt sich das Aktienrecht nicht darauf, nur die *einzelne* AG als rechtliche Einheit zu regeln, sondern sucht auch das Phänomen der *verbundenen* Unternehmen rechtlich zu erfassen, indem es Maßnahmen zum Schutz abhängiger Gesellschaften, ihrer Gläubiger und außenstehender nicht zum Konzern gehöriger Aktionäre trifft. Die gesetzliche Regelung greift hierbei über den Rahmen des Konzerns hinaus. Sie nimmt zum rechtlichen Ansatzpunkt die *verbundenen* Unternehmen schlechthin (§ 15 AktG).

2. *Verbundene Unternehmen* sind rechtlich selbständige Unternehmen, die nach der Stärke der Verbundenheit wie folgt miteinander verflochten sind:

a) Auf der untersten Stufe stehen Unternehmen, deren Anteils- oder Stimmenmehrheit einem anderen Unternehmen zusteht (§ 16 AktG). Von einem solchen *in Mehrheitsbesitz stehenden Unternehmen* wird widerlegbar vermutet, daß es von dem an ihm mit Mehrheit beteiligten Unternehmen *abhängig* ist (§ 17 Abs. 2 AktG).

b) Die nächste Stufe bilden die *abhängigen* und *herrschenden Unternehmen* (§ 17 Abs. 1 AktG). Abhängigkeit liegt vor, wenn das herrschende Unternehmen unmittelbar oder mittelbar einen beherrschenden Einfluß auf das abhängige Unternehmen ausüben kann, wobei jeder Einfluß genügt. Bei solchen Unternehmen wird widerlegbar vermutet, daß beide Unternehmen einen *Konzern* bilden (§ 18 Abs. 1 Satz 3 AktG).

c) Eine höhere Stufe bildet der *Konzern,* für den kennzeichnend ist, daß mehrere verbundene Unternehmen unter *einheitlicher Leitung* zusammengefaßt sind und auf diese Weise, wenn auch keine rechtliche, so doch eine *wirtschaftliche Einheit* bilden (§ 18 AktG). Je nachdem, ob die einzelnen Konzernunternehmen gleichen oder aufeinanderfolgenden Produktions- oder Handelsstufen angehören, gibt es horizontale und vertikale Konzerne. Während bei Bestehen eines Abhängigkeitsverhältnisses nur vermutet wird, daß die verbundenen Unternehmen einen Konzern bilden (2b), gelten diese unwiderleglich als Konzern, wenn zwischen ihnen ein *Beherrschungsvertrag* (§ 291 AktG) besteht oder das eine in das andere Unternehmen *eingegliedert* ist (§ 319 AktG). Geregelt ist ferner die *Rechnungslegung* im Konzern (§§ 290 ff. HGB). Die Obergesellschaft, die in einem Konzern die einheitliche Leitung ausübt, hat einen Konzernabschluß und einen Konzernlagebericht aufzustellen.

d) Besonderes gilt für *wechselseitig beteiligte Unternehmen,* bei denen jedem Unternehmen mehr als 25% der Anteile des anderen Unternehmens gehören (§ 19 AktG). Solche Unternehmen haben einander unverzüglich die Höhe ihrer Beteiligung und jede Änderung mitzuteilen (§ 328 Abs. 3 AktG). Sobald dem einen Unternehmen das Bestehen der wechselseitigen Beteiligung bekannt geworden ist, können Rechte aus den Anteilen, die ihm an dem anderen Unternehmen gehören, nur für höchstens den vierten Teil aller Anteile des anderen Unternehmens ausgeübt werden. Diese Beschränkung gilt jedoch nicht für das Recht auf den Bezug neuer Aktien bei einer Kapitalerhöhung aus Gesellschaftsmitteln (§ 328 Abs. 1 AktG).

e) Verbundene Unternehmen sind ferner *Vertragsteile eines Unternehmensvertrages* (§§ 15, 291, 292 AktG). Die *Beteiligung* und der *Vertrag* sind die wichtigsten Mittel zur Einordnung eines Unternehmens in einen Konzernverband. Beide Mittel schließen sich nicht aus. Die Beteiligung ermöglicht eine endogene Einflußnahme innerhalb der Gesellschaft, der Unternehmensvertrag eine exogene Einflußnahme auf die Gesellschaft selbst. Das Aktienrecht begünstigt die *Vertragskonzerne* gegenüber den faktischen Konzernen (3 c).

3. *Unternehmensverträge* sind einmal Beherrschungs- und Gewinnabführungsverträge (§ 291 AktG), zum anderen Gewinngemeinschaften, Teilgewinnabführungs- sowie Betriebspacht- und Betriebsüberlassungsverträge (§ 292 AktG). Alle diese Verträge erfordern die *Zustimmung* der Hauptversammlung (§ 293 AktG), einen schriftlichen Bericht des Vorstandes und eine Vertragsprüfung durch zu bestellende Vertragsprüfer (§§ 293 a ff. AktG). Der Beschluß erfordert eine Mehrheit von mindestens drei Vierteln des vertretenen Grundkapitals. Für einen Beherrschungs- oder Gewinnabführungsvertrag ist außerdem die Zustimmung der Hauptversammlung der anderen Gesellschaft nötig, wenn es sich bei ihr um eine AG oder KGaA handelt (§ 293 Abs. 2 AktG). Ein Unternehmensvertrag bedarf der *Schriftform* (§ 293 Abs. 3 AktG) und wird erst mit seiner *Eintragung* in das Handelsregister wirksam (§ 294 AktG). Da die genannten Verträge mehr oder weniger die wirtschaftliche Selbständigkeit der betroffenen Unternehmen berühren und ihre Struktur verändern, sind besondere *Schutzmaßnahmen* zugunsten der Gesellschaft, ihrer Gläubiger und der außenstehenden Aktionäre vorgesehen.

a) *Verlustübernahme.* Unterstellt eine AG oder KGaA durch einen *Beherrschungsvertrag* die Leitung ihrer Gesellschaft einem anderen Unternehmen oder verpflichtet sie sich durch einen *Gewinnabführungsvertrag,* ihren ganzen Gewinn an ein anderes Unternehmen abzuführen, so hat der andere Vertragsteil jeden während der Vertragsdauer sonst entstehenden *Jahresfehlbetrag auszugleichen,* soweit dieser nicht aus während der Vertragsdauer gebildeten anderen Gewinnrücklagen ausgeglichen wird (§ 302 AktG). Auch bei *Betriebspacht-* und *Betriebsüberlassungsverträgen* besteht eine Pflicht zum Verlustausgleich, wenn eine abhängige Gesellschaft den Vertrag geschlossen hat und die vereinbarte Gegenleistung (der Pachtzins) nicht angemessen ist (§ 302 Abs. 2 AktG). Endet ein Beherrschungs- oder Gewinnabführungsvertrag, so besteht für die Gläubiger der gleiche Schutz wie bei einer Verschmelzung (§ 303 Abs. 1 AktG). Sie können innerhalb einer Frist von sechs Monaten nach dem Gläubigeraufgebot *Sicherheitsleistung* verlangen. Statt dessen kann sich aber auch der andere Vertragsteil für die Forderungen verbürgen (§ 303 Abs. 3 AktG).

b) *Ausgleich und Abfindung.* Ein *Gewinnabführungsvertrag* muß einen angemessenen Ausgleich für die außenstehenden Aktionäre durch eine auf die Anteile am Grundkapital bezogene wiederkehrende Geldleistung vorsehen. Bei einem nicht auf Abführung des ganzen Gewinns gerichteten *Beherrschungsvertrag* muß den außenstehenden Aktionären als angemessener Ausgleich ein bestimmter jährlicher Gewinnanteil nach der für die Ausgleichszahlung bestimmten Höhe garantiert werden (§ 304 Abs. 1, 2 AktG). Ein Vertrag, der überhaupt keinen Ausgleich vorsieht, ist nichtig (§ 304 Abs. 3 AktG). Der Zustimmungsbeschluß der Hauptversammlung kann *nicht* mit der Begründung angefochten werden, daß der im Vertrag vorgesehene Ausgleich nicht angemessen ist oder ein Aktionär zum Schaden der Gesellschaft oder der anderen

# Einführung

Aktionäre einen Sondervorteil zu erlangen sucht. Jeder Aktionär kann aber das für den Sitz der Gesellschaft zuständige Landgericht anrufen und Festsetzung eines angemessenen Ausgleichs verlangen (§ 304 Abs. 3 AktG). Weiter muß ein Beherrschungs- oder Gewinnabführungsvertrag außer der Ausgleichszahlung den außenstehenden Aktionären anbieten, ihre Aktien gegen eine angemessene *Abfindung* zu erwerben (§ 305 AktG). Auch wegen der Angemessenheit dieser Abfindung kann das Gericht angerufen werden. Die außenstehenden Aktionäre haben die Möglichkeit, Aktionäre der herrschenden oder der mit Mehrheit beteiligten Gesellschaft zu werden. Diese hat als Abfindung den außenstehenden Aktionären grundsätzlich *eigene Aktien* zu gewähren (§ 305 Abs. 2 AktG).

c) *Leitungsmacht*. Besteht ein *Beherrschungsvertrag*, so ist das herrschende Unternehmen berechtigt, dem Vorstand der Gesellschaft *Weisungen* in bezug auf die Leitung der Gesellschaft zu geben. Es können für die Gesellschaft *nachteilige* Weisungen sein, wenn sie den Belangen des herrschenden Unternehmens oder der mit ihm und der Gesellschaft konzernverbundenen Unternehmen dienen (§ 308 Abs. 1 AktG). Der Vorstand muß solche Weisungen grundsätzlich befolgen (§ 308 Abs. 2, 3 AktG). Dafür trifft die gesetzlichen Vertreter des herrschenden Unternehmens gegenüber der Gesellschaft auch die *Verantwortlichkeit* (§ 309 AktG), wohingegen die Verwaltungsmitglieder der Gesellschaft insoweit nicht ersatzpflichtig sind, als sie die Weisung befolgen mußten (§ 310 AktG).

Besteht kein Beherrschungsvertrag, so darf das herrschende Unternehmen eines *faktischen Konzerns* eine abhängige AG oder KGaA nicht zu für sie nachteiligen Geschäften oder Maßnahmen veranlassen, es sei denn, daß die Nachteile durch entsprechende Vorteile *ausgeglichen* werden (§ 311 AktG). Damit die Grenzen der Einflußnahme bei einem faktischen Konzern gewahrt bleiben, muß der Vorstand einer abhängigen Gesellschaft alljährlich neben dem Lagebericht (§ 315 HGB) einen Bericht über die Beziehungen der Gesellschaft zu verbundenen Unternehmen aufstellen (§ 312 AktG). Der Bericht wird in der Regel durch den Abschlußprüfer (§ 316 Abs. 1 HGB) und stets durch den Aufsichtsrat geprüft (§§ 313, 314 AktG). Weiter kann auf Antrag eines Aktionärs eine *Sonderprüfung* vom Gericht angeordnet werden (§ 315 AktG).

4. Ein neues Rechtsinstitut ist die *eingegliederte Gesellschaft* (§§ 319 ff. AktG). Sie bleibt zwar nach außen eine rechtlich selbständige Gesellschaft, fungiert aber im Innenverhältnis nur wie eine Betriebsabteilung. Die Hauptversammlung einer AG kann die Eingliederung der Gesellschaft in eine andere AG mit Sitz im Inland (Hauptgesellschaft) beschließen, wenn sich *alle Aktien* der Gesellschaft in der Hand der künftigen Hauptgesellschaft befinden. Auch die Hauptversammlung der künftigen Hauptgesellschaft muß dem Eingliederungsbeschluß mit einer qualifizierten Kapitalmehrheit zustimmen (§ 319 Abs. 1, 2 AktG). Befinden sich mindestens 95% *des Grundkapitals* in der Hand der künftigen Hauptgesellschaft, so kann die Eingliederung auch durch einen Mehrheitsbeschluß erfolgen. Das setzt jedoch voraus, daß die ausscheidenden Aktionäre angemessen *abgefunden* werden (§ 320 Abs. 5 AktG).

Von der Eingliederung an *haftet die Hauptgesellschaft* den Gläubigern der eingegliederten Gesellschaft als Gesamtschuldner (§ 322 AktG). Die Haftung ist zwingend. Die Hauptgesellschaft ist berechtigt, dem Vorstand der eingegliederten Gesellschaft hinsichtlich der Leitung der Gesellschaft *Weisungen* zu erteilen (§ 323 AktG). Die Vorstandsmitglieder der Hauptgesellschaft tragen für solche Weisungen die volle Verantwortung.

5. Besondere Bedeutung kommt der *steuerrechtlichen* Beurteilung der *Organschaft* zu (§§ 14 bis 19 KStG 1977). Hat sich eine AG oder KGaA mit Geschäftsleitung und Sitz im Inland (Organgesellschaft) auf die Dauer von mindestens fünf Jahren durch einen Gewinnabführungsvertrag (§ 291 Abs. 1 AktG) verpflichtet, ihren ganzen Gewinn an ein anderes inländisches gewerbliches Unternehmen abzuführen, so wird das Einkommen der Organgesellschaft dem Träger des Unternehmens (Organträger) zugerechnet. Die für die Anerkennung der steuerrechtlichen Organschaft nötige wirtschaftliche und organisatorische Eingliederung in das Unternehmen des Organträgers liegt vor, wenn die Organgesellschaft durch einen Beherrschungsvertrag die Leitung ihres Unternehmens dem Organträger unterstellt hat (§ 291 Abs. 1 AktG) oder wenn sie eine eingegliederte Gesellschaft (§§ 319 ff. AktG) ist. Bei dieser haftet die Hauptgesellschaft den Gläubigern der eingegliederten Gesellschaft (§ 322 AktG). Da Organträger jede unbeschränkt steuerpflichtige natürliche Person und jede Personenvereinigung sein kann, deren Gesellschafter der Einkommens- oder Körperschaftssteuer unterliegen, ist für die Körperschaftssteuer die Organschaft auch zu einem Einzelunternehmen oder einer Personenhandelsgesellschaft anerkannt. Nachdem die Doppelbesteuerung ausgeschütteter Gewinne durch das Anrechnungsverfahren nach dem KStG 1977 beseitigt worden ist, besteht das sog. Schachtelprivileg nicht mehr.

## X. Kommanditgesellschaft auf Aktien

Die KGaA ist als Gesellschaftstyp eine *Mischform* zwischen der AG und einer Kommanditgesellschaft (KG). Sie ist einmal wie die *AG* eine juristische Person mit einem in Aktien zerlegten *Grundkapital,* an dem ein Teil der Gesellschafter beteiligt ist, ohne persönlich für die Verbindlichkeiten der Gesellschaft zu haften (Kommanditaktionäre), zum anderen hat sie wie die *KG* einen oder mehrere *persönlich haftende Gesellschafter,* die mit ihrem ganzen Vermögen für die Schulden der Gesellschaft einstehen (§ 278 AktG). Das Rechtsverhältnis der persönlich haftenden Gesellschafter bestimmt sich weitgehend nach den Vorschriften des Handelsgesetzbuchs über die KG (§§ 161 ff. HGB), die ihrerseits wieder eine Abart der offenen Handelsgesellschaft ist (§§ 105 ff. HGB). Sonst gelten die Vorschriften über die AG, soweit sich nicht aus den §§ 278 ff. AktG oder dem Fehlen eines Vorstandes etwas anderes ergibt (§ 278 Abs. 3 AktG). Die wirtschaftliche Bedeutung der KGaA ist gering.

## Gesellschaft mit beschränkter Haftung

### I. Rechtsnatur

1. Die GmbH ist eine *juristische Person* mit einem Stammkapital, auf das die Gesellschafter mit Stammeinlagen beteiligt sind, ohne persönlich für die Verbindlichkeiten der Gesellschaft zu haften (§ 13 GmbHG). In der Haftungsbeschränkung liegt ein wesensmäßiger Unterschied gegenüber den Personenhandelsgesellschaften. Das *Stammkapital* hat die gleiche Bedeutung wie das Grundkapital einer AG. Es muß seit der GmbH-Novelle 1980 *mindestens*

# Einführung

*25 000 Euro* betragen (§ 5 Abs. 1 GmbHG). Gesellschaften mit einem geringeren Stammkapital waren mit Ablauf des 31. 12. 1985 aufgelöst. Die Aufbringung und Erhaltung des Stammkapitals werden im Interesse der Gläubiger durch besondere Vorschriften gesichert. Die GmbH kann für jeden gesetzlich zulässigen Zweck errichtet werden. Ebenso wie die AG ist sie in ihrem Bestand vom Wechsel oder Tod der Gesellschafter unabhängig. Wie die AG hat die GmbH eine *Satzung* als objektives Verbandsrecht und notwendige *Organe*. Trotz dieser Übereinstimmung in wichtigen Punkten ist die GmbH keineswegs eine bloße Abart der AG. Dies beruht darauf, daß die innere Organisation einer GmbH sowie die Rechte und Pflichten der Mitglieder durch die Satzung individuell gestaltet werden können. Der Gesamtbetrag der Stammeinlagen muß zwar mit dem Stammkapital übereinstimmen, jedoch ist dieses nicht in Stammeinlagen zerlegt, die wie die Aktie auf einen festen Nennbetrag lauten. Die Höhe der Stammeinlagen kann vielmehr frei vereinbart werden; sie müssen nur mindestens 100 Euro betragen und durch 50 teilbar sein (§ 5 GmbHG). Auf Grund der weitgehenden *Satzungsautonomie* kann die GmbH der Struktur einer Personengesellschaft stark angenähert werden. In der Praxis überwiegt heute die *personalistische* GmbH, die von den Gesellschaftern als Geschäftsführern geleitet wird. Daneben gibt es die *kapitalistisch* organisierte GmbH, die dem gesetzlichen Leitbild entspricht und für mittlere Unternehmen die Rechtsform der AG zurückgedrängt hat. Wie bei der AG können sich auch bei der GmbH die Mitgliedschaften in einer Hand vereinigen.

2. Im Zuge der Einführung der gemeinsamen Währung ist ebenso wie das Aktiengesetz auch das Gesetz betreffend die Gesellschaften mit beschränkter Haftung durch Art. 3 § 2 des Euro-Einführungsgesetzes (EuroEG) geändert worden. Mit Wirkung vom 1. Januar 1999 lauten die Nennbeträge des Stammkapitals und der Stammeinlagen auf Euro (§ 5 GmbHG). Der Mindestnennbetrag des Stammkapitals (§ 5 Abs. 1 GmbHG) wird 25 000 Euro betragen, der Mindestnennbetrag der Stammeinlage auf 100 Euro herabgesetzt (§ 5 Abs. 1 GmbHG). Doch dürfen Gesellschaften, die vor dem 1. Januar 1999 eingetragen worden sind, die Nennbeträge ihres Stammkapitals und ihrer Stammeinlagen vorerst in DM bezeichnen (§ 86 GmbHG). Auch können noch bis zum 31. Dezember 2001 neue Gesellschaften mit beschränkter Haftung eingetragen werden, deren Stammkapital und Stammeinlagen auf Deutsche Mark lauten (§ 86 Abs. 2 GmbHG). Nach dem 31. Dezember 2001 dürfen Gesellschaften nur eingetragen werden, wenn das Kapital auf Euro umgestellt und die in Euro berechneten Nennbeträge der Geschäftsanteile auf einen durch zehn teilbaren Betrag, mindestens jedoch auf fünfzig Euro gestellt werden (§ 86 Satz 4 GmbHG).

## II. Gründungshergang

Die *Gründung* einer GmbH vollzieht sich ähnlich der Simultangründung einer AG in drei Stufen:

1. *Eine oder mehrere Personen* – natürliche oder juristische – stellen als Gründer in einer notariellen Urkunde die *Satzung* der künftigen GmbH fest (§§ 1, 2 GmbHG). Für die Satzung ist ein Mindestinhalt vorgeschrieben (§ 3 Abs. 1 GmbHG). Zu ihm gehören die *Firma* und der *Sitz* der GmbH, der *Gegenstand* des Unternehmens, die *Höhe des Stammkapitals* und der *Betrag der Stammeinlagen*. Sollen *Sacheinlagen* geleistet werden, z.B. ein Patent, ein Grundstück,

oder ein Unternehmen, so müssen der *Gegenstand der Sacheinlage* und der *Betrag der Stammeinlage,* auf die sich die Sacheinlage bezieht, in der *Satzung* (Gesellschaftsvertrag) festgesetzt werden. Ferner müssen die Gesellschafter in einem *Sachgründungsbericht* die für die Angemessenheit der Leistungen für Sacheinlagen wesentlichen Umstände darlegen und beim Übergang eines Unternehmens auf die GmbH die Jahresergebnisse der beiden letzten Geschäftsjahre angeben (§ 5 Abs. 4 GmbHG). Von besonderer Bedeutung ist es, daß den Gesellschaftern in der Satzung außer der Einlagepflicht noch *Nebenverpflichtungen* beliebiger Art auferlegt werden können, wie z. B. Lieferungs-, Mitarbeits- und vor allem Unterlassungspflichten (§ 3 Abs. 2 GmbHG). Dadurch kann die GmbH wirtschaftlich die Züge einer Personengesellschaft gewinnen.

2. Sodann werden von den Gründern *sämtliche Stammeinlagen* übernommen. Jeder Gründer kann zwar nur eine Stammeinlage übernehmen (§ 5 Abs. 2 GmbHG), jedoch kann diese beliebig hoch sein. Mit der Übernahme der Stammeinlagen ist zunächst eine *Vorgesellschaft* entstanden, deren Gesellschafter die Gründer sind. Zu den Besonderheiten einer *Einmann-Gründung* vgl. II Nr. 5. Durch Beschluß der Gesellschafter bzw. des Einmanns werden die *Geschäftsführer* bestellt, es sei denn, daß die Bestellung schon in der Satzung erfolgt ist. Eine Gründungsprüfung findet *nicht* statt, so daß die Gründung einer GmbH sich einfacher und rascher als die einer AG vollzieht.

3. Zum Abschluß wird die Gesellschaft von sämtlichen Geschäftsführern bei dem Gericht, in dessen Bezirk sie ihren Sitz hat, zur Eintragung in das Handelsregister angemeldet (§ 7 Abs. 1 GmbHG). Die Anmeldung darf nur erfolgen, wenn auf jede Stammeinlage, soweit nicht Sacheinlagen vereinbart sind, ein *Viertel* eingezahlt ist (§ 7 Abs. 2 Satz 1 GmbHG). Ferner muß auf das Stammkapital mindestens soviel eingezahlt sein, daß *alle Geldeinlagen* einschließlich des Gesamtbetrages der Stammeinlagen, für die Sacheinlagen zu leisten sind, die Hälfte des Mindeststammkapitals (25 000 Euro) erreichen (§ 7 Abs. 2 Satz 2 GmbHG). Bei einem Stammkapital von 50 000 Euro muß demnach die Hälfte eingezahlt sein. *Sacheinlagen* sind vor der Anmeldung der Gesellschaft so an die Gesellschaft zu bewirken, daß sie endgültig zur freien Verfügung der Geschäftsführer stehen (§ 7 Abs. 3 GmbHG). Die ordnungsgemäße Leistung der Geld- und Sacheinlagen haben die Geschäftsführer bei der Anmeldung der Gesellschaft zur Eintragung in das Handelsregister zur *versichern* (§ 8 Abs. 2 GmbHG).

4. Das *Registergericht* prüft, ob die Gesellschaft ordnungsgemäß errichtet und angemeldet ist. Die Prüfung erstreckt sich auch darauf, ob die *Sacheinlagen* sachgerecht bewertet wurden (§ 9c Abs. 1 GmbHG). Ist eine Sacheinlage *überbewertet* worden, so muß der Gesellschafter den Fehlbetrag als Geldeinlage leisten (§ 9 Abs. 1 GmbHG). Ergibt die Prüfung, daß die Gesellschaft ordnungsgemäß errichtet und angemeldet worden ist, so wird sie in das Handelsregister *eingetragen.* Erst durch die *Eintragung* ist die GmbH als juristische Person entstanden (§ 11 GmbHG). Die Bekanntmachung der Eintragung ist deklaratorisch.

5. Die Gründung einer *Einmann-GmbH* vollzieht sich grundsätzlich nach den Regeln, die für die Gründung einer GmbH durch mehrere Personen gelten. Die Rechtsgrundlage der Gesellschaft ist die vom Einmann aufgestellte *Satzung* („Gesellschaftsvertrag", § 2 Abs. 1 GmbHG). Dieser übernimmt die Stammeinlagen, womit eine Vor-GmbH als werdende Gesellschaft besteht.

# Einführung

Auch der Einmann braucht vor Anmeldung der Gesellschaft nur die *Mindesteinlage* einzuzahlen. Wohl aber muß er, wenn er nicht freiwillig die volle Einlage leistet, für den Teil der Geldeinlagen, die er vor der Anmeldung der Gesellschaft nicht zu leisten braucht, eine *Sicherung* bestellen (§ 7 Abs. 2 Satz 3 GmbHG).

Auch *nachträglich* kann durch Vereinigung aller Geschäftsanteile in der Hand eines Gesellschafters eine *Einmann-GmbH* entstehen. Geschieht dies in den ersten *drei Jahren* nach der Eintragung der GmbH in das Handelsregister, so muß der Gesellschafter entweder *alle Geldeinlagen voll einzahlen* oder für die noch ausstehenden Beträge eine *Sicherung* bestellen oder einen Teil der Geschäftsanteile *an einen Dritten übertragen* (§ 19 Abs. 4 GmbHG). Erfüllt der Gesellschafter diese Verpflichtungen nicht, so stellt das Registergericht nach vergeblichem Ablauf einer gesetzten Nachfrist die *Nichteinhaltung* der genannten Verpflichtungen fest. Durch diese Entscheidung wird die Gesellschaft *aufgelöst* (§ 60 Abs. 1 Nr. 5 GmbHG; § 144 b FGG).

## III. Verfassung

Die GmbH hat mindestens zwei notwendige Organe: die *Gesamtheit der Gesellschafter* und einen oder mehrere *Geschäftsführer*. Im Gegensatz zur AG besteht keine zwingende Zuständigkeitsabgrenzung. Die unternehmerische Leitung kann daher bei den Geschäftsführern oder bei der Gesellschaftergesamtheit liegen.

1. Die *Geschäftsführer* sind das Geschäftsführungs- und Vertretungsorgan (§ 35 GmbH). Sie haben jedoch nicht wie der Vorstand einer AG die Gesellschaft unter eigener Verantwortung zu leiten, sondern sind im Rahmen von Gesetz und Satzung den *Weisungen* der Gesellschafter unterworfen. Ihre Bestellung erfolgt durch die Satzung oder einen Beschluß der Gesellschafter (§ 46 Nr. 5 GmbHG). Die Zeitdauer der Bestellung ist nicht begrenzt. Ihre Abberufung ist jederzeit zulässig (§ 38 Abs. 1 GmbHG). Geschäftsführer kann nur eine *natürliche, unbeschränkt geschäftsfähige Person* sein (§ 6 Abs. 2 Satz 1 GmbHG). Personen, die wegen eines *Konkursdelikts* (§§ 283 bis 283 d StGB) verurteilt worden sind, können auf die *Dauer von fünf Jahren* nicht Geschäftsführer sein (§ 6 Abs. 2 Satz 2 GmbHG). Ebenso nicht Personen, denen durch gerichtliches Urteil oder Entscheidung einer Verwaltungsbehörde die Ausübung eines Berufs, Berufszweigs oder Gewerbes untersagt worden ist, für die *Dauer der Untersagung* (§ 6 Abs. 2 Satz 3 GmbHG).

Die Geschäftsführer haben in den Angelegenheiten der Gesellschaft insbesondere bei der Geschäftsführung und Vertretung, die *Sorgfalt eines ordentlichen Geschäftsmannes* anzuwenden (§ 43 Abs. 1 GmbHG). Ihnen darf *kein Kredit* aus dem zur Erhaltung des Stammkapitals erforderlichen Vermögen der Gesellschaft gewährt werden; gesetzwidrig gewährter Kredit ist ohne Rücksicht auf entgegenstehende Vereinbarungen sofort zurückzugewähren (§ 43 a GmbHG). Gleiches gilt für Kredite an andere gesetzliche Vertreter, Prokuristen oder zum gesamten Geschäftsbetrieb ermächtigte Handlungsbevollmächtigte.

Ist bei einer Einmann-GmbH der *Einmann-Gesellschafter* zugleich *Geschäftsführer*, so ist auf seine Rechtsgeschäfte mit der Gesellschaft § 181 BGB anzuwenden (§ 35 Abs. 4 GmbHG). *Insichgeschäfte* sind daher nur rechtswirksam, wenn sie dem Einmann-Gesellschafter in der Satzung (Gesellschaftsvertrag) *ausdrücklich gestattet* sind.

2. Ein *Aufsichtsrat* ist für die GmbH, die meist nur wenige Gesellschafter hat, nicht allgemein vorgeschrieben. Doch kann die Satzung einen Aufsichtsrat vorsehen und seine Aufgaben festlegen (§ 52 GmbHG). Nur wenn eine GmbH mehr als 500 Arbeitnehmer beschäftigt, muß sie nach dem BetrVG 1952 i. d. F. vom 15. 1. 1972 (BGBl. I S. 13) einen Aufsichtsrat haben, dessen Mitglieder zu einem Drittel Arbeitnehmervertreter sein müssen (§ 77 BetrVG 1952).[1] Beschäftigt sie mehr als 2000 Arbeitnehmer, so richtet sich die Mitbestimmung nach dem MitbestG vom 4. 5. 1976 (BGBl. I S. 1153); vgl. insoweit zur AG IV Nr. 2. Für Unternehmen der Montanindustrie in der Form einer GmbH gilt das Montan-MitbestG vom 21. Mai 1951 (BGBl. I S. 347); vgl. insoweit zur AG IV Nr. 3.

3. Die *Gesamtheit der Gesellschafter* ist das oberste Organ der GmbH. Ihre Zuständigkeit erstreckt sich, soweit nicht Gesetz oder Satzung etwas anderes bestimmt, auf *alle* Angelegenheiten (§ 45 GmbHG). Zu diesen gehören insbesondere die Feststellung des Jahresabschlusses und die Ergebnisverwendung, die Bestellung und Abberufung von Geschäftsführern sowie die Prüfung und Überwachung der Geschäftsführung. Die Beschlüsse werden regelmäßig in einer Versammlung gefaßt; bei Einverständnis aller Gesellschafter ist schriftliche Abstimmung zulässig (§ 48 GmbHG). Bei einer *Einmann-GmbH* hat der Einmann-Gesellschafter unverzüglich nach der Beschlußfassung eine *Niederschrift* aufzunehmen und zu unterschreiben (§ 48 Abs. 3 GmbHG).

## IV. Rechnungslegung

1. Auf den *Einzelabschluß* und den *Konzernabschluß* der GmbH sind aufgrund des Bilanzrichtlinien-Gesetzes vom 19. Dezember 1985 (BGBl I S. 2355) die gleichen Vorschriften anzuwenden, die auch für die AG gelten (S. 18). Es sind neben den für *alle Kaufleute* geltenden §§ 238 bis 263 HGB über die Buchführung, die für Kapitalgesellschaften (AG, KGaA, GmbH) ergänzend geltenden §§ 264 bis 335 HGB. *Erleichterungen* sind für *kleine* und *mittelgroße* Kapitalgesellschaften (§ 267 HGB) vorgesehen.

2. Der Jahresabschluß wird von der *Gesellschaftergesamtheit* festgestellt (§ 46 Nr. 1 GmbHG). Die Satzung kann die Feststellung den Geschäftsführern oder einem Aufsichtsrat übertragen. Hat keine *Prüfung* des Jahresabschlusses und des Lageberichts stattgefunden, so kann der Jahresabschluß einer GmbH, die nicht eine kleine im Sinne des § 267 Abs. 1 HGB ist, nicht festgestellt werden (§ 316 Abs. 1 HGB). Der festgestellte Jahresabschluß wird zum *Handelsregister* eingereicht und im Bundesanzeiger *bekanntgemacht bzw. darauf hingewiesen* (§§ 325 ff. HGB).

3. Auch über die Verwendung des *Ergebnisses* entscheidet grundsätzlich die Gesellschaftergesamtheit (§ 46 Nr. 1 GmbHG).

## V. Rechte und Pflichten der Gesellschafter

1. Die Mitgliedschaft des einzelnen Gesellschafters wird durch den *Geschäftsanteil* repräsentiert. Er lautet auf einen bestimmten Nennbetrag, bestimmt sich jedoch nicht wie die Aktie nach der Stückelung des Kapitals, son-

---

[1] Vom Betriebsverfassungsgesetz vom 11. 10. 1952 (BGBl. I S. 681) gelten die §§ 76 bis 77a, 81, 85 und 87 neben dem neuen Betriebsverfassungsgesetz vom 15. 1. 1972 (BGBl. I S. 13) weiter (§ 129 Abs. 1 BetrVG 1972).

# Einführung

dern bemißt sich nach dem Betrag der übernommenen Stammeinlage (§ 14 GmbHG). Der Geschäftsanteil ist *veräußerlich* und *vererblich.* Ein formloser Handel mit Geschäftsanteilen ist jedoch nicht möglich. Sowohl der Abtretungs- als auch ein entsprechender Verpflichtungsvertrag bedürfen notarieller Beurkundung (§ 15 Abs. 3, 4 GmbHG). Die Verkehrsfähigkeit von Geschäftsanteilen, die auch nicht wertpapiermäßig verbrieft werden können, ist dadurch stark eingeschränkt. Die *Teilung* eines Geschäftsanteils ist nur zum Zweck der Veräußerung oder Vererbung zulässig (§ 17 Abs. 1, 6 GmbHG); sie bedarf der schriftlichen Genehmigung durch die Gesellschaft.

Die allgemeinen Mitgliedschaftsrechte, die jedem Gesellschafter zustehen, sind entweder *Verwaltungsrechte,* wie z.B. das Stimmrecht, das Teilnahme-, Auskunfts- und Anfechtungsrecht, oder *Vermögensrechte,* wie das Recht auf Beteiligung am Gewinn oder Liquidationserlös. Die Gesellschafter haben Anspruch auf den Jahresüberschuß, soweit dieser nicht von der Verteilung zulässigerweise ausgeschlossen ist (§ 29 Abs. 1 GmbHG).

2. Jeder Gesellschafter kann von den Geschäftsführern verlangen, daß sie ihm *unverzüglich Auskunft* über die Angelegenheiten der Gesellschaft geben und *Einsicht der Bücher und Schriften* gestatten (§ 51a Abs. 1 GmbHG). Die Geschäftsführer dürfen die Auskunft und die Einsicht nur aufgrund eines *Beschlusses der Gesellschafter* verweigern, und zwar nur dann, wenn zu besorgen ist, daß der Gesellschafter sie zu gesellschaftsfremden Zwecken verwenden und dadurch der Gesellschaft oder einem verbundenen Unternehmen einen nicht unerheblichen Schaden zufügen wird (§ 51a Abs. 2 GmbHG). Diese Regelungen sind *zwingend;* die Satzung kann sie nicht abweichend gestalten (§ 51a Abs. 3 GmbHG). Jeder Gesellschafter, dem die verlangte Auskunft nicht gegeben oder die verlangte Einsicht nicht gestattet worden ist, kann sein Verlangen *gerichtlich durchsetzen.* Das geschieht im Interesse der Beschleunigung nicht durch Klage, sondern auf Antrag in einem besonderen gerichtlichen Verfahren (§ 51b GmbHG).

3. Die *Hauptpflicht* des Gesellschafters besteht darin, seine Stammeinlagepflicht zu erfüllen. Von dieser Verpflichtung kann er *nicht befreit* werden; auch eine *Aufrechnung* gegenüber dem Anspruch der Gesellschaft ist ihm verwehrt (§ 19 Abs. 2 GmbHG). Kann eine Stammeinlage weder vom Zahlungspflichtigen eingezogen noch durch Verkauf des Geschäftsanteils gedeckt werden, so haben die übrigen Gesellschafter den Fehlbetrag nach dem Verhältnis ihrer Geschäftsanteile aufzubringen (§ 24 GmbHG). Auf diese Weise kann sich die Haftung des Gesellschafters einer GmbH über seine eigene Einlageverpflichtung hinaus erhöhen. Auch bei einer Kapitalerhöhung besteht die Gemeinhaftung. Der Gesellschafter einer GmbH trägt somit ein weit höheres Haftungsrisiko als ein Aktionär.

4. Unzulässig ist eine Vermögensausschüttung *zu Lasten des Stammkapitals* (§ 30 Abs. 1 GmbHG). Gesetzwidrige Zahlungen müssen von den Gesellschaftern zurückerstattet werden (§ 31 GmbHG). Waren sie gutgläubig, so besteht die Ersatzpflicht nur insoweit, als sie zur Befriedigung der Gläubiger erforderlich ist. Auch für die Rückerstattung haften die Mitgesellschafter nach dem Verhältnis ihrer Geschäftsanteile. Läßt sich ein GmbH-Gesellschafter *Darlehensbeträge* zurückgewähren, die er der GmbH nach Eintritt ihrer Konkursreife anstelle einer in dieser Lage benötigten weiteren Kapitaleinlage gegeben hat, so ist die Rückgewähr vor Gesundung der Gesellschaft als eine nach § 30 GmbHG verbotene Kapitalauszahlung anzusehen.

5. Unabhängig von den sich schon aus §§ 30, 31 GmbHG ergebenden Folgen (V Nr. 4) treffen §§ 32 a und 32 b GmbHG eine besondere *Regelung für Gesellschafterdarlehen.* Zu unterscheiden sind *zwei* Tatbestände:

a) Hat ein *Gesellschafter* der Gesellschaft ein Darlehen in einem Zeitpunkt gewährt, in dem ihr die Gesellschafter als ordentliche Kaufleute *Eigenkapital zugeführt* hätten, so kann er das Darlehen im *Konkurs* der Gesellschaft *nicht zurückverlangen* (§ 32 a Abs. 1 GmbHG). Das kapitalersetzende Darlehen wird als Haftkapital behandelt.

b) Hat ein *Dritter* der Gesellschaft − statt einer erforderlichen Eigenpitalzuführung durch die Gesellschafter − ein *Darlehen* gewährt, für dessen Rückgewähr ein Gesellschafter eine *Sicherung* bestellt oder sich *verbürgt* hat, so muß er im *Konkurs* der Gesellschaft die Sicherung oder den Bürgen in Anspruch nehmen und kann nur wegen eines Ausfalls aus der Konkursmasse verhältnismäßige Befriedigung verlangen (§ 32 a Abs. 2 GmbHG). Hat die Gesellschaft dem Dritten das Darlehen im letzten Jahr vor Konkurseröffnung *zurückgezahlt,* so muß der Gesellschafter der Gesellschaft den zurückgezahlten Betrag erstatten oder ihr die Gegenstände, die dem Dritten als Sicherung gedient hatten, zu ihrer Befriedigung zur Verfügung stellen.

6. Die Gesellschaft kann *eigene Geschäftsanteile,* auf welche die *Einlagen noch nicht vollständig geleistet* sind, *nicht erwerben* oder als *Pfand nehmen* (§ 33 Abs. 1 GmbHG). Eine verbotswidrige Verfügung wäre *nichtig.* Eigene Geschäftsanteile, auf welche die Einlagen *vollständig geleistet* sind, darf die Gesellschaft dagegen erwerben, wenn sie die Gegenleistung aus dem nicht zur Deckung des Stammkapitals gebundenen Vermögen erbringen und die nach § 272 Abs. 4 HGB vorgeschriebene Rücklage für eigene Anteile bilden kann, ohne durch Gesetz oder Satzung gebundenes Kapital zu vermindern (§ 33 Abs. 2 GmbHG). Wird dagegen verstoßen, so ist der Erwerb oder die Inpfandnahme der Geschäftsanteile zwar nicht nichtig, jedoch haften die Geschäftsführer, die ihre Pflichten schuldhaft verletzt haben, der Gesellschaft auf *Schadenersatz* (§ 43 GmbHG). Das *schuldrechtliche* Geschäft über einen verbotenen Erwerb voll eingezahlter Geschäftsanteile ist auch in diesen Fällen nichtig.

## VI. Kapitalbeschaffung und Kapitalherabsetzung

1. Als Form der Beteiligungsfinanzierung ist bei der GmbH nur die *Kapitalerhöhung* zugelassen. Es gibt kein genehmigtes Kapital und keine bedingte Kapitalerhöhung. Das Stammkapital kann effektiv gegen Einlagen oder nominell aus Gesellschaftsmitteln erhöht werden. Für die effektive Kapitalerhöhung gelten §§ 55 ff. GmbHG. Sollen bei einer effektiven Kapitalerhöhung *Sacheinlagen* geleistet werden, so gelten ähnliche Schutzvorschriften wie bei der Gründung einer GmbH mit Sacheinlagen (§§ 56 ff. GmbHG).

2. Ebenso wie bei einer AG ist auch bei einer GmbH eine *Herabsetzung des Grundkapitals* unter Beachtung besonderer Schutzvorschriften zulässig (§ 58 GmbHG). Während eine Einziehung von Aktien nur durch eine gleichzeitige Kapitalherabsetzung möglich ist (§§ 237 ff. AktG), kann eine *Einziehung* von Geschäftsanteilen auch ohne Kapitalherabsetzung erfolgen (§ 34 GmbHG). Eine *Zwangseinziehung* ist nur zulässig, wenn die Bedingungen für die Einziehung in der Satzung festgesetzt waren, bevor der Berechtigte den Geschäftsanteil erworben hat.

### VII. Auflösung und Abwicklung

Die GmbH wird kraft Gesetzes aus den gleichen Gründen wie eine AG aufgelöst (§ 60 GmbHG) und sodann abgewickelt (§ 66 GmbHG). Eine Besonderheit ist, daß sie auch durch *gerichtliches Urteil* aufgelöst werden kann, wenn die Erreichung des Gesellschaftszwecks unmöglich geworden ist, oder andere, in den Verhältnissen der Gesellschaft liegende Gründe für die Auflösung vorhanden sind. Die Auflösungsklage kann nur von Gesellschaftern erhoben werden, deren Geschäftsanteile zusammen mindestens dem zehnten Teil des Stammkapitals entsprechen (§ 61 Abs. 2 GmbHG). Weiter hat die Rechtsprechung es zugelassen, daß ein *Gesellschafter* aus einem in seiner Person liegenden *wichtigen Grunde,* der die Fortsetzung der Gesellschaft mit ihm unzumutbar macht, durch gerichtliches Urteil aus der Gesellschaft ausgeschlossen wird. Die Ausschlußklage wird in diesem Fall von der Gesellschaft erhoben. Die Wirkung des Ausschlusses wird davon abhängig gemacht, daß der auszuschließende Gesellschafter den im Urteil bestimmten Gegenwert seines Geschäftsanteils erhält.

### GmbH & Co.

1. Man versteht darunter eine *Personengesellschaft* (OHG, KG), bei der kein persönlich haftender Gesellschafter eine natürliche Person ist. Besondere Bedeutung hat in der Praxis die *GmbH & Co. KG.* Das ist eine *Kommanditgesellschaft,* deren persönlich haftender Gesellschafter eine *GmbH* ist. Diese hat die Funktion einer Geschäftsführungs-GmbH und garantiert als juristische Person den Bestand des Unternehmens. Die Geschäftsanteile der GmbH stehen den Kommanditisten zu, mitunter werden sie auf die Kommanditgesellschaft übertragen (s. Nr. 2 d). Die Möglichkeit, die Haftung auf die Einlagen der Kommanditisten und auf das Vermögen der GmbH als Komplementär zu beschränken, ist ein wesentlicher Grund für die Verbreitung der GmbH & Co. Der steuerliche Vorteil liegt darin, daß sie eine Personengesellschaft ist. Nur die Einkünfte der GmbH unterliegen der Körperschaftssteuer, während die Einkünfte der Kommanditgesellschaft von den Kommanditisten als Einkommen zu versteuern sind. Obwohl Personengesellschaften nicht der Mitbestimmung unterliegen, besteht für die GmbH & Co. eine Sonderregelung (§ 4 MitbestG).

2. Da bei einer GmbH & Co. *keine natürliche Person unbeschränkt haftet,* ist es in erhöhtem Maße erforderlich, die *Interessen der Gläubiger* zu schützen. Dem dient folgende Regelung:

a) Eine Personengesellschaft, bei der kein persönlich haftender Gesellschafter eine natürliche Person ist, muß in ihrer *Firma,* gleichviel, ob es sich um eine originär gebildete oder abgeleitete Firma handelt, eine *Bezeichnung* erhalten, *die die Haftungsbeschränkung kennzeichnet* (§ 19 Abs. 2 HGB). Üblicherweise wird die Bezeichnung „GmbH & Co." verwendet. Zulässig aber z. B. auch „beschränkt haftende OHG" bzw. „beschränkt haftende KG".

b) Ebenso wie bei der AG (§ 80 AktG) und der GmbH (§ 35 a GmbHG) müssen auch bei einer Gesellschaft, bei der kein Gesellschafter eine natürliche Person ist, auf *allen,* an einen bestimmten Empfänger gerichteten *Geschäftsbrie-*

*fen* die Rechtsform und der Sitz der Gesellschaft, das Registergericht und die Nummer der Registrierung sowie die Firmen der persönlich haftenden Gesellschafter angegeben werden (§ 125a HGB). Sind die persönlich haftenden Gesellschafter eine GmbH oder AG, so müssen auch die in § 35a GmbHG und § 80 AktG für Geschäftsbriefe vorgeschriebenen Angaben gemacht werden.

c) Die Regelung der *Gesellschafterdarlehen* im GmbH-Recht (s. V Nr. 5) gilt entsprechend auch für *Personenhandelsgesellschaften,* bei denen kein persönlich haftender Gesellschafter eine natürliche Person ist (§§ 129a, 172a HGB). Darlehen, die z.B. Gesellschafter oder Mitglieder der Gesellschafter einer OHG gewährt haben, werden ebenso wie Darlehen der Gesellschafter einer GmbH behandelt.

d) Bei einer *Kommanditgesellschaft* ohne natürliche Personen als persönlich haftende Gesellschafter *gilt die Einlage* eines Kommanditisten *gegenüber den Gläubigern als nicht geleistet,* soweit sie in Anteilen an den persönlich haftenden Gesellschaftern bewirkt ist (§ 172 Abs. 6 HGB). Bringt z.B. der Kommanditist einer GmbH & Co. KG seine Geschäftsanteile als Sacheinlage auf seine Einlagepflicht in die KG ein, so befreit er sich dadurch nicht von seiner Haftung gegenüber den Gläubigern.

### Erweiterte Publizität

Bei *Großunternehmen* besteht ein berechtigtes Interesse der Öffentlichkeit an gesteigerter *Publizität,* damit von vornherein eine ordnungsgemäße Geschäftsführung gewährleistet ist. Dadurch wird zum Schutz der Gesamtwirtschaft, insbesondere auch der Arbeitnehmerschaft, den Gefahren vorgebeugt, die sich daraus ergeben, daß solche Unternehmen in wirtschaftliche Schwierigkeiten geraten. Nach dem Gesetz über die Rechnungslegung von bestimmten Unternehmen und Konzernen – *Publizitätsgesetz* (PublG) vom 15. 8. 1969 (BGBl. I S. 1189), unterliegen auch Unternehmen, die keine Kapitalgesellschaften sind, den für diese geltenden Vorschriften über die Rechnungslegung (§§ 242ff. 264ff. HGB), wenn für drei aufeinanderfolgende Abschlußstichtage mindestens zwei der drei folgenden Merkmale zutreffen: eine *Bilanzsumme* über 125 Millionen DM, ein *Jahresumsatz* über 250 Millionen und eine im Jahresdurchschnitt 5000 Arbeitnehmer übersteigende *Belegschaft* (§ 1 PublG). Unter diesen Voraussetzungen sind Großunternehmen in der Rechtsform einer Personenhandelsgesellschaft oder eines Einzelkaufmanns, einer bergrechtlichen Gewerkschaft, eines Wirtschaftsvereins oder einer rechtsfähigen Stiftung des bürgerlichen Rechts, wenn sie ein Gewerbe betreiben, der Publizitätspflicht unterworfen. Ihr unterliegen ferner Körperschaften, Stiftungen und Anstalten des öffentlichen Rechts, wenn sie die Kaufmannseigenschaft (§ 1 HGB) besitzen oder im Handelsregister eingetragen sind (§ 3 PublG). Keine Publizitätspflicht besteht für Genossenschaften, Versicherungsvereine auf Gegenseitigkeit, kommunale Eigenbetriebe ohne eigene Rechtspersönlichkeit und Urheberverwertungsgesellschaften. Die Einhaltung der *aktienrechtlichen* Publizitätsvorschriften ist durch zahlreiche Erklärungs- und Berichtspflichten sowie durch Freiheits- und Geldstrafen, Geldbußen und Zwangsgelder gesichert (§§ 17ff. PublG).

# Einführung

## Umwandlung

Durch das Umwandlungsgesetz (UmwG) vom 28. 10. 1994 (BGBl. I S. 3210, ber. 1995 I S. 428 ist mit Wirkung vom 1. 1. 1995 zusammen mit dem Gesetz zur Änderung des Umwandlungssteuerrechts vom 28. 10. 1994 (BGBl. I S. 3267) ein *einheitliches Umwandlungsrecht* geschaffen worden. Umgewandelt werden können Kapitalgesellschaften (AG, GmbH, KGaA), Personenhandelsgesellschaften (OHG, KG, GmbH & Co), eingetragene Genossenschaften, rechtsfähige Vereine, Versicherungsvereine auf Gegenseitigkeit sowie Körperschaften und Anstalten des öffentlichen Rechts. Arten der Umwandlung sind nach § 1 Abs. 1 UmwG die Verschmelzung, Spaltung, Vermögensübertragung und der Wechsel der Rechtsform.

1. Eine **Verschmelzung** (§§ 2–122 UmwG) liegt vor, wenn das Vermögen von Rechtsträgern unter Auflösung ohne Abwicklung vereinigt wird. Das kann nach § 2 Nr. 1 UmwG entweder durch Übertragung des Vermögens eines oder mehrerer Rechtsträger als Ganzes auf einen anderen bestehenden Rechtsträger geschehen (Verschmelzung durch Aufnahme) oder nach § 2 Nr. 2 UmwG durch Übertragung des Vermögens zweier oder mehrerer Rechtsträger jeweils als Ganzes auf einen neuen, von ihnen gegründeten Rechtsträger (Verschmelzung durch Neugründung). In beiden Fällen erfolgt die Verschmelzung gegen Gewährung von Anteilen oder Mitgliedschaften des übernehmenden oder neuen Rechtsträgers an die Anteilsinhaber (Gesellschafter, Aktionäre, Genossen oder Mitglieder) der übertragenden Rechtsträger.

a) Die *Verschmelzung durch Aufnahme* beruht auf einem von den an der Verschmelzung beteiligten Rechtsträgern zu schließenden *Verschmelzungsvertrag* (§ 4 Abs. 1 UmwG), der notariell beurkundet werden muß (§ 5 UmwG). Für jede der beteiligten Aktiengesellschaften ist der Verschmelzungsvertrag durch einen oder mehrere sachverständige Prüfer (Verschmelzungsprüfer) zu prüfen (§§ 9 ff. UmwG). Die Prüfung erstreckt sich vor allem auf die Angemessenheit des Umtauschverhältnisses (§ 12 Abs. 2 UmwG). Wirksam wird der Verschmelzungsvertrag nur, wenn die Anteilsinhaber der sich vereinigenden Rechtsträger ihm durch *Beschluß* zustimmen (§ 13 UmwG). Mit der Eintragung der Verschmelzung in das Register des Sitzes des übernehmenden Rechtsträgers geht das Vermögen der übertragenden Rechtsträger einschließlich der Verbindlichkeiten auf den übernehmenden Rechtsträger über und die übertragenden Rechtsträger erlöschen ohne besondere Löschung (§ 20 Abs. 1 Nr. 1, 2 UmwG).

b) Im Verschmelzungsvertrag oder in seinem Entwurf hat der übernehmende Rechtsträger jedem Anteilsinhaber, der gegen den Verschmelzungsbeschluß des übertragenden Rechtsträgers Widerspruch zur Niederschrift erklärt, den Erwerb seiner Anteile oder Mitgliedschaften gegen eine angemessene *Barabfindung* anzubieten (§ 29 UmwG). Eine Klage gegen die Wirksamkeit des Verschmelzungsbeschlusses eines übertragenden Rechtsträgers kann nicht darauf gestützt werden, daß das Angebot nach § 29 UmwG zu niedrig bemessen oder die Barabfindung im Verschmelzungsvertrag nicht oder nicht ordnungsgemäß angeboten worden ist (§ 32 UmwG). Wohl aber hat das Gericht die Abfindung nachzuprüfen, wenn ein Anteilsinhaber geltend macht, daß das Angebot nach § 29 UmwG zu niedrig bemessen oder nicht ordnungsgemäß angeboten worden sei (§ 34 UmwG). Das Gericht hat sodann auf Antrag des Anteilsinhabers die angemessene Barabfindung zu bestimmen.

c) Auf die *Verschmelzung durch Neugründung* sind die Vorschriften über die Verschmelzung durch Aufnahme mit Ausnahme des § 16 Abs. 1 und des § 27 UmwG *entsprechend anwendbar* (§ 36 Abs. 1 UmwG). An die Stelle des übernehmenden Rechtsträgers tritt der neue Rechtsträger, an die Stelle der Eintragung in das Register des Sitzes des übernehmenden Rechtsträgers tritt die Eintragung des neuen Rechtsträgers in das Register seines Sitzes.

2. Eine **Spaltung** (§§ 123–173 UmwG) kann durch Aufnahme oder durch Neugründung erfolgen, und zwar in Form der Aufspaltung, Abspaltung oder Ausgliederung. – a) Bei einer *Aufspaltung* werden von einem Rechtsträger im Gegensatz zur Verschmelzung Vermögensteile unter Auflösung ohne Abwicklung entweder zur *Aufnahme* durch Übertragung als Gesamtheit auf andere bestehende Rechtsträger übertragen (§ 123 Abs. 1 Nr. 1 UmwG) oder zur *Neugründung* durch Übertragung als Gesamtheit auf andere von ihm gegründete neue Rechtsträger übertragen (§ 123 Abs. 1 Nr. 2 UmwG). – b) Bei einer *Abspaltung* überträgt ein Rechtsträger einen Teil oder mehrere Teile entweder seines Vermögens ohne Auflösung zur *Aufnahme* jeweils als Gesamtheit auf einen bestehenden oder mehrere bestehende Rechtsträger (§ 123 Abs. 2 Nr. 1 UmwG) oder zur *Neugründung* jeweils als Gesamtheit auf einen oder mehrere von ihm gegründeten neuen oder gegründete neue Rechtsträger (§ 123 Abs. 2 Nr. 2 UmwG). – c) Bei einer *Ausgliederung* überträgt ein Rechtsträger aus seinem Vermögen einen Teil oder mehrere Teile als Gesamtheit entweder zur *Aufnahme* auf einen bestehenden oder mehrere bestehende Rechtsträger (§ 123 Abs. 3 Nr. 1 UmwG) oder zur *Neugründung* auf einen oder mehrere von ihm gegründete neue Rechtsträger (§ 123 Abs. 3 Nr. 3 UmwG). – Die drei Spaltungsformen erfolgen gegen Gewährung von Anteilen oder Mitgliedschaften, und zwar die *Aufspaltung* an die Anteilsinhaber des übertragenden Rechtsträgers (§ 123 Abs. 1 UmwG), die *Abspaltung* an die Anteilsinhaber des übertragenden Rechtsträgers (§ 123 Abs. 2 UmwG) und die *Ausgliederung* an den übertragenden Rechtsträger (§ 123 Abs. 3 UmwG). – Die Spaltung kann in ihren drei Formen auch auf bestehende und neue Rechtsträger erfolgen (§ 123 Abs. 4 UmwG).

3. Eine **Vermögensübertragung** kann als Vollübertragung oder Teilübertragung erfolgen (§ 174 UmwG). – a) Bei einer *Vollübertragung* überträgt ein Rechtsträger unter Auflösung ohne Abwicklung sein Vermögen als Ganzes auf einen anderen bestehenden Rechtsträger gegen Gewährung einer *Gegenleistung* an die Anteilsinhaber des übertragenden Rechtsträgers, die nicht in Anteilen oder Mitgliedschaften besteht (§ 174 Abs. 1 UmwG). – Eine *Teilübertragung* kann in Form der Aufspaltung, Abspaltung oder Ausgliederung erfolgen (§ 174 Abs. 2 UmwG). – b) An einer Vermögensübertragung können nur *bestimmte Rechtsträger* beteiligt sein (§ 175 UmwG). So ist insbesondere eine Vollübertragung oder Teilübertragung nur möglich von einer *Kapitalgesellschaft* auf den Bund, ein Land, eine Gebietskörperschaft oder einen Zusammenschluß von Gebietskörperschaften (§ 175 Nr. 1 UmwG).

4. Bei einem **Formwechsel** (§§ 190–304 UmwG) erhält ein Rechtsträger eine neue Rechtsform. – a) Nach dem *Umwandlungsgesetz* können umgewandelt werden: *Personenhandelsgesellschaften* in Kapitalgesellschaften (§§ 214–225 UmwG); *Kapitalgesellschaften* in Personenhandelsgesellschaften (§§ 226 ff. UmwG), in Gesellschaften des bürgerlichen Rechts (§§ 226 ff. UmwG), in

# Einführung

eingetragene Genossenschaften (§§ 251 ff. UmwG); *eingetragene Genossenschaften* in Kapitalgesellschaften (§§ 258 ff. UmwG); *rechtsfähige Vereine* in eine Kapitalgesellschaft oder eingetragene Genossenschaft (§§ 272–290 UmwG); *Versicherungsvereine auf Gegenseitigkeit* in Aktiengesellschaften (§§ 291–300 UmwG), *Körperschaften und Anstalten des öffentlichen Rechts* in Kapitalgesellschaften (§§ 301–304 UmwG). – b) Sonst sind Formwechsel nur zulässig, wenn sie in anderen Gesetzen vorgesehen oder zugelassen sind (§ 190 Abs. 2 UmwG). Das gilt z. B. für die Umwandlung einer offenen Handelsgesellschaft in eine Kommanditgesellschaft oder umgekehrt, die sich nach den Voraussetzungen in §§ 105 ff. bzw. §§ 161 ff. HGB richtet. – c) Eine *Umwandlung* in eine andere Rechtsform erfordert ebenso wie eine Verschmelzung einen Umwandlungsbeschluß (§ 193 UmwG), einen Umwandlungsbericht (§ 192 UmwG) seitens des Vertretungsorgans des formwechselnden Rechtsträgers sowie Anmeldung und Eintragung der neuen Rechtsform des Rechtsträgers in das Register (§ 198 UmwG) und die Bekanntmachung des Formwechsels (§ 281 UmwG).

# 1. Aktiengesetz

Vom 6. September 1965 (BGBl. I S. 1089)

**BGBl. III/FNA 4121-1**

zuletzt geändert durch Art. 3 § 1 Gesetz zur Einführung des Euro (Euro-Einführungsgesetz – Euro-EG) vom 9. 6. 1998 (BGBl. I S. 1242), Art. 9 Gesetz zur Neuregelung des Kaufmanns- und Firmenrechts und zur Änderung anderer handels- und gesellschaftsrechtlicher Vorschriften (Handelsrechtsreformgesetz – HRefG) vom 22. 6. 1998 (BGBl. I S. 1474), Art. 6 a Gesetz zur Umsetzung der EG-Einlagensicherungsrichtlinie und der EG-Anlegerentschädigungsrichtlinie vom 16. 7. 1998 (BGBl. I S. 1842) und Art. 1 Nr. 9 Gesetz zur Änderung des Einführungsgesetzes zur Insolvenzordnung und anderer Gesetze (EGInsOÄndG) vom 19. 12. 1998 (BGBl. I S. 3836)

## Inhaltsübersicht

### Zweites Buch. Kommanditgesellschaft auf Aktien (§§ 278–290)

### Drittes Buch. Verbundene Unternehmen (§§ 291–337)

### Viertes Buch. Sonder-, Straf- und Schlußvorschriften
### (§§ 394–410)

Der Bundestag hat mit Zustimmung des Bundesrates das folgende Gesetz beschlossen:

## Erstes Buch. Aktiengesellschaft

### Erster Teil. Allgemeine Vorschriften

**§ 1 Wesen der Aktiengesellschaft.** (1) [1]Die Aktiengesellschaft ist eine Gesellschaft mit eigener Rechtspersönlichkeit. [2]Für die Verbindlichkeiten der Gesellschaft haftet den Gläubigern nur das Gesellschaftsvermögen.

(2) Die Aktiengesellschaft hat ein in Aktien zerlegtes Grundkapital.

**§ 2 Gründerzahl.** An der Feststellung des Gesellschaftsvertrags (der Satzung) müssen sich eine oder mehrere Personen beteiligen, welche die Aktien gegen Einlagen übernehmen.

**§ 3 Formkaufmann; Börsennotierung.** (1) Die Aktiengesellschaft gilt als Handelsgesellschaft, auch wenn der Gegenstand des Unternehmens nicht im Betrieb eines Handelsgewerbes besteht.

(2) Börsennotiert im Sinne dieses Gesetzes sind Gesellschaften, deren Aktien zu einem Markt zugelassen sind, der von staatlich anerkannten Stellen geregelt und überwacht wird, regelmäßig stattfindet und für das Publikum mittelbar oder unmittelbar zugänglich ist.

**§ 4 Firma.** Die Firma der Aktiengesellschaft muß, auch wenn sie nach § 22 des Handelsgesetzbuchs oder nach anderen gesetzlichen Vorschriften fortgeführt wird, die Bezeichnung „Aktiengesellschaft" oder eine allgemein verständliche Abkürzung dieser Bezeichnung enthalten.

**§ 5 Sitz.** (1) Sitz der Gesellschaft ist der Ort, den die Satzung bestimmt.

(2) Die Satzung hat als Sitz in der Regel den Ort, wo die Gesellschaft einen Betrieb hat, oder den Ort zu bestimmen, wo sich die Geschäftsleitung befindet oder die Verwaltung geführt wird.

**§ 6 Grundkapital.** Das Grundkapital muß auf einen Nennbetrag in Euro lauten.

**§ 7 Mindestnennbetrag des Grundkapitals.** Der Mindestnennbetrag des Grundkapitals ist fünfzigtausend Euro.

**§ 8 Form und Mindestbeträge der Aktien.** (1) Die Aktien können entweder als Nennbetragsaktien oder als Stückaktien begründet werden.

(2) [1] Nennbetragsaktien müssen auf mindestens einen Euro lauten. [2] Aktien über einen geringeren Nennbetrag sind nichtig. [3] Für den Schaden aus der Ausgabe sind die Ausgeber den Inhabern als Gesamtschuldner verantwortlich. [4] Höhere Aktiennennbeträge müssen auf volle Euro lauten.

(3) [1] Stückaktien lauten auf keinen Nennbetrag. [2] Die Stückaktien einer Gesellschaft sind am Grundkapital in gleichem Umfang beteiligt. [3] Der auf die einzelne Aktie entfallende anteilige Betrag des Grundkapitals darf einen Euro nicht unterschreiten. [4] Absatz 2 Satz 2 und 3 findet entsprechende Anwendung.

(4) Der Anteil am Grundkapital bestimmt sich bei Nennbetragsaktien nach dem Verhältnis ihres Nennbetrags zum Grundkapital, bei Stückaktien nach der Zahl der Aktien.

(5) Die Aktien sind unteilbar.

(6) Diese Vorschriften gelten auch für Anteilscheine, die den Aktionären vor der Ausgabe der Aktien erteilt werden (Zwischenscheine).

**§ 9 Ausgabebetrag der Aktien.** (1) Für einen geringeren Betrag als den Nennbetrag oder den auf die einzelne Stückaktie entfallenden anteiligen Betrag des Grundkapitals dürfen Aktien nicht ausgegeben werden (geringster Ausgabebetrag).

(2) Für einen höheren Betrag ist die Ausgabe zulässig.

**§ 10 Aktien und Zwischenscheine.** (1) Die Aktien können auf den Inhaber oder auf Namen lauten.

(2) [1] Sie müssen auf Namen lauten, wenn sie vor der vollen Leistung des Ausgabebetrags ausgegeben werden. [2] Der Betrag der Teilleistungen ist in der Aktie anzugeben.

(3) Zwischenscheine müssen auf Namen lauten.

(4) [1] Zwischenscheine auf den Inhaber sind nichtig. [2] Für den Schaden aus der Ausgabe sind die Ausgeber den Inhabern als Gesamtschuldner verantwortlich.

(5) In der Satzung kann der Anspruch des Aktionärs auf Verbriefung seines Anteils ausgeschlossen oder eingeschränkt werden.

**§ 11 Aktien besonderer Gattung.** [1] Die Aktien können verschiedene Rechte gewähren, namentlich bei der Verteilung des Gewinns und des Gesellschaftsvermögens. [2] Aktien mit gleichen Rechten bilden eine Gattung.

**§ 12 Stimmrecht. Keine Mehrstimmrechte.** (1) [1] Jede Aktie gewährt das Stimmrecht. [2] Vorzugsaktien können nach den Vorschriften dieses Gesetzes als Aktien ohne Stimmrecht ausgegeben werden.

(2) Mehrstimmrechte sind unzulässig.

**§ 13 Unterzeichnung der Aktien.** [1]Zur Unterzeichnung von Aktien und Zwischenscheinen genügt eine vervielfältigte Unterschrift. [2]Die Gültigkeit der Unterzeichnung kann von der Beachtung einer besonderen Form abhängig gemacht werden. [3]Die Formvorschrift muß in der Urkunde enthalten sein.

**§ 14 Zuständigkeit.** Gericht im Sinne dieses Gesetzes ist, wenn nichts anderes bestimmt ist, das Gericht des Sitzes der Gesellschaft.

**§ 15 Verbundene Unternehmen.** Verbundene Unternehmen sind rechtlich selbständige Unternehmen, die im Verhältnis zueinander in Mehrheitsbesitz stehende Unternehmen und mit Mehrheit beteiligte Unternehmen (§ 16), abhängige und herrschende Unternehmen (§ 17), Konzernunternehmen (§ 18), wechselseitig beteiligte Unternehmen (§ 19) oder Vertragteile eines Unternehmensvertrags (§§ 291, 292) sind.

**§ 16 In Mehrheitsbesitz stehende Unternehmen und mit Mehrheit beteiligte Unternehmen.** (1) Gehört die Mehrheit der Anteile eines rechtlich selbständigen Unternehmens einem anderen Unternehmen oder steht einem anderen Unternehmen die Mehrheit der Stimmrechte zu (Mehrheitsbeteiligung), so ist das Unternehmen ein in Mehrheitsbesitz stehendes Unternehmen, das andere Unternehmen ein an ihm mit Mehrheit beteiligtes Unternehmen.

(2) [1]Welcher Teil der Anteile einem Unternehmen gehört, bestimmt sich bei Kapitalgesellschaften nach dem Verhältnis des Gesamtnennbetrags der ihm gehörenden Anteile zum Nennkapital, bei Gesellschaften mit Stückaktien nach der Zahl der Aktien. [2]Eigene Anteile sind bei Kapitalgesellschaften vom Nennkapital, bei Gesellschaften mit Stückaktien von der Zahl der Aktien abzusetzen. [3]Eigenen Anteilen des Unternehmens stehen Anteile gleich, die einem anderen für Rechnung des Unternehmens gehören.

(3) [1]Welcher Teil der Stimmrechte einem Unternehmen zusteht, bestimmt sich nach dem Verhältnis der Zahl der Stimmrechte, die es aus den ihm gehörenden Anteilen ausüben kann, zur Gesamtzahl aller Stimmrechte. [2]Von der Gesamtzahl aller Stimmrechte sind die Stimmrechte aus eigenen Anteilen sowie aus Anteilen, die nach Absatz 2 Satz 3 eigenen Anteilen gleichstehen, abzusetzen.

(4) Als Anteile, die einem Unternehmen gehören, gelten auch die Anteile, die einem von ihm abhängigen Unternehmen oder einem anderen für Rechnung des Unternehmens oder eines von diesem abhängigen Unternehmens gehören und, wenn der Inhaber des Unternehmens ein Einzelkaufmann ist, auch die Anteile, die sonstiges Vermögen des Inhabers sind.

**§ 17 Abhängige und herrschende Unternehmen.** (1) Abhängige Unternehmen sind rechtlich selbständige Unternehmen, auf die ein anderes Unternehmen (herrschendes Unternehmen) unmittelbar oder mittelbar einen beherrschenden Einfluß ausüben kann.

(2) Von einem in Mehrheitsbesitz stehenden Unternehmen wird vermutet, daß es von dem an ihm mit Mehrheit beteiligten Unternehmen abhängig ist.

**§ 18 Konzern und Konzernunternehmen.** (1) [1]Sind ein herrschendes und ein oder mehrere abhängige Unternehmen unter der einheitlichen Leitung des herrschenden Unternehmens zusammengefaßt, so bilden sie einen Konzern; die einzelnen Unternehmen sind Konzernunternehmen. [2]Unternehmen, zwischen denen ein Beherrschungsvertrag (§ 291) besteht oder von denen das eine in das andere eingegliedert ist (§ 319), sind als unter einheitlicher Leitung zusammengefaßt anzusehen. [3]Von einem abhängigen Unternehmen wird vermutet, daß es mit dem herrschenden Unternehmen einen Konzern bildet.

(2) Sind rechtlich selbständige Unternehmen, ohne daß das eine Unternehmen von dem anderen abhängig ist, unter einheitlicher Leitung zusammengefaßt, so bilden sie auch einen Konzern; die einzelnen Unternehmen sind Konzernunternehmen.

**§ 19 Wechselseitig beteiligte Unternehmen.** (1) [1]Wechselseitig beteiligte Unternehmen sind Unternehmen mit Sitz im Inland in der Rechtsform einer Kapitalgesellschaft, die dadurch verbunden sind, daß jedem Unternehmen mehr als der vierte Teil der Anteile des anderen Unternehmens gehört. [2]Für die Feststellung, ob einem Unternehmen mehr als der vierte Teil der Anteile des anderen Unternehmens gehört, gilt § 16 Abs. 2 Satz 1, Abs. 4.

(2) Gehört einem wechselseitig beteiligten Unternehmen an dem anderen Unternehmen eine Mehrheitsbeteiligung oder kann das eine auf das andere Unternehmen unmittelbar oder mittelbar einen beherrschenden Einfluß ausüben, so ist das eine als herrschendes, das andere als abhängiges Unternehmen anzusehen.

(3) Gehört jedem der wechselseitig beteiligten Unternehmen an dem anderen Unternehmen eine Mehrheitsbeteiligung oder kann jedes auf das andere unmittelbar oder mittelbar einen beherrschenden Einfluß ausüben, so gelten beide Unternehmen als herrschend und als abhängig.

(4) § 328 ist auf Unternehmen, die nach Absatz 2 oder 3 herrschende oder abhängige Unternehmen sind, nicht anzuwenden.

**§ 20 Mitteilungspflichten.** (1) [1]Sobald einem Unternehmen mehr als der vierte Teil der Aktien einer Aktiengesellschaft mit Sitz im Inland gehört, hat es dies der Gesellschaft unverzüglich schriftlich mitzuteilen. [2]Für die Feststellung, ob dem Unternehmen mehr als der vierte Teil der Aktien gehört, gilt § 16 Abs. 2 Satz 1, Abs. 4.

(2) Für die Mitteilungspflicht nach Absatz 1 rechnen zu den Aktien, die dem Unternehmen gehören, auch Aktien,

1. deren Übereignung das Unternehmen, ein von ihm abhängiges Unternehmen oder ein anderer für Rechnung des Unternehmens oder eines von diesem abhängigen Unternehmens verlangen kann;

2. zu deren Abnahme das Unternehmen, ein von ihm abhängiges Unternehmen oder ein anderer für Rechnung des Unternehmens oder eines von diesem abhängigen Unternehmens verpflichtet ist.

(3) Ist das Unternehmen eine Kapitalgesellschaft, so hat es, sobald ihm ohne Hinzurechnung der Aktien nach Absatz 2 mehr als der vierte Teil der Aktien gehört, auch dies der Gesellschaft unverzüglich schriftlich mitzuteilen.

(4) Sobald dem Unternehmen eine Mehrheitsbeteiligung (§ 16 Abs. 1) gehört, hat es auch dies der Gesellschaft unverzüglich schriftlich mitzuteilen.

(5) Besteht die Beteiligung in der nach Absatz 1, 3 oder 4 mitteilungspflichtigen Höhe nicht mehr, so ist dies der Gesellschaft unverzüglich schriftlich mitzuteilen.

(6) [1]Die Gesellschaft hat das Bestehen einer Beteiligung, die ihr nach Absatz 1 oder 4 mitgeteilt worden ist, unverzüglich in den Gesellschaftsblättern bekanntzumachen; dabei ist das Unternehmen anzugeben, dem die Beteiligung gehört. [2]Wird der Gesellschaft mitgeteilt, daß die Beteiligung in der nach Absatz 1 oder 4 mitteilungspflichten Höhe nicht mehr besteht, so ist auch dies unverzüglich in den Gesellschaftsblättern bekanntzumachen.

(7) [1]Rechte aus Aktien, die einem nach Absatz 1 oder 4 mitteilungspflichtigen Unternehmen gehören, bestehen für die Zeit, für die das Unternehmen die Mitteilungspflicht nicht erfüllt, weder für das Unternehmen noch für ein von ihm abhängiges Unternehmen oder für einen anderen, der für Rechnung des Unternehmens oder eines von diesem abhängigen Unternehmens handelt. [2]Dies gilt nicht für Ansprüche nach § 58 Abs. 4 und § 271, wenn die Mitteilung nicht vorsätzlich unterlassen wurde und nachgeholt worden ist.

(8) Die Absätze 1 bis 7 gelten nicht für Aktien einer börsennotierten Gesellschaft im Sinne des § 21 Abs. 2 des Wertpapierhandelsgesetzes.

**§ 21 Mitteilungspflichten der Gesellschaft.** (1) [1]Sobald der Gesellschaft mehr als der vierte Teil der Anteile einer anderen Kapitalgesellschaft mit Sitz im Inland gehört, hat sie dies dem Unternehmen, an dem die Beteiligung besteht, unverzüglich schriftlich mitzuteilen. [2]Für die Feststellung, ob der Gesellschaft mehr als der vierte Teil der Anteile gehört, gilt § 16 Abs. 2 Satz 1, Abs. 4 sinngemäß.

(2) Sobald der Gesellschaft eine Mehrheitsbeteiligung (§ 16 Abs. 1) an einem anderen Unternehmen gehört, hat sie dies dem Unternehmen, an dem die Mehrheitsbeteiligung besteht, unverzüglich schriftlich mitzuteilen.

(3) Besteht die Beteiligung in der nach Absatz 1 oder 2 mitteilungspflichtigen Höhe nicht mehr, hat die Gesellschaft dies dem anderen Unternehmen unverzüglich schriftlich mitzuteilen.

(4) [1]Rechte aus Anteilen, die einer nach Absatz 1 oder 2 mitteilungspflichtigen Gesellschaft gehören, bestehen nicht für die Zeit, für die sie die Mitteilungspflicht nicht erfüllt. [2]§ 20 Abs. 7 Satz 2 gilt entsprechend.

(5) Die Absätze 1 bis 4 gelten nicht für Aktien einer börsennotierten Gesellschaft im Sinne des § 21 Abs. 2 des Wertpapierhandelsgesetzes.

**§ 22 Nachweis mitgeteilter Beteiligungen.** Ein Unternehmen, dem eine Mitteilung nach § 20 Abs. 1, 3 oder 4, § 21 Abs. 1 oder 2 gemacht worden ist, kann jederzeit verlangen, daß ihm das Bestehen der Beteiligung nachgewiesen wird.

## Zweiter Teil. Gründung der Gesellschaft

**§ 23 Feststellung der Satzung.** (1) [1]Die Satzung muß durch notarielle Beurkundung festgestellt werden. [2]Bevollmächtigte bedürfen einer notariell beglaubigten Vollmacht.

(2) In der Urkunde sind anzugeben

1. die Gründer;
2. bei Nennbetragsaktien der Nennbetrag, bei Stückaktien die Zahl, der Ausgabebetrag und, wenn mehrere Gattungen bestehen, die Gattung der Aktien, die jeder Gründer übernimmt;
3. der eingezahlte Betrag des Grundkapitals.

(3) Die Satzung muß bestimmen

1. die Firma und den Sitz der Gesellschaft;
2. den Gegenstand des Unternehmens; namentlich ist bei Industrie- und Handelsunternehmen die Art der Erzeugnisse und Waren, die hergestellt und gehandelt werden sollen, näher anzugeben;
3. die Höhe des Grundkapitals;
4. die Zerlegung des Grundkapitals entweder in Nennbetragsaktien oder in Stückaktien, bei Nennbetragsaktien deren Nennbeträge und die Zahl der Aktien jeden Nennbetrags, bei Stückaktien deren Zahl, außerdem, wenn mehrere Gattungen bestehen, die Gattung der Aktien und die Zahl der Aktien jeder Gattung;
5. ob die Aktien auf den Inhaber oder auf den Namen ausgestellt werden;
6. die Zahl der Mitglieder des Vorstands oder die Regeln, nach denen diese Zahl festgelegt wird.

(4) Die Satzung muß ferner Bestimmungen über die Form der Bekanntmachungen der Gesellschaft enthalten.

(5) [1]Die Satzung kann von den Vorschriften dieses Gesetzes nur abweichen, wenn es ausdrücklich zugelassen ist. [2]Ergänzende Bestimmungen der Satzung sind zulässig, es sei denn, daß dieses Gesetz eine abschließende Regelung enthält.

**§ 24 Umwandlung von Aktien.** Die Satzung kann bestimmen, daß auf Verlangen eines Aktionärs seine Inhaberaktie in eine Namensaktie oder seine Namensaktie in eine Inhaberaktie umzuwandeln ist.

**§ 25 Bekanntmachungen der Gesellschaft.** [1]Bestimmt das Gesetz oder die Satzung, daß eine Bekanntmachung der Gesellschaft durch die Gesellschaftsblätter erfolgen soll, so ist sie in den Bundesanzeiger einzurücken. [2]Daneben kann die Satzung andere Blätter als Gesellschaftsblätter bezeichnen.

**§ 26 Sondervorteile. Gründungsaufwand.** (1) Jeder einem einzelnen Aktionär oder einem Dritten eingeräumte besondere Vorteil muß in der Satzung unter Bezeichnung des Berechtigten festgesetzt werden.

(2) Der Gesamtaufwand, der zu Lasten der Gesellschaft an Aktionäre oder an andere Personen als Entschädigung oder als Belohnung für ihre Gründung oder ihre Vorbereitung gewährt wird, ist in der Satzung gesondert festzusetzen.

(3) [1]Ohne diese Festsetzung sind die Verträge und die Rechtshandlungen zu ihrer Ausführung der Gesellschaft gegenüber unwirksam. [2]Nach der Eintragung der Gesellschaft in das Handelsregister kann die Unwirksamkeit nicht durch Satzungsänderung geheilt werden.

(4) Die Festsetzungen können erst geändert werden, wenn die Gesellschaft fünf Jahre im Handelsregister eingetragen ist.

(5) Die Satzungsbestimmungen über die Festsetzungen können durch Satzungsänderung erst beseitigt werden, wenn die Gesellschaft dreißig Jahre im Handelsregister eingetragen ist und wenn die Rechtsverhältnisse, die den Festsetzungen zugrunde liegen, seit mindestens fünf Jahren abgewickelt sind.

**§ 27 Sacheinlagen. Sachübernahmen.** (1) [1]Sollen Aktionäre Einlagen machen, die nicht durch Einzahlung des Ausgabebetrags der Aktien zu leisten sind (Sacheinlagen), oder soll die Gesellschaft vorhandene oder herzustellende Anlagen oder andere Vermögensgegenstände übernehmen (Sachübernahmen), so müssen in der Satzung festgesetzt werden der Gegenstand der Sacheinlage oder der Sachübernahme, die Person, von der die Gesellschaft den Gegenstand erwirbt, und der Nennbetrag, bei Stückaktien die Zahl der bei der Sacheinlage zu gewährenden Aktien oder die bei der Sachübernahme zu gewährende Vergütung. [2]Soll die Gesellschaft einen Vermögensgegenstand übernehmen, für den eine Vergütung gewährt wird, die auf die Einlage eines Aktionärs angerechnet werden soll, so gilt dies als Sacheinlage.

(2) Sacheinlagen oder Sachübernahmen können nur Vermögensgegenstände sein, deren wirtschaftlicher Wert feststellbar ist; Verpflichtungen zu Dienstleistungen können nicht Sacheinlagen oder Sachübernahmen sein.

(3) [1]Ohne eine Festsetzung nach Absatz 1 sind Verträge über Sacheinlagen und Sachübernahmen und die Rechtshandlungen zu ihrer Ausführung der Gesellschaft gegenüber unwirksam. [2]Ist die Gesellschaft eingetragen, so wird die Gültigkeit der Satzung durch diese Unwirksamkeit nicht berührt. [3]Ist die Vereinbarung einer Sacheinlage unwirksam, so ist der Aktionär verpflichtet, den Ausgabebetrag der Aktie einzuzahlen.

(4) Nach Eintragung der Gesellschaft in das Handelsregister kann die Unwirksamkeit nicht durch Satzungsänderung geheilt werden.

(5) Für die Änderung rechtswirksam getroffener Festsetzungen gilt § 26 Abs. 4, für die Beseitigung der Satzungsbestimmungen § 26 Abs. 5.

**§ 28 Gründer.** Die Aktionäre, die die Satzung festgestellt haben, sind die Gründer der Gesellschaft.

**§ 29 Errichtung der Gesellschaft.** Mit der Übernahme aller Aktien durch die Gründer ist die Gesellschaft errichtet.

**§ 30 Bestellung des Aufsichtsrats, des Vorstands und des Abschlußprüfers.** (1) [1]Die Gründer haben den ersten Aufsichtsrat der Gesellschaft und den Abschlußprüfer für das erste Voll- oder Rumpfgeschäftsjahr zu bestellen. [2]Die Bestellung bedarf notarieller Beurkundung.

(2) Auf die Zusammensetzung und die Bestellung des ersten Aufsichtsrats sind die Vorschriften über die Bestellung von Aufsichtsratsmitgliedern der Arbeitnehmer nicht anzuwenden.

(3) [1]Die Mitglieder des ersten Aufsichtsrats können nicht für längere Zeit als bis zur Beendigung der Hauptversammlung bestellt werden, die über die Entlastung für das erste Voll- oder Rumpfgeschäftsjahr beschließt. [2]Der Vor-

stand hat rechtzeitig vor Ablauf der Amtszeit des ersten Aufsichtsrats bekanntzumachen, nach welchen gesetzlichen Vorschriften der nächste Aufsichtsrat
nach seiner Ansicht zusammenzusetzen ist; §§ 96 bis 99 sind anzuwenden.

(4) Der Aufsichtsrat bestellt den ersten Vorstand.

**§ 31 Bestellung des Aufsichtsrats bei Sachgründung.** (1) [1]Ist in der
Satzung als Gegenstand einer Sacheinlage oder Sachübernahme die Einbringung oder Übernahme eines Unternehmens oder eines Teils eines Unternehmens festgesetzt worden, so haben die Gründer nur so viele Aufsichtsratsmitglieder zu bestellen, wie nach den gesetzlichen Vorschriften, die nach ihrer
Ansicht nach der Einbringung oder Übernahme für die Zusammensetzung des
Aufsichtsrats maßgebend sind, von der Hauptversammlung ohne Bindung an
Wahlvorschläge zu wählen sind. [2]Sie haben jedoch, wenn dies nur zwei Aufsichtsratsmitglieder sind, drei Aufsichtsratsmitglieder zu bestellen.

(2) Der nach Absatz 1 Satz 1 bestellte Aufsichtsrat ist, soweit die Satzung
nichts anderes bestimmt, beschlußfähig, wenn die Hälfte, mindestens jedoch
drei seiner Mitglieder an der Beschlußfassung teilnehmen.

(3) [1]Unverzüglich nach der Einbringung oder Übernahme des Unternehmens oder des Unternehmensteils hat der Vorstand bekanntzumachen, nach
welchen gesetzlichen Vorschriften nach seiner Ansicht der Aufsichtsrat zusammengesetzt sein muß. [2]§§ 97 bis 99 gelten sinngemäß. [3]Das Amt der
bisherigen Aufsichtsratsmitglieder erlischt nur, wenn der Aufsichtsrat nach anderen als den von den Gründern für maßgebend gehaltenen Vorschriften zusammenzusetzen ist oder wenn die Gründer drei Aufsichtsratsmitglieder
bestellt haben, der Aufsichtsrat aber auch aus Aufsichtsratsmitgliedern der Arbeitnehmer zu bestehen hat.

(4) Absatz 3 gilt nicht, wenn das Unternehmen oder der Unternehmensteil
erst nach der Bekanntmachung des Vorstands nach § 30 Abs. 3 Satz 2 eingebracht oder übernommen wird.

(5) § 30 Abs. 3 Satz 1 gilt nicht für die nach Absatz 3 bestellten Aufsichtsratsmitglieder der Arbeitnehmer.

**§ 32 Gründungsbericht.** (1) Die Gründer haben einen schriftlichen Bericht über den Hergang der Gründung zu erstatten (Gründungsbericht).

(2) [1]Im Gründungsbericht sind die wesentlichen Umstände darzulegen, von
denen die Angemessenheit der Leistungen für Sacheinlagen oder Sachübernahmen abhängt. [2]Dabei sind anzugeben

1. die vorausgegangenen Rechtsgeschäfte, die auf den Erwerb durch die Gesellschaft hingezielt haben;

2. die Anschaffungs- und Herstellungskosten aus den letzten beiden Jahren;

3. beim Übergang eines Unternehmens auf die Gesellschaft die Betriebserträge
aus den letzten beiden Geschäftsjahren.

(3) Im Gründungsbericht ist ferner anzugeben, ob und in welchem Umfang
bei der Gründung für Rechnung eines Mitglieds des Vorstands oder des Aufsichtsrats Aktien übernommen worden sind und ob und in welcher Weise ein
Mitglied des Vorstands oder des Aufsichtsrats sich einen besonderen Vorteil
oder für die Gründung oder ihre Vorbereitung eine Entschädigung oder Belohnung ausbedungen hat.

**§ 33 Gründungsprüfung. Allgemeines.** (1) Die Mitglieder des Vorstands und des Aufsichtsrats haben den Hergang der Gründung zu prüfen.

(2) Außerdem hat eine Prüfung durch einen oder mehrere Prüfer (Gründungsprüfer) stattzufinden, wenn

1. ein Mitglied des Vorstands oder des Aufsichtsrats zu den Gründern gehört oder

2. bei der Gründung für Rechnung eines Mitglieds des Vorstands oder des Aufsichtsrats Aktien übernommen worden sind oder

3. ein Mitglied des Vorstands oder des Aufsichtsrats sich einen besonderen Vorteil oder für die Gründung oder ihre Vorbereitung eine Entschädigung oder Belohnung ausbedungen hat oder

4. eine Gründung mit Sacheinlagen oder Sachübernahmen vorliegt.

(3) [1]Die Gründungsprüfer bestellt das Gericht nach Anhörung der Industrie- und Handelskammer. [2]Gegen die Entscheidung ist die sofortige Beschwerde zulässig.

(4) Als Gründungsprüfer sollen, wenn die Prüfung keine anderen Kenntnisse fordert, nur bestellt werden

1. Personen, die in der Buchführung ausreichend vorgebildet und erfahren sind;

2. Prüfungsgesellschaften, von deren gesetzlichen Vertretern mindestens einer in der Buchführung ausreichend vorgebildet und erfahren ist.

(5) [1]Als Gründungsprüfer darf nicht bestellt werden, wer nach § 143 Abs. 2 nicht Sonderprüfer sein kann. [2]Gleiches gilt für Personen und Prüfungsgesellschaften, auf deren Geschäftsführung die Gründer oder Personen, für deren Rechnung die Gründer Aktien übernommen haben, maßgebenden Einfluß haben.

**§ 34 Umfang der Gründungsprüfung.** (1) Die Prüfung durch die Mitglieder des Vorstands und des Aufsichtsrats sowie die Prüfung durch die Gründungsprüfer haben sich namentlich darauf zu erstrecken,

1. ob die Angaben der Gründer über die Übernahme der Aktien, über die Einlagen auf das Grundkapital und über die Festsetzungen nach §§ 26 und 27 richtig und vollständig sind;

2. ob der Wert der Sacheinlagen oder Sachübernahmen den geringsten Ausgabebetrag der dafür zu gewährenden Aktien oder den Wert der dafür zu gewährenden Leistungen erreicht.

(2) [1]Über jede Prüfung ist unter Darlegung dieser Umstände schriftlich zu berichten. [2]In dem Bericht ist der Gegenstand jeder Sacheinlage oder Sachübernahme zu beschreiben sowie anzugeben, welche Bewertungsmethoden bei der Ermittlung des Wertes angewandt worden sind.

(3) [1]Je ein Stück des Berichts der Gründungsprüfer ist dem Gericht und dem Vorstand einzureichen. [2]Jedermann kann den Bericht bei dem Gericht einsehen.

**§ 35 Meinungsverschiedenheiten zwischen Gründern und Gründungsprüfern. Vergütung und Auslagen der Gründungsprüfer.** (1) Die

Gründungsprüfer können von den Gründern alle Aufklärungen und Nachweise verlangen, die für eine sorgfältige Prüfung notwendig sind.

(2) [1] Bei Meinungsverschiedenheiten zwischen den Gründern und den Gründungsprüfern über den Umfang der Aufklärungen und Nachweise, die von den Gründern zu gewähren sind, entscheidet das Gericht. [2] Die Entscheidung ist unanfechtbar. [3] Solange sich die Gründer weigern, der Entscheidung nachzukommen, wird der Prüfungsbericht nicht erstattet.

(3) [1] Die Gründungsprüfer haben Anspruch auf Ersatz angemessener barer Auslagen und auf Vergütung für ihre Tätigkeit. [2] Die Auslagen und die Vergütung setzt das Gericht fest. [3] Gegen die Entscheidung ist die sofortige Beschwerde zulässig. [4] Die weitere Beschwerde ist ausgeschlossen. [5] Aus der rechtskräftigen Entscheidung findet die Zwangsvollstreckung nach der Zivilprozeßordnung statt.

**§ 36 Anmeldung der Gesellschaft.** (1) Die Gesellschaft ist bei dem Gericht von allen Gründern und Mitgliedern des Vorstands und des Aufsichtsrats zur Eintragung in das Handelsregister anzumelden.

(2) [1] Die Anmeldung darf erst erfolgen, wenn auf jede Aktie, soweit nicht Sacheinlagen vereinbart sind, der eingeforderte Betrag ordnungsgemäß eingezahlt worden ist (§ 54 Abs. 3) und, soweit er nicht bereits zur Bezahlung der bei der Gründung angefallenen Steuern und Gebühren verwandt wurde, endgültig zur freien Verfügung des Vorstands steht. [2] Wird die Gesellschaft nur durch eine Person errichtet, so hat der Gründer zusätzlich für den Teil der Geldeinlage, der den eingeforderten Betrag übersteigt, eine Sicherung zu bestellen.

**§ 36 a Leistung der Einlagen.** (1) Bei Bareinlagen muß der eingeforderte Betrag (§ 36 Abs. 2) mindestens ein Viertel des geringsten Ausgabebetrags und bei Ausgabe der Aktien für einen höheren als diesen auch den Mehrbetrag umfassen.

(2) [1] Sacheinlagen sind vollständig zu leisten. [2] Besteht die Sacheinlage in der Verpflichtung, einen Vermögensgegenstand auf die Gesellschaft zu übertragen, so muß diese Leistung innerhalb von fünf Jahren nach der Eintragung der Gesellschaft in das Handelsregister zu bewirken sein. [3] Der Wert muß dem geringsten Ausgabebetrag und bei Ausgabe der Aktien für einen höheren als diesen auch dem Mehrbetrag entsprechen.

**§ 37 Inhalt der Anmeldung.** (1) [1] In der Anmeldung ist zu erklären, daß die Voraussetzungen des § 36 Abs. 2 und des § 36 a erfüllt sind; dabei sind der Betrag, zu dem die Aktien ausgegeben werden, und der darauf eingezahlte Betrag anzugeben. [2] Es ist nachzuweisen, daß der eingezahlte Betrag endgültig zur freien Verfügung des Vorstands steht. [3] Ist der Betrag durch Gutschrift auf ein Konto der Gesellschaft oder des Vorstands bei der Deutschen Bundesbank oder einem Kreditinstitut (§ 54 Abs. 3) eingezahlt worden, so ist der Nachweis durch eine schriftliche Bestätigung des Instituts zu führen. [4] Für die Richtigkeit der Bestätigung ist das Institut der Gesellschaft verantwortlich. [5] Sind von dem eingezahlten Betrag Steuern und Gebühren bezahlt worden, so ist dies nach Art und Höhe der Beträge nachzuweisen.

(2) [1] In der Anmeldung haben die Vorstandsmitglieder zu versichern, daß keine Umstände vorliegen, die ihrer Bestellung nach § 76 Abs. 3 Satz 3 und 4

entgegenstehen, und daß sie über ihre unbeschränkte Auskunftspflicht gegenüber dem Gericht belehrt worden sind. ²Die Belehrung nach *§ 51 Abs. 2 des Gesetzes über das Zentralregister und das Erziehungsregister in der Fassung der Bekanntmachung vom 22. Juli 1976 (BGBl. I S. 2005)* kann auch durch einen Notar vorgenommen werden.

(3) In der Anmeldung ist ferner anzugeben, welche Vertretungsbefugnis die Vorstandsmitglieder haben.

(4) Der Anmeldung sind beizufügen

1. die Satzung und die Urkunden, in denen die Satzung festgestellt worden ist und die Aktien von den Gründern übernommen worden sind;

2. im Fall der §§ 26 und 27 die Verträge, die den Festsetzungen zugrunde liegen oder zu ihrer Ausführung geschlossen worden sind, und eine Berechnung des der Gesellschaft zur Last fallenden Gründungsaufwands; in der Berechnung sind die Vergütungen nach Art und Höhe und die Empfänger einzeln anzuführen;

3. die Urkunden über die Bestellung des Vorstands und des Aufsichtsrats;

4. der Gründungsbericht und die Prüfungsberichte der Mitglieder des Vorstands und des Aufsichtsrats sowie der Gründungsprüfer nebst ihren urkundlichen Unterlagen;

5. wenn der Gegenstand des Unternehmens oder eine andere Satzungsbestimmung der staatlichen Genehmigung bedarf, die Genehmigungsurkunde.

(5) Die Vorstandsmitglieder haben ihre Namensunterschrift zur Aufbewahrung beim Gericht zu zeichnen.

(6) Die eingereichten Schriftstücke werden beim Gericht in Urschrift, Ausfertigung oder öffentlich beglaubigter Abschrift aufbewahrt.

**§ 38 Prüfung durch das Gericht.** (1) ¹Das Gericht hat zu prüfen, ob die Gesellschaft ordnungsgemäß errichtet und angemeldet ist. ²Ist dies nicht der Fall, so hat es die Eintragung abzulehnen.

(2) ¹Das Gericht kann die Eintragung auch ablehnen, wenn die Gründungsprüfer erklären oder es offensichtlich ist, daß der Gründungsbericht oder der Prüfungsbericht der Mitglieder des Vorstands und des Aufsichtsrats unrichtig oder unvollständig ist oder den gesetzlichen Vorschriften nicht entspricht. ²Gleiches gilt, wenn die Gründungsprüfer erklären oder das Gericht der Auffassung ist, daß der Wert der Sacheinlagen oder Sachübernahmen nicht unwesentlich hinter dem geringsten Ausgabebetrag der dafür zu gewährenden Aktien oder dem Wert der dafür zu gewährenden Leistungen zurückbleibt.

(3) Wegen einer mangelhaften, fehlenden oder nichtigen Bestimmung der Satzung darf das Gericht die Eintragung nach Absatz 1 nur ablehnen, soweit diese Bestimmung, ihr Fehlen oder ihre Nichtigkeit

1. Tatsachen oder Rechtsverhältnisse betrifft, die nach § 23 Abs. 3 oder auf Grund anderer zwingender gesetzlicher Vorschriften in der Satzung bestimmt sein müssen oder die in das Handelsregister einzutragen oder von dem Gericht bekanntzumachen sind,

2. Vorschriften verletzt, die ausschließlich oder überwiegend zum Schutze der Gläubiger der Gesellschaft oder sonst im öffentlichen Interesse gegeben sind, oder

3. die Nichtigkeit der Satzung zur Folge hat.

**§ 39 Inhalt der Eintragung.** (1) [1]Bei der Eintragung der Gesellschaft sind die Firma und der Sitz der Gesellschaft, der Gegenstand des Unternehmens, die Höhe des Grundkapitals, der Tag der Feststellung der Satzung und die Vorstandsmitglieder anzugeben. [2]Ferner ist einzutragen, welche Vertretungsbefugnis die Vorstandsmitglieder haben.

(2) Enthält die Satzung Bestimmungen über die Dauer der Gesellschaft oder über das genehmigte Kapital, so sind auch diese Bestimmungen einzutragen.

**§ 40 Bekanntmachung der Eintragung.** (1) In die Bekanntmachung der Eintragung sind außer deren Inhalt aufzunehmen

1. die Festsetzungen nach § 23 Abs. 3 und 4, §§ 24, 25 Satz 2, §§ 26 und 27 sowie Bestimmungen der Satzung über die Zusammensetzung des Vorstands;

2. der Ausgabebetrag der Aktien;

3. Name und Wohnort der Gründer;

4. Name, Beruf und Wohnort der Mitglieder des ersten Aufsichtsrats.

(2) Zugleich ist bekanntzumachen, daß die mit der Anmeldung eingereichten Schriftstücke, namentlich die Prüfungsberichte der Mitglieder des Vorstands und des Aufsichtsrats sowie der Gründungsprüfer, bei dem Gericht eingesehen werden können.

**§ 41 Handeln im Namen der Gesellschaft vor der Eintragung. Verbotene Aktienausgabe.** (1) [1]Vor der Eintragung in das Handelsregister besteht die Aktiengesellschaft als solche nicht. [2]Wer vor der Eintragung der Gesellschaft in ihrem Namen handelt, haftet persönlich; handeln mehrere, so haften sie als Gesamtschuldner.

(2) Übernimmt die Gesellschaft eine vor ihrer Eintragung in ihrem Namen eingegangene Verpflichtung durch Vertrag mit dem Schuldner in der Weise, daß sie an die Stelle des bisherigen Schuldners tritt, so bedarf es zur Wirksamkeit der Schuldübernahme der Zustimmung des Gläubigers nicht, wenn die Schuldübernahme binnen drei Monaten nach der Eintragung der Gesellschaft vereinbart und dem Gläubiger von der Gesellschaft oder dem Schuldner mitgeteilt wird.

(3) Verpflichtungen aus nicht in der Satzung festgesetzten Verträgen über Sondervorteile, Gründungsaufwand, Sacheinlagen oder Sachübernahmen kann die Gesellschaft nicht übernehmen.

(4) [1]Vor der Eintragung der Gesellschaft können Anteilsrechte nicht übertragen, Aktien oder Zwischenscheine nicht ausgegeben werden. [2]Die vorher ausgegebenen Aktien oder Zwischenscheine sind nichtig. [3]Für den Schaden aus der Ausgabe sind die Ausgeber den Inhabern als Gesamtschuldner verantwortlich.

**§ 42 Einpersonen-Gesellschaft.** Gehören alle Aktien allein oder neben der Gesellschaft einem Aktionär, ist unverzüglich eine entsprechende Mitteilung unter Angabe von Name, Vorname, Geburtsdatum und Wohnort des alleinigen Aktionärs zum Handelsregister einzureichen.

## §§ 43, 44. *(aufgehoben)*

**§ 45 Sitzverlegung.** (1) Wird der Sitz der Gesellschaft im Inland verlegt, so ist die Verlegung beim Gericht des bisherigen Sitzes anzumelden.

(2) [1] Wird der Sitz aus dem Bezirk des Gerichts des bisherigen Sitzes verlegt, so hat dieses unverzüglich von Amts wegen die Verlegung dem Gericht des neuen Sitzes mitzuteilen. [2] Der Mitteilung sind die Eintragungen für den bisherigen Sitz sowie die bei dem bisher zuständigen Gericht aufbewahrten Urkunden beizufügen. [3] Das Gericht des neuen Sitzes hat zu prüfen, ob die Verlegung ordnungsgemäß beschlossen und § 30 des Handelsgesetzbuchs beachtet ist. [4] Ist dies der Fall, so hat es die Sitzverlegung einzutragen und hierbei die ihm mitgeteilten Eintragungen ohne weitere Nachprüfung in sein Handelsregister zu übernehmen. [5] Mit der Eintragung wird die Sitzverlegung wirksam. [6] Die Eintragung ist dem Gericht des bisherigen Sitzes mitzuteilen. [7] Dieses hat die erforderlichen Löschungen von Amts wegen vorzunehmen.

(3) Wird in den ersten zwei Jahren nach der Eintragung der Gesellschaft in das Handelsregister des ursprünglichen Sitzes eine Sitzverlegung aus dem Bezirk des Gerichts des bisherigen Sitzes eingetragen, so sind in der Bekanntmachung der Eintragung alle Angaben nach § 40 Abs. 1 zu veröffentlichen.

(4) [1] Wird der Sitz an einen anderen Ort innerhalb des Bezirks des Gerichts des bisherigen Sitzes verlegt, so hat das Gericht zu prüfen, ob die Sitzverlegung ordnungsgemäß beschlossen und § 30 des Handelsgesetzbuchs beachtet ist. [2] Ist dies der Fall, so hat es die Sitzverlegung einzutragen. [3] Mit der Eintragung wird die Sitzverlegung wirksam.

**§ 46 Verantwortlichkeit der Gründer.** (1) [1] Die Gründer sind der Gesellschaft als Gesamtschuldner verantwortlich für die Richtigkeit und Vollständigkeit der Angaben, die zum Zwecke der Gründung der Gesellschaft über Übernahme der Aktien, Einzahlung auf die Aktien, Verwendung eingezahlter Beträge, Sondervorteile, Gründungsaufwand, Sacheinlagen und Sachübernahmen gemacht worden sind. [2] Sie sind ferner dafür verantwortlich, daß eine zur Annahme von Einzahlungen auf das Grundkapital bestimmte Stelle (§ 54 Abs. 3) hierzu geeignet ist und daß die eingezahlten Beträge zur freien Verfügung des Vorstands stehen. [3] Sie haben, unbeschadet der Verpflichtung zum Ersatz des sonst entstehenden Schadens, fehlende Einzahlungen zu leisten und eine Vergütung, die nicht unter den Gründungsaufwand aufgenommen ist, zu ersetzen.

(2) Wird die Gesellschaft von Gründern durch Einlagen, Sachübernahmen oder Gründungsaufwand vorsätzlich oder aus grober Fahrlässigkeit geschädigt, so sind ihr alle Gründer als Gesamtschuldner zum Ersatz verpflichtet.

(3) Von diesen Verpflichtungen ist ein Gründer befreit, wenn er die die Ersatzpflicht begründenden Tatsachen weder kannte noch bei Anwendung der Sorgfalt eines ordentlichen Geschäftsmannes kennen mußte.

(4) Entsteht der Gesellschaft ein Ausfall, weil ein Aktionär zahlungsunfähig oder unfähig ist, eine Sacheinlage zu leisten, so sind ihr zum Ersatz als Ge-

samtschuldner die Gründer verpflichtet, welche die Beteiligung des Aktionärs in Kenntnis seiner Zahlungsunfähigkeit oder Leistungsunfähigkeit angenommen haben.

(5) [1] Neben den Gründern sind in gleicher Weise Personen verantwortlich, für deren Rechnung die Gründer Aktien übernommen haben. [2] Sie können sich auf ihre eigene Unkenntnis nicht wegen solcher Umstände berufen, die ein für ihre Rechnung handelnder Gründer kannte oder kennen mußte.

**§ 47 Verantwortlichkeit anderer Personen neben den Gründern.** Neben den Gründern und den Personen, für deren Rechnung die Gründer Aktien übernommen haben, ist als Gesamtschuldner der Gesellschaft zum Schadenersatz verpflichtet,
1. wer bei Empfang einer Vergütung, die entgegen den Vorschriften nicht in den Gründungsaufwand aufgenommen ist, wußte oder nach den Umständen annehmen mußte, daß die Verheimlichung beabsichtigt oder erfolgt war, oder wer zur Verheimlichung wissentlich mitgewirkt hat;
2. wer im Fall einer vorsätzlichen oder grobfahrlässigen Schädigung der Gesellschaft durch Einlagen oder Sachübernahmen an der Schädigung wissentlich mitgewirkt hat;
3. wer vor Eintragung der Gesellschaft in das Handelsregister oder in den ersten zwei Jahren nach der Eintragung die Aktien öffentlich ankündigt, um sie in den Verkehr einzuführen, wenn er die Unrichtigkeit oder Unvollständigkeit der Angaben, die zum Zwecke der Gründung der Gesellschaft gemacht worden sind (§ 46 Abs. 1), oder die Schädigung der Gesellschaft durch Einlagen oder Sachübernahmen kannte oder bei Anwendung der Sorgfalt eines ordentlichen Geschäftsmannes kennen mußte.

**§ 48 Verantwortlichkeit des Vorstands und des Aufsichtsrats.** [1] Mitglieder des Vorstands und des Aufsichtsrats, die bei der Gründung ihre Pflichten verletzen, sind der Gesellschaft zum Ersatz des daraus entstehenden Schadens als Gesamtschuldner verpflichtet; sie sind namentlich dafür verantwortlich, daß eine zur Annahme von Einzahlungen auf die Aktien bestimmte Stelle (§ 54 Abs. 3) hierzu geeignet ist, und daß die eingezahlten Beträge zur freien Verfügung des Vorstands stehen. [2] Für die Sorgfaltspflicht und Verantwortlichkeit der Mitglieder des Vorstands und des Aufsichtsrats bei der Gründung gelten im übrigen §§ 93 und 116 mit Ausnahme von § 93 Abs. 4 Satz 3 und 4 und Abs. 6.

**§ 49 Verantwortlichkeit der Gründungsprüfer.** § 323 Abs. 1 bis 4 des Handelsgesetzbuchs über die Verantwortlichkeit des Abschlußprüfers gilt sinngemäß.

**§ 50 Verzicht und Vergleich.** [1] Die Gesellschaft kann auf Ersatzansprüche gegen die Gründer, die neben diesen haftenden Personen und gegen die Mitglieder des Vorstands und des Aufsichtsrats (§§ 46 bis 48) erst drei Jahre nach der Eintragung der Gesellschaft in das Handelsregister und nur dann verzichten oder sich über sie vergleichen, wenn die Hauptversammlung zustimmt und nicht eine Minderheit, deren Anteile zusammen den zehnten Teil des Grundkapitals erreichen, zur Niederschrift Widerspruch erhebt. [2] Die zeitliche

Beschränkung gilt nicht, wenn der Ersatzpflichtige zahlungsunfähig ist und sich zur Abwendung des Insolvenzverfahrens mit seinen Gläubigern vergleicht oder wenn die Ersatzpflicht in einem Insolvenzplan geregelt wird.

**§ 51 Verjährung der Ersatzansprüche.** [1] Ersatzansprüche der Gesellschaft nach den §§ 46 bis 49 verjähren in fünf Jahren. [2] Die Verjährung beginnt mit der Eintragung der Gesellschaft in das Handelsregister oder, wenn die zum Ersatz verpflichtende Handlung später begangen worden ist, mit der Vornahme der Handlung.

**§ 52 Nachgründung.** (1) [1] Verträge der Gesellschaft, nach denen sie vorhandene oder herzustellende Anlagen oder andere Vermögensgegenstände für eine den zehnten Teil des Grundkapitals übersteigende Vergütung erwerben soll, und die in den ersten zwei Jahren seit der Eintragung der Gesellschaft in das Handelsregister geschlossen werden, werden nur mit Zustimmung der Hauptversamm-lung und durch Eintragung in das Handelsregister wirksam. [2] Ohne die Zustimmung der Hauptversammlung oder die Eintragung im Handelsregister sind auch die Rechtshandlungen zu ihrer Ausführung unwirksam.

(2) [1] Ein Vertrag nach Absatz 1 bedarf der schriftlichen Form, soweit nicht eine andere Form vorgeschrieben ist. [2] Er ist von der Einberufung der Hauptversammlung an, die über die Zustimmung beschließen soll, in dem Geschäftsraum der Gesellschaft zur Einsicht der Aktionäre auszulegen. [3] Auf Verlangen ist jedem Aktionär unverzüglich eine Abschrift zu erteilen. [4] In der Hauptversammlung ist der Vertrag auszulegen. [5] Der Vorstand hat ihn zu Beginn der Verhandlung zu erläutern. [6] Der Niederschrift ist er als Anlage beizufügen.

(3) [1] Vor der Beschlußfassung der Hauptversammlung hat der Aufsichtsrat den Vertrag zu prüfen und einen schriftlichen Bericht zu erstatten (Nachgründungsbericht). [2] Für den Nachgründungsbericht gilt sinngemäß § 32 Abs. 2 und 3 über den Gründungsbericht.

(4) [1] Außerdem hat vor der Beschlußfassung eine Prüfung durch einen oder mehrere Gründungsprüfer stattzufinden. [2] § 33 Abs. 3 bis 5, §§ 34, 35 über die Gründungsprüfung gelten sinngemäß.

(5) [1] Der Beschluß der Hauptversammlung bedarf einer Mehrheit, die mindestens drei Viertel des bei der Beschlußfassung vertretenen Grundkapitals umfaßt. [2] Wird der Vertrag im ersten Jahre nach der Eintragung der Gesellschaft in das Handelsregister geschlossen, so müssen außerdem die Anteile der zustimmenden Mehrheit mindestens ein Viertel des gesamten Grundkapitals erreichen. [3] Die Satzung kann an Stelle dieser Mehrheiten größere Kapitalmehrheiten und weitere Erfordernisse bestimmen.

(6) [1] Nach Zustimmung der Hauptversammlung hat der Vorstand den Vertrag zur Eintragung in das Handelsregister anzumelden. [2] Der Anmeldung ist der Vertrag in Urschrift, Ausfertigung oder öffentlich beglaubigter Abschrift mit dem Nachgründungsbericht und dem Bericht der Gründungsprüfer mit den urkundlichen Unterlagen beizufügen.

(7) Bestehen gegen die Eintragung Bedenken, weil die Gründungsprüfer erklären oder weil es offensichtlich ist, daß der Nachgründungsbericht unrichtig oder unvollständig ist oder den gesetzlichen Vorschriften nicht entspricht oder

daß die für die zuerwerbenden Vermögensgegenstände gewährte Vergütung unangemessen hoch ist, so kann das Gericht die Eintragung ablehnen.

(8) [1] Bei der Eintragung genügt die Bezugnahme auf die eingereichten Urkunden. [2] In die Bekanntmachung der Eintragung sind aufzunehmen der Tag des Vertragsabschlusses und der Zustimmung der Hauptversammlung sowie der zu erwerbende Vermögensgegenstand, die Person, von der die Gesellschaft ihn erwirbt, und die zu gewährende Vergütung.

(9) Vorstehende Vorschriften gelten nicht, wenn der Erwerb der Vermögensgegenstände den Gegenstand des Unternehmens bildet oder wenn sie in der Zwangsvollstreckung erworben werden.

(10) Ein Vertrag nach Absatz 1 ist, gleichviel ob er vor oder nach Ablauf von zwei Jahren seit der Eintragung der Gesellschaft in das Handelsregister geschlossen ist, nicht deshalb unwirksam, weil ein Vertrag der Gründer über denselben Gegenstand nach § 27 Abs. 3 der Gesellschaft gegenüber unwirksam ist.

**§ 53 Ersatzansprüche bei der Nachgründung.** [1] Für die Nachgründung gelten die §§ 46, 47, 49 bis 51 über die Ersatzansprüche der Gesellschaft sinngemäß. [2] An die Stelle der Gründer treten die Mitglieder des Vorstands und des Aufsichtsrats. [3] Sie haben die Sorgfalt eines ordentlichen und gewissenhaften Geschäftsleiters anzuwenden. [4] Soweit Fristen mit der Eintragung der Gesellschaft in das Handelsregister beginnen, tritt an deren Stelle die Eintragung des Vertrags über die Nachgründung.

# Dritter Teil. Rechtsverhältnisse der Gesellschaft und der Gesellschafter

**§ 53a Gleichbehandlung der Aktionäre.** Aktionäre sind unter gleichen Voraussetzungen gleich zu behandeln.

**§ 54 Hauptverpflichtung der Aktionäre.** (1) Die Verpflichtung der Aktionäre zur Leistung der Einlagen wird durch den Ausgabebetrag der Aktien begrenzt.

(2) Soweit nicht in der Satzung Sacheinlagen festgesetzt sind, haben die Aktionäre den Ausgabebetrag der Aktien einzuzahlen.

(3) [1] Der vor der Anmeldung der Gesellschaft eingeforderte Betrag kann nur in gesetzlichen Zahlungsmitteln oder durch Gutschrift auf ein Konto bei einem Kreditinstitut oder einem nach § 53 Abs. 1 Satz 1 oder § 53b Abs. 1 Satz 1 oder Abs. 7 des Gesetzes über das Kreditwesen tätigen Unternehmen der Gesellschaft oder des Vorstands zu seiner freien Verfügung eingezahlt werden. [2] Forderungen des Vorstands aus diesen Einzahlungen gelten als Forderungen der Gesellschaft.

**§ 55 Nebenverpflichtungen der Aktionäre.** (1) [1] Ist die Übertragung der Aktien an die Zustimmung der Gesellschaft gebunden, so kann die Satzung

Aktionären die Verpflichtung auferlegen, neben den Einlagen auf das Grundkapital wiederkehrende, nicht in Geld bestehende Leistungen zu erbringen. [2]Dabei hat sie zu bestimmen, ob die Leistungen entgeltlich oder unentgeltlich zu erbringen sind. [3]Die Verpflichtung und der Umfang der Leistungen sind in den Aktien und Zwischenscheinen anzugeben.

(2) Die Satzung kann Vertragsstrafen für den Fall festsetzen, daß die Verpflichtung nicht oder nicht gehörig erfüllt wird.

### § 56 Keine Zeichnung eigener Aktien; Aktienübernahme für Rechnung der Gesellschaft oder durch ein abhängiges oder in Mehrheitsbesitz stehendes Unternehmen. (1) Die Gesellschaft darf keine eigenen Aktien zeichnen.

(2) [1]Ein abhängiges Unternehmen darf keine Aktien der herrschenden Gesellschaft, ein in Mehrheitsbesitz stehendes Unternehmen keine Aktien der an ihm mit Mehrheit beteiligten Gesellschaft als Gründer oder Zeichner oder in Ausübung eines bei einer bedingten Kapitalerhöhung eingeräumten Umtausch- oder Bezugsrechts übernehmen. [2]Ein Verstoß gegen diese Vorschrift macht die Übernahme nicht unwirksam.

(3) [1]Wer als Gründer oder Zeichner oder in Ausübung eines bei einer bedingten Kapitalerhöhung eingeräumten Umtausch- oder Bezugsrechts eine Aktie für Rechnung der Gesellschaft oder eines abhängigen oder in Mehrheitsbesitz stehenden Unternehmens übernommen hat, kann sich nicht darauf berufen, daß er die Aktie nicht für eigene Rechnung übernommen hat. [2]Er haftet ohne Rücksicht auf Vereinbarungen mit der Gesellschaft oder dem abhängigen oder in Mehrheitsbesitz stehenden Unternehmen auf die volle Einlage. [3]Bevor er die Aktie für eigene Rechnung übernommen hat, stehen ihm keine Rechte aus der Aktie zu.

(4) [1]Werden bei einer Kapitalerhöhung Aktien unter Verletzung der Absätze 1 oder 2 gezeichnet, so haftet auch jedes Vorstandsmitglied der Gesellschaft auf die volle Einlage. [2]Dies gilt nicht, wenn das Vorstandsmitglied beweist, daß es kein Verschulden trifft.

### § 57 Keine Rückgewähr, keine Verzinsung der Einlagen. (1) [1]Den Aktionären dürfen die Einlagen nicht zurückgewährt werden. [2]Als Rückgewähr von Einlagen gilt nicht die Zahlung des Erwerbspreises beim zulässigen Erwerb eigener Aktien.

(2) Den Aktionären dürfen Zinsen weder zugesagt noch ausgezahlt werden.

(3) Vor Auflösung der Gesellschaft darf unter die Aktionäre nur der Bilanzgewinn verteilt werden.

### § 58 Verwendung des Jahresüberschusses. (1) [1]Die Satzung kann nur für den Fall, daß die Hauptversammlung den Jahresabschluß feststellt, bestimmen, daß Beträge aus dem Jahresüberschuß in andere Gewinnrücklagen einzustellen sind. [2]Auf Grund einer solchen Satzungsbestimmung kann höchstens die Hälfte des Jahresüberschusses in andere Gewinnrücklagen eingestellt werden. [3]Dabei sind Beträge, die in die gesetzliche Rücklage einzustellen sind, und ein Verlustvortrag vorab vom Jahresüberschuß abzuziehen.

(2) [1]Stellen Vorstand und Aufsichtsrat den Jahresabschluß fest, so können sie einen Teil des Jahresüberschusses, höchstens jedoch die Hälfte, in andere

Gewinnrücklagen einstellen. [2]Die Satzung kann Vorstand und Aufsichtsrat zur Einstellung eines größeren oder kleineren Teils, bei börsennotierten Gesellschaften nur eines größeren Teils des Jahresüberschusses ermächtigen. [3]Auf Grund einer solchen Satzungsbestimmung dürfen Vorstand und Aufsichtsrat keine Beträge in andere Gewinnrücklagen einstellen, wenn die anderen Gewinnrücklagen die Hälfte des Grundkapitals übersteigen oder soweit sie nach der Einstellung die Hälfte übersteigen würden. [4]Absatz 1 Satz 3 gilt sinngemäß.

(2a) [1]Unbeschadet der Absätze 1 und 2 können Vorstand und Aufsichtsrat den Eigenkapitalanteil von Wertaufholungen bei Vermögensgegenständen des Anlage- und Umlaufvermögens und von bei der steuerrechtlichen Gewinnermittlung gebildeten Passivposten, die nicht im Sonderposten mit Rücklageanteil ausgewiesen werden dürfen, in andere Gewinnrücklagen einstellen. [2]Der Betrag dieser Rücklagen ist entweder in der Bilanz gesondert auszuweisen oder im Anhang anzugeben.

(3) [1]Die Hauptversammlung kann im Beschluß über die Verwendung des Bilanzgewinns weitere Beträge in Gewinnrücklagen einstellen oder als Gewinn vortragen. [2]Sie kann ferner, wenn die Satzung sie hierzu ermächtigt, auch eine andere Verwendung als nach Satz 1 oder als die Verteilung unter die Aktionäre beschließen.

(4) Die Aktionäre haben Anspruch auf den Bilanzgewinn, soweit er nicht nach Gesetz oder Satzung, durch Hauptversammlungsbeschluß nach Absatz 3 oder als zusätzlicher Aufwand auf Grund des Gewinnverwendungsbeschlusses von der Verteilung unter die Aktionäre ausgeschlossen ist.

**§ 59 Abschlagszahlung auf den Bilanzgewinn.** (1) Die Satzung kann den Vorstand ermächtigen, nach Ablauf des Geschäftsjahrs auf den voraussichtlichen Bilanzgewinn einen Abschlag an die Aktionäre zu zahlen.

(2) [1]Der Vorstand darf einen Abschlag nur zahlen, wenn ein vorläufiger Abschluß für das vergangene Geschäftsjahr einen Jahresüberschuß ergibt. [2]Als Abschlag darf höchstens die Hälfte des Betrags gezahlt werden, der von dem Jahresüberschuß nach Abzug der Beträge verbleibt, die nach Gesetz oder Satzung in Gewinnrücklagen einzustellen sind. [3]Außerdem darf der Abschlag nicht die Hälfte des vorjährigen Bilanzgewinns übersteigen.

(3) Die Zahlung eines Abschlags bedarf der Zustimmung des Aufsichtsrats.

**§ 60 Gewinnverteilung.** (1) Die Anteile der Aktionäre am Gewinn bestimmen sich nach ihren Anteilen am Grundkapital.

(2) [1]Sind die Einlagen auf das Grundkapital nicht auf alle Aktien in demselben Verhältnis geleistet, so erhalten die Aktionäre aus dem verteilbaren Gewinn vorweg einen Betrag von vier vom Hundert der geleisteten Einlagen. [2]Reicht der Gewinn dazu nicht aus, so bestimmt sich der Betrag nach einem entsprechend niedrigeren Satz. [3]Einlagen, die im Laufe des Geschäftsjahrs geleistet wurden, werden nach dem Verhältnis der Zeit berücksichtigt, die seit der Leistung verstrichen ist.

(3) Die Satzung kann eine andere Art der Gewinnverteilung bestimmen.

**§ 61 Vergütung von Nebenleistungen.** Für wiederkehrende Leistungen, zu denen Aktionäre nach der Satzung neben den Einlagen auf das Grundkapital verpflichtet sind, darf eine den Wert der Leistungen nicht übersteigende Vergütung ohne Rücksicht darauf gezahlt werden, ob ein Bilanzgewinn ausgewiesen wird.

### § 62 Haftung der Aktionäre beim Empfang verbotener Leistungen.

(1) [1]Die Aktionäre haben der Gesellschaft Leistungen, die sie entgegen den Vorschriften dieses Gesetzes von ihr empfangen haben, zurückzugewähren. [2]Haben sie Beträge als Gewinnanteile bezogen, so besteht die Verpflichtung nur, wenn sie wußten oder infolge von Fahrlässigkeit nicht wußten, daß sie zum Bezuge nicht berechtigt waren.

(2) [1]Der Anspruch der Gesellschaft kann auch von den Gläubigern der Gesellschaft geltend gemacht werden, soweit sie von dieser keine Befriedigung erlangen können. [2]Ist über das Vermögen der Gesellschaft das Insolvenzverfahren eröffnet, so übt während dessen Dauer der Insolvenzverwalter oder der Sachwalter das Recht der Gesellschaftsgläubiger gegen die Aktionäre aus.

(3) Die Ansprüche nach diesen Vorschriften verjähren in fünf Jahren seit dem Empfang der Leistung.

### § 63 Folgen nicht rechtzeitiger Einzahlung.

(1) [1]Die Aktionäre haben die Einlagen nach Aufforderung durch den Vorstand einzuzahlen. [2]Die Aufforderung ist, wenn die Satzung nichts anderes bestimmt, in den Gesellschaftsblättern bekanntzumachen.

(2) [1]Aktionäre, die den eingeforderten Betrag nicht rechtzeitig einzahlen, haben ihn vom Eintritt der Fälligkeit an mit fünf vom Hundert für das Jahr zu verzinsen. [2]Die Geltendmachung eines weiteren Schadens ist nicht ausgeschlossen.

(3) Für den Fall nicht rechtzeitiger Einzahlung kann die Satzung Vertragsstrafen festsetzen.

### § 64 Ausschluß säumiger Aktionäre.

(1) Aktionären, die den eingeforderten Betrag nicht rechtzeitig einzahlen, kann eine Nachfrist mit der Androhung gesetzt werden, daß sie nach Fristablauf ihrer Aktien und der geleisteten Einzahlungen für verlustig erklärt werden.

(2) [1]Die Nachfrist muß dreimal in den Gesellschaftsblättern bekanntgemacht werden. [2]Die erste Bekanntmachung muß mindestens drei Monate, die letzte mindestens einen Monat vor Fristablauf ergehen. [3]Zwischen den einzelnen Bekanntmachungen muß ein Zeitraum von mindestens drei Wochen liegen. [4]Ist die Übertragung der Aktien an die Zustimmung der Gesellschaft gebunden, so genügt an Stelle der öffentlichen Bekanntmachungen die einmalige Einzelaufforderung an die säumigen Aktionäre; dabei muß eine Nachfrist gewährt werden, die mindestens einen Monat seit dem Empfang der Aufforderung beträgt.

(3) [1]Aktionäre, die den eingeforderten Betrag trotzdem nicht zahlen, werden durch Bekanntmachung in den Gesellschaftsblättern ihrer Aktien und der geleisteten Einzahlungen zugunsten der Gesellschaft für verlustig erklärt. [2]In der Bekanntmachung sind die für verlustig erklärten Aktien mit ihren Unterscheidungsmerkmalen anzugeben.

(4) [1]An Stelle der alten Urkunden werden neue ausgegeben; diese haben außer den geleisteten Teilzahlungen den rückständigen Betrag anzugeben.

²Für den Ausfall der Gesellschaft an diesem Betrag oder an den später eingeforderten Beträgen haftet ihr der ausgeschlossene Aktionär.

**§ 65 Zahlungspflicht der Vormänner.** (1) ¹Jeder im Aktienbuch verzeichnete Vormann des ausgeschlossenen Aktionärs ist der Gesellschaft zur Zahlung des rückständigen Betrags verpflichtet, soweit dieser von seinen Nachmännern nicht zu erlangen ist. ²Von der Zahlungsaufforderung an einen früheren Aktionär hat die Gesellschaft seinen unmittelbaren Vormann zu benachrichtigen. ³Daß die Zahlung nicht zu erlangen ist, wird vermutet, wenn sie nicht innerhalb eines Monats seit der Zahlungsaufforderung und der Benachrichtigung des Vormanns eingegangen ist. ⁴Gegen Zahlung des rückständigen Betrags wird die neue Urkunde ausgehändigt.

(2) ¹Jeder Vormann ist nur zur Zahlung der Beträge verpflichtet, die binnen zwei Jahren eingefordert werden. ²Die Frist beginnt mit dem Tage, an dem die Übertragung der Aktie zum Aktienbuch der Gesellschaft angemeldet wird.

(3) ¹Ist die Zahlung des rückständigen Betrags von Vormännern nicht zu erlangen, so hat die Gesellschaft die Aktie unverzüglich zum amtlichen Börsenpreis durch Vermittlung eines Kursmaklers und beim Fehlen eines Börsenpreises durch öffentliche Versteigerung zu verkaufen. ²Ist von der Versteigerung am Sitz der Gesellschaft kein angemessener Erfolg zu erwarten, so ist die Aktie an einem geeigneten Ort zu verkaufen. ³Zeit, Ort und Gegenstand der Versteigerung sind öffentlich bekanntzumachen. ⁴Der ausgeschlossene Aktionär und seine Vormänner sind besonders zu benachrichtigen; die Benachrichtigung kann unterbleiben, wenn sie untunlich ist. ⁵Bekanntmachung und Benachrichtigung müssen mindestens zwei Wochen vor der Versteigerung ergehen.

**§ 66 Keine Befreiung der Aktionäre von ihren Leistungspflichten.**
(1) ¹Die Aktionäre und ihre Vormänner können von ihren Leistungspflichten nach den §§ 54 und 65 nicht befreit werden. ²Gegen eine Forderung der Gesellschaft nach den §§ 54 und 65 ist die Aufrechnung nicht zulässig.

(2) Absatz 1 gilt entsprechend für die Verpflichtung zur Rückgewähr von Leistungen, die entgegen den Vorschriften dieses Gesetzes empfangen sind, für die Ausfallhaftung des ausgeschlossenen Aktionärs sowie für die Schadenersatzpflicht des Aktionärs wegen nicht gehöriger Leistung einer Sacheinlage.

(3) Durch eine ordentliche Kapitalherabsetzung oder durch eine Kapitalherabsetzung durch Einziehung von Aktien können die Aktionäre von der Verpflichtung zur Leistung von Einlagen befreit werden, durch eine ordentliche Kapitalherabsetzung jedoch höchstens in Höhe des Betrags, um den das Grundkapital herabgesetzt worden ist.

**§ 67 Eintragung im Aktienbuch.** (1) Namensaktien sind unter Bezeichnung des Inhabers nach Namen, Wohnort und Beruf in das Aktienbuch der Gesellschaft einzutragen.

(2) Im Verhältnis zur Gesellschaft gilt als Aktionär nur, wer als solcher im Aktienbuch eingetragen ist.

(3) ¹Ist jemand nach Ansicht der Gesellschaft zu Unrecht als Aktionär in das Aktienbuch eingetragen worden, so kann die Gesellschaft die Eintragung nur löschen, wenn sie vorher die Beteiligten von der beabsichtigten Löschung benachrichtigt und ihnen eine angemessene Frist zur Geltendmachung eines Widerspruchs gesetzt hat. ²Widerspricht ein Beteiligter innerhalb der Frist, so hat die Löschung zu unterbleiben.

(4) Diese Vorschriften gelten sinngemäß für Zwischenscheine.

(5) Jedem Aktionär ist auf Verlangen Einsicht in das Aktienbuch zu gewähren.

**§ 68 Übertragung von Namensaktien. Umschreibung im Aktienbuch.** (1) ¹Namensaktien können durch Indossament übertragen werden. ²Für die Form des Indossaments, den Rechtsausweis des Inhabers und seine Verpflichtung zur Herausgabe gelten sinngemäß Artikel 12, 13 und 16 des Wechselgesetzes.

(2) ¹Die Satzung kann die Übertragung an die Zustimmung der Gesellschaft binden. ²Die Zustimmung erteilt der Vorstand. ³Die Satzung kann jedoch bestimmen, daß der Aufsichtsrat oder die Hauptversammlung über die Erteilung der Zustimmung beschließt. ⁴Die Satzung kann die Gründe bestimmen, aus denen die Zustimmung verweigert werden darf.

(3) ¹Geht die Namensaktie auf einen anderen über, so ist dies bei der Gesellschaft anzumelden. ²Die Aktie ist vorzulegen und der Übergang nachzuweisen. ³Die Gesellschaft vermerkt den Übergang im Aktienbuch.

(4) Die Gesellschaft ist verpflichtet, die Ordnungsmäßigkeit der Reihe der Indossamente und der Abtretungserklärungen, aber nicht die Unterschriften zu prüfen.

(5) Diese Vorschriften gelten sinngemäß für Zwischenscheine.

**§ 69 Rechtsgemeinschaft an einer Aktie.** (1) Steht eine Aktie mehreren Berechtigten zu, so können sie die Rechte aus der Aktie nur durch einen gemeinschaftlichen Vertreter ausüben.

(2) Für die Leistungen auf die Aktie haften sie als Gesamtschuldner.

(3) ¹Hat die Gesellschaft eine Willenserklärung dem Aktionär gegenüber abzugeben, so genügt, wenn die Berechtigten der Gesellschaft keinen gemeinschaftlichen Vertreter benannt haben, die Abgabe der Erklärung gegenüber einem Berechtigten. ²Bei mehrerenErben eines Aktionärs gilt dies nur für Willenserklärungen, die nach Ablauf eines Monats seit dem Anfall der Erbschaft abgegeben werden.

**§ 70 Berechnung der Aktienbesitzzeit.** ¹Ist die Ausübung von Rechten aus der Aktie davon abhängig, daß der Aktionär während eines bestimmten Zeitraums Inhaber der Aktie gewesen ist, so steht dem Eigentum ein Anspruch auf Übereignung gegen ein Kreditinstitut, Finanzdienstleistungsinstitut oder ein nach § 53 Abs. 1 Satz 1 oder § 53b Abs. 1 Satz 1 oder Abs. 7 des Gesetzes über das Kreditwesen tätiges Unternehmen gleich. ²Die Eigentumszeit eines Rechtsvorgängers wird dem Aktionär zugerechnet, wenn er die Aktie unentgeltlich, von seinem Treuhänder, als Gesamtrechtsnachfolger, bei

Auseinandersetzung einer Gemeinschaft oder bei einer Bestandsübertragung nach § 14 des Versicherungsaufsichtsgesetzes oder § 14 des Gesetzes über Bausparkassen erworben hat.

**§ 71 Erwerb eigener Aktien.** (1) Die Gesellschaft darf eigene Aktien nur erwerben,

1. wenn der Erwerb notwendig ist, um einen schweren, unmittelbar bevorstehenden Schaden von der Gesellschaft abzuwenden,

2. wenn die Aktien Personen, die im Arbeitsverhältnis zu der Gesellschaft oder einem mit ihr verbundenen Unternehmen stehen oder standen, zum Erwerb angeboten werden sollen,

3. wenn der Erwerb geschieht, um Aktionäre nach § 305 Abs. 2, § 320 b oder nach § 29 Abs. 1, § 125 Satz 1 in Verbindung mit § 29 Abs. 1, § 207 Abs. 1 Satz 1 des Umwandlungsgesetzes abzufinden,

4. wenn der Erwerb unentgeltlich geschieht oder ein Kreditinstitut mit dem Erwerb eine Einkaufskommission ausführt,

5. durch Gesamtrechtsnachfolge,

6. auf Grund eines Beschlusses der Hauptversammlung zur Einziehung nach den Vorschriften über die Herabsetzung des Grundkapitals,

7. wenn sie ein Kreditinstitut, Finanzdienstleistungsinstitut oder Finanzunternehmen ist, aufgrund eines Beschlusses der Hauptversammlung zum Zwecke des Wertpapierhandels. Der Beschluß muß bestimmen, daß der Handelsbestand der zu diesem Zweck zu erwerbenden Aktien fünf vom Hundert des Grundkapitals am Ende jeden Tages nicht übersteigen darf; er muß den niedrigsten und höchsten Gegenwert festlegen. Die Ermächtigung darf höchstens 18 Monate gelten; oder

8. aufgrund einer höchstens 18 Monate geltenden Ermächtigung der Hauptversammlung, die den niedrigsten und höchsten Gegenwert sowie den Anteil am Grundkapital, der zehn vom Hundert nicht übersteigen darf, festlegt. Als Zweck ist der Handel in eigenen Aktien ausgeschlossen. § 53 a ist auf Erwerb und Veräußerung anzuwenden. Erwerb und Veräußerung über die Börse genügen dem. Eine andere Veräußerung kann die Hauptversammlung beschließen; § 186 Abs. 3, 4 und § 193 Abs. 2 Nr. 4 sind in diesem Fall entsprechend anzuwenden. Die Hauptversammlung kann den Vorstand ermächtigen, die eigenen Aktien ohne weitere Hauptversammlungsbeschluß einzuziehen.

(2) ¹Auf die zu den Zwecken nach Absatz 1 Nr. 1 bis 3, 7 und 8 erworbenen Aktien dürfen zusammen mit anderen Aktien der Gesellschaft, welche die Gesellschaft bereits erworben hat und noch besitzt, nicht mehr als zehn vom Hundert des Grundkapitals entfallen. ²Dieser Erwerb ist ferner nur zulässig, wenn die Gesellschaft die nach § 272 Abs. 4 des Handelsgesetzbuchs vorgeschriebene Rücklage für eigene Aktien bilden kann, ohne das Grundkapital oder eine nach Gesetz oder Satzung zu bildende Rücklage zu mindern, die nicht zu Zahlungen an die Aktionäre verwandt werden darf. ³In den Fällen des Absatzes 1 Nr. 1, 2, 4, 7 und 8 ist der Erwerb nur zulässig, wenn auf die Aktien der Ausgabebetrag voll geleistet ist.

(3) ¹In den Fällen des Absatzes 1 Nr. 1 und 8 hat der Vorstand die nächste Hauptversammlung über die Gründe und den Zweck des Erwerbs, über die

Zahl der erworbenen Aktien und den auf sie entfallenden Betrag des Grundkapitals, über deren Anteil am Grundkapital sowie über den Gegenwert der Aktien zu unterrichten. [2] Im Falle des Absatzes 1 Nr. 2 sind die Aktien innerhalb eines Jahres nach ihrem Erwerb an die Arbeitnehmer auszugeben. [3] Im Falle des Absatzes 1 Nr. 8 hat die Gesellschaft das Bundesaufsichtsamt für den Wertpapierhandel unverzüglich von der Ermächtigung zu unterrichten.

(4) [1] Ein Verstoß gegen die Absätze 1 oder 2 macht den Erwerb eigener Aktien nicht unwirksam. [2] Ein schuldrechtliches Geschäft über den Erwerb eigener Aktien ist jedoch nichtig, soweit der Erwerb gegen die Absätze 1 oder 2 verstößt.

**§ 71a Umgehungsgeschäfte.** (1) [1] Ein Rechtsgeschäft, das die Gewährung eines Vorschusses oder eines Darlehens oder die Leistung einer Sicherheit durch die Gesellschaft an einen anderen zum Zweck des Erwerbs von Aktien dieser Gesellschaft zum Gegenstand hat, ist nichtig. [2] Dies gilt nicht für Rechtsgeschäfte im Rahmen der laufenden Geschäfte von Kreditinstituten oder Finanzdienstleistungsinstituten sowie für die Gewährung eines Vorschusses oder eines Darlehens oder für die Leistung einer Sicherheit zum Zweck des Erwerbs von Aktien durch Arbeitnehmer der Gesellschaft oder eines mit ihr verbundenen Unternehmens; auch in diesen Fällen ist das Rechtsgeschäft jedoch nichtig, wenn bei einem Erwerb der Aktien durch die Gesellschaft diese die nach § 272 Abs. 4 des Handelsgesetzbuchs vorgeschriebene Rücklage für eigene Aktien nicht bilden könnte, ohne das Grundkapital oder eine nach Gesetz oder Satzung zu bildende Rücklage zu mindern, die nicht zu Zahlungen an die Aktionäre verwandt werden darf.

(2) Nichtig ist ferner ein Rechtsgeschäft zwischen der Gesellschaft und einem anderen, nach dem dieser berechtigt oder verpflichtet sein soll, Aktien der Gesellschaft für Rechnung der Gesellschaft oder eines abhängigen oder eines in ihrem Mehrheitsbesitz stehenden Unternehmens zu erwerben, soweit der Erwerb durch die Gesellschaft gegen § 71 Abs. 1 oder 2 verstoßen würde.

**§ 71b Rechte aus eigenen Aktien.** Aus eigenen Aktien stehen der Gesellschaft keine Rechte zu.

**§ 71c Veräußerung und Einziehung eigener Aktien.** (1) Hat die Gesellschaft eigene Aktien unter Verstoß gegen § 71 Abs. 1 oder 2 erworben, so müssen sie innerhalb eines Jahres nach ihrem Erwerb veräußert werden.

(2) Entfallen auf die Aktien, welche die Gesellschaft nach § 71 Abs. 1 in zulässiger Weise erworben hat und noch besitzt, mehr als zehn vom Hundert des Grundkapitals, so muß der Teil der Aktien, der diesen Satz übersteigt, innerhalb von drei Jahren nach dem Erwerb der Aktien veräußert werden.

(3) Sind eigene Aktien innerhalb der in den Absätzen 1 und 2 vorgesehenen Fristen nicht veräußert worden, so sind sie nach § 237 einzuziehen.

**§ 71d Erwerb eigener Aktien durch Dritte.** [1] Ein im eigenen Namen, jedoch für Rechnung der Gesellschaft handelnder Dritter darf Aktien der Gesellschaft nur erwerben oder besitzen, soweit dies der Gesellschaft nach § 71 Abs. 1 Nr. 1 bis 5, 7 und 8 und Abs. 2 gestattet wäre. [2] Gleiches gilt für den Erwerb oder den Besitz von Aktien der Gesellschaft durch ein abhängiges oder ein im Mehrheitsbesitz der Gesellschaft stehendes Unternehmen sowie für den Erwerb oder den Besitz durch einen Dritten, der im eigenen Namen, jedoch für Rechnung eines abhängigen oder eines im Mehrheitsbesitz der Gesellschaft stehenden Unternehmens handelt. [3]Bei der Berechnung des Anteils am Grundkapital nach § 71 Abs. 2 Satz 1 und § 71c Abs. 2 gelten diese Aktien als Aktien der Gesellschaft. [4]Im übrigen gelten § 71 Abs. 3 und 4, §§ 71a bis 71c sinngemäß. [5]Der Dritte oder das Unternehmen hat der Gesellschaft auf ihr Verlangen das Eigentum an den Aktien zu verschaffen. [6]Die Gesellschaft hat den Gegenwert der Aktien zu erstatten.

**§ 71e Inpfandnahme eigener Aktien.** (1) [1]Dem Erwerb eigener Aktien nach § 71 Abs. 1 und 2, § 71d steht es gleich, wenn eigene Aktien als Pfand genommen werden. [2]Jedoch darf ein Kreditinstitut oder Finanzdienstleistungsinstitut im Rahmen der laufenden Geschäfte eigene Aktien bis zu dem in § 71 Abs. 2 Satz 1 bestimmten Anteil am Grundkapital als Pfand nehmen. [3]§ 71a gilt sinngemäß.

(2) [1]Ein Verstoß gegen Absatz 1 macht die Inpfandnahme eigener Aktien unwirksam, wenn auf sie der Ausgabebetrag noch nicht voll geleistet ist. [2]Ein schuldrechtliches Geschäft über die Inpfandnahme eigener Aktien ist nichtig, soweit der Erwerb gegen Absatz 1 verstößt.

**§ 72 Kraftloserklärung von Aktien im Aufgebotsverfahren.** (1) [1]Ist eine Aktie oder ein Zwischenschein abhanden gekommen oder vernichtet, so kann die Urkunde im Aufgebotsverfahren nach der Zivilprozeßordnung für kraftlos erklärt werden. [2]§ 799 Abs. 2 und § 800 des Bürgerlichen Gesetzbuchs gelten sinngemäß.

(2) Sind Gewinnanteilscheine auf den Inhaber ausgegeben, so erlischt mit der Kraftloserklärung der Aktie oder des Zwischenscheins auch der Anspruch aus den noch nicht fälligen Gewinnanteilscheinen.

(3) Die Kraftloserklärung einer Aktie nach §§ 73 oder 226 steht der Kraftloserklärung der Urkunde nach Absatz 1 nicht entgegen.

**§ 73 Kraftloserklärung von Aktien durch die Gesellschaft.** (1) [1]Ist der Inhalt von Aktienurkunden durch eine Veränderung der rechtlichen Verhältnisse unrichtig geworden, so kann die Gesellschaft die Aktien, die trotz Aufforderung nicht zur Berichtigung oder zum Umtausch bei ihr eingereicht sind, mit Genehmigung des Gerichts für kraftlos erklären. [2]Beruht die Unrichtigkeit auf einer Änderung des Nennbetrags der Aktien, so können sie nur dann für kraftlos erklärt werden, wenn der Nennbetrag zur Herabsetzung des Grundkapitals herabgesetzt ist. [3]Namensaktien können nicht deshalb für kraftlos erklärt werden, weil die Bezeichnung des Aktionärs unrichtig geworden ist. [4]Gegen die Entscheidung des Gerichts ist die sofortige Beschwerde zulässig; eine Anfechtung der Entscheidung, durch die die Genehmigung erteilt wird, ist ausgeschlossen.

(2) [1]Die Aufforderung, die Aktien einzureichen, hat die Kraftloserklärung anzudrohen und auf die Genehmigung des Gerichts hinzuweisen. [2]Die Kraftloserklärung kann nur erfolgen, wenn die Aufforderung in der in § 64 Abs. 2 für die Nachfrist vorgeschriebenen Weise bekanntgemacht worden ist. [3]Die Kraftloserklärung geschieht durch Bekanntmachung in den Gesellschaftsblät-

tern. [4] In der Bekanntmachung sind die für kraftlos erklärten Aktien so zu bezeichnen, daß sich aus der Bekanntmachung ohne weiteres ergibt, ob eine Aktie für kraftlos erklärt ist.

(3) [1] An Stelle der für kraftlos erklärten Aktien sind, vorbehaltlich einer Satzungsregelung nach § 10 Abs. 5, neue Aktien auszugeben und dem Berechtigten auszuhändigen oder, wenn ein Recht zur Hinterlegung besteht, zu hinterlegen. [2] Die Aushändigung oder Hinterlegung ist dem Gericht anzuzeigen.

(4) Soweit zur Herabsetzung des Grundkapitals Aktien zusammengelegt werden, gilt § 226.

**§ 74 Neue Urkunden an Stelle beschädigter oder verunstalteter Aktien oder Zwischenscheine.** [1] Ist eine Aktie oder ein Zwischenschein so beschädigt oder verunstaltet, daß die Urkunde zum Umlauf nicht mehr geeignet ist, so kann der Berechtigte, wenn der wesentliche Inhalt und die Unterscheidungsmerkmale der Urkunde noch sicher zu erkennen sind, von der Gesellschaft die Erteilung einer neuen Urkunde gegen Aushändigung der alten verlangen. [2] Die Kosten hat er zu tragen und vorzuschießen.

**§ 75 Neue Gewinnanteilscheine.** Neue Gewinnanteilscheine dürfen an den Inhaber des Erneuerungsscheins nicht ausgegeben werden, wenn der Besitzer der Aktie oder des Zwischenscheins der Ausgabe widerspricht; sie sind dem Besitzer der Aktie oder des Zwischenscheins auszuhändigen, wenn er die Haupturkunde vorlegt.

## Vierter Teil. Verfassung der Aktiengesellschaft

### Erster Abschnitt. Vorstand

**§ 76 Leitung der Aktiengesellschaft.** (1) Der Vorstand hat unter eigener Verantwortung die Gesellschaft zu leiten.

(2) [1] Der Vorstand kann aus einer oder mehreren Personen bestehen. [2] Bei Gesellschaften mit einem Grundkapital von mehr als drei Millionen Euro hat er aus mindestens zwei Personen zu bestehen, es sei denn, die Satzung bestimmt, daß er aus einer Person besteht. [3] Die Vorschriften über die Bestellung eines Arbeitsdirektors bleiben unberührt.[1]

(3) [1] Mitglied des Vorstands kann nur eine natürliche, unbeschränkt geschäftsfähige Person sein. [2] Ein Betreuter, der bei der Besorgung seiner Vermögensangelegenheiten ganz oder teilweise einem Einwilligungsvorbehalt (§ 1903 des Bürgerlichen Gesetzbuchs) unterliegt, kann nicht Mitglied des Vorstands sein. [3] Wer wegen einer Straftat nach den §§ 283 bis 283 d des

---

[1] Gesetz über die Mitbestimmung der Arbeitnehmer (Mitbestimmungsgesetz – MitbestG) vom 4. 5. 1976 (BGBl. I S. 1153); abgedruckt unter Nr. **7**. Gesetz über die Mitbestimmung der Arbeitnehmer in den Aufsichtsräten und Vorständen der Unternehmen des Bergbaus und der Eisen und Stahl erzeugenden Industrie (sog. Montan-Mitbestimmungsgesetz) vom 21. 5. 1951 (BGBl. I S. 347); abgedruckt unter Nr. **8**. Beachte auch Gesetz zur Ergänzung des Gesetzes über die Mitbestimmung der Arbeitnehmer in den Aufsichtsräten und Vorständen der Unternehmen des Bergbaus und der Eisen und Stahl erzeugenden Industrie (sog. Mitbestimmungsergänzungsgesetz) vom 7. 8. 1956 (BGBl. I S. 707); abgedruckt unter Nr. **9**.

Strafgesetzbuchs verurteilt worden ist, kann auf die Dauer von fünf Jahren seit der Rechtskraft des Urteils nicht Mitglied des Vorstands sein; in die Frist wird die Zeit nicht eingerechnet, in welcher der Täter auf behördliche Anordnung in einer Anstalt verwahrt worden ist. [4]Wem durch gerichtliches Urteil oder durch vollziehbare Entscheidung einer Verwaltungsbehörde die Ausübung eines Berufs, Berufszweiges, Gewerbes oder Gewerbezweiges untersagt worden ist, kann für die Zeit, für welche das Verbot wirksam ist, bei einer Gesellschaft, deren Unternehmensgegenstand ganz oder teilweise mit dem Gegenstand des Verbots übereinstimmt, nicht Mitglied des Vorstands sein.

**§ 77 Geschäftsführung.** (1) [1]Besteht der Vorstand aus mehreren Personen, so sind sämtliche Vorstandsmitglieder nur gemeinschaftlich zur Geschäftsführung befugt. [2]Die Satzung oder die Geschäftsordnung des Vorstands kann Abweichendes bestimmen; es kann jedoch nicht bestimmt werden, daß ein oder mehrere Vorstandsmitglieder Meinungsverschiedenheiten im Vorstand gegen die Mehrheit seiner Mitglieder entscheiden.

(2) [1]Der Vorstand kann sich eine Geschäftsordnung geben, wenn nicht die Satzung den Erlaß der Geschäftsordnung dem Aufsichtsrat übertragen hat oder der Aufsichtsrat eine Geschäftsordnung für den Vorstand erläßt. [2]Die Satzung kann Einzelfragen der Geschäftsordnung bindend regeln. [3]Beschlüsse des Vorstands über die Geschäftsordnung müssen einstimmig gefaßt werden.

**§ 78 Vertretung.** (1) Der Vorstand vertritt die Gesellschaft gerichtlich und außergerichtlich.

(2) [1]Besteht der Vorstand aus mehreren Personen, so sind, wenn die Satzung nichts anderes bestimmt, sämtliche Vorstandsmitglieder nur gemeinschaftlich zur Vertretung der Gesellschaft befugt. [2]Ist eine Willenserklärung gegenüber der Gesellschaft abzugeben, so genügt die Abgabe gegenüber einem Vorstandsmitglied.

(3) [1]Die Satzung kann auch bestimmen, daß einzelne Vorstandsmitglieder allein oder in Gemeinschaft mit einem Prokuristen zur Vertretung der Gesellschaft befugt sind. [2]Dasselbe kann der Aufsichtsrat bestimmen, wenn die Satzung ihn hierzu ermächtigt hat. [3]Absatz 2 Satz 2 gilt in diesen Fällen sinngemäß.

(4) [1]Zur Gesamtvertretung befugte Vorstandsmitglieder können einzelne von ihnen zur Vornahme bestimmter Geschäfte oder bestimmter Arten von Geschäften ermächtigen. [2]Dies gilt sinngemäß, wenn ein einzelnes Vorstandsmitglied in Gemeinschaft mit einem Prokuristen zur Vertretung der Gesellschaft befugt ist.

**§ 79 Zeichnung durch Vorstandsmitglieder.** Vorstandsmitglieder zeichnen für die Gesellschaft, indem sie der Firma der Gesellschaft oder der Benennung des Vorstands ihre Namensunterschrift hinzufügen.

**§ 80 Angaben auf Geschäftsbriefen.** (1) [1]Auf allen Geschäftsbriefen, die an einen bestimmten Empfänger gerichtet werden, müssen die Rechtsform und der Sitz der Gesellschaft, das Registergericht des Sitzes der Gesellschaft und die Nummer, unter der die Gesellschaft in das Handelsregister eingetragen ist, sowie alle Vorstandsmitglieder und der Vorsitzende des Aufsichtsrats mit dem Familiennamen und mindestens einem ausgeschriebenen

Vornamen angegeben werden. [2] Der Vorsitzende des Vorstands ist als solcher zu bezeichnen. [3] Werden Angaben über das Kapital der Gesellschaft gemacht, so müssen in jedem Falle das Grundkapital sowie, wenn auf die Aktien der Ausgabebetrag nicht vollständig eingezahlt ist, der Gesamtbetrag der ausstehenden Einlagen angegeben werden.

(2) Der Angaben nach Absatz 1 Satz 1 und 2 bedarf es nicht bei Mitteilungen oder Berichten, die im Rahmen einer bestehenden Geschäftsverbindung ergehen und für die üblicherweise Vordrucke verwendet werden, in denen lediglich die im Einzelfall erforderlichen besonderen Angaben eingefügt zu werden brauchen.

(3) [1] Bestellscheine gelten als Geschäftsbriefe im Sinne des Absatzes 1. [2] Absatz 2 ist auf sie nicht anzuwenden.

(4) [1] Auf allen Geschäftsbriefen und Bestellscheinen, die von einer Zweigniederlassung einer Aktiengesellschaft mit Sitz im Ausland verwendet werden, müssen das Register, bei dem die Zweigniederlassung geführt wird, und die Nummer des Registereintrags angegeben werden; im übrigen gelten die Vorschriften der Absätze 1 bis 3, soweit nicht das ausländische Recht Abweichungen nötig macht. [2] Befindet sich die ausländische Gesellschaft in Abwicklung, so sind auch diese Tatsache sowie alle Abwickler anzugeben.

**§ 81 Änderung des Vorstands und der Vertretungsbefugnis seiner Mitglieder.** (1) Jede Änderung des Vorstands oder der Vertretungsbefugnis eines Vorstandsmitglieds hat der Vorstand zur Eintragung in das Handelsregister anzumelden.

(2) Der Anmeldung sind die Urkunden über die Änderung in Urschrift oder öffentlich beglaubigter Abschrift für das Gericht des Sitzes der Gesellschaft beizufügen.

(3) [1] Die neuen Vorstandsmitglieder haben in der Anmeldung zu versichern, daß keine Umstände vorliegen, die ihrer Bestellung nach § 76 Abs. 3 Satz 3 und 4 entgegenstehen, und daß sie über ihre unbeschränkte Auskunftspflicht gegenüber dem Gericht belehrt worden sind. [2] § 37 Abs. 2 Satz 2 ist anzuwenden.

(4) Die neuen Vorstandsmitglieder haben ihre Namensunterschrift zur Aufbewahrung beim Gericht zu zeichnen.

**§ 82 Beschränkungen der Vertretungs- und Geschäftsführungsbefugnis.** (1) Die Vertretungsbefugnis des Vorstands kann nicht beschränkt werden.

(2) Im Verhältnis der Vorstandsmitglieder zur Gesellschaft sind diese verpflichtet, die Beschränkungen einzuhalten, die im Rahmen der Vorschriften über die Aktiengesellschaft die Satzung, der Aufsichtsrat, die Hauptversammlung und die Geschäftsordnungen des Vorstands und des Aufsichtsrats für die Geschäftsführungsbefugnis getroffen haben.

**§ 83 Vorbereitung und Ausführung von Hauptversammlungsbeschlüssen.** (1) [1] Der Vorstand ist auf Verlangen der Hauptversammlung verpflichtet, Maßnahmen, die in die Zuständigkeit der Hauptversammlung fallen, vorzubereiten. [2] Das gleiche gilt für die Vorbereitung und den Abschluß von

Verträgen, die nur mit Zustimmung der Hauptversammlung wirksam werden. [3] Der Beschluß der Hauptversammlung bedarf der Mehrheiten, die für die Maßnahmen oder für die Zustimmung zu dem Vertrag erforderlich sind.

(2) Der Vorstand ist verpflichtet, die von der Hauptversammlung im Rahmen ihrer Zuständigkeit beschlossenen Maßnahmen auszuführen.

**§ 84 Bestellung und Abberufung des Vorstands.** (1) [1] Vorstandsmitglieder bestellt der Aufsichtsrat auf höchstens fünf Jahre. [2] Eine wiederholte Bestellung oder Verlängerung der Amtszeit, jeweils für höchstens fünf Jahre, ist zulässig. [3] Sie bedarf eines erneuten Aufsichtsratsbeschlusses, der frühestens ein Jahr vor Ablauf der bisherigen Amtszeit gefaßt werden kann. [4] Nur bei einer Bestellung auf weniger als fünf Jahre kann eine Verlängerung der Amtszeit ohne neuen Aufsichtsratsbeschluß vorgesehen werden, sofern dadurch die gesamte Amtszeit nicht mehr als fünf Jahre beträgt. [5] Dies gilt sinngemäß für den Anstellungsvertrag; er kann jedoch vorsehen, daß er für den Fall einer Verlängerung der Amtszeit bis zu deren Ablauf weitergilt.

(2) Werden mehrere Personen zu Vorstandsmitgliedern bestellt, so kann der Aufsichtsrat ein Mitglied zum Vorsitzenden des Vorstands ernennen.

(3) [1] Der Aufsichtsrat kann die Bestellung zum Vorstandsmitglied und die Ernennung zum Vorsitzenden des Vorstands widerrufen, wenn ein wichtiger Grund vorliegt. [2] Ein solcher Grund ist namentlich grobe Pflichtverletzung, Unfähigkeit zur ordnungsmäßigen Geschäftsführung oder Vertrauensentzug durch die Hauptversammlung, es sei denn, daß das Vertrauen aus offenbar unsachlichen Gründen entzogen worden ist. [3] Dies gilt auch für den vom ersten Aufsichtsrat bestellten Vorstand. [4] Der Widerruf ist wirksam, bis seine Unwirksamkeit rechtskräftig festgestellt ist. [5] Für die Ansprüche aus dem Anstellungsvertrag gelten die allgemeinen Vorschriften.

(4) Die Vorschriften des Gesetzes über die Mitbestimmung der Arbeitnehmer in den Aufsichtsräten und Vorständen der Unternehmen des Bergbaus und der Eisen und Stahl erzeugenden Industrie vom 21. Mai 1951 (Bundesgesetzbl. I S. 347) − Montan-Mitbestimmungsgesetz − über die besonderen Mehrheitserfordernisse für einen Aufsichtsratsbeschluß über die Bestellung eines Arbeitsdirektors oder den Widerruf seiner Bestellung bleiben unberührt.

**§ 85 Bestellung durch das Gericht.** (1) [1] Fehlt ein erforderliches Vorstandsmitglied, so hat in dringenden Fällen das Gericht auf Antrag eines Beteiligten das Mitglied zu bestellen. [2] Gegen die Entscheidung ist die sofortige Beschwerde zulässig.

(2) Das Amt des gerichtlich bestellten Vorstandsmitglieds erlischt in jedem Fall, sobald der Mangel behoben ist.

(3) [1] Das gerichtlich bestellte Vorstandsmitglied hat Anspruch auf Ersatz angemessener barer Auslagen und auf Vergütung für seine Tätigkeit. [2] Einigen sich das gerichtlich bestellte Vorstandsmitglied und die Gesellschaft nicht, so setzt das Gericht die Auslagen und die Vergütung fest. [3] Gegen die Entscheidung ist die sofortige Beschwerde zulässig. [4] Die weitere Beschwerde ist ausgeschlossen. [5] Aus der rechtskräftigen Entscheidung findet die Zwangsvollstreckung nach der Zivilprozeßordnung statt.

**§ 86 Gewinnbeteiligung der Vorstandsmitglieder.** (1) [1]Den Vorstandsmitgliedern kann für ihre Tätigkeit eine Beteiligung am Gewinn gewährt werden. [2]Sie soll in der Regel in einem Anteil am Jahresgewinn der Gesellschaft bestehen.

(2) [1]Wird den Vorstandsmitgliedern ein Anteil am Jahresgewinn der Gesellschaft gewährt, so berechnet sich der Anteil nach dem Jahresüberschuß, vermindert um einen Verlustvortrag aus dem Vorjahr und um die Beträge, die nach Gesetz oder Satzung aus dem Jahresüberschuß in Gewinnrücklagen einzustellen sind. [2]Entgegenstehende Festsetzungen sind nichtig.

**§ 87 Grundsätze für die Bezüge der Vorstandsmitglieder.** (1) [1]Der Aufsichtsrat hat bei der Festsetzung der Gesamtbezüge des einzelnen Vorstandsmitglieds (Gehalt, Gewinnbeteiligungen, Aufwandsentschädigungen, Versicherungsentgelte, Provisionen und Nebenleistungen jeder Art) dafür zu sorgen, daß die Gesamtbezüge in einem angemessenen Verhältnis zu den Aufgaben des Vorstandsmitglieds und zur Lage der Gesellschaft stehen. [2]Dies gilt sinngemäß für Ruhegehalt, Hinterbliebenenbezüge und Leistungen verwandter Art.

(2) [1]Tritt nach der Festsetzung eine so wesentliche Verschlechterung in den Verhältnissen der Gesellschaft ein, daß die Weitergewährung der in Absatz 1 Satz 1 aufgeführten Bezüge eine schwere Unbilligkeit für die Gesellschaft sein würde, so ist der Aufsichtsrat, im Fall des § 85 Abs. 3 das Gericht auf Antrag des Aufsichtsrats, zu einer angemessenen Herabsetzung berechtigt. [2]Durch eine Herabsetzung wird der Anstellungsvertrag im übrigen nicht berührt. [3]Das Vorstandsmitglied kann jedoch seinen Anstellungsvertrag für den Schluß des nächsten Kalendervierteljahrs mit einer Kündigungsfrist von sechs Wochen kündigen.

(3) Wird über das Vermögen der Gesellschaft das Insolvenzverfahren eröffnet und kündigt der Insolvenzverwalter den Anstellungsvertrag eines Vorstandsmitglieds, so kann es Ersatz für den Schaden, der ihm durch die Aufhebung des Dienstverhältnisses entsteht, nur für zwei Jahre seit dem Ablauf des Dienstverhältnisses verlangen.

**§ 88 Wettbewerbsverbot.** (1) [1]Die Vorstandsmitglieder dürfen ohne Einwilligung des Aufsichtsrats weder ein Handelsgewerbe betreiben noch im Geschäftszweig der Gesellschaft für eigene oder fremde Rechnung Geschäfte machen. [2]Sie dürfen ohne Einwilligung auch nicht Mitglied des Vorstands oder Geschäftsführer oder persönlich haftender Gesellschafter einer anderen Handelsgesellschaft sein. [3]Die Einwilligung des Aufsichtsrats kann nur für bestimmte Handelsgewerbe oder Handelsgesellschaften oder für bestimmte Arten von Geschäften erteilt werden.

(2) [1]Verstößt ein Vorstandsmitglied gegen dieses Verbot, so kann die Gesellschaft Schadenersatz fordern. [2]Sie kann statt dessen von dem Mitglied verlangen, daß es die für eigene Rechnung gemachten Geschäfte als für Rechnung der Gesellschaft eingegangen gelten läßt und die aus Geschäften für fremde Rechnung bezogene Vergütung herausgibt oder seinen Anspruch auf die Vergütung abtritt.

(3) [1]Die Ansprüche der Gesellschaft verjähren in drei Monaten seit dem Zeitpunkt, in dem die übrigen Vorstandsmitglieder und die Aufsichtsratsmit-

glieder von der zum Schadenersatz verpflichtenden Handlung Kenntnis erlangen. [2]Sie verjähren ohne Rücksicht auf diese Kenntnis in fünf Jahren seit ihrer Entstehung.

**§ 89 Kreditgewährung an Vorstandsmitglieder.** (1) [1]Die Gesellschaft darf ihren Vorstandsmitgliedern Kredit nur auf Grund eines Beschlusses des Aufsichtsrats gewähren. [2]Der Beschluß kann nur für bestimmte Kreditgeschäfte oder Arten von Kreditgeschäften und nicht für länger als drei Monate im voraus gefaßt werden. [3]Er hat die Verzinsung und Rückzahlung des Kredits zu regeln. [4]Der Gewährung eines Kredits steht die Gestattung einer Entnahme gleich, die über die dem Vorstandsmitglied zustehenden Bezüge hinausgeht, namentlich auch die Gestattung der Entnahme von Vorschüssen auf Bezüge. [5]Dies gilt nicht für Kredite, die ein Monatsgehalt nicht übersteigen.

(2) [1]Die Gesellschaft darf ihren Prokuristen und zum gesamten Geschäftsbetrieb ermächtigten Handlungsbevollmächtigten Kredit nur mit Einwilligung des Aufsichtsrats gewähren. [2]Eine herrschende Gesellschaft darf Kredite an gesetzliche Vertreter, Prokuristen oder zum gesamten Geschäftsbetrieb ermächtigte Handlungsbevollmächtigte eines abhängigen Unternehmens nur mit Einwilligung ihres Aufsichtsrats, eine abhängige Gesellschaft darf Kredite an gesetzliche Vertreter, Prokuristen oder zum gesamten Geschäftsbetrieb ermächtigte Handlungsbevollmächtigte des herrschenden Unternehmens nur mit Einwilligung des Aufsichtsrats des herrschenden Unternehmens gewähren. [3]Absatz 1 Satz 2 bis 5 gilt sinngemäß.

(3) [1]Absatz 2 gilt auch für Kredite an den Ehegatten oder an ein minderjähriges Kind eines Vorstandsmitglieds, eines anderen gesetzlichen Vertreters, eines Prokuristen oder eines zum gesamten Geschäftsbetrieb ermächtigten Handlungsbevollmächtigten. [2]Er gilt ferner für Kredite an einen Dritten, der für Rechnung dieser Personen oder für Rechnung eines Vorstandsmitglieds, eines anderen gesetzlichen Vertreters, eines Prokuristen oder eines zum gesamten Geschäftsbetrieb ermächtigten Handlungsbevollmächtigten handelt.

(4) [1]Ist ein Vorstandsmitglied, ein Prokurist oder ein zum gesamten Geschäftsbetrieb ermächtigter Handlungsbevollmächtigter zugleich gesetzlicher Vertreter oder Mitglied des Aufsichtsrats einer anderen juristischen Person oder Gesellschafter einer Personenhandelsgesellschaft, so darf die Gesellschaft der juristischen Person oder der Personenhandelsgesellschaft Kredit nur mit Einwilligung des Aufsichtsrats gewähren; Absatz 1 Satz 2 und 3 gilt sinngemäß. [2]Dies gilt nicht, wenn die juristische Person oder die Personenhandelsgesellschaft mit der Gesellschaft verbunden ist oder wenn der Kredit für die Bezahlung von Waren gewährt wird, welche die Gesellschaft der juristischen Person oder der Personenhandelsgesellschaft liefert.

(5) Wird entgegen den Absätzen 1 bis 4 Kredit gewährt, so ist der Kredit ohne Rücksicht auf entgegenstehende Vereinbarungen sofort zurückzugewähren, wenn nicht der Aufsichtsrat nachträglich zustimmt.

(6) Ist die Gesellschaft ein Kreditinstitut oder Finanzdienstleistungsinstitut, auf das § 15 des Gesetzes über das Kreditwesen anzuwenden ist, gelten anstelle der Absätze 1 bis 5 die Vorschriften des Gesetzes über das Kreditwesen.

**§ 90 Berichte an den Aufsichtsrat.** (1) [1]Der Vorstand hat dem Aufsichtsrat zu berichten über

1. die beabsichtigte Geschäftspolitik und andere grundsätzliche Fragen der Unternehmensplanung (insbesondere die Finanz-, Investitions- und Personalplanung);
2. die Rentabilität der Gesellschaft, insbesondere die Rentabilität des Eigenkapitals;
3. den Gang der Geschäfte, insbesondere den Umsatz, und die Lage der Gesellschaft;
4. Geschäfte, die für die Rentabilität oder Liquidität der Gesellschaft von erheblicher Bedeutung sein können.

[2] Außerdem ist dem Vorsitzenden des Aufsichtsrats aus sonstigen wichtigen Anlässen zu berichten; als wichtiger Anlaß ist auch ein dem Vorstand bekanntgewordener geschäftlicher Vorgang bei einem verbundenen Unternehmen anzusehen, der auf die Lage der Gesellschaft von erheblichem Einfluß sein kann.

(2) Die Berichte nach Absatz 1 Satz 1 Nr. 1 bis 4 sind wie folgt zu erstatten:

1. die Berichte nach Nummer 1 mindestens einmal jährlich, wenn nicht Änderungen der Lage oder neue Fragen eine unverzügliche Berichterstattung gebieten;
2. die Berichte nach Nummer 2 in der Sitzung des Aufsichtsrats, in der über den Jahresabschluß verhandelt wird;
3. die Berichte nach Nummer 3 regelmäßig, mindestens vierteljährlich;
4. die Berichte nach Nummer 4 möglichst so rechtzeitig, daß der Aufsichtsrat vor Vornahme der Geschäfte Gelegenheit hat, zu ihnen Stellung zu nehmen.

(3) [1] Der Aufsichtsrat kann vom Vorstand jederzeit einen Bericht verlangen über Angelegenheiten der Gesellschaft, über ihre rechtlichen und geschäftlichen Beziehungen zu verbundenen Unternehmen sowie über geschäftliche Vorgänge bei diesen Unternehmen, die auf die Lage der Gesellschaft von erheblichem Einfluß sein können. [2] Auch ein einzelnes Mitglied kann einen Bericht, jedoch nur an den Aufsichtsrat, verlangen; lehnt der Vorstand die Berichterstattung ab, so kann der Bericht nur verlangt werden, wenn ein anderes Aufsichtsratsmitglied das Verlangen unterstützt.

(4) Die Berichte haben den Grundsätzen einer gewissenhaften und getreuen Rechenschaft zu entsprechen.

(5) [1] Jedes Aufsichtsratsmitglied hat das Recht, von den Berichten Kenntnis zu nehmen. [2] Soweit die Berichte schriftlich erstattet worden sind, sind sie auch jedem Aufsichtsratsmitglied auf Verlangen auszuhändigen, soweit der Aufsichtsrat nichts anderes beschlossen hat. [3] Der Vorsitzende des Aufsichtsrats hat die Aufsichtsratsmitglieder über die Berichte nach Absatz 1 Satz 2 spätestens in der nächsten Aufsichtsratssitzung zu unterrichten.

**§ 91 Organisation; Buchführung.** (1) Der Vorstand hat dafür zu sorgen, daß die erforderlichen Handelsbücher geführt werden.

(2) Der Vorstand hat geeignete Maßnahmen zu treffen, insbesondere ein Überwachungssystem einzurichten, damit den Fortbestand der Gesellschaft gefährdende Entwicklungen früh erkannt werden.

**§ 92** **Vorstandspflichten bei Verlust, Überschuldung oder Zahlungsunfähigkeit.** (1) Ergibt sich bei Aufstellung der Jahresbilanz oder einer Zwischenbilanz oder ist bei pflichtmäßigem Ermessen anzunehmen, daß ein Verlust in Höhe der Hälfte des Grundkapitals besteht, so hat der Vorstand unverzüglich die Hauptversammlung einzuberufen und ihr dies anzuzeigen.

(2) [1]Wird die Gesellschaft zahlungsunfähig, so hat der Vorstand ohne schuldhaftes Zögern, spätestens aber drei Wochen nach Eintritt der Zahlungsunfähigkeit, die Eröffnung des Insolvenzverfahrens zu beantragen. [2]Dies gilt sinngemäß, wenn sich eine Überschuldung der Gesellschaft ergibt.

(3) [1]Nachdem die Zahlungsunfähigkeit der Gesellschaft eingetreten ist oder sich ihre Überschuldung ergeben hat, darf der Vorstand keine Zahlungen leisten. [2]Dies gilt nicht von Zahlungen, die auch nach diesem Zeitpunkt mit der Sorgfalt eines ordentlichen und gewissenhaften Geschäftsleiters vereinbar sind.

**§ 93** **Sorgfaltspflicht und Verantwortlichkeit der Vorstandsmitglieder.** (1) [1]Die Vorstandsmitglieder haben bei ihrer Geschäftsführung die Sorgfalt eines ordentlichen und gewissenhaften Geschäftsleiters anzuwenden. [2]Über vertrauliche Angaben und Geheimnisse der Gesellschaft, namentlich Betriebs- oder Geschäftsgeheimnisse, die ihnen durch ihre Tätigkeit im Vorstand bekanntgeworden sind, haben sie Stillschweigen zu bewahren.

(2) [1]Vorstandsmitglieder, die ihre Pflichten verletzen, sind der Gesellschaft zum Ersatz des daraus entstehenden Schadens als Gesamtschuldner verpflichtet. [2]Ist streitig, ob sie die Sorgfalt eines ordentlichen und gewissenhaften Geschäftsleiters angewandt haben, so trifft sie die Beweislast.

(3) Die Vorstandsmitglieder sind namentlich zum Ersatz verpflichtet, wenn entgegen diesem Gesetz

1. Einlagen an die Aktionäre zurückgewährt werden,

2. den Aktionären Zinsen oder Gewinnanteile gezahlt werden,

3. eigene Aktien der Gesellschaft oder einer anderen Gesellschaft gezeichnet, erworben, als Pfand genommen oder eingezogen werden,

4. Aktien vor der vollen Leistung des Ausgabebetrags ausgegeben werden,

5. Gesellschaftsvermögen verteilt wird,

6. Zahlungen geleistet werden, nachdem die Zahlungsunfähigkeit der Gesellschaft eingetreten ist oder sich ihre Überschuldung ergeben hat,

7. Vergütungen an Aufsichtsratsmitglieder gewährt werden,

8. Kredit gewährt wird,

9. bei der bedingten Kapitalerhöhung außerhalb des festgesetzten Zwecks oder vor der vollen Leistung des Gegenwerts Bezugsaktien ausgegeben werden.

(4) [1]Der Gesellschaft gegenüber tritt die Ersatzpflicht nicht ein, wenn die Handlung auf einem gesetzmäßigen Beschluß der Hauptversammlung beruht. [2]Dadurch, daß der Aufsichtsrat die Handlung gebilligt hat, wird die Ersatzpflicht nicht ausgeschlossen. [3]Die Gesellschaft kann erst drei Jahre nach der Entstehung des Anspruchs und nur dann auf Ersatzansprüche verzichten oder sich über sie vergleichen, wenn die Hauptversammlung zustimmt und nicht eine Minderheit, deren Anteile zusammen den zehnten Teil des Grundkapitals erreichen, zur Niederschrift Widerspruch erhebt. [4]Die zeitliche Beschrän-

kung gilt nicht, wenn der Ersatzpflichtige zahlungsunfähig ist und sich zur Abwendung des Insolvenzverfahrens mit seinen Gläubigern vergleicht oder wenn die Ersatzpflicht in einem Insolvenzplan geregelt wird.

(5) ¹Der Ersatzanspruch der Gesellschaft kann auch von den Gläubigern der Gesellschaft geltend gemacht werden, soweit sie von dieser keine Befriedigung erlangen können. ²Dies gilt jedoch in anderen Fällen als denen des Absatzes 3 nur dann, wenn die Vorstandsmitglieder die Sorgfalt eines ordentlichen und gewissenhaften Geschäftsleiters gröblich verletzt haben; Absatz 2 Satz 2 gilt sinngemäß. ³Den Gläubigern gegenüber wird die Ersatzpflicht weder durch einen Verzicht oder Vergleich der Gesellschaft noch dadurch aufgehoben, daß die Handlung auf einem Beschluß der Hauptversammlung beruht. ⁴Ist über das Vermögen der Gesellschaft das Insolvenzverfahren eröffnet, so übt während dessen Dauer der Insolvenzverwalter oder der Sachwalter das Recht der Gläubiger gegen die Vorstandsmitglieder aus.

(6) Die Ansprüche aus diesen Vorschriften verjähren in fünf Jahren.

**§ 94 Stellvertreter von Vorstandsmitgliedern.** Die Vorschriften für die Vorstandsmitglieder gelten auch für ihre Stellvertreter.

## Zweiter Abschnitt. Aufsichtsrat

**§ 95 Zahl der Aufsichtsratsmitglieder.** ¹Der Aufsichtsrat besteht aus drei Mitgliedern. ²Die Satzung kann eine bestimmte höhere Zahl festsetzen. ³Die Zahl muß durch drei teilbar sein. ⁴Die Höchstzahl der Aufsichtsratsmitglieder beträgt bei Gesellschaften mit einem Grundkapital

| | | |
|---|---|---|
| bis zu | 1 500 000 Euro | neun, |
| von mehr als | 1 500 000 Euro | fünfzehn, |
| von mehr als | 10 000 000 Euro | einundzwanzig. |

⁵Durch die vorstehenden Vorschriften werden hiervon abweichende Vorschriften des Gesetzes über die Mitbestimmung der Arbeitnehmer vom 4. Mai 1976 (Bundesgesetzbl. I S. 1153), des Montan-Mitbestimmungsgesetzes¹⁾ und des Gesetzes zur Ergänzung des Gesetzes über die Mitbestimmung der Arbeitnehmer in den Aufsichtsräten und Vorständen der Unternehmen des Bergbaus und der Eisen und Stahl erzeugenden Industrie vom 7. August 1956 (Bundesgesetzbl. I S. 707) – Mitbestimmungsergänzungsgesetz –²⁾ nicht berührt.

**§ 96 Zusammensetzung des Aufsichtsrats.** (1) Der Aufsichtsrat setzt sich zusammen

bei Gesellschaften, für die das Mitbestimmungsgesetz gilt, aus Aufsichtsratsmitgliedern der Aktionäre und der Arbeitnehmer,³⁾

bei Gesellschaften, für die das Montan-Mitbestimmungsgesetz gilt, aus Aufsichtsratsmitgliedern der Aktionäre und der Arbeitnehmer und aus weiteren Mitgliedern,

---

¹⁾ Abgedruckt unter Nr. **8**.
²⁾ Abgedruckt unter Nr. **9**.
³⁾ Beachte hierzu §§ 1 bis 7 Mitbestimmungsgesetz v. 4. 5. 1976 (BGBl. I S. 1153); abgedruckt unter Nr. **7**.

bei Gesellschaften, für die die §§ 5 bis 13 des Mitbestimmungsergänzungsgesetzes gelten, aus Aufsichtsratsmitgliedern der Aktionäre und der Arbeitnehmer und aus einem weiteren Mitglied,

bei Gesellschaften, für die § 76 Abs. 1 des Betriebsverfassungsgesetzes 1952 gilt, aus Aufsichtsratsmitgliedern der Aktionäre und der Arbeitnehmer,[1]

---

[1] **Beachte hierzu die folgenden noch geltenden Vorschriften des Betriebsverfassungsgesetzes 1952** vom 11. 10. 1952 (BGBl. I S. 681) – zuletzt geändert durch Art. 2 Gesetz vom 2. 8. 1994 (BGBl. I S. 1961) –, das mit Ausnahme der §§ 76 bis 77a, 81, 85 und 87 durch § 129 Abs. 1 Betriebsverfassungsgesetz vom 15. 1. 1972 (BGBl. I S. 13) außer Kraft getreten ist:

„**§ 76.** (1) D e r Aufsichtsrat einer Aktiengesellschaft oder einer Kommanditgesellschaft auf Aktien muß zu einem Drittel aus Vertretern der Arbeitnehmer bestehen.

(2) [1]Die Vertreter der Arbeitnehmer werden in allgemeiner, geheimer, gleicher und unmittelbarer Wahl von allen nach § 6 wahlberechtigten Arbeitnehmern der Betriebe des Unternehmens für die Zeit gewählt, die im Gesetz oder in der Satzung für die von der Hauptversammlung zu wählenden Aufsichtsratsmitglieder bestimmt ist. [2]Ist ein Vertreter der Arbeitnehmer zu wählen, so muß dieser in einem Betrieb des Unternehmens als Arbeitnehmer beschäftigt sein. [3]Sind zwei oder mehr Vertreter der Arbeitnehmer zu wählen, so müssen sich unter diesen mindestens zwei Arbeitnehmer aus den Betrieben des Unternehmens, darunter ein Arbeiter und ein Angestellter, befinden; § 10 Abs. 3 gilt entsprechend. [4]Sind in den Betrieben des Unternehmens mehr als die Hälfte der Arbeitnehmer Frauen, so soll mindestens eine von ihnen Arbeitnehmervertreter im Aufsichtsrat sein. [5]Für die Vertreter der Arbeitnehmer gilt § 55 entsprechend.

(3) [1]Die Betriebsräte und die Arbeitnehmer können Wahlvorschläge machen. [2]Die Wahlvorschläge der Arbeitnehmer müssen von mindestens einem Zehntel der wahlberechtigten Arbeitnehmer der Betriebe des Unternehmens oder von mindestens einhundert wahlberechtigten Arbeitnehmern unterzeichnet sein.

(4) [1]An der Wahl der Vertreter der Arbeitnehmer für den Aufsichtsrat des herrschenden Unternehmens eines Konzerns (§ 18 Abs. 1 Satz 1 und 2 des Aktiengesetzes) nehmen auch die Arbeitnehmer der Betriebe der übrigen Konzernunternehmen teil. [2]In diesen Fällen kann die Wahl durch Delegierte erfolgen.

(5) [1]Die Bestellung eines Vertreters der Arbeitnehmer zum Aufsichtsratsmitglied kann vor Ablauf der Wahlzeit auf Antrag der Betriebsräte oder von mindestens einem Fünftel der wahlberechtigten Arbeitnehmer der Betriebe des Unternehmens durch Beschluß der wahlberechtigten Arbeitnehmer widerrufen werden. [2]Der Beschluß bedarf einer Mehrheit, die mindestens drei Viertel der abgegebenen Stimmen umfaßt. [3]Auf die Beschlußfassung finden die Vorschriften der Absätze 2 und 4 Anwendung.

(6) [1]Auf Aktiengesellschaften, die weniger als fünfhundert Arbeitnehmer beschäftigen, finden die Vorschriften über die Beteiligung der Arbeitnehmer im Aufsichtsrat keine Anwendung; für Aktiengesellschaften, die vor dem 10. August 1994 eingetragen worden sind, gilt dies nur, wenn sie Familiengesellschaften sind. [2]Als Familiengesellschaften gelten solche Aktiengesellschaften, deren Aktionär eine einzelne natürliche Person ist oder deren Aktionäre untereinander im Sinne von § 15 Abs. 1 Nr. 2 bis 8, Abs. 2 der Abgabenordnung verwandt oder verschwägert sind. [3]Dies gilt entsprechend für Kommanditgesellschaften auf Aktien.

**§ 77.** (1) *(abgedruckt in Anm. zu § 35 GmbHG; Nr. 3)*

(2), (3) *(betrifft Versicherungsvereine auf Gegenseitigkeit und Genossenschaften)*

**§ 77 a.** Soweit nach §§ 76 oder 77 die Beteiligung von Arbeitnehmern im Aufsichtsrat eines herrschenden Unternehmens von dem Vorhandensein oder der Zahl von Arbeitnehmern abhängt, gelten die Arbeitnehmer der Betriebe eines Konzernunternehmens als Arbeitnehmer des herrschenden Unternehmens, wenn zwischen den Unternehmen ein Beherrschungsvertrag besteht oder das abhängige Unternehmen in das herrschende Unternehmen eingegliedert ist.

**§ 81.** (1) Auf Betriebe, die politischen, gewerkschaftlichen, konfessionellen, karitativen, erzieherischen, wissenschaftlichen, künstlerischen und ähnlichen Bestimmungen dienen, finden die §§ 76 und 77 keine Anwendung.

(2) Dieses Gesetz findet keine Anwendung auf Religionsgemeinschaftenund ihre karitativen und erzieherischen Einrichtungen unbeschadet deren Rechtsform.

*(Fortsetzung der Anm. nächste Seite)*

bei den übrigen Gesellschaften nur aus Aufsichtsratsmitgliedern der Aktionäre.

(2) Nach anderen als den zuletzt angewandten gesetzlichen Vorschriften kann der Aufsichtsrat nur zusammengesetzt werden, wenn nach § 97 oder nach § 98 die in der Bekanntmachung des Vorstands oder in der gerichtlichen Entscheidung angegebenen gesetzlichen Vorschriften anzuwenden sind.

**§ 97 Bekanntmachung über die Zusammensetzung des Aufsichtsrats.** (1) [1] Ist der Vorstand der Ansicht, daß der Aufsichtsrat nicht nach den für ihn maßgebenden gesetzlichen Vorschriften zusammengesetzt ist, so hat er es dies unverzüglich in den Gesellschaftsblättern und gleichzeitig durch Aushang in sämtlichen Betrieben der Gesellschaft und ihrer Konzernunternehmen bekanntzumachen. [2] In der Bekanntmachung sind die nach Ansicht des Vorstands maßgebenden gesetzlichen Vorschriften anzugeben. [3] Es ist darauf hinzuweisen, daß der Aufsichtsrat nach diesen Vorschriften zusammengesetzt wird, wenn nicht Antragsberechtigte nach § 98 Abs. 2 innerhalb eines Monats nach der Bekanntmachung im Bundesanzeiger das nach § 98 Abs. 1 zuständige Gericht anrufen.

(2) [1] Wird das nach § 98 Abs. 1 zuständige Gericht nicht innerhalb eines Monats nach der Bekanntmachung im Bundesanzeiger angerufen, so ist der neue Aufsichtsrat nach der in der Bekanntmachung des Vorstands angegebenen gesetzlichen Vorschriften zusammenzusetzen. [2] Die Bestimmungen der Satzung über die Zusammensetzung des Aufsichtsrats, über die Zahl der Aufsichtsratsmitglieder sowie über die Wahl, Abberufung und Entsendung von Aufsichtsratsmitgliedern treten mit der Beendigung der ersten Hauptversammlung, die nach Ablauf der Anrufungsfrist einberufen wird, spätestens sechs Monate nach Ablauf dieser Frist insoweit außer Kraft, als sie den nunmehr anzuwendenden gesetzlichen Vorschriften widersprechen. [3] Mit demselben Zeitpunkt erlischt das Amt der bisherigen Aufsichtsratsmitglieder. [4] Eine Hauptversammlung, die innerhalb der Frist von sechs Monaten stattfindet, kann an Stelle der außer Kraft tretenden Satzungsbestimmungen mit einfacher Stimmenmehrheit neue Satzungsbestimmungen beschließen.

(3) Solange ein gerichtliches Verfahren nach §§ 98, 99 anhängig ist, kann eine Bekanntmachung über die Zusammensetzung des Aufsichtsrats nicht erfolgen.

**§ 98 Gerichtliche Entscheidung über die Zusammensetzung des Aufsichtsrats.** (1) [1] Ist streitig oder ungewiß, nach welchen gesetzlichen Vorschriften der Aufsichtsrat zusammenzusetzen ist, so entscheidet darüber auf Antrag ausschließlich das Landgericht (Zivilkammer), in dessen Bezirk die Gesellschaft ihren Sitz hat. [2] Die Landesregierung kann die Entscheidung durch Rechtsverordnung für die Bezirke mehrerer Landgerichte einem der Landgerichte übertragen, wenn dies der Sicherung einer einheitlichen Recht-

---

§ 85. (1) Die Vorschriften des Genossenschaftsgesetzes über die Zusammensetzung des Aufsichtsrats sowie über die Wahl und die Abberufung von Aufsichtsratsmitgliedern gelten insoweit nicht, als sie den Vorschriften dieses Gesetzes widersprechen.

(2) Die Vorschriften dieses Gesetzes über Vertreter der Arbeitnehmer im Aufsichtsrat finden keine Anwendung auf die in § 1 Abs. 1 des Mitbestimmungsgesetzes, die in § 1 des Montan-Mitbestimmungsgesetzes und die in den §§ 1 und 3 Abs. 1 des Mitbestimmungsergänzungsgesetzes bezeichneten Unternehmen."

sprechung dient. [3]Die Landesregierung kann die Ermächtigung auf die Landesjustizverwaltung übertragen.

(2) [1]Antragsberechtigt sind

1. der Vorstand,

2. jedes Aufsichtsratsmitglied,

3. jeder Aktionär,

4. der Gesamtbetriebsrat der Gesellschaft oder, wenn in der Gesellschaft nur ein Betriebsrat besteht, der Betriebsrat,

5. der Gesamtbetriebsrat eines anderen Unternehmens, dessen Arbeitnehmer nach den gesetzlichen Vorschriften, deren Anwendung streitig oder ungewiß, selbst oder durch Delegierte an der Wahl von Aufsichtsratsmitgliedern der Gesellschaft teilnehmen, oder, wenn in dem anderen Unternehmen nur ein Betriebsrat besteht, der Betriebsrat,

6. mindestens ein Zehntel oder einhundert der Arbeitnehmer, die nach den gesetzlichen Vorschriften, deren Anwendung streitig oder ungewiß ist, selbst oder durch Delegierte an der Wahl von Aufsichtsratsmitgliedern der Gesellschaft teilnehmen,

7. Spitzenorganisationen der Gewerkschaften, die nach den gesetzlichen Vorschriften, deren Anwendung streitig oder ungewiß ist, ein Vorschlagsrecht hätten,

8. Gewerkschaften, die nach den gesetzlichen Vorschriften, deren Anwendung streitig oder ungewiß ist, ein Vorschlagsrecht hätten.

[2]Ist die Anwendung des Mitbestimmungsgesetzes oder die Anwendung von Vorschriften des Mitbestimmungsgesetzes streitig oder ungewiß, so sind außer den nach Satz 1 Antragsberechtigten auch je ein Zehntel der wahlberechtigten Arbeiter, der wahlberechtigten in § 3 Abs. 3 Nr. 1 des Mitbestimmungsgesetzes bezeichneten Angestellten oder der wahlberechtigten leitenden Angestellten im Sinne des Mitbestimmungsgesetzes antragsberechtigt.

(3) Die Absätze 1 und 2 gelten sinngemäß, wenn streitig ist, ob der Abschlußprüfer das nach § 3 oder § 16 des Mitbestimmungsergänzungsgesetzes maßgebliche Umsatzverhältnis richtig ermittelt hat.

(4) [1]Entspricht die Zusammensetzung des Aufsichtsrats nicht der gerichtlichen Entscheidung, so ist der neue Aufsichtsrat nach den in der Entscheidung angegebenen gesetzlichen Vorschriften zusammenzusetzen. [2]§ 97 Abs. 2 gilt sinngemäß mit der Maßgabe, daß die Frist von sechs Monaten mit dem Eintritt der Rechtskraft beginnt.

**§ 99 Verfahren.** (1) Auf das Verfahren ist das Gesetz über die Angelegenheiten der freiwilligen Gerichtsbarkeit anzuwenden, soweit in den Absätzen 2 bis 5 nichts anderes bestimmt ist.

(2) [1]Das Landgericht hat den Antrag in den Gesellschaftsblättern bekanntzumachen. [2]Der Vorstand und jedes Aufsichtsratsmitglied sowie die nach § 98 Abs. 2 antragsberechtigten Betriebsräte, Spitzenorganisationen und Gewerkschaften sind zu hören.

(3) [1]Das Landgericht entscheidet durch einen mit Gründen versehenen Beschluß. [2]Gegen die Entscheidung findet die sofortigeBeschwerde statt. [3]Sie kann nur auf eine Verletzung des Gesetzes gestützt werden; die §§ 550, 551,

561, 563 der Zivilprozeßordnung gelten sinngemäß. [4]Die Beschwerde kann nur durch Einreichung einer von einem Rechtsanwalt unterzeichneten Beschwerdeschrift eingelegt werden. [5]Über sie entscheidet das Oberlandesgericht. [6]§ 28 Abs. 2 und 3 des Gesetzes über die Angelegenheiten der freiwilligen Gerichtsbarkeit gilt entsprechend. [7]Die weitere Beschwerde ist ausgeschlossen. [8]Die Landesregierung kann durch Rechtsverordnung die Entscheidung über die Beschwerde für die Bezirke mehrerer Oberlandesgerichte einem der Oberlandesgerichte oder dem Obersten Landesgericht übertragen, wenn dies der Sicherung einer einheitlichen Rechtsprechung dient. [9]Die Landesregierung kann die Ermächtigung auf die Landesjustizverwaltung übertragen.

(4) [1]Das Gericht hat seine Entscheidung dem Antragsteller und der Gesellschaft zuzustellen. [2]Es hat sie ferner ohne Gründe in den Gesellschaftsblättern bekanntzumachen. [3]Die Beschwerde steht jedem nach § 98 Abs. 2 Antragsberechtigten zu. [4]Die Beschwerdefrist beginnt mit der Bekanntmachung der Entscheidung im Bundesanzeiger, für den Antragsteller und die Gesellschaft jedoch nicht vor der Zustellung der Entscheidung.

(5) [1]Die Entscheidung wird erst mit der Rechtskraft wirksam. [2]Sie wirkt für und gegen alle. [3]Der Vorstand hat die rechtskräftige Entscheidung unverzüglich zum Handelsregister einzureichen.

(6) [1]Für die Kosten des Verfahrens gilt die Kostenordnung. [2]Für das Verfahren des ersten Rechtszugs wird das Vierfache der vollen Gebühr erhoben. [3]Für den zweiten Rechtszug wird die gleiche Gebühr erhoben; dies gilt auch dann, wenn die Beschwerde Erfolg hat. [4]Wird der Antrag oder die Beschwerde zurückgenommen, bevor es zu einer Entscheidung kommt, so ermäßigt sich die Gebühr auf die Hälfte. [5]Der Geschäftswert ist von Amts wegen festzusetzen. [6]Er bestimmt sich nach § 30 Abs. 2 der Kostenordnung mit der Maßgabe, daß der Wert regelmäßig auf einhunderttausend Deutsche Mark anzunehmen ist. [7]Schuldner der Kosten ist die Gesellschaft. [8]Die Kosten können jedoch ganz oder zum Teil dem Antragsteller auferlegt werden, wenn dies der Billigkeit entspricht. [9]Kosten der Beteiligten werden nicht erstattet.

## § 100 Persönliche Voraussetzungen für Aufsichtsratsmitglieder.

(1) [1]Mitglied des Aufsichtsrats kann nur eine natürliche, unbeschränkt geschäftsfähige Person sein. [2]Ein Betreuer, der bei der Besorgung seiner Vermögensangelegenheiten ganz oder teilweise einem Einwilligungsvorbehalt (§ 1903 des Bürgerlichen Gesetzbuchs) unterliegt, kann nicht Mitglied des Aufsichtsrats sein.

(2) [1]Mitglied des Aufsichtsrats kann nicht sein, wer

1. bereits in zehn Handelsgesellschaften, die gesetzlich einen Aufsichtsrat zu bilden haben, Aufsichtsratsmitglied ist,

2. gesetzlicher Vertreter eines von der Gesellschaft abhängigen Unternehmens ist, oder

3. gesetzlicher Vertreter einer anderen Kapitalgesellschaft ist, deren Aufsichtsrat ein Vorstandsmitglied der Gesellschaft angehört.

[2]Auf die Höchstzahl nach Satz 1 Nr. 1 sind bis zu fünf Aufsichtsratssitze nicht anzurechnen, die ein gesetzlicher Vertreter (beim Einzelkaufmann der Inha-

ber) des herrschenden Unternehmens eines Konzerns in zum Konzern gehörenden Handelsgesellschaften, die gesetzlich einen Aufsichtsrat zu bilden haben, inne hat. [3] Auf die Höchstzahl nach Satz 1 Nr. 1 sind Aufsichtsratsämter im Sinne der Nummer 1 doppelt anzurechnen, für die das Mitglied zum Vorsitzenden gewählt worden ist.

(3) Die anderen persönlichen Voraussetzungen der Aufsichtsratsmitglieder der Arbeitnehmer sowie der weiteren Mitglieder bestimmen sich nach dem Mitbestimmungsgesetz, dem Montan-Mitbestimmungsgesetz, dem Mitbestimmungsergänzungsgesetz und dem Betriebsverfassungsgesetz 1952.

(4) Die Satzung kann persönliche Voraussetzungen nur für Aufsichtsratsmitglieder fordern, die von der Hauptversammlung ohne Bindung an Wahlvorschläge gewählt oder auf Grund der Satzung in den Aufsichtsrat entsandt werden.

**§ 101 Bestellung der Aufsichtsratsmitglieder.** (1) [1] Die Mitglieder des Aufsichtsrats werden von der Hauptversammlung gewählt, soweit sie nicht in den Aufsichtsrat zu entsenden oder als Aufsichtsratsmitglieder der Arbeitnehmer nach dem Mitbestimmungsgesetz, dem Mitbestimmungsergänzungsgesetz oder dem Betriebsverfassungsgesetz 1952 zu wählen sind. [2] An Wahlvorschläge ist die Hauptversammlung nur gemäß §§ 6 und 8 des Montan-Mitbestimmungsgesetzes gebunden.

(2) [1] Ein Recht, Mitglieder in den Aufsichtsrat zu entsenden, kann nur durch die Satzung und nur für bestimmte Aktionäre oder für die jeweiligen Inhaber bestimmter Aktien begründet werden. [2] Inhabern bestimmter Aktien kann das Entsendungsrecht nur eingeräumt werden, wenn die Aktien auf Namen lauten und ihre Übertragung an die Zustimmung der Gesellschaft gebunden ist. [3] Die Aktien der Entsendungsberechtigten gelten nicht als eine besondere Gattung. [4] Die Entsendungsrechte können insgesamt höchstens für ein Drittel der sich aus dem Gesetz oder der Satzung ergebenden Zahl der Aufsichtsratsmitglieder der Aktionäre eingeräumt werden. [5] § 4 Abs. 1 des Gesetzes über die Überführung der Anteilsrechte an der Volkswagenwerk Gesellschaft mit beschränkter Haftung in private Hand vom 21. Juli 1960 (Bundesgesetzbl. I S. 585), zuletzt geändert durch das Zweite Gesetz zur Änderung des Gesetzes über die Überführung der Anteilsrechte an der Volkswagenwerk Gesellschaft mit beschränkter Haftung in private Hand vom 31. Juli 1970 (Bundesgesetzbl. I S. 1149), bleibt unberührt.

(3) [1] Stellvertreter von Aufsichtsratsmitgliedern können nicht bestellt werden. [2] Jedoch kann für jedes Aufsichtsratsmitglied mit Ausnahme des weiteren Mitglieds, das nach dem Montan-Mitbestimmungsgesetz oder dem Mitbestimmungsergänzungsgesetz auf Vorschlag der übrigen Aufsichtsratsmitglieder gewählt wird, ein Ersatzmitglied bestellt werden, das Mitglied des Aufsichtsrats wird, wenn das Aufsichtsratsmitglied vor Ablauf seiner Amtszeit wegfällt. [3] Das Ersatzmitglied kann nur gleichzeitig mit dem Aufsichtsratsmitglied bestellt werden. [4] Auf seine Bestellung sowie die Nichtigkeit und Anfechtung seiner Bestellung sind die für das Aufsichtsratsmitglied geltenden Vorschriften anzuwenden.

**§ 102 Amtszeit der Aufsichtsratsmitglieder.** (1) [1] Aufsichtsratsmitglieder können nicht für längere Zeit als bis zur Beendigung der Hauptversammlung bestellt werden, die über die Entlastung für das vierte Geschäftsjahr nach dem Beginn der Amtszeit beschließt. [2]Das Geschäftsjahr, in dem die Amtszeit beginnt, wird nicht mitgerechnet.

(2) Das Amt des Ersatzmitglieds erlischt spätestens mit Ablauf der Amtszeit des weggefallenen Aufsichtsratsmitglieds.

**§ 103 Abberufung der Aufsichtsratsmitglieder.** (1) [1]Aufsichtsratsmitglieder, die von der Hauptversammlung ohne Bindung an einen Wahlvorschlag gewählt worden sind, können von ihr vor Ablauf der Amtszeit abberufen werden. [2]Der Beschluß bedarf einer Mehrheit, die mindestens drei Viertel der abgegebenen Stimmen umfaßt. [3]Die Satzung kann eine andere Mehrheit und weitere Erfordernisse bestimmen.

(2) [1]Ein Aufsichtsratsmitglied, das auf Grund der Satzung in den Aufsichtsrat entsandt ist, kann von dem Entsendungsberechtigten jederzeit abberufen und durch ein anderes ersetzt werden. [2]Sind die in der Satzung bestimmten Voraussetzungen des Entsendungsrechts weggefallen, so kann die Hauptversammlung das entsandte Mitglied mit einfacher Stimmenmehrheit abberufen.

(3) [1]Das Gericht hat auf Antrag des Aufsichtsrats ein Aufsichtsratsmitglied abzuberufen, wenn in dessen Person ein wichtiger Grund vorliegt. [2]Der Aufsichtsrat beschließt über die Antragstellung mit einfacher Mehrheit. [3]Ist das Aufsichtsratsmitglied auf Grund der Satzung in den Aufsichtsrat entsandt worden, so können auch Aktionäre, deren Anteile zusammen den zehnten Teil des Grundkapitals oder den anteiligen Betrag von einer Million Euro erreichen, den Antrag stellen. [4]Gegen die Entscheidung ist die sofortige Beschwerde zulässig.

(4) Für die Abberufung der Aufsichtsratsmitglieder, die weder von der Hauptversammlung ohne Bindung an einen Wahlvorschlag gewählt worden sind noch auf Grund der Satzung in den Aufsichtsrat entsandt sind, gelten außer Absatz 3 das Mitbestimmungsgesetz, das Montan-Mitbestimmungsgesetz, das Mitbestimmungsergänzungsgesetz und das Betriebsverfassungsgesetz 1952.

(5) Für die Abberufung eines Ersatzmitglieds gelten die Vorschriften über die Abberufung des Aufsichtsratsmitglieds, für das es bestellt ist.

**§ 104 Bestellung durch das Gericht.** (1) [1]Gehört dem Aufsichtsrat die zur Beschlußfähigkeit nötige Zahl von Mitgliedern nicht an, so hat ihn das Gericht auf Antrag des Vorstands, eines Aufsichtsratsmitglieds oder eines Aktionärs auf diese Zahl zu ergänzen. [2]Der Vorstand ist verpflichtet, den Antrag unverzüglich zu stellen, es sei denn, daß die rechtzeitige Ergänzung vor der nächsten Aufsichtsratssitzung zu erwarten ist. [3]Hat der Aufsichtsrat auch aus Aufsichtsratsmitgliedern der Arbeitnehmer zu bestehen, so können auch den Antrag stellen

1. der Gesamtbetriebsrat der Gesellschaft oder, wenn in der Gesellschaft nur ein Betriebsrat besteht, der Betriebsrat, sowie, wenn die Gesellschaft herrschendes Unternehmen eines Konzerns ist, der Konzernbetriebsrat,

2. der Gesamtbetriebsrat eines anderen Unternehmens, dessen Arbeitnehmer selbst oder durch Delegierte an der Wahl teilnehmen, oder, wenn in dem anderen Unternehmen nur ein Betriebsrat besteht, der Betriebsrat,

3. mindestens ein Zehntel oder einhundert der Arbeitnehmer, die selbst oder durch Delegierte an der Wahl teilnehmen,

4. Spitzenorganisationen der Gewerkschaften, die das Recht haben, Aufsichtsratsmitglieder der Arbeitnehmer vorzuschlagen,

5. Gewerkschaften, die das Recht haben, Aufsichtsratsmitglieder der Arbeitnehmer vorzuschlagen.

[4] Hat der Aufsichtsrat nach dem Mitbestimmungsgesetz auch aus Aufsichtsratsmitgliedem der Arbeitnehmer zu bestehen, so sind außer den nach Satz 3 Antragsberechtigten auch je ein Zehntel der wahlberechtigten Arbeiter, der wahlberechtigten in § 3 Abs. 3 Nr. 1 des Mitbestimmungsgesetzes bezeichneten Angestellten oder der wahlberechtigten leitenden Angestellten im Sinne des Mitbestimmungsgesetzes antragsberechtigt. [5] Gegen die Entscheidung ist die sofortige Beschwerde zulässig.

(2) [1] Gehören dem Aufsichtsrat länger als drei Monate weniger.Mitglieder als die durch Gesetz oder Satzung festgesetzte Zahl an, so hat ihn das Gericht auf Antrag auf diese Zahl zu ergänzen. [2] In dringenden Fällen hat das Gericht auf Antrag den Aufsichtsrat auch vor Ablauf der Frist zu ergänzen. [3] Das Antragsrecht bestimmt sich nach Absatz 1. [4] Gegen die Entscheidung ist die sofortige Beschwerde zulässig.

(3) Absatz 2 ist auf einen Aufsichtsrat, in dem die Arbeitnehmer ein Mitbestimmungsrecht nach dem Mitbestimmungsgesetz, dem Montan-Mitbestimmungsgesetz oder dem Mitbestimmungsergänzungsgesetz haben, mit der Maßgabe anzuwenden,

1. daß das Gericht den Aufsichtsrat hinsichtlich des weiteren Mitglieds, das nach dem Montan-Mitbestimmungsgesetz oder dem Mitbestimmungsergänzungsgesetz auf Vorschlag der übrigen Aufsichtsratsmitglieder gewählt wird, nicht ergänzen kann,

2. daß es stets ein dringender Fall ist, wenn dem Aufsichtsrat, abgesehen von dem in Nummer 1 genannten weiteren Mitglied, nicht alle Mitglieder angehören, aus denen er nach Gesetz oder Satzung zu bestehen hat.

(4) [1] Hat der Aufsichtsrat auch aus Aufsichtsratsmitgliedern der Arbeitnehmer zu bestehen, so hat das Gericht ihn so zu ergänzen, daß das für seine Zusammensetzung maßgebende zahlenmäßige Verhältnis hergestellt wird. [2] Wenn der Aufsichtsrat zur Herstellung seiner Beschlußfähigkeit ergänzt wird, gilt dies nur, soweit die zur Beschlußfähigkeit nötige Zahl der Aufsichtsratsmitglieder die Wahrung dieses Verhältnisses möglich macht. [3] Ist ein Aufsichtsratsmitglied zu ersetzen, das nach Gesetz oder Satzung in persönlicher Hinsicht besonderen Voraussetzungen entsprechen muß, so muß auch das vom Gericht bestellte Aufsichtsratsmitglied diesen Voraussetzungen entsprechen. [4] Ist ein Aufsichtsratsmitglied zu ersetzen, bei dessen Wahl eine Spitzenorganisation der Gewerkschaften, eine Gewerkschaft oder die Betriebsräte ein Vorschlagsrecht hätten, so soll das Gericht Vorschläge dieser Stellen berücksichtigen, soweit nicht überwiegende Belange der Gesellschaft oder der Allgemeinheit der Bestellung des Vorgeschlagenen entgegenstehen; das gleiche gilt, wenn das Aufsichtsratsmitglied durch Delegierte zu wählen wäre, für gemeinsame Vorschläge der Betriebsräte der Unternehmen, in denen Delegierte zu wählen sind.

(5) Das Amt des gerichtlich bestellten Aufsichtsratsmitglieds erlischt in jedem Fall, sobald der Mangel behoben ist.

(6) ¹Das gerichtlich bestellte Aufsichtsratsmitglied hat Anspruch auf Ersatz angemessener barer Auslagen und, wenn den Aufsichtsratsmitgliedern der Gesellschaft eine Vergütung gewährt wird, auf Vergütung für seine Tätigkeit. ²Auf Antrag des Aufsichtsratsmitglieds setzt das Gericht die Auslagen und die Vergütung fest. ³Gegen die Entscheidung ist die sofortige Beschwerde zulässig. ⁴Die weitere Beschwerde ist ausgeschlossen. ⁵Aus der rechtskräftigen Entscheidung findet die Zwangsvollstreckung nach der Zivilprozeßordnung statt.

**§ 105 Unvereinbarkeit der Zugehörigkeit zum Vorstand und zum Aufsichtsrat.** (1) Ein Aufsichtsratsmitglied kann nicht zugleich Vorstandsmitglied, dauernd Stellvertreter von Vorstandsmitgliedern, Prokurist oder zum gesamten Geschäftsbetrieb ermächtigter Handlungsbevollmächtigter der Gesellschaft sein.

(2) ¹Nur für einen im voraus begrenzten Zeitraum, höchstens für ein Jahr, kann der Aufsichtsrat einzelne seiner Mitglieder zu Stellvertretern von fehlenden oder behinderten Vorstandsmitgliedern bestellen. ²Eine wiederholte Bestellung oder Verlängerung der Amtszeit ist zulässig, wenn dadurch die Amtszeit insgesamt ein Jahr nicht übersteigt. ³Während ihrer Amtszeit als Stellvertreter von Vorstandsmitgliedern können die Aufsichtsratsmitglieder keine Tätigkeit als Aufsichtsratsmitglied ausüben. ⁴Das Wettbewerbsverbot des § 88 gilt für sie nicht.

**§ 106 Bekanntmachung der Änderungen im Aufsichtsrat.** Der Vorstand hat jeden Wechsel der Aufsichtsratsmitglieder unverzüglich in den Gesellschaftsblättern bekanntzumachen und die Bekanntmachung zum Handelsregister einzureichen.

**§ 107 Innere Ordnung des Aufsichtsrats.** (1) ¹Der Aufsichtsrat hat nach näherer Bestimmung der Satzung aus seiner Mitte einen Vorsitzenden und mindestens einen Stellvertreter zu wählen. ²Der Vorstand hat zum Handelsregister anzumelden, wer gewählt ist. ³Der Stellvertreter hat nur dann die Rechte und Pflichten des Vorsitzenden, wenn dieser behindert¹) ist.

(2) ¹Über die Sitzungen des Aufsichtsrats ist eine Niederschrift anzufertigen, die der Vorsitzende zu unterzeichnen hat. ²In der Niederschrift sind der Ort und der Tag der Sitzung, die Teilnehmer, die Gegenstände der Tagesordnung, der wesentliche Inhalt der Verhandlungen und die Beschlüsse des Aufsichtsrats anzugeben. ³Ein Verstoß gegen Satz 1 oder Satz 2 macht einen Beschluß nicht unwirksam. ⁴Jedem Mitglied des Aufsichtsrats ist auf Verlangen eine Abschrift der Sitzungsniederschrift auszuhändigen.

(3) ¹Der Aufsichtsrat kann aus seiner Mitte einen oder mehrere Ausschüsse bestellen, namentlich, um seine Verhandlungen und Beschlüsse vorzubereiten oder die Ausführung seiner Beschlüsse zu überwachen. ²Die Aufgaben nach Absatz 1 Satz 1, § 59 Abs. 3, § 77 Abs. 2 Satz 1, § 84 Abs. 1 Satz 1 und 3, Abs. 2 und Abs. 3 Satz 1, § 111 Abs. 3, §§ 171, 314 Abs. 2 und 3 sowie Beschlüsse, daß bestimmte Arten von Geschäften nur mit Zustimmung des Auf-

---

¹) Wohl richtig „verhindert".

sichtsrats vorgenommen werden dürfen, können einem Ausschuß nicht an Stelle des Aufsichtsrats zur Beschlußfassung überwiesen werden.

**§ 108 Beschlußfassung des Aufsichtsrats.** (1) Der Aufsichtsrat entscheidet durch Beschluß.

(2) ¹Die Beschlußfähigkeit des Aufsichtsrats kann, soweit sie nicht gesetzlich geregelt ist, durch die Satzung bestimmt werden. ²Ist sie weder gesetzlich noch durch die Satzung geregelt, so ist der Aufsichtsrat nur beschlußfähig, wenn mindestens die Hälfte der Mitglieder, aus denen er nach Gesetz oder Satzung insgesamt zu bestehen hat, an der Beschlußfassung teilnimmt. ³In jedem Fall müssen mindestens drei Mitglieder an der Beschlußfassung teilnehmen. ⁴Der Beschlußfähigkeit steht nicht entgegen, daß dem Aufsichtsrat weniger Mitglieder als die durch Gesetz oder Satzung festgesetzte Zahl angehören, auch wenn das für seine Zusammensetzung maßgebende zahlenmäßige Verhältnis nicht gewahrt ist.

(3) ¹Abwesende Aufsichtsratsmitglieder können dadurch an der Beschlußfassung des Aufsichtsrats und seiner Ausschüsse teilnehmen, daß sie schriftliche Stimmabgaben überreichen lassen. ²Die schriftlichen Stimmabgaben können durch andere Aufsichtsratsmitglieder überreicht werden. ³Sie können auch durch Personen, die nicht dem Aufsichtsrat angehören, übergeben werden, wenn diese nach § 109 Abs. 3 zur Teilnahme an der Sitzung berechtigt sind.

(4) Schriftliche, telegrafische oder fernmündliche Beschlußfassungen des Aufsichtsrats oder eines Ausschusses sind nur zulässig, wenn kein Mitglied diesem Verfahren widerspricht.

**§ 109 Teilnahme an Sitzungen des Aufsichtsrats und seiner Ausschüsse.** (1) ¹An den Sitzungen des Aufsichtsrats und seiner Ausschüsse sollen Personen, die weder dem Aufsichtsrat noch dem Vorstand angehören, nicht teilnehmen. ²Sachverständige und Auskunftspersonen können zur Beratung über einzelne Gegenstände zugezogen werden.

(2) Aufsichtsratsmitglieder, die dem Ausschuß nicht angehören, können an den Ausschußsitzungen teilnehmen, wenn der Vorsitzende des Aufsichtsrats nichts anderes bestimmt.

(3) Die Satzung kann zulassen, daß an den Sitzungen des Aufsichtsrats und seiner Ausschüsse Personen, die dem Aufsichtsrat nicht angehören, an Stelle von verhinderten Aufsichtsratsmitgliedern teilnehmen können, wenn diese sie hierzu schriftlich ermächtigt haben.

(4) Abweichende gesetzliche Vorschriften bleiben unberührt.

**§ 110 Einberufung des Aufsichtsrats.** (1) ¹Jedes Aufsichtsratsmitglied oder der Vorstand kann unter Angabe des Zwecks und der Gründe verlangen, daß der Vorsitzende des Aufsichtsrats unverzüglich den Aufsichtsrat einberuft. ²Die Sitzung muß binnen zwei Wochen nach der Einberufung stattfinden.

(2) Wird einem Verlangen, das von mindestens zwei Aufsichtsratsmitgliedern oder vom Vorstand geäußert ist, nicht entsprochen, so können die Antragsteller unter Mitteilung des Sachverhalts selbst den Aufsichtsrat einberufen.

(3) Der Aufsichtsrat soll einmal im Kalendervierteljahr, er muß einmal und bei börsennotierten Gesellschaften zweimal im Kalenderhalbjahr zusammentreten.

**§ 111 Aufgaben und Rechte des Aufsichtsrats.** (1) Der Aufsichtsrat hat die Geschäftsführung zu überwachen.

(2) [1]Der Aufsichtsrat kann die Bücher und Schriften der Gesellschaft sowie die Vermögensgegenstände, namentlich die Gesellschaftskasse und die Bestände an Wertpapieren und Waren, einsehen und prüfen. [2]Er kann damit auch einzelne Mitglieder oder für bestimmte Aufgaben besondere Sachverständige beauftragen. [3]Er erteilt dem Abschlußprüfer den Prüfungsauftrag für den Jahres- und den Konzernabschluß gemäß § 290 des Handelsgesetzbuchs.

(3) [1]Der Aufsichtsrat hat eine Hauptversammlung einzuberufen, wenn das Wohl der Gesellschaft es fordert. [2]Für der Beschluß genügt die einfache Mehrheit.

(4) [1]Maßnahmen der Geschäftsführung können dem Aufsichtsrat nicht übertragen werden. [2]Die Satzung oder der Aufsichtsrat kann jedoch bestimmen, daß bestimmte Arten von Geschäften nur mit seiner Zustimmung vorgenommen werden dürfen. [3]Verweigert der Aufsichtsrat seine Zustimmung, so kann der Vorstand verlangen, daß die Hauptversammlung über die Zustimmung beschließt. [4]Der Beschluß, durch den die Hauptversammlung zustimmt, bedarf einer Mehrheit, die mindestens drei Viertel der abgegebenen Stimmen umfaßt. [5]Die Satzung kann weder eine andere Mehrheit noch weitere Erfordernisse bestimmen.

(5) Die Aufsichtsratsmitglieder können ihre Aufgaben nicht durch andere wahrnehmen lassen.

**§ 112 Vertretung der Gesellschaft gegenüber Vorstandsmitgliedern.** Vorstandsmitgliedern gegenüber vertritt der Aufsichtsrat die Gesellschaft gerichtlich und außergerichtlich.

**§ 113 Vergütung der Aufsichtsratsmitglieder.** (1) [1]Den Aufsichtsratsmitgliedern kann für ihre Tätigkeit eine Vergütung gewährt werden. [2]Sie kann in der Satzung festgesetzt oder von der Hauptversammlung bewilligt werden. [3]Sie soll in einem angemessenen Verhältnis zu den Aufgaben der Aufsichtsratsmitglieder und zur Lage der Gesellschaft stehen. [4]Ist die Vergütung in der Satzung festgesetzt, so kann die Hauptversammlung eine Satzungsänderung, durch welche die Vergütung herabgesetzt wird, mit einfacher Stimmenmehrheit beschließen.

(2) [1]Den Mitgliedern des ersten Aufsichtsrats kann nur dieHauptversammlung eine Vergütung für ihre Tätigkeit bewilligen. [2]Der Beschluß kann erst in der Hauptversammlung gefaßt werden, die über die Entlastung der Mitglieder des ersten Aufsichtsrats beschließt.

(3) [1]Wird den Aufsichtsratsmitgliedern ein Anteil am Jahresgewinn der Gesellschaft gewährt, so berechnet sich der Anteil nach dem Bilanzgewinn, vermindert um einen Betrag von mindestens vier vom Hundert der auf den geringsten Ausgabebetrag der Aktien geleisteten Einlagen. [2]Entgegenstehende Festsetzungen sind nichtig.

**§ 114 Verträge mit Aufsichtsratsmitgliedern.** (1) Verpflichtet sich ein Aufsichtsratsmitglied außerhalb seiner Tätigkeit im Aufsichtsrat durch einen Dienstvertrag, durch den ein Arbeitsverhältnis nicht begründet wird, oder durch einen Werkvertrag gegenüber der Gesellschaft zu einer Tätigkeit höherer Art, so hängt die Wirksamkeit des Vertrags von der Zustimmung des Aufsichtsrats ab.

(2) 1 Gewährt die Gesellschaft auf Grund eines solchen Vertrags dem Aufsichtsratsmitglied eine Vergütung, ohne daß der Aufsichtsrat dem Vertrag zugestimmt hat, so hat das Aufsichtsratsmitglied die Vergütung zurückzugewähren, es sei denn, daß der Aufsichtsrat den Vertrag genehmigt. 2 Ein Anspruch des Aufsichtsratsmitglieds gegen die Gesellschaft auf Herausgabe der durch die geleistete Tätigkeit erlangten Bereicherung bleibt unberührt; der Anspruch kann jedoch nicht gegen den Rückgewähranspruch aufgerechnet werden.

**§ 115 Kreditgewährung an Aufsichtsratsmitglieder.** (1) 1 Die Gesellschaft darf ihren Aufsichtsratsmitgliedern Kredit nur mit Einwilligung des Aufsichtsrats gewähren. 2 Eine herrschende Gesellschaft darf Kredite an Aufsichtsratsmitglieder eines abhängigen Unternehmens nur mit Einwilligung ihres Aufsichtsrats, eine abhängige Gesellschaft darf Kredite an Aufsichtsratsmitglieder des herrschenden Unternehmens nur mit Einwilligung des Aufsichtsrats des herrschenden Unternehmens gewähren. 3 Die Einwilligung kann nur für bestimmte Kreditgeschäfte oder Arten von Kreditgeschäften und nicht für länger als drei Monate im voraus erteilt werden. 4 Der Beschluß über die Einwilligung hat die Verzinsung und Rückzahlung des Kredits zu regeln. 5 Betreibt das Aufsichtsratsmitglied ein Handelsgewerbe als Einzelkaufmann, so ist die Einwilligung nicht erforderlich, wenn der Kredit für die Bezahlung von Waren gewährt wird, welche die Gesellschaft seinem Handelsgeschäft liefert.

(2) Absatz 1 gilt auch für Kredite an den Ehegatten oder an ein minderjähriges Kind eines Aufsichtsratsmitglieds und für Kredite an einen Dritten, der für Rechnung dieser Personen oder für Rechnung eines Aufsichtsratsmitglieds handelt.

(3) 1 Ist ein Aufsichtsratsmitglied zugleich gesetzlicher Vertreter einer anderen juristischen Person oder Gesellschafter einer Personenhandelsgesellschaft, so darf die Gesellschaft der juristischen Person oder der Personenhandelsgesellschaft Kredit nur mit Einwilligung des Aufsichtsrats gewähren; Absatz 1 Satz 3 und 4 gilt sinngemäß. 2 Dies gilt nicht, wenn die juristische Person oder die Personenhandelsgesellschaft mit der Gesellschaft verbunden ist oder wenn der Kredit für die Bezahlung von Waren gewährt wird, welche die Gesellschaft der juristischen Person oder der Personenhandelsgesellschaft liefert.

(4) Wird entgegen den Absätzen 1 bis 3 Kredit gewährt, so ist der Kredit ohne Rücksicht auf entgegenstehende Vereinbarungen sofort zurückzugewähren, wenn nicht der Aufsichtsrat nachträglich zustimmt.

(5) Ist die Gesellschaft ein Kreditinstitut oder Finanzdienstleistungsinstitut, auf das § 15 des Gesetzes über das Kreditwesen anzuwenden ist, gelten anstelle der Absätze 1 bis 4 die Vorschriften des Gesetzes über das Kreditwesen.

**§ 116 Sorgfaltspflicht und Verantwortlichkeit der Aufsichtsratsmitglieder.** Für die Sorgfaltspflicht und Verantwortlichkeit der Aufsichtsratsmitglieder gilt § 93 über die Sorgfaltspflicht und Verantwortlichkeit der Vorstandsmitglieder sinngemäß.

### Dritter Abschnitt. Benutzung des Einflusses auf die Gesellschaft

**§ 117 Schadenersatzpflicht.** (1) [1] Wer vorsätzlich unter Benutzung seines Einflusses auf die Gesellschaft ein Mitglied des Vorstands oder des Aufsichtsrats, einen Prokuristen oder einen Handlungsbevollmächtigten dazu bestimmt, zum Schaden der Gesellschaft oder ihrer Aktionäre zu handeln, ist der Gesellschaft zum Ersatz des ihr daraus entstehenden Schadens verpflichtet. [2] Er ist auch den Aktionären zum Ersatz des ihnen daraus entstehenden Schadens verpflichtet, soweit sie, abgesehen von einem Schaden, der ihnen durch Schädigung der Gesellschaft zugefügt worden ist, geschädigt worden sind.

(2) [1] Neben ihm haften als Gesamtschuldner die Mitglieder des Vorstands und des Aufsichtsrats, wenn sie unter Verletzung ihrer Pflichten gehandelt haben. [2] Ist streitig, ob sie die Sorgfalt eines ordentlichen und gewissenhaften Geschäftsleiters angewandt haben, so trifft sie die Beweislast. [3] Der Gesellschaft und auch den Aktionären gegenüber tritt die Ersatzpflicht der Mitglieder des Vorstands und des Aufsichtsrats nicht ein, wenn die Handlung auf einem gesetzmäßigen Beschluß der Hauptversammlung beruht. [4] Dadurch, daß der Aufsichtsrat die Handlung gebilligt hat, wird die Ersatzpflicht nicht ausgeschlossen.

(3) Neben ihm haftet ferner als Gesamtschuldner, wer durch die schädigende Handlung einen Vorteil erlangt hat, sofern er die Beeinflussung vorsätzlich veranlaßt hat.

(4) Für die Aufhebung der Ersatzpflicht gegenüber der Gesellschaft gilt sinngemäß § 93 Abs. 4 Satz 3 und 4.

(5) [1] Der Ersatzanspruch der Gesellschaft kann auch von den Gläubigern der Gesellschaft geltend gemacht werden, soweit sie von dieser keine Befriedigung erlangen können. [2] Den Gläubigern gegenüber wird die Ersatzpflicht weder durch einen Verzicht oder Vergleich der Gesellschaft noch dadurch aufgehoben, daß die Handlung auf einem Beschluß der Hauptversammlung beruht. [3] Ist über das Vermögen der Gesellschaft das Insolvenzverfahren eröffnet, so übt während dessen Dauer der Insolvenzverwalter oder der Sachwalter das Recht der Gläubiger aus.

(6) Die Ansprüche aus diesen Vorschriften verjähren in fünf Jahren.

(7) Diese Vorschriften gelten nicht, wenn das Mitglied des Vorstands oder des Aufsichtsrats, der Prokurist oder der Handlungsbevollmächtigte durch Ausübung

1. des Stimmrechts in der Hauptversammlung,

2. der Leitungsmacht auf Grund eines Beherrschungsvertrags oder

3. der Leitungsmacht einer Hauptgesellschaft (§ 319), in die die Gesellschaft eingegliedert ist,

zu der schädigenden Handlung bestimmt worden ist.

## Vierter Abschnitt. Hauptversammlung

### Erster Unterabschnitt. Rechte der Hauptversammlung

**§ 118 Allgemeines.** (1) Die Aktionäre üben ihre Rechte in den Angelegenheiten der Gesellschaft in der Hauptversammlung aus, soweit das Gesetz nichts anderes bestimmt.

(2) Die Mitglieder des Vorstands und des Aufsichtsrats sollen an der Hauptversammlung teilnehmen.

**§ 119 Rechte der Hauptversammlung.** (1) Die Hauptversammlung beschließt in den im Gesetz und in der Satzung ausdrücklich bestimmten Fällen, namentlich über

1. die Bestellung der Mitglieder des Aufsichtsrats, soweit sie nicht in den Aufsichtsrat zu entsenden oder als Aufsichtsratsmitglieder der Arbeitnehmer nach dem Mitbestimmungsgesetz, dem Mitbestimmungsergänzungsgesetz oder dem Betriebsverfassungsgesetz 1952 zu wählen sind;

2. die Verwendung des Bilanzgewinns;

3. die Entlastung der Mitglieder des Vorstands und des Aufsichtsrats;

4. die Bestellung des Abschlußprüfers;

5. Satzungsänderungen;

6. Maßnahmen der Kapitalbeschaffung und der Kapitalherabsetzung;

7. die Bestellung von Prüfern zur Prüfung von Vorgängen bei der Gründung oder der Geschäftsführung;

8. die Auflösung der Gesellschaft.

(2) Über Fragen der Geschäftsführung kann die Hauptversammlung nur entscheiden, wenn der Vorstand es verlangt.

**§ 120 Entlastung.** (1) [1]Die Hauptversammlung beschließt alljährlich in den ersten acht Monaten des Geschäftsjahrs über die Entlastung der Mitglieder des Vorstands und über die Entlastung der Mitglieder des Aufsichtsrats. [2]Über die Entlastung eines einzelnen Mitglieds ist gesondert abzustimmen, wenn die Hauptversammlung es beschließt oder eine Minderheit es verlangt, deren Anteile zusammen den zehnten Teil des Grundkapitals oder den anteiligen Betrag von einer Million Euro erreichen.

(2) [1]Durch die Entlastung billigt die Hauptversammlung die Verwaltung der Gesellschaft durch die Mitglieder des Vorstands und des Aufsichtsrats. [2]Die Entlastung enthält keinen Verzicht auf Ersatzansprüche.

(3) [1]Die Verhandlung über die Entlastung soll mit der Verhandlung über die Verwendung des Bilanzgewinns verbunden werden. [2]Der Vorstand hat den Jahresabschluß, den Lagebericht und den Bericht des Aufsichtsrats der Hauptversammlung vorzulegen. [3]Für die Auslegung dieser Vorlagen und für die Erteilung von Abschriften gilt § 175 Abs. 2 sinngemäß.

## Zweiter Unterabschnitt. Einberufung der Hauptversammlung

**§ 121 Allgemeines.** (1) Die Hauptversammlung ist in den durch Gesetz oder Satzung bestimmten Fällen sowie dann einzuberufen, wenn das Wohl der Gesellschaft es fordert.

(2) ¹Die Hauptversammlung wird durch den Vorstand einberufen, der darüber mit einfacher Mehrheit beschließt. ²Personen, die in das Handelsregister als Vorstand eingetragen sind, gelten als befugt. ³Das auf Gesetz oder Satzung beruhende Recht anderer Personen, die Hauptversammlung einzuberufen, bleibt unberührt.

(3) ¹Die Einberufung ist in den Gesellschaftsblättern bekanntzumachen. ²Sie muß die Firma, den Sitz der Gesellschaft, Zeit und Ort der Hauptversammlung und die Bedingungen angeben, von denen die Teilnahme an der Hauptversammlung und die Ausübung des Stimmrechts abhängen.

(4) ¹Sind die Aktionäre der Gesellschaft namentlich bekannt, so kann die Hauptversammlung mit eingeschriebenem Brief einberufen werden; der Tag der Absendung gilt als Tag der Bekanntmachung. ²Die §§ 125 bis 127 gelten sinngemäß.

(5) ¹Wenn die Satzung nichts anderes bestimmt, soll die Hauptversammlung am Sitz der Gesellschaft stattfinden. ²Sind die Aktien der Gesellschaft an einer deutschen Börse zum amtlichen Handel zugelassen, so kann, wenn die Satzung nichts anderes bestimmt, die Hauptversammlung auch am Sitz der Börse stattfinden.

(6) Sind alle Aktionäre erschienen oder vertreten, kann die Hauptversammlung Beschlüsse ohne Einhaltung der Bestimmungen dieses Unterabschnitts fassen, soweit kein Aktionär der Beschlußfassung widerspricht.

**§ 122 Einberufung auf Verlangen einer Minderheit.** (1) ¹Die Hauptversammlung ist einzuberufen, wenn Aktionäre, deren Anteile zusammen den zwanzigsten Teil des Grundkapitals erreichen, die Einberufung schriftlich unter Angabe des Zwecks und der Gründe verlangen; das Verlangen ist an den Vorstand zu richten. ²Die Satzung kann das Recht, die Einberufung der Hauptversammlung zu verlangen, an den Besitz eines geringeren Anteils am Grundkapital knüpfen. ³§ 147 Abs. 1 Satz 2 und 3 gilt entsprechend.

(2) In gleicher Weise können Aktionäre, deren Anteile zusammen den zwanzigsten Teil des Grundkapitals oder den anteiligen Betrag von 500 000 Euro erreichen, verlangen, daß Gegenstände zur Beschlußfassung einer Hauptversammlung bekanntgemacht werden.

(3) ¹Wird dem Verlangen nicht entsprochen, so kann das Gericht die Aktionäre, die das Verlangen gestellt haben, ermächtigen, die Hauptversammlung einzuberufen oder den Gegenstand bekanntzumachen. ²Zugleich kann das Gericht den Vorsitzenden der Versammlung bestimmen. ³Auf die Ermächtigung muß bei der Einberufung oder Bekanntmachung hingewiesen werden. ⁴Gegen die Entscheidung ist die sofortige Beschwerde zulässig.

(4) Die Gesellschaft trägt die Kosten der Hauptversammlung und im Fall des Absatzes 3 auch die Gerichtskosten, wenn das Gericht dem Antrag stattgegeben hat.

**§ 123 Einberufungsfrist.** (1) Die Hauptversammlung ist mindestens einen Monat vor dem Tage der Versammlung einzuberufen.

(2) ¹Die Satzung kann die Teilnahme an der Hauptversammlung oder die Ausübung des Stimmrechts davon abhängig machen, daß die Aktien bis zu einem bestimmten Zeitpunkt vor der Versammlung hinterlegt werden, ferner davon, daß sich die Aktionäre vor der Versammlung anmelden. ²Sieht die Satzung eine solche Bestimmung vor, so tritt für die Berechnung der Einberufungsfrist an die Stelle des Tages der Versammlung der Tag, bis zu dessen Ablauf die Aktien zu hinterlegen sind oder sich die Aktionäre vor der Versammlung anmelden müssen.

(3) ¹Hängt nach der Satzung die Teilnahme an der Hauptversammlung oder die Ausübung des Stimmrechts davon ab, daß die Aktien bis zu einem bestimmten Zeitpunkt vor der Versammlung hinterlegt werden, so genügt es, wenn sie nicht später als am zehnten Tage vor der Versammlung hinterlegt werden. ²Die Hinterlegung bei einem Notar oder bei einer Wertpapiersammelbank ist ausreichend.

(4) Hängt nach der Satzung die Teilnahme an der Hauptversammlung oder die Ausübung des Stimmrechts davon ab, daß sich die Aktionäre vor der Versammlung anmelden, so genügt es, wenn sie sich nicht später als am dritten Tage vor der Versammlung anmelden.

**§ 124 Bekanntmachung der Tagesordnung.** (1) ¹Die Tagesordnung der Hauptversammlung ist bei der Einberufung in den Gesellschaftsblättern bekanntzumachen. ²Hat die Minderheit nach der Einberufung der Hauptversammlung die Bekanntmachung von Gegenständen zur Beschlußfassung der Hauptversammlung verlangt, so genügt es, wenn diese Gegenstände binnen zehn Tagen nach der Einberufung der Hauptversammlung bekanntgemacht werden. ³§ 121 Abs. 4 gilt sinngemäß.

(2) ¹Steht die Wahl von Aufsichtsratsmitgliedern auf der Tagesordnung, so ist in der Bekanntmachung anzugeben, nach welchen gesetzlichen Vorschriften sich der Aufsichtsrat zusammensetzt, und ob die Hauptversammlung an Wahlvorschläge gebunden ist. ²Soll die Hauptversammlung über eine Satzungsänderung oder über einen Vertrag beschließen, der nur mit Zustimmung der Hauptversammlung wirksam wird, so ist auch der Wortlaut der vorgeschlagenen Satzungsänderung oder der wesentliche Inhalt des Vertrags bekanntzumachen.

(3) ¹Zu jedem Gegenstand der Tagesordnung, über den die Hauptversammlung beschließen soll, haben der Vorstand und der Aufsichtsrat, zur Wahl von Aufsichtsratsmitgliedern und Prüfern nur der Aufsichtsrat, in der Bekanntmachung der Tagesordnung Vorschläge zur Beschlußfassung zu machen. ²Dies gilt nicht, wenn die Hauptversammlung bei der Wahl von Aufsichtsratsmitgliedern nach § 6 des Montan-Mitbestimmungsgesetzes an Wahlvorschläge gebunden ist, oder wenn der Gegenstand der Beschlußfassung auf Verlangen einer Minderheit auf die Tagesordnung gesetzt worden ist. ³Der Vorschlag zur Wahl von Aufsichtsratsmitgliedern oder Prüfern hat deren Namen, ausgeübten Beruf und Wohnort anzugeben. ⁴Hat der Aufsichtsrat auch aus Aufsichtsratsmitgliedern der Arbeitnehmer zu bestehen, so bedürfen Beschlüsse des Aufsichtsrats über Vorschläge zur Wahl von Aufsichtsratsmitgliedern nur der Mehrheit der Stimmen der Aufsichtsratsmitglieder der Aktionäre; § 8 des Montan-Mitbestimmungsgesetzes bleibt unberührt.

(4) ¹Über Gegenstände der Tagesordnung, die nicht ordnungsgemäß bekanntgemacht sind, dürfen keine Beschlüsse gefaßt werden. ²Zur Beschlußfassung über den in der Versammlung gestellten Antrag auf Einberufung einer Hauptversammlung, zu Anträgen, die zu Gegenständen der Tagesordnung gestellt werden, und zu Verhandlungen ohne Beschlußfassung bedarf es keiner Bekanntmachung.

**§ 125 Mitteilungen für die Aktionäre und an Aufsichtsratsmitglieder.** (1) ¹Der Vorstand hat binnen zwölf Tagen nach der Bekanntmachung der Einberufung der Hauptversammlung im Bundesanzeiger den Kreditinstituten und den Vereinigungen von Aktionären, die in der letzten Hauptversammlung Stimmrechte für Aktionäre ausgeübt oder die die Mitteilung verlangt haben, die Einberufung der Hauptversammlung, die Bekanntmachung der Tagesordnung und etwaige Anträge und Wahlvorschläge von Aktionären einschließlich des Namens des Aktionärs, der Begründung und einer etwaigen Stellungnahme der Verwaltung mitzuteilen. ²In der Mitteilung ist auf die Möglichkeiten der Ausübung des Stimmrechts durch einen Bevollmächtigten, auch durch eine Vereinigung von Aktionären, hinzuweisen. ³Bei börsennotierten Gesellschaften sind einem Vorschlag zur Wahl von Aufsichtsratsmitgliedern Angaben zu deren Mitgliedschaft in anderen gesetzlich zu bildenden Aufsichtsräten beizufügen; Angaben zu ihrer Mitgliedschaft in vergleichbaren in- und ausländischen Kontrollgremien von Wirtschaftsunternehmen sollen beigefügt werden.

(2) Die gleiche Mitteilung hat der Vorstand den Aktionären zu übersenden, die

1. eine Aktie bei der Gesellschaft hinterlegt haben,
2. es nach der Bekanntmachung der Einberufung der Hauptversammlung im Bundesanzeiger verlangen oder
3. als Aktionär im Aktienbuch der Gesellschaft eingetragen sind und deren Stimmrechte in der letzten Hauptversammlung nicht durch ein Kreditinstitut ausgeübt worden sind.

(3) Jedes Aufsichtsratsmitglied kann verlangen, daß ihm der Vorstand die gleichen Mitteilungen übersendet.

(4) Jeder Aktionär, der eine Aktie bei der Gesellschaft hinterlegt oder als Aktionär im Aktienbuch der Gesellschaft eingetragen ist, und jedes Aufsichtsratsmitglied kann verlangen, daß der Vorstand ihm die in der Hauptversammlung gefaßten Beschlüsse schriftlich mitteilt.

(5) Finanzdienstleistungsinstitute und die nach § 53 Abs. 1 Satz 1 oder § 53b Abs. 1 Satz 1 oder Abs. 7 des Gesetzes über das Kreditwesen tätigen Unternehmen sind den Kreditinstituten nach Maßgabe der vorstehenden Absätze gleichgestellt.

**§ 126 Anträge von Aktionären.** (1) Anträge von Aktionären brauchen nach § 125 nur mitgeteilt zu werden, wenn der Aktionär binnen einer Woche nach der Bekanntmachung der Einberufung der Hauptversammlung im Bundesanzeiger der Gesellschaft einen Gegenantrag mit Begründung übersandt und dabei mitgeteilt hat, er wolle in der Versammlung einem Vorschlag des Vorstands und des Aufsichtsrats widersprechen und die anderen Aktionäre veranlassen, für seinen Gegenantrag zu stimmen.

(2) [1] Ein Gegenantrag und dessen Begründung brauchen nicht mitgeteilt zu werden,

1. soweit sich der Vorstand durch die Mitteilung strafbar machen würde,

2. wenn der Gegenantrag zu einem gesetz- oder satzungswidrigen Beschluß der Hauptversammlung führen würde,

3. wenn die Begründung in wesentlichen Punkten offensichtlich falsche oder irreführende Angaben oder wenn sie Beleidigungen enthält,

4. wenn ein auf denselben Sachverhalt gestützter Gegenantrag des Aktionärs bereits zu einer Hauptversammlung der Gesellschaft nach § 125 mitgeteilt worden ist,

5. wenn derselbe Gegenantrag des Aktionärs mit wesentlich gleicher Begründung in den letzten fünf Jahren bereits zu mindestens zwei Hauptversammlungen der Gesellschaft nach § 125 mitgeteilt worden ist und in der Hauptversammlung weniger als der zwanzigste Teil des vertretenen Grundkapitals für ihn gestimmt hat,

6. wenn der Aktionär zu erkennen gibt, daß er an der Hauptversammlung nicht teilnehmen und sich nicht vertreten lassen wird, oder

7. wenn der Aktionär in den letzten zwei Jahren in zwei Hauptversammlungen einen von ihm mitgeteilten Gegenantrag nicht gestellt hat oder nicht hat stellen lassen.

[2] Die Begründung braucht nicht mitgeteilt zu werden, wenn sie insgesamt mehr als einhundert Worte beträgt.

(3) Stellen mehrere Aktionäre zu demselben Gegenstand der Beschlußfassung Gegenanträge, so kann der Vorstand die Gegenanträge und ihre Begründungen zusammenfassen.

**§ 127 Wahlvorschläge von Aktionären.** [1] Für den Vorschlag eines Aktionärs zur Wahl von Aufsichtsratsmitgliedern oder von Abschlußprüfern gilt § 126 sinngemäß. [2] Der Wahlvorschlag braucht nicht begründet zu werden. [3] Der Vorstand braucht den Wahlvorschlag auch dann nicht mitzuteilen, wenn der Vorschlag nicht die Angaben nach § 124 Abs. 3 Satz 3 und § 125 Abs. 1 Satz 3 enthält.

**§ 128 Abstimmungsvorschlag im Aktionärsinteresse; Weitergabe von Mitteilungen.** (1) Verwahrt ein Kreditinstitut für Aktionäre Aktien der Gesellschaft, so hat es die Mitteilungen nach § 125 Abs. 1 unverzüglich an sie weiterzugeben.

(2) [1] Beabsichtigt das Kreditinstitut, in der Hauptversammlung das Stimmrecht für Aktionäre auszuüben oder ausüben zu lassen, so hat es dem Aktionär außerdem eigene Vorschläge für die Ausübung des Stimmrechts zu den einzelnen Gegenständen der Tagesordnung mitzuteilen. [2] Bei den Vorschlägen hat sich das Kreditinstitut vom Interesse des Aktionärs leiten zu lassen und organisatorische Vorkehrungen dafür zu treffen, daß Eigeninteressen aus anderen Geschäftsbereichen nicht einfließen; es hat ein Mitglied der Geschäftsleitung zu benennen, das die Einhaltung dieser Pflichten sowie die ordnungsgemäße Ausübung des Stimmrechts und deren Dokumentation zu überwachen hat. [3] Das Kreditinstitut hat den Aktionär ferner um Erteilung von Weisungen für die Ausübung des Stimmrechts zu bitten und darauf hin-

zuweisen, daß es, wenn der Aktionär nicht rechtzeitig eine andere Weisung erteilt, das Stimmrecht entsprechend seinen nach Satz 1 mitgeteilten Vorschlägen ausüben werde. [4]Das Kreditinstitut hat der Bitte um Erteilung von Weisungen ein Formblatt beizufügen, durch dessen Ausfüllung der Aktionär Weisungen für die Ausübung des Stimmrechts zu den einzelnen Gegenständen der Tagesordnung erteilen kann. [5]Gehört ein Vorstandsmitglied oder ein Mitarbeiter des Kreditinstituts dem Aufsichtsrat der Gesellschaft oder ein Vorstandsmitglied oder ein Mitarbeiter der Gesellschaft dem Aufsichtsrat des Kreditinstituts an, so hat das Kreditinstitut auch dies mitzuteilen. [6]Hält das Kreditinstitut an der Gesellschaft eine Beteiligung, die nach § 21 des Wertpapierhandelsgesetzes meldepflichtig ist, oder gehörte es einem Konsortium an, das die innerhalb von fünf Jahren zeitlich letzte Emission von Wertpapieren der Gesellschaft übernommen hat, so ist auch dies mitzuteilen.

(3) Soweit ein Aktionär nach Einberufung der Hauptversammlung dem Kreditinstitut zu den einzelnen Gegenständen der Tagesordnung schriftlich Weisungen für die Ausübung des Stimmrechts erteilt hat, braucht das Kreditinstitut keine eigenen Vorschläge nach Absatz 2 mitzuteilen und den Aktionär nicht um Erteilung von Weisungen zu bitten.

(4) Die Verpflichtung des Kreditinstituts zum Ersatz eines aus der Verletzung der Absätze 1 oder 2 entstehenden Schadens kann im voraus weder ausgeschlossen noch beschränkt werden.

(5) [1]Gehören einer Vereinigung von Aktionären Aktionäre der Gesellschaft als Mitglieder an, so hat die Vereinigung die Mitteilungen nach § 125 Abs. 1 an diese Mitglieder auf deren Verlangen unverzüglich weiterzugeben. [2]Im übrigen gelten die Absätze 2 bis 4 für Vereinigungen von Aktionären entsprechend.

(6) [1]Das Bundesministerium der Justiz wird ermächtigt, im Einvernehmen mit dem Bundesministerium für Wirtschaft und dem Bundesministerium der Finanzen durch Rechtsverordnung

1. ein Formblatt für die Erteilung von Weisungen durch den Aktionär vorzuschreiben, das die Kreditinstitute und die Vereinigungen von Aktionären ihrer Bitte um Weisungen nach Absatz 2 Satz 3 beizufügen haben,

2. vorzuschreiben, daß die Gesellschaft den Kreditinstituten und den Vereinigungen von Aktionären die Aufwendungen für die Vervielfältigung der Mitteilungen und für ihre Übersendung an die Aktionäre oder an ihre Mitglieder zu ersetzen hat. Zur Abgeltung der Aufwendungen kann für jedes Schreiben nach Absatz 1 ein Pauschbetrag festgesetzt werden.

[2]Die Rechtsverordnung bedarf nicht der Zustimmung des Bundesrates.

(7) § 125 Abs. 5 gilt entsprechend.

### Dritter Unterabschnitt. Verhandlungsniederschrift. Auskunftsrecht

**§ 129** Geschäftsordnung; Verzeichnis der Teilnehmer. (1) [1]Die Hauptversammlung kann sich mit einer Mehrheit, die mindestens drei Viertel des bei der Beschlußfassung vertretenen Grundkapitals umfaßt, eine Geschäftsordnung mit Regeln für die Vorbereitung und Durchführung der Hauptversammlung geben. [2]In der Hauptversammlung ist ein Verzeichnis der erschienenen oder vertretenen Aktionäre und der Vertreter von Aktionären mit Angabe ihres Namens und Wohnorts sowie des Betrags der von jedem vertretenen Aktien unter Angabe ihrer Gattung aufzustellen.

(2) ¹Sind einem Kreditinstitut oder einer in § 135 Abs. 9 bezeichneten Person Vollmachten zur Ausübung des Stimmrechts erteilt worden und übt der Bevollmächtigte das Stimmrecht im Namen dessen, den es angeht, aus, so sind der Betrag und die Gattung der Aktien, für die ihm Vollmachten erteilt worden sind, zur Aufnahme in das Verzeichnis gesondert anzugeben. ²Die Namen der Aktionäre, welche Vollmachten erteilt haben, brauchen nicht angegeben zu werden.

(3) ¹Wer von einem Aktionär ermächtigt ist, im eigenen Namen das Stimmrecht für Aktien auszuüben, die ihm nicht gehören, hat den Betrag und die Gattung dieser Aktien zur Aufnahme in das Verzeichnis gesondert anzugeben. ²Dies gilt auch für Namensaktien, als deren Aktionär der Ermächtigte im Aktienbuch eingetragen ist.

(4) ¹Das Verzeichnis ist vor der ersten Abstimmung zur Einsicht für alle Teilnehmer auszulegen. ²Es ist vom Vorsitzenden zu unterzeichnen.

(5) § 125 Abs. 5 gilt entsprechend.

**§ 130 Niederschrift.** (1) ¹Jeder Beschluß der Hauptversammlung ist durch eine über die Verhandlung notariell aufgenommene Niederschrift zu beurkunden. ²Gleiches gilt für jedes Verlangen einer Minderheit nach § 120 Abs. 1 Satz 2, §§ 137 und 147 Abs. 1. ³Bei nichtbörsennotierten Gesellschaften reicht eine vom Vorsitzenden des Aufsichtsrats zu unterzeichnende Niederschrift aus, soweit keine Beschlüsse gefaßt werden, für die das Gesetz eine Dreiviertel- oder größere Mehrheit bestimmt.

(2) In der Niederschrift sind der Ort und der Tag der Verhandlung, der Name des Notars sowie die Art und das Ergebnis der Abstimmung und die Feststellung des Vorsitzenden über die Beschlußfassung anzugeben.

(3) ¹Das Verzeichnis der Teilnehmer an der Versammlung sowie die Belege über die Einberufung sind der Niederschrift als Anlagen beizufügen. ²Die Belege über die Einberufung brauchen nicht beigefügt zu werden, wenn sie unter Angabe ihres Inhalts in der Niederschrift aufgeführt werden.

(4) ¹Die Niederschrift ist von dem Notar zu unterschreiben. ²Die Zuziehung von Zeugen ist nicht nötig.

(5) Unverzüglich nach der Versammlung hat der Vorstand eine öffentlich beglaubigte, im Falle des Absatzes 1 Satz 3 eine vom Vorsitzenden des Aufsichtsrats unterzeichnete Abschrift der Niederschrift und ihrer Anlagen zum Handelsregister einzureichen.

**§ 131 Auskunftsrecht des Aktionärs.** (1) ¹Jedem Aktionär ist auf Verlangen in der Hauptversammlung vom Vorstand Auskunft über Angelegenheiten der Gesellschaft zu geben, soweit sie zur sachgemäßen Beurteilung des Gegenstands der Tagesordnung erforderlich ist. ²Die Auskunftspflicht erstreckt sich auch auf die rechtlichen und geschäftlichen Beziehungen der Gesellschaft zu einem verbundenen Unternehmen. ³Macht eine Gesellschaft von den Erleichterungen nach § 266 Abs. 1 Satz 3, § 276 oder § 288 des Handelsgesetzbuchs Gebrauch, so kann jeder Aktionär verlangen, daß ihm in der Hauptversammlung über den Jahresabschluß der Jahresabschluß in der Form vorgelegt wird, die er ohne Anwendung dieser Vorschriften hätte.

(2) Die Auskunft hat den Grundsätzen einer gewissenhaften und getreuen Rechenschaft zu entsprechen.

(3) [1] Der Vorstand darf die Auskunft verweigern,

1. soweit die Erteilung der Auskunft nach vernünftiger kaufmännischer Beurteilung geeignet ist, der Gesellschaft oder einem verbundenen Unternehmen einen nicht unerheblichen Nachteil zuzufügen;

2. soweit sie sich auf steuerliche Wertansätze oder die Höhe einzelner Steuern bezieht;

3. über den Unterschied zwischen dem Wert, mit dem die Gegenstände in der Jahresbilanz angesetzt worden sind, und einem höheren Wert dieser Gegenstände, es sei denn, daß die Hautversammlung den Jahresabschluß feststellt;

4. über die Bilanzierungs- und Bewertungsmethoden, soweit die Angabe dieser Methoden im Anhang ausreicht, um ein den tatsächlichen Verhältnissen entsprechendes Bild der Vermögens-, Finanz- und Ertragslage der Gesellschaft im Sinne des § 264 Abs. 2 des Handelsgesetzbuchs zu vermitteln; dies gilt nicht, wenn die Hauptversammlung den Jahresabschluß feststellt;

5. soweit sich der Vorstand durch die Erteilung der Auskunft strafbar machen würde;

6. soweit bei einem Kreditinstitut oder Finanzdienstleistungsinstitut Angaben über angewandte Bilanzierungs- und Bewertungsmethoden sowie vorgenommene Verrechnungen im Jahresabschluß, Lagebericht, Konzernabschluß oder Konzernlagebericht nicht gemacht zu werden brauchen.

[2] Aus anderen Gründen darf die Auskunft nicht verweigert werden.

(4) [1] Ist einem Aktionär wegen seiner Eigenschaft als Aktionär eine Auskunft außerhalb der Hauptversammlung gegeben worden, so ist sie jedem anderen Aktionär auf dessen Verlangen in der Hauptversammlung zu geben, auch wenn sie zur sachgemäßen Beurteilung des Gegenstands der Tagesordnung nicht erforderlich ist. [2] Der Vorstand darf die Auskunft nicht nach Absatz 3 Satz 1 Nr. 1 bis 4 verweigern. [3] Sätze 1 und 2 gelten nicht, wenn ein Tochterunternehmen (§ 290 Abs. 1, 2 des Handelsgesetzbuchs), ein Gemeinschaftsunternehmen (§ 310 Abs. 1 des Handelsgesetzbuchs) oder ein assoziiertes Unternehmen (§ 311 Abs. 1 des Handelsgesetzbuchs) die Auskunft einem Mutterunternehmen (§ 290 Abs. 1, 2 des Handelsgesetzbuchs) zum Zwecke der Einbeziehung der Gesellschaft in den Konzernabschluß des Mutterunternehmens erteilt und die Auskunft für diesen Zweck benötigt wird.

(5) Wird einem Aktionär eine Auskunft verweigert, so kann er verlangen, daß seine Frage und der Grund, aus dem die Auskunft verweigert worden ist, in die Niederschrift über die Verhandlung aufgenommen werden.

## § 132 Gerichtliche Entscheidung über das Auskunftsrecht. (1) [1] Ob der Vorstand die Auskunft zu geben hat, entscheidet auf Antrag ausschließlich das Landgericht, in dessen Bezirk die Gesellschaft ihren Sitz hat. [2] Ist bei dem Landgericht eine Kammer für Handelssachen gebildet, so entscheidet diese an Stelle der Zivilkammer. [3] Die Landesregierung kann die Entscheidung durch

Rechtsverordnung für die Bezirke mehrerer Landgerichte einem der Landgerichte übertragen, wenn dies der Sicherung einer einheitlichen Rechtsprechung dient. [4] Die Landesregierung kann die Ermächtigung auf die Landesjustizverwaltung übertragen.

(2) [1] Antragsberechtigt ist jeder Aktionär, dem die verlangte Auskunft nicht gegeben worden ist, und, wenn über den Gegenstand der Tagesordnung, auf den sich die Auskunft bezog, Beschluß gefaßt worden ist, jeder in der Hauptversammlung erschienene Aktionär, der in der Hauptversammlung Widerspruch zur Niederschrift erklärt hat. [2] Der Antrag ist binnen zwei Wochen nach der Hauptversammlung zustellen, in der die Auskunft abgelehnt worden ist.

(3) [1] § 99 Abs. 1, Abs. 3 Satz 1, 2, 4 bis 9 und Abs. 5 Satz 1 und 3 gilt sinngemäß. [2] Die sofortige Beschwerde findet nur statt, wenn das Landgericht sie in der Entscheidung für zulässig erklärt. [3] Es soll sie nur zulassen, wenn dadurch die Klärung einer Rechtsfrage von grundsätzlicher Bedeutung zu erwarten ist.

(4) [1] Wird dem Antrag stattgegeben, so ist die Auskunft auch außerhalb der Hauptversammlung zu geben. [2] Aus der Entscheidung findet die Zwangsvollstreckung nach den Vorschriften der Zivilprozeßordnung statt.

(5) [1] Für die Kosten des Verfahrens gilt die Kostenordnung. [2] Für das Verfahren des ersten Rechtszugs wird das Doppelte der vollen Gebühr erhoben. [3] Für den zweiten Rechtszug wird die gleiche Gebühr erhoben; dies gilt auch dann, wenn die Beschwerde Erfolg hat. [4] Wird der Antrag oder die Beschwerde zurückgenommen, bevor es zu einer Entscheidung oder einer vom Gericht vermittelten Einigung kommt, so ermäßigt sich die Gebühr auf die Hälfte. [5] Der Geschäftswert ist von Amts wegen festzusetzen. [6] Er bestimmt sich nach § 30 Abs. 2 der Kostenordnung mit der Maßgabe, daß der Wert regelmäßig auf zehntausend Deutsche Mark anzunehmen ist. [7] Das mit dem Verfahren befaßte Gericht bestimmt nach billigem Ermessen, welchem Beteiligten die Kosten des Verfahrens aufzuerlegen sind.

### Vierter Unterabschnitt. Stimmrecht

**§ 133 Grundsatz der einfachen Stimmenmehrheit.** (1) Die Beschlüsse der Hauptversammlung bedürfen der Mehrheit der abgegebenen Stimmen (einfache Stimmenmehrheit), soweit nicht Gesetz oder Satzung eine größere Mehrheit oder weitere Erfordernisse bestimmen.

(2) Für Wahlen kann die Satzung andere Bestimmungen treffen.

**§ 134 Stimmrecht.** (1) [1] Das Stimmrecht wird nach Aktiennennbeträgen, bei Stückaktien nach deren Zahl ausgeübt. [2] Für den Fall, daß einem Aktionär mehrere Aktien gehören, kann bei einer nichtbörsennotierten Gesellschaft die Satzung das Stimmrecht durch Festsetzung eines Höchstbetrags oder von Abstufungen beschränken. [3] Die Satzung kann außerdem bestimmen, daß zu den Aktien, die dem Aktionär gehören, auch die Aktien rechnen, die einem anderen für seine Rechnung gehören. [4] Für den Fall, daß der Aktionär ein Unternehmen ist, kann sie ferner bestimmen, daß zu den Aktien, die ihm gehören, auch die Aktien rechnen, die einem von ihm abhängigen oder ihn beherrschenden oder einem mit ihm konzernverbundenen Unternehmen oder für Rechnung solcher Unternehmen einem Dritten gehören. [5]Die Beschränkungen können nicht für einzelne Aktionäre angeordnet werden. [6]Bei der Berechnung einer nach Gesetz oder Satzung erforderlichen Kapitalmehrheit bleiben die Beschränkungen außer Betracht.

(2) [1]Das Stimmrecht beginnt mit der vollständigen Leistung der Einlage. [2]Die Satzung kann bestimmen, daß das Stimmrecht beginnt, wenn auf die Aktie die gesetzliche oder höhere satzungsmäßige Mindesteinlage geleistet ist. [3]In diesem Fall gewährt die Leistung der Mindesteinlage eine Stimme; bei höheren Einlagen richtet sich das Stimmenverhältnis nach der Höhe der geleisteten Einlagen. [4]Bestimmt die Satzung nicht, daß das Stimmrecht vor der vollständigen Leistung der Einlage beginnt, und ist noch auf keine Aktie die Einlage vollständig geleistet, so richtet sich das Stimmenverhältnis nach der Höhe der geleisteten Einlagen; dabei gewährt die Leistung der Mindesteinlage eine Stimme. [5]Bruchteile von Stimmen werden in diesen Fällen nur berücksichtigt, soweit sie für den stimmberechtigten Aktionär volle Stimmen ergeben. [6]Die Satzung kann Bestimmungen nach diesem Absatz nicht für einzelne Aktionäre oder für einzelne Aktiengattungen treffen.

(3) [1]Das Stimmrecht kann durch einen Bevollmächtigten ausgeübt werden. [2]Für die Vollmacht ist die schriftliche Form erforderlich und genügend. [3]Die Vollmachtsurkunde ist der Gesellschaft vorzulegen und bleibt in ihrer Verwahrung.

(4) Die Form der Ausübung des Stimmrechts richtet sich nach der Satzung.

## § 135 Ausübung des Stimmrechts durch Kreditinstitute und geschäftsmäßig Handelnde.

(1) [1]Ein Kreditinstitut darf das Stimmrecht für Inhaberaktien, die ihm nicht gehören, nur ausüben oder ausüben lassen, wenn es schriftlich bevollmächtigt ist. [2]In der eigenen Hauptversammlung darf das bevollmächtigte Kreditinstitut das Stimmrecht auf Grund der Vollmacht nur ausüben, soweit der Aktionär eine ausdrückliche Weisung zu den einzelnen Gegenständen der Tagesordnung erteilt hat. [3]In der Hauptversammlung einer Gesellschaft, an der es mit mehr als fünf vom Hundert des Grundkapitals unmittelbar oder über eine Mehrheitsbeteiligung mittelbar beteiligt ist, darf es das Stimmrecht nur ausüben oder ausüben lassen, soweit der Aktionär eine ausdrückliche Weisung zu den einzelnen Gegenständen der Tagesordnung erteilt hat; dies gilt nicht, wenn es eigene Stimmrechte weder ausübt noch ausüben läßt.

(2) [1]Die Vollmacht darf nur einem bestimmten Kreditinstitut und nur für längstens fünfzehn Monate erteilt werden. [2]Sie ist jederzeit widerruflich. [3]Die Vollmachtsurkunde muß bei der Erteilung der Vollmacht vollständig ausgefüllt sein und darf keine anderen Erklärungen enthalten. [4]Sie soll das Datum der Ausstellung enthalten. [5]Die Frist in Satz 1 beginnt spätestens mit dem Tage der Ausstellung. [6]Erbietet sich das Kreditinstitut zur Übernahme einer Vollmacht, so hat es auf andere Vertretungsmöglichkeiten (§ 125 Abs. 1 Satz 2) hinzuweisen.

(3) [1]Das bevollmächtigte Kreditinstitut darf Personen, die nicht seine Angestellten sind, nur unterbevollmächtigen, wenn die Vollmacht eine Unterbevollmächtigung ausdrücklich gestattet. [2]Gleiches gilt für eine Übertragung der Vollmacht durch das bevollmächtigte Kreditinstitut.

(4) [1] Auf Grund der Vollmacht kann das Kreditinstitut das Stimmrecht unter Benennung des Aktionärs in dessen Namen ausüben. [2] Wenn es die Vollmacht bestimmt, kann das Kreditinstitut das Stimmrecht auch im Namen dessen, den es angeht, ausüben. [3] Übt das Kreditinstitut das Stimmrecht unter Benennung des Aktionärs in dessen Namen aus, ist die Vollmachtsurkunde der Gesellschaft vorzulegen und von dieser zu verwahren. [4] Übt es das Stimmrecht im Namen dessen, den es angeht, aus, genügt zum Nachweis seiner Stimmberechtigung gegenüber der Gesellschaft die Erfüllung der in der Satzung für die Ausübung des Stimmrechts vorgesehenen Erfordernisse; enthält die Satzung darüber keine Bestimmungen, genügt die Vorlegung der Aktien oder einer Bescheinigung über die Hinterlegung der Aktien bei einem Notar oder einer Wertpapiersammelbank.

(5) Hat der Aktionär dem Kreditinstitut keine Weisung für die Ausübung des Stimmrechts erteilt, so hat das Kreditinstitut das Stimmrecht entsprechend seinen eigenen, den Aktionären nach § 128 Abs. 2 mitgeteilten Vorschlägen auszuüben, es sei denn, daß das Kreditinstitut den Umständen nach annehmen darf, daß der Aktionär bei Kenntnis der Sachlage die abweichende Ausübung des Stimmrechts billigen würde.

(6) Die Wirksamkeit der Stimmabgabe wird durch einen Verstoß gegen Absatz 1 Satz 2, Absätze 2, 3 und 5 nicht beeinträchtigt.

(7) [1] Ein Kreditinstitut darf das Stimmrecht für Namensaktien, die ihm nicht gehören, als deren Aktionär es aber im Aktienbuch eingetragen ist, nur auf Grund einer schriftlichen Ermächtigung, wenn es nicht als deren Aktionär eingetragen ist, nur unter Benennung des Aktionärs in dessen Namen auf Grund einer schriftlichen Vollmacht ausüben. [2] Auf die Ermächtigung oder Vollmacht sind Absatz 1 Satz 2, Absätze 2, 3 und 5, auf die Vollmacht außerdem Absatz 4 Satz 3 anzuwenden. [3] Im übrigen gilt Absatz 6.

(8) Ist das Kreditinstitut bei der Ausübung des Stimmrechts von einer Weisung des Aktionärs oder, wenn der Aktionär keine Weisung erteilt hat, von seinem eigenen, dem Aktionär nach § 128 Abs. 2 mitgeteilten Vorschlag abgewichen, so hat es dies dem Aktionär mitzuteilen und die Gründe anzugeben.

(9) [1] Die Absätze 1 bis 8 gelten sinngemäß für die Ausübung des Stimmrechts durch

1. Vereinigungen von Aktionären,

2. Geschäftsleiter und Angestellte eines Kreditinstituts, wenn die ihnen nicht gehörenden Aktien dem Kreditinstitut zur Verwahrung anvertraut sind,

3. Personen, die sich geschäftsmäßig gegenüber Aktionären zur Ausübung des Stimmrechts in der Hauptversammlung erbieten.

[2] Dies gilt nicht, wenn derjenige, der das Stimmrecht ausüben will, gesetzlicher Vertreter oder Ehegatte des Aktionärs oder mit ihm bis zum vierten Grade verwandt oder verschwägert ist.

(10) [1] Ein Kreditinstitut ist verpflichtet, den Auftrag eines Aktionärs zur Ausübung des Stimmrechts in einer Hauptversammlung anzunehmen, wenn es für den Aktionär Aktien der Gesellschaft verwahrt und sich gegenüber Aktionären der Gesellschaft zur Ausübung des Stimmrechts in derselben Hauptversammlung erboten hat. [2] Die Verpflichtung besteht nicht, wenn das Kreditinstitut am Ort der Hauptversammlung keine Niederlassung hat und der Aktionär die Über-

tragung der Vollmacht auf oder die Unterbevollmächtigung von Personen, die nicht Angestellte des Kreditinstituts sind, nicht gestattet hat.

(11) Die Verpflichtung des Kreditinstituts zum Ersatz eines aus der Verletzung der Absätze 1 bis 3, 5, 7, 8 oder 10 entstehenden Schadens kann im voraus weder ausgeschlossen noch beschränkt werden.

(12) § 125 Abs. 5 gilt entsprechend.

**§ 136 Ausschluß des Stimmrechts.** (1) [1]Niemand kann für sich oder für einen anderen das Stimmrecht ausüben, wenn darüber Beschluß gefaßt wird, ob er zu entlasten oder von einer Verbindlichkeit zu befreien ist oder ob die Gesellschaft gegen ihn einen Anspruch geltend machen soll. [2]Für Aktien, aus denen der Aktionär nach Satz 1 das Stimmrecht nicht ausüben kann, kann das Stimmrecht auch nicht durch einen anderen ausgeübt werden.

(2) [1]Ein Vertrag, durch den sich ein Aktionär verpflichtet, nach Weisung der Gesellschaft, des Vorstands oder des Aufsichtsrats der Gesellschaft oder nach Weisung eines abhängigen Unternehmens das Stimmrecht auszuüben, ist nichtig. [2]Ebenso ist ein Vertrag nichtig, durch den sich ein Aktionär verpflichtet, für die jeweiligen Vorschläge des Vorstands oder des Aufsichtsrats der Gesellschaft zu stimmen.

**§ 137 Abstimmung über Wahlvorschläge von Aktionären.** Hat ein Aktionär einen Vorschlag zur Wahl von Aufsichtsratsmitgliedern nach § 127 gemacht und beantragt er in der Hauptversammlung die Wahl des von ihm Vorgeschlagenen, so ist über seinen Antrag vor dem Vorschlag des Aufsichtsrats zu beschließen, wenn es eine Minderheit der Aktionäre verlangt, deren Anteile zusammen den zehnten Teil des vertretenen Grundkapitals erreichen.

### Fünfter Unterabschnitt. Sonderbeschluß

**§ 138 Gesonderte Versammlung. Gesonderte Abstimmung.** [1]In diesem Gesetz oder in der Satzung vorgeschriebene Sonderbeschlüsse gewisser Aktionäre sind entweder in einer gesonderten Versammlung dieser Aktionäre oder in einer gesonderten Abstimmung zu fassen, soweit das Gesetz nichts anderes bestimmt. [2]Für die Einberufung der gesonderten Versammlung und die Teilnahme an ihr sowie für das Auskunftsrecht gelten die Bestimmungen über die Hauptversammlung, für die Sonderbeschlüsse die Bestimmungen über Hauptversammlungsbeschlüsse sinngemäß. [3]Verlangen Aktionäre, die an der Abstimmung über den Sonderbeschluß teilnehmen können, die Einberufung einer gesonderten Versammlung oder die Bekanntmachung eines Gegenstands zur gesonderten Abstimmung, so genügt es, wenn ihre Anteile, mit denen sie an der Abstimmung über den Sonderbeschluß teilnehmen können, zusammen den zehnten Teil der Anteile erreichen, aus denen bei der Abstimmung über den Sonderbeschluß das Stimmrecht ausgeübt werden kann.

### Sechster Unterabschnitt. Vorzugsaktien ohne Stimmrecht

**§ 139 Wesen.** (1) Für Aktien, die mit einem nachzuzahlenden Vorzug bei der Verteilung des Gewinns ausgestattet sind, kann das Stimmrecht ausgeschlossen werden (Vorzugsaktien ohne Stimmrecht).

(2) Vorzugsaktien ohne Stimmrecht dürfen nur bis zur Hälfte des Grundkapitals ausgegeben werden.

**§ 140 Rechte der Vorzugsaktionäre.** (1) Die Vorzugsaktien ohne Stimmrecht gewähren mit Ausnahme des Stimmrechts die jedem Aktionär aus der Aktie zustehenden Rechte.

(2) [1] Wird der Vorzugsbetrag in einem Jahr nicht oder nicht vollständig gezahlt und der Rückstand im nächsten Jahr nicht neben dem vollen Vorzug dieses Jahres nachgezahlt, so haben die Vorzugsaktionäre das Stimmrecht, bis die Rückstände nachgezahlt sind. [2] In diesem Fall sind die Vorzugsaktien auch bei der Berechnung einer nach Gesetz oder Satzung erforderlichen Kapitalmehrheit zu berücksichtigen.

(3) Soweit die Satzung nichts anderes bestimmt, entsteht dadurch, daß der Vorzugsbetrag in einem Jahr nicht oder nicht vollständig gezahlt wird, noch kein durch spätere Beschlüsse über die Gewinnverteilung bedingter Anspruch auf den rückständigen Vorzugsbetrag.

**§ 141 Aufhebung oder Beschränkung des Vorzugs.** (1) Ein Beschluß, durch den der Vorzug aufgehoben oder beschränkt wird, bedarf zu seiner Wirksamkeit der Zustimmung der Vorzugsaktionäre.

(2) [1] Ein Beschluß über die Ausgabe von Vorzugsaktien, die bei der Verteilung des Gewinns oder des Gesellschaftsvermögens den Vorzugsaktien ohne Stimmrecht vorgehen oder gleichstehen, bedarf gleichfalls der Zustimmung der Vorzugsaktionäre. [2] Der Zustimmung bedarf es nicht, wenn die Ausgabe bei Einräumung des Vorzugs oder, falls das Stimmrecht später ausgeschlossen wurde, bei der Ausschließung ausdrücklich vorbehalten worden war und das Bezugsrecht der Vorzugsaktionäre nicht ausgeschlossen wird.

(3) [1] Über die Zustimmung haben die Vorzugsaktionäre in einer gesonderten Versammlung einen Sonderbeschluß zu fassen. [2] Er bedarf einer Mehrheit, die mindestens drei Viertel der abgegebenen Stimmen umfaßt. [3] Die Satzung kann weder eine andere Mehrheit noch weitere Erfordernisse bestimmen. [4] Wird in dem Beschluß über die Ausgabe von Vorzugsaktien, die bei der Verteilung des Gewinns oder des Gesellschaftsvermögens den Vorzugsaktien ohne Stimmrecht vorgehen oder gleichstehen, das Bezugsrecht der Vorzugsaktionäre auf den Bezug solcher Aktien ganz oder zum Teil ausgeschlossen, so gilt für den Sonderbeschluß § 186 Abs. 3 bis 5 sinngemäß.

(4) Ist der Vorzug aufgehoben, so gewähren die Aktien das Stimmrecht.

### Siebenter Unterabschnitt. Sonderprüfung. Geltendmachung von Ersatzansprüchen

**§ 142 Bestellung der Sonderprüfer.** (1) [1] Zur Prüfung von Vorgängen bei der Gründung oder der Geschäftsführung, namentlich auch bei Maßnahmen der Kapitalbeschaffung und Kapitalherabsetzung, kann die Hauptversammlung mit einfacher Stimmenmehrheit Prüfer (Sonderprüfer) bestellen. [2] Bei der Beschlußfassung kann ein Mitglied des Vorstands oder des Aufsichtsrats weder für sich noch für einen anderen mitstimmen, wenn die Prüfung sich auf Vorgänge erstrecken soll, die mit der Entlastung eines Mitglieds des

Vorstands oder des Aufsichtsrats oder der Einleitung eines Rechtsstreits zwischen der Gesellschaft und einem Mitglied des Vorstands oder des Aufsichtsrats zusammenhängen. [3] Für ein Mitglied des Vorstands oder des Aufsichtsrats, das nach Satz 2 nicht mitstimmen kann, kann das Stimmrecht auch nicht durch einen anderen ausgeübt werden.

(2) [1] Lehnt die Hauptversammlung einen Antrag auf Bestellung von Sonderprüfern zur Prüfung eines Vorgangs bei der Gründung oder eines nicht über fünf Jahre zurückliegenden Vorgangs bei der Geschäftsführung ab, so hat das Gericht auf Antrag von Aktionären, deren Anteile zusammen den zehnten Teil des Grundkapitals oder den anteiligen Betrag von einer Million Euro erreichen, Sonderprüfer zu bestellen, wenn Tatsachen vorliegen, die den Verdacht rechtfertigen, daß bei dem Vorgang Unredlichkeiten oder grobe Verletzungen des Gesetzes oder der Satzung vorgekommen sind. [2] Die Antragsteller haben die Aktien bis zur Entscheidung über den Antrag zu hinterlegen und glaubhaft zu machen, daß sie seit mindestens drei Monaten vor dem Tage der Hauptversammlung Inhaber der Aktien sind. [3] Zur Glaubhaftmachung genügt eine eidesstattliche Versicherung vor einem Notar.

(3) Die Absätze 1 und 2 gelten nicht für Vorgänge, die Gegenstand einer Sonderprüfung nach § 258 sein können.

(4) [1] Hat die Hauptversammlung Sonderprüfer bestellt, so hat das Gericht auf Antrag von Aktionären, deren Anteile zusammen den zehnten Teil des Grundkapitals oder den anteiligen Betrag von einer Million Euro erreichen, einen anderen Sonderprüfer zu bestellen, wenn dies aus einem in der Person des bestellten Sonderprüfers liegenden Grund geboten erscheint, insbesondere, wenn der bestellte Sonderprüfer nicht die für den Gegenstand der Sonderprüfung erforderlichen Kenntnisse hat, oder wenn Besorgnis der Befangenheit oder Bedenken gegen seine Zuverlässigkeit bestehen. [2] Der Antrag ist binnen zwei Wochen seit dem Tage der Hauptversammlung zu stellen.

(5) [1] Das Gericht hat außer den Beteiligten auch den Aufsichtsrat und im Fall des Absatzes 4 den von der Hauptversammlung bestellten Sonderprüfer zu hören. [2] Gegen die Entscheidung ist die sofortige Beschwerde zulässig.

(6) [1] Die vom Gericht bestellten Sonderprüfer haben Anspruch auf Ersatz angemessener barer Auslagen und auf Vergütung für ihre Tätigkeit. [2] Die Auslagen und die Vergütung setzt das Gericht fest. [3] Gegen die Entscheidung ist die sofortige Beschwerde zulässig. [4] Die weitere Beschwerde ist ausgeschlossen. [5] Aus der rechtskräftigen Entscheidung findet die Zwangsvollstreckung nach der Zivilprozeßordnung statt.

**§ 143 Auswahl der Sonderprüfer.** (1) Als Sonderprüfer sollen, wenn der Gegenstand der Sonderprüfung keine anderen Kenntnisse fordert, nur bestellt werden

1. Personen, die in der Buchführung ausreichend vorgebildet und erfahren sind;

2. Prüfungsgesellschaften, von deren gesetzlichen Vertretern mindestens einer in der Buchführung ausreichend vorgebildet und erfahren ist.

(2) [1] Sonderprüfer darf nicht sein, wer nach § 319 Abs. 2 des Handelsgesetzbuchs nicht Abschlußprüfer sein darf oder während der Zeit, in der sich der zu prüfende Vorgang ereignet hat, hätte sein dürfen. [2] Eine Prüfungsgesellschaft darf nicht Sonderprüfer sein, wenn sie nach § 319 Abs. 3 des Handels-

gesetzbuchs nicht Abschlußprüfer sein darf oder während der Zeit, in der sich der zu prüfende Vorgang ereignet hat, hätte sein dürfen.

(3) *(aufgehoben)*

**§ 144 Verantwortlichkeit der Sonderprüfer.** § 323 des Handelsgesetzbuchs über die Verantwortlichkeit des Abschlußprüfers gilt sinngemäß.

**§ 145 Rechte der Sonderprüfer. Prüfungsbericht.** (1) Der Vorstand hat den Sonderprüfern zu gestatten, die Bücher und Schriften der Gesellschaft sowie die Vermögensgegenstände, namentlich die Gesellschaftskasse und die Bestände an Wertpapieren und Waren, zu prüfen.

(2) Die Sonderprüfer können von den Mitgliedern des Vorstands und des Aufsichtsrats alle Aufklärungen und Nachweise verlangen, welche die sorgfältige Prüfung der Vorgänge notwendig macht.

(3) Die Sonderprüfer haben die Rechte nach Absatz 2 auch gegenüber einem Konzernunternehmen sowie gegenüber einem abhängigen oder herrschenden Unternehmen.

(4) [1]Die Sonderprüfer haben über das Ergebnis der Prüfung schriftlich zu berichten. [2]Auch Tatsachen, deren Bekanntwerden geeignet ist, der Gesellschaft oder einem verbundenen Unternehmen einen nicht unerheblichen Nachteil zuzufügen, müssen in den Prüfungsbericht aufgenommen werden, wenn ihre Kenntnis zur Beurteilung des zu prüfenden Vorgangs durch die Hauptversammlung erforderlich ist. [3]Die Sonderprüfer haben den Bericht zu unterzeich-nen und unverzüglich dem Vorstand und zum Handelsregister des Sitzes der Gesellschaft einzureichen. [4]Auf Verlangen hat der Vorstand jedem Aktionär eine Abschrift des Prüfungsberichts zu erteilen. [5]Der Vorstand hat den Bericht dem Aufsichtsrat vorzulegen und bei der Einberufung der nächsten Hauptversammlung als Gegenstand der Tagesordnung bekanntzumachen.

**§ 146 Kosten.** Bestellt das Gericht Sonderprüfer, so trägt die Gesellschaft unbeschadet eines ihr nach den Vorschriften des bürgerlichen Rechts zustehenden Ersatzanspruchs die Gerichtskosten und die Kosten der Prüfung.

**§ 147 Geltendmachung von Ersatzansprüchen.** (1) [1]Die Ersatzansprüche der Gesellschaft aus der Gründung gegen die nach den §§ 46 bis 48, 53 verpflichteten Personen oder aus der Geschäftsführung gegen die Mitglieder des Vorstands und des Aufsichtsrats oder aus § 117 müssen geltend gemacht werden, wenn es die Hauptversammlung mit einfacher Stimmenmehrheit beschließt oder es eine Minderheit verlangt, deren Anteile zusammen den zehnten Teil des Grundkapitals erreichen. [2]Das Verlangen der Minderheit ist nur zu berücksichtigen, wenn glaubhaft gemacht wird, daß die Aktionäre, die die Minderheit bilden, seit mindestens drei Monaten vor dem Tage der Hauptversammlung Inhaber der Aktien sind. [3]Zur Glaubhaftmachung genügt eine eidesstattliche Versicherung vor einem Notar. [4]Der Ersatzanspruch soll binnen sechs Monaten seit dem Tage der Hauptversammlung geltend gemacht werden.

(2) [1]Zur Geltendmachung des Ersatzanspruchs kann die Hauptversammlung besondere Vertreter bestellen. [2]Hat die Hauptversammlung die Geltendmachung des Ersatzanspruchs beschlossen oder eine Minderheit sie verlangt, so

hat das Gericht (§ 14) auf Antrag von Aktionären, deren Anteile zusammen den zehnten Teil des Grundkapitals oder den anteiligen Betrag von einer Million Euro erreichen, als Vertreter der Gesellschaft zur Geltendmachung des Ersatzanspruchs andere als die nach §§ 78, 112 oder nach Satz 1 zur Vertretung der Gesellschaft berufenen Personen zu bestellen, wenn ihm dies für eine gehörige Geltendmachung zweckmäßig erscheint. ³Gibt das Gericht dem Antrag statt, so trägt die Gesellschaft die Gerichtskosten. ⁴Gegen die Entscheidung ist die sofortige Beschwerde zulässig. ⁵Die gerichtlich bestellten Vertreter können von der Gesellschaft den Ersatz angemessener barer Auslagen und eine Vergütung für ihre Tätigkeit verlangen. ⁶Die Auslagen und die Vergütung setzt das Gericht fest. ⁷Gegen die Entscheidung ist die sofortige Beschwerde zulässig. ⁸Die weitere Beschwerde ist ausgeschlossen. ⁹Aus der rechtskräftigen Entscheidung findet die Zwangsvollstreckung nach der Zivilprozeßordnung statt.

(3) ¹Wird der Ersatzanspruch nicht nach Absatz 1 geltend gemacht, so hat das Gericht auf Antrag von Aktionären, deren Anteile zusammen den zwanzigsten Teil des Grundkapitals oder den anteiligen Betrag von 500 000 Euro erreichen, besondere Vertreter zu bestellen, wenn Tatsachen vorliegen, die den dringenden Verdacht rechtfertigen, daß der Gesellschaft durch Unredlichkeiten oder grobe Verletzungen des Gesetzes oder der Satzung Schaden zugefügt wurde. ²Absatz 1 Satz 2 bis 4 und Absatz 2 Satz 3 bis 9 finden entsprechende Anwendung. ³Der gerichtlich bestellte Vertreter hat den Ersatzanspruch geltend zu machen, soweit nach seiner pflichtgemäßen Beurteilung die Rechtsverfolgung eine hinreichende Aussicht auf Erfolg bietet.

(4) ¹Hat eine Minderheit die Geltendmachung des Ersatzanspruchs verlangt und hat die Gesellschaft, weil sie im Rechtsstreit ganz oder teilweise unterlegen ist, Kosten des Rechtsstreits zu tragen, so ist die Minderheit der Gesellschaft zur Erstattung dieser Kosten verpflichtet, soweit sie das aufgrund der Klage Erlangte übersteigen. ²Ist die Gesellschaft ganz unterlegen, so ist die Minderheit der Gesellschaft auch zur Erstattung der Gerichtskosten, die der Gesellschaft durch die Bestellung besonderer Vertreter nach Absatz 2 Satz 3 oder Absatz 3 Satz 1 entstanden sind, sowie der baren Auslagen und der Vergütung der besonderen Vertreter verpflichtet.

### Fünfter Teil. Rechnungslegung.¹⁾ Gewinnverwendung

### Erster Abschnitt. Jahresabschluß und Lagebericht

### §§ 148, 149. *(aufgehoben)*

**§ 150 Gesetzliche Rücklage. Kapitalrücklage.** (1) In der Bilanz des nach den §§ 242, 264 des Handelsgesetzbuchs aufzustellenden Jahresabschlusses ist eine gesetzliche Rücklage zu bilden.

(2) In diese ist der zwanzigste Teil des um einen Verlustvortrag aus dem Vorjahr geminderten Jahresüberschusses einzustellen, bis die gesetzliche Rück-

---

¹⁾ Beachte hierzu auch Gesetz über die Rechnungslegung von bestimmten Unternehmen und Konzernen vom 15. 8. 1969 (BGBl I S. 1189, ber. 1970 I S.1113); abgedruckt unter Nr. **6**.

lage und die Kapitalrücklagen nach § 272 Abs. 2 Nr. 1 bis 3 des Handelsgesetzbuchs zusammen den zehnten oder den in der Satzung bestimmten höheren Teil des Grundkapitals erreichen.

(3) Übersteigen die gesetzliche Rücklage und die Kapitalrücklagen nach § 272 Abs. 2 Nr. 1 bis 3 des Handelsgesetzbuchs zusammen nicht den zehnten oder den in der Satzung bestimmten höheren Teil des Grundkapitals, so dürfen sie nur verwandt werden

1. zum Ausgleich eines Jahresfehlbetrags, soweit er nicht durch einen Gewinnvortrag aus dem Vorjahr gedeckt ist und nicht durch Auflösung anderer Gewinnrücklagen ausgeglichen werden kann;

2. zum Ausgleich eines Verlustvortrags aus dem Vorjahr, soweit er nicht durch einen Jahresüberschuß gedeckt ist und nicht durch Auflösung anderer Gewinnrücklagen ausgeglichen werden kann.

(4) [1]Übersteigen die gesetzliche Rücklage und die Kapitalrücklagen nach § 272 Abs. 2 Nr. 1 bis 3 des Handelsgesetzbuchs zusammen den zehnten oder den in der Satzung bestimmten höheren Teil des Grundkapitals, so darf der übersteigende Betrag verwandt werden

1. zum Ausgleich eines Jahresfehlbetrags, soweit er nicht durch einen Gewinnvortrag aus dem Vorjahr gedeckt ist;

2. zum Ausgleich eines Verlustvortrags aus dem Vorjahr, soweit er nicht durch einen Jahresüberschuß gedeckt ist;

3. zur Kapitalerhöhung aus Gesellschaftsmitteln nach den §§ 207 bis 220.

[2]Die Verwendung nach den Nummern 1 und 2 ist nicht zulässig, wenn gleichzeitig Gewinnrücklagen zur Gewinnausschüttung aufgelöst werden.

**§§ 150a, 151.** *(aufgehoben)*

**§ 152 Vorschriften zur Bilanz.** (1) [1]Das Grundkapital ist in der Bilanz als gezeichnetes Kapital auszuweisen. [2]Dabei ist der auf jede Aktiengattung entfallende Betrag des Grundkapitals gesondert anzugeben. [3]Bedingtes Kapital ist mit dem Nennbetrag zu vermerken. [4]Bestehen Mehrstimmrechtsaktien, so sind beim gezeichneten Kapital die Gesamtstimmenzahl der Mehrstimmrechtsaktien und die der übrigen Aktien zu vermerken.

(2) Zu dem Posten „Kapitalrücklage" sind in der Bilanz oder im Anhang gesondert anzugeben

1. der Betrag, der während des Geschäftsjahrs eingestellt wurde;

2. der Betrag, der für das Geschäftsjahr entnommen wird.

(3) Zu den einzelnen Posten der Gewinnrücklagen sind in der Bilanz oder im Anhang jeweils gesondert anzugeben

1. die Beträge, die die Hauptversammlung aus dem Bilanzgewinn des Vorjahrs eingestellt hat;

2. die Beträge, die aus dem Jahresüberschuß des Geschäftsjahrs eingestellt werden;

3. die Beträge, die für das Geschäftsjahr entnommen werden.

**§§ 153–157.** *(aufgehoben)*

**§ 158 Vorschriften zur Gewinn- und Verlustrechnung.** (1) [1]Die Gewinn- und Verlustrechnung ist nach dem Posten „Jahresüberschuß/Jahresfehlbetrag" in Fortführung der Numerierung um die folgenden Posten zu ergänzen:

1. Gewinnvortrag/Verlustvortrag aus dem Vorjahr

2. Entnahmen aus der Kapitalrücklage

3. Entnahmen aus Gewinnrücklagen
   a) aus der gesetzlichen Rücklage
   b) aus der Rücklage für eigene Aktien
   c) aus satzungsmäßigen Rücklagen
   d) aus anderen Gewinnrücklagen

4. Einstellungen in Gewinnrücklagen
   a) in die gesetzliche Rücklage
   b) in die Rücklage für eigene Aktien
   c) in satzungsmäßige Rücklagen
   d) in andere Gewinnrücklagen

5. Bilanzgewinn/Bilanzverlust.

[2]Die Angaben nach Satz 1 können auch im Anhang gemacht werden.

(2) [1]Von dem Ertrag aus einem Gewinnabführungs- oder Teilgewinnabführungsvertrag ist ein vertraglich zu leistender Ausgleich für außenstehende Gesellschafter abzusetzen; übersteigt dieser den Ertrag, so ist der übersteigende Betrag unter den Aufwendungen aus Verlustübernahme auszuweisen. [2]Andere Beträge dürfen nicht abgesetzt werden.

**§ 159.** *(aufgehoben)*

**§ 160 Vorschriften zum Anhang.** (1) In jedem Anhang sind auch Angaben zu machen über

1. den Bestand und den Zugang an Aktien, die ein Aktionär für Rechnung der Gesellschaft oder eines abhängigen oder eines im Mehrheitsbesitz der Gesellschaft stehenden Unternehmen oder ein abhängiges oder im Mehrheitsbesitz der Gesellschaft stehendes Unternehmen als Gründer oder Zeichner oder in Ausübung eines bei einer bedingten Kapitalerhöhung eingeräumten Umtausch- oder Bezugsrechts übernommen hat; sind solche Aktien im Geschäftsjahr verwertet worden, so ist auch über die Verwertung unter Angabe des Erlöses und die Verwendung des Erlöses zu berichten;

2. den Bestand an eigenen Aktien der Gesellschaft, die sie, ein abhängiges oder im Mehrheitsbesitz der Gesellschaft stehendes Unternehmen oder ein anderer für Rechnung der Gesellschaft oder eines abhängigen oder eines im Mehrheitsbesitz der Gesellschaft stehenden Unternehmens erworben oder als Pfand genommen hat; dabei sind die Zahl dieser Aktien und der auf sie entfallende Betrag des Grundkapitals sowie deren Anteil am Grundkapital, für erworbene Aktien ferner der Zeitpunkt des Erwerbs und die Gründe für den Erwerb anzugeben. Sind solche Aktien im Geschäftsjahr erworben oder veräußert worden, so ist auch über den Erwerb oder die Veräußerung unter Angabe der Zahl dieser Aktien, des auf sie entfallenden Betrags des Grundkapitals, des Anteils am Grundkapital und des Erwerbs- oder Veräußerungspreises, sowie über die Verwendung des Erlöses zu berichten;

3. die Zahl und bei Nennbetragsaktien den Nennbetrag der Aktien jeder Gattung, sofern sich diese Angaben nicht aus der Bilanz ergeben; davon sind Aktien, die bei einer bedingten Kapitalerhöhung oder einem genehmigten Kapital im Geschäftsjahr gezeichnet wurden, jeweils gesondert anzugeben;

4. das genehmigte Kapital;

5. die Zahl der Bezugsrechte gemäß § 192 Abs. 2 Nr. 3, der Wandelschuldverschreibungen und vergleichbaren Wertpapiere unter Angabe der Rechte, die sie verbriefen;

6. Genußrechte, Rechte aus Besserungsscheinen und ähnliche Rechte unter Angabe der Art und Zahl der jeweiligen Rechte sowie der im Geschäftsjahr neu entstandenen Rechte;

7. das Bestehen einer wechselseitigen Beteiligung unter Angabe des Unternehmens;

8. das Bestehen einer Beteiligung an der Gesellschaft, die ihr nach § 20 Abs. 1 oder 4 mitgeteilt worden ist; dabei ist anzugeben, wem die Beteiligung gehört und ob sie den vierten Teil aller Aktien der Gesellschaft übersteigt oder eine Mehrheitsbeteiligung (§ 16 Abs. 1) ist.

(2) Die Berichterstattung hat insoweit zu unterbleiben, als es für das Wohl der Bundesrepublik Deutschland oder eines ihrer Länder erforderlich ist.

**§ 161.** *(aufgehoben)*

### Zweiter Abschnitt. Prüfung des Jahresabschlusses

### Erster Unterabschnitt. Prüfung durch Abschlußprüfer

**§§ 162–169.** *(aufgehoben)*

### Zweiter Unterabschnitt. Prüfung durch den Aufsichtsrat

**§ 170 Vorlage an den Aufsichtsrat.** (1) Der Vorstand hat den Jahresabschluß und den Lagebericht unverzüglich nach ihrer Aufstellung dem Aufsichtsrat vorzulegen.

(2) ¹Zugleich hat der Vorstand dem Aufsichtsrat den Vorschlag vorzulegen, den er der Hauptversammlung für die Verwendung des Bilanzgewinns machen will. ²Der Vorschlag ist, sofern er keine abweichende Gliederung bedingt, wie folgt zu gliedern:

1. Verteilung an die Aktionäre . . . . . . . . .

2. Einstellung in Gewinnrücklagen . . . . . . . . .

3. Gewinnvortrag . . . . . . . . .

4. Bilanzgewinn . . . . . . . . .

(3) ¹Jedes Aufsichtsratsmitglied hat das Recht, von den Vorlagen und Prüfungsberichten Kenntnis zu nehmen. ²Die Vorlagen und Prüfungsberichte

sind auch jedem Aufsichtsratsmitglied oder, soweit der Aufsichtsrat dies beschlossen hat, den Mitgliedern eines Ausschusses auszuhändigen.

**§ 171 Prüfung durch den Aufsichtsrat.** (1) [1]Der Aufsichtsrat hat den Jahresabschluß, den Lagebericht und den Vorschlag für die Verwendung des Bilanzgewinns zu prüfen, bei Mutterunternehmen im Sinne des § 290 des Handelsgesetzbuchs auch dem Konzernabschluß und den Konzernlagebericht. [2]Ist der Jahresabschluß durch einen Abschlußprüfer zu prüfen, so hat dieser an den Verhandlungen des Aufsichtsrats oder eines Ausschusses über diese Vorlagen teilzunehmen und über die wesentlichen Ergebnisse seiner Prüfung zu berichten.

(2) [1]Der Aufsichtsrat hat über das Ergebnis der Prüfung schriftlich an die Hauptversammlung zu berichten. [2]In dem Bericht hat der Aufsichtsrat auch mitzuteilen, in welcher Art und in welchem Umfang er die Geschäftsführung der Gesellschaft während des Geschäftsjahrs geprüft hat; bei börsennotierten Gesellschaften hat er insbesondere anzugeben, welche Ausschüsse gebildet worden sind, sowie die Zahl seiner Sitzungen und die der Ausschüsse mitzuteilen. [3]Ist der Jahresabschluß durch einen Abschlußprüfer zu prüfen, so hat der Aufsichtsrat ferner zu dem Ergebnis der Prüfung des Jahresabschlusses durch den Abschlußprüfer Stellung zu nehmen. [4]Am Schluß des Berichts hat der Aufsichtsrat zu erklären, ob nach dem abschließenden Ergebnis seiner Prüfung Einwendungen zu erheben sind und ob er den vom Vorstand aufgestellten Jahresabschluß billigt.

(3) [1]Der Aufsichtsrat hat seinen Bericht innerhalb eines Monats, nachdem ihm die Vorlagen zugegangen sind, dem Vorstand zuzuleiten. [2]Wird der Bericht dem Vorstand nicht innerhalb der Frist zugeleitet, hat der Vorstand dem Aufsichtsrat unverzüglich eine weitere Frist von nicht mehr als einem Monat zu setzen. [3]Wird der Bericht dem Vorstand nicht vor Ablauf der weiteren Frist zugeleitet, gilt der Jahresabschluß als vom Aufsichtsrat nicht gebilligt.

**Dritter Abschnitt. Feststellung des Jahresabschlusses. Gewinnverwendung**

**Erster Unterabschnitt. Feststellung des Jahresabschlusses**

**§ 172 Feststellung durch Vorstand und Aufsichtsrat.** [1]Billigt der Aufsichtsrat den Jahresabschluß, so ist dieser festgestellt, sofern nicht Vorstand und Aufsichtsrat beschließen, die Feststellung des Jahresabschlusses der Hauptversammlung zu überlassen. [2]Die Beschlüsse des Vorstands und des Aufsichtsrats sind in den Bericht des Aufsichtsrats an die Hauptversammlung aufzunehmen.

**§ 173 Feststellung durch die Hauptversammlung.** (1) Haben Vorstand und Aufsichtsrat beschlossen, die Feststellung des Jahresabschlusses der Hauptversammlung zu überlassen, oder hat der Aufsichtsrat den Jahresabschluß nicht gebilligt, so stellt die Hauptversammlung den Jahresabschluß fest.

(2) [1]Auf den Jahresabschluß sind bei der Feststellung die für seine Aufstellung geltenden Vorschriften anzuwenden. [2]Die Hauptversammlung darf bei der Feststellung des Jahresabschlusses nur die Beträge in Gewinnrücklagen einstellen, die nach Gesetz oder Satzung einzustellen sind.

(3) ¹Ändert die Hauptversammlung einen von einem Abschlußprüfer auf Grund gesetzlicher Verpflichtung geprüften Jahresabschluß, so werden vor der erneuten Prüfung nach § 316 Abs. 3 des Handelsgesetzbuchs von der Hauptversammlung gefaßte Beschlüsse über die Feststellung des Jahresabschlusses und die Gewinnverwendung erst wirksam, wenn auf Grund der erneuten Prüfung ein hinsichtlich der Änderungen uneingeschränkter Bestätigungsvermerk erteilt worden ist. ²Sie werden nichtig, wenn nicht binnen zwei Wochen seit der Beschlußfassung ein hinsichtlich der Änderungen uneingeschränkter Bestätigungsvermerk erteilt wird.

### Zweiter Unterabschnitt. Gewinnverwendung

**§ 174.** (1) ¹Die Hauptversammlung beschließt über die Verwendung des Bilanzgewinns. ²Sie ist hierbei an den festgestellten Jahresabschluß gebunden.

(2) In dem Beschluß ist die Verwendung des Bilanzgewinns im einzelnen darzulegen, namentlich sind anzugeben

1. der Bilanzgewinn;

2. der an die Aktionäre auszuschüttende Betrag;

3. die in Gewinnrücklagen einzustellenden Beträge;

4. ein Gewinnvortrag;

5. der zusätzliche Aufwand auf Grund des Beschlusses.

(3) Der Beschluß führt nicht zu einer Änderung des festgestellten Jahresabschlusses.

### Dritter Unterabschnitt. Ordentliche Hauptversammlung

**§ 175** Einberufung. (1) ¹Unverzüglich nach Eingang des Berichts des Aufsichtsrats hat der Vorstand die Hauptversammlung zur Entgegennahme des festgestellten Jahresabschlusses und des Lageberichts sowie zur Beschlußfassung über die Verwendung eines Bilanzgewinns einzuberufen. ²Die Hauptversammlung hat in den ersten acht Monaten des Geschäftsjahrs stattzufinden.

(2) ¹Der Jahresabschluß, der Lagebericht, der Bericht des Aufsichtsrats und der Vorschlag des Vorstands für die Verwendung des Bilanzgewinns sind von der Einberufung an in dem Geschäftsraum der Gesellschaft zur Einsicht der Aktionäre auszulegen. ²Auf Verlangen ist jedem Aktionär unverzüglich eine Abschrift der Vorlagen zu erteilen.

(3) ¹Hat die Hauptversammlung den Jahresabschluß festzustellen, so gelten für die Einberufung der Hauptversammlung zur Feststellung des Jahresabschlusses und für die Auslegung der Vorlagen und die Erteilung von Abschriften die Absätze 1 und 2 sinngemäß. ²Die Verhandlungen über die Feststellung des Jahresabschlusses und über die Verwendung des Bilanzgewinns sollen verbunden werden.

(4) Mit der Einberufung der Hauptversammlung zur Entgegennahme des festgestellten Jahresabschlusses oder, wenn die Hauptversammlung den Jahresabschluß festzustellen hat, der Hauptversammlung zur Feststellung des Jahresabschlusses sind Vorstand und Aufsichtsrat an die in dem Bericht des Auf-

sichtsrats enthaltenen Erklärungen über den Jahresabschluß (§§ 172, 173 Abs. 1) gebunden.

**§ 176 Vorlagen. Anwesenheit des Abschlußprüfers.** (1) ¹Der Vorstand hat der Hauptversammlung die in § 175 Abs. 2 angegebenen Vorlagen vorzulegen. ²Zu Beginn der Verhandlung soll der Vorstand seine Vorlagen, der Vorsitzende des Aufsichtsrats den Bericht des Aufsichtsrats erläutern. ³Der Vorstand soll dabei auch zu einem Jahresfehlbetrag oder einem Verlust Stellung nehmen, der das Jahresergebnis wesentlich beeinträchtigt hat. ⁴Satz 3 ist auf Kreditinstitute nicht anzuwenden.

(2) ¹Ist der Jahresabschluß von einem Abschlußprüfer zu prüfen, so hat der Abschlußprüfer an den Verhandlungen über die Feststellung des Jahresabschlusses teilzunehmen. ²Der Abschlußprüfer ist nicht verpflichtet, einem Aktionär Auskunft zu erteilen.

## Vierter Abschnitt. Bekanntmachung des Jahresabschlusses

**§§ 177, 178.** *(aufgehoben)*

## Sechster Teil. Satzungsänderung. Maßnahmen der Kapitalbeschaffung und Kapitalherabsetzung

### Erster Abschnitt. Satzungsänderung

**§ 179 Beschluß der Hauptversammlung.** (1) ¹Jede Satzungsänderung bedarf eines Beschlusses der Hauptversammlung. ²Die Befugnis zu Änderungen, die nur die Fassung betreffen, kann die Hauptversammlung dem Aufsichtsrat übertragen.

(2) ¹Der Beschluß der Hauptversammlung bedarf einer Mehrheit, die mindestens drei Viertel des bei der Beschlußfassung vertretenen Grundkapitals umfaßt. ²Die Satzung kann eine andere Kapitalmehrheit, für eine Änderung des Gegenstands des Unternehmens jedoch nur eine größere Kapitalmehrheit bestimmen. ³Sie kann weitere Erfordernisse aufstellen.

(3) ¹Soll das bisherige Verhältnis mehrerer Gattungen von Aktien zum Nachteil einer Gattung geändert werden, so bedarf der Beschluß der Hauptversammlung zu seiner Wirksamkeit der Zustimmung der benachteiligten Aktionäre. ²Über die Zustimmung haben die benachteiligten Aktionäre einen Sonderbeschluß zu fassen. ³Für diesen gilt Absatz 2.

**§ 179a Verpflichtung zur Übertragung des ganzen Gesellschaftsvermögens.** (1) ¹Ein Vertrag, durch den sich eine Aktiengesellschaft zur Übertragung des ganzen Gesellschaftsvermögens verpflichtet, ohne daß die Übertragung unter die Vorschriften des Umwandlungsgesetzes fällt, bedarf auch dann eines Beschlusses der Hauptversammlung nach § 179, wenn damit nicht eine Änderung des Unternehmensgegenstandes verbunden ist. ²Die Satzung kann nur eine größere Kapitalmehrheit bestimmen.

(2) ¹Der Vertrag ist von der Einberufung der Hauptversammlung an, die über die Zustimmung beschließen soll, in dem Geschäftsraum der Gesellschaft

zur Einsicht der Aktionäre auszulegen. ²Auf Verlangen ist jedem Aktionär unverzüglich eine Abschrift zu erteilen. ³In der Hauptversammlung ist der Vertrag auszulegen. ⁴Der Vorstand hat ihn zu Beginn der Verhandlung zu erläutern. ⁵Der Niederschrift ist er als Anlage beizufügen.

(3) Wird aus Anlaß der Übertragung des Gesellschaftsvermögens die Gesellschaft aufgelöst, so ist der Anmeldung der Auflösung der Vertrag in Ausfertigung oder öffentlich beglaubigter Abschrift beizufügen.

**§ 180 Zustimmung der betroffenen Aktionäre.** (1) Ein Beschluß, der Aktionären Nebenverpflichtungen auferlegt, bedarf zu seiner Wirksamkeit der Zustimmung aller betroffenen Aktionäre.

(2) Gleiches gilt für einen Beschluß, durch den die Übertragung von Namensaktien oder Zwischenscheinen an die Zustimmung der Gesellschaft gebunden wird.

**§ 181 Eintragung der Satzungsänderung.** (1) ¹Der Vorstand hat die Satzungsänderung zur Eintragung in das Handelsregister anzumelden. ²Der Anmeldung ist der vollständige Wortlaut der Satzung beizufügen; er muß mit der Bescheinigung eines Notars versehen sein, daß die geänderten Bestimmungen der Satzung mit dem Beschluß über die Satzungsänderung und die unveränderten Bestimmungen mit dem zuletzt zum Handelsregister eingereichten vollständigen Wortlaut der Satzung übereinstimmen. ³Bedarf die Satzungsänderung staatlicher Genehmigung, so ist der Anmeldung die Genehmigungsurkunde beizufügen.

(2) ¹Soweit nicht die Änderung Angaben nach § 39 betrifft, genügt bei der Eintragung die Bezugnahme auf die beim Gericht eingereichten Urkunden. ²Betrifft eine Änderung Bestimmungen, die ihrem Inhalt nach bekanntzumachen sind, so ist auch die Änderung ihrem Inhalt nach bekanntzumachen.

(3) Die Änderung wird erst wirksam, wenn sie in das Handelsregister des Sitzes der Gesellschaft eingetragen worden ist.

### Zweiter Abschnitt. Maßnahmen der Kapitalbeschaffung

#### Erster Unterabschnitt. Kapitalerhöhung gegen Einlagen

**§ 182 Voraussetzungen.** (1) ¹Eine Erhöhung des Grundkapitals gegen Einlagen kann nur mit einer Mehrheit beschlossen werden, die mindestens drei Viertel des bei der Beschlußfassung vertretenen Grundkapitals umfaßt. ²Die Satzung kann eine andere Kapitalmehrheit, für die Ausgabe von Vorzugsaktien ohne Stimmrecht jedoch nur eine größere Kapitalmehrheit bestimmen. ³Sie kann weitere Erfordernisse aufstellen. ⁴Die Kapitalerhöhung kann nur durch Ausgabe neuer Aktien ausgeführt werden. ⁵Bei Gesellschaften mit Stückaktien muß sich die Zahl der Aktien in demselben Verhältnis wie das Grundkapital erhöhen.

(2) ¹Sind mehrere Gattungen von stimmberechtigten Aktien vorhanden, so bedarf der Beschluß der Hauptversammlung zu seiner Wirksamkeit der Zustimmung der Aktionäre jeder Gattung. ²Über die Zustimmung haben die Aktionäre jeder Gattung einen Sonderbeschluß zu fassen. ³Für diesen gilt Absatz 1.

(3) Sollen die neuen Aktien für einen höheren Betrag als den geringsten Ausgabebetrag ausgegeben werden, so ist der Mindestbetrag, unter dem sie nicht ausgegeben werden sollen, im Beschluß über die Erhöhung des Grundkapitals festzusetzen.

(4) ¹Das Grundkapital soll nicht erhöht werden, solange ausstehende Einlagen auf das bisherige Grundkapital noch erlangt werden können. ²Für Versicherungsgesellschaften kann die Satzung etwas anderes bestimmen. ³Stehen Einlagen in verhältnismäßig unerheblichem Umfang aus, so hindert dies die Erhöhung des Grundkapitals nicht.

**§ 183 Kapitalerhöhung mit Sacheinlagen.** (1) ¹Wird eine Sacheinlage (§ 27 Abs. 1 und 2) gemacht, so müssen ihr Gegenstand, die Person, von der die Gesellschaft den Gegenstand erwirbt, und der Nennbetrag, bei Stückaktien die Zahl der bei der Sacheinlage zu gewährenden Aktien im Beschluß über die Erhöhung des Grundkapitals festgesetzt werden. ²Der Beschluß darf nur gefaßt werden, wenn die Einbringung von Sacheinlagen und die Festsetzungen nach Satz 1 ausdrücklich und ordnungsgemäß (§ 124 Abs. 1) bekanntgemacht worden sind.

(2) ¹Ohne diese Festsetzung sind Verträge über Sacheinlagen und die Rechtshandlungen zu ihrer Ausführung der Gesellschaft gegenüber unwirksam. ²Ist die Durchführung der Erhöhung des Grundkapitals eingetragen, so wird die Gültigkeit der Kapitalerhöhung durch diese Unwirksamkeit nicht berührt. ³Der Aktionär ist verpflichtet, den Ausgabebetrag der Aktien einzuzahlen. ⁴Die Unwirksamkeit kann durch Satzungsänderung nicht geheilt werden, nachdem die Durchführung der Erhöhung des Grundkapitals in das Handelsregister eingetragen worden ist.

(3) ¹Bei der Kapitalerhöhung mit Sacheinlagen hat eine Prüfung durch einen oder mehrere Prüfer stattzufinden. ²§ 33 Abs. 3 bis 5, § 34 Abs. 2 und 3, § 35 gelten sinngemäß. ³Das Gericht kann die Eintragung ablehnen, wenn der Wert der Sacheinlage nicht unwesentlich hinter dem geringsten Ausgabebetrag der dafür zu gewährenden Aktien zurückbleibt.

**§ 184 Anmeldung des Beschlusses.** (1) ¹Der Vorstand und der Vorsitzende des Aufsichtsrats haben den Beschluß über die Erhöhung des Grundkapitals zur Eintragung in das Handelsregister anzumelden. ²Der Bericht über die Prüfung von Sacheinlagen (§ 183 Abs. 3) ist der Anmeldung beizufügen.

(2) In der Anmeldung ist anzugeben, welche Einlagen auf das bisherige Grundkapital noch nicht geleistet sind und warum sie nicht erlangt werden können.

(3) *(aufgehoben)*

**§ 185 Zeichnung der neuen Aktien.** (1) ¹Die Zeichnung der neuen Aktien geschieht durch schriftliche Erklärung (Zeichnungsschein), aus der die Beteiligung nach der Zahl und bei Nennbetragsaktien dem Nennbetrag und, wenn mehrere Gattungen ausgegeben werden, der Gattung der Aktien hervorgehen muß. ²Der Zeichnungsschein soll doppelt ausgestellt werden. ³Er hat zu enthalten

1. den Tag, an dem die Erhöhung des Grundkapitals beschlossen worden ist;

2. den Ausgabebetrag der Aktien, den Betrag der festgesetzten Einzahlungen sowie den Umfang von Nebenverpflichtungen;

3. die bei einer Kapitalerhöhung mit Sacheinlagen vorgesehenen Festsetzungen und, wenn mehrere Gattungen ausgegeben werden, den auf jede Aktiengattung entfallenden Betrag des Grundkapitals;

4. den Zeitpunkt, an dem die Zeichnung unverbindlich wird, wenn nicht bis dahin die Durchführung der Erhöhung des Grundkapitals eingetragen ist.

(2) Zeichnungsscheine, die diese Angaben nicht vollständig oder die außer dem Vorbehalt in Absatz 1 Nr. 4 Beschränkungen der Verpflichtung des Zeichners enthalten, sind nichtig.

(3) Ist die Durchführung der Erhöhung des Grundkapitals eingetragen, so kann sich der Zeichner auf die Nichtigkeit oder Unverbindlichkeit des Zeichnungsscheins nicht berufen, wenn er auf Grund des Zeichnungsscheins als Aktionär Rechte ausgeübt oder Verpflichtungen erfüllt hat.

(4) Jede nicht im Zeichnungsschein enthaltene Beschränkung ist der Gesellschaft gegenüber unwirksam.

**§ 186 Bezugsrecht.** (1) [1]Jedem Aktionär muß auf sein Verlangen ein seinem Anteil an dem bisherigen Grundkapital entsprechender Teil der neuen Aktien zugeteilt werden. [2]Für die Ausübung des Bezugsrechts ist eine Frist von mindestens zwei Wochen zu bestimmen.

(2) Der Vorstand hat den Ausgabebetrag und zugleich eine nach Absatz 1 bestimmte Frist in den Gesellschaftsblättern bekanntzumachen.

(3) [1]Das Bezugsrecht kann ganz oder zum Teil nur im Beschluß über die Erhöhung des Grundkapitals ausgeschlossen werden. [2]In diesem Fall bedarf der Beschluß neben den in Gesetz oder Satzung für die Kapitalerhöhung aufgestellten Erfordernissen einer Mehrheit, die mindestens drei Viertel des bei der Beschlußfassung vertretenen Grundkapitals umfaßt. [3]Die Satzung kann eine größere Kapitalmehrheit und weitere Erfordernisse bestimmen. [4]Ein Ausschluß des Bezugsrechts ist insbesondere dann zulässig, wenn die Kapitalerhöhung gegen Bareinlagen zehn vom Hundert des Grundkapitals nicht übersteigt und der Ausgabebetrag den Börsenpreis nicht wesentlich unterschreitet.

(4) [1]Ein Beschluß, durch den das Bezugsrecht ganz oder zum Teil ausgeschlossen wird, darf nur gefaßt werden, wenn die Ausschließung ausdrücklich und ordnungsgemäß (§ 124 Abs. 1) bekanntgemacht worden ist. [2]Der Vorstand hat der Hauptversammlung einen schriftlichen Bericht über den Grund für den teilweisen oder vollständigen Ausschluß des Bezugsrechts vorzulegen; in dem Bericht ist der vorgeschlagene Ausgabebetrag zu begründen.

(5) [1]Als Ausschluß des Bezugsrechts ist es nicht anzusehen, wenn nach dem Beschluß die neuen Aktien von einem Kreditinstitut oder einem nach § 53 Abs. 1 Satz 1 oder § 53 b Abs. 1 Satz 1 oder Abs. 7 des Gesetzes über das Kreditwesen tätigen Unternehmen mit der Verpflichtung übernommen werden sollen, sie den Aktionären zum Bezug anzubieten. [2]Der Vorstand hat das Bezugsangebot des Kreditinstituts oder Unternehmens im Sinne des Satzes 1 unter Angabe des für die Aktien zu leistenden Entgelts und einer für die Annahme des Angebots gesetzten Frist in den Gesellschaftsblättern bekanntzumachen; gleiches gilt, wenn die neuen Aktien von einem anderen als einem Kreditinstitut oder Unternehmen im Sinne des Satzes 1 mit der Verpflichtung übernommen werden sollen, sie den Aktionären zum Bezug anzubieten.

**§ 187 Zusicherung von Rechten auf den Bezug neuer Aktien.**
(1) Rechte auf den Bezug neuer Aktien können nur unter Vorbehalt des Bezugsrechts der Aktionäre zugesichert werden.

(2) Zusicherungen vor dem Beschluß über die Erhöhung des Grundkapitals sind der Gesellschaft gegenüber unwirksam.

**§ 188 Anmeldung und Eintragung der Durchführung.** (1) Der Vorstand und der Vorsitzende des Aufsichtsrats haben die Durchführung der Erhöhung des Grundkapitals zur Eintragung in das Handelsregister anzumelden.

(2) [1] Für die Anmeldung gelten sinngemäß § 36 Abs. 2, § 36 a und § 37 Abs. 1. [2] Durch Gutschrift auf ein Konto des Vorstands kann die Einzahlung nicht geleistet werden.

(3) Der Anmeldung sind für das Gericht des Sitzes der Gesellschaft beizufügen

1. die Zweitschriften der Zeichnungsscheine und ein vom Vorstand unterschriebenes Verzeichnis der Zeichner, das die auf jeden entfallenden Aktien und die auf sie geleisteten Einzahlungen angibt;

2. bei einer Kapitalerhöhung mit Sacheinlagen die Verträge, die den Festsetzungen nach § 183 zugrunde liegen oder zu ihrer Ausführung geschlossen worden sind;

3. eine Berechnung der Kosten, die für die Gesellschaft durch die Ausgabe der neuen Aktien entstehen werden;

4. wenn die Erhöhung des Grundkapitals der staatlichen Genehmigung bedarf, die Genehmigungsurkunde.

(4) Anmeldung und Eintragung der Durchführung der Erhöhung des Grundkapitals können mit Anmeldung und Eintragung des Beschlusses über die Erhöhung verbunden werden.

(5) Die eingereichten Schriftstücke werden beim Gericht in Urschrift, Ausfertigung oder öffentlich beglaubigter Abschrift aufbewahrt.

**§ 189 Wirksamwerden der Kapitalerhöhung.** Mit der Eintragung der Durchführung der Erhöhung des Grundkapitals ist das Grundkapital erhöht.

**§ 190 Bekanntmachung.** [1] In die Bekanntmachung der Eintragung (§ 188) sind außer deren Inhalt der Ausgabebetrag der Aktien, die bei einer Kapitalerhöhung mit Sacheinlagen vorgesehenen Festsetzungen und ein Hinweis auf den Bericht über die Prüfung von Sacheinlagen (§ 183 Abs. 3) aufzunehmen. [2] Bei der Bekanntmachung dieser Festsetzungen genügt die Bezugnahme auf die beim Gericht eingereichten Urkunden.

**§ 191 Verbotene Ausgabe von Aktien und Zwischenscheinen.** [1] Vor der Eintragung der Durchführung der Erhöhung des Grundkapitals können die neuen Anteilsrechte nicht übertragen, neue Aktien und Zwischenscheine nicht ausgegeben werden. [2] Die vorher ausgegebenen neuen Aktien und Zwischenscheine sind nichtig. [3] Für den Schaden aus der Ausgabe sind die Ausgeber den Inhabern als Gesamtschuldner verantwortlich.

### Zweiter Unterabschnitt. Bedingte Kapitalerhöhung

**§ 192 Voraussetzungen.** (1) Die Hauptversammlung kann eine Erhöhung des Grundkapitals beschließen, die nur so weit durchgeführt werden soll, wie von einem Umtausch- oder Bezugsrecht Gebrauch gemacht wird, das die Gesellschaft auf die neuen Aktien (Bezugsaktien) einräumt (bedingte Kapitalerhöhung).

(2) Die bedingte Kapitalerhöhung soll nur zu folgenden Zwecken beschlossen werden:

1. zur Gewährung von Umtausch- oder Bezugsrechten an Gläubiger von Wandelschuldverschreibungen;

2. zur Vorbereitung des Zusammenschlusses mehrerer Unternehmen;

3. zur Gewährung von Bezugsrechten an Arbeitnehmer und Mitglieder der Geschäftsführung der Gesellschaft oder eines verbundenen Unternehmens im Wege des Zustimmungs- oder Ermächtigungsbeschlusses.

(3) ¹Der Nennbetrag des bedingten Kapitals darf die Hälfte und der Nennbetrag des nach Absatz 2 Nr. 3 beschlossenen Kapitals den zehnten Teil des Grundkapitals, das zur Zeit der Beschlußfassung über die bedingte Kapitalerhöhung vorhanden ist, nicht übersteigen. ²§ 182 Abs. 1 Satz 5 gilt sinngemäß.

(4) Ein Beschluß der Hauptversammlung, der dem Beschluß über die bedingte Kapitalerhöhung entgegensteht, ist nichtig.

(5) Die folgenden Vorschriften über das Bezugsrecht gelten sinngemäß für das Umtauschrecht.

**§ 193 Erfordernisse des Beschlusses.** (1) ¹Der Beschluß über die bedingte Kapitalerhöhung bedarf einer Mehrheit, die mindestens drei Viertel des bei der Beschlußfassung vertretenen Grundkapitals umfaßt. ²Die Satzung kann eine größere Kapitalmehrheit und weitere Erfordernisse bestimmen. ³§ 182 Abs. 2 und § 187 Abs. 2 gelten.

(2) Im Beschluß müssen auch festgestellt werden

1. der Zweck der bedingten Kapitalerhöhung;

2. der Kreis der Bezugsberechtigten;

3. der Ausgabebetrag oder die Grundlagen, nach denen dieser Betrag errechnet wird; sowie

4. bei Beschlüssen nach § 192 Abs. 2 Nr. 3 auch die Aufteilung der Bezugsrechte auf Mitglieder der Geschäftsführungen und Arbeitnehmer, Erfolgsziele, Erwerbs- und Ausübungszeiträume und Wartezeit für die erstmalige Ausübung (mindestens zwei Jahre).

**§ 194 Bedingte Kapitalerhöhung mit Sacheinlagen. (1)** ¹Wird eine Sacheinlage gemacht, so müssen ihr Gegenstand, die Person, von der die Gesellschaft den Gegenstand erwirbt, und der Nennbetrag, bei Stückaktien die Zahl der bei der Sacheinlage zu gewährenden Aktien im Beschluß über die bedingte Kapitalerhöhung festgesetzt werden. ²Als Sacheinlage gilt nicht die Hingabe von Schuldverschreibungen im Umtausch gegen Bezugsaktien. ³Der Beschluß darf nur gefaßt werden, wenn die Einbringung von Sacheinlagen ausdrücklich und ordnungsgemäß (§ 124 Abs. 1) bekanntgemacht worden ist.

(2) ¹Ohne diese Festsetzung sind Verträge über Sacheinlagen und die Rechtshandlungen zu ihrer Ausführung der Gesellschaft gegenüber unwirksam. ²Sind die Bezugsaktien ausgegeben, so wird die Gültigkeit der bedingten Kapitalerhöhung durch diese Unwirksamkeit nicht berührt. ³Der Aktionär ist verpflichtet, den Ausgabebetrag der Bezugsaktien einzuzahlen. ⁴Die Unwirksamkeit kann durch Satzungsänderung nicht geheilt werden, nachdem die Bezugsaktien ausgegeben worden sind.

(3) Die Absätze 1 und 2 gelten nicht für die Einlage von Geldforderungen, die Arbeitnehmern der Gesellschaft aus einer ihnen von der Gesellschaft eingeräumten Gewinnbeteiligung zustehen.

(4) ¹Bei der Kapitalerhöhung mit Sacheinlagen hat eine Prüfung durch einen oder mehrere Prüfer stattzufinden. ²§ 33 Abs. 3 bis 5, § 34 Abs. 2 und 3, § 35 gelten sinngemäß. ³Das Gericht kann die Eintragung ablehnen, wenn der Wert der Sacheinlage nicht unwesentlich hinter dem geringsten Ausgabebetrag der dafür zu gewährenden Aktien zurückbleibt.

**§ 195 Anmeldung des Beschlusses.** (1) Der Vorstand und der Vorsitzende des Aufsichtsrats haben den Beschluß über die bedingte Kapitalerhöhung zur Eintragung in das Handelsregister anzumelden.

(2) Der Anmeldung sind für das Gericht des Sitzes der Gesellschaft beizufügen

1. bei einer bedingten Kapitalerhöhung mit Sacheinlagen die Verträge, die den Festsetzungen nach § 194 zugrunde liegen oder zu ihrer Ausführung geschlossen worden sind, und der Bericht über die Prüfung von Sacheinlagen (§ 94 Abs. 4);

2. eine Berechnung der Kosten, die für die Gesellschaft durch die Ausgabe der Bezugsaktien entstehen werden;

3. wenn die Kapitalerhöhung der staatlichen Genehmigung bedarf, die Genehmigungsurkunde.

(3) Die eingereichten Schriftstücke werden beim Gericht in Urschrift, Ausfertigung oder öffentlich beglaubigter Abschrift aufbewahrt.

**§ 196 Bekanntmachung der Eintragung.** ¹In die Bekanntmachung der Eintragung des Beschlusses über die bedingte Kapitalerhöhung sind außer deren Inhalt die Feststellungen nach § 193 Abs. 2, die nach § 194 bei der Einbringung von Sacheinlagen vorgesehenen Festsetzungen und ein Hinweis auf den Bericht über die Prüfung von Sacheinlagen (§ 194 Abs. 4) aufzunehmen. ²Für die Festsetzungen nach § 194 genügt die Bezugnahme auf die beim Gericht eingereichten Urkunden.

**§ 197 Verbotene Aktienausgabe.** ¹Vor der Eintragung des Beschlusses über die bedingte Kapitalerhöhung können die Bezugsaktien nicht ausgegeben werden. ²Ein Anspruch des Bezugsberechtigten entsteht vor diesem Zeitpunkt nicht. ³Die vorher ausgegebenen Bezugsaktien sind nichtig. ⁴Für den Schaden aus der Ausgabe sind die Ausgeber den Inhabern als Gesamtschuldner verantwortlich.

**§ 198 Bezugserklärung.** (1) ¹Das Bezugsrecht wird durch schriftliche Erklärung ausgeübt. ²Die Erklärung (Bezugserklärung) soll doppelt ausgestellt werden. [3] Sie hat die Beteiligung nach der Zahl und bei Nennbetragsaktien dem Nennbetrag und, wenn mehrere Gattungen ausgegeben werden, der Gattung der Aktien, die Feststellungen nach § 193 Abs. 2, die nach § 194 bei der Einbringung von Sacheinlagen vorgesehenen Festsetzungen sowie den Tag anzugeben, an dem der Beschluß über die bedingte Kapitalerhöhung gefaßt worden ist.

(2) [1] Die Bezugserklärung hat die gleiche Wirkung wie eine Zeichnungserklärung. [2] Bezugserklärungen, deren Inhalt nicht dem Absatz 1 entspricht oder die Beschränkungen der Verpflichtung des Erklärenden enthalten, sind nichtig.

(3) Werden Bezugsaktien ungeachtet der Nichtigkeit einer Bezugserklärung ausgegeben, so kann sich der Erklärende auf die Nichtigkeit nicht berufen, wenn er auf Grund der Bezugserklärung als Aktionär Rechte ausgeübt oder Verpflichtungen erfüllt hat.

(4) Jede nicht in der Bezugserklärung enthaltene Beschränkung ist der Gesellschaft gegenüber unwirksam.

**§ 199  Ausgabe der Bezugsaktien.** (1) Der Vorstand darf die Bezugsaktien nur in Erfüllung des im Beschluß über die bedingte Kapitalerhöhung festgesetzten Zwecks und nicht vor der vollen Leistung des Gegenwerts ausgeben, der sich aus dem Beschluß ergibt.

(2) [1] Der Vorstand darf Bezugsaktien gegen Wandelschuldverschreibungen nur ausgeben, wenn der Unterschied zwischen dem Ausgabebetrag der zum Umtausch eingereichten Schuldverschreibungen und dem höheren geringsten Ausgabebetrag der für sie zu gewährenden Bezugsaktien aus einer anderen Gewinnrücklage, soweit sie zu diesem Zweck verwandt werden kann, oder durch Zuzahlung des Umtauschberechtigten gedeckt ist. [2] Dies gilt nicht, wenn der geringste Ausgabebetrag, zu dem die Schuldverschreibungen ausgegeben sind, den geringsten Ausgabebetrag der Bezugsaktien insgesamt erreicht oder übersteigt.

**§ 200  Wirksamwerden der bedingten Kapitalerhöhung.** Mit der Ausgabe der Bezugsaktien ist das Grundkapital erhöht.

**§ 201  Anmeldung der Ausgabe von Bezugsaktien.** (1) Der Vorstand hat innerhalb eines Monats nach Ablauf des Geschäftsjahrs zur Eintragung in das Handelsregister anzumelden, in welchem Umfang im abgelaufenen Geschäftsjahr Bezugsaktien ausgegeben worden sind.

(2) [1] Der Anmeldung sind für das Gericht des Sitzes der Gesellschaft die Zweitschriften der Bezugserklärungen und ein vom Vorstand unterschriebenes Verzeichnis der Personen, die das Bezugsrecht ausgeübt haben, beizufügen. [2] Das Verzeichnis hat die auf jeden Aktionär entfallenden Aktien und die auf sie gemachten Einlagen anzugeben.

(3) In der Anmeldung hat der Vorstand zu erklären, daß die Bezugsaktien nur in Erfüllung des im Beschluß über die bedingte Kapitalerhöhung festgesetzten Zwecks und nicht vor der vollen Leistung des Gegenwerts ausgegeben worden sind, der sich aus dem Beschluß ergibt.

(4) Die eingereichten Schriftstücke werden beim Gericht in Urschrift, Ausfertigung oder öffentlich beglaubigter Abschrift aufbewahrt.

### Dritter Unterabschnitt. Genehmigtes Kapital

**§ 202 Voraussetzungen.** (1) Die Satzung kann den Vorstand für höchstens fünf Jahre nach Eintragung der Gesellschaft ermächtigen, das Grundkapital bis zu einem bestimmten Nennbetrag (genehmigtes Kapital) durch Ausgabe neuer Aktien gegen Einlagen zu erhöhen.

(2) [1]Die Ermächtigung kann auch durch Satzungsänderung für höchstens fünf Jahre nach Eintragung der Satzungsänderung erteilt werden. [2]Der Beschluß der Hauptversammlung bedarf einer Mehrheit, die mindestens drei Viertel des bei der Beschlußfassung vertretenen Grundkapitals umfaßt. [3]Die Satzung kann eine größere Kapitalmehrheit und weitere Erfordernisse bestimmen. [4]§ 182 Abs. 2 gilt.

(3) [1]Der Nennbetrag des genehmigten Kapitals darf die Hälfte des Grundkapitals, das zur Zeit der Ermächtigung vorhanden ist, nicht übersteigen. [2]Die neuen Aktien sollen nur mit Zustimmung des Aufsichtsrats ausgegeben werden. [3]§ 182 Abs. 1 Satz 5 gilt sinngemäß.

(4) Die Satzung kann auch vorsehen, daß die neuen Aktien an Arbeitnehmer der Gesellschaft ausgegeben werden.

**§ 203 Ausgabe der neuen Aktien.** (1) [1]Für die Ausgabe der neuen Aktien gelten sinngemäß, soweit sich aus den folgenden Vorschriften nichts anderes ergibt, §§ 185 bis 191 über die Kapitalerhöhung gegen Einlagen. [2]An die Stelle des Beschlusses über die Erhöhung des Grundkapitals tritt die Ermächtigung der Satzung zur Ausgabe neuer Aktien.

(2) [1]Die Ermächtigung kann vorsehen, daß der Vorstand über den Ausschluß des Bezugsrechts entscheidet. [2]Wird eine Ermächtigung, die dies vorsieht, durch Satzungsänderung erteilt, so gilt § 186 Abs. 4 sinngemäß.

(3) [1]Die neuen Aktien sollen nicht ausgegeben werden, solange ausstehende Einlagen auf das bisherige Grundkapital noch erlangt werden können. [2]Für Versicherungsgesellschaften kann die Satzung etwas anderes bestimmen. [3]Stehen Einlagen in verhältnismäßig unerheblichem Umfang aus, so hindert dies die Ausgabe der neuen Aktien nicht. [4]In der ersten Anmeldung der Durchführung der Erhöhung des Grundkapitals ist anzugeben, welche Einlagen auf das bisherige Grundkapital noch nicht geleistet sind und warum sie nicht erlangt werden können.

(4) Absatz 3 Satz 1 und 4 gilt nicht, wenn die Aktien an Arbeitnehmer der Gesellschaft ausgegeben werden.

**§ 204 Bedingungen der Aktienausgabe.** (1) [1]Über den Inhalt der Aktienrechte und die Bedingungen der Aktienausgabe entscheidet der Vorstand, soweit die Ermächtigung keine Bestimmungen enthält. [2]Die Entscheidung des Vorstands bedarf der Zustimmung des Aufsichtsrats; gleiches gilt für die Entscheidung des Vorstands nach § 203 Abs. 2 über den Ausschluß des Bezugsrechts.

(2) Sind Vorzugsaktien ohne Stimmrecht vorhanden, so können Vorzugsaktien, die bei der Verteilung des Gewinns oder des Gesellschaftsvermögens ihnen vorgehen oder gleichstehen, nur ausgegeben werden, wenn die Ermächtigung es vorsieht.

(3) [1] Weist ein Jahresabschluß, der mit einem uneingeschränkten Bestätigungsvermerk versehen ist, einen Jahresüberschuß aus, so können Aktien an Arbeitnehmer der Gesellschaft auch in der Weise ausgegeben werden, daß die auf sie zu leistende Einlage aus dem Teil des Jahresüberschusses gedeckt wird, den nach § 58 Abs. 2 Vorstand und Aufsichtsrat in andere Gewinnrücklagen einstellen können. [2] Für die Ausgabe der neuen Aktien gelten die Vorschriften über eine Kapitalerhöhung gegen Bareinlagen, ausgenommen § 188 Abs. 2. [3] Der Anmeldung der Durchführung der Erhöhung des Grundkapitals ist außerdem der festgestellte Jahresabschluß mit Bestätigungsvermerk beizufügen. [4] Die Anmeldenden haben ferner die Erklärung nach § 210 Abs. 1 Satz 2 abzugeben.

**§ 205 Ausgabe gegen Sacheinlagen.** (1) Gegen Sacheinlagen dürfen Aktien nur ausgegeben werden, wenn die Ermächtigung es vorsieht.

(2) [1] Der Gegenstand der Sacheinlage, die Person, von der die Gesellschaft den Gegenstand erwirbt, und der Nennbetrag, bei Stückaktien die Zahl der bei der Sacheinlage zu gewährenden Aktien sind, wenn sie nicht in der Ermächtigung festgesetzt sind, vom Vorstand festzusetzen und in den Zeichnungsschein aufzunehmen. [2] Der Vorstand soll die Entscheidung nur mit Zustimmung des Aufsichtsrats treffen.

(3) [1] Bei Ausgabe der Aktien gegen Sacheinlagen hat eine Prüfung durch einen oder mehrere Prüfer stattzufinden. [2] § 33 Abs. 3 bis 5, § 34 Abs. 2 und 3, § 35 gelten sinngemäß. [3] Das Gericht kann die Eintragung ablehnen, wenn der Wert der Sacheinlage nicht unwesentlich hinter dem geringsten Ausgabebetrag der dafür zu gewährenden Aktien zurückbleibt.

(4) [1] Ohne die vorgeschriebene Festsetzung sind Verträge über Sacheinlagen und die Rechtshandlungen zu ihrer Ausführung der Gesellschaft gegenüber unwirksam. [2] Gleiches gilt, wenn die Festsetzung des Vorstands nicht in den Zeichnungsschein aufgenommen ist. [3] Ist die Durchführung der Erhöhung des Grundkapitals eingetragen, so wird die Gültigkeit der Kapitalerhöhung durch diese Unwirksamkeit nicht berührt. [4] Der Aktionär ist verpflichtet, den Ausgabebetrag der Aktien einzuzahlen. [5] Die Unwirksamkeit kann durch Satzungsänderung nicht geheilt werden, nachdem die Durchführung der Erhöhung des Grundkapitals in das Handelsregister eingetragen worden ist.

(5) Die Absätze 2 und 3 gelten nicht für die Einlage von Geldforderungen, die Arbeitnehmern der Gesellschaft aus einer ihnen von der Gesellschaft eingeräumten Gewinnbeteiligung zustehen.

**§ 206 Verträge über Sacheinlagen vor Eintragung der Gesellschaft.**
[1] Sind vor Eintragung der Gesellschaft Verträge geschlossen worden, nach denen auf das genehmigte Kapital eine Sacheinlage zu leisten ist, so muß die Satzung die Festsetzungen enthalten, die für eine Ausgabe gegen Sacheinlagen vorgeschrieben sind. [2] Dabei gelten sinngemäß § 27 Abs. 3, 5, §§ 32 bis 35, 37 Abs. 4 Nr. 2, 4 und 5, § 38 Abs. 2, § 49 über die Gründung der Gesellschaft. [3] An die Stelle der Gründer tritt der Vorstand und an die Stelle der Anmeldung und Eintragung der Gesellschaft die Anmeldung und Eintragung der Durchführung der Erhöhung des Grundkapitals.

**Vierter Unterabschnitt. Kapitalerhöhung aus Gesellschaftsmitteln**

**§ 207 Voraussetzungen.** (1) Die Hauptversammlung kann eine Erhöhung des Grundkapitals durch Umwandlung der Kapitalrücklage und von Gewinnrücklagen in Grundkapital beschließen.

(2) [1] Für den Beschluß und für die Anmeldung des Beschlusses gelten § 182 Abs. 1, § 184 Abs. 1 sinngemäß. [2] Gesellschaften mit Stückaktien können ihr Grundkapital auch ohne Ausgabe neuer Aktien erhöhen; der Beschluß über die Kapitalerhöhung muß die Art der Erhöhung angeben.

(3) Die Erhöhung kann erst beschlossen werden, nachdem der Jahresabschluß für das letzte vor der Beschlußfassung über die Kapitalerhöhung abgelaufene Geschäftsjahr (letzter Jahresabschluß) festgestellt ist.

(4) Dem Beschluß ist eine Bilanz zugrunde zu legen.

**§ 208 Umwandlungsfähigkeit von Kapital- und Gewinnrücklagen.**
(1) [1] Die Kapitalrücklage und die Gewinnrücklagen, die in Grundkapital umgewandelt werden sollen, müssen in der letzten Jahresbilanz und, wenn dem Beschluß eine andere Bilanz zugrunde gelegt wird, auch in dieser Bilanz unter „Kapitalrücklage" oder „Gewinnrücklagen" oder im letzten Beschluß über die Verwendung des Jahresüberschusses oder des Bilanzgewinns als Zuführung zu diesen Rücklagen ausgewiesen sein. [2] Vorbehaltlich des Absatzes 2 können andere Gewinnrücklagen und deren Zuführungen in voller Höhe, die Kapitalrücklage und die gesetzliche Rücklage sowie deren Zuführungen nur, soweit sie zusammen den zehnten oder den in der Satzung bestimmten höheren Teil des bisherigen Grundkapitals übersteigen, in Grundkapital umgewandelt werden.

(2) [1] Die Kapitalrücklage und die Gewinnrücklagen sowie deren Zuführungen können nicht umgewandelt werden, soweit in der zugrunde gelegten Bilanz ein Verlust einschließlich eines Verlustvortrags ausgewiesen ist. [2] Gewinnrücklagen und deren Zuführungen, die für einen bestimmten Zweck bestimmt sind, dürfen nur umgewandelt werden, soweit dies mit ihrer Zweckbestimmung vereinbar ist.

**§ 209 Zugrunde gelegte Bilanz.** (1) Dem Beschluß kann die letzte Jahresbilanz zugrunde gelegt werden, wenn die Jahresbilanz geprüft und die festgestellte Jahresbilanz mit dem uneingeschränkten Bestätigungsvermerk des Abschlußprüfers versehen ist und wenn ihr Stichtag höchstens acht Monate vor der Anmeldung des Beschlusses zur Eintragung in das Handelsregister liegt.

(2) [1] Wird dem Beschluß nicht die letzte Jahresbilanz zugrunde gelegt, so muß die Bilanz §§ 150, 152 dieses Gesetzes, §§ 242 bis 256, 264 bis 274, 279 bis 283 des Handelsgesetzbuchs entsprechen. [2] Der Stichtag der Bilanz darf höchstens acht Monate vor der Anmeldung des Beschlusses zur Eintragung in das Handelsregister liegen.

(3) [1] Die Bilanz muß durch einen Abschlußprüfer darauf geprüft werden, ob sie §§ 150, 152 dieses Gesetzes, §§ 242 bis 256, 264 bis 274, 279 bis 283 des Handelsgesetzbuchs entspricht. [2] Sie muß mit einem uneingeschränkten Bestätigungsvermerk versehen sein.

(4) [1]Wenn die Hauptversammlung keinen anderen Prüfer wählt, gilt der Prüfer als gewählt, der für die Prüfung des letzten Jahresabschlusses von der Hauptversammlung gewählt oder vom Gericht bestellt worden ist. [2]Soweit sich aus der Besonderheit des Prüfungsauftrags nichts anderes ergibt, sind auf die Prüfung § 318 Abs. 1 Satz 3, § 319 Abs. 1 bis 3, § 320 Abs. 1, 2, §§ 321, 322 Abs. 5 und § 323 des Handelsgesetzbuchs entsprechend anzuwenden.

(5) [1]Bei Versicherungsgesellschaften wird der Prüfer vom Aufsichtsrat bestimmt; Absatz 4 Satz 1 gilt sinngemäß. [2]Soweit sich aus der Besonderheit des Prüfungsauftrags nichts anderes ergibt, ist auf die Prüfung § 341k des Handelsgesetzbuchs anzuwenden.

(6) Im Fall der Absätze 2 bis 5 gilt für die Auslegung der Bilanz und für die Erteilung von Abschriften § 175 Abs. 2 sinngemäß.

**§ 210 Anmeldung und Eintragung des Beschlusses.** (1) [1]Der Anmeldung des Beschlusses zur Eintragung in das Handelsregister ist für das Gericht des Sitzes der Gesellschaft die der Kapitalerhöhung zugrunde gelegte Bilanz mit Bestätigungsvermerk, im Fall des § 209 Abs. 2 bis 6 außerdem die letzte Jahresbilanz, sofern sie noch nicht eingereicht ist, beizufügen. [2]Die Anmeldenden haben dem Gericht gegenüber zu erklären, daß nach ihrer Kenntnis seit dem Stichtag der zugrunde gelegten Bilanz bis zum Tag der Anmeldung keine Vermögensminderung eingetreten ist, die der Kapitalerhöhung entgegenstünde, wenn sie am Tag der Anmeldung beschlossen worden wäre.

(2) Das Gericht darf den Beschluß nur eintragen, wenn die der Kapitalerhöhung zugrunde gelegte Bilanz auf einen höchstens acht Monate vor der Anmeldung liegenden Stichtag aufgestellt und eine Erklärung nach Absatz 1 Satz 2 abgegeben worden ist.

(3) Das Gericht braucht nicht zu prüfen, ob die Bilanzen den gesetzlichen Vorschriften entsprechen.

(4) Bei der Eintragung des Beschlusses ist anzugeben, daß es sich um eine Kapitalerhöhung aus Gesellschaftsmitteln handelt.

(5) Die eingereichten Schriftstücke werden beim Gericht in Urschrift, Ausfertigung oder öffentlich beglaubigter Abschrift aufbewahrt.

**§ 211 Wirksamwerden der Kapitalerhöhung.** (1) Mit der Eintragung des Beschlusses über die Erhöhung des Grundkapitals ist das Grundkapital erhöht.

(2) *(aufgehoben)*

**§ 212 Aus der Kapitalerhöhung Berechtigte.** [1]Neue Aktien stehen den Aktionären im Verhältnis ihrer Anteile am bisherigen Grundkapital zu. [2]Ein entgegenstehender Beschluß der Hauptversammlung ist nichtig.

**§ 213 Teilrechte.** (1) Führt die Kapitalerhöhung dazu, daß auf einen Anteil am bisherigen Grundkapital nur ein Teil einer neuen Aktie entfällt, so ist dieses Teilrecht selbständig veräußerlich und vererblich.

(2) Die Rechte aus einer neuen Aktie einschließlich des Anspruchs auf Ausstellung einer Aktienurkunde können nur ausgeübt werden, wenn Teilrechte, die zusammen eine volle Aktie ergeben, in einer Hand vereinigt sind

oder wenn sich mehrere Berechtigte, deren Teilrechte zusammen eine volle Aktie ergeben, zur Ausübung der Rechte zusammenschließen.

**§ 214 Aufforderung an die Aktionäre.** (1) [1]Nach der Eintragung des Beschlusses über die Erhöhung des Grundkapitals durch Ausgabe neuer Aktien hat der Vorstand unverzüglich die Aktionäre aufzufordern, die neuen Aktien abzuholen. [2]Die Aufforderung ist in den Gesellschaftsblättern bekanntzumachen. [3]In der Bekanntmachung ist anzugeben,

1. um welchen Betrag das Grundkapital erhöht worden ist,

2. in welchem Verhältnis auf die alten Aktien neue Aktien entfallen.

[4]In der Bekanntmachung ist ferner darauf hinzuweisen, daß die Gesellschaft berechtigt ist, Aktien, die nicht innerhalb eines Jahres seit der Bekanntmachung der Aufforderung abgeholt werden, nach dreimaliger Androhung für Rechnung der Beteiligten zu verkaufen.

(2) [1]Nach Ablauf eines Jahres seit der Bekanntmachung der Aufforderung hat die Gesellschaft den Verkauf der nicht abgeholten Aktien anzudrohen. [2]Die Androhung ist dreimal in Abständen von mindestens einem Monat in den Gesellschaftsblättern bekanntzumachen. [3]Die letzte Bekanntmachung muß vor dem Ablauf von achtzehn Monaten seit der Bekanntmachung der Aufforderung ergehen.

(3) [1]Nach Ablauf eines Jahres seit der letzten Bekanntmachung der Androhung hat die Gesellschaft die nicht abgeholten Aktien für Rechnung der Beteiligten zum amtlichen Börsenpreis durch Vermittlung eines Kursmaklers und beim Fehlen eines Börsenpreises durch öffentliche Versteigerung zu verkaufen. [2]§ 226 Abs. 3 Satz 2 bis 6 gilt sinngemäß.

(4) [1]Die Absätze 1 bis 3 gelten sinngemäß für Gesellschaften, die keine Aktienurkunden ausgegeben haben. [2]Die Gesellschaften haben die Aktionäre aufzufordern, sich die neuen Aktien zuteilen zu lassen.

**§ 215 Eigene Aktien. Teileingezahlte Aktien.** (1) Eigene Aktien nehmen an der Erhöhung des Grundkapitals teil.

(2) [1]Teileingezahlte Aktien nehmen entsprechend ihrem Anteil am Grundkapital an der Erhöhung des Grundkapitals teil. [2]Bei ihnen kann die Kapitalerhöhung nicht durch Ausgabe neuer Aktien ausgeführt werden; bei Nennbetragsaktien wird deren Nennbetrag erhöht. [3]Sind neben teileingezahlten Aktien volleingezahlte Aktien vorhanden, so kann bei volleingezahlten Nennbetragsaktien die Kapitalerhöhung durch Erhöhung des Nennbetrags der Aktien und durch Ausgabe neuer Aktien ausgeführt werden; der Beschluß über die Erhöhung des Grundkapitals muß die Art der Erhöhung angeben. [4]Soweit die Kapitalerhöhung durch Erhöhung des Nennbetrags der Aktien ausgeführt wird, ist sie so zu bemessen, daß durch sie auf keine Aktie Beträge entfallen, die durch eine Erhöhung des Nennbetrags der Aktien nicht gedeckt werden können.

**§ 216 Wahrung der Rechte der Aktionäre und Dritter.** (1) [1]Das Verhältnis der mit den Aktien verbundenen Rechte zueinander wird durch die Kapitalerhöhung nicht berührt. [2]Die Ausgabe neuer Mehrstimmrechtsaktien und die Erhöhung des Stimmrechts von Mehrstimmrechtsaktien auf Grund des Satzes 1 bedürfen keiner Zulassung nach § 12 Abs. 2 Satz 2.

(2) 1Soweit sich einzelne Rechte teileingezahlter Aktien, insbesondere die Beteiligung am Gewinn oder das Stimmrecht, nach der auf die Aktie geleisteten Einlage bestimmen, stehen diese Rechte den Aktionären bis zur Leistung der noch ausstehenden Einlagen nur nach der Höhe der geleisteten Einlage, erhöht um den auf den Nennbetrag des Grundkapitals berechneten Hundertsatz der Erhöhung des Grundkapitals zu. 2Werden weitere Einzahlungen geleistet, so erweitern sich diese Rechte entsprechend. 3Im Fall des § 271 Abs. 3 gelten die Erhöhungsbeträge als voll eingezahlt.

(3) 1Der wirtschaftliche Inhalt vertraglicher Beziehungen der Gesellschaft zu Dritten, die von der Gewinnausschüttung der Gesellschaft, dem Nennbetrag oder Wert ihrer Aktien oder ihres Grundkapitals oder sonst von den bisherigen Kapital- oder Gewinnverhältnissen abhängen, wird durch die Kapitalerhöhung nicht berührt. 2Gleiches gilt für Nebenverpflichtungen der Aktionäre.

**§ 217 Beginn der Gewinnbeteiligung.** (1) Neue Aktien nehmen, wenn nichts anderes bestimmt ist, am Gewinn des ganzen Geschäftsjahrs teil, in dem die Erhöhung des Grundkapitals beschlossen worden ist.

(2) 1Im Beschluß über die Erhöhung des Grundkapitals kann bestimmt werden, daß die neuen Aktien bereits am Gewinn des letzten vor der Beschlußfassung über die Kapitalerhöhung abgelaufenen Geschäftsjahrs teilnehmen. 2In diesem Fall ist die Erhöhung des Grundkapitals zu beschließen, bevor über die Verwendung des Bilanzgewinns des letzten vor der Beschlußfassung abgelaufenen Geschäftsjahrs Beschluß gefaßt ist. 3Der Beschluß über die Verwendung des Bilanzgewinns des letzten vor der Beschlußfassung über die Kapitalerhöhung abgelaufenen Geschäftsjahrs wird erst wirksam, wenn das Grundkapital erhöht ist. 4Der Beschluß über die Erhöhung des Grundkapitals und der Beschluß über die Verwendung des Bilanzgewinns des letzten vor der Beschlußfassung über die Kapitalerhöhung abgelaufenen Geschäftsjahrs sind nichtig, wenn der Beschluß über die Kapitalerhöhung nicht binnen drei Monaten nach der Beschlußfassung in das Handelsregister eingetragen worden ist. 5Der Lauf der Frist ist gehemmt, solange eine Anfechtungs- oder Nichtigkeitsklage rechtshängig ist oder eine zur Kapitalerhöhung beantragte staatliche Genehmigung noch nicht erteilt ist.

**§ 218 Bedingtes Kapital.** 1Bedingtes Kapital erhöht sich im gleichen Verhältnis wie das Grundkapital. 2Ist das bedingte Kapital zur Gewährung von Umtauschrechten an Gläubiger von Wandelschuldverschreibungen beschlossen worden, so ist zur Deckung des Unterschieds zwischen dem Ausgabebetrag der Schuldverschreibungen und dem höheren geringsten Ausgabebetrag der für sie zu gewährenden Bezugsaktien insgesamt eine Sonderrücklage zu bilden, soweit nicht Zuzahlungen der Umtauschberechtigten vereinbart sind.

**§ 219 Verbotene Ausgabe von Aktien und Zwischenscheinen.** Vor der Eintragung des Beschlusses über die Erhöhung des Grundkapitals in das Handelsregister dürfen neue Aktien und Zwischenscheine nicht ausgegeben werden.

**§ 220 Wertansätze.** [1] Als Anschaffungskosten der vor der Erhöhung des Grundkapitals erworbenen Aktien und der auf sie entfallenen neuen Aktien gelten die Beträge, die sich für die einzelnen Aktien ergeben, wenn die Anschaffungskosten der vor der Erhöhung des Grundkapitals erworbenen Aktien auf diese und auf die auf sie entfallenen neuen Aktien nach dem Verhältnis der Anteile am Grundkapital verteilt werden. [2] Der Zuwachs an Aktien ist nicht als Zugang auszuweisen.

### Fünfter Unterabschnitt. Wandelschuldverschreibungen. Gewinnschuldverschreibungen

**§ 221.** (1) [1] Schuldverschreibungen, bei denen den Gläubigern ein Umtausch- oder Bezugsrecht auf Aktien eingeräumt wird (Wandelschuldverschreibungen), und Schuldverschreibungen, bei denen die Rechte der Gläubiger mit Gewinnanteilen von Aktionären in Verbindung gebracht werden (Gewinnschuldverschreibungen), dürfen nur auf Grund eines Beschlusses der Hauptversammlung ausgegeben werden. [2] Der Beschluß bedarf einer Mehrheit, die mindestens drei Viertel des bei der Beschlußfassung vertretenen Grundkapitals umfaßt. [3] Die Satzung kann eine andere Kapitalmehrheit und weitere Erfordernisse bestimmen. [4] § 182 Abs. 2 gilt.

(2) [1] Eine Ermächtigung des Vorstandes zur Ausgabe von Wandelschuldverschreibungen kann höchstens für fünf Jahre erteilt werden. [2] Der Vorstand und der Vorsitzende des Aufsichtsrats haben den Beschluß über die Ausgabe der Wandelschuldverschreibungen sowie eine Erklärung über deren Ausgabe beim Handelsregister zu hinterlegen. [3] Ein Hinweis auf den Beschluß und die Erklärung ist in den Gesellschaftsblättern bekanntzumachen.

(3) Absatz 1 gilt sinngemäß für die Gewährung von Genußrechten.

(4) [1] Auf Wandelschuldverschreibungen, Gewinnschuldverschreibungen und Genußrechte haben die Aktionäre ein Bezugsrecht. [2] § 186 gilt sinngemäß.

### Dritter Abschnitt. Maßnahmen der Kapitalherabsetzung

### Erster Unterabschnitt. Ordentliche Kapitalherabsetzung

**§ 222 Voraussetzungen.** (1) [1] Eine Herabsetzung des Grundkapitals kann nur mit einer Mehrheit beschlossen werden, die mindestens drei Viertel des bei der Beschlußfassung vertretenen Grundkapitals umfaßt. [2] Die Satzung kann eine größere Kapitalmehrheit und weitere Erfordernisse bestimmen.

(2) [1] Sind mehrere Gattungen von stimmberechtigten Aktien vorhanden, so bedarf der Beschluß der Hauptversammlung zu seiner Wirksamkeit der Zustimmung der Aktionäre jeder Gattung. [2] Über die Zustimmung haben die Aktionäre jeder Gattung einen Sonderbeschluß zu fassen. [3] Für diesen gilt Absatz 1.

(3) In dem Beschluß ist festzusetzen, zu welchem Zweck die Herabsetzung stattfindet, namentlich ob Teile des Grundkapitals zurückgezahlt werden sollen.

(4) [1] Die Herabsetzung des Grundkapitals erfordert bei Gesellschaften mit Nennbetragsaktien die Herabsetzung des Nennbetrags der Aktien. [2] Soweit der auf die einzelne Aktie entfallende anteilige Betrag des herabgesetzten

Grundkapitals den Mindestbetrag nach § 8 Abs. 2 Satz 1 oder Abs. 3 Satz 3 unterschreiten würde, erfolgt die Herabsetzung durch Zusammenlegung der Aktien. ³Der Beschluß muß die Art der Herabsetzung angeben.

**§ 223 Anmeldung des Beschlusses.** Der Vorstand und der Vorsitzende des Aufsichtsrats haben den Beschluß über die Herabsetzung des Grundkapitals zur Eintragung in das Handelsregister anzumelden.

**§ 224 Wirksamwerden der Kapitalherabsetzung.** Mit der Eintragung des Beschlusses über die Herabsetzung des Grundkapitals ist das Grundkapital herabgesetzt.

**§ 225 Gläubigerschutz.** (1) ¹Den Gläubigern, deren Forderungen begründet worden sind, bevor die Eintragung des Beschlusses bekanntgemacht worden ist, ist, wenn sie sich binnen sechs Monaten nach der Bekanntmachung zu diesem Zweck melden, Sicherheit zu leisten, soweit sie nicht Befriedigung verlangen können. ²Die Gläubiger sind in der Bekanntmachung der Eintragung auf dieses Recht hinzuweisen. ³Das Recht, Sicherheitsleistung zu verlangen, steht Gläubigern nicht zu, die im Fall des Insolvenzverfahrens ein Recht auf vorzugsweise Befriedigung aus einer Deckungsmasse haben, die nach gesetzlicher Vorschrift zu ihrem Schutz errichtet und staatlich überwacht ist.

(2) ¹Zahlungen an die Aktionäre dürfen auf Grund der Herabsetzung des Grundkapitals erst geleistet werden, nachdem seit der Bekanntmachung der Eintragung sechs Monate verstrichen sind und nachdem den Gläubigern, die sich rechtzeitig gemeldet haben, Befriedigung oder Sicherheit gewährt worden ist. ²Auch eine Befreiung der Aktionäre von der Verpflichtung zur Leistung von Einlagen wird nicht vor dem bezeichneten Zeitpunkt und nicht vor Befriedigung oder Sicherstellung der Gläubiger wirksam, die sich rechtzeitig gemeldet haben.

(3) Das Recht der Gläubiger, Sicherheitsleistung zu verlangen, ist unabhängig davon, ob Zahlungen an die Aktionäre auf Grund der Herabsetzung des Grundkapitals geleistet werden.

**§ 226 Kraftloserklärung von Aktien.** (1) ¹Sollen zur Durchführung der Herabsetzung des Grundkapitals Aktien durch Umtausch, Abstempelung oder durch ein ähnliches Verfahren zusammengelegt werden, so kann die Gesellschaft die Aktien für kraftlos erklären, die trotz Aufforderung nicht bei ihr eingereicht worden sind. ²Gleiches gilt für eingereichte Aktien, welche die zum Ersatz durch neue Aktien nötige Zahl nicht erreichen und der Gesellschaft nicht zur Verwertung für Rechnung der Beteiligten zur Verfügung gestellt sind.

(2) ¹Die Aufforderung, die Aktien einzureichen, hat die Kraftloserklärung anzudrohen. ²Die Kraftloserklärung kann nur erfolgen, wenn die Aufforderung in der in § 64 Abs. 2 für die Nachfrist vorgeschriebenen Weise bekanntgemacht worden ist. ³Die Kraftloserklärung geschieht durch Bekanntmachung in den Gesellschaftsblättern. ⁴In der Bekanntmachung sind die für kraftlos erklärten Aktien so zu bezeichnen, daß sich aus der Bekanntmachung ohne weiteres ergibt, ob eine Aktie für kraftlos erklärt ist.

(3) [1]Die neuen Aktien, die an Stelle der für kraftlos erklärten Aktien auszugeben sind, hat die Gesellschaft unverzüglich für Rechnung der Beteiligten zum amtlichen Börsenpreis durch Vermittlung eines Kursmaklers und beim Fehlen eines Börsenpreises durch öffentliche Versteigerung zu verkaufen. [2]Ist von der Versteigerung am Sitz der Gesellschaft kein angemessener Erfolg zu erwarten, so sind die Aktien an einem geeigneten Ort zu verkaufen. [3]Zeit, Ort und Gegenstand der Versteigerung sind öffentlich bekanntzumachen. [4]Die Beteiligten sind besonders zu benachrichtigen; die Benachrichtigung kann unterbleiben, wenn sie untunlich ist. [5]Bekanntmachung und Benachrichtigung müssen mindestens zwei Wochen vor der Versteigerung ergehen. [6]Der Erlös ist den Beteiligten auszuzahlen oder, wenn ein Recht zur Hinterlegung besteht, zu hinterlegen.

**§ 227 Anmeldung der Durchführung.** (1) Der Vorstand hat die Durchführung der Herabsetzung des Grundkapitals zur Eintragung in das Handelsregister anzumelden.

(2) Anmeldung und Eintragung der Durchführung der Herabsetzung des Grundkapitals können mit Anmeldung und Eintragung des Beschlusses über die Herabsetzung verbunden werden.

**§ 228 Herabsetzung unter den Mindestnennbetrag.** (1) Das Grundkapital kann unter den in § 7 bestimmten Mindestnennbetrag herabgesetzt werden, wenn dieser durch eine Kapitalerhöhung wieder erreicht wird, die zugleich mit der Kapitalherabsetzung beschlossen ist und bei der Sacheinlagen nicht festgesetzt sind.

(2) [1]Die Beschlüsse sind nichtig, wenn sie und die Durchführung der Erhöhung nicht binnen sechs Monaten nach der Beschlußfassung in das Handelsregister eingetragen worden sind. [2]Der Lauf der Frist ist gehemmt, solange eine Anfechtungs- oder Nichtigkeitsklage rechtshängig ist oder eine zur Kapitalherabsetzung oder Kapitalerhöhung beantragte staatliche Genehmigung noch nicht erteilt ist. [3]Die Beschlüsse und die Durchführung der Erhöhung des Grundkapitals sollen nur zusammen in das Handelsregister eingetragen werden.

### Zweiter Unterabschnitt. Vereinfachte Kapitalherabsetzung

**§ 229 Voraussetzungen.** (1) [1]Eine Herabsetzung des Grundkapitals, die dazu dienen soll, Wertminderungen auszugleichen, sonstige Verluste zu decken oder Beträge in die Kapitalrücklage einzustellen, kann in vereinfachter Form vorgenommen werden. [2]Im Beschluß ist festzusetzen, daß die Herabsetzung zu diesen Zwecken stattfindet.

(2) [1]Die vereinfachte Kapitalherabsetzung ist nur zulässig, nachdem der Teil der gesetzlichen Rücklage und der Kapitalrücklage, um den diese zusammen über zehn vom Hundert des nach der Herabsetzung verbleibenden Grundkapitals hinausgehen, sowie die Gewinnrücklagen vorweg aufgelöst sind. [2]Sie ist nicht zulässig, solange ein Gewinnvortrag vorhanden ist.

(3) § 222 Abs. 1, 2 und 4, §§ 223, 224, 226 bis 228 über die ordentliche Kapitalherabsetzung gelten sinngemäß.

**§ 230 Verbot von Zahlungen an die Aktionäre.** [1] Die Beträge, die aus der Auflösung der Kapital- oder Gewinnrücklagen und aus der Kapitalherabsetzung gewonnen werden, dürfen nicht zu Zahlungen an die Aktionäre und nicht dazu verwandtwerden, die Aktionäre von der Verpflichtung zur Leistung von Einlagen zu befreien. [2] Sie dürfen nur verwandt werden, um Wertminderungen auszugleichen, sonstige Verluste zu decken und Beträge in die Kapitalrücklage oder in die gesetzliche Rücklage einzustellen. [3] Auch eine Verwendung zu einem dieser Zwecke ist nur zulässig, soweit sie im Beschluß als Zweck der Herabsetzung angegeben ist.

**§ 231 Beschränkte Einstellung in die Kapitalrücklage und in die gesetzliche Rücklage.** [1] Die Einstellung der Beträge, die aus der Auflösung von anderen Gewinnrücklagen gewonnen werden, in die gesetzliche Rücklage und der Beträge, die aus der Kapitalherabsetzung gewonnen werden, in die Kapitalrücklage ist nur zulässig, soweit die Kapitalrücklage und die gesetzliche Rücklage zusammen zehn vom Hundert des Grundkapitals nicht übersteigen. [2] Als Grundkapital gilt dabei der Nennbetrag, der sich durch die Herabsetzung ergibt, mindestens aber der in § 7 bestimmte Mindestnennbetrag. [3] Bei der Bemessung der zulässigen Höhe bleiben Beträge, die in der Zeit nach der Beschlußfassung über die Kapitalherabsetzung in die Kapitalrücklage einzustellen sind, auch dann außer Betracht, wenn ihre Zahlung auf einem Beschluß beruht, der zugleich mit dem Beschluß über die Kapitalherabsetzung gefaßt wird.

**§ 232 Einstellung von Beträgen in die Kapitalrücklage bei zu hoch angenommenen Verlusten.** Ergibt sich bei Aufstellung der Jahresbilanz für das Geschäftsjahr, in dem der Beschluß über die Kapitalherabsetzung gefaßt wurde, oder für eines der beiden folgenden Geschäftsjahre, daß Wertminderungen und sonstige Verluste in der bei der Beschlußfassung angenommenen Höhe tatsächlich nicht eingetreten oder ausgeglichen waren, so ist der Unterschiedsbetrag in die Kapitalrücklage einzustellen.

**§ 233 Gewinnausschüttung. Gläubigerschutz.** (1) [1] Gewinn darf nicht ausgeschüttet werden, bevor die gesetzliche Rücklage und die Kapitalrücklage zusammen zehn vom Hundert des Grundkapitals erreicht haben. [2] Als Grundkapital gilt dabei der Nennbetrag, der sich durch die Herabsetzung ergibt, mindestens aber der in § 7 bestimmte Mindestnennbetrag.

(2) [1] Die Zahlung eines Gewinnanteils von mehr als vier vom Hundert ist erst für ein Geschäftsjahr zulässig, das später als zwei Jahre nach der Beschlußfassung über die Kapitalherabsetzung beginnt. [2] Dies gilt nicht, wenn die Gläubiger, deren Forderungen vor der Bekanntmachung der Eintragung des Beschlusses begründet worden waren, befriedigt oder sichergestellt sind, soweit sie sich binnen sechs Monaten nach der Bekanntmachung des Jahresabschlusses, auf Grund dessen die Gewinnverteilung beschlossen ist, zu diesem Zweck gemeldet haben. [3] Einer Sicherstellung der Gläubiger bedarf es nicht, die im Fall des Insolvenzverfahrens ein Recht auf vorzugsweise Befriedigung aus einer Deckungsmasse haben, die nach gesetzlicher Vorschrift zu ihrem Schutz errichtet und staatlich überwacht ist. [4] Die Gläubiger sind in der Bekanntmachung nach § 325 Abs. 1 Satz 2 oder Abs. 2 Satz 1 des Handelsgesetzbuchs auf die Befriedigung oder Sicherstellung hinzuweisen.

(3) Die Beträge, die aus der Auflösung von Kapital- und Gewinnrücklagen und aus der Kapitalherabsetzung gewonnen sind, dürfen auch nach diesen Vorschriften nicht als Gewinn ausgeschüttet werden.

**§ 234 Rückwirkung der Kapitalherabsetzung.** (1) Im Jahresabschluß für das letzte vor der Beschlußfassung über die Kapitalherabsetzung abgelaufene Geschäftsjahr können das gezeichnete Kapital sowie die Kapital- und Gewinnrücklagen in der Höhe ausgewiesen werden, in der sie nach der Kapitalherabsetzung ausgewiesen werden sollen.

(2) ¹In diesem Fall beschließt die Hauptversammlung über die Feststellung des Jahresabschlusses. ²Der Beschluß soll zugleich mit dem Beschluß über die Kapitalherabsetzung gefaßt werden.

(3) ¹Die Beschlüsse sind nichtig, wenn der Beschluß über die Kapitalherabsetzung nicht binnen drei Monaten nach der Beschlußfassung in das Handelsregister eingetragen worden ist. ²Der Lauf der Frist ist gehemmt, solange eine Anfechtungs- oder Nichtigkeitsklage rechtshängig ist oder eine zur Kapitalherabsetzung beantragte staatliche Genehmigung noch nicht erteilt ist.

**§ 235 Rückwirkung einer gleichzeitigen Kapitalerhöhung.** (1) ¹Wird im Fall des § 234 zugleich mit der Kapitalherabsetzung eine Erhöhung des Grundkapitals beschlossen, so kann auch die Kapitalerhöhung in dem Jahresabschluß als vollzogen berücksichtigt werden. ²Die Beschlußfassung ist nur zulässig, wenn die neuen Aktien gezeichnet, keine Sacheinlagen festgesetzt sind und wenn auf jede Aktie die Einzahlung geleistet ist, die nach § 188 Abs. 2 zur Zeit der Anmeldung der Durchführung der Kapitalerhöhung bewirkt sein muß. ³Die Zeichnung und die Einzahlung sind dem Notar nachzuweisen, der den Beschluß über die Erhöhung des Grundkapitals beurkundet.

(2) ¹Sämtliche Beschlüsse sind nichtig, wenn die Beschlüsse über die Kapitalherabsetzung und die Kapitalerhöhung und die Durchführung der Erhöhung nicht binnen drei Monaten nach der Beschlußfassung in das Handelsregister eingetragen worden sind. ²Der Lauf der Frist ist gehemmt, solange eine Anfechtungs- oder Nichtigkeitsklage rechtshängig ist oder eine zur Kapitalherabsetzung oder Kapitalerhöhung beantragte staatliche Genehmigung noch nicht erteilt ist. ³Die Beschlüsse und die Durchführung der Erhöhung des Grundkapitals sollen nur zusammen in das Handelsregister eingetragen werden.

**§ 236 Offenlegung.** Die Offenlegung des Jahresabschlusses nach § 325 des Handelsgesetzbuchs darf im Fall des § 234 erst nach Eintragung des Beschlusses über die Kapitalherabsetzung, im Fall des § 235 erst ergehen, nachdem die Beschlüsse über die Kapitalherabsetzung und Kapitalerhöhung und die Durchführung der Kapitalerhöhung eingetragen worden sind.

### Dritter Unterabschnitt. Kapitalherabsetzung durch Einziehung von Aktien

**§ 237 Voraussetzungen.** (1) ¹Aktien können zwangsweise oder nach Erwerb durch die Gesellschaft eingezogen werden. ²Eine Zwangseinziehung ist nur zulässig, wenn sie in der ursprünglichen Satzung oder durch eine Satzungsänderung vor Übernahme oder Zeichnung der Aktien angeordnet oder gestattet war.

(2) [1] Bei der Einziehung sind die Vorschriften über die ordentliche Kapitalherabsetzung zu befolgen. [2] In der Satzung oder in dem Beschluß der Hauptversammlung sind die Voraussetzungen für eine Zwangseinziehung und die Einzelheiten ihrer Durchführung festzulegen. [3] Für die Zahlung des Entgelts, das Aktionären bei einer Zwangseinziehung oder bei einem Erwerb von Aktien zum Zwecke der Einziehung gewährt wird, und für die Befreiung dieser Aktionäre von der Verpflichtung zur Leistung von Einlagen gilt § 225 Abs. 2 sinngemäß.

(3) Die Vorschriften über die ordentliche Kapitalherabsetzung brauchen nicht befolgt zu werden, wenn Aktien, auf die der Ausgabebetrag voll geleistet ist,

1. der Gesellschaft unentgeltlich zur Verfügung gestellt oder

2. zu Lasten des Bilanzgewinns oder einer anderen Gewinnrücklage, soweit sie zu diesem Zweck verwandt werden können, eingezogen werden.

(4) [1] Auch in den Fällen des Absatzes 3 kann die Kapitalherabsetzung durch Einziehung nur von der Hauptversammlung beschlossen werden. [2] Für den Beschluß genügt die einfache Stimmenmehrheit. [3] Die Satzung kann eine größere Mehrheit und weitere Erfordernisse bestimmen. [4] Im Beschluß ist der Zweck der Kapitalherabsetzung festzusetzen. [5] Der Vorstand und der Vorsitzende des Aufsichtsrats haben den Beschluß zur Eintragung in das Handelsregister anzumelden.

(5) In den Fällen des Absatzes 3 ist in die Kapitalrücklage ein Betrag einzustellen, der dem auf die eingezogenen Aktien entfallenden Betrag des Grundkapitals gleichkommt.

(6) [1] Soweit es sich um eine durch die Satzung angeordnete Zwangseinziehung handelt, bedarf es eines Beschlusses der Hauptversammlung nicht. [2] In diesem Fall tritt für die Anwendung der Vorschriften über die ordentliche Kapitalherabsetzung an die Stelle des Hauptversammlungsbeschlusses die Entscheidung des Vorstands über die Einziehung.

**§ 238 Wirksamwerden der Kapitalherabsetzung.** [1] Mit der Eintragung des Beschlusses oder, wenn die Einziehung nachfolgt, mit der Einziehung ist das Grundkapital um den auf die eingezogenen Aktien entfallenden Betrag herabgesetzt. [2] Handelt es sich um eine durch die Satzung angeordnete Zwangseinziehung, so ist, wenn die Hauptversammlung nicht über die Kapitalherabsetzung beschließt, das Grundkapital mit der Zwangseinziehung herabgesetzt. [3] Zur Einziehung bedarf es einer Handlung der Gesellschaft, die auf Vernichtung der Rechte aus bestimmten Aktien gerichtet ist.

**§ 239 Anmeldung der Durchführung.** (1) [1] Der Vorstand hat die Durchführung der Herabsetzung des Grundkapitals zur Eintragung in das Handelsregister anzumelden. [2] Dies gilt auch dann, wenn es sich um eine durch die Satzung angeordnete Zwangseinziehung handelt.

(2) Anmeldung und Eintragung der Durchführung der Herabsetzung können mit Anmeldung und Eintragung des Beschlusses über die Herabsetzung verbunden werden.

### Vierter Unterabschnitt. Ausweis der Kapitalherabsetzung

**§ 240.** [1] Der aus der Kapitalherabsetzung gewonnene Betrag ist in der Gewinn- und Verlustrechnung als „Ertrag aus der Kapitalherabsetzung" gesondert, und zwar hinter dem Posten „Entnahmen aus Gewinnrücklagen", auszuweisen. [2] Eine Einstellung in die Kapitalrücklage nach § 229 Abs. 1 und § 232 ist als „Einstellung in die Kapitalrücklage nach den Vorschriften über die vereinfachte Kapitalherabsetzung" gesondert auszuweisen. [3] Im Anhang ist zu erläutern, ob und in welcher Höhe die aus der Kapitalherabsetzung und aus der Auflösung von Gewinnrücklagen gewonnenen Beträge

1. zum Ausgleich von Wertminderungen,

2. zur Deckung von sonstigen Verlusten oder

3. zur Einstellung in die Kapitalrücklage

verwandt werden.

## Siebenter Teil. Nichtigkeit von Hauptversammlungsbeschlüssen und des festgestellten Jahresabschlusses. Sonderprüfung wegen unzulässiger Unterbewertung

### Erster Abschnitt. Nichtigkeit von Hauptversammlungsbeschlüssen

#### Erster Unterabschnitt. Allgemeines

**§ 241 Nichtigkeitsgründe.** Ein Beschluß der Hauptversammlung ist außer in den Fällen des § 192 Abs. 4, §§ 212, 217 Abs. 2, § 228 Abs. 2, § 234 Abs. 3 und § 235 Abs. 2 nur dann nichtig, wenn er

1. in einer Hauptversammlung gefaßt worden ist, die unter Verstoß gegen § 121 Abs. 2 und 3 oder 4 einberufen war,

2. nicht nach § 130 Abs. 1, 2 und 4 beurkundet ist,

3. mit dem Wesen der Aktiengesellschaft nicht zu vereinbaren ist oder durch seinen Inhalt Vorschriften verletzt, die ausschließlich oder überwiegend zum Schutze der Gläubiger der Gesellschaft oder sonst im öffentlichen Interesse gegeben sind,

4. durch seinen Inhalt gegen die guten Sitten verstößt,

5. auf Anfechtungsklage durch Urteil rechtskräftig für nichtig erklärt worden ist,

6. nach § 144 Abs. 2 des Gesetzes über die Angelegenheiten der freiwilligen Gerichtsbarkeit[1] auf Grund rechtskräftiger Entscheidung als nichtig gelöscht worden ist.

---

[1] **§ 144 Abs. 2 FGG** lautet:
„(2) Ein in das Handelsregister eingetragener Beschluß der Hauptversammlung oder Versammlung der Gesellschafter einer der im Absatz 1 bezeichneten Gesellschaften kann gemäß
*(Fortsetzung der Anm. nächste Seite)*

**§ 242 Heilung der Nichtigkeit.** (1) Die Nichtigkeit eines Hauptversammlungsbeschlusses, der entgegen § 130 Abs. 1, 2 und 4 nicht oder nicht gehörig beurkundet worden ist, kann nicht mehr geltend gemacht werden, wenn der Beschluß in das Handelsregister eingetragen worden ist.

(2) ¹Ist ein Hauptversammlungsbeschluß nach § 241 Nr. 1, 3 oder 4 nichtig, so kann die Nichtigkeit nicht mehr geltend gemacht werden, wenn der Beschluß in das Handelsregister eingetragen worden ist und seitdem drei Jahre verstrichen sind. ²Ist bei Ablauf der Frist eine Klage auf Feststellung der Nichtigkeit des Hauptversammlungsbeschlusses rechtshängig, so verlängert sich die Frist, bis über die Klage rechtskräftig entschieden ist oder sie sich auf andere Weise endgültig erledigt hat. ³Eine Löschung des Beschlusses von Amts wegen nach § 144 Abs. 2 des Gesetzes über die Angelegenheiten der freiwilligen Gerichtsbarkeit[1] wird durch den Zeitablauf nicht ausgeschlossen. ⁴Ist ein Hauptversammlungsbeschluß wegen Verstoßes gegen § 121 Abs. 4 nach § 241 Nr. 1 nichtig, so kann die Nichtigkeit auch dann nicht mehr geltend gemacht werden, wenn der nicht geladene Aktionär den Beschluß genehmigt.

(3) Absatz 2 gilt entsprechend, wenn in den Fällen des § 217 Abs. 2, § 228 Abs. 2, § 234 Abs. 3 und § 235 Abs. 2 die erforderlichen Eintragungen nicht fristgemäß vorgenommen worden sind.

**§ 243 Anfechtungsgründe.** (1) Ein Beschluß der Hauptversammlung kann wegen Verletzung des Gesetzes oder der Satzung durch Klage angefochten werden.

(2) ¹Die Anfechtung kann auch darauf gestützt werden, daß ein Aktionär mit der Ausübung des Stimmrechts für sich oder einen Dritten Sondervorteile zum Schaden der Gesellschaft oder der anderen Aktionäre zu erlangen suchte und der Beschluß geeignet ist, diesem Zweck zu dienen. ²Dies gilt nicht, wenn der Beschluß den anderen Aktionären einen angemessenen Ausgleich für ihren Schaden gewährt.

(3) Auf eine Verletzung des § 128 kann die Anfechtung nicht gestützt werden.

(4) Für eine Anfechtung, die auf die Verweigerung einer Auskunft gestützt wird, ist es unerheblich, daß die Hauptversammlung oder Aktionäre erklärt haben oder erklären, die Verweigerung der Auskunft habe ihre Beschlußfassung nicht beeinflußt.

**§ 244 Bestätigung anfechtbarer Hauptversammlungsbeschlüsse.** ¹Die Anfechtung kann nicht mehr geltend gemacht werden, wenn die Hauptversammlung den anfechtbaren Beschluß durch einen neuen Beschluß bestätigt hat und dieser Beschluß innerhalb der Anfechtungsfrist nicht angefochten oder die Anfechtung rechtskräftig zurückgewiesen worden ist. ²Hat der Kläger ein rechtliches Interesse, daß der anfechtbare Beschluß für die Zeit bis zum Bestätigungsbeschluß für nichtig erklärt wird, so kann er die Anfechtung weiterhin mit dem Ziel geltend machen, den anfechtbaren Beschluß für diese Zeit für nichtig zu erklären.

---

den Vorschriften der §§ 142, 143 als nichtig gelöscht werden, wenn er durch seinen Inhalt zwingende Vorschriften des Gesetzes verletzt und seine Beseitigung im öffentlichen Interesse erforderlich erscheint."

[1] Beachte dazu Anm. 1) zu § 241 Nr. 6 AktG.

**§ 245 Anfechtungsbefugnis.** Zur Anfechtung ist befugt

1. jeder in der Hauptversammlung erschienene Aktionär, wenn er gegen den Beschluß Widerspruch zur Niederschrift erklärt hat;

2. jeder in der Hauptversammlung nicht erschienene Aktionär, wenn er zu der Hauptversammlung zu Unrecht nicht zugelassen worden ist oder die Versammlung nicht ordnungsgemäß einberufen oder der Gegenstand der Beschlußfassung nicht ordnungsgemäß bekanntgemacht worden ist;

3. im Fall des § 243 Abs. 2 jeder Aktionär;

4. der Vorstand;

5. jedes Mitglied des Vorstands und des Aufsichtsrats, wenn durch die Ausführung des Beschlusses Mitglieder des Vorstands oder des Aufsichtsrats eine strafbare Handlung oder eine Ordnungswidrigkeit begehen oder wenn sie ersatzpflichtig werden würden.

**§ 246 Anfechtungsklage.** (1) Die Klage muß innerhalb eines Monats nach der Beschlußfassung erhoben werden.

(2) [1] Die Klage ist gegen die Gesellschaft zu richten. [2] Die Gesellschaft wird durch Vorstand und Aufsichtsrat vertreten. [3] Klagt der Vorstand oder ein Vorstandsmitglied, wird die Gesellschaft durch den Aufsichtsrat, klagt ein Aufsichtsratsmitglied, wird sie durch den Vorstand vertreten.

(3) [1] Zuständig für die Klage ist ausschließlich das Landgericht, in dessen Bezirk die Gesellschaft ihren Sitz hat. [2] Die mündliche Verhandlung findet nicht vor Ablauf der Monatsfrist des Absatzes 1 statt. [3] Mehrere Anfechtungsprozesse sind zur gleichzeitigen Verhandlung und Entscheidung zu verbinden.

(4) Der Vorstand hat die Erhebung der Klage und den Termin zur mündlichen Verhandlung unverzüglich in den Gesellschaftsblättern bekanntzumachen.

**§ 247 Streitwert.** (1) [1] Den Streitwert bestimmt das Prozeßgericht unter Berücksichtigung aller Umstände des einzelnen Falles, insbesondere der Bedeutung der Sache für die Parteien, nach billigem Ermessen. [2] Er darf jedoch ein Zehntel des Grundkapitals oder, wenn dieses Zehntel mehr als eine Million Deutsche Mark beträgt, eine Million Deutsche Mark nur insoweit übersteigen, als die Bedeutung der Sache für den Kläger höher zu bewerten ist.

(2) [1] Macht eine Partei glaubhaft, daß die Belastung mit den Prozeßkosten nach dem gemäß Absatz 1 bestimmten Streitwert ihre wirtschaftliche Lage erheblich gefährden würde, so kann das Prozeßgericht auf ihren Antrag anordnen, daß ihre Verpflichtung zur Zahlung von Gerichtskosten sich nach einem ihrer Wirtschaftslage angepaßten Teil des Streitwerts bemißt. [2] Die Anordnung hat zur Folge, daß die begünstigte Partei die Gebühren ihres Rechtsanwalts ebenfalls nur nach diesem Teil des Streitwerts zu entrichten hat. [3] Soweit ihr Kosten des Rechtsstreits auferlegt werden oder soweit sie diese übernimmt, hat sie die von dem Gegner entrichteten Gerichtsgebühren und die Gebühren seines Rechtsanwalts nur nach dem Teil des Streitwerts zu erstatten. [4] Soweit die außergerichtlichen Kosten dem Gegner auferlegt oder von ihm übernommen werden, kann der Rechtsanwalt der begünstigten Partei seine Gebühren von dem Gegner nach dem für diesen geltenden Streitwert beitreiben.

(3) ¹Der Antrag nach Absatz 2 kann vor der Geschäftsstelle des Prozeßgerichts zur Niederschrift erklärt werden. ²Er ist vor der Verhandlung zur Hauptsache anzubringen. ³Später ist er nur zulässig, wenn der angenommene oder festgesetzte Streitwert durch das Prozeßgericht heraufgesetzt wird. ⁴Vor der Entscheidung über den Antrag ist der Gegner zu hören.

**§ 248 Urteilswirkung.** (1) ¹Soweit der Beschluß durch rechtskräftiges Urteil für nichtig erklärt ist, wirkt das Urteil für und gegen alle Aktionäre sowie die Mitglieder des Vorstands und des Aufsichtsrats, auch wenn sie nicht Partei sind. ²Der Vorstand hat das Urteil unverzüglich zum Handelsregister einzureichen. ³War der Beschluß in das Handelsregister eingetragen, so ist auch das Urteil einzutragen. ⁴Die Eintragung des Urteils ist in gleicher Weise wie die des Beschlusses bekanntzumachen.

(2) Hatte der Beschluß eine Satzungsänderung zum Inhalt, so ist mit dem Urteil der vollständige Wortlaut der Satzung, wie er sich unter Berücksichtigung des Urteils und aller bisherigen Satzungsänderungen ergibt, mit der Bescheinigung eines Notars über diese Tatsache zum Handelsregister einzureichen.

**§ 249 Nichtigkeitsklage.** (1) ¹Erhebt ein Aktionär, der Vorstand oder ein Mitglied des Vorstands oder des Aufsichtsrats Klage auf Feststellung der Nichtigkeit eines Hauptversammlungsbeschlusses gegen die Gesellschaft, so gelten § 246 Abs. 2, Abs. 3 Satz 1, Abs. 4, §§ 247 und 248 sinngemäß. ²Es ist nicht ausgeschlossen, die Nichtigkeit auf andere Weise als durch Erhebung der Klage geltend zu machen.

(2) ¹Mehrere Nichtigkeitsprozesse sind zur gleichzeitigen Verhandlung und Entscheidung zu verbinden. ²Nichtigkeits- und Anfechtungsprozesse können verbunden werden.

### Zweiter Unterabschnitt. Nichtigkeit bestimmter Hauptversammlungsbeschlüsse

**§ 250 Nichtigkeit der Wahl von Aufsichtsratsmitgliedern.** (1) Die Wahl eines Aufsichtsratsmitglieds durch die Hauptversammlung ist außer im Falle des § 241 Nr. 1, 2 und 5 nur dann nichtig, wenn

1. der Aufsichtsrat unter Verstoß gegen § 96 Abs. 2, § 97 Abs. 2 Satz 1 oder § 98 Abs. 4 zusammengesetzt wird;

2. die Hauptversammlung, obwohl sie an Wahlvorschläge gebunden ist (§§ 6 und 8 des Montan-Mitbestimmungsgesetzes), eine nicht vorgeschlagene Person wählt;

3. durch die Wahl die gesetzliche Höchstzahl der Aufsichtsratsmitglieder überschritten wird (§ 95);

4. die gewählte Person nach § 100 Abs. 1 und 2 bei Beginn ihrer Amtszeit nicht Aufsichtsratsmitglied sein kann.

(2) Für die Klage auf Feststellung, daß die Wahl eines Aufsichtsratsmitglieds nichtig ist, sind parteifähig

1. der Gesamtbetriebsrat der Gesellschaft oder, wenn in der Gesellschaft nur ein Betriebsrat besteht, der Betriebsrat, sowie, wenn die Gesellschaft herrschendes Unternehmen eines Konzerns ist, der Konzernbetriebsrat,

2. der Gesamtbetriebsrat eines anderen Unternehmens, dessen Arbeitnehmer selbst oder durch Delegierte an der Wahl von Aufsichtsratsmitgliedern der Gesellschaft teilnehmen, oder, wenn in dem anderen Unternehmen nur ein Betriebsrat besteht, der Betriebsrat,

3. jede in der Gesellschaft oder in einem Unternehmen, dessen Arbeitnehmer selbst oder durch Delegierte an der Wahl von Aufsichtsratsmitgliedern der Gesellschaft teilnehmen, vertretene Gewerkschaft sowie deren Spitzenorganisation.

(3) [1] Erhebt ein Aktionär, der Vorstand, ein Mitglied des Vorstands oder des Aufsichtsrats oder eine in Absatz 2 bezeichnete Organisation oder Vertretung der Arbeitnehmer gegen die Gesellschaft Klage auf Feststellung, daß die Wahl eines Aufsichtsratsmitglieds nichtig ist, so gelten § 246 Abs. 2, Abs. 3 Satz 1, Abs. 4, §§ 247, 248 Abs. 1 Satz 2 und § 249 Abs. 2 sinngemäß. [2] Es ist nicht ausgeschlossen, die Nichtigkeit auf andere Weise als durch Erhebung der Klage geltend zu machen.

**§ 251 Anfechtung der Wahl von Aufsichtsratsmitgliedern.** (1) [1] Die Wahl eines Aufsichtsratsmitglieds durch die Hauptversammlung kann wegen Verletzung des Gesetzes oder der Satzung durch Klage angefochten werden. [2] Ist die Hauptversammlung an Wahlvorschläge gebunden, so kann die Anfechtung auch darauf gestützt werden, daß der Wahlvorschlag gesetzwidrig zustande gekommen ist. [3] § 243 Abs. 4 und § 244 gelten.

(2) [1] Für die Anfechtungsbefugnis gilt § 245 Nr. 1, 2 und 4. [2] Die Wahl eines Aufsichtsratsmitglieds, das nach dem Montan-Mitbestimmungsgesetz auf Vorschlag der Betriebsräte gewählt worden ist, kann auch von jedem Betriebsrat eines Betriebs der Gesellschaft, jeder in den Betrieben der Gesellschaft vertretenen Gewerkschaft oder deren Spitzenorganisation angefochten werden. [3] Die Wahl eines weiteren Mitglieds, das nach dem Montan-Mitbestimmungsgesetz oder dem Mitbestimmungsergänzungsgesetz auf Vorschlag der übrigen Aufsichtratsmitglieder gewählt worden ist, kann auch von jedem Aufsichtsratsmitglied angefochten werden.

(3) Für das Anfechtungsverfahren gelten §§ 246, 247 und 248 Abs. 1 Satz 2.

**§ 252 Urteilswirkung.** (1) Erhebt ein Aktionär, der Vorstand, ein Mitglied des Vorstands oder des Aufsichtsrats oder eine in § 250 Abs. 2 bezeichnete Organisation oder Vertretung der Arbeitnehmer gegen die Gesellschaft Klage auf Feststellung, daß die Wahl eines Aufsichtsratsmitglieds durch die Hauptversammlung nichtig ist, so wirkt ein Urteil, das die Nichtigkeit der Wahl rechtskräftig feststellt, für und gegen alle Aktionäre und Arbeitnehmer der Gesellschaft, alle Arbeitnehmer von anderen Unternehmen, deren Arbeitnehmer selbst oder durch Delegierte an der Wahl von Aufsichtsratsmitgliedern der Gesellschaft teilnehmen, die Mitglieder des Vorstands und des Aufsichtsrats sowie die in § 250 Abs. 2 bezeichneten Organisationen und Vertretungen der Arbeitnehmer, auch wenn sie nicht Partei sind.

(2) [1] Wird die Wahl eines Aufsichtsratsmitglieds durch die Hauptversammlung durch rechtskräftiges Urteil für nichtig erklärt, so wirkt das Urteil für und gegen alle Aktionäre sowie die Mitglieder des Vorstands und Aufsichtsrats, auch wenn sie nicht Partei sind. [2] Im Fall des § 251 Abs. 2 Satz 2 wirkt das Urteil auch für und gegen die nach dieser Vorschrift anfechtungsberech-

tigten Betriebsräte, Gewerkschaften und Spitzenorganisationen, auch wenn sie nicht Partei sind.

**§ 253 Nichtigkeit des Beschlusses über die Verwendung des Bilanzgewinns.** (1) [1]Der Beschluß über die Verwendung des Bilanzgewinns ist außer in den Fällen des § 173 Abs. 3, des § 217 Abs. 2 und des § 241 nur dann nichtig, wenn die Feststellung des Jahresabschlusses, auf dem er beruht, nichtig ist. [2]Die Nichtigkeit des Beschlusses aus diesem Grunde kann nicht mehr geltend gemacht werden, wenn die Nichtigkeit der Feststellung des Jahresabschlusses nicht mehr geltend gemacht werden kann.

(2) Für die Klage auf Feststellung der Nichtigkeit gegen die Gesellschaft gilt § 249.

**§ 254 Anfechtung des Beschlusses über die Verwendung des Bilanzgewinns.** (1) Der Beschluß über die Verwendung des Bilanzgewinns kann außer nach § 243 auch angefochten werden, wenn die Hauptversammlung aus dem Bilanzgewinn Beträge in Gewinnrücklagen einstellt oder als Gewinn vorträgt, die nicht nach Gesetz oder Satzung von der Verteilung unter die Aktionäre ausgeschlossen sind, obwohl die Einstellung oder der Gewinnvortrag bei vernünftiger kaufmännischer Beurteilung nicht notwendig ist, um die Lebens- und Widerstandsfähigkeit der Gesellschaft für einen hinsichtlich der wirtschaftlichen und finanziellen Notwendigkeiten übersehbaren Zeitraum zu sichern und dadurch unter die Aktionäre kein Gewinn in Höhe von mindestens vier vom Hundert des Grundkapitals abzüglich von noch nicht eingeforderten Einlagen verteilt werden kann.

(2) [1]Für die Anfechtung gelten §§ 244 bis 248. [2]Die Anfechtungsfrist beginnt auch dann mit der Beschlußfassung, wenn der Jahresabschluß nach § 316 Abs. 3 des Handelsgesetzbuchs erneut zu prüfen ist. [3]Zu einer Anfechtung nach Absatz 1 sind Aktionäre nur befugt, wenn ihre Anteile zusammen den zwanzigsten Teil des Grundkapitals oder den anteiligen Betrag von 500 000 Euro erreichen.

**§ 255 Anfechtung der Kapitalerhöhung gegen Einlagen.** (1) Der Beschluß über eine Kapitalerhöhung gegen Einlagen kann nach § 243 angefochten werden.

(2) [1]Die Anfechtung kann, wenn das Bezugsrecht der Aktionäre ganz oder zum Teil ausgeschlossen worden ist, auch darauf gestützt werden, daß der sich aus dem Erhöhungsbeschluß ergebende Ausgabebetrag oder der Mindestbetrag, unter dem die neuen Aktien nicht ausgegeben werden sollen, unangemessen niedrig ist. [2]Dies gilt nicht, wenn die neuen Aktien von einem Dritten mit der Verpflichtung übernommen werden sollen, sie den Aktionären zum Bezug anzubieten.

(3) Für die Anfechtung gelten §§ 244 bis 248.

### Zweiter Abschnitt. Nichtigkeit des festgestellten Jahresabschlusses

**§ 256 Nichtigkeit.** (1) Ein festgestellter Jahresabschluß ist außer in den Fällen des § 173 Abs. 3, § 234 Abs. 3 und § 235 Abs. 2 nichtig, wenn

1. er durch seinen Inhalt Vorschriften verletzt, die ausschließlich oder überwiegend zum Schutze der Gläubiger der Gesellschaft gegeben sind,

2. er im Falle einer gesetzlichen Prüfungspflicht nicht nach § 316 Abs. 1 und 3 des Handelsgesetzbuchs geprüft worden ist,

3. er im Falle einer gesetzlichen Prüfungspflicht von Personen geprüft worden ist, die nicht zum Abschlußprüfer bestellt sind oder nach § 319 Abs. 1 des Handelsgesetzbuchs oder nach Artikel 25 des Einführungsgesetzes zum Handelsgesetzbuche nicht Abschlußprüfer sind,

4. bei seiner Feststellung die Bestimmungen des Gesetzes oder der Satzung über die Einstellung von Beträgen in Kapital- oder Gewinnrücklagen oder über die Entnahme von Beträgen aus Kapital- oder Gewinnrücklagen verletzt worden sind.

(2) Ein von Vorstand und Aufsichtsrat festgestellter Jahresabschluß ist außer nach Absatz 1 nur nichtig, wenn der Vorstand oder der Aufsichtsrat bei seiner Feststellung nicht ordnungsgemäß mitgewirkt hat.

(3) Ein von der Hauptversammlung festgestellter Jahresabschluß ist außer nach Absatz 1 nur nichtig, wenn die Feststellung

1. in einer Hauptversammlung beschlossen worden ist, die unter Verstoß gegen § 121 Abs. 2 und 3 oder 4 einberufen war,

2. nicht nach § 130 Abs. 1, 2 und 4 beurkundet ist,

3. auf Anfechtungsklage durch Urteil rechtskräftig für nichtig erklärt worden ist.

(4) Wegen Verstoßes gegen die Vorschriften über die Gliederung des Jahresabschlusses sowie wegen der Nichtbeachtung von Formblättern, nach denen der Jahresabschluß zu gliedern ist, ist der Jahresabschluß nur nichtig, wenn seine Klarheit und Übersichtlichkeit dadurch wesentlich beeinträchtigt sind.

(5) [1]Wegen Verstoßes gegen die Bewertungsvorschriften ist der Jahresabschluß nur nichtig, wenn

1. Posten überbewertet oder

2. Posten unterbewertet sind und dadurch die Vermögens- und Ertragslage der Gesellschaft vorsätzlich unrichtig wiedergegeben oder verschleiert wird.

[2]Überbewertet sind Aktivposten, wenn sie mit einem höheren Wert, Passivposten, wenn sie mit einem niedrigeren Betrag angesetzt sind, als nach §§ 253 bis 256 des Handelsgesetzbuchs in Verbindung mit §§ 279 bis 283 des Handelsgesetzbuchs zulässig ist. [3]Unterbewertet sind Aktivposten, wenn sie mit einem niedrigeren Wert, Passivposten, wenn sie mit einem höheren Betrag angesetzt sind, als nach §§ 253 bis 256 des Handelsgesetzbuchs in Verbindung mit §§ 279 bis 283 des Handelsgesetzbuchs zulässig ist. [4]Bei Kreditinstituten oder Finanzdienstleistungsinstituten liegt ein Verstoß gegen die Bewertungsvorschriften nicht vor, soweit die Abweichung nach den für sie geltenden Vorschriften, insbesondere den §§ 340 e bis 340 g des Handelsgesetzbuchs, zulässig ist; dies gilt entsprechend für Versicherungsunternehmen nach Maßgabe der für sie geltenden Vorschriften, insbesondere der §§ 341 b bis 341 h des Handelsgesetzbuchs.

(6) [1] Die Nichtigkeit nach Absatz 1 Nr. 1, 3 und 4, Absatz 2, Absatz 3 Nr. 1 und 2, Absatz 4 und 5 kann nicht mehr geltend gemacht werden, wenn seit der Bekanntmachung nach § 325 Abs. 1 Satz 2 oder Abs. 2 Satz 1 des Handelsgesetzbuchs im Bundesanzeiger in den Fällen des Absatzes 1 Nr. 3 und 4, des Absatzes 2 und des Absatzes 3 Nr. 1 und 2 sechs Monate, in den anderen Fällen drei Jahre verstrichen sind. [2] Ist bei Ablauf der Frist eine Klage auf Feststellung der Nichtigkeit des Jahresabschlusses rechtshängig, so verlängert sich die Frist, bis über die Klage rechtskräftig entschieden ist oder sie sich auf andere Weise endgültig erledigt hat.

(7) Für die Klage auf Feststellung der Nichtigkeit gegen die Gesellschaft gilt § 249 sinngemäß.

**§ 257 Anfechtung der Feststellung des Jahresabschlusses durch die Hauptversammlung.** (1) [1] Die Feststellung des Jahresabschlusses durch die Hauptversammlung kann nach § 243 angefochten werden. [2] Die Anfechtung kann jedoch nicht darauf gestützt werden, daß der Inhalt des Jahresabschlusses gegen Gesetz oder Satzung verstößt.

(2) [1] Für die Anfechtung gelten die §§ 244 bis 248. [2] Die Anfechtungsfrist beginnt auch dann mit der Beschlußfassung, wenn der Jahresabschluß nach § 316 Abs. 3 des Handelsgesetzbuchs erneut zu prüfen ist.

### Dritter Abschnitt. Sonderprüfung wegen unzulässiger Unterbewertung

**§ 258 Bestellung der Sonderprüfer.** (1) [1] Besteht Anlaß für die Annahme, daß

1. in einem festgestellten Jahresabschluß bestimmte Posten nicht unwesentlich unterbewertet sind (§ 256 Abs. 5 Satz 3) oder

2. der Anhang die vorgeschriebenen Angaben nicht oder nicht vollständig enthält und der Vorstand in der Hauptversammlung die fehlenden Angaben, obwohl nach ihnen gefragt worden ist, nicht gemacht hat und die Aufnahme der Frage in die Niederschrift verlangt worden ist,

so hat das Gericht auf Antrag Sonderprüfer zu bestellen. [2] Die Sonderprüfer haben die bemängelten Posten darauf zu prüfen, ob sie nicht unwesentlich unterbewertet sind. [3] Sie haben den Anhang darauf zu prüfen, ob die vorgeschriebenen Angaben nicht oder nicht vollständig gemacht worden sind und der Vorstand in der Hauptversammlung die fehlenden Angaben, obwohl nach ihnen gefragt worden ist, nicht gemacht hat und die Aufnahme der Frage in die Niederschrift verlangt worden ist.

(1 a) Bei Kreditinstituten oder Finanzdienstleistungsinstituten kann ein Sonderprüfer nach Absatz 1 nicht bestellt werden, soweit die Unterbewertung oder die fehlenden Angaben im Anhang auf der Anwendung des § 340 f des Handelsgesetzbuchs beruhen.

(2) [1] Der Antrag muß innerhalb eines Monats nach der Hauptversammlung über den Jahresabschluß gestellt werden. [2] Dies gilt auch, wenn der Jahresabschluß nach § 316 Abs. 3 des Handelsgesetzbuchs erneut zu prüfen ist. [3] Er kann nur von Aktionären gestellt werden, deren Anteile zusammen den zwanzigsten Teil des Grundkapitals oder den anteiligen Betrag von

500000 Euro erreichen. [4] Die Antragsteller haben die Aktien bis zur Entscheidung über den Antrag zu hinterlegen und glaubhaft zu machen, daß sie seit mindestens drei Monaten vor dem Tage der Hauptversammlung Inhaber der Aktien sind. [5] Zur Glaubhaftmachung genügt eine eidesstattliche Versicherung vor einem Notar.

(3) [1] Vor der Bestellung hat das Gericht den Vorstand, den Aufsichtsrat und den Abschlußprüfer zu hören. [2] Gegen die Entscheidung ist die sofortige Beschwerde zulässig.

(4) [1] Sonderprüfer nach Absatz 1 können nur Wirtschaftsprüfer und Wirtschaftsprüfungsgesellschaften sein. [2] Für die Auswahl gilt § 319 Abs. 2 und 3 des Handelsgesetzbuchs sinngemäß. [3] Der Abschlußprüfer der Gesellschaft und Personen, die in den letzten drei Jahren vor der Bestellung Abschlußprüfer der Gesellschaft waren, können nicht Sonderprüfer nach Absatz 1 sein.

(5) [1] § 142 Abs. 6 über den Ersatz angemessener barer Auslagen und die Vergütung gerichtlich bestellter Sonderprüfer, § 145 Abs. 1 bis 3 über die Rechte der Sonderprüfer, § 146 über die Kosten der Sonderprüfung und § 323 des Handelsgesetzbuchs über die Verantwortlichkeit des Abschlußprüfers gelten sinngemäß. [2] Die Sonderprüfer nach Absatz 1 haben die Rechte nach § 145 Abs. 2 auch gegenüber dem Abschlußprüfer der Gesellschaft.

**§ 259** Prüfungsbericht. Abschließende Feststellungen. (1) [1] Die Sonderprüfer haben über das Ergebnis der Prüfung schriftlich zu berichten. [2] Stellen die Sonderprüfer bei Wahrnehmung ihrer Aufgaben fest, daß Posten überbewertet sind (§ 256 Abs. 5 Satz 2), oder daß gegen die Vorschriften über die Gliederung des Jahresabschlusses verstoßen ist oder Formblätter nicht beachtet sind, so haben sie auch darüber zu berichten. [3] Für den Bericht gilt § 145 Abs. 4 sinngemäß.

(2) [1] Sind nach dem Ergebnis der Prüfung die bemängelten Posten nicht unwesentlich unterbewertet (§ 256 Abs. 5 Satz 3), so haben die Sonderprüfer am Schluß ihres Berichts in einer abschließenden Feststellung zu erklären,

1. zu welchem Wert die einzelnen Aktivposten mindestens und mit welchem Betrag die einzelnen Passivposten höchstens anzusetzen waren;

2. um welchen Betrag der Jahresüberschuß sich beim Ansatz dieser Werte oder Beträge erhöht oder der Jahresfehlbetrag sich ermäßigt hätte.

[2] Die Sonderprüfer haben ihrer Beurteilung die Verhältnisse am Stichtag des Jahresabschlusses zugrunde zu legen. [3] Sie haben für den Ansatz der Werte und Beträge nach Nummer 1 diejenige Bewertungs- und Abschreibungsmethode zugrunde zu legen, nach der die Gesellschaft die zu bewertenden Gegenstände oder vergleichbare Gegenstände zuletzt in zulässiger Weise bewertet hat.

(3) Sind nach dem Ergebnis der Prüfung die bemängelten Posten nicht oder nur unwesentlich unterbewertet (§ 256 Abs. 5 Satz 3), so haben die Sonderprüfer am Schluß ihres Berichts in einer abschließenden Feststellung zu erklären, daß nach pflichtmäßiger Prüfung und Beurteilung die bemängelten Posten nicht unzulässig unterbewertet sind.

(4) [1] Hat nach dem Ergebnis der Prüfung der Anhang die vorgeschriebenen Angaben nicht oder nicht vollständig enthalten und der Vorstand in der

Hauptversammlung die fehlenden Angaben, obwohl nach ihnen gefragt worden ist, nicht gemacht und ist die Aufnahme der Frage in die Niederschrift verlangt worden, so haben die Sonderprüfer am Schluß ihres Berichts in einer abschließenden Feststellung die fehlenden Angaben zu machen. ²Ist die Angabe von Abweichungen von Bewertungs- oder Abschreibungsmethoden unterlassen worden, so ist in der abschließenden Feststellung auch der Betrag anzugeben, um den der Jahresüberschuß oder Jahresfehlbetrag ohne die Abweichung, deren Angabe unterlassen wurde, höher oder niedriger gewesen wäre. ³Sind nach dem Ergebnis der Prüfung keine Angaben nach Satz 1 unterlassen worden, so haben die Sonderprüfer in einer abschließenden Feststellung zu erklären, daß nach ihrer pflichtmäßigen Prüfung und Beurteilung im Anhang keine der vorgeschriebenen Angaben unterlassen worden ist.

(5) Der Vorstand hat die abschließenden Feststellungen der Sonderprüfer nach den Absätzen 2 bis 4 unverzüglich in den Gesellschaftsblättern bekanntzumachen.

**§ 260**  **Gerichtliche Entscheidung über die abschließenden Feststellungen der Sonderprüfer.** (1) ¹Gegen abschließende Feststellungen der Sonderprüfer nach § 259 Abs. 2 und 3 können die Gesellschaft oder Aktionäre, deren Anteile zusammen den zwanzigsten Teil des Grundkapitals oder den anteiligen Betrag von 500 000 Euro erreichen, innerhalb eines Monats nach der Veröffentlichung im Bundesanzeiger den Antrag auf Entscheidung durch das nach § 132 Abs. 1 zuständige Gericht stellen. ²§ 258 Abs. 2 Satz 4 und 5 gilt sinngemäß. ³Der Antrag muß auf Feststellung des Betrags gerichtet sein, mit dem die im Antrag zu bezeichnenden Aktivposten mindestens oder die im Antrag zu bezeichnenden Passivposten höchstens anzusetzen waren. ⁴Der Antrag der Gesellschaft kann auch auf Feststellung gerichtet sein, daß der Jahresabschluß die in der abschließenden Feststellung der Sonderprüfer festgestellten Unterbewertungen nicht enthielt.

(2) ¹Über den Antrag entscheidet das Gericht unter Würdigung aller Umstände nach freier Überzeugung. ²§ 259 Abs. 2 Satz 2 und 3 ist anzuwenden. ³Soweit die volle Aufklärung aller maßgebenden Umstände mit erheblichen Schwierigkeiten verbunden ist, hat das Gericht die anzusetzenden Werte oder Beträge zu schätzen.

(3) ¹§ 99 Abs. 1, Abs. 2 Satz 1, Abs. 3 und 5 gilt sinngemäß. ²Das Gericht hat seine Entscheidung der Gesellschaft und, wenn Aktionäre den Antrag nach Absatz 1 gestellt haben, auch diesen zuzustellen. ³Es hat sie ferner ohne Gründe in den Gesellschaftsblättern bekanntzumachen. ⁴Die Beschwerde steht der Gesellschaft und Aktionären zu, deren Anteile zusammen den zwanzigsten Teil des Grundkapitals oder den anteiligen Betrag von 500 000 Euro erreichen. ⁵§ 258 Abs. 2 Satz 4 und 5 gilt sinngemäß. ⁶Die Beschwerdefrist beginnt mit der Bekanntmachung der Entscheidung im Bundesanzeiger, jedoch für die Gesellschaft und, wenn Aktionäre den Antrag nach Absatz 1 gestellt haben, auch für diese nicht vor der Zustellung der Entscheidung.

(4) ¹Für die Kosten des Verfahrens gilt die Kostenordnung. ²Für das Verfahren des ersten Rechtszugs wird das Doppelte der vollen Gebühr erhoben. ³Für den zweiten Rechtszug wird die gleiche Gebühr erhoben; dies gilt

auch dann, wenn die Beschwerde Erfolg hat. [4]Wird der Antrag oder die Beschwerde zurückgenommen, bevor es zu einer Entscheidung kommt, so ermäßigt sich die Gebühr auf die Hälfte. [5]Der Geschäftswert ist von Amts wegen festzusetzen. [6]Die Kosten sind, wenn dem Antrag stattgegeben wird, der Gesellschaft, sonst dem Antragsteller aufzuerlegen. [7]§ 247 gilt sinngemäß.

### § 261 Entscheidung über den Ertrag auf Grund höherer Bewertung.

(1) [1]Haben die Sonderprüfer in ihrer abschließenden Feststellung erklärt, daß Posten unterbewertet sind, und ist gegen diese Feststellung nicht innerhalb der in § 260 Abs. 1 bestimmten Frist der Antrag auf gerichtliche Entscheidung gestellt worden, so sind die Posten in dem ersten Jahresabschluß, der nach Ablauf dieser Frist aufgestellt wird, mit den von den Sonderprüfern festgestellten Werten oder Beträgen anzusetzen. [2]Dies gilt nicht, soweit auf Grund veränderter Verhältnisse, namentlich bei Gegenständen, die der Abnutzung unterliegen, auf Grund der Abnutzung, nach §§ 253 bis 256 des Handelsgesetzbuchs in Verbindung mit §§ 279 bis 283 des Handelsgesetzbuchs oder nach den Grundsätzen ordnungsmäßiger Buchführung für Aktivposten ein niedrigerer Wert oder für Passivposten ein höherer Betrag anzusetzen ist. [3]In diesem Fall sind im Anhang die Gründe anzugeben und in einer Sonderrechnung die Entwicklung des von den Sonderprüfern festgestellten Wertes oder Betrags auf den nach Satz 2 angesetzten Wert oder Betrag darzustellen. [4]Sind die Gegenstände nicht mehr vorhanden, ist darüber und über die Verwendung des Ertrags aus dem Abgang der Gegenstände im Anhang zu berichten. [5]Bei den einzelnen Posten der Jahresbilanz sind die Unterschiedsbeträge zu vermerken, um die auf Grund von Satz 1 und 2 Aktivposten zu einem höheren Wert oder Passivposten mit einem niedrigeren Betrag angesetzt worden sind. [6]Die Summe der Unterschiedsbeträge ist auf der Passivseite der Bilanz und in der Gewinn- und Verlustrechnung als „Ertrag auf Grund höherer Bewertung gemäß dem Ergebnis der Sonderprüfung" gesondert auszuweisen.

(2) [1]Hat das gemäß § 260 angerufene Gericht festgestellt, daß Posten unterbewertet sind, so gilt für den Ansatz der Posten in dem ersten Jahresabschluß, der nach Rechtskraft der gerichtlichen Entscheidung aufgestellt wird, Absatz 1 sinngemäß. [2]Die Summe der Unterschiedsbeträge ist als „Ertrag auf Grund höherer Bewertung gemäß gerichtlicher Entscheidung" gesondert auszuweisen.

(3) [1]Der Ertrag aus höherer Bewertung nach Absätzen 1 und 2 rechnet für die Anwendung der §§ 58 und 86 Abs. 2 nicht zum Jahresüberschuß. [2]Über die Verwendung des Ertrags abzüglich der auf ihn zu entrichtenden Steuern entscheidet die Hauptversammlung, soweit nicht in dem Jahresabschluß ein Bilanzverlust ausgewiesen wird, der nicht durch Kapital- oder Gewinnrücklagen gedeckt ist.

# Achter Teil.
## Auflösung und Nichtigerklärung der Gesellschaft

### Erster Abschnitt. Auflösung

#### Erster Unterabschnitt. Auflösungsgründe und Anmeldung

**§ 262 Auflösungsgründe.** (1) Die Aktiengesellschaft wird aufgelöst

1. durch Ablauf der in der Satzung bestimmten Zeit;

2. durch Beschluß der Hauptversammlung; dieser bedarf einer Mehrheit, die mindestens drei Viertel des bei der Beschlußfassung vertretenen Grundkapitals umfaßt; die Satzung kann eine größere Kapitalmehrheit und weitere Erfordernisse bestimmen;

3. durch die Eröffnung des Insolvenzverfahrens über das Vermögen der Gesellschaft;

4. mit der Rechtskraft des Beschlusses, durch den die Eröffnung des Insolvenzverfahrens mangels Masse abgelehnt wird;

5. mit der Rechtskraft einer Verfügung des Registergerichts, durch welche nach § 144a des Gesetzes über die Angelegenheiten der freiwilligen Gerichtsbarkeit ein Mangel der Satzung festgestellt worden ist;

6. durch Löschung der Gesellschaft wegen Vermögenslosigkeit nach § 141a des Gesetzes über die Angelegenheiten der freiwilligen Gerichtsbarkeit.

(2) Dieser Abschnitt gilt auch, wenn die Aktiengesellschaft aus anderen Gründen aufgelöst wird.

**§ 263 Anmeldung und Eintragung der Auflösung.** [1] Der Vorstand hat die Auflösung der Gesellschaft zur Eintragung in das Handelsregister anzumelden. [2] Dies gilt nicht in den Fällen der Eröffnung und der Ablehnung der Eröffnung des Insolvenzverfahrens (§ 262 Abs. 1 Nr. 3 und 4) sowie im Falle der gerichtlichen Feststellung eines Mangels der Satzung (§ 262 Abs. 1 Nr. 5). [3] In diesen Fällen hat das Gericht die Auflösung und ihren Grund von Amts wegen einzutragen. [4] Im Falle der Löschung der Gesellschaft (§ 262 Abs. 1 Nr. 6) entfällt die Eintragung der Auflösung.

#### Zweiter Unterabschnitt. Abwicklung

**§ 264 Notwendigkeit der Abwicklung.** (1) Nach der Auflösung der Gesellschaft findet die Abwicklung statt, wenn nicht über das Vermögen der Gesellschaft das Insolvenzverfahren eröffnet worden ist.

(2) [1] Ist die Gesellschaft durch Löschung wegen Vermögenslosigkeit aufgelöst, so findet eine Abwicklung nur statt, wenn sich nach der Löschung herausstellt, daß Vermögen vorhanden ist, das der Verteilung unterliegt. [2] Die Abwickler sind auf Antrag eines Beteiligten durch das Gericht zu ernennen.

(3) Soweit sich aus diesem Unterabschnitt oder aus dem Zweck der Abwicklung nichts anderes ergibt, sind auf die Gesellschaft bis zum Schluß der Abwicklung die Vorschriften weiterhin anzuwenden, die für nicht aufgelöste Gesellschaften gelten.

**§ 265 Abwickler.** (1) Die Abwicklung besorgen die Vorstandsmitglieder als Abwickler.

(2) [1] Die Satzung oder ein Beschluß der Hauptversammlung kann andere Personen als Abwickler bestellen. [2] Für die Auswahl der Abwickler gilt § 76 Abs. 3 Satz 3 und 4 sinngemäß. [3] Auch eine juristische Person kann Abwickler sein.

(3) [1] Auf Antrag des Aufsichtsrats oder einer Minderheit von Aktionären, deren Anteile zusammen den zwanzigsten Teil des Grundkapitals oder den anteiligen Betrag von 500 000 Euro erreichen, hat das Gericht bei Vorliegen eines wichtigen Grundes die Abwickler zu bestellen und abzuberufen. [2] Die Aktionäre haben glaubhaft zu machen, daß sie seit mindestens drei Monaten Inhaber der Aktien sind. [3] Zur Glaubhaftmachung genügt eine eidesstattliche Versicherung vor einem Gericht oder Notar. [4] Gegen die Entscheidung ist die sofortige Beschwerde zulässig.

(4) [1] Die gerichtlich bestellten Abwickler haben Anspruch auf Ersatz angemessener barer Auslagen und auf Vergütung für ihre Tätigkeit. [2] Einigen sich der gerichtlich bestellte Abwickler und die Gesellschaft nicht, so setzt das Gericht die Auslagen und die Vergütung fest. [3] Gegen die Entscheidung ist die sofortige Beschwerde zulässig. [4] Die weitere Beschwerde ist ausgeschlossen. [5] Aus der rechtskräftigen Entscheidung findet die Zwangsvollstreckung nach der Zivilprozeßordnung statt.

(5) [1] Abwickler, die nicht vom Gericht bestellt sind, kann die Hauptversammlung jederzeit abberufen. [2] Für die Ansprüche aus dem Anstellungsvertrag gelten die allgemeinen Vorschriften.

(6) Die Absätze 2 bis 5 gelten nicht für den Arbeitsdirektor, soweit sich seine Bestellung und Abberufung nach den Vorschriften des Montan-Mitbestimmungsgesetzes bestimmen.

**§ 266 Anmeldung der Abwickler.** (1) Die ersten Abwickler sowie ihre Vertretungsbefugnis hat der Vorstand, jeden Wechsel der Abwickler und jede Änderung ihrer Vertretungsbefugnis haben die Abwickler zur Eintragung in das Handelsregister anzumelden.

(2) Der Anmeldung sind die Urkunden über die Bestellung oder Abberufung sowie über die Vertretungsbefugnis in Urschrift oder öffentlich beglaubigter Abschrift für das Gericht des Sitzes der Gesellschaft beizufügen.

(3) [1] In der Anmeldung haben die Abwickler zu versichern, daß keine Umstände vorliegen, die ihrer Bestellung nach § 265 Abs. 2 Satz 2 entgegenstehen, und daß sie über ihre unbeschränkte Auskunftspflicht gegenüber dem Gericht belehrt worden sind. [2] § 37 Abs. 2 Satz 2 ist anzuwenden.

(4) Die Bestellung oder Abberufung von Abwicklern durch das Gericht wird von Amts wegen eingetragen.

(5) Die Abwickler haben ihre Namensunterschrift zur Aufbewahrung beim Gericht zu zeichnen, wenn sie dies nicht schon als Vorstandsmitglieder getan haben.

**§ 267 Aufruf der Gläubiger.** [1] Die Abwickler haben unter Hinweis auf die Auflösung der Gesellschaft die Gläubiger der Gesellschaft aufzufordern, ihre Ansprüche anzumelden. [2]Die Aufforderung ist dreimal in den Gesellschaftsblättern bekanntzumachen.

**§ 268 Pflichten der Abwickler.** (1) [1]Die Abwickler haben die laufenden Geschäfte zu beenden, die Forderungen einzuziehen, das übrige Vermögen in Geld umzusetzen und die Gläubiger zu befriedigen. [2]Soweit es die Abwicklung erfordert, dürfen sie auch neue Geschäfte eingehen.

(2) [1]Im übrigen haben die Abwickler innerhalb ihres Geschäftskreises die Rechte und Pflichten des Vorstands. [2]Sie unterliegen wie dieser der Überwachung durch den Aufsichtsrat.

(3) Das Wettbewerbsverbot des § 88 gilt für sie nicht.

(4) [1]Auf allen Geschäftsbriefen, die an einen bestimmten Empfänger gerichtet werden, müssen die Rechtsform und der Sitz der Gesellschaft, die Tatsache, daß die Gesellschaft sich in Abwicklung befindet, das Registergericht des Sitzes der Gesellschaft und die Nummer, unter der die Gesellschaft in das Handelsregister eingetragen ist, sowie alle Abwickler und der Vorsitzende des Aufsichtsrats mit dem Familiennamen und mindestens einem ausgeschriebenen Vornamen angegeben werden. [2]Werden Angaben über das Kapital der Gesellschaft gemacht, so müssen in jedem Falle das Grundkapital sowie, wenn auf die Aktien der Ausgabebetrag nicht vollständig eingezahlt ist, der Gesamtbetrag der ausstehenden Einlagen angegeben werden. [3]Der Angaben nach Satz 1 bedarf es nicht bei Mitteilungen oder Berichten, die im Rahmen einer bestehenden Geschäftsverbindung ergehen und für die üblicherweise Vordrucke verwendet werden, in denen lediglich die im Einzelfall erforderlichen besonderen Angaben eingefügt zu werden brauchen. [4]Bestellscheine gelten als Geschäftsbriefe im Sinne des Satzes 1; Satz 3 ist auf sie nicht anzuwenden.

**§ 269 Vertretung durch die Abwickler.** (1) Die Abwickler vertreten die Gesellschaft gerichtlich und außergerichtlich.

(2) [1]Sind mehrere Abwickler bestellt, so sind, wenn die Satzung oder die sonst zuständige Stelle nichts anderes bestimmt, sämtliche Abwickler nur gemeinschaftlich zur Vertretung der Gesellschaft befugt. [2]Ist eine Willenserklärung gegenüber der Gesellschaft abzugeben, so genügt die Abgabe gegenüber einem Abwickler.

(3) [1]Die Satzung oder die sonst zuständige Stelle kann auch bestimmen, daß einzelne Abwickler allein oder in Gemeinschaft mit einem Prokuristen zur Vertretung der Gesellschaft befugt sind. [2]Dasselbe kann der Aufsichtsrat bestimmen, wenn die Satzung oder ein Beschluß der Hauptversammlung ihn hierzu ermächtigt hat. [3]Absatz 2 Satz 2 gilt in diesen Fällen sinngemäß.

(4) [1]Zur Gesamtvertretung befugte Abwickler können einzelne von ihnen zur Vornahme bestimmter Geschäfte oder bestimmter Arten von Geschäften ermächtigen. [2]Dies gilt sinngemäß, wenn ein einzelner Abwickler in Gemeinschaft mit einem Prokuristen zur Vertretung der Gesellschaft befugt ist.

(5) Die Vertretungsbefugnis der Abwickler kann nicht beschränkt werden.

(6) Abwickler zeichnen für die Gesellschaft, indem sie der Firma einen die Abwicklung andeutenden Zusatz und ihre Namensunterschrift hinzufügen.

**§ 270 Eröffnungsbilanz. Jahresabschluß und Lagebericht.** (1) Die Abwickler haben für den Beginn der Abwicklung eine Bilanz (Eröffnungsbilanz) und einen die Eröffnungsbilanz erläuternden Bericht sowie für den Schluß eines jeden Jahres einen Jahresabschluß und einen Lagebericht aufzustellen.

(2) ¹Die Hauptversammlung beschließt über die Feststellung der Eröffnungsbilanz und des Jahresabschlusses sowie über die Entlastung der Abwickler und der Mitglieder des Aufsichtsrats. ²Auf die Eröffnungsbilanz und den erläuternden Bericht sind die Vorschriften über den Jahresabschluß entsprechend anzuwenden. ³Vermögensgegenstände des Anlagevermögens sind jedoch wie Umlaufvermögen zu bewerten, soweit ihre Veräußerung innerhalb eines übersehbaren Zeitraums beabsichtigt ist oder diese Vermögensgegenstände nicht mehr dem Geschäftsbetrieb dienen; dies gilt auch für den Jahresabschluß.

(3) ¹Das Gericht kann von der Prüfung des Jahresabschlusses und des Lageberichts durch einen Abschlußprüfer befreien, wenn die Verhältnisse der Gesellschaft so überschaubar sind, daß eine Prüfung im Interesse der Gläubiger und Aktionäre nicht geboten erscheint. ²Gegen die Entscheidung ist die sofortige Beschwerde zulässig.

**§ 271 Verteilung des Vermögens.** (1) Das nach der Berichtigung der Verbindlichkeiten verbleibende Vermögen der Gesellschaft wird unter die Aktionäre verteilt.

(2) Das Vermögen ist nach den Anteilen am Grundkapital zu verteilen, wenn nicht Aktien mit verschiedenen Rechten bei der Verteilung des Gesellschaftsvermögens vorhanden sind.

(3) ¹Sind die Einlagen auf das Grundkapital nicht auf alle Aktien in demselben Verhältnis geleistet, so werden die geleisteten Einlagen erstattet und ein Überschuß nach den Anteilen am Grundkapital verteilt. ²Reicht das Vermögen zur Erstattung der Einlagen nicht aus, so haben die Aktionäre den Verlust nach ihren Anteilen am Grundkapital zu tragen; die noch ausstehenden Einlagen sind, soweit nötig, einzuziehen.

**§ 272 Gläubigerschutz.** (1) Das Vermögen darf nur verteilt werden, wenn ein Jahr seit dem Tage verstrichen ist, an dem der Aufruf der Gläubiger zum drittenmal bekanntgemacht worden ist.

(2) Meldet sich ein bekannter Gläubiger nicht, so ist der geschuldete Betrag für ihn zu hinterlegen, wenn ein Recht zur Hinterlegung besteht.

(3) Kann eine Verbindlichkeit zur Zeit nicht berichtigt werden oder ist sie streitig, so darf das Vermögen nur verteilt werden, wenn dem Gläubiger Sicherheit geleistet ist.

**§ 273 Schluß der Abwicklung.** (1) ¹Ist die Abwicklung beendet und die Schlußrechnung gelegt, so haben die Abwickler den Schluß der Abwicklung zur Eintragung in das Handelsregister anzumelden. ²Die Gesellschaft ist zu löschen.

(2) Die Bücher und Schriften der Gesellschaft sind an einen vom Gericht bestimmten sicheren Ort zur Aufbewahrung auf zehn Jahre zu hinterlegen.

(3) Das Gericht kann den Aktionären und den Gläubigern die Einsicht der Bücher und Schriften gestatten.

(4) [1]Stellt sich nachträglich heraus, daß weitere Abwicklungsmaßnahmen nötig sind, so hat auf Antrag eines Beteiligten das Gericht die bisherigen Abwickler neu zu bestellen oder andere Abwickler zu berufen. [2]§ 265 Abs. 4 gilt.

(5) Gegen die Entscheidungen nach den Absätzen 2, 3 und 4 Satz 1 ist die sofortige Beschwerde zulässig.

**§ 274 Fortsetzung einer aufgelösten Gesellschaft.** (1) [1]Ist eine Aktiengesellschaft durch Zeitablauf oder durch Beschluß der Hauptversammlung aufgelöst worden, so kann die Hauptversammlung, solange noch nicht mit der Verteilung des Vermögens unter die Aktionäre begonnen ist, die Fortsetzung der Gesellschaft beschließen. [2]Der Beschluß bedarf einer Mehrheit, die mindestens drei Viertel des bei der Beschlußfassung vertretenen Grundkapitals umfaßt. [3]Die Satzung kann eine größere Kapitalmehrheit und weitere Erfordernisse bestimmen.

(2) Gleiches gilt, wenn die Gesellschaft

1. durch die Eröffnung des Insolvenzverfahrens aufgelöst, das Verfahren aber auf Antrag des Schuldners eingestellt oder nach der Bestätigung eines Insolvenzplans, der den Fortbestand der Gesellschaft vorsieht, aufgehoben worden ist;

2. durch die gerichtliche Feststellung eines Mangels der Satzung nach § 262 Abs. 1 Nr. 5 aufgelöst worden ist, eine den Mangel behebende Satzungsänderung aber spätestens zugleich mit der Fortsetzung der Gesellschaft beschlossen wird.

(3) [1]Die Abwickler haben die Fortsetzung der Gesellschaft zur Eintragung in das Handelsregister anzumelden. [2]Sie haben bei der Anmeldung nachzuweisen, daß noch nicht mit der Verteilung des Vermögens der Gesellschaft unter die Aktionäre begonnen worden ist.

(4) [1]Der Fortsetzungsbeschluß wird erst wirksam, wenn er in das Handelsregister des Sitzes der Gesellschaft eingetragen worden ist. [2]Im Falle des Absatzes 2 Nr. 2 hat der Fortsetzungsbeschluß keine Wirkung, solange er und der Beschluß über die Satzungsänderung nicht in das Handelsregister des Sitzes der Gesellschaft eingetragen worden sind; die beiden Beschlüsse sollen nur zusammen in das Handelsregister eingetragen werden.

## Zweiter Abschnitt. Nichtigerklärung der Gesellschaft

**§ 275 Klage auf Nichtigerklärung.** (1) [1]Enthält die Satzung keine Bestimmungen über die Höhe des Grundkapitals oder über den Gegenstand des Unternehmens oder sind die Bestimmungen der Satzung über den Gegenstand des Unternehmens nichtig, so kann jeder Aktionär und jedes Mitglied des Vorstands und des Aufsichtsrats darauf klagen, daß die Gesellschaft für nichtig erklärt werde. [2]Auf andere Gründe kann die Klage nicht gestützt werden.

(2) Kann der Mangel nach § 276 geheilt werden, so kann die Klage erst erhoben werden, nachdem ein Klageberechtigter die Gesellschaft aufgefordert

hat, den Mangel zu beseitigen, und sie binnen drei Monaten dieser Aufforderung nicht nachgekommen ist.

(3) ¹Die Klage muß binnen drei Jahren nach Eintragung der Gesellschaft erhoben werden. ²Eine Löschung der Gesellschaft von Amts wegen nach § 144 Abs. 1 des Gesetzes über die Angelegenheiten der freiwilligen Gerichtsbarkeit¹⁾ wird durch den Zeitablauf nicht ausgeschlossen.

(4) ¹Für die Klage gelten § 246 Abs. 2 bis 4, §§ 247, 248 Abs. 1 Satz 1, § 249 Abs. 2 sinngemäß. ²Der Vorstand hat eine beglaubigte Abschrift der Klage und das rechtskräftige Urteil zum Handelsregister einzureichen. ³Die Nichtigkeit der Gesellschaft auf Grund rechtskräftigen Urteils ist einzutragen.

**§ 276 Heilung von Mängeln.** Ein Mangel, der die Bestimmungen über den Gegenstand des Unternehmens betrifft, kann unter Beachtung der Bestimmungen des Gesetzes und der Satzung über Satzungsänderungen geheilt werden.

**§ 277 Wirkung der Eintragung der Nichtigkeit.** (1) Ist die Nichtigkeit einer Gesellschaft auf Grund rechtskräftigen Urteils oder einer Entscheidung des Registergerichts in das Handelsregister eingetragen, so findet die Abwicklung nach den Vorschriften über die Abwicklung bei Auflösung statt.

(2) Die Wirksamkeit der im Namen der Gesellschaft vorgenommenen Rechtsgeschäfte wird durch die Nichtigkeit nicht berührt.

(3) Die Gesellschafter haben die Einlagen zu leisten, soweit es zur Erfüllung der eingegangenen Verbindlichkeiten nötig ist.

## Zweites Buch. Kommanditgesellschaft auf Aktien

**§ 278 Wesen der Kommanditgesellschaft auf Aktien.** (1) Die Kommanditgesellschaft auf Aktien ist eine Gesellschaft mit eigener Rechtspersönlichkeit, bei der mindestens ein Gesellschafter den Gesellschaftsgläubigern unbeschränkt haftet (persönlich haftender Gesellschafter) und die übrigen an dem in Aktien zerlegten Grundkapital beteiligt sind, ohne persönlich für die Verbindlichkeiten der Gesellschaft zu haften (Kommanditaktionäre).

(2) Das Rechtsverhältnis der persönlich haftenden Gesellschafter untereinander und gegenüber der Gesamtheit der Kommanditaktionäre sowie gegenüber Dritten, namentlich die Befugnis der persönlich haftenden Gesellschafter zur Geschäftsführung und zur Vertretung der Gesellschaft, bestimmt sich nach den Vorschriften des Handelsgesetzbuchs über die Kommanditgesellschaft.²⁾

---

¹⁾ **§ 144 Abs. 1 FGG** lautet:

„(1) ¹Eine in das Handelsregister eingetragene Aktiengesellschaft oder Kommanditgesellschaft auf Aktien kann nach den §§ 142, 143 als nichtig gelöscht werden, wenn die Voraussetzungen vorliegen, unter denen nach den §§ 275, 276 des Aktiengesetzes die Klage auf Nichtigerklärung erhoben werden kann. ²Das gleiche gilt für eine in das Handelsregister eingetragene Gesellschaft mit beschränkter Haftung, wenn die Voraussetzungen vorliegen, unter denen nach den §§ 75, 76 des Gesetzes, betreffend die Gesellschaften mit beschränkter Haftung, die Nichtigkeitsklage erhoben werden kann."

²⁾ §§ 161 bis 177a HGB; abgedruckt in **dtv 5002 „HGB".**

(3) Im übrigen gelten für die Kommanditgesellschaft auf Aktien, soweit sich aus den folgenden Vorschriften oder aus dem Fehlen eines Vorstands nichts anderes ergibt, die Vorschriften des Ersten Buchs über die Aktiengesellschaft sinngemäß.

**§ 279 Firma.** (1) Die Firma der Kommanditgesellschaft auf Aktien muß, auch wenn sie nach § 22 des Handelsgesetzbuchs oder nach anderen gesetzlichen Vorschriften fortgeführt wird, die Bezeichnung „Kommanditgesellschaft auf Aktien" oder eine allgemein verständliche Abkürzung dieser Bezeichnung enthalten.

(2) Wenn in der Gesellschaft keine natürliche Person persönlich haftet, muß die Firma, auch wenn sie nach § 22 des Handelsgesetzbuchs oder nach anderen gesetzlichen Vorschriften fortgeführt wird, eine Bezeichnung enthalten, welche die Haftungsbeschränkung kennzeichnet.

**§ 280 Feststellung der Satzung. Gründer.** (1) [1]Die Satzung muß von mindestens fünf Personen durch notarielle Beurkundung festgestellt werden. [2]In der Urkunde sind bei Nennbetragsaktien der Nennbetrag, bei Stückaktien die Zahl, der Ausgabebetrag und, wenn mehrere Gattungen bestehen, die Gattung der Aktien anzugeben, die jeder Beteiligte übernimmt. [3]Bevollmächtigte bedürfen einer notariell beglaubigten Vollmacht.

(2) [1]Alle persönlich haftenden Gesellschafter müssen sich bei der Feststellung der Satzung beteiligen. [2]Außer ihnen müssen die Personen mitwirken, die als Kommanditaktionäre Aktien gegen Einlagen übernehmen.

(3) Die Gesellschafter, die die Satzung festgestellt haben, sind die Gründer der Gesellschaft.

**§ 281 Inhalt der Satzung.** (1) Die Satzung muß außer den Festsetzungen nach § 23 Abs. 3 und 4 den Namen, Vornamen und Wohnort jedes persönlich haftenden Gesellschafters enthalten.

(2) Vermögenseinlagen der persönlich haftenden Gesellschafter müssen, wenn sie nicht auf das Grundkapital geleistet werden, nach Höhe und Art in der Satzung festgesetzt werden.

(3) *(aufgehoben)*

**§ 282 Eintragung der persönlich haftenden Gesellschafter.** [1]Bei der Eintragung der Gesellschaft in das Handelsregister sind statt der Vorstandsmitglieder die persönlich haftenden Gesellschafter anzugeben. [2]Ferner ist einzutragen, welche Vertretungsbefugnis die persönlich haftenden Gesellschafter haben.

**§ 283 Persönlich haftende Gesellschafter.** Für die persönlich haftenden Gesellschafter gelten sinngemäß die für den Vorstand der Aktiengesellschaft geltenden Vorschriften über

1. die Anmeldungen, Einreichungen, Erklärungen und Nachweise zum Handelsregister sowie über Bekanntmachungen;

2. die Gründungsprüfung;

3. die Sorgfaltspflicht und Verantwortlichkeit;

4. die Pflichten gegenüber dem Aufsichtsrat;
5. die Zulässigkeit einer Kreditgewährung;
6. die Einberufung der Hauptversammlung;
7. die Sonderprüfung;
8. die Geltendmachung von Ersatzansprüchen wegen der Geschäftsführung;
9. die Aufstellung und Vorlegung des Jahresabschlusses, des Lageberichts und des Vorschlags für die Verwendung des Bilanzgewinns;
10. die Prüfung des Jahresabschlusses;
11. die Rechnungslegung im Konzern;
12. die Ausgabe von Aktien bei bedingter Kapitalerhöhung, bei genehmigtem Kapital und bei Kapitalerhöhung aus Gesellschaftsmitteln;
13. die Nichtigkeit und Anfechtung von Hauptversammlungsbeschlüssen;
14. den Antrag auf Eröffnung des Insolvenzverfahrens.

**§ 284 Wettbewerbsverbot.** (1) [1] Ein persönlich haften der Gesellschafter darf ohne ausdrückliche Einwilligung der übrigen persönlich haftenden Gesellschafter und des Aufsichtsrats weder im Geschäftszweig der Gesellschaft für eigene oder fremde Rechnung Geschäfte machen noch Mitglied des Vorstands oder Geschäftsführer oder persönlich haftender Gesellschafter einer anderen gleichartigen Handelsgesellschaft sein. [2] Die Einwilligung kann nur für bestimmte Arten von Geschäften oder für bestimmte Handelsgesellschaften erteilt werden.

(2) [1] Verstößt ein persönlich haftender Gesellschafter gegen dieses Verbot, so kann die Gesellschaft Schadenersatz fordern. [2] Sie kann statt dessen von dem Gesellschafter verlangen, daß er die für eigene Rechnung gemachten Geschäfte als für Rechnung der Gesellschaft eingegangen gelten läßt und die aus Geschäften für fremde Rechnung bezogene Vergütung herausgibt oder seinen Anspruch auf die Vergütung abtritt.

(3) [1] Die Ansprüche der Gesellschaft verjähren in drei Monaten seit dem Zeitpunkt, in dem die übrigen persönlich haftenden Gesellschafter und die Aufsichtsratsmitglieder von der zum Schadenersatz verpflichtenden Handlung Kenntnis erlangen. [2] Sie verjähren ohne Rücksicht auf diese Kenntnis in fünf Jahren seit ihrer Entstehung.

**§ 285 Hauptversammlung.** (1) [1] In der Hauptversammlung haben die persönlich haftenden Gesellschafter nur ein Stimmrecht für ihre Aktien. [2] Sie können das Stimmrecht weder für sich noch für einen anderen ausüben bei Beschlußfassungen über

1. die Wahl und Abberufung des Aufsichtsrats;
2. die Entlastung der persönlich haftenden Gesellschafter und der Mitglieder des Aufsichtsrats;
3. die Bestellung von Sonderprüfern;
4. die Geltendmachung von Ersatzansprüchen;
5. den Verzicht auf Ersatzansprüche;
6. die Wahl von Abschlußprüfern.

³Bei diesen Beschlußfassungen kann ihr Stimmrecht auch nicht durch einen anderen ausgeübt werden.

(2) ¹Die Beschlüsse der Hauptversammlung bedürfen der Zustimmung der persönlich haftenden Gesellschafter, soweit sie Angelegenheiten betreffen, für die bei einer Kommanditgesellschaft das Einverständnis der persönlich haftenden Gesellschafter und der Kommanditisten erforderlich ist. ²Die Ausübung der Befugnisse, die der Hauptversammlung oder einer Minderheit von Kommanditaktionären bei der Bestellung von Prüfern und der Geltendmachung von Ansprüchen der Gesellschaft aus der Gründung oder der Geschäftsführung zustehen, bedarf nicht der Zustimmung der persönlich haftenden Gesellschafter.

(3) ¹Beschlüsse der Hauptversammlung, die der Zustimmung der persönlich haftenden Gesellschafter bedürfen, sind zum Handelsregister erst einzureichen, wenn die Zustimmung vorliegt. ²Bei Beschlüssen, die in das Handelsregister einzutragen sind, ist die Zustimmung in der Verhandlungsniederschrift oder in einem Anhang zur Niederschrift zu beurkunden.

**§ 286 Jahresabschluß. Lagebericht.** (1) ¹Die Hauptversammlung beschließt über die Feststellung des Jahresabschlusses. ²Der Beschluß bedarf der Zustimmung der persönlich haftenden Gesellschafter.

(2) ¹In der Jahresbilanz sind die Kapitalanteile der persönlich haftenden Gesellschafter nach dem Posten „Gezeichnetes Kapital" gesondert auszuweisen. ²Der auf den Kapitalanteil eines persönlich haftenden Gesellschafters für das Geschäftsjahr entfallende Verlust ist von dem Kapitalanteil abzuschreiben. ³Soweit der Verlust den Kapitalanteil übersteigt, ist er auf der Aktivseite unter der Bezeichnung „Einzahlungsverpflichtungen persönlich haftender Gesellschafter" unter den Forderungen gesondert auszuweisen, soweit eine Zahlungsverpflichtung besteht; besteht keine Zahlungsverpflichtung, so ist der Betrag als „Nicht durch Vermögenseinlagen gedeckter Verlustanteil persönlich haftender Gesellschafter" zu bezeichnen und gemäß § 268 Abs. 3 des Handelsgesetzbuchs auszuweisen. ⁴Unter § 89 fallende Kredite, die die Gesellschaft persönlich haftenden Gesellschaftern, deren Ehegatten oder minderjährigen Kindern oder Dritten, die für Rechnung dieser Personen handeln, gewährt hat, sind auf der Aktivseite bei den entsprechenden Posten unter der Bezeichnung „davon an persönlich haftende Gesellschafter und deren Angehörige" zu vermerken.

(3) In der Gewinn- und Verlustrechnung braucht der auf die Kapitalanteile der persönlich haftenden Gesellschafter entfallende Gewinn oder Verlust nicht gesondert ausgewiesen zu werden.

(4) § 285 Nr. 9 Buchstaben a und b des Handelsgesetzbuchs gilt für die persönlich haftenden Gesellschafter mit der Maßgabe, daß der auf den Kapitalanteil eines persönlich haftenden Gesellschafters entfallende Gewinn nicht angegeben zu werden braucht.

**§ 287 Aufsichtsrat.** (1) Die Beschlüsse der Kommanditaktionäre führt der Aufsichtsrat aus, wenn die Satzung nichts anderes bestimmt.

(2) ¹In Rechtsstreitigkeiten, die die Gesamtheit der Kommanditaktionäre gegen die persönlich haftenden Gesellschafter oder diese gegen die Gesamt-

heit der Kommanditaktionäre führen, vertritt der Aufsichtsrat die Kommanditaktionäre, wenn die Hauptversammlung keine besonderen Vertreter gewählt hat. [2]Für die Kosten des Rechtsstreits, die den Kommanditaktionären zur Last fallen, haftet die Gesellschaft unbeschadet ihres Rückgriffs gegen die Kommanditaktionäre.

(3) Persönlich haftende Gesellschafter können nicht Aufsichtsratsmitglieder sein.

**§ 288 Entnahmen der persönlich haftenden Gesellschafter. Kreditgewährung.** (1) [1]Entfällt auf einen persönlich haftenden Gesellschafter ein Verlust, der seinen Kapitalanteil übersteigt, so darf er keinen Gewinn auf seinen Kapitalanteil entnehmen. [2]Er darf ferner keinen solchen Gewinnanteil und kein Geld auf seinen Kapitalanteil entnehmen, solange die Summe aus Bilanzverlust, Einzahlungsverpflichtungen, Verlustanteilen persönlich haftender Gesellschafter und Forderungen aus Krediten an persönlich haftende Gesellschafter und deren Angehörige die Summe aus Gewinnvortrag, Kapital- und Gewinnrücklagen sowie Kapitalanteilen der persönlich haftenden Gesellschafter übersteigt.

(2) [1]Solange die Voraussetzung von Absatz 1 Satz 2 vorliegt, darf die Gesellschaft keinen unter § 286 Abs. 2 Satz 4 fallenden Kredit gewähren. [2]Ein trotzdem gewährter Kredit ist ohne Rücksicht auf entgegenstehende Vereinbarungen sofort zurückzugewähren.

(3) [1]Ansprüche persönlich haftender Gesellschafter auf nicht vom Gewinn abhängige Tätigkeitsvergütungen werden durch diese Vorschriften nicht berührt. [2]Für eine Herabsetzung solcher Vergütungen gilt § 87 Abs. 2 Satz 1 sinngemäß.

**§ 289 Auflösung.** (1) Die Gründe für die Auflösung der Kommanditgesellschaft auf Aktien und das Ausscheiden eines von mehreren persönlich haftenden Gesellschaftern aus der Gesellschaft richten sich, soweit in den Absätzen 2 bis 6 nichts anderes bestimmt ist, nach den Vorschriften des Handelsgesetzbuchs über die Kommanditgesellschaft.[1]

(2) Die Kommanditgesellschaft auf Aktien wird auch aufgelöst

1. mit der Rechtskraft des Beschlusses, durch den die Eröffnung des Insolvenzverfahrens mangels Masse abgelehnt wird;

2. mit der Rechtskraft einer Verfügung des Registergerichts, durch welche nach § 144a des Gesetzes über die Angelegenheiten der freiwilligen Gerichtsbarkeit ein Mangel der Satzung festgestellt worden ist;

3. durch die Löschung der Gesellschaft wegen Vermögenslosigkeit nach § 141a des Gesetzes über die Angelegenheiten der freiwilligen Gerichtsbarkeit.

(3) [1]Durch die Eröffnung des Insolvenzverfahrens über das Vermögen eines Kommanditaktionärs wird die Gesellschaft nicht aufgelöst. [2]Die Gläubiger eines Kommanditaktionärs sind nicht berechtigt, die Gesellschaft zu kündigen.

---

[1] §§ 161 bis 177a HGB; abgedruckt in **dtv 5002 „HGB".**

(4) [1] Für die Kündigung der Gesellschaft durch die Kommanditaktionäre und für ihre Zustimmung zur Auflösung der Gesellschaft ist ein Beschluß der Hauptversammlung nötig. [2] Gleiches gilt für den Antrag auf Auflösung der Gesellschaft durch gerichtliche Entscheidung. [3] Der Beschluß bedarf einer Mehrheit, die mindestens drei Viertel des bei der Beschlußfassung vertretenen Grundkapitals umfaßt. [4] Die Satzung kann eine größere Kapitalmehrheit und weitere Erfordernisse bestimmen.

(5) Persönlich haftende Gesellschafter können außer durch Ausschließung nur ausscheiden, wenn es die Satzung für zulässig erklärt.

(6) [1] Die Auflösung der Gesellschaft und das Ausscheiden eines persönlich haftenden Gesellschafters ist von allen persönlich haftenden Gesellschaftern zur Eintragung in das Handelsregister anzumelden. [2] § 143 Abs. 3 des Handelsgesetzbuchs gilt sinngemäß. [3] In den Fällen des Absatzes 2 hat das Gericht die Auflösung und ihren Grund von Amts wegen einzutragen. [4] Im Falle des Absatzes 2 Nr. 3 entfällt die Eintragung der Auflösung.

**§ 290 Abwicklung.** (1) Die Abwicklung besorgen alle persönlich haftenden Gesellschafter und eine oder mehrere von der Hauptversammlung gewählte Personen als Abwickler, wenn die Satzung nichts anderes bestimmt.

(2) Die Bestellung oder Abberufung von Abwicklern durch das Gericht kann auch jeder persönlich haftende Gesellschafter beantragen.

(3) [1] Ist die Gesellschaft durch Löschung wegen Vermögenslosigkeit aufgelöst, so findet eine Abwicklung nur statt, wenn sich nach der Löschung herausstellt, daß Vermögen vorhanden ist, das der Verteilung unterliegt. [2] Die Abwickler sind auf Antrag eines Beteiligten durch das Gericht zu ernennen.

## Drittes Buch. Verbundene Unternehmen

### Erster Teil. Unternehmensverträge

#### Erster Abschnitt. Arten von Unternehmensverträgen

**§ 291 Beherrschungsvertrag. Gewinnabführungsvertrag.** (1) [1] Unternehmensverträge sind Verträge, durch die eine Aktiengesellschaft oder Kommanditgesellschaft auf Aktien die Leitung ihrer Gesellschaft einem anderen Unternehmen unterstellt (Beherrschungsvertrag) oder sich verpflichtet, ihren ganzen Gewinn an ein anderes Unternehmen abzuführen (Gewinnabführungsvertrag). [2] Als Vertrag über die Abführung des ganzen Gewinns gilt auch ein Vertrag, durch den eine Aktiengesellschaft oder Kommanditgesellschaft auf Aktien es übernimmt, ihr Unternehmen für Rechnung eines anderen Unternehmens zu führen.

(2) Stellen sich Unternehmen, die voneinander nicht abhängig sind, durch Vertrag unter einheitliche Leitung, ohne daß dadurch eines von ihnen von einem anderen vertragschließenden Unternehmen abhängig wird, so ist dieser Vertrag kein Beherrschungsvertrag.

(3) Leistungen der Gesellschaft auf Grund eines Beherrschungs- oder eines Gewinnabführungsvertrags gelten nicht als Verstoß gegen die §§ 57, 58 und 60.

**§ 292 Andere Unternehmensverträge.** (1) Unternehmensverträge sind ferner Verträge, durch die eine Aktiengesellschaft oder Kommanditgesellschaft auf Aktien

1. sich verpflichtet, ihren Gewinn oder den Gewinn einzelner ihrer Betriebe ganz oder zum Teil mit dem Gewinn anderer Unternehmen oder einzelner Betriebe anderer Unternehmen zur Aufteilung eines gemeinschaftlichen Gewinns zusammenzulegen (Gewinngemeinschaft),

2. sich verpflichtet, einen Teil ihres Gewinns oder den Gewinn einzelner ihrer Betriebe ganz oder zum Teil an einen anderen abzuführen (Teilgewinnabführungsvertrag),

3. den Betrieb ihres Unternehmens einem anderen verpachtet oder sonst überläßt (Betriebspachtvertrag, Betriebsüberlassungsvertrag).

(2) Ein Vertrag über eine Gewinnbeteiligung mit Mitgliedern von Vorstand und Aufsichtsrat oder mit einzelnen Arbeitnehmern der Gesellschaft sowie eine Abrede über eine Gewinnbeteiligung im Rahmen von Verträgen des laufenden Geschäftsverkehrs oder Lizenzverträgen ist kein Teilgewinnabführungsvertrag.

(3) ¹Ein Betriebspacht- oder Betriebsüberlassungsvertrag und der Beschluß, durch den die Hauptversammlung dem Vertrag zugestimmt hat, sind nicht deshalb nichtig, weil der Vertrag gegen die §§ 57, 58 und 60 verstößt. ²Satz 1 schließt die Anfechtung des Beschlusses wegen dieses Verstoßes nicht aus.

### Zweiter Abschnitt. Abschluß, Änderung und Beendigung von Unternehmensverträgen

**§ 293 Zustimmung der Hauptversammlung.** (1) ¹Ein Unternehmensvertrag wird nur mit Zustimmung der Hauptversammlung wirksam. ²Der Beschluß bedarf einer Mehrheit, die mindestens drei Viertel des bei der Beschlußfassung vertretenen Grundkapitals umfaßt. ³Die Satzung kann eine größere Kapitalmehrheit und weitere Erfordernisse bestimmen. ⁴Auf den Beschluß sind die Bestimmungen des Gesetzes und der Satzung über Satzungsänderungen nicht anzuwenden.

(2) ¹Ein Beherrschungs- oder ein Gewinnabführungsvertrag wird, wenn der andere Vertragsteil eine Aktiengesellschaft oder Kommanditgesellschaft auf Aktien ist, nur wirksam, wenn auch die Hauptversammlung dieser Gesellschaft zustimmt. ²Für den Beschluß gilt Absatz 1 Satz 2 bis 4 sinngemäß.

(3) Der Vertrag bedarf der schriftlichen Form.

**§ 293a Bericht über den Unternehmensvertrag.** (1) ¹Der Vorstand jeder an einem Unternehmensvertrag beteiligten Aktiengesellschaft oder Kommanditgesellschaft auf Aktien hat, soweit die Zustimmung der Hauptversammlung nach § 293 erforderlich ist, einen ausführlichen schriftlichen Bericht zu erstatten, in dem der Abschluß des Unternehmensvertrags, der Vertrag im einzelnen und insbesondere Art und Höhe des Ausgleichs nach § 304 und der Abfindung nach § 305 rechtlich und wirtschaftlich erläutert und begründet werden; der Bericht kann von den Vorständen auch gemeinsam erstattet werden. ²Auf besondere Schwierigkeiten bei der Bewertung der vertragschließenden Unternehmen sowie auf die Folgen für die Beteiligungen der Aktionäre ist hinzuweisen.

(2) [1] In den Bericht brauchen Tatsachen nicht aufgenommen zu werden, deren Bekanntwerden geeignet ist, einem der vertragschließenden Unternehmen oder einem verbundenen Unternehmen einen nicht unerheblichen Nachteil zuzufügen. [2] In diesem Falle sind in dem Bericht die Gründe, aus denen die Tatsachen nicht aufgenommen worden sind, darzulegen.

(3) Der Bericht ist nicht erforderlich, wenn alle Anteilsinhaber aller beteiligten Unternehmen auf seine Erstattung durch öffentlich beglaubigte Erklärung verzichten.

**§ 293b Prüfung des Unternehmensvertrags.** (1) Der Unternehmensvertrag ist für jede vertragschließende Aktiengesellschaft oder Kommanditgesellschaft auf Aktien durch einen oder mehrere sachverständige Prüfer (Vertragsprüfer) zu prüfen, es sei denn, daß sich alle Aktien der abhängigen Gesellschaft in der Hand des herrschenden Unternehmens befinden.

(2) § 293a Abs. 3 ist entsprechend anzuwenden.

**§ 293c Bestellung der Vertragsprüfer.** (1) [1] Die Vertragsprüfer werden von dem Vorstand der abhängigen Gesellschaft oder auf dessen Antrag vom Gericht bestellt. [2] Sie können für alle vertragschließenden Unternehmen gemeinsam bestellt werden. [3] Zuständig ist das Landgericht, in dessen Bezirk die abhängige Gesellschaft ihren Sitz hat. [4] Ist bei dem Landgericht eine Kammer für Handelssachen gebildet, so entscheidet deren Vorsitzender an Stelle der Zivilkammer. [5] Für den Ersatz von Auslagen und für die Vergütung der vom Gericht bestellten Prüfer gilt § 318 Abs. 5 des Handelsgesetzbuchs.

(2) [1] Die Landesregierung kann die Entscheidung durch Rechtsverordnung für die Bezirke mehrerer Landgerichte einem der Landgerichte übertragen, wenn dies der Sicherung einer einheitlichen Rechtsprechung dient. [2] Die Landesregierung kann die Ermächtigung auf die Landesjustizverwaltung übertragen.

**§ 293d Auswahl, Stellung und Verantwortlichkeit der Vertragsprüfer.** (1) [1] Für die Auswahl und das Auskunftsrecht der Vertragsprüfer gelten § 319 Abs. 1 bis 3, § 320 Abs. 1 Satz 2 und Abs. 2 Satz 1 und 2 des Handelsgesetzbuchs entsprechend. [2] Das Auskunftsrecht besteht gegenüber den vertragschließenden Unternehmen und gegenüber einem Konzernunternehmen sowie einem abhängigen und einem herrschenden Unternehmen.

(2) [1] Für die Verantwortlichkeit der Vertragsprüfer, ihrer Gehilfen und der bei der Prüfung mitwirkenden gesetzlichen Vertreter einer Prüfungsgesellschaft gilt § 323 des Handelsgesetzbuchs entsprechend. [2] Die Verantwortlichkeit besteht gegenüber den vertragschließenden Unternehmen und deren Anteilsinhabern.

**§ 293e Prüfungsbericht.** (1) [1] Die Vertragsprüfer haben über das Ergebnis der Prüfung schriftlich zu berichten. [2] Der Prüfungsbericht ist mit einer Erklärung darüber abzuschließen, ob der vorgeschlagene Ausgleich oder die vorgeschlagene Abfindung angemessen ist. [3] Dabei ist anzugeben,

1. nach welchen Methoden Ausgleich und Abfindung ermittelt worden sind;

2. aus welchen Gründen die Anwendung dieser Methoden angemessen ist;

3. welcher Ausgleich oder welche Abfindung sich bei der Anwendung verschiedener Methoden, sofern mehrere angewandt worden sind, jeweils er-

geben würde; zugleich ist darzulegen, welches Gewicht den verschiedenen Methoden bei der Bestimmung des vorgeschlagenen Ausgleichs oder der vorgeschlagenen Abfindung und der ihnen zugrunde liegenden Werte beigemessen worden ist und welche besonderen Schwierigkeiten bei der Bewertung der vertragschließenden Unternehmen aufgetreten sind.

(2) § 293 a Abs. 2 und 3 ist entsprechend anzuwenden.

**§ 293 f Vorbereitung der Hauptversammlung.** (1) Von der Einberufung der Hauptversammlung an, die über die Zustimmung zu dem Unternehmensvertrag beschließen soll, sind in dem Geschäftsraum jeder der beteiligten Aktiengesellschaften oder Kommanditgesellschaften auf Aktien zur Einsicht der Aktionäre auszulegen

1. der Unternehmensvertrag;

2. die Jahresabschlüsse und die Lageberichte der vertragschließenden Unternehmen für die letzten drei Geschäftsjahre;

3. die nach § 293 a erstatteten Berichte der Vorstände und die nach § 293 e erstatteten Berichte der Vertragsprüfer.

(2) Auf Verlangen ist jedem Aktionär unverzüglich und kostenlos eine Abschrift der in Absatz 1 bezeichneten Unterlagen zu erteilen.

**§ 293 g Durchführung der Hauptversammlung.** (1) In der Hauptversammlung sind die in § 293f Abs. 1 bezeichneten Unterlagen auszulegen.

(2) [1]Der Vorstand hat den Unternehmensvertrag zu Beginn der Verhandlung mündlich zu erläutern. [2]Er ist der Niederschrift als Anlage beizufügen.

(3) Jedem Aktionär ist auf Verlangen in der Hauptversammlung Auskunft auch über alle für den Vertragsschluß wesentlichen Angelegenheiten des anderen Vertragsteils zu geben.

**§ 294 Eintragung. Wirksamwerden.** (1) [1]Der Vorstand der Gesellschaft hat das Bestehen und die Art des Unternehmensvertrags sowie den Namen des anderen Vertragsteils, bei Teilgewinnabführungsverträgen außerdem die Vereinbarung über die Höhe des abzuführenden Gewinns, zur Eintragung in das Handelsregister anzumelden. [2]Der Anmeldung sind der Vertrag sowie, wenn er nur mit Zustimmung der Hauptversammlung des anderen Vertragsteils wirksam wird, die Niederschrift dieses Beschlusses und ihre Anlagen in Urschrift, Ausfertigung oder öffentlich beglaubigter Abschrift beizufügen.

(2) Der Vertrag wird erst wirksam, wenn sein Bestehen in das Handelsregister des Sitzes der Gesellschaft eingetragen worden ist.

**§ 295 Änderung.** (1) [1]Ein Unternehmensvertrag kann nur mit Zustimmung der Hauptversammlung geändert werden. [2]§§ 293 bis 294 gelten sinngemäß.

(2) [1]Die Zustimmung der Hauptversammlung der Gesellschaft zu einer Änderung der Bestimmungen des Vertrags, die zur Leistung eines Ausgleichs an die außenstehenden Aktionäre der Gesellschaft oder zum Erwerb ihrer Aktien verpflichten, bedarf, um wirksam zu werden, eines Sonderbeschlusses der au-

ßenstehenden Aktionäre. [2]Für den Sonderbeschluß gilt § 293 Abs. 1 Satz 2 und 3. [3]Jedem außenstehenden Aktionär ist auf Verlangen in der Versammlung, die über die Zustimmung beschließt, Auskunft auch über alle für die Änderung wesentlichen Angelegenheiten des anderen Vertragsteils zu geben.

**§ 296 Aufhebung.** (1) [1]Ein Unternehmensvertrag kann nur zum Ende des Geschäftsjahrs oder des sonst vertraglich bestimmten Abrechnungszeitraums aufgehoben werden. [2]Eine rückwirkende Aufhebung ist unzulässig. [3]Die Aufhebung bedarf der schriftlichen Form.

(2) [1]Ein Vertrag, der zur Leistung eines Ausgleichs an die außenstehenden Aktionäre oder zum Erwerb ihrer Aktien verpflichtet, kann nur aufgehoben werden, wenn die außenstehenden Aktionäre durch Sonderbeschluß zustimmen. [2]Für den Sonderbeschluß gilt § 293 Abs. 1 Satz 2 und 3, § 295 Abs. 2 Satz 3 sinngemäß.

**§ 297 Kündigung.** (1) [1]Ein Unternehmensvertrag kann aus wichtigem Grunde ohne Einhaltung einer Kündigungsfrist gekündigt werden. [2]Ein wichtiger Grund liegt namentlich vor, wenn der andere Vertragsteil voraussichtlich nicht in der Lage sein wird, seine auf Grund des Vertrags bestehenden Verpflichtungen zu erfüllen.

(2) [1]Der Vorstand der Gesellschaft kann einen Vertrag, der zur Leistung eines Ausgleichs an die außenstehenden Aktionäre der Gesellschaft oder zum Erwerb ihrer Aktien verpflichtet, ohne wichtigen Grund nur kündigen, wenn die außenstehenden Aktionäre durch Sonderbeschluß zustimmen. [2]Für den Sonderbeschluß gilt § 293 Abs. 1 Satz 2 und 3, § 295 Abs. 2 Satz 3 sinngemäß.

(3) Die Kündigung bedarf der schriftlichen Form.

**§ 298 Anmeldung und Eintragung.** Der Vorstand der Gesellschaft hat die Beendigung eines Unternehmensvertrags, den Grund und den Zeitpunkt der Beendigung unverzüglich zur Eintragung in das Handelsregister anzumelden.

**§ 299 Ausschluß von Weisungen.** Auf Grund eines Unternehmensvertrags kann der Gesellschaft nicht die Weisung erteilt werden, den Vertrag zu ändern, aufrechtzuerhalten oder zu beenden.

### Dritter Abschnitt. Sicherung der Gesellschaft und der Gläubiger

**§ 300 Gesetzliche Rücklage.** In die gesetzliche Rücklage sind an Stelle des in § 150 Abs. 2 bestimmten Betrags einzustellen,

1. wenn ein Gewinnabführungsvertrag besteht, aus dem ohne die Gewinnabführung entstehenden, um einen Verlustvortrag aus dem Vorjahr geminderten Jahresüberschuß der Betrag, der erforderlich ist, um die gesetzliche Rücklage unter Hinzurechnung einer Kapitalrücklage innerhalb der ersten fünf Geschäftsjahre, die während des Bestehens des Vertrags oder nach Durchführung einer Kapitalerhöhung beginnen, gleichmäßig auf den zehnten oder den in der Satzung bestimmten höheren Teil des Grundkapitals aufzufüllen, mindestens aber der in Nummer 2 bestimmte Betrag;

2. wenn ein Teilgewinnabführungsvertrag besteht, der Betrag, der nach § 150 Abs. 2 aus dem ohne die Gewinnabführung entstehenden, um einen Verlustvortrag aus dem Vorjahr geminderten Jahresüberschuß in die gesetzliche Rücklage einzustellen wäre;

3. wenn ein Beherrschungsvertrag besteht, ohne daß die Gesellschaft auch zur Abführung ihres ganzen Gewinns verpflichtet ist, der zur Auffüllung der gesetzlichen Rücklage nach Nummer 1 erforderliche Betrag, mindestens aber der in § 150 Abs. 2 oder, wenn die Gesellschaft verpflichtet ist, ihren Gewinn zum Teil abzuführen, der in Nummer 2 bestimmte Betrag.

**§ 301 Höchstbetrag der Gewinnabführung.** [1] Eine Gesellschaft kann, gleichgültig welche Vereinbarungen über die Berechnung des abzuführenden Gewinns getroffen worden sind, als ihren Gewinn höchstens den ohne die Gewinnabführung entstehenden Jahresüberschuß, vermindert um einen Verlustvortrag aus dem Vorjahr und um den Betrag, der nach § 300 in die gesetzliche Rücklage einzustellen ist, abführen. [2] Sind während der Dauer des Vertrags Beträge in andere Gewinnrücklagen eingestellt worden, so können diese Beträge den anderen Gewinnrücklagen entnommen und als Gewinn abgeführt werden.

**§ 302 Verlustübernahme.** (1) Besteht ein Beherrschungs- oder ein Gewinnabführungsvertrag, so hat der andere Vertragsteil jeden während der Vertragsdauer sonst entstehenden Jahresfehlbetrag auszugleichen, soweit dieser nicht dadurch ausgeglichen wird, daß den anderen Gewinnrücklagen Beträge entnommen werden, die während der Vertragsdauer in sie eingestellt worden sind.

(2) Hat eine abhängige Gesellschaft den Betrieb ihres Unternehmens dem herrschenden Unternehmen verpachtet oder sonst überlassen, so hat das herrschende Unternehmen jeden während der Vertragsdauer sonst entstehenden Jahresfehlbetrag auszugleichen, soweit die vereinbarte Gegenleistung das angemessene Entgelt nicht erreicht.

(3) [1] Die Gesellschaft kann auf den Anspruch auf Ausgleich erst drei Jahre nach dem Tage, an dem die Eintragung der Beendigung des Vertrags in das Handelsregister nach § 10 des Handelsgesetzbuchs als bekanntgemacht gilt, verzichten oder sich über ihn vergleichen. [2] Dies gilt nicht, wenn der Ausgleichspflichtige zahlungsunfähig ist und sich zur Abwendung des Insolvenzverfahrens mit seinen Gläubigern vergleicht oder wenn die Ersatzpflicht in einem Insolvenzplan geregelt wird. [3] Der Verzicht oder Vergleich wird nur wirksam, wenn die außenstehenden Aktionäre durch Sonderbeschluß zustimmen und nicht eine Minderheit, deren Anteile zusammen den zehnten Teil des bei der Beschlußfassung vertretenen Grundkapitals erreichen, zur Niederschrift Widerspruch erhebt.

**§ 303 Gläubigerschutz.** (1) [1] Endet ein Beherrschungs- oder ein Gewinnabführungsvertrag, so hat der andere Vertragsteil den Gläubigern der Gesellschaft, deren Forderungen begründet worden sind, bevor die Eintragung der Beendigung des Vertrags in das Handelsregister nach § 10 des Handelsgesetzbuchs als bekanntgemacht gilt, Sicherheit zu leisten, wenn sie sich binnen sechs Monaten nach der Bekanntmachung der Eintragung zu diesem

Zweck bei ihm melden. [2] Die Gläubiger sind in der Bekanntmachung der Eintragung auf dieses Recht hinzuweisen.

(2) Das Recht, Sicherheitsleistung zu verlangen, steht Gläubigern nicht zu, die im Fall des Insolvenzverfahrens ein Recht auf vorzugsweise Befriedigung aus einer Deckungsmasse haben, die nach gesetzlicher Vorschrift zu ihrem Schutz errichtet und staatlich überwacht ist.

(3) [1] Statt Sicherheit zu leisten, kann der andere Vertragsteil sich für die Forderung verbürgen. [2] § 349 des Handelsgesetzbuchs über den Ausschluß der Einrede der Vorausklage ist nicht anzuwenden.

### Vierter Abschnitt. Sicherung der außenstehenden Aktionäre bei Beherrschungs- und Gewinnabführungsverträgen

**§ 304 Angemessener Ausgleich.** (1) [1] Ein Gewinnabführungsvertrag muß einen angemessenen Ausgleich für die außenstehenden Aktionäre durch eine auf die Anteile am Grundkapital bezogene wiederkehrende Geldleistung (Ausgleichszahlung) vorsehen. [2] Ein Beherrschungsvertrag muß, wenn die Gesellschaft nicht auch zur Abführung ihres ganzen Gewinns verpflichtet ist, den außenstehenden Aktionären als angemessenen Ausgleich einen bestimmten jährlichen Gewinnanteil nach der für die Ausgleichszahlung bestimmten Höhe garantieren. [3] Von der Bestimmung eines angemessenen Ausgleichs kann nur abgesehen werden, wenn die Gesellschaft im Zeitpunkt der Beschlußfassung ihrer Hauptversammlung über den Vertrag keinen außenstehenden Aktionär hat.

(2) [1] Als Ausgleichszahlung ist mindestens die jährliche Zahlung des Betrags zuzusichern, der nach der bisherigen Ertragslage der Gesellschaft und ihren künftigen Ertragsaussichten unter Berücksichtigung angemessener Abschreibungen und Wertberichtigungen, jedoch ohne Bildung anderer Gewinnrücklagen, voraussichtlich als durchschnittlicher Gewinnanteil auf die einzelne Aktie verteilt werden könnte. [2] Ist der andere Vertragsteil eine Aktiengesellschaft oder Kommanditgesellschaft auf Aktien, so kann als Ausgleichszahlung auch die Zahlung des Betrags zugesichert werden, der unter Herstellung eines angemessenen Umrechnungsverhältnisses auf Aktien der anderen Gesellschaft jeweils als Gewinnanteil entfällt. [3] Die Angemessenheit der Umrechnung bestimmt sich nach dem Verhältnis, in dem bei einer Verschmelzung auf eine Aktie der Gesellschaft Aktien der anderen Gesellschaft zu gewähren wären.

(3) [1] Ein Vertrag, der entgegen Absatz 1 überhaupt keinen Ausgleich vorsieht, ist nichtig. [2] Die Anfechtung des Beschlusses, durch den die Hauptversammlung der Gesellschaft dem Vertrag oder einer unter § 295 Abs. 2 fallenden Änderung des Vertrags zugestimmt hat, kann nicht auf § 243 Abs. 2 o der darauf gestützt werden, daß der im Vertrag bestimmte Ausgleich nicht angemessen ist. [3] Ist der im Vertrag bestimmte Ausgleich nicht angemessen, so hat das in § 306 bestimmte Gericht auf Antrag den vertraglich geschuldeten Ausgleich zu bestimmen, wobei es, wenn der Vertrag einen nach Absatz 2 Satz 2 berechneten Ausgleich vorsieht, den Ausgleich nach dieser Vorschrift zu bestimmen hat.

(4) [1] Antragsberechtigt ist jeder außenstehende Aktionär. [2] Der Antrag kann nur binnen zwei Monaten seit dem Tage gestellt werden, an dem die Eintragung des Bestehens oder einer unter § 295 Abs. 2 fallenden Änderung des

Vertrags im Handelsregister nach § 10 des Handelsgesetzbuchs als bekanntgemacht gilt.

(5) Bestimmt das Gericht den Ausgleich, so kann der andere Vertragsteil den Vertrag binnen zwei Monaten nach Rechtskraft der Entscheidung ohne Einhaltung einer Kündigungsfrist kündigen.

**§ 305 Abfindung.** (1) Außer der Verpflichtung zum Ausgleich nach § 304 muß ein Beherrschungs- oder ein Gewinnabführungsvertrag die Verpflichtung des anderen Vertragsteils enthalten, auf Verlangen eines außenstehenden Aktionärs dessen Aktien gegen eine im Vertrag bestimmte angemessene Abfindung zu erwerben.

(2) Als Abfindung muß der Vertrag,

1. wenn der andere Vertragsteil eine nicht abhängige und nicht in Mehrheitsbesitz stehende Aktiengesellschaft oder Kommanditgesellschaft auf Aktien mit Sitz im Inland ist, die Gewährung eigener Aktien dieser Gesellschaft,

2. wenn der andere Vertragsteil eine abhängige oder in Mehrheitsbesitz stehende Aktiengesellschaft oder Kommanditgesellschaft auf Aktien und das herrschende Unternehmen eine Aktiengesellschaft oder Kommanditgesellschaft auf Aktien mit Sitz im Inland ist, entweder die Gewährung von Aktien der herrschenden oder mit Mehrheit beteiligten Gesellschaft oder eine Barabfindung,

3. in allen anderen Fällen eine Barabfindung

vorsehen.

(3) [1]Werden als Abfindung Aktien einer anderen Gesellschaft gewährt, so ist die Abfindung als angemessen anzusehen, wenn die Aktien in dem Verhältnis gewährt werden, in dem bei einer Verschmelzung auf eine Aktie der Gesellschaft Aktien der anderen Gesellschaft zu gewähren wären, wobei Spitzenbeträge durch bare Zuzahlungen ausgeglichen werden können. [2]Die angemessene Barabfindung muß die Verhältnisse der Gesellschaft im Zeitpunkt der Beschlußfassung ihrer Hauptversammlung über den Vertrag berücksichtigen. [3]Sie ist nach Ablauf des Tages, an dem der Beherrschungs- oder Gewinnabführungsvertrag wirksam geworden ist, mit jährlich zwei vom Hundert über dem jeweiligen Diskontsatz der Deutschen Bundesbank zu verzinsen; die Geltendmachung eines weiteren Schadens ist nicht ausgeschlossen.

(4) [1]Die Verpflichtung zum Erwerb der Aktien kann befristet werden. [2]Die Frist endet frühestens zwei Monate nach dem Tage, an dem die Eintragung des Bestehens des Vertrags im Handelsregister nach § 10 des Handelsgesetzbuchs als bekanntgemacht gilt. [3]Ist ein Antrag auf Bestimmung des Ausgleichs oder der Abfindung durch das in § 306 bestimmte Gericht gestellt worden, so endet die Frist frühestens zwei Monate nach dem Tage, an dem die Entscheidung über den zuletzt beschiedenen Antrag im Bundesanzeiger bekanntgemacht worden ist.

(5) [1]Die Anfechtung des Beschlusses, durch den die Hauptversammlung der Gesellschaft dem Vertrag oder einer unter § 295 Abs. 2 fallenden Änderung des Vertrags zugestimmt hat, kann nicht darauf gestützt werden, daß der Vertrag keine angemessene Abfindung vorsieht. [2]Sieht der Vertrag überhaupt keine oder eine den Absätzen 1 bis 3 nicht entsprechende Abfindung vor, so hat das in § 306 bestimmte Gericht auf Antrag die vertraglich zu gewährende

117

Abfindung zu bestimmen. [3] Dabei hat es in den Fällen des Absatzes 2 Nr. 2, wenn der Vertrag die Gewährung von Aktien der herrschenden oder mit Mehrheit beteiligten Gesellschaft vorsieht, das Verhältnis, in dem diese Aktien zu gewähren sind, wenn der Vertrag nicht die Gewährung von Aktien der herrschenden oder mit Mehrheit beteiligten Gesellschaft vorsieht, die angemessene Barabfindung zu bestimmen. [4] § 304 Abs. 4 und 5 gilt sinngemäß.

**§ 306 Verfahren.** (1) [1] Zuständig ist das Landgericht, in dessen Bezirk die Gesellschaft, deren außenstehende Aktionäre antragsberechtigt sind, ihren Sitz hat. [2] § 132 Abs. 1 Satz 2 bis 4 sowie § 306 Abs. 2 Satz 2 und 3 des Umwandlungsgesetzes sind anzuwenden.

(2) § 99 Abs. 1, Abs. 3 Satz 1, 2, 4 bis 9, Abs. 5 gilt sinngemäß.

(3) [1] Das Landgericht hat den Antrag in den Gesellschaftsblättern der Gesellschaft, deren außenstehende Aktionäre antragsberechtigt sind, bekanntzumachen. [2] Außenstehende Aktionäre können noch binnen einer Frist von zwei Monaten nach dieser Bekanntmachung eigene Anträge stellen. [3] Auf dieses Recht ist in der Bekanntmachung hinzuweisen.

(4) [1] Das Landgericht hat die Vertragsteile des Unternehmensvertrags zu hören. [2] Es hat den außenstehenden Aktionären, die nicht Antragsteller nach § 304 Abs. 4 oder § 305 Abs. 5 sind oder eigene Anträge nach Absatz 3 Satz 2 gestellt haben, zur Wahrung ihrer Rechte einen gemeinsamen Vertreter zu bestellen, der die Stellung eines gesetzlichen Vertreters hat. [3] Werden die Festsetzung des angemessenen Ausgleichs und die Festsetzung der angemessenen Abfindung beantragt, so hat es für jeden Antrag einen gemeinsamen Vertreter zu bestellen. [4] Die Bestellung kann unterbleiben, wenn die Wahrung der Rechte dieser außenstehenden Aktionäre auf andere Weise sichergestellt ist. [5] Die Bestellung des gemeinsamen Vertreters hat das Landgericht in den Gesellschaftsblättern bekanntzumachen. [6] Der Vertreter kann von der Gesellschaft den Ersatz angemessener barer Auslagen und eine Vergütung für seine Tätigkeit verlangen. [7] Die Auslagen und die Vergütung setzt das Landgericht fest. [8] Es kann der Gesellschaft auf Verlangen des Vertreters die Zahlung von Vorschüssen aufgeben. [9] Aus der Festsetzung findet die Zwangsvollstreckung nach der Zivilprozeßordnung statt. [10] § 308 Abs. 3 des Umwandlungsgesetzes ist anzuwenden.

(5) Das Landgericht hat seine Entscheidung den Vertragsteilen des Unternehmensvertrags sowie den Antragstellern nach § 304 Abs. 4, § 305 Abs. 5, den außenstehenden Aktionären, die eigene Anträge nach Absatz 3 Satz 2 gestellt haben, und, wenn ein gemeinsamer Vertreter bestellt ist, diesem zuzustellen.

(6) Der Vorstand der Gesellschaft hat die rechtskräftige Entscheidung ohne Gründe in den Gesellschaftsblättern bekanntzumachen.

(7) [1] Für die Kosten des Verfahrens gilt die Kostenordnung. [2] Für das Verfahren des ersten Rechtszugs wird das Doppelte der vollen Gebühr erhoben. [3] Für den zweiten Rechtszug wird die gleiche Gebühr erhoben; dies gilt auch dann, wenn die Beschwerde Erfolg hat. [4] Wird der Antrag oder die Beschwerde zurückgenommen, bevor es zu einer Entscheidung kommt, so ermäßigt sich die Gebühr auf die Hälfte. [5] Der Geschäftswert ist von Amts wegen festzusetzen. [6] Er bestimmt sich nach § 30 Abs. 1 der Kostenordnung.

[7]Schuldner der Kosten sind die Vertragsteile des Unternehmensvertrags. [8]Die Kosten können jedoch ganz oder zum Teil einem anderen Beteiligten auferlegt werden, wenn dies der Billigkeit entspricht.

**§ 307 Vertragsbeendigung zur Sicherung außenstehender Aktionäre.** Hat die Gesellschaft im Zeitpunkt der Beschlußfassung ihrer Hauptversammlung über einen Beherrschungs- oder Gewinnabführungsvertrag keinen außenstehenden Aktionär, so endet der Vertrag spätestens zum Ende des Geschäftsjahrs, in dem ein außenstehender Aktionär beteiligt ist.

### Zweiter Teil. Leitungsmacht und Verantwortlichkeit bei Abhängigkeit von Unternehmen

### Erster Abschnitt. Leitungsmacht und Verantwortlichkeit bei Bestehen eines Beherrschungsvertrags

**§ 308 Leitungsmacht.** (1) [1]Besteht ein Beherrschungsvertrag, so ist das herrschende Unternehmen berechtigt, dem Vorstand der Gesellschaft hinsichtlich der Leitung der Gesellschaft Weisungen zu erteilen. [2]Bestimmt der Vertrag nichts anderes, so können auch Weisungen erteilt werden, die für die Gesellschaft nachteilig sind, wenn sie den Belangen des herrschenden Unternehmens oder der mit ihm und der Gesellschaft konzernverbundenen Unternehmen dienen.

(2) [1]Der Vorstand ist verpflichtet, die Weisungen des herrschenden Unternehmens zu befolgen. [2]Er ist nicht berechtigt, die Befolgung einer Weisung zu verweigern, weil sie nach seiner Ansicht nicht den Belangen des herrschenden Unternehmens oder der mit ihm und der Gesellschaft konzernverbundenen Unternehmen dient, es sei denn, daß sie offensichtlich nicht diesen Belangen dient.

(3) [1]Wird der Vorstand angewiesen, ein Geschäft vorzunehmen, das nur mit Zustimmung des Aufsichtsrats der Gesellschaft vorgenommen werden darf, und wird diese Zustimmung nicht innerhalb einer angemessenen Frist erteilt, so hat der Vorstand dies dem herrschenden Unternehmen mitzuteilen. [2]Wiederholt das herrschende Unternehmen nach dieser Mitteilung die Weisung, so ist die Zustimmung des Aufsichtsrats nicht mehr erforderlich; die Weisung darf, wenn das herrschende Unternehmen einen Aufsichtsrat hat, nur mit dessen Zustimmung wiederholt werden.

**§ 309 Verantwortlichkeit der gesetzlichen Vertreter des herrschenden Unternehmens.** (1) Besteht ein Beherrschungsvertrag, so haben die gesetzlichen Vertreter (beim Einzelkaufmann der Inhaber) des herrschenden Unternehmens gegenüber der Gesellschaft bei der Erteilung von Weisungen an diese die Sorgfalt eines ordentlichen und gewissenhaften Geschäftsleiters anzuwenden.

(2) [1]Verletzen sie ihre Pflichten, so sind sie der Gesellschaft zum Ersatz des daraus entstehenden Schadens als Gesamtschuldner verpflichtet. [2]Ist streitig, ob sie die Sorgfalt eines ordentlichen und gewissenhaften Geschäftsleiters angewandt haben, so trifft sie die Beweislast.

(3) [1] Die Gesellschaft kann erst drei Jahre nach der Entstehung des Anspruchs und nur dann auf Ersatzansprüche verzichten oder sich über sie vergleichen, wenn die außenstehenden Aktionäre durch Sonderbeschluß zustimmen und nicht eine Minderheit, deren Anteile zusammen den zehnten Teil des bei der Beschlußfassung vertretenen Grundkapitals erreichen, zur Niederschrift Widerspruch erhebt. [2] Die zeitliche Beschränkung gilt nicht, wenn der Ersatzpflichtige zahlungsunfähig ist und sich zur Abwendung des Insolvenzverfahrens mit seinen Gläubigern vergleicht oder wenn die Ersatzpflicht in einem Insolvenzplan geregelt wird.

(4) [1] Der Ersatzanspruch der Gesellschaft kann auch von jedem Aktionär geltend gemacht werden. [2] Der Aktionär kann jedoch nur Leistung an die Gesellschaft fordern. [3] Der Ersatzanspruch kann ferner von den Gläubigern der Gesellschaft geltend gemacht werden, soweit sie von dieser keine Befriedigung erlangen können. [4] Den Gläubigern gegenüber wird die Ersatzpflicht durch einen Verzicht oder Vergleich der Gesellschaft nicht ausgeschlossen. [5] Ist über das Vermögen der Gesellschaft das Insolvenzverfahren eröffnet, so übt während dessen Dauer der Insolvenzverwalter oder der Sachwalter das Recht der Aktionäre und Gläubiger, den Ersatzanspruch der Gesellschaft geltend zu machen, aus.

(5) Die Ansprüche aus diesen Vorschriften verjähren in fünf Jahren.

### § 310 Verantwortlichkeit der Verwaltungsmitglieder der Gesellschaft.

(1) [1] Die Mitglieder des Vorstands und des Aufsichtsrats der Gesellschaft haften neben dem Ersatzpflichtigen nach § 309 als Gesamtschuldner, wenn sie unter Verletzung ihrer Pflichten gehandelt haben. [2] Ist streitig, ob sie die Sorgfalt eines ordentlichen und gewissenhaften Geschäftsleiters angewandt haben, so trifft sie die Beweislast.

(2) Dadurch, daß der Aufsichtsrat die Handlung gebilligt hat, wird die Ersatzpflicht nicht ausgeschlossen.

(3) Eine Ersatzpflicht der Verwaltungsmitglieder der Gesellschaft besteht nicht, wenn die schädigende Handlung auf einer Weisung beruht, die nach § 308 Abs. 2 zu befolgen war.

(4) § 309 Abs. 3 bis 5 ist anzuwenden.

### Zweiter Abschnitt. Verantwortlichkeit bei Fehlen eines Beherrschungsvertrags

### § 311 Schranken des Einflusses.

(1) Besteht kein Beherrschungsvertrag, so darf ein herrschendes Unternehmen seinen Einfluß nicht dazu benutzen, eine abhängige Aktiengesellschaft oder Kommanditgesellschaft auf Aktien zu veranlassen, ein für sie nachteiliges Rechtsgeschäft vorzunehmen oder Maßnahmen zu ihrem Nachteil zu treffen oder zu unterlassen, es sei denn, daß die Nachteile ausgeglichen werden.

(2) [1] Ist der Ausgleich nicht während des Geschäftsjahrs tatsächlich erfolgt, so muß spätestens am Ende des Geschäftsjahrs, in dem der abhängigen Gesellschaft der Nachteil zugefügt worden ist, bestimmt werden, wann und durch welche Vorteile der Nachteil ausgeglichen werden soll. [2] Auf die zum Ausgleich bestimmten Vorteile ist der abhängigen Gesellschaft ein Rechtsanspruch zu gewähren.

**§ 312 Bericht des Vorstands über Beziehungen zu verbundenen Unternehmen.** (1) [1]Besteht kein Beherrschungsvertrag, so hat der Vorstand einer abhängigen Gesellschaft in den ersten drei Monaten des Geschäftsjahrs einen Bericht über die Beziehungen der Gesellschaft zu verbundenen Unternehmen aufzustellen. [2]In dem Bericht sind alle Rechtsgeschäfte, welche die Gesellschaft im vergangenen Geschäftsjahr mit dem herrschenden Unternehmen oder einem mit ihm verbundenen Unternehmen oder auf Veranlassung oder im Interesse dieser Unternehmen vorgenommen hat, und alle anderen Maßnahmen, die sie auf Veranlassung oder im Interesse dieser Unternehmen im vergangenen Geschäftsjahr getroffen oder unterlassen hat, aufzuführen. [3]Bei den Rechtsgeschäften sind Leistung und Gegenleistung, bei den Maßnahmen die Gründe der Maßnahme und deren Vorteile und Nachteile für die Gesellschaft anzugeben. [4]Bei einem Ausgleich von Nachteilen ist im einzelnen anzugeben, wie der Ausgleich während des Geschäftsjahrs tatsächlich erfolgt ist, oder auf welche Vorteile der Gesellschaft ein Rechtsanspruch gewährt worden ist.

(2) Der Bericht hat den Grundsätzen einer gewissenhaften und getreuen Rechenschaft zu entsprechen.

(3) [1]Am Schluß des Berichts hat der Vorstand zu erklären, ob die Gesellschaft nach den Umständen, die ihm in dem Zeitpunkt bekannt waren, in dem das Rechtsgeschäft vorgenommen oder die Maßnahme getroffen oder unterlassen wurde, bei jedem Rechtsgeschäft eine angemessene Gegenleistung erhielt und dadurch, daß die Maßnahme getroffen oder unterlassen wurde, nicht benachteiligt wurde. [2]Wurde die Gesellschaft benachteiligt, so hat er außerdem zu erklären, ob die Nachteile ausgeglichen worden sind. [3]Die Erklärung ist auch in den Lagebericht aufzunehmen.

**§ 313 Prüfung durch den Abschlußprüfer.** (1) [1]Ist der Jahresabschluß durch einen Abschlußprüfer zu prüfen, so ist gleichzeitig mit dem Jahresabschluß und dem Lagebericht auch der Bericht über die Beziehungen zu verbundenen Unternehmen dem Abschlußprüfer vorzulegen. [2]Er hat zu prüfen, ob

1. die tatsächlichen Angaben des Berichts richtig sind,

2. bei den im Bericht aufgeführten Rechtsgeschäften nach den Umständen, die im Zeitpunkt ihrer Vornahme bekannt waren, die Leistung der Gesellschaft nicht unangemessen hoch war; soweit sie dies war, ob die Nachteile ausgeglichen worden sind,

3. bei den im Bericht aufgeführten Maßnahmen keine Umstände für eine wesentlich andere Beurteilung als die durch den Vorstand sprechen.

[3]§ 320 Abs. 1 Satz 2 und Abs. 2 Satz 1 und 2 des Handelsgesetzbuchs gilt sinngemäß. [4]Die Rechte nach dieser Vorschrift hat der Abschlußprüfer auch gegenüber einem Konzernunternehmen sowie gegenüber einem abhängigen oder herrschenden Unternehmen.

(2) [1]Der Abschlußprüfer hat über das Ergebnis der Prüfung schriftlich zu berichten. [2]Stellt er bei der Prüfung des Jahresabschlusses, des Lageberichts und des Berichts über die Beziehungen zu verbundenen Unternehmen fest, daß dieser Bericht unvollständig ist, so hat er auch hierüber zu berichten. [3]Der Abschlußprüfer hat seinen Bericht zu unterzeichnen und dem Vorstand vorzulegen.

(3) [1] Sind nach dem abschließenden Ergebnis der Prüfung keine Einwendungen zu erheben, so hat der Abschlußprüfer dies durch folgenden Vermerk zum Bericht über die Beziehungen zu verbundenen Unternehmen zu bestätigen:

[2] Nach meiner/unserer pflichtmäßigen Prüfung und Beurteilung bestätige ich/bestätigen wir, daß

1. die tatsächlichen Angaben des Berichts richtig sind,
2. bei den im Bericht aufgeführten Rechtsgeschäften die Leistung der Gesellschaft nicht unangemessen hoch war oder Nachteile ausgeglichen worden sind,
3. bei den im Bericht aufgeführten Maßnahmen keine Umstände für eine wesentlich andere Beurteilung als die durch den Vorstand sprechen.

[3] Führt der Bericht kein Rechtsgeschäft auf, so ist Nummer 2, führt er keine Maßnahme auf, so ist Nummer 3 des Vermerks fortzulassen. [4] Hat der Abschlußprüfer bei keinem im Bericht aufgeführten Rechtsgeschäft festgestellt, daß die Leistung der Gesellschaft unangemessen hoch war, so ist Nummer 2 des Vermerks auf diese Bestätigung zu beschränken.

(4) [1] Sind Einwendungen zu erheben oder hat der Abschlußprüfer festgestellt, daß der Bericht über die Beziehungen zu verbundenen Unternehmen unvollständig ist, so hat er die Bestätigung einzuschränken oder zu versagen. [2] Hat der Vorstand selbst erklärt, daß die Gesellschaft durch bestimmte Rechtsgeschäfte oder Maßnahmen benachteiligt worden ist, ohne daß die Nachteile ausgeglichen worden sind, so ist dies in dem Vermerk anzugeben und der Vermerk auf die übrigen Rechtsgeschäfte oder Maßnahmen zu beschränken.

(5) [1] Der Abschlußprüfer hat den Bestätigungsvermerk mit Angabe von Ort und Tag zu unterzeichnen. [2] Der Bestätigungsvermerk ist auch in den Prüfungsbericht aufzunehmen.

**§ 314 Prüfung durch den Aufsichtsrat.** (1) [1] Der Vorstand hat den Bericht über die Beziehungen zu verbundenen Unternehmen und, wenn der Jahresabschluß durch einen Abschlußprüfer zu prüfen ist, den Prüfungsbericht des Abschlußprüfers zusammen mit den in § 170 angegebenen Vorlagen dem Aufsichtsrat vorzulegen. [2] Jedes Aufsichtsratsmitglied hat das Recht, von den Berichten Kenntnis zu nehmen. [3] Die Berichte sind auch jedem Aufsichtsratsmitglied auf Verlangen auszuhändigen, soweit der Aufsichtsrat nichts anderes beschlossen hat.

(2) [1] Der Aufsichtsrat hat den Bericht über die Beziehungen zu verbundenen Unternehmen zu prüfen und in seinem Bericht an die Hauptversammlung (§ 171 Abs. 2) über das Ergebnis der Prüfung zu berichten. [2] Ist der Jahresabschluß durch einen Abschlußprüfer zu prüfen, so hat der Aufsichtsrat in diesem Bericht ferner zu dem Ergebnis der Prüfung des Berichts über die Beziehungen zu verbundenen Unternehmen durch den Abschlußprüfer Stellung zu nehmen. [3] Ein von dem Abschlußprüfer erteilter Bestätigungsvermerk ist in den Bericht aufzunehmen, eine Versagung des Bestätigungsvermerks ausdrücklich mitzuteilen.

(3) Am Schluß des Berichts hat der Aufsichtsrat zu erklären, ob nach dem abschließenden Ergebnis seiner Prüfung Einwendungen gegen die Erklärung

des Vorstands am Schluß des Berichts über die Beziehungen zu verbundenen Unternehmen zu erheben sind.

(4) Ist der Jahresabschluß durch einen Abschlußprüfer zu prüfen, so hat der Abschlußprüfer auf Verlangen des Aufsichtsrats an dessen Verhandlung über den Bericht über die Beziehungen zu verbundenen Unternehmen teilzunehmen.

**§ 315 Sonderprüfung.** [1]Auf Antrag eines Aktionärs hat das Gericht Sonderprüfer zur Prüfung der geschäftlichen Beziehungen der Gesellschaft zu dem herrschenden Unternehmen oder einem mit ihm verbundenen Unternehmen zu bestellen, wenn

1. der Abschlußprüfer den Bestätigungsvermerk zum Bericht über die Beziehungen zu verbundenen Unternehmen eingeschränkt oder versagt hat,
2. der Aufsichtsrat erklärt hat, daß Einwendungen gegen die Erklärung des Vorstands am Schluß des Berichts über die Beziehungen zu verbundenen Unternehmen zu erheben sind,
3. der Vorstand selbst erklärt hat, daß die Gesellschaft durch bestimmte Rechtsgeschäfte oder Maßnahmen benachteiligt worden ist, ohne daß die Nachteile ausgeglichen worden sind.

[2]Wenn sonstige Tatsachen vorliegen, die den Verdacht einer pflichtwidrigen Nachteilszufügung rechtfertigen, kann der Antrag auch von Aktionären gestellt werden, deren Anteile zusammen den zwanzigsten Teil des Grundkapitals oder den anteiligen Betrag von 500 000 Euro erreichen, wenn sie glaubhaft machen, daß sie seit mindestens drei Monaten vor dem Tage der Antragstellung Inhaber der Aktien sind. [3]Gegen die Entscheidung ist die sofortige Beschwerde zulässig. [4]Hat die Hauptversammlung zur Prüfung derselben Vorgänge Sonderprüfer bestellt, so kann jeder Aktionär den Antrag nach § 142 Abs. 4 stellen.

**§ 316 Kein Bericht über Beziehungen zu verbundenen Unternehmen bei Gewinnabführungsvertrag.** §§ 312 bis 315 gelten nicht, wenn zwischen der abhängigen Gesellschaft und dem herrschenden Unternehmen ein Gewinnabführungsvertrag besteht.

**§ 317 Verantwortlichkeit des herrschenden Unternehmens und seiner gesetzlichen Vertreter.** (1) [1]Veranlaßt ein herrschendes Unternehmen eine abhängige Gesellschaft, mit der kein Beherrschungsvertrag besteht, ein für sie nachteiliges Rechtsgeschäft vorzunehmen oder zu ihrem Nachteil eine Maßnahme zu treffen oder zu unterlassen, ohne daß es den Nachteil bis zum Ende des Geschäftsjahrs tatsächlich ausgleicht oder der abhängigen Gesellschaft einen Rechtsanspruch auf einen zum Ausgleich bestimmten Vorteil gewährt, so ist es der Gesellschaft zum Ersatz des ihr daraus entstehenden Schadens verpflichtet. [2]Es ist auch den Aktionären zum Ersatz des ihnen daraus entstehenden Schadens verpflichtet, soweit sie, abgesehen von einem Schaden, der ihnen durch Schädigung der Gesellschaft zugefügt worden ist, geschädigt worden sind.

(2) Die Ersatzpflicht tritt nicht ein, wenn auch ein ordentlicher und gewissenhafter Geschäftsleiter einer unabhängigen Gesellschaft das Rechtsgeschäft vorgenommen oder die Maßnahme getroffen oder unterlassen hätte.

(3) Neben dem herrschenden Unternehmen haften als Gesamtschuldner die gesetzlichen Vertreter des Unternehmens, die die Gesellschaft zu dem Rechtsgeschäft oder der Maßnahme veranlaßt haben.

(4) § 309 Abs. 3 bis 5 gilt sinngemäß.

**§ 318 Verantwortlichkeit der Verwaltungsmitglieder der Gesellschaft.** (1) [1]Die Mitglieder des Vorstands der Gesellschaft haften neben den nach § 317 Ersatzpflichtigen als Gesamtschuldner, wenn sie es unter Verletzung ihrer Pflichten unterlassen haben, das nachteilige Rechtsgeschäft oder die nachteilige Maßnahme in dem Bericht über die Beziehungen der Gesellschaft zu verbundenen Unternehmen aufzuführen oder anzugeben, daß die Gesellschaft durch das Rechtsgeschäft oder die Maßnahme benachteiligt wurde und der Nachteil nicht ausgeglichen worden war. [2]Ist streitig, ob sie die Sorgfalt eines ordentlichen und gewissenhaften Geschäftsleiters angewandt haben, so trifft sie die Beweislast.

(2) Die Mitglieder des Aufsichtsrats der Gesellschaft haften neben den nach § 317 Ersatzpflichtigen als Gesamtschuldner, wenn sie hinsichtlich des nachteiligen Rechtsgeschäfts oder der nachteiligen Maßnahme ihre Pflicht, den Bericht über die Beziehungen zu verbundenen Unternehmen zu prüfen und über das Ergebnis der Prüfung an die Hauptversammlung zu berichten (§ 314), verletzt haben; Absatz 1 Satz 2 gilt sinngemäß.

(3) Der Gesellschaft und auch den Aktionären gegenüber tritt die Ersatzpflicht nicht ein, wenn die Handlung auf einem gesetzmäßigen Beschluß der Hauptversammlung beruht.

(4) § 309 Abs. 3 bis 5 gilt sinngemäß.

## Dritter Teil. Eingegliederte Gesellschaften

**§ 319 Eingliederung.** (1) [1]Die Hauptversammlung einer Aktiengesellschaft kann die Eingliederung der Gesellschaft in eine andere Aktiengesellschaft mit Sitz im Inland (Hauptgesellschaft) beschließen, wenn sich alle Aktien der Gesellschaft in der Hand der zukünftigen Hauptgesellschaft befinden. [2]Auf den Beschluß sind die Bestimmungen des Gesetzes und der Satzung über Satzungsänderungen nicht anzuwenden.

(2) [1]Der Beschluß über die Eingliederung wird nur wirksam, wenn die Hauptversammlung der zukünftigen Hauptgesellschaft zustimmt. [2]Der Beschluß über die Zustimmung bedarf einer Mehrheit, die mindestens drei Viertel des bei der Beschlußfassung vertretenen Grundkapitals umfaßt. [3]Die Satzung kann eine größere Kapitalmehrheit und weitere Erfordernisse bestimmen. [4]Absatz 1 Satz 2 ist anzuwenden.

(3) [1]Von der Einberufung der Hauptversammlung der zukünftigen Hauptgesellschaft an, die über die Zustimmung zur Eingliederung beschließen soll, sind in dem Geschäftsraum dieser Gesellschaft zur Einsicht der Aktionäre auszulegen

1. der Entwurf des Eingliederungsbeschlusses;

2. die Jahresabschlüsse und die Lageberichte der beteiligten Gesellschaften für die letzten drei Geschäftsjahre;

3. ein ausführlicher schriftlicher Bericht des Vorstands der zukünftigen Hauptgesellschaft, in dem die Eingliederung rechtlich und wirtschaftlich erläutert und begründet wird (Eingliederungsbericht).

[2] Auf Verlangen ist jedem Aktionär der zukünftigen Hauptgesellschaft unverzüglich und kostenlos eine Abschrift der in Satz 1 bezeichneten Unterlagen zu erteilen. [3] In der Hauptversammlung sind diese Unterlage auszulegen. [4] Jedem Aktionär ist in der Hauptversammlung auf Verlangen Auskunft auch über alle im Zusammenhang mit der Eingliederung wesentlichen Angelegenheiten der einzugliedernden Gesellschaft zu geben.

(4) [1] Der Vorstand der einzugliedernden Gesellschaft hat die Eingliederung und die Firma der Hauptgesellschaft zur Eintragung in das Handelsregister anzumelden. [2] Der Anmeldung sind die Niederschriften der Hauptversammlungsbeschlüsse und ihre Anlagen in Ausfertigung oder öffentlich beglaubigter Abschrift beizufügen.

(5) [1] Bei der Anmeldung nach Absatz 4 hat der Vorstand zu erklären, daß eine Klage gegen die Wirksamkeit eines Hauptversammlungsbeschlusses nicht oder nicht fristgemäß erhoben oder eine solche Klage rechtskräftig abgewiesen oder zurückgenommen worden ist; hierüber hat der Vorstand dem Registergericht auch nach der Anmeldung Mitteilung zu machen. [2] Liegt die Erklärung nicht vor, so darf die Eingliederung nicht eingetragen werden, es sei denn, daß die klageberechtigten Aktionäre durch notariell beurkundete Verzichtserklärung auf die Klage gegen die Wirksamkeit des Hauptversammlungsbeschlusses verzichten.

(6) [1] Der Erklärung nach Absatz 5 Satz 1 steht es gleich, wenn nach Erhebung einer Klage gegen die Wirksamkeit eines Hauptversammlungsbeschlusses das für diese Klage zuständige Landgericht auf Antrag der Gesellschaft gegen deren Hauptversammlungsbeschluß sich die Klage richtet, durch rechtskräftigen Beschluß festgestellt hat, daß die Erhebung der Klage der Eintragung nicht entgegensteht. [2] Der Beschluß nach Satz 1 darf nur ergehen, wenn die Klage gegen die Wirksamkeit des Hauptversammlungsbeschlusses unzulässig oder offensichtlich unbegründet ist oder wenn das alsbaldige Wirksamwerden der Eingliederung nach freier Überzeugung des Gerichts unter Berücksichtigung der Schwere der mit der Klage geltend gemachten Rechtsverletzungen zur Abwendung der vom Antragsteller dargelegten wesentlichen Nachteile für die Gesellschaft und ihre Aktionäre vorrangig erscheint. [3] Der Beschluß kann in dringenden Fällen ohne mündliche Verhandlung ergehen. [4] Die vorgebrachten Tatsachen, aufgrund derer der Beschluß nach Satz 2 ergehen kann, sind glaubhaft zu machen. [5] Gegen den Beschluß findet die sofortige Beschwerde statt. [6] Erweist sich die Klage als begründet, so ist die Gesellschaft, die den Beschluß erwirkt hat, verpflichtet, dem Antragsgegner den Schaden zu ersetzen, der ihm aus einer auf dem Beschluß beruhenden Eintragung der Eingliederung entstanden ist.

(7) Mit der Eintragung der Eingliederung in das Handelsregister des Sitzes der Gesellschaft wird die Gesellschaft in die Hauptgesellschaft eingegliedert.

**§ 320 Eingliederung durch Mehrheitsbeschluß.** (1) [1] Die Hauptversammlung einer Aktiengesellschaft kann die Eingliederung der Gesellschaft in eine andere Aktiengesellschaft mit Sitz im Inland auch dann beschließen, wenn sich Aktien der Gesellschaft, auf die zusammen fünfundneunzig vom

Hundert des Grundkapitals entfallen, in der Hand der zukünftigen Hauptgesellschaft befinden. [2]Eigene Aktien und Aktien, die einem anderen für Rechnung der Gesellschaft gehören, sind vom Grundkapital abzusetzen. [3]Für die Eingliederung gelten außer § 319 Abs. 1 Satz 2, Abs. 2 bis 7 die Absätze 2 bis 4.

(2) [1]Die Bekanntmachung der Eingliederung als Gegenstand der Tagesordnung ist nur ordnungsgemäß, wenn

1. sie die Firma und den Sitz der zukünftigen Hauptgesellschaft enthält,

2. ihr eine Erklärung der zukünftigen Hauptgesellschaft beigefügt ist, in der diese den ausscheidenden Aktionären als Abfindung für ihre Aktien eigene Aktien, im Falle des Absatzes § 320b Abs. 1 Satz 3 außerdem eine Barabfindung anbietet.

[2]Satz 1 Nr. 2 gilt auch für die Bekanntmachung der zukünftigen Hauptgesellschaft.

(3) [1]Die Eingliederung ist durch einen oder mehrere sachverständige Prüfer (Eingliederungsprüfer) zu prüfen. [2]Dieser werden von dem Vorstand der zukünftigen Hauptgesellschaft bestellt. [3]§ 293a Abs 3, §§ 293c bis 293e sind sinngemäß anzuwenden.

(4) [1]Die in § 319 Abs. 3 Satz 1 bezeichneten Unterlagen sowie der Prüfungsbericht nach Absatz 3 sind jeweils von der Einberufung der Hauptversammlung an, die über die Zustimmung zur Eingliederung beschließen soll, in dem Geschäftsraum der einzugliedernden Gesellschaft und der Hauptgesellschaft zur Einsicht der Aktionäre auszulegen. [2]In dem Eingliederungsbericht sind auch Art und Höhe der Abfindung nach § 320b rechtlich und wirtschaftlich zu erläutern und zu begründen; auf besondere Schwierigkeiten bei der Bewertung der beteiligten Gesellschaften sowie auf die Folgen für die Beteiligungen der Aktionäre ist hinzuweisen. [3]§ 319 Abs. 3 Satz 2 bis 4 gilt sinngemäß für die Aktionäre beider Gesellschaften.

**§ 320a Wirkungen der Eingliederung.** [1]Mit der Eintragung der Eingliederung in das Handelsregister gehen alle Aktien, die sich nicht in der Hand der Hauptgesellschaft befinden, auf diese über. [2]Sind über diese Aktien Aktienurkunden ausgegeben, so verbriefen sie bis zu ihrer Aushändigung an die Hauptgesellschaft nur den Anspruch auf Abfindung.

**§ 320b Abfindung der ausgeschiedenen Aktionäre.** (1) [1]Die ausgeschiedenen Aktionäre der eingegliederten Gesellschaft haben Anspruch auf angemessene Abfindung. [2]Als Abfindung sind ihnen eigene Aktien der Hauptgesellschaft zu gewähren. [3]Ist die Hauptgesellschaft eine abhängige Gesellschaft, so sind den ausgeschiedenen Aktionären nach deren Wahl eigene Aktien der Hauptgesellschaft oder eine angemessene Barabfindung zu gewähren. [4]Werden als Abfindung Aktien der Hauptgesellschaft gewährt, so ist die Abfindung als angemessen anzusehen, wenn die Aktien in dem Verhältnis gewährt werden, in dem bei einer Verschmelzung auf eine Aktie der Gesellschaft Aktien der Hauptgesellschaft zu gwähren wären, wobei Spitzenbeträge durch bare Zuzahlungen ausgeglichen werden können. [5]Die Barabfindung muß die Verhältnisse der Gesellschaft im Zeitpunkt der Beschlußfassung ihrer Hauptversammlung über die Eingliederung berücksichtigen. [6]Die Barabfindung sowie bare Zuzahlungen sind von der Bekanntmachung der Eintragung der Eingliederung an mit jährlich zwei vom Hundert über dem jeweiligen Diskontsatz der Deutschen Bundesbank zu verzinsen; die Geltendmachung eines weiteren Schadens ist nicht ausgeschlossen.

(2) [1]Die Anfechtung des Beschlusses, durch den die Hauptversammlung der eingegliederten Gesellschaft die Eingliederung der Gesellschaft beschlossen hat, kann nicht auf § 243 Abs. 2 oder darauf gestützt werden, daß die von der Hauptgesellschaft nach § 320 Abs. 2 Nr. 2 angebotene Abfindung nicht angemessen ist. [2]Ist die angebotene Abfindung nicht angemessen, so hat das in § 306 bestimmte Gericht auf Antrag die angemessene Abfindung zu bestimmen. [3]Das gleiche gilt, wenn die Hauptgesellschaft eine Abfindung nicht oder nicht ordnungsgemäß angeboten hat und eine hierauf gestützte Anfechtungsklage innerhalb der Anfechtungsfrist nicht erhoben oder zurückgenommen oder rechtskräftig abgewiesen worden ist.

(3) [1]Antragsberechtigt ist jeder ausgeschiedene Aktionär. Der Antrag kann nur binnen zwei Monaten nach dem Tage gestellt werden, an dem die Eintragung der Eingliederung in das Handelsregister nach § 10 des Handelsgesetzbuchs als bekanntgemacht gilt. [2]Für das Verfahren gilt § 306 sinngemäß.

**§ 321 Gläubigerschutz.** (1) [1]Den Gläubigern der eingegliederten Gesellschaft, deren Forderungen begründet worden sind, bevor die Eintragung der Eingliederung in das Handelsregister bekanntgemacht worden ist, ist, wenn sie sich binnen sechs Monaten nach der Bekanntmachung zu diesem Zweck melden, Sicherheit zu leisten, soweit sie nicht Befriedigung verlangen können. [2]Die Gläubiger sind in der Bekanntmachung der Eintragung auf dieses Recht hinzuweisen.

(2) Das Recht, Sicherheitsleistung zu verlangen, steht Gläubigern nicht zu, die im Falle des Insolvenzverfahrens ein Recht auf vorzugsweise Befriedigung aus einer Deckungsmasse haben, die nach gesetzlicher Vorschrift zu ihrem Schutz errichtet und staatlich überwacht ist.

**§ 322 Haftung der Hauptgesellschaft.** (1) [1]Von der Eingliederung an haftet die Hauptgesellschaft für die vor diesem Zeitpunkt begründeten Verbindlichkeiten der eingegliederten Gesellschaft den Gläubigern dieser Gesellschaft als Gesamtschuldner. [2]Die gleiche Haftung trifft sie für alle Verbindlichkeiten der eingegliederten Gesellschaft, die nach der Eingliederung begründet werden. [3]Eine entgegenstehende Vereinbarung ist Dritten gegenüber unwirksam.

(2) Wird die Hauptgesellschaft wegen einer Verbindlichkeit der eingegliederten Gesellschaft in Anspruch genommen, so kann sie Einwendungen, die nicht in ihrer Person begründet sind, nur insoweit geltend machen, als sie von der eingegliederten Gesellschaft erhoben werden können.

(3) [1]Die Hauptgesellschaft kann die Befriedigung des Gläubigers verweigern, solange der eingegliederten Gesellschaft das Recht zusteht, das ihrer Verbindlichkeit zugrunde liegende Rechtsgeschäft anzufechten. [2]Die gleiche Befugnis hat die Hauptgesellschaft, solange sich der Gläubiger durch Aufrechnung gegen eine fällige Forderung der eingegliederten Gesellschaft befriedigen kann.

(4) Aus einem gegen die eingegliederte Gesellschaft gerichteten vollstreckbaren Schuldtitel findet die Zwangsvollstreckung gegen die Hauptgesellschaft nicht statt.

**§ 323 Leitungsmacht der Hauptgesellschaft und Verantwortlichkeit der Vorstandsmitglieder.** (1) ¹Die Hauptgesellschaft ist berechtigt, dem Vorstand der eingegliederten Gesellschaft hinsichtlich der Leitung der Gesellschaft Weisungen zu erteilen. ²§ 308 Abs. 2 Satz 1, Abs. 3, §§ 309, 310 gelten sinngemäß. ³§§ 311 bis 318 sind nicht anzuwenden.

(2) Leistungen der eingegliederten Gesellschaft an die Hauptgesellschaft gelten nicht als Verstoß gegen die §§ 57, 58 und 60.

**§ 324 Gesetzliche Rücklage. Gewinnabführung. Verlustübernahme.**

(1) Die gesetzlichen Vorschriften über die Bildung einer gesetzlichen Rücklage, über ihre Verwendung und über die Einstellung von Beträgen in die gesetzliche Rücklage sind auf eingegliederte Gesellschaften nicht anzuwenden.

(2) ¹Auf einen Gewinnabführungsvertrag, eine Gewinngemeinschaft oder einen Teilgewinnabführungsvertrag zwischen der eingegliederten Gesellschaft und der Hauptgesellschaft sind die §§ 293 bis 296, 298 bis 303 nicht anzuwenden. ²Der Vertrag, seine Änderung und seine Aufhebung bedürfen der schriftlichen Form. ³Als Gewinn kann höchstens der ohne die Gewinnabführung entstehende Bilanzgewinn abgeführt werden. ⁴Der Vertrag endet spätestens zum Ende des Geschäftsjahrs, in dem die Eingliederung endet.

(3) Die Hauptgesellschaft ist verpflichtet, jeden bei der eingegliederten Gesellschaft sonst entstehenden Bilanzverlust auszugleichen, soweit dieser den Betrag der Kapitalrücklagen und der Gewinnrücklagen übersteigt.

**§ 325.** *(aufgehoben)*

**§ 326 Auskunftsrecht der Aktionäre der Hauptgesellschaft.** Jedem Aktionär der Hauptgesellschaft ist über Angelegenheiten der eingegliederten Gesellschaft ebenso Auskunft zu erteilen wie über Angelegenheiten der Hauptgesellschaft.

**§ 327 Ende der Eingliederung.** (1) Die Eingliederung endet

1. durch Beschluß der Hauptversammlung der eingegliederten Gesellschaft,
2. wenn die Hauptgesellschaft nicht mehr eine Aktiengesellschaft mit Sitz im Inland ist,
3. wenn sich nicht mehr alle Aktien der eingegliederten Gesellschaft in der Hand der Hauptgesellschaft befinden,
4. durch Auflösung der Hauptgesellschaft.

(2) Befinden sich nicht mehr alle Aktien der eingegliederten Gesellschaft in der Hand der Hauptgesellschaft, so hat die Hauptgesellschaft dies der eingegliederten Gesellschaft unverzüglich schriftlich mitzuteilen.

(3) Der Vorstand der bisher eingegliederten Gesellschaft hat das Ende der Eingliederung, seinen Grund und seinen Zeitpunkt unverzüglich zur Eintragung in das Handelsregister des Sitzes der Gesellschaft anzumelden.

(4) ¹Die Ansprüche gegen die frühere Hauptgesellschaft aus Verbindlichkeiten der bisher eingegliederten Gesellschaft verjähren in fünf Jahren seit dem Tage, an dem die Eintragung des Endes der Eingliederung in das Handelsregister nach § 10 des Handelsgesetzbuchs als bekanntgemacht gilt, sofern nicht

der Anspruch gegen die bisher eingegliederte Gesellschaft einer kürzeren Verjährung unterliegt. [2] Wird der Anspruch des Gläubigers erst nach dem Tage, an dem die Eintragung des Endes der Eingliederung in das Handelsregister als bekanntgemacht gilt, fällig, so beginnt die Verjährung mit dem Zeitpunkt der Fälligkeit.

## Vierter Teil. Wechselseitig beteiligte Unternehmen

**§ 328 Beschränkung der Rechte.** (1) [1] Sind eine Aktiengesellschaft oder Kommanditgesellschaft auf Aktien und ein anderes Unternehmen wechselseitig beteiligte Unternehmen, so können, sobald dem einen Unternehmen das Bestehen der wechselseitigen Beteiligung bekannt geworden ist oder ihm das andere Unternehmen eine Mitteilung nach § 20 Abs. 3 oder § 21 Abs. 1 gemacht hat, Rechte aus den Anteilen, die ihm an dem anderen Unternehmen gehören, nur für höchstens den vierten Teil aller Anteile des anderen Unternehmens ausgeübt werden. [2] Dies gilt nicht für das Recht auf neue Aktien bei einer Kapitalerhöhung aus Gesellschaftsmitteln. [3] § 16 Abs. 4 ist anzuwenden.

(2) Die Beschränkung des Absatzes 1 gilt nicht, wenn das Unternehmen seinerseits dem anderen Unternehmen eine Mitteilung nach § 20 Abs. 3 oder § 21 Abs. 1 gemacht hatte, bevor es von dem anderen Unternehmen eine solche Mitteilung erhalten hat und bevor ihm das Bestehen der wechselseitigen Beteiligung bekannt geworden ist.

(3) In der Hauptversammlung einer börsennotierten Gesellschaft kann ein Unternehmen, dem die wechselseitige Beteiligung gemäß Absatz 1 bekannt ist, sein Stimmrecht zur Wahl von Mitgliedern in den Aufsichtsrat nicht ausüben.

(4) Sind eine Aktiengesellschaft oder Kommanditgesellschaft auf Aktien und ein anderes Unternehmen wechselseitig beteiligte Unternehmen, so haben die Unternehmen einander unverzüglich die Höhe ihrer Beteiligung und jede Änderung schriftlich mitzuteilen.

## Fünfter Teil.[1] Rechnungslegung im Konzern

**§§ 329–336.** *(aufgehoben)*

**§ 337 Vorlage des Konzernabschlusses und des Konzernlageberichts.**
(1) [1] Der Vorstand des Mutterunternehmens hat den Konzernabschluß und den Konzernlagebericht unverzüglich nach ihrer Aufstellung dem Aufsichtsrat des Mutterunternehmens vorzulegen. [2] Im übrigen ist § 170 Abs. 3 anzuwenden.

(2) [1] Ist der Konzernabschluß auf den Stichtag des Jahresabschlusses des Mutterunternehmens aufgestellt worden, so sind der Konzernabschluß und der Konzernlagebericht der Hauptversammlung vorzulegen, die diesen Jahresabschluß entgegennimmt oder festzustellen hat. [2] Weicht der Stichtag des Konzernabschlusses vom Stichtag des Jahresabschlusses des Mutterunterneh-

---

[1] Beachte auch Gesetz über die Rechnungslegung von bestimmten Unternehmen und Konzernen vom 15. 8. 1969 (BGBl. I S. 1189, ber. 1970 I S. 1113); abgedruckt unter Nr. **6**.

mens ab, so sind der Konzernabschluß und der Konzernlagebericht der Hauptversammlung vorzulegen, die den nächsten auf den Stichtag des Konzernabschlusses folgenden Jahresabschluß entgegennimmt oder festzustellen hat.

(3) Auf die Auslegung des Konzernabschlusses und des Konzernlageberichts und die Erteilung von Abschriften ist § 175 Abs. 2, auf die Vorlage an die Hauptversammlung und die Berichterstattung des Vorstandes ist § 176 Abs. 1 entsprechend anzuwenden.

(4) Die Auskunftspflicht des Vorstands des Mutterunternehmens in der Hauptversammlung, der der Konzernabschluß und der Konzernlagebericht vorgelegt werden, erstreckt sich auch auf die Lage des Konzerns und der in den Konzernabschluß einbezogenen Unternehmen.

## §§ 338–393. *(aufgehoben)*

# Viertes Buch.
# Sonder-, Straf- und Schlußvorschriften

## Erster Teil. Sondervorschriften bei Beteiligung von Gebietskörperschaften

**§ 394 Berichte der Aufsichtsratsmitglieder.** [1] Aufsichtsratsmitglieder, die auf Veranlassung einer Gebietskörperschaft in den Aufsichtsrat gewählt oder entsandt worden sind, unterliegen hinsichtlich der Berichte, die sie der Gebietskörperschaft zu erstatten haben, keiner Verschwiegenheitspflicht. [2] Für vertrauliche Angaben und Geheimnisse der Gesellschaft, namentlich Betriebs- oder Geschäftsgeheimnisse, gilt dies nicht, wenn ihre Kenntnis für die Zwecke der Berichte nicht von Bedeutung ist.

**§ 395 Verschwiegenheitspflicht.** (1) Personen, die damit betraut sind, die Beteiligungen einer Gebietskörperschaft zu verwalten oder für eine Gebietskörperschaft die Gesellschaft, die Betätigung der Gebietskörperschaft als Aktionär oder die Tätigkeit der auf Veranlassung der Gebietskörperschaft gewählten oder entsandten Aufsichtsratsmitglieder zu prüfen, haben über vertrauliche Angaben und Geheimnisse der Gesellschaft, namentlich Betriebs- oder Geschäftsgeheimnisse, die ihnen aus Berichten nach § 394 bekanntgeworden sind, Stillschweigen zu bewahren; dies gilt nicht für Mitteilungen im dienstlichen Verkehr.

(2) Bei der Veröffentlichung von Prüfungsergebnissen dürfen vertrauliche Angaben und Geheimnisse der Gesellschaft, namentlich Betriebs- oder Geschäftsgeheimnisse, nicht veröffentlicht werden.

## Zweiter Teil. Gerichtliche Auflösung

**§ 396 Voraussetzungen.** (1) [1] Gefährdet eine Aktiengesellschaft oder Kommanditgesellschaft auf Aktien durch gesetzwidriges Verhalten ihrer Verwaltungsträger das Gemeinwohl und sorgen der Aufsichtsrat und die Hauptversammlung nicht für eine Abberufung der Verwaltungsträger, so kann die Gesellschaft auf Antrag der zuständigen obersten Landesbehörde des Landes, in dem die Gesellschaft ihren Sitz hat, durch Urteil aufgelöst werden. [2]Ausschließlich zuständig für die Klage ist das Landgericht, in dessen Bezirk die Gesellschaft ihren Sitz hat.

(2) [1]Nach der Auflösung findet die Abwicklung nach den §§ 264 bis 273 statt. [2]Den Antrag auf Abberufung oder Bestellung der Abwickler aus einem wichtigen Grund kann auch die in Absatz 1 Satz 1 bestimmte Behörde stellen.

**§ 397 Anordnungen bei der Auflösung.** Ist die Auflösungsklage erhoben, so kann das Gericht auf Antrag der in § 396 Abs. 1 Satz 1 bestimmten Behörde durch einstweilige Verfügung die nötigen Anordnungen treffen.

**§ 398 Eintragung.** [1]Die Entscheidungen des Gerichts sind dem Registergericht mitzuteilen. [2]Dieses trägt sie, soweit sie eintragungspflichtige Rechtsverhältnisse betreffen, in das Handelsregister ein.

### Dritter Teil. Straf- und Bußgeldvorschriften. Schlußvorschriften

**§ 399 Falsche Angaben.** (1) Mit Freiheitsstrafe bis zu drei Jahren oder mit Geldstrafe wird bestraft, wer

1. als Gründer oder als Mitglied des Vorstands oder des Aufsichtsrats zum Zweck der Eintragung der Gesellschaft über die Übernahme der Aktien, die Einzahlung auf Aktien, die Verwendung eingezahlter Beträge, den Ausgabebetrag der Aktien, über Sondervorteile, Gründungsaufwand, Sacheinlagen, Sachübernahmen und Sicherungen für nicht voll einbezahlte Geldeinlagen,

2. als Gründer oder als Mitglied des Vorstands oder des Aufsichtsrats im Gründungsbericht, im Nachgründungsbericht oder im Prüfungsbericht,

3. in der öffentlichen Ankündigung nach § 47 Nr. 3,

4. als Mitglied des Vorstands oder des Aufsichtsrats zum Zweck der Eintragung einer Erhöhung des Grundkapitals (§§ 182 bis 206) über die Einbringung des bisherigen, die Zeichnung oder Einbringung des neuen Kapitals, den Ausgabebetrag der Aktien, die Ausgabe der Bezugsaktien oder über Sacheinlagen,

5. als Abwickler zum Zweck der Eintragung der Fortsetzung der Gesellschaft in dem nach § 274 Abs. 3 zu führenden Nachweis oder

6. als Mitglied des Vorstands in der nach § 37 Abs. 2 Satz 1 oder § 81 Abs. 3 Satz 1 abzugebenden Versicherung oder als Abwickler in der nach § 266 Abs. 3 Satz 1 abzugebenden Versicherung

falsche Angaben macht oder erhebliche Umstände verschweigt.

(2) Ebenso wird bestraft, wer als Mitglied des Vorstands oder des Aufsichtsrats zum Zweck der Eintragung einer Erhöhung des Grundkapitals die in § 210 Abs. 1 Satz 2 vorgeschriebene Erklärung der Wahrheit zuwider abgibt.

**§ 400 Unrichtige Darstellung.** (1) Mit Freiheitsstrafe bis zu drei Jahren oder mit Geldstrafe wird bestraft, wer als Mitglied des Vorstands oder des Aufsichtsrats oder als Abwickler

1. die Verhältnisse der Gesellschaft einschließlich ihrer Beziehungen zu verbundenen Unternehmen in Darstellungen oder Übersichten über den Vermögensstand, in Vorträgen oder Auskünften in der Hauptversammlung unrichtig wiedergibt oder verschleiert, wenn die Tat nicht in § 331 Nr. 1 des Handelsgesetzbuchs mit Strafe bedroht ist, oder

2. in Aufklärungen oder Nachweisen, die nach den Vorschriften dieses Gesetzes einem Prüfer der Gesellschaft oder eines verbundenen Unternehmens zu geben sind, falsche Angaben macht oder die Verhältnisse der Gesellschaft unrichtig wiedergibt oder verschleiert, wenn die Tat nicht in § 331 Nr. 4 des Handelsgesetzbuchs mit Strafe bedroht ist.

(2) Ebenso wird bestraft, wer als Gründer oder Aktionär in Aufklärungen oder Nachweisen, die nach den Vorschriften dieses Gesetzes einem Gründungsprüfer oder sonstigen Prüfer zu geben sind, falsche Angaben macht oder erhebliche Umstände verschweigt.

**§ 401 Pflichtverletzung bei Verlust, Überschuldung oder Zahlungsunfähigkeit.** (1) Mit Freiheitsstrafe bis zu drei Jahren oder mit Geldstrafe wird bestraft, wer es

1. als Mitglied des Vorstands entgegen § 92 Abs. 1 unterläßt, bei einem Verlust in Höhe der Hälfte des Grundkapitals die Hauptversammlung einzuberufen und ihr dies anzuzeigen, oder

2. als Mitglied des Vorstands entgegen § 92 Abs. 2 oder als Abwickler entgegen § 268 Abs. 2 Satz 1 unterläßt, bei Zahlungsunfähigkeit oder Überschuldung die Eröffnung des Insolvenzverfahrens zu beantragen.

(2) Handelt der Täter fahrlässig, so ist die Strafe Freiheitsstrafe bis zu einem Jahr oder Geldstrafe.

**§ 402 Falsche Ausstellung oder Verfälschung von Hinterlegungsbescheinigungen.** (1) Wer über die Hinterlegung von Aktien oder Zwischenscheinen Bescheinigungen, die zum Nachweis des Stimmrechts in einer Hauptversammlung oder in einer gesonderten Versammlung dienen sollen, falsch ausstellt oder verfälscht, wird mit Freiheitsstrafe bis zu drei Jahren oder mit Geldstrafe bestraft, wenn die Tat nicht in anderen Vorschriften über Urkundenstraftaten mit schwererer Strafe bedroht ist.

(2) Ebenso wird bestraft, wer von einer falschen oder verfälschten Bescheinigung der in Absatz 1 bezeichneten Art zur Ausübung des Stimmrechts Gebrauch macht.

(3) Der Versuch ist strafbar.

**§ 403 Verletzung der Berichtspflicht.** (1) Mit Freiheitsstrafe bis zu drei Jahren oder mit Geldstrafe wird bestraft, wer als Prüfer oder als Gehilfe eines Prüfers über das Ergebnis der Prüfung falsch berichtet oder erhebliche Umstände im Bericht verschweigt.

(2) Handelt der Täter gegen Entgelt oder in der Absicht, sich oder einen anderen zu bereichern oder einen anderen zu schädigen, so ist die Strafe Freiheitsstrafe bis zu fünf Jahren oder Geldstrafe.

**§ 404 Verletzung der Geheimhaltungspflicht.** (1) Mit Freiheitsstrafe bis zu einem Jahr oder mit Geldstrafe wird bestraft, wer ein Geheimnis der Gesellschaft, namentlich ein Betriebs- oder Geschäftsgeheimnis, das ihm in seiner Eigenschaft als

1. Mitglied des Vorstands oder des Aufsichtsrats oder Abwickler,

2. Prüfer oder Gehilfe eines Prüfers

bekanntgeworden ist, unbefugt offenbart; im Falle der Nummer 2 jedoch nur, wenn die Tat nicht in § 333 des Handelsgesetzbuchs mit Strafe bedroht ist.

(2) ¹Handelt der Täter gegen Entgelt oder in der Absicht, sich oder einen anderen zu bereichern oder einen anderen zu schädigen, so ist die Strafe Freiheitsstrafe bis zu zwei Jahren oder Geldstrafe. ²Ebenso wird bestraft, wer ein Geheimnis der in Absatz 1 bezeichneten Art, namentlich ein Betriebs- oder Geschäftsgeheimnis, das ihm unter den Voraussetzungen des Absatzes 1 bekanntgeworden ist, unbefugt verwertet.

(3) ¹Die Tat wird nur auf Antrag der Gesellschaft verfolgt. ²Hat ein Mitglied des Vorstands oder ein Abwickler die Tat begangen, so ist der Aufsichtsrat, hat ein Mitglied des Aufsichtsrats die Tat begangen, so sind der Vorstand oder die Abwickler antragsberechtigt.

**§ 405  Ordnungswidrigkeiten.** (1) Ordnungswidrig handelt, wer als Mitglied des Vorstands oder des Aufsichtsrats oder als Abwickler

1. Namensaktien ausgibt, in denen der Betrag der Teilleistung nicht angegeben ist, oder Inhaberaktien ausgibt, bevor auf sie der Ausgabebetrag voll geleistet ist,

2. Aktien oder Zwischenscheine ausgibt, bevor die Gesellschaft oder im Fall einer Kapitalerhöhung die Durchführung der Erhöhung des Grundkapitals oder im Fall einer bedingten Kapitalerhöhung oder einer Kapitalerhöhung aus Gesellschaftsmitteln der Beschluß über die bedingte Kapitalerhöhung oder die Kapitalerhöhung aus Gesellschaftsmitteln eingetragen ist,

3. Aktien oder Zwischenscheine ausgibt, die auf einen geringeren als den nach § 8 Abs. 2 Satz 1 zulässigen Mindestnennbetrag lauten oder auf die bei einer Gesellschaft mit Stückaktien ein geringerer anteiliger Betrag des Grundkapitals als der nach § 8 Abs. 3 Satz 3 zulässige Mindestbetrag entfällt, oder

4. a) entgegen § 71 Abs. 1 Nr. 1 bis 4 oder Abs. 2 eigene Aktien der Gesellschaft erwirbt oder, in Verbindung mit § 71 e Abs. 1, als Pfand nimmt,
   b) zu veräußernde eigene Aktien (§ 71 c Abs. 1 und 2) nicht anbietet oder
   c) die zur Vorbereitung der Beschlußfassung über die Einziehung eigener Aktien (§ 71 c Abs. 3) erforderlichen Maßnahmen nicht trifft.

(2) Ordnungswidrig handelt auch, wer als Aktionär oder als Vertreter eines Aktionärs die nach § 129 in das Verzeichnis aufzunehmenden Angaben nicht oder nicht richtig macht.

(3) Ordnungswidrig handelt ferner, wer

1. Aktien eines anderen, zu dessen Vertretung er nicht befugt ist, ohne dessen Einwilligung zur Ausübung von Rechten in der Hauptversammlung oder in einer gesonderten Versammlung benutzt,

2. zur Ausübung von Rechten in der Hauptversammlung oder in einer gesonderten Versammlung Aktien eines anderen benutzt, die er sich zu die-

sem Zweck durch Gewähren oder Versprechen besonderer Vorteile verschafft hat,

3. Aktien zu dem in Nummer 2 bezeichneten Zweck gegen Gewähren oder Versprechen besonderer Vorteile einem anderen überläßt,

4. Aktien eines anderen, für die er oder der von ihm Vertretene das Stimmrecht nach § 135 nicht ausüben darf, zur Ausübung des Stimmrechts benutzt,

5. Aktien, für die er oder der von ihm Vertretene das Stimmrecht nach § 20 Abs. 7, § 21 Abs. 4, §§ 71b, 71d Satz 4, § 134 Abs. 1, §§ 135, 136, 142 Abs. 1 Satz 2, § 285 Abs. 1 nicht ausüben darf, einem anderen zum Zweck der Ausübung des Stimmrechts überläßt oder solche ihm überlassene Aktien zur Ausübung des Stimmrechts benutzt,

6. besondere Vorteile als Gegenleistung dafür fordert, sich versprechen läßt oder annimmt, daß er bei einer Abstimmung in der Hauptversammlung oder in einer gesonderten Versammlung nicht oder in einem bestimmten Sinne stimme oder

7. besondere Vorteile als Gegenleistung dafür anbietet, verspricht oder gewährt, daß jemand bei einer Abstimmung in der Hauptversammlung oder in einer gesonderten Versammlung nicht oder in einem bestimmten Sinne stimme.

(4) Die Ordnungswidrigkeit kann mit einer Geldbuße bis zu fünfzigtausend Deutsche Mark geahndet werden.

**§ 406.** *(aufgehoben)*

**§ 407 Zwangsgelder.** (1) [1] Vorstandsmitglieder oder Abwickler, die § 52 Abs. 2 Satz 2 und 3, § 71c, § 73 Abs. 3 Satz 2, §§ 80, 90, 104 Abs. 1, § 111 Abs. 2, § 145, §§ 170, 171 Abs. 3, §§ 175, 179a Abs. 2, Satz 1 und 2, 214 Abs. 1, § 246 Abs. 4, § 259 Abs. 5, § 268 Abs. 4, § 270 Abs. 1, § 273 Abs. 2, §§ 293f, 293g, Abs. 1, § 306 Abs. 6, § 312 Abs. 1, § 313 Abs. 1, § 314 Abs. 1 nicht befolgen, sind hierzu vom Registergericht durch Festsetzung von Zwangsgeld anzuhalten; § 14 des Handelsgesetzbuchs bleibt unberührt. [2] Das einzelne Zwangsgeld darf den Betrag von zehntausend Deutsche Mark nicht übersteigen.

(2) [1] Die Anmeldungen zum Handelsregister nach den §§ 36, 45, 52, 181 Abs. 1, §§ 184, 188, 195, 210, 223, 237 Abs. 4, §§ 274, 294 Abs. 1, § 319 Abs. 3 werden durch Festsetzung von Zwangsgeld nicht erzwungen. [2] Für die Einreichung der der Zahl der Zweigniederlassungen entsprechenden Stückzahl der Anmeldungen verbleibt es bei § 14 des Handelsgesetzbuchs.

**§ 408 Strafbarkeit persönlich haftender Gesellschafter einer Kommanditgesellschaft auf Aktien.** [1] Die §§ 399 bis 407 gelten sinngemäß für die Kommanditgesellschaft auf Aktien. [2] Soweit sie Vorstandsmitglieder betreffen, gelten sie bei der Kommanditgesellschaft auf Aktien für die persönlich haftenden Gesellschafter.

**§ 409 Geltung in Berlin.** *(gegenstandslos)*

**§ 410 Inkrafttreten.** Dieses Gesetz tritt am 1. Januar 1966 in Kraft.

## 2. Einführungsgesetz zum Aktiengesetz

Vom 6. September 1965 (BGBl. I S. 1185)

**BGBl. III/FNA 4121-2**

zuletzt geändert durch Art. 11 Gesetz zur Kontrolle und Transparenz im Unternehmensbereich (KonTraG) vom 27. 4. 1998 (BGBl. I S. 786) und Art. 3 § 2 Gesetz zur Einführung des Euro (Euro-Einführungsgesetz – EuroEG) vom 9. 6. 1998 (BGBl. I S. 1242)

## Erster Abschnitt. Übergangsvorschriften

**§ 1 Grundkapital.** (1) [1] § 6 des Aktiengesetzes gilt nicht für Aktiengesellschaften, deren Grundkapital und Aktien beim Inkrafttreten des Aktiengesetzes nicht auf einen Nennbetrag in Deutscher Mark lauten, sowie für Aktiengesellschaften, die nach dem Inkrafttreten des Aktiengesetzes nach Maßgabe des § 2 des D-Markbilanzergänzungsgesetzes vom 28. Dezember 1950 (Bundesgesetzbl. S. 811) ihren Sitz in den Geltungsbereich des Aktiengesetzes verlegen. [2] Die Währung, auf die ihr Grundkapital und ihre Aktien lauten müssen, bestimmt sich nach den für sie geltenden besonderen Vorschriften.

(2) [1] Aktiengesellschaften, die vor dem 1. Januar 1999 in das Handelsregister eingetragen worden sind, dürfen die Nennbeträge ihres Grundkapitals und ihrer Aktien weiter in Deutscher Mark bezeichnen. [2] Bis zum 31. Dezember 2001 dürfen Aktiengesellschaften neu eingetragen werden, deren Grundkapital und Aktien auf Deutsche Mark lauten. [3] Danach dürfen Aktiengesellschaften nur eingetragen werden, wenn die Nennbeträge von Grundkapital und Aktien in Euro bezeichnet sind; das gleiche gilt für Beschlüsse über die Änderung des Grundkapitals.

**§ 2 Mindestnennbetrag des Grundkapitals.** [1] Für Aktiengesellschaften, die vor dem 1. Januar 1999 in das Handelsregister eingetragen oder zur Eintragung in das Handelsregister angemeldet worden sind, bleibt der bis dahin gültige Mindestbetrag des Grundkapitals maßgeblich, bis die Aktiennennbeträge an die seit diesem Zeitpunkt geltenden Beträge des § 8 des Aktiengesetzes angepaßt werden. [2] Für spätere Gründungen gilt der Mindestbetrag des Grundkapitals nach § 7 des Aktiengesetzes in der ab dem 1. Januar 1999 geltenden Fassung, der bei Gründungen in Deutscher Mark zu dem vom Rat der Europäischen Union gemäß Artikel 1091 Abs. 4 Satz 1 des EG-Vertrages unwiderruflich festgelegten Umrechnungskurs in Deutsche Mark umzurechnen ist.

**§ 3 Mindestnennbetrag der Aktien.** (1) Aktien dürfen nur noch nach § 8 des Aktiengesetzes ausgegeben werden.

(2) [1] Aktien einer Gesellschaft, die vor dem 1. Januar 1999 in das Handelsregister eingetragen oder zur Eintragung in das Handelsregister angemeldet und bis zum 31. Dezember 2001 eingetragen worden ist, dürfen weiterhin auf einen nach den bis dahin geltenden Vorschriften zulässigen Nennbetrag lauten, Aktien, die auf Grund eines Kapitalerhöhungsbeschlusses ausgegeben werden, jedoch nur, wenn dieser bis zum 31. Dezember 2001 in das Handelsregister eingetragen worden ist. [2] Dies gilt nur einheitlich für sämtliche

Aktien einer Gesellschaft. [3]Die Nennbeträge können auch zu dem vom Rat der Europäischen Union gemäß Artikel 109l Abs. 4 Satz 1 des EG-Vertrages unwiderruflich festgelegten Umrechnungskurs in Euro ausgedrückt werden.

(3) Für Aktiengesellschaften, die auf Grund einer nach dem 31. Dezember 1998 erfolgten Anmeldung zum Handelsregister bis zum 31. Dezember 2001 eingetragen werden und deren Grundkapital und Aktien nach § 1 Abs. 2 Satz 2 auf Deutsche Mark lauten, gelten die zu dem vom Rat der Europäischen Union gemäß Artikel 109l Abs. 4 Satz 1 des EG-Vertrages unwiderruflich festgelegten Umrechnungskurs in Deutsche Mark umzurechnenden Beträge nach § 8 des Aktiengesetzes in der ab dem 1. Januar 1999 geltenden Fassung.

(4) [1]Das Verhältnis der mit den Aktien verbundenen Rechte zueinander und das Verhältnis ihrer Nennbeträge zum Nennkapital wird durch Umrechnung zwischen Deutscher Mark und Euro nicht berührt. [2]Nach Umrechnung gebrochene Aktiennennbeträge können auf mindestens zwei Stellen hinter dem Komma gerundet dargestellt werden; diese Rundung hat keine Rechtswirkung. [3]Auf sie ist in Beschlüssen und Satzung hinzuweisen; der jeweilige Anteil der Aktie am Grundkapital soll erkennbar bleiben.

(5) Beschließt eine Gesellschaft, die die Nennbeträge ihrer Aktien nicht an § 8 des Aktiengesetzes in der ab dem 1. Januar 1999 geltenden Fassung angepaßt hat, die Änderung ihres Grundkapitals, darf dieser Beschluß nach dem 31. Dezember 2001 in das Handelsregister nur eingetragen werden, wenn zugleich eine Satzungsänderung über die Anpassung der Aktiennennbeträge an § 8 des Aktiengesetzes eingetragen wird.

**§ 4 Verfahren der Umstellung auf den Euro.** (1) [1]Über die Umstellung des Grundkapitals und der Aktiennennbeträge sowie weiterer satzungsmäßiger Betragsangaben auf Euro zu dem gemäß Artikel 109l Abs. 4 Satz 1 des EG-Vertrages unwiderruflich festgelegten Umrechnungskurs beschließt die Hauptversammlung abweichend von § 179 Abs. 2 des Aktiengesetzes mit der einfachen Mehrheit des bei der Beschlußfassung vertretenen Grundkapitals. [2]Ab dem 1. Januar 2002 ist der Aufsichtsrat zu den entsprechenden Fassungsänderungen der Satzung ermächtigt. [3]Auf die Anmeldung und Eintragung der Umstellung in das Handelsregister ist § 181 Abs. 1 Satz 2 und 3 und Abs. 2 Satz 2 des Aktiengesetzes nicht anzuwenden.

(2) [1]Für eine Erhöhung des Grundkapitals aus Gesellschaftsmitteln oder eine Herabsetzung des Kapitals auf den nächsthöheren oder nächstniedrigeren Betrag, mit dem die Nennbeträge der Aktien auf volle Euro gestellt werden können, genügt abweichend von § 207 Abs. 2, § 182 Abs. 1 und § 222 Abs. 1 des Aktiengesetzes die einfache Mehrheit des bei der Beschlußfassung vertretenen Grundkapitals, bei der Herabsetzung jedoch nur, wenn zumindest die Hälfte des Grundkapitals vertreten ist. [2]Diese Mehrheit gilt auch für Beschlüsse über die entsprechende Anpassung eines genehmigten Kapitals und über die Teilung der auf volle Euro gestellten Aktien sowie für Änderungen der Satzungsfassung, wenn diese Beschlüsse mit der Kapitaländerung verbunden sind. [3]§ 130 Abs. 1 Satz 3 des Aktiengesetzes findet keine Anwendung.

(3) [1]Eine Kapitalerhöhung aus Gesellschaftsmitteln oder eine Kapitalherabsetzung bei Umstellung auf Euro kann durch Erhöhung oder Herabsetzung des Nennbetrags der Aktien oder durch Neueinteilung der Aktiennennbe-

träge ausgeführt werden. [2]Die Neueinteilung der Nennbeträge bedarf der Zustimmung aller betroffenen Aktionäre, auf die nicht ihrem Anteil entsprechend volle Aktien oder eine geringere Zahl an Aktien als zuvor entfallen; bei teileingezahlten Aktien ist sie ausgeschlossen.

(4) [1]Sofern Aktien aus einem bedingten Kapital nach dem Beschluß über eine Kapitalerhöhung aus Gesellschaftsmitteln oder über eine andere Satzungsänderung zur Umstellung auf Euro, die mit der Zahl der Aktien verbunden ist, ausgegeben worden sind, gelten sie für den Beschluß erst nach dessen Eintragung in das Handelsregister als ausgegeben. [2]Diese aus einem bedingten Kapital ausgegebenen und die noch auszugebenden Aktien nehmen an der Änderung der Nennbeträge teil.

(5) [1]Für eine Kapitalerhöhung aus Gesellschaftsmitteln nach Absatz 2 können abweichend von § 208 Abs. 1 Satz 2 und § 150 Abs. 3 des Aktiengesetzes die Kapitalrücklage und die gesetzliche Rücklage sowie deren Zuführungen, auch soweit sie zusammen den zehnten Teil oder den in der Satzung bestimmten höheren Teil des bisherigen Grundkapitals nicht übersteigen, in Grundkapital umgewandelt werden. [2]Auf eine Kapitalherabsetzung nach Absatz 2, die in vereinfachter Form vorgenommen werden soll, findet § 229 Abs. 2 des Aktiengesetzes keine Anwendung.

(6) [1]§ 73 Abs. 1 Satz 2 des Aktiengesetzes findet keine Anwendung. [2]Im übrigen bleiben die aktienrechtlichen Vorschriften unberührt.

**§ 5 Mehrstimmrechte; Höchststimmrechte.** (1) [1]Mehrstimmrechte erlöschen am 1. Juni 2003, wenn nicht zuvor die Hauptversammlung mit einer Mehrheit, die mindestens drei Viertel des bei der Beschlußfassung vertretenen Grundkapitals umfaßt, ihre Fortgeltung beschlossen hat. [2]Inhaber von Mehrstimmrechtsaktien sind bei diesem Beschluß von der Ausübung des Stimmrechts insgesamt ausgeschlossen.

(2) [1]Unabhängig von Absatz 1 kann die Hauptversammlung die Beseitigung der Mehrstimmrechte beschließen. [2]Der Beschluß nach Satz 1 bedarf einer Mehrheit, die mindestens die Hälfte des bei der Beschlußfassung vertretenen Grundkapitals umfaßt, aber nicht der Mehrheit der abgegebenen Stimmen. [3]Eines Sonderbeschlusses der Aktionäre mit Mehrstimmrechten bedarf es nicht. [4]Abweichend von § 122 Abs. 2 des Aktiengesetzes kann jeder Aktionär verlangen, daß die Beseitigung der Mehrstimmrechte auf die Tagesordnung der Hauptversammlung gesetzt wird.

(3) [1]Die Gesellschaft hat einem Inhaber von Mehrstimmrechtsaktien im Falle des Erlöschens nach Absatz 1 und der Beseitigung nach Absatz 2 einen Ausgleich zu gewähren, der den besonderen Wert der Mehrstimmrechte angemessen berücksichtigt. [2]Im Falle des Absatzes 1 kann der Anspruch auf den Ausgleich nur bis zum Ablauf von zwei Monaten seit dem Erlöschen der Mehrstimmrechte gerichtlich geltend gemacht werden. [3]Im Falle des Absatzes 2 hat die Hauptversammlung den Ausgleich mitzubeschließen; Absatz 2 Satz 2 und 3 ist anzuwenden.

(4) [1]Die Anfechtung des Beschlusses nach Absatz 2 kann nicht auf § 243 Abs. 2 des Aktiengesetzes oder darauf gestützt werden, daß die Beseitigung der Mehrstimmrechte oder der festgesetzte Ausgleich unangemessen sind. [2]Statt dessen kann jeder in der Hauptversammlung erschienene Aktionär, der gegen den Beschluß Widerspruch zur Niederschrift erklärt hat, einen Antrag

auf gerichtliche Bestimmung des angemessenen Ausgleichs stellen. ³Der Antrag kann nur binnen zwei Monaten seit dem Tage gestellt werden, an dem die Satzungsänderung im Handelsregister nach § 10 des Handelsgesetzbuchs als bekanntgemacht gilt.

(5) Für das Verfahren in den Fällen des Absatzes 3 Satz 2 und des Absatzes 4 Satz 2 gilt § 306 des Aktiengesetzes sinngemäß.

(6) ¹Der durch Beschluß der Hauptversammlung festgesetzte Ausgleich wird erst zur Leistung fällig, wenn ein Antrag auf gerichtliche Bestimmung nicht oder nicht fristgemäß gestellt oder das Verfahren durch rechtskräftige Entscheidung oder Antragsrücknahme abgeschlossen ist. ²Der Ausgleich ist seit dem Tage, an dem die Satzungsänderung im Handelsregister nach § 10 des Handelsgesetzbuchs als bekanntgemacht gilt, mit fünf vom Hundert für das Jahr zu verzinsen.

(7) Für Höchststimmrechte bei börsennotierten Gesellschaften, die vor dem 1. Mai 1998 von der Satzung bestimmt sind, gelten die Sätze 2 bis 5 des § 134 Abs. 1 des Aktiengesetzes in der vor dem 1. Mai 1998 geltenden Fassung bis zum 1. Juni 2000 fort.

**§ 6 Wechselseitig beteiligte Unternehmen.** (1) Sind eine Aktiengesellschaft und ein anderes Unternehmen bereits beim Inkrafttreten des Aktiengesetzes wechselseitig beteiligte Unternehmen, ohne daß die Voraussetzungen des § 19 Abs. 2 oder 3 des Aktiengesetzes vorliegen, und haben beide Unternehmen fristgemäß (§ 7) die Mitteilung nach § 20 Abs. 3 oder § 21 Abs. 1 des Aktiengesetzes gemacht, so gilt § 328 Abs. 1 und 2 des Aktiengesetzes für sie nicht.

(2) Solange die Unternehmen wechselseitig beteiligt sind und nicht die Voraussetzungen des § 19 Abs. 2 oder 3 des Aktiengesetzes vorliegen, gilt für die Ausübung der Rechte aus den Anteilen an dem anderen Unternehmen statt dessen folgendes:

1. Aus den Anteilen, die dem Unternehmen beim Inkrafttreten des Aktiengesetzes gehört haben oder die auf diese Anteile bei einer Kapitalerhöhung aus Gesellschaftsmitteln entfallen, können alle Rechte ausgeübt werden.

2. Aus Anteilen, die bei einer Kapitalerhöhung gegen Einlagen auf Grund eines nach Nummer 1 bestehenden Bezugsrechts übernommen werden, können alle Rechte mit Ausnahme des Stimmrechts ausgeübt werden; das gleiche gilt für Anteile, die auf diese Anteile bei einer Kapitalerhöhung aus Gesellschaftsmitteln entfallen.

3. Aus anderen Anteilen können mit Ausnahme des Rechts auf neue Aktien bei einer Kapitalerhöhung aus Gesellschaftsmitteln keine Rechte ausgeübt werden.

(3) Hat nur eines der wechselseitig beteiligten Unternehmen fristgemäß (§ 7) die Mitteilung nach § 20 Abs. 3 oder § 21 Abs. 1 des Aktiengesetzes gemacht, so gilt § 328 Abs. 1 und 2 nicht für dieses Unternehmen.

**§ 7 Mitteilungspflicht von Beteiligungen.** ¹Die Mitteilungspflichten nach §§ 20, 21 und 328 Abs. 3 des Aktiengesetzes gelten auch für Beteiligungen, die beim Inkrafttreten des Aktiengesetzes bestehen. ²Die Beteiligungen sind binnen eines Monats nach dem Inkrafttreten des Aktiengesetzes mitzuteilen.

**§ 8 Gegenstand des Unternehmens.** Entspricht bei Aktiengesellschaften, die beim Inkrafttreten des Aktiengesetzes in das Handelsregister eingetragen sind, die Satzungsbestimmung über den Gegenstand des Unternehmens nicht dem § 23 Abs. 3 Nr. 2 des Aktiengesetzes, so sind Änderungen der Satzung durch die Hauptversammlung nur einzutragen, wenn zugleich die Satzungsbestimmung über den Gegenstand des Unternehmens an § 23 Abs. 3 Nr. 2 des Aktiengesetzes angepaßt wird.

**§ 9 Namensaktien.** [1]Aktiengesellschaften, die vor dem Inkrafttreten des Aktiengesetzes Namensaktien ausgegeben haben und deren Satzung nichts darüber bestimmt, ob die Aktien als Inhaber- oder Namensaktien auszustellen sind, haben ihre Satzung dahin zu ergänzen, daß die Aktien Namensaktien sind. [2]Die Satzungsergänzung kann der Aufsichtsrat beschließen. [3]Andere Änderungen der Satzung sind in das Handelsregister erst einzutragen, wenn zuvor die Satzungsergänzung nach Satz 1 eingetragen worden ist.

**§ 10 Nebenverpflichtungen der Aktionäre.** [1]§ 55 Abs. 1 Satz 2 des Aktiengesetzes gilt nicht für Aktiengesellschaften, die bereits beim Inkrafttreten des Aktiengesetzes in ihrer Satzung Nebenverpflichtungen der Aktionäre vorgesehen haben. [2]Ändern jedoch solche Gesellschaften den Gegenstand des Unternehmens oder die Satzungsbestimmungen über die Nebenverpflichtungen, so sind diese Änderungen nur einzutragen, wenn zugleich bestimmt wird, ob die Leistungen entgeltlich oder unentgeltlich zu erbringen sind.

**§ 11 Ausschluß säumiger Aktionäre.** § 64 Abs. 2 Satz 3 des Aktiengesetzes gilt nicht, wenn beim Inkrafttreten des Aktiengesetzes bereits die erste Bekanntmachung in den Gesellschaftsblättern ergangen ist und bei Einhaltung der Vorschrift die letzte Bekanntmachung nicht rechtzeitig ergehen könnte.

**§ 12 Aufsichtsrat.** (1) [1]Bestimmungen der Satzung über die Zahl der Aufsichtsratsmitglieder und über Stellvertreter von Aufsichtsratsmitgliedern treten, soweit sie mit den Vorschriften des Aktiengesetzes nicht vereinbar sind, mit Beendigung der Hauptversammlung außer Kraft, die über die Entlastung der Mitglieder des Aufsichtsrats für das am 31. Dezember 1965 endende oder laufende Geschäftsjahr abgehalten wird, spätestens mit Ablauf der in § 120 Abs. 1 des Aktiengesetzes für die Beschlußfassung über die Entlastung bestimmten Frist. [2]Eine Hauptversammlung, die innerhalb dieser Frist stattfindet, kann an Stelle der außer Kraft tretenden Satzungsbestimmung mit einfacher Stimmenmehrheit neue Satzungsbestimmungen beschließen.

(2) Treten Satzungsbestimmungen nach Absatz 1 Satz 1 außer Kraft, erlischt das Amt der Aufsichtsratsmitglieder oder der Stellvertreter von Aufsichtsratsmitgliedern mit dem in Absatz 1 genannten Zeitpunkt.

(3) Hat ein Aufsichtsratsmitglied am 1. Mai 1998 eine höhere Zahl von Aufsichtsratsmandaten, als nach § 100 Abs. 2 Satz 1 Nr. 1 in Verbindung mit Satz 3 des Aktiengesetzes in der ab dem 1. Mai 1998 geltenden Fassung zulässig ist, so gilt für diese Mandate § 100 Abs. 2 Aktiengesetz in der bis zum 30. April 1998 geltenden Fassung bis zum Ablauf der jeweils für das Mandat geltenden Amtszeit fort.

**§§ 13–19.** *(gegenstandslos bzw. aufgehoben)*

**§ 20 Streitwert.** [1]In Rechtsstreitigkeiten, auf die § 247 des Aktiengesetzes anzuwenden ist, richtet sich der Streitwert nach dem bisherigen Recht, wenn der Rechtsstreit vor dem Inkrafttreten des Aktiengesetzes anhängig geworden ist. [2]Dies gilt nicht im Verfahren über eine Berufung oder eine Revision, wenn das Rechtsmittel nach dem Inkrafttreten des Aktiengesetzes eingelegt worden ist.

**§ 21 Heilung der Nichtigkeit von Jahresabschlüssen.** [1]§ 256 Abs. 6 des Aktiengesetzes über die Heilung der Nichtigkeit von Jahresabschlüssen gilt auch für Jahresabschlüsse, die vor dem Inkrafttreten des Aktiengesetzes festgestellt worden sind; jedoch bleibt es für die Heilung der Nichtigkeit nach § 256 Abs. 2 des Aktiengesetzes bei den bisherigen Vorschriften. [2]Die in § 256 Abs. 6 des Aktiengesetzes bestimmten Fristen beginnen für Jahresabschlüsse, die vor dem Inkrafttreten des Aktiengesetzes festgestellt worden sind, nicht vor dem Inkrafttreten des Aktiengesetzes.

**§ 22 Unternehmensverträge.** (1) [1]Für Unternehmensverträge (§§ 291, 292 des Aktiengesetzes), die vor dem Inkrafttreten des Aktiengesetzes geschlossen worden sind, gelten §§ 295 bis 303, 307 bis 310, 316 des Aktiengesetzes mit Wirkung vom Inkrafttreten des Aktiengesetzes. [2]Die in § 300 Nr. 1 des Aktiengesetzes bestimmte Frist für die Auffüllung der gesetzlichen Rücklage läuft vom Beginn des nach dem 31. Dezember 1965 beginnenden Geschäftsjahrs an. [3]§ 300 Nr. 1 und 3 des Aktiengesetzes gilt jedoch nicht, wenn der andere Vertragsteil beim Inkrafttreten des Aktiengesetzes auf Grund der Satzung oder von Verträgen verpflichtet ist, seine Erträge für öffentliche Zwecke zu verwenden. [4]In die gesetzliche Rücklage ist im Falle des Satzes 3 spätestens bei Beendigung des Unternehmensvertrags oder der Verpflichtung nach Satz 3 der Betrag einzustellen, der nach § 300 des Aktiengesetzes in Verbindung mit Satz 2 in die gesetzliche Rücklage einzustellen gewesen wäre, wenn diese Vorschriften für die Gesellschaft gegolten hätten. [5]Reichen die während der Dauer des Vertrags in freie Rücklagen eingestellten Beträge hierzu nicht aus, hat der andere Vertragsteil den Fehlbetrag auszugleichen.

(2) [1]Der Vorstand der Gesellschaft hat das Bestehen und die Art des Unternehmensvertrags sowie den Namen des anderen Vertragsteils unverzüglich nach dem Inkrafttreten des Aktiengesetzes zur Eintragung in das Handelsregister anzumelden. [2]Bei der Anmeldung ist das Datum des Beschlusses anzugeben, durch den die Hauptversammlung dem Vertrag zugestimmt hat. [3]Bei Teilgewinnabführungsverträgen ist außerdem die Vereinbarung über die Höhe des abzuführenden Gewinns anzumelden.

**§§ 23, 24.** *(gegenstandslos infolge Vollzugs)*

**§ 25 Deutsche Golddiskontbank.** [1]Für die Rechtsverhältnisse der Deutschen Golddiskontbank bleibt es bei Artikel VI der Dritten Durchführungsverordnung zum Aktiengesetz vom 21. Dezember 1938 (Reichsgesetzbl. I S. 1839). [2]Soweit in diesen Vorschriften auf das Aktiengesetz vom 30. Januar 1937 verwiesen ist, treten an seine Stelle die entsprechenden Vorschriften des Aktiengesetzes.

**§ 26 Kommanditgesellschaften auf Aktien.** Die Vorschriften dieses Abschnitts gelten sinngemäß für Kommanditgesellschaften auf Aktien.

**§ 26a Ergänzung fortgeführter Firmen.** [1] Führt eine Aktiengesellschaft gemäß § 22 Abs. 1 des Einführungsgesetzes zum Handelsgesetzbuch ihre Firma fort, ohne daß diese die Bezeichnung „Aktiengesellschaft" enthält, so muß die Gesellschaft bis zum 16. Juni 1980 diese Bezeichnung in ihre Firma aufnehmen. [2] Findet bis zu diesem Tage eine Hauptversammlung nicht statt und soll die Firma nur um die Bezeichnung „Aktiengesellschaft" ergänzt werden, so ist der Aufsichtsrat zu dieser Änderung befugt.

**§ 26b Änderung der Satzung.** Eine Änderung der Satzung, die nach § 23 des Aktiengesetzes wegen der vom 1. Juli 1979 an geltenden Fassung erforderlich wird, ist bis zum 16. Juni 1980 zur Eintragung in das Handelsregister anzumelden.

**§ 26c Übergangsfristen.** [1] Die Vorschriften des Aktiengesetzes über Sacheinlagen und Sachübernahmen sowie über deren Prüfung in der vom 1. Juli 1979 an geltenden Fassung gelten nur für Gründungen und Kapitalerhöhungen, die nach dem 16. Juni 1980 zur Eintragung in das Handelsregister angemeldet werden. [2] Die Fristen, die in § 71 Abs. 3 Satz 2 und § 71c des Aktiengesetzes in der vom 1. Juli 1979 an geltenden Fassung vorgesehen sind, beginnen nicht vor dem 16. Juni 1980. [3] Die nach § 150a des Aktiengesetzes vorgeschriebene Rücklage für eigene Aktien braucht nicht vor dem 16. Juni 1980 gebildet zu werden.

**§ 26d Übergangsregelung für Verschmelzungen.** Die Vorschriften des Aktiengesetzes über Verschmelzungen und Vermögensübertragungen in der vom 1. Januar 1983 an geltenden Fassung sind nicht auf Vorgänge anzuwenden, zu deren Vorbereitung bereits vor diesem Tage der Verschmelzungs- oder Übertragungsvertrag beurkundet oder eine Haupt-, Gesellschafter- oder Gewerkenversammlung oder eine oberste Vertretung einberufen worden ist.

## Zweiter Abschnitt. Anwendung aktienrechtlicher Vorschriften auf Unternehmen mit anderer Rechtsform

**§ 27 Entscheidung über die Zusammensetzung des Aufsichtsrats.** § 96 Abs. 2, §§ 97 bis 99 des Aktiengesetzes gelten sinngemäß für Gesellschaften mit beschränkter Haftung und bergrechtliche Gewerkschaften.

**§ 28.** *(aufgehoben)*

**§ 28a Treuhandanstalt.** [1] Die Vorschriften des Aktiengesetzes über herrschende Unternehmen sind auf die Treuhandanstalt nicht anzuwenden. [2] Dies gilt nicht für die Anwendung von Vorschriften über die Vertretung der Arbeitnehmer im Aufsichtsrat eines von der Treuhandanstalt verwalteten Unternehmens.

# Dritter Abschnitt. Aufhebung und Änderung von Gesetzen

**§ 29 Aktiengesetz von 1937.** (1) Das Aktiengesetz vom 30. Januar 1937 (Reichsgesetzbl. I S. 107), die drei Durchführungsverordnungen zum Aktiengesetz vom 29. September 1937 (Reichsgesetzbl. I S. 1026), vom 19. November 1937 (Reichsgesetzbl. I S. 1300) und vom 21. Dezember 1938 (Reichsgesetzbl. I S. 1839) sowie das Einführungsgesetz zum Aktiengesetz vom 30. Januar 1937 (Reichsgesetzbl. I S. 166) werden aufgehoben, soweit nicht einzelne Vorschriften nach diesem Gesetz weiter anzuwenden sind.

(2) Wo in anderen gesetzlichen Vorschriften auf die aufgehobenen Vorschriften oder auf die durch § 18 Abs. 1 des Einführungsgesetzes zum Aktiengesetz vom 30. Januar 1937 aufgehobenen Vorschriften des Handelsgesetzbuchs verwiesen ist, treten, soweit nichts anderes bestimmt ist, die entsprechenden Vorschriften des Aktiengesetzes an ihre Stelle.

**§ 30 Drittes D-Markbilanzergänzungsgesetz.** Artikel 5 des Dritten D-Markbilanzergänzungsgesetzes vom 21. Juni 1955 (Bundesgesetzbl. I S. 297) wird aufgehoben.

**§§ 31, 32.** *(Änderungen des Handelsgesetzbuchs und des GmbH-Gesetzes; vom Abdruck wurde abgesehen)*

**§ 33 Gesetz über die Kapitalerhöhung aus Gesellschaftsmitteln und über die Gewinn- und Verlustrechnung.** (1) Die Vorschriften des Ersten Abschnitts des *Gesetzes über die Kapitalerhöhung aus Gesellschaftsmitteln und über die Gewinn- und Verlustrechnung vom 23. Dezember 1959 (Bundesgesetzbl. I S. 789)* sind auf Aktiengesellschaften und Kommanditgesellschaften auf Aktien nicht mehr anzuwenden.

(2) [1] Haben Kreditinstitute auf Grund einer Aufforderung nach § 11 Abs. 1 des Gesetzes über die Kapitalerhöhung aus Gesellschaftsmitteln und die Gewinn- und Verlustrechnung auf in ihre Sammelverwahrung genommene alte Aktien neue Aktien abgeholt und entfallen neue Aktien noch nach Ablauf eines Jahres seit der Bekanntmachung der Aufforderung zur Abholung oder, wenn diese Frist vor dem Inkrafttreten des Aktiengesetzes abgelaufen ist, noch beim Inkrafttreten des Aktiengesetzes auf Teilrechte, die nicht in einer Hand vereinigt sind und deren Berechtigte sich auch nicht zur Ausübung der Rechte zusammengeschlossen haben, so gelten diese neuen Aktien als nicht abgeholt. [2] Sie sind der Gesellschaft nach Ablauf dieser Frist und, wenn die Frist beim Inkrafttreten des Aktiengesetzes bereits abgelaufen ist, unverzüglich zurückzugeben. [3] Hat die Gesellschaft den Verkauf der nicht abgeholten Aktien noch nicht angedroht, so hat sie ihn unverzüglich nach der Rückgabe der Aktien anzudrohen. [4] Für die Androhung gilt § 214 Abs. 2 Satz 2 und 3 des Aktiengesetzes. [5] § 214 Abs. 3 des Aktiengesetzes gilt sinngemäß; ist die Frist von einem Jahr seit der letzten Bekanntmachung der Androhung beim Inkrafttreten des Aktiengesetzes bereits abgelaufen, so tritt an ihre Stelle eine Frist von drei Monaten seit dem Inkrafttreten des Aktiengesetzes.

(3) *(Änderungen anderer Gesetze; vom Abdruck wurde abgesehen)*

(4) Sind Aktien einer Gesellschaft an einer deutschen Börse zum amtlichen Handel zugelassen, so gilt die Zulassung auch für die neuen Aktien, die bei einer Kapitalerhöhung aus Gesellschaftsmitteln auf sie entfallen.

**§§ 34–44.** *(Änderungen anderer Gesetze; vom Abdruck wurde abgesehen)*

## Vierter Abschnitt. Schlußvorschriften

**§ 45 Geltung in Berlin.** *(gegenstandslos)*

**§ 46 Inkrafttreten.** Dieses Gesetz tritt am 1. Januar 1966 in Kraft.

# 3. Gesetz betreffend die Gesellschaften mit beschränkter Haftung

Vom 20. April 1892 (RGBl. S. 477)

in der Fassung der Bekanntmachung vom 20. Mai 1898 (RGBl. S. 846)

**BGBl. III/FNA 4123-1**

zuletzt geändert durch Art. 3 § 3 Gesetz zur Einführung des Euro (Euro-Einführungsgesetz – Euro-EG) vom 9. 6. 1998 (BGBl. I S. 1242), Art. 10 Gesetz zur Neuregelung des Kaufmanns- und Firmenrechts und zur Änderung anderer handels- und gesellschaftsrechtlicher Vorschriften (Handelsrechtsreformgesetz – HRefG) vom 22. 6. 1998 (BGBl. I S. 1474) und Art. 1 Nr. 10 Gesetz zur Änderung des Einführungsgesetzes zur Insolvenzordnung und anderer Gesetze (EGInsOÄndG) vom 19. 12. 1998 (BGBl. I S. 3836)

## Inhaltsübersicht

## Erster Abschnitt. Errichtung der Gesellschaft

**§ 1 [Zweck]** Gesellschaften mit beschränkter Haftung können nach Maßgabe der Bestimmungen dieses Gesetzes zu jedem gesetzlich zulässigen Zweck durch eine oder mehrere Personen errichtet werden.

**§ 2 [Form des Gesellschaftsvertrags]** (1) [1]Der Gesellschaftsvertrag bedarf notarieller Form. [2]Er ist von sämtlichen Gesellschaftern zu unterzeichnen.

(2) Die Unterzeichnung durch Bevollmächtigte ist nur auf Grund einer notariell errichteten oder beglaubigten Vollmacht zulässig.

**§ 3 [Inhalt des Gesellschaftsvertrags]** (1) Der Gesellschaftsvertrag muß enthalten:

1. die Firma und den Sitz der Gesellschaft,
2. den Gegenstand des Unternehmens,
3. den Betrag des Stammkapitals,
4. den Betrag der von jedem Gesellschafter auf das Stammkapital zu leistenden Einlage (Stammeinlage).

(2) Soll das Unternehmen auf eine gewisse Zeit beschränkt sein oder sollen den Gesellschaftern außer der Leistung von Kapitaleinlagen noch andere Verpflichtungen gegenüber der Gesellschaft auferlegt werden, so bedürfen auch diese Bestimmungen der Aufnahme in den Gesellschaftsvertrag.

**§ 4 [Firma]** Die Firma der Gesellschaft muß, auch wenn sie nach § 22 des Handelsgesetzbuchs oder nach anderen gesetzlichen Vorschriften fortgeführt wird, die Bezeichnung „Gesellschaft mit beschränkter Haftung" oder eine allgemein verständliche Abkürzung dieser Bezeichnung enthalten.

**§ 4a [Sitz der Gesellschaft]** (1) Sitz der Gesellschaft ist der Ort, den der Gesellschaftsvertrag bestimmt.

(2) Als Sitz der Gesellschaft hat der Gesellschaftsvertrag in der Regel den Ort, an dem die Gesellschaft einen Betrieb hat, oder den Ort zu bestimmen, an dem sich die Geschäftsleitung befindet oder die Verwaltung geführt wird.

**§ 5 [Stammkapital; Stammeinlage]** (1) Das Stammkapital der Gesellschaft muß mindestens fünfundzwanzigtausend Euro, die Stammeinlage jedes Gesellschafters muß mindestens hundert Euro betragen.

(2) Kein Gesellschafter kann bei Errichtung der Gesellschaft mehrere Stammeinlagen übernehmen.

(3) [1]Der Betrag der Stammeinlage kann für die einzelnen Gesellschafter verschieden bestimmt werden. [2]Er muß in Euro durch fünfzig teilbar sein. [3]Der Gesamtbetrag der Stammeinlagen muß mit dem Stammkapital übereinstimmen.

(4) [1]Sollen Sacheinlagen geleistet werden, so müssen der Gegenstand der Sacheinlage und der Betrag der Stammeinlage, auf die sich die Sacheinlage bezieht, im Gesellschaftsvertrag festgesetzt werden. [2]Die Gesellschafter haben in einem Sachgründungsbericht die für die Angemessenheit der Leistungen für Sacheinlagen wesentlichen Umstände darzulegen und beim Übergang eines Unternehmens auf die Gesellschaft die Jahresergebnisse der beiden letzten Geschäftsjahre anzugeben.

**§ 6 [Geschäftsführer]** (1) Die Gesellschaft muß einen oder mehrere Geschäftsführer haben.

(2) [1]Geschäftsführer kann nur eine natürliche, unbeschränkt geschäftsfähige Person sein. [2]Ein Betreuter, der bei der Besorgung seiner Vermögensangelegenheiten ganz oder teilweise einem Einwilligungsvorbehalt (§ 1903 des Bürgerlichen Gesetzbuchs) unterliegt, kann nicht Geschäftsführer sein. [3]Wer wegen einer Straftat nach den §§ 283 bis 283d des Strafgesetzbuchs verurteilt worden ist, kann auf die Dauer von fünf Jahren seit der Rechtskraft des Urteils nicht Geschäftsführer sein; in die Frist wird die Zeit nicht eingerechnet, in welcher der Täter auf behördliche Anordnung in einer Anstalt verwahrt worden ist. [4]Wem durch gerichtliches Urteil oder durch vollziehbare Entscheidung einer Verwaltungsbehörde die Ausübung eines Berufs, Berufszweiges, Gewerbes oder Gewerbezweiges untersagt worden ist, kann für die Zeit, für welche das Verbot wirksam ist, bei einer Gesellschaft, deren Unternehmensgegenstand ganz oder teilweise mit dem Gegenstand des Verbots übereinstimmt, nicht Geschäftsführer sein.

(3) [1]Zu Geschäftsführern können Gesellschafter oder andere Personen bestellt werden. [2]Die Bestellung erfolgt entweder im Gesellschaftsvertrag oder nach Maßgabe der Bestimmungen des dritten Abschnitts.

(4) Ist im Gesellschaftsvertrag bestimmt, daß sämtliche Gesellschafter zur Geschäftsführung berechtigt sein sollen, so gelten nur die der Gesellschaft

bei Festsetzung dieser Bestimmung angehörenden Personen als die bestellten Geschäftsführer.

**§ 7 [Anmeldung]** (1) Die Gesellschaft ist bei dem Gericht, in dessen Bezirk sie ihren Sitz hat, zur Eintragung in das Handelsregister anzumelden.

(2) [1]Die Anmeldung darf erst erfolgen, wenn auf jede Stammeinlage, soweit nicht Sacheinlagen vereinbart sind, ein Viertel eingezahlt ist. [2]Insgesamt muß auf das Stammkapital mindestens soviel eingezahlt sein, daß der Gesamtbetrag der eingezahlten Geldeinlagen zuzüglich des Gesamtbetrags der Stammeinlagen, für die Sacheinlagen zu leisten sind, die Hälfte des Mindeststammkapitals gemäß § 5 Abs. 1 erreicht. [3]Wird die Gesellschaft nur durch eine Person errichtet, so darf die Anmeldung erst erfolgen, wenn mindestens die nach den Sätzen 1 und 2 vorgeschriebenen Einzahlungen geleistet sind und der Gesellschafter für den übrigen Teil der Geldeinlage eine Sicherung bestellt hat.

(3) Die Sacheinlagen sind vor der Anmeldung der Gesellschaft zur Eintragung in das Handelsregister so an die Gesellschaft zu bewirken, daß sie endgültig zur freien Verfügung der Geschäftsführer stehen.

**§ 8 [Inhalt der Anmeldung]** (1) Der Anmeldung müssen beigefügt sein:

1. der Gesellschaftsvertrag und im Fall des § 2 Abs. 2 die Vollmachten der Vertreter, welche den Gesellschaftsvertrag unterzeichnet haben, oder eine beglaubigte Abschrift dieser Urkunden,

2. die Legitimation der Geschäftsführer, sofern dieselben nicht im Gesellschaftsvertrag bestellt sind,

3. eine von den Anmeldenden unterschriebene Liste der Gesellschafter, aus welcher Name, Vorname, Geburtsdatum und Wohnort der letzteren sowie der Betrag der von einem jeden derselben übernommenen Stammeinlage ersichtlich ist,

4. im Fall des § 5 Abs. 4 die Verträge, die den Festsetzungen zugrunde liegen oder zu ihrer Ausführung geschlossen worden sind, und der Sachgründungsbericht,

5. wenn Sacheinlagen vereinbart sind, Unterlagen darüber, daß der Wert der Sacheinlagen den Betrag der dafür übernommenen Stammeinlagen erreicht,

6. in dem Fall, daß der Gegenstand des Unternehmens der staatlichen Genehmigung bedarf, die Genehmigungsurkunde.

(2) [1]In der Anmeldung ist die Versicherung abzugeben, daß die in § 7 Abs. 2 und 3 bezeichneten Leistungen auf die Stammeinlagen bewirkt sind und daß der Gegenstand der Leistungen sich endgültig in der freien Verfügung der Geschäftsführer befindet. [2]Wird die Gesellschaft nur durch eine Person errichtet und die Geldeinlage nicht voll eingezahlt, so ist auch zu versichern, daß die nach § 7 Abs. 2 Satz 3 erforderliche Sicherung bestellt ist.

(3) [1]In der Anmeldung haben die Geschäftsführer zu versichern, daß keine Umstände vorliegen, die ihrer Bestellung nach § 6 Abs. 2 Satz 3 und 4 entgegenstehen, und daß sie über ihre unbeschränkte Auskunftspflicht gegenüber dem Gericht belehrt worden sind. [2]Die Belehrung nach *§ 51 Abs. 2 des Gesetzes über das Zentralregister und das Erziehungsregister in der Fassung der Be-*

*kanntmachung vom 22. Juli 1976 (BGBl. I S. 2005)*[1] kann auch durch einen Notar vorgenommen werden.

(4) In der Anmeldung ist ferner anzugeben, welche Vertretungsbefugnis die Geschäftsführer haben.

(5) Die Geschäftsführer haben ihre Unterschrift zur Aufbewahrung bei dem Gericht zu zeichnen.

**§ 9 [Geldeinlage statt Sacheinlage]** (1) Erreicht der Wert einer Sacheinlage im Zeitpunkt der Anmeldung der Gesellschaft zur Eintragung in das Handelsregister nicht den Betrag der dafür übernommenen Stammeinlage, hat der Gesellschafter in Höhe des Fehlbetrags eine Einlage in Geld zu leisten.

(2) Der Anspruch der Gesellschaft verjährt in fünf Jahren seit der Eintragung der Gesellschaft in das Handelsregister.

**§ 9a [Ersatzansprüche der Gesellschaft]** (1) Werden zum Zweck der Errichtung der Gesellschaft falsche Angaben gemacht, so haben die Gesellschafter und Geschäftsführer der Gesellschaft als Gesamtschuldner fehlende Einzahlungen zu leisten, eine Vergütung, die nicht unter den Gründungsaufwand aufgenommen ist, zu ersetzen und für den sonst entstehenden Schaden Ersatz zu leisten.

(2) Wird die Gesellschaft von Gesellschaftern durch Einlagen oder Gründungsaufwand vorsätzlich oder aus grober Fahrlässigkeit geschädigt, so sind ihr alle Gesellschafter als Gesamtschuldner zum Ersatz verpflichtet.

(3) Von diesen Verpflichtungen ist ein Gesellschafter oder ein Geschäftsführer befreit, wenn er die die Ersatzpflicht begründenden Tatsachen weder kannte noch bei Anwendung der Sorgfalt eines ordentlichen Geschäftsmannes kennen mußte.

(4) [1]Neben den Gesellschaftern sind in gleicher Weise Personen verantwortlich, für deren Rechnung die Gesellschafter Stammeinlagen übernommen haben. [2]Sie können sich auf ihre eigene Unkenntnis nicht wegen solcher Umstände berufen, die ein für ihre Rechnung handelnder Gesellschafter kannte oder bei Anwendung der Sorgfalt eines ordentlichen Geschäftsmannes kennen mußte.

**§ 9b [Verzicht auf Ersatzansprüche]** (1) [1]Ein Verzicht der Gesellschaft auf Ersatzansprüche nach § 9a oder ein Vergleich der Gesellschaft über diese Ansprüche ist unwirksam, soweit der Ersatz zur Befriedigung der Gläubiger der Gesellschaft erforderlich ist. [2]Dies gilt nicht, wenn der Ersatzpflichtige zahlungsunfähig ist und sich zur Abwendung des Insolvenzverfahrens mit seinen Gläubigern vergleicht oder wenn die Ersatzpflicht in einem Insolvenzplan geregelt wird.

(2) [1]Ersatzansprüche der Gesellschaft nach § 9a verjähren in fünf Jahren. [2]Die Verjährung beginnt mit der Eintragung der Gesellschaft in das Handelsregister oder, wenn die zum Ersatz verpflichtende Handlung später begangen worden ist, mit der Vornahme der Handlung.

---

[1] Nunmehr § 53 Abs. 2 Bundeszentralregistergesetz idF der Bek. vom 21. 9. 1984 (BGBl. I S. 1229, ber. 1985 I S. 195).

**§ 9c [Ablehnung der Eintragung]** (1) [1]Ist die Gesellschaft nicht ordnungsgemäß errichtet und angemeldet, so hat das Gericht die Eintragung abzulehnen. [2]Dies gilt auch, wenn Sacheinlagen überbewertet worden sind.

(2) Wegen einer mangelhaften, fehlenden oder nichtigen Bestimmung des Gesellschaftsvertrages darf das Gericht die Eintragung nach Absatz 1 nur ablehnen, soweit diese Bestimmung, ihr Fehlen oder ihre Nichtigkeit

1. Tatsachen oder Rechtsverhältnisse betrtifft, die nach § 3 Abs. 1 oder auf Grund anderer zwingender gesetzlicher Vorschriften in dem Gesellschaftsvertrag bestimmt sein müssen oder die in das Handelsregister einzutragen oder von dem Gericht bekanntzumachen sind,

2. Vorschriften verletzt, die ausschließlich oder überwiegend zum Schutze der Gläubiger der Gesellschaft oder sonst im öffentlichen Interesse gegeben sind, oder

3. die Nichtigkeit des Gesellschaftsvertrages zur Folge hat.

**§ 10 [Eintragung in das Handelsregister]** (1) [1]Bei der Eintragung in das Handelsregister sind die Firma und der Sitz der Gesellschaft, der Gegenstand des Unternehmens, die Höhe des Stammkapitals, der Tag des Abschlusses des Gesellschaftsvertrages und die Personen der Geschäftsführer anzugeben. [2]Ferner ist einzutragen, welche Vertretungsbefugnis die Geschäftsführer haben.

(2) Enthält der Gesellschaftsvertrag eine Bestimmung über die Zeitdauer der Gesellschaft, so ist auch diese Bestimmung einzutragen.

(3) In die Veröffentlichung, durch welche die Eintragung bekanntgemacht wird, sind außer dem Inhalt der Eintragung die nach § 5 Abs. 4 Satz 1 getroffenen Festsetzungen und, sofern der Gesellschaftsvertrag besondere Bestimmungen über die Form enthält, in welcher öffentliche Bekanntmachungen der Gesellschaft erlassen werden, auch diese Bestimmungen aufzunehmen.

**§ 11 [Rechtszustand vor der Eintragung]** (1) Vor der Eintragung in das Handelsregister des Sitzes der Gesellschaft besteht die Gesellschaft mit beschränkter Haftung als solche nicht.

(2) Ist vor der Eintragung im Namen der Gesellschaft gehandelt worden, so haften die Handelnden persönlich und solidarisch.

**§ 12.** *(aufgehoben)*

## Zweiter Abschnitt. Rechtsverhältnisse der Gesellschaft und der Gesellschafter

**§ 13 [Juristische Person; Handelsgesellschaft]** (1) Die Gesellschaft mit beschränkter Haftung als solche hat selbständig ihre Rechte und Pflichten; sie kann Eigentum und andere dingliche Rechte an Grundstücken erwerben, vor Gericht klagen und verklagt werden.

(2) Für die Verbindlichkeiten der Gesellschaft haftet den Gläubigern derselben nur das Gesellschaftsvermögen.

(3) Die Gesellschaft gilt als Handelsgesellschaft im Sinne des Handelsgesetzbuchs.

**§ 14 [Geschäftsanteil]** Der Geschäftsanteil jedes Gesellschafters bestimmt sich nach dem Betrage der von ihm übernommenen Stammeinlage.

**§ 15 [Übertragung von Geschäftsanteilen]** (1) Die Geschäftsanteile sind veräußerlich und vererblich.

(2) Erwirbt ein Gesellschafter zu seinem ursprünglichen Geschäftsanteil weitere Geschäftsanteile, so behalten dieselben ihre Selbständigkeit.

(3) Zur Abtretung von Geschäftsanteilen durch Gesellschafter bedarf es eines in notarieller Form geschlossenen Vertrages.

(4) [1] Der notariellen Form bedarf auch eine Vereinbarung, durch welche die Verpflichtung eines Gesellschafters zur Abtretung eines Geschäftsanteils begründet wird. [2] Eine ohne diese Form getroffene Vereinbarung wird jedoch durch den nach Maßgabe des vorigen Absatzes geschlossenen Abtretungsvertrag gültig.

(5) Durch den Gesellschaftsvertrag kann die Abtretung der Geschäftsanteile an weitere Voraussetzungen geknüpft, insbesondere von der Genehmigung der Gesellschaft abhängig gemacht werden.

**§ 16 [Rechtsstellung von Veräußerer und Erwerber]** (1) Der Gesellschaft gegenüber gilt im Fall der Veräußerung des Geschäftsanteils nur derjenige als Erwerber, dessen Erwerb unter Nachweis des Übergangs bei der Gesellschaft angemeldet ist.

(2) Die vor der Anmeldung von der Gesellschaft gegenüber dem Veräußerer oder von dem letzteren gegenüber der Gesellschaft in bezug auf das Gesellschaftsverhältnis vorgenommenen Rechtshandlungen muß der Erwerber gegen sich gelten lassen.

(3) Für die zur Zeit der Anmeldung auf den Geschäftsanteil rückständigen Leistungen ist der Erwerber neben dem Veräußerer verhaftet.

**§ 17 [Veräußerung von Teilen eines Geschäftsanteils]** (1) Die Veräußerung von Teilen eines Geschäftsanteils kann nur mit Genehmigung der Gesellschaft stattfinden.

(2) Die Genehmigung bedarf der schriftlichen Form; sie muß die Person des Erwerbers und den Betrag bezeichnen, welcher von der Stammeinlage des ungeteilten Geschäftsanteils auf jeden der durch die Teilung entstehenden Geschäftsanteile entfällt.

(3) Im Gesellschaftsvertrag kann bestimmt werden, daß für die Veräußerung von Teilen eines Geschäftsanteils an andere Gesellschafter, sowie für die Teilung von Geschäftsanteilen verstorbener Gesellschafter unter deren Erben eine Genehmigung der Gesellschaft nicht erforderlich ist.

(4) Die Bestimmungen in § 5 Abs. 1 und 3 über den Betrag der Stammeinlagen finden bei der Teilung von Geschäftsanteilen entsprechende Anwendung.

(5) Eine gleichzeitige Übertragung mehrerer Teile von Geschäftsanteilen eines Gesellschafters an denselben Erwerber ist unzulässig.

(6) [1] Außer dem Fall der Veräußerung und Vererbung findet eine Teilung von Geschäftsanteilen nicht statt. [2] Sie kann im Gesellschaftsvertrag auch für diese Fälle ausgeschlossen werden.

**§ 18 [Mitberechtigung am Geschäftsanteil]** (1) Steht ein Geschäftsanteil mehreren Mitberechtigten ungeteilt zu, so können sie die Rechte aus demselben nur gemeinschaftlich ausüben.

(2) Für die auf den Geschäftsanteil zu bewirkenden Leistungen haften sie der Gesellschaft solidarisch.

(3) [1] Rechtshandlungen, welche die Gesellschaft gegenüber dem Inhaber des Anteils vorzunehmen hat, sind, sofern nicht ein gemeinsamer Vertreter der Mitberechtigten vorhanden ist, wirksam, wenn sie auch nur gegenüber einem Mitberechtigten vorgenommen werden. [2] Gegenüber mehreren Erben eines Gesellschafters findet diese Bestimmung nur in bezug auf Rechtshandlungen Anwendung, welche nach Ablauf eines Monats seit dem Anfall der Erbschaft vorgenommen werden.

**§ 19 [Einzahlungen auf die Stammeinlage]** (1) Die Einzahlungen auf die Stammeinlagen sind nach dem Verhältnis der Geldeinlagen zu leisten.

(2) [1] Von der Verpflichtung zur Leistung der Einlagen können die Gesellschafter nicht befreit werden. [2] Gegen den Anspruch der Gesellschaft ist die Aufrechnung nicht zulässig. [3] An dem Gegenstand einer Sacheinlage kann wegen Forderungen, welche sich nicht auf den Gegenstand beziehen, kein Zurückbehaltungsrecht geltend gemacht werden.

(3) Durch eine Kapitalherabsetzung können die Gesellschafter von der Verpflichtung zur Leistung von Einlagen höchstens in Höhe des Betrags befreit werden, um den das Stammkapital herabgesetzt worden ist.

(4) Vereinigen sich innerhalb von drei Jahren nach der Eintragung der Gesellschaft in das Handelsregister alle Geschäftsanteile in der Hand eines Gesellschafters oder daneben in der Hand der Gesellschaft, so hat der Gesellschafter innerhalb von drei Monaten seit der Vereinigung der Geschäftsanteile alle Geldeinlagen voll einzuzahlen oder der Gesellschaft für die Zahlung der noch ausstehenden Beträge eine Sicherung zu bestellen oder einen Teil der Geschäftsanteile an einen Dritten zu übertragen.

(5) Eine Leistung auf die Stammeinlage, welche nicht in Geld besteht oder welche durch Aufrechnung einer für die Überlassung von Vermögensgegenständen zu gewährenden Vergütung bewirkt wird, befreit den Gesellschafter von seiner Verpflichtung nur, soweit sie in Ausführung einer nach § 5 Abs. 4 Satz 1 getroffenen Bestimmung erfolgt.

**§ 20 [Verzugszinsen]** Ein Gesellschafter, welcher den auf die Stammeinlage eingeforderten Betrag nicht zur rechten Zeit einzahlt, ist zur Entrichtung von Verzugszinsen von Rechts wegen verpflichtet.

**§ 21 [Kaduzierung]** (1) [1] Im Fall verzögerter Einzahlung kann an den säumigen Gesellschafter eine erneute Aufforderung zur Zahlung binnen einer zu bestimmenden Nachfrist unter Androhung seines Ausschlusses mit dem Geschäftsanteil, auf welchen die Zahlung zu erfolgen hat, erlassen werden. [2] Die Aufforderung erfolgt mittels eingeschriebenen Briefes. [3] Die Nachfrist muß mindestens einen Monat betragen.

(2) [1] Nach fruchtlosem Ablauf der Frist ist der säumige Gesellschafter seines Geschäftsanteils und der geleisteten Teilzahlungen zugunsten der Gesellschaft verlustig zu erklären. [2] Die Erklärung erfolgt mittels eingeschriebenen Briefes.

(3) Wegen des Ausfalls, welchen die Gesellschaft an dem rückständigen Betrag oder den später auf den Geschäftsanteil eingeforderten Beträgen der Stammeinlage erleidet, bleibt ihr der ausgeschlossene Gesellschafter verhaftet.

**§ 22 [Haftung der Rechtsvorgänger]** (1) Wegen des von dem ausgeschlossenen Gesellschafter nicht bezahlten Betrages der Stammeinlage ist der Gesellschaft der letzte und jeder frühere, bei der Gesellschaft angemeldete Rechtsvorgänger des Ausgeschlossenen verhaftet.

(2) Ein früherer Rechtsvorgänger haftet nur, soweit die Zahlung von dessen Rechtsnachfolger nicht zu erlangen ist; dies ist bis zum Beweis des Gegenteils anzunehmen, wenn der letztere die Zahlung nicht bis zum Ablauf eines Monats geleistet hat, nachdem an ihn die Zahlungsaufforderung und an den Rechtsvorgänger die Benachrichtigung von derselben erfolgt ist.

(3) [1]Die Haftpflicht des Rechtsvorgängers ist auf die innerhalb der Frist von fünf Jahren auf die Stammeinlage eingeforderten Einzahlungen beschränkt. [2]Die Frist beginnt mit dem Tage, an welchem der Übergang des Geschäftsanteils auf den Rechtsnachfolger ordnungsmäßig angemeldet ist.

(4) Der Rechtsvorgänger erwirbt gegen Zahlung des rückständigen Betrages den Geschäftsanteil des ausgeschlossenen Gesellschafters.

**§ 23 [Versteigerung des Geschäftsanteils]** [1]Ist die Zahlung des rückständigen Betrages von Rechtsvorgängern nicht zu erlangen, so kann die Gesellschaft den Geschäftsanteil im Wege öffentlicher Versteigerung verkaufen lassen. [2]Eine andere Art des Verkaufs ist nur mit Zustimmung des ausgeschlossenen Gesellschafters zulässig.

**§ 24 [Aufbringung von Fehlbeträgen]** [1]Soweit eine Stammeinlage weder von den Zahlungspflichtigen eingezogen, noch durch Verkauf des Geschäftsanteils gedeckt werden kann, haben die übrigen Gesellschafter den Fehlbetrag nach Verhältnis ihrer Geschäftsanteile aufzubringen. [2]Beiträge, welche von einzelnen Gesellschaftern nicht zu erlangen sind, werden nach dem bezeichneten Verhältnis auf die übrigen verteilt.

**§ 25 [Zwingende Vorschriften]** Von den in den §§ 21 bis 24 bezeichneten Rechtsfolgen können die Gesellschafter nicht befreit werden.

**§ 26 [Nachschußpflicht]** (1) Im Gesellschaftsvertrag kann bestimmt werden, daß die Gesellschafter über den Betrag der Stammeinlagen hinaus die Einforderung von weiteren Einzahlungen (Nachschüssen) beschließen können.

(2) Die Einzahlung der Nachschüsse hat nach Verhältnis der Geschäftsanteile zu erfolgen.

(3) Die Nachschußpflicht kann im Gesellschaftsvertrag auf einen bestimmten, nach Verhältnis der Geschäftsanteile festzusetzenden Betrag beschränkt werden.

**§ 27 [Unbeschränkte Nachschußpflicht]** (1) [1]Ist die Nachschußpflicht nicht auf einen bestimmten Betrag beschränkt, so hat jeder Gesellschafter, falls er die Stammeinlage vollständig eingezahlt hat, das Recht, sich von der Zahlung des auf den Geschäftsanteil eingeforderten Nachschusses dadurch zu befreien, daß er innerhalb eines Monats nach der Aufforderung zur Einzahlung den Geschäftsanteil der Gesellschaft zur Befriedigung aus demselben zur Verfügung stellt. [2]Ebenso kann die Gesellschaft, wenn der Gesellschafter binnen der angegebenen Frist weder von der bezeichneten Befugnis Gebrauch macht, noch die Einzahlung leistet, demselben mittels eingeschriebenen Briefes erklären, daß sie den Geschäftsanteil als zur Verfügung gestellt betrachte.

(2) [1]Die Gesellschaft hat den Geschäftsanteil innerhalb eines Monats nach der Erklärung des Gesellschafters oder der Gesellschaft im Wege öffentlicher Versteigerung verkaufen zu lassen. [2]Eine andere Art des Verkaufs ist nur mit Zustimmung des Gesellschafters zulässig. [3]Ein nach Deckung der Verkaufskosten und des rückständigen Nachschusses verbleibender Überschuß gebührt dem Gesellschafter.

(3) [1]Ist die Befriedigung der Gesellschaft durch den Verkauf nicht zu erlangen, so fällt der Geschäftsanteil der Gesellschaft zu. [2]Dieselbe ist befugt, den Anteil für eigene Rechnung zu veräußern.

(4) Im Gesellschaftsvertrag kann die Anwendung der vorstehenden Bestimmungen auf den Fall beschränkt werden, daß die auf den Geschäftsanteil eingeforderten Nachschüsse einen bestimmten Betrag überschreiten.

**§ 28 [Beschränkte Nachschußpflicht]** (1) [1]Ist die Nachschußpflicht auf einen bestimmten Betrag beschränkt, so finden, wenn im Gesellschaftsvertrag nicht ein anderes festgesetzt ist, im Fall verzögerter Einzahlung von Nachschüssen die auf die Einzahlung der Stammeinlagen bezüglichen Vorschriften der §§ 21 bis 23 entsprechende Anwendung. [2]Das gleiche gilt im Fall des § 27 Abs. 4 auch bei unbeschränkter Nachschußpflicht, soweit die Nachschüsse den im Gesellschaftsvertrag festgesetzten Betrag nicht überschreiten.

(2) Im Gesellschaftsvertrag kann bestimmt werden, daß die Einforderung von Nachschüssen, auf deren Zahlung die Vorschriften der §§ 21 bis 23 Anwendung finden, schon vor vollständiger Einforderung der Stammeinlagen zulässig ist.

**§ 29 [Gewinnverwendung]** (1) [1]Die Gesellschafter haben Anspruch auf den Jahresüberschuß zuzüglich eines Gewinnvortrags und abzüglich eines Verlustvortrags, soweit der sich ergebende Betrag nicht nach Gesetz oder Gesellschaftsvertrag, durch Beschluß nach Absatz 2 oder als zusätzlicher Aufwand auf Grund des Beschlusses über die Verwendung des Ergebnisses von der Verteilung unter die Gesellschafter ausgeschlossen ist. [2]Wird die Bilanz unter Berücksichtigung der teilweisen Ergebnisverwendung aufgestellt oder werden Rücklagen aufgelöst, so haben die Gesellschafter abweichend von Satz 1 Anspruch auf den Bilanzgewinn.

(2) Im Beschluß über die Verwendung des Ergebnisses können die Gesellschafter, wenn der Gesellschaftsvertrag nichts anderes bestimmt, Beträge in Gewinnrücklagen einstellen oder als Gewinn vortragen.

(3) [1]Die Verteilung erfolgt nach Verhältnis der Geschäftsanteile. [2]Im Gesellschaftsvertrag kann ein anderer Maßstab der Verteilung festgesetzt werden.

(4) [1]Unbeschadet der Absätze 1 und 2 und abweichender Gewinnverteilungsabreden nach Absatz 3 Satz 2 können die Geschäftsführer mit Zustimmung des Aufsichtsrats oder der Gesellschafter den Eigenkapitalanteil von

Wertaufholungen bei Vermögensgegenständen des Anlage- und Umlaufvermögens und von bei der steuerrechtlichen Gewinnermittlung gebildeten Passivposten, die nicht im Sonderposten mit Rücklageanteil ausgewiesen werden dürfen, in andere Gewinnrücklagen einstellen. 2Der Betrag dieser Rücklagen ist entweder in der Bilanz gesondert auszuweisen oder im Anhang anzugeben.

**§ 30 [Rückzahlungen]** (1) Das zur Erhaltung des Stammkapitals erforderliche Vermögen der Gesellschaft darf an die Gesellschafter nicht ausgezahlt werden.

(2) 1Eingezahlte Nachschüsse können, soweit sie nicht zur Deckung eines Verlustes am Stammkapital erforderlich sind, an die Gesellschafter zurückgezahlt werden. 2Die Zurückzahlung darf nicht vor Ablauf von drei Monaten erfolgen, nachdem der Rückzahlungsbeschluß durch die im Gesellschaftsvertrag für die Bekanntmachungen der Gesellschaft bestimmten öffentlichen Blätter und in Ermangelung solcher durch die für die Bekanntmachungen aus dem Handelsregister bestimmten öffentlichen Blätter bekanntgemacht ist. 3Im Fall des § 28 Abs. 2 ist die Zurückzahlung von Nachschüssen vor der Volleinzahlung des Stammkapitals unzulässig. 4Zurückgezahlte Nachschüsse gelten als nicht eingezogen.

**§ 31 [Erstattung von verbotenen Rückzahlungen]** (1) Zahlungen, welche den Vorschriften des § 30 zuwider geleistet sind, müssen der Gesellschaft erstattet werden.

(2) War der Empfänger in gutem Glauben, so kann die Erstattung nur insoweit verlangt werden, als sie zur Befriedigung der Gesellschaftsgläubiger erforderlich ist.

(3) 1Ist die Erstattung von dem Empfänger nicht zu erlangen, so haften für den zu erstattenden Betrag, soweit er zur Befriedigung der Gesellschaftsgläubiger erforderlich ist, die übrigen Gesellschafter nach Verhältnis ihrer Geschäftsanteile. 2Beiträge, welche von einzelnen Gesellschaftern nicht zu erlangen sind, werden nach dem bezeichneten Verhältnis auf die übrigen verteilt.

(4) Zahlungen, welche auf Grund der vorstehenden Bestimmungen zu leisten sind, können den Verpflichteten nicht erlassen werden.

(5) 1Die Ansprüche der Gesellschaft verjähren in fünf Jahren; die Verjährung beginnt mit dem Ablauf des Tages, an welchem die Zahlung, deren Erstattung beansprucht wird, geleistet ist. 2Fällt dem Verpflichteten eine bösliche Handlungsweise zur Last, so findet die Bestimmung keine Anwendung.

(6) Für die in den Fällen des Absatzes 3 geleistete Erstattung einer Zahlung sind den Gesellschaftern die Geschäftsführer, welchen in betreff der geleisteten Zahlung ein Verschulden zur Last fällt, solidarisch zum Ersatz verpflichtet.

**§ 32 [Rückzahlung von Gewinn]** Liegt die in § 31 Abs. 1 bezeichnete Voraussetzung nicht vor, so sind die Gesellschafter in keinem Fall verpflichtet, Beträge, welche sie in gutem Glauben als Gewinnanteile bezogen haben, zurückzuzahlen.

**§ 32a [Rückgewähr von Darlehen]** (1) 1Hat ein Gesellschafter der Gesellschaft in einem Zeitpunkt, in dem ihr die Gesellschafter als ordentliche Kaufleute Eigenkapital zugeführt hätten (Krise der Gesellschaft), statt dessen ein Darlehen gewährt, so kann er den Anspruch auf Rückgewähr des Darlehens im Insolvenzverfahren über das Vermögen der Gesellschaft nur als nachrangiger Insolvenzgläubiger geltend machen.

(2) Hat ein Dritter der Gesellschaft in einem Zeitpunkt, in dem ihr die Gesellschafter als ordentliche Kaufleute Eigenkapital zugeführt hätten, statt dessen ein Darlehen gewährt und hat ihm ein Gesellschafter für die Rückgewähr des Darlehens eine Sicherung bestellt oder hat er sich dafür verbürgt, so kann der Dritte im Insolvenzverfahren über das Vermögen der Gesellschaft nur für den Betrag verhältnismäßige Befriedigung verlangen, mit dem er bei der Inanspruchnahme der Sicherung oder des Bürgen ausgefallen ist.

(3) [1] Diese Vorschriften gelten sinngemäß für andere Rechtshandlungen eines Gesellschafters oder eines Dritten, die der Darlehensgewährung nach Absatz 1 oder 2 wirtschaftlich entsprechen. [2] Die Regeln über den Eigenkapitalersatz gelten nicht für den nicht geschäftsführenden Gesellschafter, der mit zehn vom Hundert oder weniger am Stammkapital beteiligt ist. [3] Erwirbt ein Darlehensgeber in der Krise der Gesellschaft Geschäftsteile zum Zweck der Überwindung der Krise, führt dies für seine bestehenden oder neugewährten Kredite nicht zur Anwendung der Regeln über den Eigenkapitalersatz.

**§ 32b** [Haftung für zurückgezahlte Darlehen] [1] Hat die Gesellschaft im Fall des § 32a Abs. 2, 3 das Darlehen im letzten Jahr vor dem Antrag auf Eröffnung des Insolvenzverfahrens oder nach diesem Antrag zurückgezahlt, so hat der Gesellschafter, der die Sicherung bestellt hatte oder als Bürge haftete, der Gesellschaft den zurückgezahlten Betrag zu erstatten; § 146 der Insolvenzordnung gilt entsprechend. [2] Die Verpflichtung besteht nur bis zur Höhe des Betrags, mit dem der Gesellschafter als Bürge haftete oder der dem Wert der von ihm bestellten Sicherung im Zeitpunkt der Rückzahlung des Darlehens entspricht. [3] Der Gesellschafter wird von der Verpflichtung frei, wenn er die Gegenstände, die dem Gläubiger als Sicherung gedient hatten, der Gesellschaft zu ihrer Befriedigung zur Verfügung stellt. [4] Diese Vorschriften gelten sinngemäß für andere Rechtshandlungen, die der Darlehensgewährung wirtschaftlich entsprechen.

**§ 33** [Erwerb eigener Geschäftsanteile] (1) Die Gesellschaft kann eigene Geschäftsanteile, auf welche die Einlagen noch nicht vollständig geleistet sind, nicht erwerben oder als Pfand nehmen.

(2) [1] Eigene Geschäftsanteile, auf welche die Einlagen vollständig geleistet sind, darf sie nur erwerben, sofern der Erwerb aus dem über den Betrag des Stammkapitals hinaus vorhandenen Vermögen geschehen und die Gesellschaft die nach § 272 Abs. 4 des Handelsgesetzbuchs vorgeschriebene Rücklage für eigene Anteile bilden kann, ohne das Stammkapital oder eine nach dem Gesellschaftsvertrag zu bildende Rücklage zu mindern, die nicht zu Zahlungen an die Gesellschafter verwandt werden darf. [2] Als Pfand nehmen darf sie solche Geschäftsanteile nur, soweit der Gesamtbetrag der durch Inpfandnahme eigener Geschäftsanteile gesicherten Forderungen oder, wenn der Wert der als Pfand genommenen Geschäftsanteile niedriger ist, dieser Betrag nicht höher ist als das über das Stammkapital hinaus vorhandene Vermögen. [3] Ein Verstoß gegen die Sätze 1 und 2 macht den Erwerb oder die Inpfandnahme der Geschäftsanteile nicht unwirksam; jedoch ist das schuldrechtliche Geschäft über einen verbotswidrigen Erwerb oder eine verbotswidrige Inpfandnahme nichtig.

(3) Der Erwerb eigener Geschäftsanteile ist ferner zulässig zur Abfindung von Gesellschaftern nach § 29 Abs. 1, § 125 Satz 1 in Verbindung mit § 29 Abs. 1, § 207 Abs. 1 Satz 1 des Umwandlungsgesetzes, sofern der Erwerb binnen sechs Monaten nach dem Wirksamwerden der Umwandlung oder nach der Rechtskraft der gerichtlichen Entscheidung erfolgt und die Gesellschaft die nach § 272 Abs. 4 des Handelsgesetzbuchs vorgeschriebene Rücklage für eigene Anteile bilden kann, ohne das Stammkapital oder eine nach dem Gesellschaftsvertrag zu bildende Rücklage zu mindern, die nicht zu Zahlungen an die Gesellschafter verwandt werden darf.

**§ 34 [Einziehung (Amortisation)]** (1) Die Einziehung (Amortisation) von Geschäftsanteilen darf nur erfolgen, soweit sie im Gesellschaftsvertrag zugelassen ist.

(2) Ohne die Zustimmung des Anteilsberechtigten findet die Einziehung nur statt, wenn die Voraussetzungen derselben vor dem Zeitpunkt, in welchem der Berechtigte den Geschäftsanteil erworben hat, im Gesellschaftsvertrag festgesetzt waren.

(3) Die Bestimmung in § 30 Abs. 1 bleibt unberührt.

## Dritter Abschnitt.[1] Vertretung und Geschäftsführung

**§ 35 [Vertretung durch Geschäftsführer]** (1) Die Gesellschaft wird durch die Geschäftsführer gerichtlich und außergerichtlich vertreten.

(2) [1] Dieselben haben in der durch den Gesellschaftsvertrag bestimmten Form ihre Willenserklärungen kundzugeben und für die Gesellschaft zu zeichnen. [2] Ist nichts darüber bestimmt, so muß die Erklärung und Zeichnung durch sämtliche Geschäftsführer erfolgen. [3] Ist der Gesellschaft gegenüber eine Willenserklärung abzugeben, so genügt es, wenn dieselbe an einen der Geschäftsführer erfolgt.

(3) Die Zeichnung geschieht in der Weise, daß die Zeichnenden zu der Firma der Gesellschaft ihre Namensunterschrift beifügen.

(4) [1] Befinden sich alle Geschäftsanteile der Gesellschaft in der Hand eines Gesellschafters oder daneben in der Hand der Gesellschaft und ist er zugleich deren alleiniger Geschäftsführer, so ist auf seine Rechtsgeschäfte mit der Gesellschaft § 181 des Bürgerlichen Gesetzbuchs anzuwenden. [2] Rechtsgeschäfte zwischen ihm und der von ihm vertretenen Gesellschaft sind, auch wenn er nicht alleiniger Geschäftsführer ist, unverzüglich nach ihrer Vornahme in eine Niederschrift aufzunehmen.

---

[1] Beachte § 77 Abs. 1 Betriebsverfassungsgesetz 1952 vom 11. 10. 1952 (BGBl. I S. 681), geändert durch Gesetz vom 6. 9. 1965 (BGBl. I S. 1185):
„§ 77. (1) Bei Gesellschaften mit beschränkter Haftung und bergrechtlichen Gewerkschaften mit eigener Rechtspersönlichkeit mit mehr als fünfhundert Arbeitnehmern ist ein Aufsichtsrat zu bilden. Seine Zusammensetzung sowie seine Rechte und Pflichten bestimmen sich nach § 90 Abs. 3, 4, 5 Satz 1 und 2, §§ 95 bis 114, 116, 118 Abs. 2, § 125 Abs. 3, §§ 171, 268 Abs. 2 des Aktiengesetzes und § 76 dieses Gesetzes.''
Beachte ferner die in der Anm. zu § 96 AktG (Nr. **1**) abgedruckten weiteren Bestimmungen des Betriebsverfassungsgesetzes 1952, insbesondere dessen §§ 76 und 77 a.

**§ 35a [Angaben auf Geschäftsbriefen]** (1) [1] Auf allen Geschäftsbriefen, die an einen bestimmten Empfänger gerichtet werden, müssen die Rechtsform und der Sitz der Gesellschaft, das Registergericht des Sitzes der Gesellschaft und die Nummer, unter der die Gesellschaft in das Handelsregister eingetragen ist, sowie alle Geschäftsführer und, sofern die Gesellschaft einen Aufsichtsrat gebildet und dieser einen Vorsitzenden hat, der Vorsitzende des Aufsichtsrats mit dem Familiennamen und mindestens einem ausgeschriebenen Vornamen angegeben werden. [2] Werden Angaben über das Kapital der Gesellschaft gemacht, so müssen in jedem Falle das Stammkapital sowie, wenn nicht alle in Geld zu leistenden Einlagen eingezahlt sind, der Gesamtbetrag der ausstehenden Einlagen angegeben werden.

(2) Der Angaben nach Absatz 1 Satz 1 bedarf es nicht bei Mitteilungen oder Berichten, die im Rahmen einer bestehenden Geschäftsverbindung ergehen und für die üblicherweise Vordrucke verwendet werden, in denen lediglich die im Einzelfall erforderlichen besonderen Angaben eingefügt zu werden brauchen.

(3) [1] Bestellscheine gelten als Geschäftsbriefe im Sinne des Absatzes 1. [2] Absatz 2 ist auf sie nicht anzuwenden.

(4) [1] Auf allen Geschäftsbriefen und Bestellscheinen, die von einer Zweigniederlassung einer Gesellschaft mit beschränkter Haftung mit Sitz im Ausland verwendet werden, müssen das Register, bei dem die Zweigniederlassung geführt wird, und die Nummer des Registereintrags angegeben werden; im übrigen gelten die Vorschriften der Absätze 1 bis 3, soweit nicht das ausländische Recht Abweichungen nötig macht. [2] Befindet sich die ausländische Gesellschaft in Liquidation, so sind auch diese Tatsache sowie alle Liquidatoren anzugeben.

**§ 36 [Wirkung der Vertretung]** Die Gesellschaft wird durch die in ihrem Namen von den Geschäftsführern vorgenommenen Rechtsgeschäfte berechtigt und verpflichtet; es ist gleichgültig, ob das Geschäft ausdrücklich im Namen der Gesellschaft vorgenommen worden ist, oder ob die Umstände ergeben, daß es nach dem Willen der Beteiligten für die Gesellschaft vorgenommen werden sollte.

**§ 37 [Beschränkung der Vertretungsbefugnis]** (1) Die Geschäftsführer sind der Gesellschaft gegenüber verpflichtet, die Beschränkungen einzuhalten, welche für den Umfang ihrer Befugnis, die Gesellschaft zu vertreten, durch den Gesellschaftsvertrag oder, soweit dieser nicht ein anderes bestimmt, durch die Beschlüsse der Gesellschafter festgesetzt sind.

(2) [1] Gegen dritte Personen hat eine Beschränkung der Befugnis der Geschäftsführer, die Gesellschaft zu vertreten, keine rechtliche Wirkung. [2] Dies gilt insbesondere für den Fall, daß die Vertretung sich nur auf gewisse Geschäfte oder Arten von Geschäften erstrecken oder nur unter gewissen Umständen oder für eine gewisse Zeit oder an einzelnen Orten stattfinden soll, oder daß die Zustimmung der Gesellschafter oder eines Organs der Gesellschaft für einzelne Geschäfte erfordert ist.

**§ 38 [Widerruf der Bestellung]** (1) Die Bestellung der Geschäftsführer ist zu jeder Zeit widerruflich, unbeschadet der Entschädigungsansprüche aus bestehenden Verträgen.

(2) [1] Im Gesellschaftsvertrag kann die Zulässigkeit des Widerrufs auf den Fall beschränkt werden, daß wichtige Gründe denselben notwendig machen. [2] Als solche Gründe sind insbesondere grobe Pflichtverletzung oder Unfähigkeit zur ordnungsmäßigen Geschäftsführung anzusehen.

**§ 39 [Anmeldung der Geschäftsführer]** (1) Jede Änderung in den Personen der Geschäftsführer sowie die Beendigung der Vertretungsbefugnis eines Geschäftsführers ist zur Eintragung in das Handelsregister anzumelden.

(2) Der Anmeldung sind die Urkunden über die Bestellung der Geschäftsführer oder über die Beendigung der Vertretungsbefugnis in Urschrift oder öffentlich beglaubigter Abschrift für das Gericht des Sitzes der Gesellschaft beizufügen.

(3) [1] Die neuen Geschäftsführer haben in der Anmeldung zu versichern, daß keine Umstände vorliegen, die ihrer Bestellung nach § 6 Abs. 2 Satz 3 und 4 entgegenstehen und daß sie über ihre unbeschränkte Auskunftspflicht gegenüber dem Gericht belehrt worden sind. [2] § 8 Abs. 3 Satz 2 ist anzuwenden.

(4) Die Geschäftsführer haben ihre Unterschrift zur Aufbewahrung bei dem Gericht zu zeichnen.

**§ 40 [Liste der Gesellschafter]** (1) [1] Die Geschäftsführer haben nach jeder Veränderung in den Personen der Gesellschafter oder des Umfangs ihrer Beteiligung unverzüglich eine von ihnen unterschriebene Liste der Gesellschafter, aus welcher Name, Vorname, Geburtsdatum und Wohnort der letzteren sowie ihre Stammeinlagen zu entnehmen sind, zum Handelsregister einzureichen. [2] Hat ein Notar einen Vertrag über die Abtretung eines Geschäftsanteils nach § 15 Abs. 3 beurkundet, so hat er diese Abtretung unverzüglich dem Registergericht anzuzeigen.

(2) Geschäftsführer, welche die ihnen nach Absatz 1 obliegende Pflicht verletzen, haften den Gläubigern der Gesellschaft für den daraus entstandenen Schaden als Gesamtschuldner.

**§ 41 [Buchführung]** (1) Die Geschäftsführer sind verpflichtet, für die ordnungsmäßige Buchführung der Gesellschaft zu sorgen.

(2)–(4) *(aufgehoben)*

**§ 42 [Bilanz]** (1) In der Bilanz des nach den §§ 242, 264 des Handelsgesetzbuchs aufzustellenden Jahresabschlusses ist das Stammkapital als gezeichnetes Kapital auszuweisen.

(2) [1] Das Recht der Gesellschaft zur Einziehung von Nachschüssen der Gesellschafter ist in der Bilanz insoweit zu aktivieren, als die Einziehung bereits beschlossen ist und den Gesellschaftern ein Recht, durch Verweisung auf den Geschäftsanteil sich von der Zahlung der Nachschüsse zu befreien, nicht zusteht. [2] Der nachzuschießende Betrag ist auf der Aktivseite unter den Forderungen gesondert unter der Bezeichnung „Eingeforderte Nachschüsse" auszuweisen, soweit mit der Zahlung gerechnet werden kann. [3] Ein dem Aktivposten entsprechender Betrag ist auf der Passivseite in dem Posten „Kapitalrücklage" gesondert auszuweisen.

(3) Ausleihungen, Forderungen und Verbindlichkeiten gegenüber Gesellschaftern sind in der Regel als solche jeweils gesondert auszuweisen oder im

Anhang anzugeben; werden sie unter anderen Posten ausgewiesen, so muß diese Eigenschaft vermerkt werden.

**§ 42 a [Vorlage des Jahresabschlusses und des Lageberichts]** (1) [1]Die Geschäftsführer haben den Jahresabschluß und den Lagebericht unverzüglich nach der Aufstellung den Gesellschaftern zum Zwecke der Feststellung des Jahresabschlusses vorzulegen. [2]Ist der Jahresabschluß durch einen Abschlußprüfer zu prüfen, so haben die Geschäftsführer ihn zusammen mit dem Lagebericht und dem Prüfungsbericht des Abschlußprüfers unverzüglich nach Eingang des Prüfungsberichts vorzulegen. [3]Hat die Gesellschaft einen Aufsichtsrat, so ist dessen Bericht über das Ergebnis seiner Prüfung ebenfalls unverzüglich vorzulegen.

(2) [1]Die Gesellschafter haben spätestens bis zum Ablauf der ersten acht Monate oder, wenn es sich um eine kleine Gesellschaft handelt (§ 267 Abs. 1 des Handelsgesetzbuchs), bis zum Ablauf der ersten elf Monate des Geschäftsjahrs über die Feststellung des Jahresabschlusses und über die Ergebnisverwendung zu beschließen. [2]Der Gesellschaftsvertrag kann die Frist nicht verlängern. [3]Auf den Jahresabschluß sind bei der Feststellung die für seine Aufstellung geltenden Vorschriften anzuwenden.

(3) Hat ein Abschlußprüfer den Jahresabschluß geprüft, so hat er auf Verlangen eines Gesellschafters an den Verhandlungen über die Feststellung des Jahresabschlusses teilzunehmen.

(4) Ist die Gesellschaft zur Aufstellung eines Konzernabschlusses und eines Konzernlageberichts verpflichtet, so ist Absatz 1 mit der Maßgabe anzuwenden, daß es der Feststellung des Konzernabschlusses nicht bedarf.

**§ 43 [Haftung der Geschäftsführer]** (1) Die Geschäftsführer haben in den Angelegenheiten der Gesellschaft die Sorgfalt eines ordentlichen Geschäftsmannes anzuwenden.

(2) Geschäftsführer, welche ihre Obliegenheiten verletzen, haften der Gesellschaft solidarisch für den entstandenen Schaden.

(3) [1]Insbesondere sind sie zum Ersatze verpflichtet, wenn den Bestimmungen des § 30 zuwider Zahlungen aus dem zur Erhaltung des Stammkapitals erforderlichen Vermögen der Gesellschaft gemacht oder den Bestimmungen des § 33 zuwider eigene Geschäftsanteile der Gesellschaft erworben worden sind. [2]Auf den Ersatzanspruch finden die Bestimmungen in § 9b Abs. 1 entsprechende Anwendung. [3]Soweit der Ersatz zur Befriedigung der Gläubiger der Gesellschaft erforderlich ist, wird die Verpflichtung der Geschäftsführer dadurch nicht aufgehoben, daß dieselben in Befolgung eines Beschlusses der Gesellschafter gehandelt haben.

(4) Die Ansprüche auf Grund der vorstehenden Bestimmungen verjähren in fünf Jahren.

**§ 43 a [Kredit aus Gesellschaftsvermögen]** [1]Den Geschäftsführern, anderen gesetzlichen Vertretern, Prokuristen oder zum gesamten Geschäftsbetrieb ermächtigten Handlungsbevollmächtigten darf Kredit nicht aus dem zur Erhaltung des Stammkapitals erforderlichen Vermögen der Gesellschaft gewährt werden. [2]Ein entgegen Satz 1 gewährter Kredit ist ohne Rücksicht auf entgegenstehende Vereinbarungen sofort zurückzugewähren.

**§ 44** [**Stellvertreter von Geschäftsführern**] Die für die Geschäftsführer gegebenen Vorschriften gelten auch für Stellvertreter von Geschäftsführern.

**§ 45** [**Rechte der Gesellschafter im allgemeinen**] (1) Die Rechte, welche den Gesellschaftern in den Angelegenheiten der Gesellschaft, insbesondere in bezug auf die Führung der Geschäfte zustehen, sowie die Ausübung derselben bestimmen sich, soweit nicht gesetzliche Vorschriften entgegenstehen, nach dem Gesellschaftsvertrag.

(2) In Ermangelung besonderer Bestimmungen des Gesellschaftsvertrages finden die Vorschriften der §§ 46 bis 51 Anwendung.

**§ 46** [**Aufgabenkreis der Gesellschafter**] Der Bestimmung der Gesellschafter unterliegen:

1. die Feststellung des Jahresabschlusses und die Verwendung des Ergebnisses;
2. die Einforderung von Einzahlungen auf die Stammeinlagen;
3. die Rückzahlung von Nachschüssen;
4. die Teilung sowie die Einziehung von Geschäftsanteilen;
5. die Bestellung und die Abberufung von Geschäftsführern sowie die Entlastung derselben;
6. die Maßregeln zur Prüfung und Überwachung der Geschäftsführung;
7. die Bestellung von Prokuristen und von Handlungsbevollmächtigten zum gesamten Geschäftsbetrieb;
8. die Geltendmachung von Ersatzansprüchen, welche der Gesellschaft aus der Gründung oder Geschäftsführung gegen Geschäftsführer oder Gesellschafter zustehen, sowie die Vertretung der Gesellschaft in Prozessen, welche sie gegen die Geschäftsführer zu führen hat.

**§ 47** [**Abstimmung**] (1) Die von den Gesellschaftern in den Angelegenheiten der Gesellschaft zu treffenden Bestimmungen erfolgen durch Beschlußfassung nach der Mehrheit der abgegebenen Stimmen.

(2) Jede fünfzig Euro eines Geschäftsanteils gewähren eine Stimme.

(3) Vollmachten bedürfen zu ihrer Gültigkeit der schriftlichen Form.

(4) [1] Ein Gesellschafter, welcher durch die Beschlußfassung entlastet oder von einer Verbindlichkeit befreit werden soll, hat hierbei kein Stimmrecht und darf ein solches auch nicht für andere ausüben. [2] Dasselbe gilt von einer Beschlußfassung, welche die Vornahme eines Rechtsgeschäfts oder die Einleitung oder Erledigung eines Rechtsstreites gegenüber einem Gesellschafter betrifft.

**§ 48** [**Gesellschafterversammlung**] (1) Die Beschlüsse der Gesellschafter werden in Versammlungen gefaßt.

(2) Der Abhaltung einer Versammlung bedarf es nicht, wenn sämtliche Gesellschafter schriftlich mit der zu treffenden Bestimmung oder mit der schriftlichen Abgabe der Stimmen sich einverstanden erklären.

(3) Befinden sich alle Geschäftsanteile der Gesellschaft in der Hand eines Gesellschafters oder daneben in der Hand der Gesellschaft, so hat er unverzüglich nach der Beschlußfassung eine Niederschrift aufzunehmen und zu unterschreiben.

**§ 49 [Einberufung der Versammlung]** (1) Die Versammlung der Gesellschafter wird durch die Geschäftsführer berufen.

(2) Sie ist außer den ausdrücklich bestimmten Fällen zu berufen, wenn es im Interesse der Gesellschaft erforderlich erscheint.

(3) Insbesondere muß die Versammlung unverzüglich berufen werden, wenn aus der Jahresbilanz oder aus einer im Laufe des Geschäftsjahres aufgestellten Bilanz sich ergibt, daß die Hälfte des Stammkapitals verloren ist.

**§ 50 [Minderheitsrechte]** (1) Gesellschafter, deren Geschäftsanteile zusammen mindestens dem zehnten Teil des Stammkapitals entsprechen, sind berechtigt, unter Angabe des Zwecks und der Gründe die Berufung der Versammlung zu verlangen.

(2) In gleicher Weise haben die Gesellschafter das Recht zu verlangen, daß Gegenstände zur Beschlußfassung der Versammlung angekündigt werden.

(3) ¹Wird dem Verlangen nicht entsprochen oder sind Personen, an welche dasselbe zu richten wäre, nicht vorhanden, so können die in Absatz 1 bezeichneten Gesellschafter unter Mitteilung des Sachverhältnisses die Berufung oder Ankündigung selbst bewirken. ²Die Versammlung beschließt, ob die entstandenen Kosten von der Gesellschaft zu tragen sind.

**§ 51 [Form der Einberufung]** (1) ¹Die Berufung der Versammlung erfolgt durch Einladung der Gesellschafter mittels eingeschriebener Briefe. ²Sie ist mit einer Frist von mindestens einer Woche zu bewirken.

(2) Der Zweck der Versammlung soll jederzeit bei der Berufung angekündigt werden.

(3) Ist die Versammlung nicht ordnungsmäßig berufen, so können Beschlüsse nur gefaßt werden, wenn sämtliche Gesellschafter anwesend sind.

(4) Das gleiche gilt in bezug auf Beschlüsse über Gegenstände, welche nicht wenigstens drei Tage vor der Versammlung in der für die Berufung vorgeschriebenen Weise angekündigt worden sind.

**§ 51a [Auskunfts- und Einsichtsrecht]** (1) Die Geschäftsführer haben jedem Gesellschafter auf Verlangen unverzüglich Auskunft über die Angelegenheiten der Gesellschaft zu geben und die Einsicht der Bücher und Schriften zu gestatten.

(2) ¹Die Geschäftsführer dürfen die Auskunft und die Einsicht verweigern, wenn zu besorgen ist, daß der Gesellschafter sie zu gesellschaftsfremden Zwecken verwenden und dadurch der Gesellschaft oder einem verbundenen Unternehmen einen nicht unerheblichen Nachteil zufügen wird. ²Die Verweigerung bedarf eines Beschlusses der Gesellschafter.

(3) Von diesen Vorschriften kann im Gesellschaftsvertrag nicht abgewichen werden.

**§ 51b [Gerichtliche Entscheidung über das Auskunfts- und Einsichtsrecht]** ¹Für die gerichtliche Entscheidung über das Auskunfts- und Einsichtsrecht findet § 132 Abs. 1, 3 bis 5 des Aktiengesetzes entsprechende Anwendung. ²Antragsberechtigt ist jeder Gesellschafter, dem die verlangte Auskunft nicht gegeben oder die verlangte Einsicht nicht gestattet worden ist.

**§ 52 [Aufsichtsrat]** (1) Ist nach dem Gesellschaftsvertrag ein Aufsichtsrat zu bestellen, so sind § 90 Abs. 3, 4, 5 Satz 1 und 2, § 95 Satz 1, § 100 Abs. 1 und 2 Nr. 2, § 101 Abs. 1 Satz 1, § 103 Abs. 1 Satz 1 und 2, §§ 105, 110 bis 114, 116 des Aktiengesetzes in Verbindung mit § 93 Abs. 1 und 2 des Aktiengesetzes, §§ 170, 171, 337 des Aktiengesetzes entsprechend anzuwenden, soweit nicht im Gesellschaftsvertrag ein anderes bestimmt ist.

(2) ¹Werden die Mitglieder des Aufsichtsrats vor der Eintragung der Gesellschaft in das Handelsregister bestellt, gelten § 37 Abs. 4 Nr. 3, § 40 Abs. 1 Nr. 4 des Aktiengesetzes entsprechend. ²Jede spätere Bestellung sowie jeden Wechsel von Aufsichtsratsmitgliedern haben die Geschäftsführer unverzüglich durch den Bundesanzeiger und die im Gesellschaftsvertrag für die Bekanntmachungen der Gesellschaft bestimmten anderen öffentlichen Blätter bekanntzumachen und die Bekanntmachung zum Handelsregister einzureichen.

(3) Schadensersatzansprüche gegen die Mitglieder des Aufsichtsrats wegen Verletzung ihrer Obliegenheiten verjähren in fünf Jahren.

## Vierter Abschnitt. Abänderungen des Gesellschaftsvertrages

**§ 53 [Form der Satzungsänderung]** (1) Eine Abänderung des Gesellschaftsvertrages kann nur durch Beschluß der Gesellschafter erfolgen.

(2) ¹Der Beschluß muß notariell beurkundet werden, derselbe bedarf einer Mehrheit von drei Vierteilen der abgegebenen Stimmen. ²Der Gesellschaftsvertrag kann noch andere Erfordernisse aufstellen.

(3) Eine Vermehrung der den Gesellschaftern nach dem Gesellschaftsvertrag obliegenden Leistungen kann nur mit Zustimmung sämtlicher beteiligter Gesellschafter beschlossen werden.

**§ 54 [Anmeldung und Eintragung]** (1) ¹Die Abänderung des Gesellschaftsvertrages ist zur Eintragung in das Handelsregister anzumelden. ²Der Anmeldung ist der vollständige Wortlaut des Gesellschaftsvertrags beizufügen; er muß mit der Bescheinigung eines Notars versehen sein, daß die geänderten Bestimmungen des Gesellschaftsvertrags mit dem Beschluß über die Änderung des Gesellschaftsvertrags und die unveränderten Bestimmungen mit dem zuletzt zum Handelsregister eingereichten vollständigen Wortlaut des Gesellschaftsvertrags übereinstimmen.

(2) ¹Bei der Eintragung genügt, sofern nicht die Abänderung die in § 10 Abs. 1 und 2 bezeichneten Angaben betrifft, die Bezugnahme auf die bei dem Gericht eingereichten Urkunden über die Abänderung. ²Die öffentliche Bekanntmachung findet in betreff aller Bestimmungen statt, auf welche sich die in § 10 Abs. 3 und in § 13b Abs. 4 des Handelsgesetzbuchs vorgeschriebenen Veröffentlichungen beziehen.

(3) Die Abänderung hat keine rechtliche Wirkung, bevor sie in das Handelsregister des Sitzes der Gesellschaft eingetragen ist.

**§ 55 [Erhöhung des Stammkapitals]** (1) Wird eine Erhöhung des Stammkapitals beschlossen, so bedarf es zur Übernahme jeder auf das erhöhte

Kapital zu leistenden Stammeinlage einer notariell aufgenommenen oder beglaubigten Erklärung des Übernehmers.

(2) ¹Zur Übernahme einer Stammeinlage können von der Gesellschaft die bisherigen Gesellschafter oder andere Personen, welche durch die Übernahme ihren Beitritt zu der Gesellschaft erklären, zugelassen werden. ²Im letzteren Falle sind außer dem Betrage der Stammeinlage auch sonstige Leistungen, zu welchen der Beitretende nach dem Gesellschaftsvertrage verpflichtet sein soll, in der in Absatz 1 bezeichneten Urkunde ersichtlich zu machen.

(3) Wird von einem der Gesellschaft bereits angehörenden Gesellschafter eine Stammeinlage auf das erhöhte Kapital übernommen, so erwirbt derselbe einen weiteren Geschäftsanteil.

(4) Die Bestimmungen in § 5 Abs. 1 und 3 über den Betrag der Stammeinlagen sowie die Bestimmung in § 5 Abs. 2 über die Unzulässigkeit der Übernahme mehrerer Stammeinlagen finden auch hinsichtlich der auf das erhöhte Kapital zu leistenden Stammeinlagen Anwendung.

**§ 56 [Kapitalerhöhung mit Sacheinlagen]** (1) ¹Sollen Sacheinlagen geleistet werden, so müssen ihr Gegenstand und der Betrag der Stammeinlage, auf die sich die Sacheinlage bezieht, im Beschluß über die Erhöhung des Stammkapitals festgesetzt werden. ²Die Festsetzung ist in die in § 55 Abs. 1 bezeichnete Erklärung des Übernehmers aufzunehmen.

(2) Die §§ 9 und 19 Abs. 5 finden entsprechende Anwendung.

**§ 56a [Leistungen auf das neue Stammkapital]** Für die Leistungen der Einlagen auf das neue Stammkapital und die Bestellung einer Sicherung findet § 7 Abs. 2 Satz 1 und 3, Abs. 3 entsprechende Anwendung.

**§ 57 [Anmeldung der Erhöhung]** (1) Die beschlossene Erhöhung des Stammkapitals ist zur Eintragung in das Handelsregister anzumelden, nachdem das erhöhte Kapital durch Übernahme von Stammeinlagen gedeckt ist.

(2) ¹In der Anmeldung ist die Versicherung abzugeben, daß die Einlagen auf das neue Stammkapital nach § 7 Abs. 2 Satz 1 und 3, Abs. 3 bewirkt sind und daß der Gegenstand der Leistungen sich endgültig in der freien Verfügung der Geschäftsführer befindet. ²Für die Anmeldung findet im übrigen § 8 Abs. 2 Satz 2 entsprechende Anwendung.

(3) Der Anmeldung sind beizufügen:

1. die in § 55 Abs. 1 bezeichneten Erklärungen oder eine beglaubigte Abschrift derselben;

2. eine von den Anmeldenden unterschriebene Liste der Personen, welche die neuen Stammeinlagen übernommen haben; aus der Liste muß der Betrag der von jedem übernommenen Einlage ersichtlich sein;

3. bei einer Kapitalerhöhung mit Sacheinlagen die Verträge, die den Festsetzungen nach § 56 zugrunde liegen oder zu ihrer Ausführung geschlossen worden sind.

(4) Für die Verantwortlichkeit der Geschäftsführer, welche die Kapitalerhöhung zur Eintragung in das Handelsregister angemeldet haben, finden § 9a Abs. 1 und 3, § 9b entsprechende Anwendung.

**§ 57a** [**Ablehnung der Eintragung**] Für die Ablehnung der Eintragung durch das Gericht findet § 9 c Abs. 1 entsprechende Anwendung.

**§ 57b** [**Bekanntmachung der Eintragung der Kapitalerhöhung**] [1] In die Bekanntmachung der Eintragung der Kapitalerhöhung sind außer deren Inhalt die bei einer Kapitalerhöhung mit Sacheinlagen vorgesehenen Festsetzungen aufzunehmen. [2] Bei der Bekanntmachung dieser Festsetzungen genügt die Bezugnahme auf die beim Gericht eingereichten Urkunden.

**§ 57c** [**Kapitalerhöhung aus Gesellschaftsmitteln**] (1) Das Stammkapital kann durch Umwandlung von Rücklagen in Stammkapital erhöht werden (Kapitalerhöhung aus Gesellschaftsmitteln).

(2) Die Erhöhung des Stammkapitals kann erst beschlossen werden, nachdem der Jahresabschluß für das letzte vor der Beschlußfassung über die Kapitalerhöhung abgelaufene Geschäftsjahr (letzter Jahresabschluß) festgestellt und über die Ergebnisverwendung Beschluß gefaßt worden ist.

(3) Dem Beschluß über die Erhöhung des Stammkapitals ist eine Bilanz zugrunde zu legen.

(4) Neben den §§ 53 und 54 über die Abänderung des Gesellschaftsvertrags gelten die §§ 57 d bis 57 o.

**§ 57d** [**Ausweisung von Kapital- und Gewinnrücklagen**] (1) Die Kapital- und Gewinnrücklagen, die in Stammkapital umgewandelt werden sollen, müssen in der letzten Jahresbilanz und, wenn dem Beschluß eine andere Bilanz zugrunde gelegt wird, auch in dieser Bilanz unter „Kapitalrücklage" oder „Gewinnrücklagen" oder im letzten Beschluß über die Verwendung des Jahresergebnisses als Zuführung zu diesen Rücklagen ausgewiesen sein.

(2) Die Rücklagen können nicht umgewandelt werden, soweit in der zugrunde gelegten Bilanz ein Verlust, einschließlich eines Verlustvortrags, ausgewiesen ist.

(3) Andere Gewinnrücklagen, die einem bestimmten Zweck zu dienen bestimmt sind, dürfen nur umgewandelt werden, soweit dies mit ihrer Zweckbestimmung vereinbar ist.

**§ 57e** [**Zugrundelegung der letzten Jahresbilanz; Prüfung**] (1) Dem Beschluß kann die letzte Jahresbilanz zugrunde gelegt werden, wenn die Jahresbilanz geprüft und die festgestellte Jahresbilanz mit dem uneingeschränkten Bestätigungsvermerk der Abschlußprüfer versehen ist und wenn ihr Stichtag höchstens acht Monate vor der Anmeldung des Beschlusses zur Eintragung in das Handelsregister liegt.

(2) Bei Gesellschaften, die nicht große im Sinne des § 267 Abs. 3 des Handelsgesetzbuchs sind, kann die Prüfung auch durch vereidigte Buchprüfer erfolgen; die Abschlußprüfer müssen von der Versammlung der Gesellschafter gewählt sein.

**§ 57f** [**Anforderungen an die Bilanz**] (1) [1] Wird dem Beschluß nicht die letzte Jahresbilanz zugrunde gelegt, so muß die Bilanz den Vorschriften über die Gliederung der Jahresbilanz und über die Wertansätze in der Jahresbilanz entsprechen. ²Der Stichtag der Bilanz darf höchstens acht Monate vor der Anmeldung des Beschlusses zur Eintragung in das Handelsregister liegen.

(2) ¹Die Bilanz ist, bevor über die Erhöhung des Stammkapitals Beschluß gefaßt wird, durch einen oder mehrere Prüfer daraufhin zu prüfen, ob sie dem Absatz 1 entspricht. ²Sind nach dem abschließenden Ergebnis der Prüfung keine Einwendungen zu erheben, so haben die Prüfer dies durch einen Vermerk zu bestätigen. ³Die Erhöhung des Stammkapitals kann nicht ohne diese Bestätigung der Prüfer beschlossen werden.

(3) ¹Die Prüfer werden von den Gesellschaftern gewählt; falls nicht andere Prüfer gewählt werden, gelten die Prüfer als gewählt, die für die Prüfung des letzten Jahresabschlusses von den Gesellschaftern gewählt oder vom Gericht bestellt worden sind. ²Im übrigen sind, soweit sich aus der Besonderheit des Prüfungsauftrags nichts anderes ergibt, § 318 Abs. 1 Satz 2, § 319 Abs. 1 bis 3, § 320 Abs. 1 Satz 2, Abs. 2 und die §§ 321 und 323 des Handelsgesetzbuchs anzuwenden. ³Bei Gesellschaften, die nicht große im Sinne des § 267 Abs. 3 des Handelsgesetzbuchs sind, können auch vereidigte Buchprüfer zu Prüfern bestellt werden.

**§ 57g [Vorherige Bekanntgabe des Jahresabschlusses]** Die Bestimmungen des Gesellschaftsvertrags über die vorherige Bekanntgabe des Jahresabschlusses an die Gesellschafter sind in den Fällen des § 57f entsprechend anzuwenden.

**§ 57h [Arten der Kapitalerhöhung]** (1) ¹Die Kapitalerhöhung kann vorbehaltlich des § 571 Abs. 2 durch Bildung neuer Geschäftsanteile oder durch Erhöhung des Nennbetrags der Geschäftsanteile ausgeführt werden. ²Die neuen Geschäftsanteile und die Geschäftsanteile, deren Nennbetrag erhöht wird, können auf jeden durch zehn teilbaren Betrag, müssen jedoch auf mindestens fünfzig Euro gestellt werden.

(2) ¹Der Beschluß über die Erhöhung des Stammkapitals muß die Art der Erhöhung angeben. ²Soweit die Kapitalerhöhung durch Erhöhung des Nennbetrags der Geschäftsanteile ausgeführt werden soll, ist sie so zu bemessen, daß durch sie auf keinen Geschäftsanteil, dessen Nennbetrag erhöht wird, Beträge entfallen, die durch die Erhöhung des Nennbetrags des Geschäftsanteils nicht gedeckt werden können.

**§ 57i [Anmeldung des Erhöhungsbeschlusses; Registergericht]** (1) ¹Der Anmeldung des Beschlusses über die Erhöhung des Stammkapitals zur Eintragung in das Handelsregister ist die der Kapitalerhöhung zugrunde gelegte, mit dem Bestätigungsvermerk der Prüfer versehene Bilanz, in den Fällen des § 57f außerdem die letzte Jahresbilanz, sofern sie noch nicht eingereicht ist, beizufügen. ²Die Anmeldenden haben dem Registergericht gegenüber zu erklären, daß nach ihrer Kenntnis seit dem Stichtag der zugrunde gelegten Bilanz bis zum Tag der Anmeldung keine Vermögensminderung eingetreten ist, die der Kapitalerhöhung entgegenstünde, wenn sie am Tag der Anmeldung beschlossen worden wäre.

(2) Das Registergericht darf den Beschluß nur eintragen, wenn die der Kapitalerhöhung zugrunde gelegte Bilanz für einen höchstens acht Monate vor der Anmeldung liegenden Zeitpunkt aufgestellt und eine Erklärung nach Absatz 1 Satz 2 abgegeben worden ist.

(3) Zu der Prüfung, ob die Bilanzen den gesetzlichen Vorschriften entsprechen, ist das Gericht nicht verpflichtet.

(4) Bei der Eintragung des Beschlusses ist anzugeben, daß es sich um eine Kapitalerhöhung aus Gesellschaftsmitteln handelt.

**§ 57j [Verteilung der Geschäftsanteile]** [1] Die neuen Geschäftsanteile stehen den Gesellschaftern im Verhältnis ihrer bisherigen Geschäftsanteile zu. [2] Ein entgegenstehender Beschluß der Gesellschafter ist nichtig.

**§ 57k [Teilrechte; Ausübung der Rechte]** (1) Führt die Kapitalerhöhung dazu, daß auf einen Geschäftsanteil nur ein Teil eines neuen Geschäftsanteils entfällt, so ist dieses Teilrecht selbständig veräußerlich und vererblich.

(2) Die Rechte aus einem neuen Geschäftsanteil, einschließlich des Anspruchs auf Ausstellung einer Urkunde über den neuen Geschäftsanteil, können nur ausgeübt werden, wenn Teilrechte, die zusammen einen vollen Geschäftsanteil ergeben, in einer Hand vereinigt sind oder wenn sich mehrere Berechtigte, deren Teilrechte zusammen einen vollen Geschäftsanteil ergeben, zur Ausübung der Rechte (§ 18) zusammenschließen.

**§ 57l [Teilnahme an Erhöhung des Stammkapitals]** (1) Eigene Geschäftsanteile nehmen an der Erhöhung des Stammkapitals teil.

(2) [1] Teileingezahlte Geschäftsanteile nehmen entsprechend ihrem Nennbetrag an der Erhöhung des Stammkapitals teil. [2] Bei ihnen kann die Kapitalerhöhung nur durch Erhöhung des Nennbetrags der Geschäftsanteile ausgeführt werden. [3] Sind neben teileingezahlten Geschäftsanteilen vollständig eingezahlte Geschäftsanteile vorhanden, so kann bei diesen die Kapitalerhöhung durch Erhöhung des Nennbetrags der Geschäftsanteile und durch Bildung neuer Geschäftsanteile ausgeführt werden. [4] Die Geschäftsanteile, deren Nennbetrag erhöht wird, können auf jeden durch fünf teilbaren Betrag gestellt werden.

**§ 57m [Verhältnis der Rechte; Beziehungen zu Dritten]** (1) Das Verhältnis der mit den Geschäftsanteilen verbundenen Rechte zueinander wird durch die Kapitalerhöhung nicht berührt.

(2) [1] Soweit sich einzelne Rechte teileingezahlter Geschäftsanteile, insbesondere die Beteiligung am Gewinn oder das Stimmrecht, nach der je Geschäftsanteil geleisteten Einlage bestimmen, stehen diese Rechte den Gesellschaftern bis zur Leistung der noch ausstehenden Einlagen nur nach der Höhe der geleisteten Einlage, erhöht um den auf den Nennbetrag der Stammkapitals berechneten Hundertsatz der Erhöhung des Stammkapitals, zu. [2] Werden weitere Einzahlungen geleistet, so erweitern sich diese Rechte entsprechend.

(3) Der wirtschaftliche Inhalt vertraglicher Beziehungen der Gesellschaft zu Dritten, die von der Gewinnausschüttung der Gesellschaft, dem Nennbetrag oder Wert ihrer Geschäftsanteile oder ihres Stammkapitals oder in sonstiger Weise von den bisherigen Kapital- oder Gewinnverhältnissen abhängen, wird durch die Kapitalerhöhung nicht berührt.

**§ 57n [Gewinnbeteiligung der neuen Geschäftsanteile]** (1) Die neuen Geschäftsanteile nehmen, wenn nichts anderes bestimmt ist, am Gewinn des ganzen Geschäftsjahres teil, in dem die Erhöhung des Stammkapitals beschlossen worden ist.

(2) ¹Im Beschluß über die Erhöhung des Stammkapitals kann bestimmt werden, daß die neuen Geschäftsanteile bereits am Gewinn des letzten vor der Beschlußfassung über die Kapitalerhöhung abgelaufenen Geschäftsjahrs teilnehmen. ²In diesem Fall ist die Erhöhung des Stammkapitals abweichend von § 57c Abs. 2 zu beschließen, bevor über die Ergebnisverwendung für das letzte vor der Beschlußfassung abgelaufene Geschäftsjahr Beschluß gefaßt worden ist. ³Der Beschluß über die Ergebnisverwendung für das letzte vor der Beschlußfassung über die Kapitalerhöhung abgelaufene Geschäftsjahr wird erst wirksam, wenn das Stammkapital erhöht worden ist. ⁴Der Beschluß über die Erhöhung des Stammkapitals und der Beschluß über die Ergebnisverwendung für das letzte vor der Beschlußfassung über die Kapitalerhöhung abgelaufene Geschäftsjahr sind nichtig, wenn der Beschluß über die Kapitalerhöhung nicht binnen drei Monaten nach der Beschlußfassung in das Handelsregister eingetragen worden ist; der Lauf der Frist ist gehemmt, solange eine Anfechtungs- oder Nichtigkeitsklage rechtshängig ist oder eine zur Kapitalerhöhung beantragte staatliche Genehmigung noch nicht erteilt worden ist.

**§ 57o [Anschaffungskosten]** ¹Als Anschaffungskosten der vor der Erhöhung des Stammkapitals erworbenen Geschäftsanteile und der auf sie entfallenden neuen Geschäftsanteile gelten die Beträge, die sich für die einzelnen Geschäftsanteile ergeben, wenn die Anschaffungskosten der vor der Erhöhung des Stammkapitals erworbenen Geschäftsanteile auf diese und auf die auf sie entfallenden neuen Geschäftsanteile nach dem Verhältnis der Nennbeträge verteilt werden. ²Der Zuwachs an Geschäftsanteilen ist nicht als Zugang auszuweisen.

**§ 58 [Herabsetzung des Stammkapitals]** (1) Eine Herabsetzung des Stammkapitals kann nur unter Beobachtung der nachstehenden Bestimmungen erfolgen:

1. der Beschluß auf Herabsetzung des Stammkapitals muß von den Geschäftsführern zu drei verschiedenen Malen durch die in § 30 Abs. 2 bezeichneten Blätter bekanntgemacht werden; in diesen Bekanntmachungen sind zugleich die Gläubiger der Gesellschaft aufzufordern, sich bei derselben zu melden; die aus den Handelsbüchern der Gesellschaft ersichtlichen oder in anderer Weise bekannten Gläubiger sind durch besondere Mitteilung zur Anmeldung aufzufordern;

2. die Gläubiger, welche sich bei der Gesellschaft melden und der Herabsetzung nicht zustimmen, sind wegen der erhobenen Ansprüche zu befriedigen oder sicherzustellen;

3. die Anmeldung des Herabsetzungsbeschlusses zur Eintragung in das Handelsregister erfolgt nicht vor Ablauf eines Jahres seit dem Tage, an welchem die Aufforderung der Gläubiger in den öffentlichen Blättern zum dritten Mal stattgefunden hat;

4. mit der Anmeldung sind die Bekanntmachungen des Beschlusses einzureichen; zugleich haben die Geschäftsführer die Versicherung abzugeben, daß

die Gläubiger, welche sich bei der Gesellschaft gemeldet und der Herabsetzung nicht zugestimmt haben, befriedigt oder sichergestellt sind.

(2) [1]Die Bestimmung in § 5 Abs. 1 über den Mindestbetrag des Stammkapitals bleibt unberührt. [2]Erfolgt die Herabsetzung zum Zweck der Zurückzahlung von Stammeinlagen oder zum Zweck des Erlasses der auf diese geschuldeten Einzahlungen, so darf der verbleibende Betrag der Stammeinlagen nicht unter den in § 5 Abs. 1 und 3 bezeichneten Betrag herabgehen.

**§ 58a [Vereinfachte Kapitalherabsetzung]** (1) Eine Herabsetzung des Stammkapitals, die dazu dienen soll, Wertminderungen auszugleichen oder sonstige Verluste zu decken, kann als vereinfachte Kapitalherabsetzung vorgenommen werden.

(2) [1]Die vereinfachte Kapitalherabsetzung ist nur zulässig, nachdem der Teil der Kapital- und Gewinnrücklagen, der zusammen über zehn vom Hundert des nach der Herabsetzung verbleibenden Stammkapitals hinausgeht, vorweg aufgelöst ist. [2]Sie ist nicht zulässig, solange ein Gewinnvortrag vorhanden ist.

(3) [1]Im Beschluß über die vereinfachte Kapitalherabsetzung sind die Nennbeträge der Geschäftsanteile dem herabgesetzten Stammkapital anzupassen. [2]Die Geschäftsanteile können auf jeden durch zehn teilbaren Betrag, müssen jedoch auf mindestens fünfzig Euro gestellt werden. [3]Geschäftsanteile, deren Nennbetrag durch die Herabsetzung unter fünfzig Euro sinken würde, sind von den Geschäftsführern zu gemeinschaftlichen Geschäftsanteilen zu vereinigen, wenn die Einlagen auf die Geschäftsanteile voll geleistet, die Geschäftsanteile nicht mit einer Nachschußpflicht oder mit Rechten Dritter belastet und nach dem Gesellschaftsvertrag nicht mit verschiedenen Rechten und Pflichten ausgestattet sind. [4]Die Erklärung über die Vereinigung der Geschäftsanteile bedarf der notariellen Beurkundung. [5]Die Vereinigung wird mit der Eintragung des Beschlusses über die Kapitalherabsetzung in das Handelsregister wirksam.

(4) [1]Das Stammkapital kann unter den in § 5 Abs. 1 bestimmten Mindestnennbetrag herabgesetzt werden, wenn dieser durch eine Kapitalerhöhung wieder erreicht wird, die zugleich mit der Kapitalherabsetzung beschlossen ist und bei der Sacheinlagen nicht festgesetzt sind. [2]Die Beschlüsse sind nichtig, wenn sie nicht binnen drei Monaten nach der Beschlußfassung in das Handelsregister eingetragen worden sind. [3]Der Lauf der Frist ist gehemmt, solange eine Anfechtungs- oder Nichtigkeitsklage rechtshängig ist oder eine zur Kapitalherabsetzung oder Kapitalerhöhung beantragte staatliche Genehmigung noch nicht erteilt ist. [4]Die Beschlüsse sollen nur zusammen in das Handelsregister eingetragen werden.

(5) Neben den §§ 53 und 54 über die Abänderung des Gesellschaftsvertrags gelten die §§ 58b bis 58f.

**§ 58b [Beträge aus Rücklagenauflösung und Kapitalherabsetzung]**
(1) Die Beträge, die aus der Auflösung der Kapital- oder Gewinnrücklagen und aus der Kapitalherabsetzung gewonnen werden, dürfen nur verwandt werden, um Wertminderungen auszugleichen und sonstige Verluste zu decken.

(2) [1]Daneben dürfen die gewonnenen Beträge in die Kapitalrücklage eingestellt werden, soweit diese zehn vom Hundert des Stammkapitals nicht

übersteigt. ²Als Stammkapital gilt dabei der Nennbetrag, der sich durch die Herabsetzung ergibt, mindestens aber der nach § 5 Abs. 1 zulässige Mindestnennbetrag.

(3) Ein Betrag, der auf Grund des Absatzes 2 in die Kapitalrücklage eingestellt worden ist, darf vor Ablauf des fünften nach der Beschlußfassung über die Kapitalherabsetzung beginnenden Geschäftsjahrs nur verwandt werden

1. zum Ausgleich eines Jahresfehlbetrags, soweit er nicht durch einen Gewinnvortrag aus dem Vorjahr gedeckt ist und nicht durch Auflösung von Gewinnrücklagen ausgeglichen werden kann;

2. zum Ausgleich eines Verlustvortrags aus dem Vorjahr, soweit er nicht durch einen Jahresüberschuß gedeckt ist und nicht durch Auflösung von Gewinnrücklagen ausgeglichen werden kann;

3. zur Kapitalerhöhung aus Gesellschaftsmitteln.

**§ 58 c** [**Nichteintritt angenommener Verluste**] ¹Ergibt sich bei Aufstellung der Jahresbilanz für das Geschäftsjahr, in dem der Beschluß über die Kapitalherabsetzung gefaßt wurde, oder für eines der beiden folgenden Geschäftsjahre, daß Wertminderungen und sonstige Verluste in der bei der Beschlußfassung angenommenen Höhe tatsächlich nicht eingetreten oder ausgeglichen waren, so ist der Unterschiedsbetrag in die Kapitalrücklage einzustellen. ²Für einen nach Satz 1 in die Kapitalrücklage eingestellten Betrag gilt § 58 b Abs. 3 sinngemäß.

**§ 58 d** [**Gewinnausschüttung**] (1) ¹Gewinn darf vor Ablauf des fünften nach der Beschlußfassung über die Kapitalherabsetzung beginnenden Geschäftsjahrs nur ausgeschüttet werden, wenn die Kapital- und Gewinnrücklagen zusammen zehn vom Hundert des Stammkapitals erreichen. ²Als Stammkapital gilt dabei der Nennbetrag, der sich durch die Herabsetzung ergibt, mindestens aber der nach § 5 Abs. 1 zulässige Mindestnennbetrag.

(2) ¹Die Zahlung eines Gewinnanteils von mehr als vier vom Hundert ist erst für ein Geschäftsjahr zulässig, das später als zwei Jahre nach der Beschlußfassung über die Kapitalherabsetzung beginnt. ²Dies gilt nicht, wenn die Gläubiger, deren Forderungen vor der Bekanntmachung der Eintragung des Beschlusses begründet worden waren, befriedigt oder sichergestellt sind, soweit sie sich binnen sechs Monaten nach der Bekanntmachung des Jahresabschlusses, auf Grund dessen die Gewinnverteilung beschlossen ist, zu diesem Zweck gemeldet haben. ³Einer Sicherstellung der Gläubiger bedarf es nicht, die im Fall des Insolvenzverfahrens ein Recht auf vorzugsweise Befriedigung aus einer Deckungsmasse haben, die nach gesetzlicher Vorschrift zu ihrem Schutz errichtet und staatlich überwacht ist. ⁴Die Gläubiger sind in der Bekanntmachung nach § 325 Abs. 1 Satz 2 oder Abs. 2 Satz 1 des Handelsgesetzbuchs auf die Befriedigung oder Sicherstellung hinzuweisen.

**§ 58 e** [**Beschluß über Kapitalherabsetzung**] (1) ¹Im Jahresabschluß für das letzte vor der Beschlußfassung über die Kapitalherabsetzung abgelaufene Geschäftsjahr können das Stammkapital sowie die Kapital- und Gewinnrücklagen in der Höhe ausgewiesen werden, in der sie nach der Kapitalherabsetzung bestehen sollen. ²Dies gilt nicht, wenn der Jahresabschluß anders als durch Beschluß der Gesellschafter festgestellt wird.

(2) Der Beschluß über die Feststellung des Jahresabschlusses soll zugleich mit dem Beschluß über die Kapitalherabsetzung gefaßt werden.

(3) [1] Die Beschlüsse sind nichtig, wenn der Beschluß über die Kapitalherabsetzung nicht binnen drei Monaten nach der Beschlußfassung in das Handelsregister eingetragen worden ist. [2] Der Lauf der Frist ist gehemmt, solange eine Anfechtungs- oder Nichtigkeitsklage rechtshängig ist oder eine zur Kapitalherabsetzung beantragte staatliche Genehmigung noch nicht erteilt ist.

(4) Der Jahresabschluß darf nach § 325 des Handelsgesetzbuchs erst nach Eintragung des Beschlusses über die Kapitalherabsetzung offengelegt werden.

**§ 58 f [Kapitalherabsetzung bei gleichzeitiger Erhöhung des Stammkapitals]** (1) [1] Wird im Fall des § 58 e zugleich mit der Kapitalherabsetzung eine Erhöhung des Stammkapitals beschlossen, so kann auch die Kapitalerhöhung in dem Jahresabschluß als vollzogen berücksichtigt werden. [2] Die Beschlußfassung ist nur zulässig, wenn die neuen Stammeinlagen übernommen, keine Sacheinlagen festgesetzt sind und wenn auf jede neue Stammeinlage die Einzahlung geleistet ist, die nach § 56 a zur Zeit der Anmeldung der Kapitalerhöhung bewirkt sein muß. [3] Die Übernahme und die Einzahlung sind dem Notar nachzuweisen, der den Beschluß über die Erhöhung des Stammkapitals beurkundet.

(2) [1] Sämtliche Beschlüsse sind nichtig, wenn die Beschlüsse über die Kapitalherabsetzung und die Kapitalerhöhung nicht binnen drei Monaten nach der Beschlußfassung in das Handelsregister eingetragen worden sind. [2] Der Lauf der Frist ist gehemmt, solange eine Anfechtungs- oder Nichtigkeitsklage rechtshängig ist oder eine zur Kapitalherabsetzung oder Kapitalerhöhung beantragte staatliche Genehmigung noch nicht erteilt worden ist. [3] Die Beschlüsse sollen nur zusammen in das Handelsregister eingetragen werden.

(3) Der Jahresabschluß darf nach § 325 des Handelsgesetzbuchs erst offengelegt werden, nachdem die Beschlüsse über die Kapitalherabsetzung und Kapitalerhöhung eingetragen worden sind.

**§ 59 [Zweigniederlassung]** [1] Die Versicherung nach § 57 Abs. 2 ist nur gegenüber dem Gericht des Sitzes der Gesellschaft abzugeben. [2] Die Urkunden nach § 57 Abs. 3 Nr. 1 und § 58 Abs. 1 Nr. 4 sind nur bei dem Gericht des Sitzes der Gesellschaft einzureichen.

### Fünfter Abschnitt. Auflösung und Nichtigkeit der Gesellschaft

**§ 60 [Auflösungsgründe]** (1) Die Gesellschaft mit beschränkter Haftung wird aufgelöst:

1. durch Ablauf der im Gesellschaftsvertrag bestimmten Zeit;
2. durch Beschluß der Gesellschafter; derselbe bedarf, sofern im Gesellschaftsvertrag nicht ein anderes bestimmt ist, einer Mehrheit von drei Vierteln der abgegebenen Stimmen;
3. durch gerichtliches Urteil oder durch Entscheidung des Verwaltungsgerichts oder der Verwaltungsbehörde in den Fällen der §§ 61 und 62;

4. durch die Eröffnung des Insolvenzverfahrens; wird das Verfahren auf Antrag des Schuldners eingestellt oder nach der Bestätigung eines Insolvenzplans, der den Fortbestand der Gesellschaft vorsieht, aufgehoben, so können die Gesellschafter die Fortsetzung der Gesellschaft beschließen;

5. mit der Rechtskraft des Beschlusses, durch den die Eröffnung des Insolvenzverfahrens mangels Masse abgelehnt worden ist;

6. mit der Rechtskraft einer Verfügung des Registergerichts, durch welche nach den §§ 144a, 144b des Gesetzes über die Angelegenheiten der freiwilligen Gerichtsbarkeit ein Mangel des Gesellschaftsvertrags oder die Nichteinhaltung der Verpflichtungen nach § 19 Abs. 4 dieses Gesetzes festgestellt worden ist;

7. durch die Löschung der Gesellschaft wegen Vermögenslosigkeit nach § 141a des Gesetzes über die Angelegenheiten der freiwilligen Gerichtsbarkeit.

(2) Im Gesellschaftsvertrag können weitere Auflösungsgründe festgesetzt werden.

**§ 61 [Auflösung durch Urteil]** (1) Die Gesellschaft kann durch gerichtliches Urteil aufgelöst werden, wenn die Erreichung des Gesellschaftszweckes unmöglich wird, oder wenn andere, in den Verhältnissen der Gesellschaft liegende, wichtige Gründe für die Auflösung vorhanden sind.

(2) ¹Die Auflösungsklage ist gegen die Gesellschaft zu richten. ²Sie kann nur von Gesellschaftern erhoben werden, deren Geschäftsanteile zusammen mindestens dem zehnten Teil des Stammkapitals entsprechen.

(3) Für die Klage ist das Landgericht ausschließlich zuständig, in dessen Bezirk die Gesellschaft ihren Sitz hat.

**§ 62 [Auflösung durch Verwaltungsbehörde]** (1) Wenn eine Gesellschaft das Gemeinwohl dadurch gefährdet, daß die Gesellschafter gesetzwidrige Beschlüsse fassen oder gesetzwidrige Handlungen der Geschäftsführer wissentlich geschehen lassen, so kann sie aufgelöst werden, ohne daß deshalb ein Anspruch auf Entschädigung stattfindet.

(2) Das Verfahren und die Zuständigkeit der Behörden richtet sich nach den für streitige Verwaltungssachen *landesgesetzlich* geltenden Vorschriften.

**§ 63.** *(aufgehoben)*

**§ 64 [Insolvenzantragspflicht]** (1) ¹Wird die Gesellschaft zahlungsunfähig, so haben die Geschäftsführer ohne schuldhaftes Zögern, spätestens aber drei Wochen nach Eintritt der Zahlungsunfähigkeit, die Eröffnung des Insolvenzverfahrens zu beantragen. ²Dies gilt sinngemäß, wenn sich eine Überschuldung der Gesellschaft ergibt.

(2) ¹Die Geschäftsführer sind der Gesellschaft zum Ersatz von Zahlungen verpflichtet, die nach Eintritt der Zahlungsunfähigkeit der Gesellschaft oder nach Feststellung ihrer Überschuldung geleistet werden. ²Dies gilt nicht von Zahlungen, die auch nach diesem Zeitpunkt mit der Sorgfalt eines ordentlichen Geschäftsmanns vereinbar sind. ³Auf den Ersatzanspruch finden die Bestimmungen in § 43 Abs. 3 und 4 entsprechende Anwendung.

**§ 65 [Anmeldung der Auflösung]** (1) [1] Die Auflösung der Gesellschaft ist zur Eintragung in das Handelsregister anzumelden. [2] Dies gilt nicht in den Fällen der Eröffnung oder der Ablehnung der Eröffnung des Insolvenzverfahrens und der gerichtlichen Feststellung eines Mangels des Gesellschaftsvertrags oder der Nichteinhaltung der Verpflichtungen nach § 19 Abs. 4. [3] In diesen Fällen hat das Gericht die Auflösung und ihren Grund von Amts wegen einzutragen. [4] Im Falle der Löschung der Gesellschaft (§ 60 Abs. 1 Nr. 7) entfällt die Eintragung der Auflösung.

(2) [1] Die Auflösung ist von den Liquidatoren zu drei verschiedenen Malen durch die in § 30 Abs. 2 bezeichneten öffentlichen Blätter bekanntzumachen. [2] Durch die Bekanntmachung sind zugleich die Gläubiger der Gesellschaft aufzufordern, sich bei derselben zu melden.

**§ 66 [Liquidatoren]** (1) In den Fällen der Auflösung außer dem Fall des Insolvenzverfahrens erfolgt die Liquidation durch die Geschäftsführer, wenn nicht dieselbe durch den Gesellschaftsvertrag oder durch Beschluß der Gesellschafter anderen Personen übertragen wird.

(2) Auf Antrag von Gesellschaftern, deren Geschäftsanteile zusammen mindestens den zehnten Teil des Stammkapitals entsprechen, kann aus wichtigen Gründen die Bestellung von Liquidatoren durch das Gericht (§ 7 Abs. 1) erfolgen.

(3) [1] Die Abberufung von Liquidatoren kann durch das Gericht unter derselben Voraussetzung wie die Bestellung stattfinden. [2] Liquidatoren, welche nicht vom Gericht ernannt sind, können auch durch Beschluß der Gesellschafter vor Ablauf des Zeitraums, für welchen sie bestellt sind, abberufen werden.

(4) Für die Auswahl der Liquidatoren findet § 6 Abs. 2 Satz 3 und 4 entsprechende Anwendung.

(5) [1] Ist die Gesellschaft durch Löschung wegen Vermögenslosigkeit aufgelöst, so findet eine Liquidation nur statt, wenn sich nach der Löschung herausstellt, daß Vermögen vorhanden ist, das der Verteilung unterliegt. [2] Die Liquidatoren sind auf Antrag eines Beteiligten durch das Gericht zu ernennen.

**§ 67 [Anmeldung der Liquidatoren]** (1) Die ersten Liquidatoren sowie ihre Vertretungsbefugnis sind durch die Geschäftsführer, jeder Wechsel der Liquidatoren und jede Änderung ihrer Vertretungsbefugnis sind durch die Liquidatoren zur Eintragung in das Handelsregister anzumelden.

(2) Der Anmeldung sind die Urkunden über die Bestellung der Liquidatoren oder über die Änderung in den Personen derselben in Urschrift oder öffentlich beglaubigter Abschrift für das Gericht des Sitzes der Gesellschaft beizufügen.

(3) [1] In der Anmeldung haben die Liquidatoren zu versichern, daß keine Umstände vorliegen, die ihrer Bestellung nach § 66 Abs. 4 entgegenstehen, und daß sie über ihre unbeschränkte Auskunftspflicht gegenüber dem Gericht belehrt worden sind. [2] § 8 Abs. 3 Satz 2 ist anzuwenden.

(4) Die Eintragung der gerichtlichen Ernennung oder Abberufung der Liquidatoren geschieht von Amts wegen.

(5) Die Liquidatoren haben ihre Unterschrift zur Aufbewahrung bei dem Gericht zu zeichnen.

**§ 68 [Zeichnung der Liquidatoren]** (1) [1]Die Liquidatoren haben in der bei ihrer Bestellung bestimmten Form ihre Willenserklärungen kundzugeben und für die Gesellschaft zu zeichnen. [2]Ist nichts darüber bestimmt, so muß die Erklärung und Zeichnung durch sämtliche Liquidatoren erfolgen.

(2) Die Zeichnungen geschehen in der Weise, daß die Liquidatoren der bisherigen, nunmehr als Liquidationsfirma zu bezeichnenden Firma ihre Namensunterschrift beifügen.

**§ 69 [Rechtsverhältnisse von Gesellschaft und Gesellschaftern]** (1) Bis zur Beendigung der Liquidation kommen ungeachtet der Auflösung der Gesellschaft in bezug auf die Rechtsverhältnisse derselben und der Gesellschafter die Vorschriften des zweiten und dritten Abschnitts zur Anwendung, soweit sich aus den Bestimmungen des gegenwärtigen Abschnitts und aus dem Wesen der Liquidation nicht ein anderes ergibt.

(2) Der Gerichtsstand, welchen die Gesellschaft zur Zeit ihrer Auflösung hatte, bleibt bis zur vollzogenen Verteilung des Vermögens bestehen.

**§ 70 [Aufgaben der Liquidatoren]** [1]Die Liquidatoren haben die laufenden Geschäfte zu beendigen, die Verpflichtungen der aufgelösten Gesellschaft zu erfüllen, die Forderungen derselben einzuziehen und das Vermögen der Gesellschaft in Geld umzusetzen; sie haben die Gesellschaft gerichtlich und außergerichtlich zu vertreten. [2]Zur Beendigung schwebender Geschäfte können die Liquidatoren auch neue Geschäfte eingehen.

**§ 71 [Bilanz; Rechte und Pflichten]** (1) Die Liquidatoren haben für den Beginn der Liquidation eine Bilanz (Eröffnungsbilanz) und einen die Eröffnungsbilanz erläuternden Bericht sowie für den Schluß eines jeden Jahres einen Jahresabschluß und einen Lagebericht aufzustellen.

(2) [1]Die Gesellschafter beschließen über die Feststellung der Eröffnungsbilanz und des Jahresabschlusses sowie über die Entlastung der Liquidatoren. [2]Auf die Eröffnungsbilanz und den erläuternden Bericht sind die Vorschriften über den Jahresabschluß entsprechend anzuwenden. [3]Vermögensgegenstände des Anlagevermögens sind jedoch wie Umlaufvermögen zu bewerten, soweit ihre Veräußerung innerhalb eines übersehbaren Zeitraums beabsichtigt ist oder diese Vermögensgegenstände nicht mehr dem Geschäftsbetrieb dienen; dies gilt auch für den Jahresabschluß.

(3) [1]Das Gericht kann von der Prüfung des Jahresabschlusses und des Lageberichts durch einen Abschlußprüfer befreien, wenn die Verhältnisse der Gesellschaft so überschaubar sind, daß eine Prüfung im Interesse der Gläubiger und der Gesellschafter nicht geboten erscheint. [2]Gegen die Entscheidung ist die sofortige Beschwerde zulässig.

(4) Im übrigen haben sie die aus §§ 36, 37, 41 Abs. 1, § 43 Abs. 1, 2 und 4, § 49 Abs. 1 und 2, § 64 sich ergebenden Rechte und Pflichten der Geschäftsführer.

(5) [1]Auf allen Geschäftsbriefen, die an einen bestimmten Empfänger gerichtet werden, müssen die Rechtsform und der Sitz der Gesellschaft, die

dungsaufwand, Sacheinlagen und Sicherungen für nicht voll eingezahlte Geldeinlagen,

2. als Gesellschafter im Sachgründungsbericht,

3. als Geschäftsführer zum Zweck der Eintragung einer Erhöhung des Stammkapitals über die Zeichnung oder Einbringung des neuen Kapitals oder über Sacheinlagen,

4. als Geschäftsführer in der in § 57i Abs. 1 Satz 2 vorgeschriebenen Erklärung oder,

5. als Geschäftsführer in der nach § 8 Abs. 3 Satz 1 oder § 39 Abs. 3 Satz 1 abzugebenden Versicherung oder als Liquidator in der nach § 67 Abs. 3 Satz 1 abzugebenden Versicherung

falsche Angaben macht.

(2) Ebenso wird bestraft, wer

1. als Geschäftsführer zum Zweck der Herabsetzung des Stammkapitals über die Befriedigung oder Sicherstellung der Gläubiger eine unwahre Versicherung abgibt oder

2. als Geschäftsführer, Liquidator, Mitglied eines Aufsichtsrats oder ähnlichen Organs in einer öffentlichen Mitteilung die Vermögenslage der Gesellschaft unwahr darstellt oder verschleiert, wenn die Tat nicht in § 331 Nr. 1 des Handelsgesetzbuchs mit Strafe bedroht ist.

**§ 83.** *(aufgehoben)*

**§ 84 [Pflichtverletzung bei Verlust, Zahlungsunfähigkeit oder Überschuldung]** (1) Mit Freiheitsstrafe bis zu drei Jahren oder mit Geldstrafe wird bestraft, wer es

1. als Geschäftsführer unterläßt, den Gesellschaftern einen Verlust in Höhe der Hälfte des Stammkapitals anzuzeigen, oder

2. als Geschäftsführer entgegen § 64 Abs. 1 oder als Liquidator entgegen § 71 Abs. 4 unterläßt, bei Zahlungsunfähigkeit oder Überschuldung die Eröffnung des Insolvenzverfahrens zu beantragen.

(2) Handelt der Täter fahrlässig, so ist die Strafe Freiheitsstrafe bis zu einem Jahr oder Geldstrafe.

**§ 85 [Verletzung der Geheimhaltungspflicht]** (1) Mit Freiheitsstrafe bis zu einem Jahr oder mit Geldstrafe wird bestraft, wer ein Geheimnis der Gesellschaft, namentlich ein Betriebs- oder Geschäftsgeheimnis, das ihm in seiner Eigenschaft als Geschäftsführer, Mitglied des Aufsichtsrats oder Liquidator bekanntgeworden ist, unbefugt offenbart.

(2) [1]Handelt der Täter gegen Entgelt oder in der Absicht, sich oder einen anderen zu bereichern oder einen anderen zu schädigen, so ist die Strafe Freiheitsstrafe bis zu zwei Jahren oder Geldstrafe. [2]Ebenso wird bestraft, wer ein Geheimnis der in Absatz 1 bezeichneten Art, namentlich ein Betriebs- oder Geschäftsgeheimnis, das ihm unter den Voraussetzungen des Absatzes 1 bekanntgeworden ist, unbefugt verwertet.

(3) [1]Die Tat wird nur auf Antrag der Gesellschaft verfolgt. [2]Hat ein Geschäftsführer oder ein Liquidator die Tat begangen, so sind der Aufsichtsrat

und, wenn kein Aufsichtsrat vorhanden ist, von den Gesellschaftern bestellte besondere Vertreter antragsberechtigt. [3] Hat ein Mitglied des Aufsichtsrats die Tat begangen, so sind die Geschäftsführer oder die Liquidatoren antragsberechtigt.

**§ 86 [Umstellung auf Euro]** (1) [1] Gesellschaften, die vor dem 1. Januar 1999 in das Handelsregister eingetragen worden sind, dürfen ihr auf Deutsche Mark lautendes Stammkapital beibehalten; entsprechendes gilt für Gesellschaften, die vor dem 1. Januar 1999 zur Eintragung in das Handelsregister angemeldet, aber erst danach bis zum 31. Dezember 2001 eingetragen werden. [2] Für Mindestbetrag und Teilbarkeit von Kapital, Einlagen und Geschäftsanteilen sowie für den Umfang des Stimmrechts bleiben bis zu einer Kapitaländerung nach Satz 4 die bis dahin gültigen Beträge weiter maßgeblich. [3] Dies gilt auch, wenn die Gesellschaft ihr Kapital auf Euro umgestellt hat; das Verhältnis der mit den Geschäftsanteilen verbundenen Rechte zueinander wird durch Umrechnung zwischen Deutscher Mark und Euro nicht berührt. [4] Eine Änderung des Stammkapitals darf nach dem 31. Dezember 2001 nur eingetragen werden, wenn das Kapital auf Euro umgestellt und die in Euro berechneten Nennbeträge der Geschäftsanteile auf einen durch zehn teilbaren Betrag, mindestens jedoch auf fünfzig Euro gestellt werden.

(2) [1] Bei Gesellschaften, die zwischen dem 1. Januar 1999 und dem 31. Dezember 2001 zum Handelsregister angemeldet und in das Register eingetragen werden, dürfen Stammkapital und Stammeinlagen auch auf Deutsche Mark lauten. [2] Für Mindestbetrag und Teilbarkeit von Kapital, Einlagen und Geschäftsanteilen sowie für den Umfang des Stimmrechts gelten die zu dem vom Rat der Europäischen Union gemäß Artikel 109 l Abs. 4 Satz 1 des EG-Vertrages unwiderruflich festgelegten Umrechnungskurs in Deutsche Mark umzurechnenden Beträge des Gesetzes in der ab dem 1. Januar 1999 geltenden Fassung.

(3) [1] Die Umstellung des Stammkapitals und der Geschäftsanteile sowie weiterer satzungsmäßiger Betragsangaben auf Euro zu dem gemäß Artikel 109 l Abs. 4 Satz 1 des EG-Vertrages unwiderruflich festgelegten Umrechnungskurs erfolgt durch Beschluß der Gesellschafter mit einfacher Stimmmehrheit nach § 47; § 53 Abs. 2 Satz 1 findet keine Anwendung. [2] Auf die Anmeldung und Eintragung der Umstellung in das Handelsregister ist § 54 Abs. 1 Satz 2 und Abs. 2 Satz 2 nicht anzuwenden. [3] Werden mit der Umstellung weitere Maßnahmen verbunden, insbesondere das Kapital verändert, bleiben die hierfür geltenden Vorschriften unberührt; auf eine Herabsetzung des Stammkapitals, mit der die Nennbeträge der Geschäftsanteile auf einen Betrag nach Absatz 1 Satz 4 gestellt werden, findet jedoch § 58 Abs. 1 keine Anwendung, wenn zugleich eine Erhöhung des Stammkapitals gegen Bareinlagen beschlossen und diese in voller Höhe vor der Anmeldung zum Handelsregister geleistet werden.

# 4. Umwandlungsgesetz (UmwG)

Vom 28. Oktober 1994 (BGBl. I S. 3210, ber. 1995 I S. 428)

**BGBl. III/FNA 4120-9-2**

Geändert durch Art. 3 § 4 Gesetz zur Einführung des Euro (Euro-Einführungsgesetz – EuroEG) vom 9. 6. 1998 (BGBl. I S. 1242), Art. 8 Gesetz zur Neuregelung des Kaufmanns- und Firmenrechts und zur Änderung anderer handels- und gesellschaftsrechtlicher Vorschriften (Handelsrechtsreformgesetz – HRefG) vom 22. 6. 1998 (BGBl. I S. 1474) und Gesetz zur Änderung des Umwandlungsgesetzes, des Partnerschaftsgesellschaftsgesetzes und anderer Gesetze vom 22. 7. 1998 (BGBl. I S. 1878)

## Inhaltsübersicht

### Erstes Buch. Möglichkeiten von Umwandlungen (§ 1)

### Zweites Buch. Verschmelzung (§§ 2–122)

§§

# Erstes Buch. Möglichkeiten von Umwandlungen

**§ 1 Arten der Umwandlung; gesetzliche Beschränkungen.** (1) Rechtsträger mit Sitz im Inland können umgewandelt werden

1. durch Verschmelzung;
2. durch Spaltung (Aufspaltung, Abspaltung, Ausgliederung);
3. durch Vermögensübertragung;
4. durch Formwechsel.

(2) Eine Umwandlung im Sinne des Absatzes 1 ist außer in den in diesem Gesetz geregelten Fällen nur möglich, wenn sie durch ein anderes Bundesgesetz oder ein Landesgesetz ausdrücklich vorgesehen ist.

(3) [1] Von den Vorschriften dieses Gesetzes kann nur abgewichen werden, wenn dies ausdrücklich zugelassen ist. [2] Ergänzende Bestimmungen in Verträgen, Satzungen, Statuten oder Willenserklärungen sind zulässig, es sei denn, daß dieses Gesetz eine abschließende Regelung enthält.

# Zweites Buch. Verschmelzung

## Erster Teil. Allgemeine Vorschriften

### Erster Abschnitt. Möglichkeit der Verschmelzung

**§ 2 Arten der Verschmelzung.** Rechtsträger können unter Auflösung ohne Abwicklung verschmolzen werden

1. im Wege der Aufnahme durch Übertragung des Vermögens eines Rechtsträgers oder mehrerer Rechtsträger (übertragende Rechtsträger) als Ganzes auf einen anderen bestehenden Rechtsträger (übernehmender Rechtsträger) oder
2. im Wege der Neugründung durch Übertragung der Vermögen zweier oder mehrerer Rechtsträger (übertragende Rechtsträger) jeweils als Ganzes auf einen neuen, von ihnen dadurch gegründeten Rechtsträger

gegen Gewährung von Anteilen oder Mitgliedschaften der übernehmenden oder neuen Rechtsträgers an die Anteilsinhaber (Gesellschafter, Partner, Aktionäre, Genossen oder Mitglieder) der übertragenden Rechtsträger.

**§ 3 Verschmelzungsfähige Rechtsträger.** (1) An Verschmelzungen können als übertragende, übernehmende oder neue Rechtsträger beteiligt sein:

1. Personenhandelsgesellschaften (offene Handelsgesellschaften, Kommanditgesellschaften) und Partnerschaftsgesellschaften;
2. Kapitalgesellschaften (Gesellschaften mit beschränkter Haftung, Aktiengesellschaften, Kommanditgesellschaften auf Aktien);
3. eingetragene Genossenschaften;
4. eingetragene Vereine (§ 21 des Bürgerlichen Gesetzbuchs);
5. genossenschaftliche Prüfungsverbände;
6. Versicherungsvereine auf Gegenseitigkeit.

(2) An einer Verschmelzung können ferner beteiligt sein:

1. wirtschaftliche Vereine (§ 22 des Bürgerlichen Gesetzbuchs), soweit sie übertragender Rechtsträger sind;

2. natürliche Personen, die als Alleingesellschafter einer Kapitalgesellschaft deren Vermögen übernehmen.

(3) An der Verschmelzung können als übertragende Rechtsträger auch aufgelöste Rechtsträger beteiligt sein, wenn die Fortsetzung dieser Rechtsträger beschlossen werden könnte.

(4) Die Verschmelzung kann sowohl unter gleichzeitiger Beteiligung von Rechtsträgern derselben Rechtsform als auch von Rechtsträgern unterschiedlicher Rechtsform erfolgen, soweit nicht etwas anderes bestimmt ist.

## Zweiter Abschnitt. Verschmelzung durch Aufnahme

**§ 4 Verschmelzungsvertrag.** (1) [1]Die Vertretungsorgane der an der Verschmelzung beteiligten Rechtsträger schließen einen Verschmelzungsvertrag. [2]§ 310 des Bürgerlichen Gesetzbuchs gilt für ihn nicht.

(2) Soll der Vertrag nach einem der nach § 13 erforderlichen Beschlüsse geschlossen werden, so ist vor diesem Beschluß ein schriftlicher Entwurf des Vertrags aufzustellen.

**§ 5 Inhalt des Verschmelzungsvertrags.** (1) Der Vertrag oder sein Entwurf muß mindestens folgende Angaben enthalten:

1. den Namen oder die Firma und den Sitz der an der Verschmelzung beteiligten Rechtsträger;

2. die Vereinbarung über die Übertragung des Vermögens jedes übertragenden Rechtsträgers als Ganzes gegen Gewährung von Anteilen oder Mitgliedschaften an dem übernehmenden Rechtsträger;

3. das Umtauschverhältnis der Anteile und gegebenenfalls die Höhe der baren Zuzahlung oder Angaben über die Mitgliedschaft bei dem übernehmenden Rechtsträger;

4. die Einzelheiten für die Übertragung der Anteile des übernehmenden Rechtsträgers oder über den Erwerb der Mitgliedschaft bei dem übernehmenden Rechtsträger;

5. den Zeitpunkt, von dem an diese Anteile oder die Mitgliedschaften einen Anspruch auf einen Anteil am Bilanzgewinn gewähren, sowie alle Besonderheiten in bezug auf diesen Anspruch;

6. den Zeitpunkt, von dem an die Handlungen der übertragenden Rechtsträger als für Rechnung des übernehmenden Rechtsträgers vorgenommen gelten (Verschmelzungsstichtag);

7. die Rechte, die der übernehmende Rechtsträger einzelnen Anteilsinhabern sowie den Inhabern besonderer Rechte wie Anteile ohne Stimmrecht, Vorzugsaktien, Mehrstimmrechtsaktien, Schuldverschreibungen und Genußrechte gewährt, oder die für diese Personen vorgesehenen Maßnahmen;

8. jeden besonderen Vorteil, der einem Mitglied eines Vertretungsorgans oder eines Aufsichtsorgans der an der Verschmelzung beteiligten Rechtsträger,

einem geschäftsführenden Gesellschafter, einem Partner, einem Abschluß-prüfer oder einem Verschmelzungsprüfer gewährt wird;

9. die Folgen der Verschmelzung für die Arbeitnehmer und ihre Vertretungen sowie die insoweit vorgesehenen Maßnahmen.

(2) Befinden sich alle Anteile eines übertragenden Rechtsträgers in der Hand des übernehmenden Rechtsträgers, so entfallen die Angaben über den Umtausch der Anteile (Absatz 1 Nr. 2 bis 5), soweit sie die Aufnahme dieses Rechtsträgers betreffen.

(3) Der Vertrag oder sein Entwurf ist spätestens einen Monat vor dem Tage der Versammlung der Anteilsinhaber jedes beteiligten Rechtsträgers, die ge-mäß § 13 Abs. 1 über die Zustimmung zum Verschmelzungsvertrag beschlie-ßen soll, dem zuständigen Betriebsrat dieses Rechtsträgers zuzuleiten.

**§ 6 Form des Verschmelzungsvertrags.** Der Verschmelzungsvertrag muß notariell beurkundet werden.

**§ 7 Kündigung des Verschmelzungsvertrags.** [1] Ist der Verschmelzungs-vertrag unter einer Bedingung geschlossen worden und ist diese binnen fünf Jahren nach Abschluß des Vertrags nicht eingetreten, so kann jeder Teil den Vertrag nach fünf Jahren mit halbjähriger Frist kündigen; im Verschmelzungs-vertrag kann eine kürzere Zeit als fünf Jahre vereinbart werden. [2] Die Kündi-gung kann stets nur für den Schluß des Geschäftsjahres des Rechtsträgers, dem gegenüber sie erklärt wird, ausgesprochen werden.

**§ 8 Verschmelzungsbericht.** (1) [1] Die Vertretungsorgane jedes der an der Verschmelzung beteiligten Rechtsträger haben einen ausführlichen schriftli-chen Bericht zu erstatten, in dem die Verschmelzung, der Verschmelzungs-vertrag oder sein Entwurf im einzelnen und insbesondere das Umtauschver-hältnis der Anteile oder die Angaben über die Mitgliedschaft bei dem über-nehmenden Rechtsträger sowie die Höhe einer anzubietenden Barabfindung rechtlich und wirtschaftlich erläutert und begründet werden (Verschmel-zungsbericht); der Bericht kann von den Vertretungsorganen auch gemeinsam erstattet werden. [2] Auf besondere Schwierigkeiten bei der Bewertung der Rechtsträger sowie auf die Folgen für die Beteiligung der Anteilsinhaber ist hinzuweisen. [3] Ist ein an der Verschmelzung beteiligter Rechtsträger ein ver-bundenes Unternehmen im Sinne des § 15 des Aktiengesetzes, so sind in dem Bericht auch Angaben über alle für die Verschmelzung wesentlichen Ange-legenheiten der anderen verbundenen Unternehmen zu machen. [4] Auskunfts-pflichten der Vertretungsorgane erstrecken sich auch auf diese Angelegen-heiten.

(2) [1] In den Bericht brauchen Tatsachen nicht aufgenommen zu werden, deren Bekanntwerden geeignet ist, einem der beteiligten Rechtsträger oder einem verbundenen Unternehmen einen nicht unerheblichen Nachteil zu-zufügen. [2] In diesem Falle sind in dem Bericht die Gründe, aus denen die Tatsachen nicht aufgenommen worden sind, darzulegen.

(3) [1] Der Bericht ist nicht erforderlich, wenn alle Anteilsinhaber aller betei-ligten Rechtsträger auf seine Erstattung verzichten oder sich alle Anteile des übertragenden Rechtsträgers in der Hand des übernehmenden Rechtsträgers befinden. [2] Die Verzichtserklärungen sind notariell zu beurkunden.

**§ 9 Prüfung der Verschmelzung.** (1) Soweit in diesem Gesetz vorgeschrieben, ist der Verschmelzungsvertrag oder sein Entwurf durch einen oder mehrere sachverständige Prüfer (Verschmelzungsprüfer) zu prüfen.

(2) Befinden sich alle Anteile eines übertragenden Rechtsträgers in der Hand des übernehmenden Rechtsträgers, so ist eine Verschmelzungsprüfung nach Absatz 1 nicht erforderlich, soweit sie die Aufnahme dieses Rechtsträgers betrifft.

(3) § 8 Abs. 3 ist entsprechend anzuwenden.

**§ 10 Bestellung der Verschmelzungsprüfer.** (1) [1]Die Verschmelzungsprüfer werden von dem Vertretungsorgan oder auf dessen Antrag vom Gericht bestellt. [2]Sie können für mehrere oder alle beteiligten Rechtsträger gemeinsam bestellt werden. [3]Für den Ersatz von Auslagen und für die Vergütung der vom Gericht bestellten Prüfer gilt § 318 Abs. 5 des Handelsgesetzbuchs.

(2) [1]Zuständig ist jedes Landgericht, in dessen Bezirk ein übertragender Rechtsträger seinen Sitz hat. [2]Ist bei dem Landgericht eine Kammer für Handelssachen gebildet, so entscheidet deren Vorsitzender an Stelle der Zivilkammer.

(3) § 306 Abs. 3, § 307 Abs. 1 sowie § 309 gelten entsprechend.

**§ 11 Stellung und Verantwortlichkeit der Verschmelzungsprüfer.**
(1) [1]Für die Auswahl und das Auskunftsrecht der Verschmelzungsprüfer gelten § 319 Abs. 1 bis 3, § 320 Abs. 1 Satz 2 und Abs. 2 Satz 1 und 2 des Handelsgesetzbuchs[1]) entsprechend. [2]Soweit Rechtsträger betroffen sind, für die keine Pflicht zur Prüfung des Jahresabschlusses besteht, gilt Satz 1 entsprechend. [3]Dabei findet § 267 Abs. 1 bis 3 des Handelsgesetzbuchs für die Umschreibung der Größenklassen entsprechende Anwendung. [4]Das Auskunftsrecht besteht gegenüber allen an der Verschmelzung beteiligten Rechtsträgern und gegenüber einem Konzernunternehmen sowie einem abhängigen und einem herrschenden Unternehmen.

(2) [1]Für die Verantwortlichkeit der Verschmelzungsprüfer, ihrer Gehilfen und der bei der Prüfung mitwirkenden gesetzlichen Vertreter einer Prüfungsgesellschaft gilt § 323 des Handelsgesetzbuchs entsprechend. [2]Die Verantwortlichkeit besteht gegenüber den an der Verschmelzung beteiligten Rechtsträgern und deren Anteilsinhabern.

**§ 12 Prüfungsbericht.** (1) [1]Die Verschmelzungsprüfer haben für das Ergebnis der Prüfung schriftlich zu berichten. [2]Der Prüfungsbericht kann auch gemeinsam erstattet werden.

(2) [1]Der Prüfungsbericht ist mit einer Erklärung darüber abzuschließen, ob das vorgeschlagene Umtauschverhältnis der Anteile, gegebenenfalls die Höhe der baren Zuzahlung oder die Mitgliedschaft bei dem übernehmenden Rechtsträger als Gegenwert angemessen ist. [2]Dabei ist anzugeben,

1. nach welchen Methoden das vorgeschlagene Umtauschverhältnis ermittelt worden ist;
2. aus welchen Gründen die Anwendung dieser Methoden angemessen ist;

---

[1]) Abgedruckt unter Nr. **10**.

3. welches Umtauschverhältnis oder welcher Gegenwert sich bei der Anwendung verschiedener Methoden, sofern mehrere angewandt worden sind, jeweils ergeben würde; zugleich ist darzulegen, welches Gewicht den verschiedenen Methoden bei der Bestimmung des vorgeschlagenen Umtauschverhältnisses oder des Gegenwerts und der ihnen zugrundeliegenden Werte beigemessen worden ist und welche besonderen Schwierigkeiten bei der Bewertung der Rechtsträger aufgetreten sind.

(3) § 8 Abs. 2 und 3 ist entsprechend anzuwenden.

**§ 13 Beschlüsse über den Verschmelzungsvertrag.** (1) [1]Der Verschmelzungsvertrag wird nur wirksam, wenn die Anteilsinhaber der beteiligten Rechtsträger ihm durch Beschluß (Verschmelzungsbeschluß) zustimmen. [2]Der Beschluß kann nur in einer Versammlung der Anteilsinhaber gefaßt werden.

(2) Ist die Abtretung der Anteile eines übertragenden Rechtsträgers von der Genehmigung bestimmter einzelner Anteilsinhaber abhängig, so bedarf der Verschmelzungsbeschluß dieses Rechtsträgers zu seiner Wirksamkeit ihrer Zustimmung.

(3) [1]Der Verschmelzungsbeschluß und die nach diesem Gesetz erforderlichen Zustimmungserklärungen einzelner Anteilsinhaber einschließlich der erforderlichen Zustimmungserklärungen nicht erschienener Anteilsinhaber müssen notariell beurkundet werden. [2]Der Vertrag oder sein Entwurf ist dem Beschluß als Anlage beizufügen. [3]Auf Verlangen hat der Rechtsträger jedem Anteilsinhaber auf dessen Kosten unverzüglich eine Abschrift des Vertrags oder seines Entwurfs und der Niederschrift des Beschlusses zu erteilen.

**§ 14 Befristung und Ausschluß von Klagen gegen den Verschmelzungsbeschluß.** (1) Eine Klage gegen die Wirksamkeit eines Verschmelzungsbeschlusses muß binnen eines Monats nach der Beschlußfassung erhoben werden.

(2) Eine Klage gegen die Wirksamkeit des Verschmelzungsbeschlusses eines übertragenden Rechtsträgers kann nicht darauf gestützt werden, daß das Umtauschverhältnis der Anteile zu niedrig bemessen ist oder daß die Mitgliedschaft bei dem übernehmenden Rechtsträger kein ausreichender Gegenwert für die Anteile oder die Mitgliedschaft bei dem übertragenden Rechtsträger ist.

**§ 15 Verbesserung des Umtauschverhältnisses.** (1) Ist das Umtauschverhältnis der Anteile zu niedrig bemessen oder ist die Mitgliedschaft bei dem übernehmenden Rechtsträger kein ausreichender Gegenwert für den Anteil oder die Mitgliedschaft bei einem übertragenden Rechtsträger, so kann jeder Anteilsinhaber dieses übertragenden Rechtsträgers, dessen Recht, gegen die Wirksamkeit des Verschmelzungsbeschlusses Klage zu erheben, nach § 14 Abs. 2 ausgeschlossen ist, von dem übernehmenden Rechtsträger einen Ausgleich durch bare Zuzahlung verlangen; die Zuzahlungen können den zehnten Teil des auf die gewährten Anteile entfallenden Betrags des Grund- oder Stammkapitals übersteigen.

(2) [1]Die bare Zuzahlung ist nach Ablauf des Tages, an dem die Eintragung der Verschmelzung in das Register des Sitzes des übernehmenden Rechtsträ-

gers nach § 19 Abs. 3 als bekanntgemacht gilt, mit jährlich zwei vom Hundert über dem jeweiligen Diskontsatz der Deutschen Bundesbank zu verzinsen. [2]Die Geltendmachung eines weiteren Schadens ist nicht ausgeschlossen.

**§ 16 Anmeldung der Verschmelzung.** (1) [1]Die Vertretungsorgane jedes der an der Verschmelzung beteiligten Rechtsträger haben die Verschmelzung zur Eintragung in das Register (Handelsregister, Partnerschaftsregister, Genossenschaftsregister oder Vereinsregister) des Sitzes ihres Rechtsträgers anzumelden. [2]Das Vertretungsorgan des übernehmenden Rechtsträgers ist berechtigt, die Verschmelzung auch zur Eintragung in das Register des Sitzes jedes der übertragenden Rechtsträger anzumelden.

(2) [1]Bei der Anmeldung haben die Vertretungsorgane zu erklären, daß eine Klage gegen die Wirksamkeit eines Verschmelzungsbeschlusses nicht oder nicht fristgemäß erhoben oder eine solche Klage rechtskräftig abgewiesen oder zurückgenommen worden ist; hierüber haben die Vertretungsorgane dem Registergericht auch nach der Anmeldung Mitteilung zu machen. [2]Liegt die Erklärung nicht vor, so darf die Verschmelzung nicht eingetragen werden, es sei denn, daß die klageberechtigten Anteilsinhaber durch notariell beurkundete Verzichtserklärung auf die Klage gegen die Wirksamkeit des Verschmelzungsbeschlusses verzichten.

(3) [1]Der Erklärung nach Absatz 2 Satz 1 steht es gleich, wenn nach Erhebung einer Klage gegen die Wirksamkeit eines Verschmelzungsbeschlusses das für diese Klage zuständige Prozeßgericht auf Antrag des Rechtsträgers, gegen dessen Verschmelzungsbeschluß sich die Klage richtet, durch rechtskräftigen Beschluß festgestellt hat, daß die Erhebung der Klage der Eintragung nicht entgegensteht. [2]Der Beschluß nach Satz 1 darf nur ergehen, wenn die Klage gegen die Wirksamkeit des Verschmelzungsbeschlusses unzulässig oder offensichtlich unbegründet ist oder wenn das alsbaldige Wirksamwerden der Verschmelzung nach freier Überzeugung des Gerichts unter Berücksichtigung der Schwere der mit der Klage geltend gemachten Rechtsverletzungen zur Abwendung der vom Antragsteller dargelegten wesentlichen Nachteile für die an der Verschmelzung beteiligten Rechtsträger und ihre Anteilsinhaber vorrangig erscheint. [3]Der Beschluß kann in dringenden Fällen ohne mündliche Verhandlung ergehen. [4]Die vorgebrachten Tatsachen, auf Grund derer der Beschluß nach Satz 2 ergehen kann, sind glaubhaft zu machen. [5]Gegen den Beschluß findet die sofortige Beschwerde statt. [6]Erweist sich die Klage als begründet, so ist der Rechtsträger, den der Beschluß erwirkt hat, verpflichtet, dem Antragsgegner den Schaden zu ersetzen, der ihm aus einer auf dem Beschluß beruhenden Eintragung der Verschmelzung entstanden ist; als Ersatz des Schadens kann nicht die Beseitigung der Wirkungen der Eintragung der Verschmelzung im Register des Sitzes des übernehmenden Rechtsträgers verlangt werden.

**§ 17 Anlagen der Anmeldung.** (1) Der Anmeldung sind in Ausfertigung oder öffentlich beglaubigter Abschrift oder, soweit sie nicht notariell zu beurkunden sind, in Urschrift oder Abschrift der Verschmelzungsvertrag, die Niederschriften der Verschmelzungsbeschlüsse, die nach diesem Gesetz erforderlichen Zustimmungserklärungen einzelner Anteilsinhaber einschließlich der Zustimmungserklärungen nicht erschienener Anteilsinhaber, der Verschmelzungsbericht, der Prüfungsbericht oder die Verzichtserklärungen nach

§ 8 Abs. 3, § 9 Abs. 3 oder § 12 Abs. 3, ein Nachweis über die rechtzeitige Zuleitung des Verschmelzungsvertrages oder seines Entwurfs an den zuständigen Betriebsrat sowie, wenn die Verschmelzung der staatlichen Genehmigung bedarf, die Genehmigungsurkunde beizufügen.

(2) ¹Der Anmeldung zum Register des Sitzes jedes der übertragenden Rechtsträger ist ferner eine Bilanz dieses Rechtsträgers beizufügen (Schlußbilanz). ²Für diese Bilanz gelten die Vorschriften über die Jahresbilanz und deren Prüfung entsprechend. ³Sie braucht nicht bekanntgemacht zu werden. ⁴Das Registergericht darf die Verschmelzung nur eintragen, wenn die Bilanz auf einen höchstens acht Monate vor der Anmeldung liegenden Stichtag aufgestellt worden ist.

**§ 18 Firma oder Name des übernehmenden Rechtsträgers.** (1) Der übernehmende Rechtsträger darf die Firma eines der übertragenden Rechtsträger, dessen Handelsgeschäft er durch die Verschmelzung erwirbt, mit oder ohne Beifügung eines das Nachfolgeverhältnis andeutenden Zusatzes fortführen.

(2) Ist an einem der übertragenden Rechtsträger eine natürliche Person beteiligt, die an dem übernehmenden Rechtsträger nicht beteiligt wird, so darf der übernehmende Rechtsträger den Namen dieses Anteilsinhabers nur dann in der nach Absatz 1 fortgeführten oder in der neu gebildeten Firma verwenden, wenn der betroffene Anteilsinhaber oder dessen Erben ausdrücklich in die Verwendung einwilligen.

(3) ¹Ist eine Partnerschaftsgesellschaft an der Verschmelzung beteiligt, gelten für die Fortführung der Firma oder des Namens die Absätze 1 und 2 entsprechend. ²Eine Firma darf als Name einer Partnerschaftsgesellschaft nur unter den Voraussetzungen des § 2 Abs. 1 des Partnerschaftsgesellschaftsgesetzes fortgeführt werden. ³§ 1 Abs. 3 und § 11 des Partnerschaftsgesellschaftsgesetzes sind entsprechend anzuwenden.

**§ 19 Eintragung und Bekanntmachung der Verschmelzung.** (1) ¹Die Verschmelzung darf in das Register des Sitzes des übernehmenden Rechtsträgers erst eingetragen werden, nachdem sie im Register des Sitzes jedes der übertragenden Rechtsträger eingetragen worden ist. ²Die Eintragung im Register des Sitzes jedes der übertragenden Rechtsträger ist mit dem Vermerk zu versehen, daß die Verschmelzung erst mit der Eintragung im Register des Sitzes des übernehmenden Rechtsträgers wirksam wird.

(2) ¹Das Gericht des Sitzes des übernehmenden Rechtsträgers hat von Amts wegen dem Gericht des Sitzes jedes der übertragenden Rechtsträger den Tag der Eintragung der Verschmelzung mitzuteilen. ²Nach Eingang der Mitteilung hat das Gericht des Sitzes jedes der übertragenden Rechtsträger von Amts wegen den Tag der Eintragung der Verschmelzung im Register des Sitzes des übernehmenden Rechtsträgers im Register des Sitzes des übertragenden Rechtsträgers zu vermerken und die bei ihm aufbewahrten Urkunden und anderen Schriftstücke dem Gericht des Sitzes des übernehmenden Rechtsträgers zur Aufbewahrung zu übersenden.

(3) ¹Das Gericht des Sitzes jedes der an der Verschmelzung beteiligten Rechtsträger hat jeweils die von ihm vorgenommene Eintragung der Verschmelzung von Amts wegen durch den Bundesanzeiger und durch minde-

stens ein anderes Blatt ihrem ganzen Inhalt nach bekanntzumachen. [2] Mit dem Ablauf des Tages, an dem jeweils das letzte der die Bekanntmachung enthaltenden Blätter erschienen ist, gilt die Bekanntmachung für diesen Rechtsträger als erfolgt.

**§ 20 Wirkungen der Eintragung.** (1) Die Eintragung der Verschmelzung in das Register des Sitzes des übernehmenden Rechtsträgers hat folgende Wirkungen:

1. Das Vermögen der übertragenden Rechtsträger geht einschließlich der Verbindlichkeiten auf den übernehmenden Rechtsträger über.

2. Die übertragenden Rechtsträger erlöschen. Einer besonderen Löschung bedarf es nicht.

3. Die Anteilsinhaber der übertragenden Rechtsträger werden Anteilsinhaber des übernehmenden Rechtsträgers; dies gilt nicht, soweit der übernehmende Rechtsträger oder ein Dritter, der im eigenen Namen, jedoch für Rechnung dieses Rechtsträgers handelt, Anteilsinhaber des übertragenden Rechtsträgers ist oder der übertragende Rechtsträger eigene Anteile innehat oder ein Dritter, der im eigenen Namen, jedoch für Rechnung dieses Rechtsträgers handelt, dessen Anteilsinhaber ist. Rechte Dritter an den Anteilen oder Mitgliedschaften der übertragenden Rechtsträger bestehen an den an ihre Stelle tretenden Anteilen oder Mitgliedschaften des übernehmenden Rechtsträgers weiter.

4. Der Mangel der notariellen Beurkundung des Verschmelzungsvertrags und gegebenenfalls erforderlicher Zustimmungs- oder Verzichtserklärungen einzelner Anteilsinhaber wird geheilt.

(2) Mängel der Verschmelzung lassen die Wirkungen der Eintragung nach Absatz 1 unberührt.

**§ 21 Wirkung auf gegenseitige Verträge.** Treffen bei einer Verschmelzung aus gegenseitigen Verträgen, die zur Zeit der Verschmelzung von keiner Seite vollständig erfüllt sind, Abnahme-, Lieferungs- oder ähnliche Verpflichtungen zusammen, die miteinander unvereinbar sind oder die beide zu erfüllen eine schwere Unbilligkeit für den übernehmenden Rechtsträger bedeuten würde, so bestimmt sich der Umfang der Verpflichtungen nach Billigkeit unter Würdigung der vertraglichen Rechte aller Beteiligten.

**§ 22 Gläubigerschutz.** (1) [1] Den Gläubigern der an der Verschmelzung beteiligten Rechtsträger ist, wenn sie binnen sechs Monaten nach dem Tag, an dem die Eintragung der Verschmelzung in das Register des Sitzes desjenigen Rechtsträgers, dessen Gläubiger sie sind, nach § 19 Abs. 3 als bekanntgemacht gilt, ihren Anspruch nach Grund und Höhe schriftlich anmelden, Sicherheit zu leisten, soweit sie nicht Befriedigung verlangen können. [2] Dieses Recht steht den Gläubigern jedoch nur zu, wenn sie glaubhaft machen, daß durch die Verschmelzung die Erfüllung ihrer Forderung gefährdet wird. [3] Die Gläubiger sind in der Bekanntmachung der jeweiligen Eintragung auf dieses Recht hinzuweisen.

(2) Das Recht, Sicherheitsleistung zu verlangen, steht Gläubigern nicht zu, die im Falle der Insolvenz ein Recht auf vorzugsweise Befriedigung aus einer Deckungsmasse haben, die nach gesetzlicher Vorschrift zu ihrem Schutz errichtet und staatlich überwacht ist.

**§ 23 Schutz der Inhaber von Sonderrechten.** Den Inhabern von Rechten in einem übertragenden Rechtsträger, die kein Stimmrecht gewähren, insbesondere den Inhabern von Anteilen ohne Stimmrecht, von Wandelschuldverschreibungen, von Gewinnschuldverschreibungen und von Genußrechten, sind gleichwertige Rechte in dem übernehmenden Rechtsträger zu gewähren.

**§ 24 Wertansätze des übernehmenden Rechtsträgers.** In den Jahresbilanzen des übernehmenden Rechtsträgers können als Anschaffungskosten im Sinne des § 253 Abs. 1 des Handelsgesetzbuchs[1]) auch in der Schlußbilanz eines übertragenden Rechtsträgers angesetzten Werte angesetzt werden.

**§ 25 Schadenersatzpflicht der Verwaltungsträger der übertragenden Rechtsträger.** (1) [1]Die Mitglieder des Vertretungsorgans und, wenn ein Aufsichtsorgan vorhanden ist, des Aufsichtsorgans eines übertragenden Rechtsträgers sind als Gesamtschuldner zum Ersatz des Schadens verpflichtet, den dieser Rechtsträger, seine Anteilsinhaber oder seine Gläubiger durch die Verschmelzung erleiden. [2]Mitglieder der Organe, die bei der Prüfung der Vermögenslage der Rechtsträger und beim Abschluß des Verschmelzungsvertrags ihre Sorgfaltspflicht beobachtet haben, sind von der Ersatzpflicht befreit.

(2) [1]Für diese Ansprüche sowie weitere Ansprüche, die sich für und gegen den übertragenden Rechtsträger nach den allgemeinen Vorschriften auf Grund der Verschmelzung ergeben, gilt dieser Rechtsträger als fortbestehend. [2]Forderungen und Verbindlichkeiten vereinigen sich insoweit durch die Verschmelzung nicht.

(3) Die Ansprüche aus Absatz 1 verjähren in fünf Jahren seit dem Tage, an dem die Eintragung der Verschmelzung in das Register des Sitzes des übernehmenden Rechtsträgers nach § 19 Abs. 3 als bekanntgemacht gilt.

**§ 26 Geltendmachung des Schadenersatzanspruchs.** (1) [1]Die Ansprüche nach § 25 Abs. 1 und 2 können nur durch einen besonderen Vertreter geltend gemacht werden. [2]Das Gericht des Sitzes eines übertragenden Rechtsträgers hat einen solchen Vertreter auf Antrag eines Anteilsinhabers oder eines Gläubigers dieses Rechtsträgers zu bestellen. [3]Gläubiger sind nur antragsberechtigt, wenn sie von dem übernehmenden Rechtsträger keine Befriedigung erlangen können. [4]Gegen die Entscheidung findet die sofortige Beschwerde statt.

(2) [1]Der Vertreter hat unter Hinweis auf den Zweck seiner Bestellung die Anteilsinhaber und Gläubiger des betroffenen übertragenden Rechtsträgers aufzufordern, die Ansprüche nach § 25 Abs. 1 und 2 binnen einer angemessenen Frist, die mindestens einen Monat betragen soll, anzumelden. [2]Die Aufforderung ist im Bundesanzeiger und, wenn der Gesellschaftsvertrag, der Partnerschaftsvertrag, die Satzung oder das Statut andere Blätter für die öffentlichen Bekanntmachungen des übertragenden Rechtsträgers bestimmt hatte, auch in diesen Blättern bekanntzumachen.

(3) [1]Der Vertreter hat den Betrag, der aus der Geltendmachung der Ansprüche eines übertragenden Rechtsträgers erzielt wird, zur Befriedigung der

---

[1]) Abgedruckt unter Nr. **10**.

Gläubiger dieses Rechtsträgers zu verwenden, soweit die Gläubiger nicht durch den übernehmenden Rechtsträger befriedigt oder sichergestellt sind. [2]Für die Verteilung gelten die Vorschriften über die Verteilung, die im Falle der Abwicklung eines Rechtsträgers in der Rechtsform des übertragenden Rechtsträgers anzuwenden sind, entsprechend. [3]Gläubiger und Anteilsinhaber, die sich nicht fristgemäß gemeldet haben, werden bei der Verteilung nicht berücksichtigt.

(4) [1]Der Vertreter hat Anspruch auf Ersatz angemessener barer Auslagen und auf Vergütung für seine Tätigkeit. [2]Die Auslagen und die Vergütung setzt das Gericht fest. [3]Es bestimmt nach den gesamten Verhältnissen des einzelnen Falles nach freiem Ermessen, in welchem Umfange die Auslagen und die Vergütung von beteiligten Anteilsinhabern und Gläubigern zu tragen sind. [4]Gegen die Entscheidung findet die sofortige Beschwerde statt; die weitere Beschwerde ist ausgeschlossen. [5]Aus der rechtskräftigen Entscheidung findet die Zwangsvollstreckung nach der Zivilprozeßordnung statt.

**§ 27 Schadenersatzpflicht der Verwaltungsträger des übernehmenden Rechtsträgers.** Ansprüche auf Schadenersatz, die sich auf Grund der Verschmelzung gegen ein Mitglied des Vertretungsorgans oder, wenn ein Aufsichtsorgan vorhanden ist, des Aufsichtsorgans des übernehmenden Rechtsträgers ergeben, verjähren in fünf Jahren seit dem Tage, an dem die Eintragung der Verschmelzung in das Register des Sitzes des übernehmenden Rechtsträgers nach § 19 Abs. 3 als bekanntgemacht gilt.

**§ 28 Unwirksamkeit des Verschmelzungsbeschlusses eines übertragenden Rechtsträgers.** Nach Eintragung der Verschmelzung in das Register des Sitzes des übernehmenden Rechtsträgers ist eine Klage gegen die Wirksamkeit des Verschmelzungsbeschlusses eines übertragenden Rechtsträgers gegen den übernehmenden Rechtsträger zu richten.

**§ 29 Abfindungsangebot im Verschmelzungsvertrag.** (1) [1]Bei der Verschmelzung eines Rechtsträgers im Wege der Aufnahme durch einen Rechtsträger anderer Rechtsform hat der übernehmende Rechtsträger im Verschmelzungsvertrag oder in seinem Entwurf jedem Anteilsinhaber, der gegen den Verschmelzungsbeschluß des übertragenden Rechtsträgers Widerspruch zur Niederschrift erklärt, den Erwerb seiner Anteile oder Mitgliedschaften gegen eine angemessene Barabfindung anzubieten; § 71 Abs. 4 Satz 2 des Aktiengesetzes ist insoweit nicht anzuwenden. [2]Das gleiche gilt, wenn bei einer Verschmelzung von Rechtsträgern derselben Rechtsform die Anteile oder Mitgliedschaften an dem übernehmenden Rechtsträger Verfügungsbeschränkungen unterworfen sind. [3]Kann der übernehmende Rechtsträger auf Grund seiner Rechtsform eigene Anteile oder Mitgliedschaften nicht erwerben, so ist die Barabfindung für den Fall anzubieten, daß der Anteilsinhaber sein Ausscheiden aus dem Rechtsträger erklärt. [4]Eine erforderliche Bekanntmachung des Verschmelzungsvertrags oder seines Entwurfs als Gegenstand der Beschlußfassung muß den Wortlaut dieses Angebots enthalten. [5]Der übernehmende Rechtsträger hat die Kosten für eine Übertragung zu tragen.

(2) Dem Widerspruch zur Niederschrift im Sinne des Absatzes 1 steht es gleich, wenn ein nicht erschienener Anteilsinhaber zu der Versammlung der Anteilsinhaber zu Unrecht nicht zugelassen worden ist oder die Versammlung

nicht ordnungsgemäß einberufen oder der Gegenstand der Beschlußfassung nicht ordnungsgemäß bekanntgemacht worden ist.

**§ 30 Inhalt des Anspruchs auf Barabfindung und Prüfung der Barabfindung.** (1) [1] Die Barabfindung muß die Verhältnisse des übertragenden Rechtsträgers im Zeitpunkt der Beschlußfassung über die Verschmelzung berücksichtigen. [2] § 15 Abs. 2 ist auf die Barabfindung entsprechend anzuwenden.

(2) [1] Die Angemessenheit einer anzubietenden Barabfindung ist stets durch Verschmelzungsprüfer zu prüfen. [2] Die §§ 10 bis 12 sind entsprechend anzuwenden. [3] Die Berechtigten können auf die Prüfung oder den Prüfungsbericht verzichten; die Verzichtserklärungen sind notariell zu beurkunden.

**§ 31 Annahme des Angebots.** [1] Das Angebot nach § 29 kann nur binnen zwei Monaten nach dem Tage angenommen werden, an dem die Eintragung der Verschmelzung in das Register des Sitzes des übernehmenden Rechtsträgers nach § 19 Abs. 3 als bekanntgemacht gilt. [2] Ist nach § 34 ein Antrag auf Bestimmung der Barabfindung durch das Gericht gestellt worden, so kann das Angebot binnen zwei Monaten nach dem Tage angenommen werden, an dem die Entscheidung im Bundesanzeiger bekanntgemacht worden ist.

**§ 32 Ausschluß von Klagen gegen den Verschmelzungsbeschluß.** Eine Klage gegen die Wirksamkeit des Verschmelzungsbeschlusses eines übertragenden Rechtsträgers kann nicht darauf gestützt werden, daß das Angebot nach § 29 zu niedrig bemessen oder daß die Barabfindung im Verschmelzungsvertrag nicht oder nicht ordnungsgemäß angeboten worden ist.

**§ 33 Anderweitige Veräußerung.** Einer anderweitigen Veräußerung des Anteils durch den Anteilsinhaber stehen nach Fassung des Verschmelzungsbeschlusses bis zum Ablauf der in § 31 bestimmten Frist Verfügungsbeschränkungen bei den beteiligten Rechtsträgern nicht entgegen.

**§ 34 Gerichtliche Nachprüfung der Abfindung.** [1] Macht ein Anteilsinhaber geltend, daß eine im Verschmelzungsvertrag oder in seinem Entwurf bestimmte Barabfindung, die ihm nach § 29 anzubieten war, zu niedrig bemessen sei, so hat auf seinen Antrag das Gericht die angemessene Barabfindung zu bestimmen. [2] Das gleiche gilt, wenn die Barabfindung nicht oder nicht ordnungsgemäß angeboten worden ist.

**§ 35 Bezeichnung unbekannter Aktionäre.** [1] Unbekannte Aktionäre einer übertragenden Aktiengesellschaft oder Kommanditgesellschaft auf Aktien sind im Verschmelzungsvertrag, bei Anmeldungen zur Eintragung in ein Register oder bei der Eintragung in eine Liste von Anteilsinhabern durch die Angabe ihrer Aktienurkunden sowie erforderlichenfalls des auf die Aktie entfallenden Anteils zu bezeichnen, soweit eine Benennung der Anteilsinhaber für den übernehmenden Rechtsträger gesetzlich vorgeschrieben ist. [2] Werden solche Anteilsinhaber später bekannt, so sind Register oder Listen von Amts wegen zu berichtigen.

### Dritter Abschnitt. Verschmelzung durch Neugründung

**§ 36 Anzuwendende Vorschriften.** (1) [1] Auf die Verschmelzung durch Neugründung sind die Vorschriften des Zweiten Abschnitts mit Ausnahme des § 16 Abs. 1 und des § 27 entsprechend anzuwenden. [2]An die Stelle des übernehmenden Rechtsträgers tritt der neue Rechtsträger, an die Stelle der Eintragung der Verschmelzung in das Register des Sitzes des übernehmenden Rechtsträgers tritt die Eintragung des neuen Rechtsträgers in das Register.

(2) [1]Auf die Gründung des neuen Rechtsträgers sind die für dessen Rechtsform geltenden Gründungsvorschriften anzuwenden, soweit sich aus diesem Buch nichts anderes ergibt. [2]Den Gründern stehen die übertragenden Rechtsträger gleich. [3]Vorschriften, die für die Gründung eine Mindestzahl der Gründer vorschreiben, sind nicht anzuwenden.

**§ 37 Inhalt des Verschmelzungsvertrags.** In dem Verschmelzungsvertrag muß der Gesellschaftsvertrag, der Partnerschaftsvertrag, die Satzung oder das Statut des neuen Rechtsträgers enthalten sein oder festgestellt werden.

**§ 38 Anmeldung der Verschmelzung und des neuen Rechtsträgers.**
(1) Die Vertretungsorgane jedes der übertragenden Rechtsträger haben die Verschmelzung zur Eintragung in das Register des Sitzes ihres Rechtsträgers anzumelden.

(2) Die Vertretungsorgane aller übertragenden Rechtsträger haben den neuen Rechtsträger bei dem Gericht, in dessen Bezirk er seinen Sitz haben soll, zur Eintragung in das Register anzumelden.

## Zweiter Teil. Besondere Vorschriften

### Erster Abschnitt. Verschmelzung unter Beteiligung von Personengesellschaften

#### Erster Unterabschnitt. Verschmelzung unter Beteiligung von Personenhandelsgesellschaften

**§ 39 Ausschluß der Verschmelzung.** Eine aufgelöste Personenhandelsgesellschaft kann sich nicht als übertragender Rechtsträger an einer Verschmelzung beteiligen, wenn die Gesellschafter nach § 145 des Handelsgesetzbuchs[1] eine andere Art der Auseinandersetzung als die Abwicklung oder als die Verschmelzung vereinbart haben.

**§ 40 Inhalt des Verschmelzungsvertrags.** (1) [1]Der Verschmelzungsvertrag oder sein Entwurf hat zusätzlich für jeden Anteilsinhaber eines übertragenden Rechtsträgers zu bestimmen, ob ihm in der übernehmenden oder der neuen Personenhandelsgesellschaft die Stellung eines persönlich haftenden Gesellschafters oder eines Kommanditisten gewährt wird. [2]Dabei ist der Betrag der Einlage jedes Gesellschafters festzusetzen.

(2) [1]Anteilsinhabern eines übertragenden Rechtsträgers, die für dessen Verbindlichkeiten nicht als Gesamtschuldner persönlich unbeschränkt haften, ist die Stellung eines Kommanditisten zu gewähren. [2]Abweichende Bestimmungen sind nur wirksam, wenn die betroffenen Anteilsinhaber dem Verschmelzungsbeschluß des übertragenden Rechtsträgers zustimmen.

---

[1] Abgedruckt in **dtv 5002 „HGB"**.

**§ 41 Verschmelzungsbericht.** Ein Verschmelzungsbericht ist für eine an der Verschmelzung beteiligte Personenhandelsgesellschaft nicht erforderlich, wenn alle Gesellschafter dieser Gesellschaft zur Geschäftsführung berechtigt sind.

**§ 42 Unterrichtung der Gesellschafter.** Der Verschmelzungsvertrag oder sein Entwurf und der Verschmelzungsbericht sind den Gesellschaftern, die von der Geschäftsführung ausgeschlossen sind, spätestens zusammen mit der Einberufung der Gesellschafterversammlung, die gemäß § 13 Abs. 1 über die Zustimmung zum Verschmelzungsvertrag beschließen soll, zu übersenden.

**§ 43 Beschluß der Gesellschafterversammlung.** (1) Der Verschmelzungsbeschluß der Gesellschafterversammlung bedarf der Zustimmung aller anwesenden Gesellschafter; ihm müssen auch die nicht erschienenen Gesellschafter zustimmen.

(2) [1] Der Gesellschaftsvertrag kann eine Mehrheitsentscheidung der Gesellschafter vorsehen. [2] Die Mehrheit muß mindestens drei Viertel der abgegebenen Stimmen betragen. [3] Widerspricht ein Anteilsinhaber eines übertragenden Rechtsträgers, der für dessen Verbindlichkeiten persönlich unbeschränkt haftet, der Verschmelzung, so ist ihm in der übernehmenden oder der neuen Personenhandelsgesellschaft die Stellung eines Kommanditisten zu gewähren; das gleiche gilt für einen Anteilsinhaber der übernehmenden Personenhandelsgesellschaft, der für deren Verbindlichkeiten persönlich unbeschränkt haftet, wenn er der Verschmelzung widerspricht.

**§ 44 Prüfung der Verschmelzung.** [1] Im Falle des § 43 Abs. 2 ist der Verschmelzungsvertrag oder sein Entwurf für eine Personenhandelsgesellschaft auf Verlangen eines ihrer Gesellschafter nach den §§ 9 bis 12 zu prüfen. [2] Die Kosten trägt die Gesellschaft.

**§ 45 Zeitliche Begrenzung der Haftung persönlich haftender Gesellschafter.** (1) Überträgt eine Personenhandelsgesellschaft ihr Vermögen durch Verschmelzung auf einen Rechtsträger anderer Rechtsform, dessen Anteilsinhaber für die Verbindlichkeiten dieses Rechtsträgers nicht unbeschränkt haften, so haftet ein Gesellschafter der Personenhandelsgesellschaft für ihre Verbindlichkeiten, wenn sie vor Ablauf von fünf Jahren nach der Verschmelzung fällig und daraus Ansprüche gegen ihn gerichtlich geltend gemacht sind; bei öffentlich-rechtlichen Verbindlichkeiten genügt zur Geltendmachung der Erlaß eines Verwaltungsakts.

(2) [1] Die Frist beginnt mit dem Tage, an dem die Eintragung der Verschmelzung in das Register des Sitzes des übernehmenden Rechtsträgers nach § 19 Abs. 3 als bekanntgemacht gilt. [2] Die für die Verjährung geltenden §§ 203, 206, 207, 210, 212 bis 216 und 220 des Bürgerlichen Gesetzbuchs sind entsprechend anzuwenden.

(3) Einer gerichtlichen Geltendmachung bedarf es nicht, soweit der Gesellschafter den Anspruch schriftlich anerkannt hat.

(4) Die Absätze 1 bis 3 sind auch anzuwenden, wenn der Gesellschafter in dem Rechtsträger anderer Rechtsform geschäftsführend tätig wird.

**Zweiter Unterabschnitt. Verschmelzung unter Beteiligung von Partnerschaftsgesellschaften**

**§ 45 a** **Möglichkeit der Verschmelzung.** [1] Eine Verschmelzung auf eine Partnerschaftsgesellschaft ist nur möglich, wenn im Zeitpunkt ihres Wirksamwerdens alle Anteilsinhaber übertragender Rechtsträger natürliche Personen sind, die einen Freien Beruf ausüben (§ 1 Abs. 1 und 2 des Partnerschaftsgesellschaftsgesetzes). [2] § 1 Abs. 3 des Partnerschaftsgesellschaftsgesetzes bleibt unberührt.

**§ 45 b** **Inhalt des Verschmelzungsvertrages.** (1) Der Verschmelzungsvertrag oder sein Entwurf hat zusätzlich für jeden Anteilsinhaber eines übertragenden Rechtsträgers den Namen und den Vornamen sowie den in der übernehmenden Partnerschaftsgesellschaft ausgeübten Beruf und den Wohnort jedes Partners zu enthalten.

(2) § 35 ist nicht anzuwenden.

**§ 45 c** **Verschmelzungsbericht und Unterrichtung der Partner.** [1] Ein Verschmelzungsbericht ist für eine an der Verschmelzung beteiligte Partnerschaftsgesellschaft nur erforderlich, wenn ein Partner gemäß § 6 Abs. 2 des Partnerschaftsgesellschaftsgesetzes von der Geschäftsführung ausgeschlossen ist. [2] Von der Geschäftsführung ausgeschlossene Partner sind entsprechend § 42 zu unterrichten.

**§ 45 d** **Beschluß der Gesellschafterversammlung.** (1) Der Verschmelzungsbeschluß der Gesellschafterversammlung bedarf der Zustimmung aller anwesenden Partner; ihm müssen auch die nicht erschienenen Partner zustimmen.

(2) [1] Der Partnerschaftsvertrag kann eine Mehrheitsentscheidung der Partner vorsehen. [2] Die Mehrheit muß mindestens drei Viertel der abgegebenen Stimmen betragen.

**§ 45 e** **Anzuwendende Vorschriften.** [1] Die §§ 39 und 45 sind entsprechend anzuwenden. [2] In den Fällen des § 45 d Abs. 2 ist auch § 44 entsprechend anzuwenden.

**Zweiter Abschnitt. Verschmelzung unter Beteiligung von Gesellschaften mit beschränkter Haftung**

**Erster Unterabschnitt. Verschmelzung durch Aufnahme**

**§ 46** **Inhalt des Verschmelzungsvertrags.** (1) [1] Der Verschmelzungsvertrag oder sein Entwurf hat zusätzlich für jeden Anteilsinhaber eines übertragenden Rechtsträgers den Nennbetrag des Geschäftsanteils zu bestimmen, den die übernehmende Gesellschaft mit beschränkter Haftung ihm zu gewähren hat. [2] Der Nennbetrag kann abweichend von dem Betrag festgesetzt werden, der auf die Aktien einer übertragenden Aktiengesellschaft oder Kommanditgesellschaft auf Aktien als anteiliger Betrag ihres Grundkapitals entfällt. [3] Er muß mindestens fünfzig Euro betragen und durch zehn teilbar sein.

(2) Sollen die zu gewährenden Geschäftsanteile im Wege der Kapitalerhöhung geschaffen und mit anderen Rechten und Pflichten als sonstige Ge-

schäftsanteile der übernehmenden Gesellschaft mit beschränkter Haftung ausgestattet werden, so sind auch die Abweichungen im Verschmelzungsvertrag oder in seinem Entwurf festzusetzen.

(3) Sollen Anteilsinhaber eines übertragenden Rechtsträgers schon vorhandene Geschäftsanteile der übernehmenden Gesellschaft erhalten, so müssen die Anteilsinhaber und die Nennbeträge der Geschäftsanteile, die sie erhalten sollen, im Verschmelzungsvertrag oder in seinem Entwurf besonders bestimmt werden.

**§ 47 Unterrichtung der Gesellschafter.** Der Verschmelzungsvertrag oder sein Entwurf und der Verschmelzungsbericht sind den Gesellschaftern spätestens zusammen mit der Einberufung der Gesellschafterversammlung, die gemäß § 13 Abs. 1 über die Zustimmung beschließen soll, zu übersenden.

**§ 48 Prüfung der Verschmelzung.** [1]Der Verschmelzungsvertrag oder sein Entwurf ist für eine Gesellschaft mit beschränkter Haftung auf Verlangen eines ihrer Gesellschafter nach den §§ 9 bis 12 zu prüfen. [2]Die Kosten trägt die Gesellschaft.

**§ 49 Vorbereitung der Gesellschafterversammlung.** (1) Die Geschäftsführer haben in der Einberufung der Gesellschafterversammlung, die gemäß § 13 Abs. 1 über die Zustimmung zum Verschmelzungsvertrag beschließen soll, die Verschmelzung als Gegenstand der Beschlußfassung anzukündigen.

(2) Von der Einberufung an sind in dem Geschäftsraum der Gesellschaft die Jahresabschlüsse und die Lageberichte der an der Verschmelzung beteiligten Rechtsträger für die letzten drei Geschäftsjahre zur Einsicht durch die Gesellschafter auszulegen.

(3) Die Geschäftsführer haben jedem Gesellschafter auf Verlangen jederzeit Auskunft auch über alle für die Verschmelzung wesentlichen Angelegenheiten der anderen beteiligten Rechtsträger zu geben.

**§ 50 Beschluß der Gesellschafterversammlung.** (1) [1]Der Verschmelzungsbeschluß der Gesellschafterversammlung bedarf einer Mehrheit von mindestens drei Vierteln der abgegebenen Stimmen. [2]Der Gesellschaftsvertrag kann eine größere Mehrheit und weitere Erfordernisse bestimmen.

(2) Werden durch die Verschmelzung auf dem Gesellschaftsvertrag beruhende Minderheitsrechte eines einzelnen Gesellschafters einer übertragenden Gesellschaft oder die einzelnen Gesellschaftern einer solchen Gesellschaft nach dem Gesellschaftsvertrag zustehenden besonderen Rechte in der Geschäftsführung der Gesellschaft, bei der Bestellung der Geschäftsführer oder hinsichtlich eines Vorschlagsrechts für die Geschäftsführung beeinträchtigt, so bedarf der Verschmelzungsbeschluß dieser übertragenden Gesellschaft der Zustimmung dieser Gesellschafter.

**§ 51 Zustimmungserfordernisse in Sonderfällen.** (1) [1]Ist an der Verschmelzung eine Gesellschaft mit beschränkter Haftung, auf deren Geschäftsanteile nicht alle zu leistenden Einlagen in voller Höhe bewirkt sind, als übernehmender Rechtsträger beteiligt, so bedarf der Verschmelzungsbeschluß eines übertragenden Rechtsträgers der Zustimmung aller bei der Beschlußfassung anwesenden Anteilsinhaber dieses Rechtsträgers. [2] Ist der übertragende Rechtsträger eine Personenhandelsgesellschaft, eine Partnerschaftsgesellschaft oder eine Gesellschaft mit beschränkter Haftung, so bedarf der Verschmelzungsbeschluß auch der Zustimmung der nicht erschienenen Gesellschafter. [3] Die Sätze 1 und 2 gelten entsprechend, wenn eine Gesellschaft mit beschränkter Haftung, auf deren Geschäftsanteile nicht alle zu leistenden Einlagen in voller Höhe bewirkt sind, von einer Gesellschaft mit beschränkter Haftung durch Verschmelzung aufgenommen wird.

(2) Ist im Falle des § 46 Abs. 1 Satz 2 die abweichende Festsetzung des Nennbetrages nicht durch § 46 Abs. 1 Satz 3 bedingt, so bedarf sie der Zustimmung jedes Aktionärs, der sich nicht mit seinem gesamten Anteil beteiligen kann.

**§ 52 Anmeldung der Verschmelzung.** (1) Bei der Anmeldung der Verschmelzung zur Eintragung in das Register haben die Vertretungsorgane der an der Verschmelzung beteiligten Rechtsträger im Falle des § 51 Abs. 1 auch zu erklären, daß dem Verschmelzungsbeschluß jedes der übertragenden Rechtsträger alle bei der Beschlußfassung anwesenden Anteilsinhaber dieses Rechtsträgers und, sofern der übertragende Rechtsträger eine Personenhandelsgesellschaft, eine Partnerschaftsgesellschaft oder eine Gesellschaft mit beschränkter Haftung ist, auch die nicht erschienenen Gesellschafter dieser Gesellschaft zugestimmt haben.

(2) Der Anmeldung zum Register des Sitzes der übernehmenden Gesellschaft ist eine von den Geschäftsführern dieser Gesellschaft unterschriebene berichtigte Gesellschafterliste beizufügen.

**§ 53 Eintragung bei Erhöhung des Stammkapitals.** Erhöht die übernehmende Gesellschaft zur Durchführung der Verschmelzung ihr Stammkapital, so darf die Verschmelzung erst eingetragen werden, nachdem die Erhöhung des Stammkapitals im Register eingetragen worden ist.

**§ 54 Verschmelzung ohne Kapitalerhöhung.** (1) [1] Die übernehmende Gesellschaft darf zur Durchführung der Verschmelzung ihr Stammkapital nicht erhöhen, soweit

1. sie Anteile eines übertragenden Rechtsträgers innehat;
2. ein übertragender Rechtsträger eigene Anteile innehat oder
3. ein übertragender Rechtsträger Geschäftsanteile dieser Gesellschaft innehat, auf welche die Einlagen nicht in voller Höhe bewirkt sind.

[2] Die übernehmende Gesellschaft braucht ihr Stammkapital nicht zu erhöhen, soweit

1. sie eigene Geschäftsanteile innehat oder
2. ein übertragender Rechtsträger Geschäftsanteile dieser Gesellschaft innehat, auf welche die Einlagen bereits in voller Höhe bewirkt sind.

(2) Absatz 1 gilt entsprechend, wenn Inhaber der dort bezeichneten Anteile ein Dritter ist, der im eigenen Namen, jedoch in einem Fall des Absatzes 1 Satz 1 Nr. 1 oder des Absatzes 1 Satz 2 Nr. 1 für Rechnung der übernehmenden Gesellschaft oder in einem der anderen Fälle des Absatzes 1 für Rechnung des übertragenden Rechtsträgers handelt.

(3) [1] Soweit zur Durchführung der Verschmelzung Geschäftsanteile der übernehmenden Gesellschaft, die sie selbst oder ein übertragender Rechtsträger innehat, geteilt werden müssen, um sie den Anteilsinhabern eines übertragenden Rechtsträgers gewähren zu können, sind Bestimmungen des Gesellschaftsvertrags, welche die Teilung der Geschäftsanteile der übernehmenden Gesellschaft ausschließen oder erschweren, sowie § 5 Abs. 1 zweiter Halbsatz und Abs. 3 Satz 2 des Gesetzes betreffend die Gesellschaften mit beschränkter Haftung nicht anzuwenden; jedoch muß der Nennbetrag jedes Teils der Geschäftsanteile mindestens fünfzig Euro betragen und durch zehn teilbar sein. [2] Satz 1 gilt entsprechend, wenn Inhaber der Geschäftsanteile ein Dritter ist, der im eigenen Namen, jedoch für Rechnung der übernehmenden Gesellschaft oder eines übertragenden Rechtsträgers handelt.

(4) Im Verschmelzungsvertrag festgesetzte bare Zuzahlungen dürfen nicht den zehnten Teil des Gesamtnennbetrags der gewährten Geschäftsanteile der übernehmenden Gesellschaft übersteigen.

**§ 55 Verschmelzung mit Kapitalerhöhung.** (1) [1] Erhöht die übernehmende Gesellschaft zur Durchführung der Verschmelzung ihr Stammkapital, so sind § 55 Abs. 1, §§ 56a, 57 Abs. 2, Abs. 3 Nr. 1 des Gesetzes betreffend die Gesellschaften mit beschränkter Haftung nicht anzuwenden. [2] Auf die neuen Geschäftsanteile ist § 5 Abs. 1 zweiter Halbsatz und Abs. 3 Satz 2 des Gesetzes betreffend die Gesellschaften mit beschränkter Haftung nicht anzuwenden; jedoch muß der Betrag jeder neuen Stammeinlage mindestens fünfzig Euro betragen und durch zehn teilbar sein.

(2) Der Anmeldung der Kapitalerhöhung zum Register sind außer den in § 57 Abs. 3 Nr. 2 und 3 des Gesetzes betreffend die Gesellschaften mit beschränkter Haftung bezeichneten Schriftstücken der Verschmelzungsvertrag und die Niederschriften der Verschmelzungsbeschlüsse in Ausfertigung oder öffentlich beglaubigter Abschrift beizufügen.

### Zweiter Unterabschnitt. Verschmelzung durch Neugründung

**§ 56 Anzuwendende Vorschriften.** Auf die Verschmelzung durch Neugründung sind die Vorschriften des Ersten Unterabschnitts mit Ausnahme der §§ 51, 52 Abs. 1, §§ 53, 54 Abs. 1 bis 3 sowie des § 55 entsprechend anzuwenden.

**§ 57 Inhalt des Gesellschaftsvertrags.** In den Gesellschaftsvertrag sind Festsetzungen über Sondervorteile, Gründungsaufwand, Sacheinlagen und Sachübernahmen, die in den Gesellschaftsverträgen, Partnerschaftsverträgen, Satzungen oder Statuten übertragender Rechtsträger enthalten waren, zu übernehmen.

**§ 58 Sachgründungsbericht.** (1) In dem Sachgründungsbericht (§ 5 Abs. 4 des Gesetzes betreffend die Gesellschaften mit beschränkter Haftung) sind auch der Geschäftsverlauf und die Lage der übertragenden Rechtsträger darzulegen.

(2) Ein Sachgründungsbericht ist nicht erforderlich, soweit eine Kapitalgesellschaft oder eine eingetragene Genossenschaft übertragender Rechtsträger ist.

**§ 59 Verschmelzungsbeschlüsse.** [1]Der Gesellschaftsvertrag der neuen Gesellschaft wird nur wirksam, wenn ihm die Anteilsinhaber jedes der übertragenden Rechtsträger durch Verschmelzungsbeschluß zustimmen. [2]Dies gilt entsprechend für die Bestellung der Mitglieder des Aufsichtsrats der neuen Gesellschaft, soweit sie von den Anteilsinhabern der übertragenden Rechtsträger zu wählen sind.

### Dritter Abschnitt. Verschmelzung unter Beteiligung von Aktiengesellschaften

### Erster Unterabschnitt. Verschmelzung durch Aufnahme

**§ 60 Prüfung der Verschmelzung; Bestellung der Verschmelzungsprüfer.** (1) Der Verschmelzungsvertrag oder sein Entwurf ist für jede Aktiengesellschaft nach den §§ 9 bis 12 zu prüfen.

(2) [1]Für jede Aktiengesellschaft muß mindestens ein Verschmelzungsprüfer bestellt werden. [2]Die Prüfer werden jeweils vom Vorstand der Gesellschaft bestellt.

(3) [1]Für die Verschmelzung unter Beteiligung mehrerer Aktiengesellschaften reicht die Prüfung durch einen oder mehrere Verschmelzungsprüfer für alle beteiligten Aktiengesellschaften nur aus, wenn diese Prüfer auf gemeinsamen Antrag der Vorstände durch das Gericht bestellt werden. [2]Gegen die Entscheidung findet die sofortige Beschwerde statt. [3]Für den Ersatz von Auslagen und für die Vergütung der vom Gericht bestellten Prüfer gilt § 318 Abs. 5 des Handelsgesetzbuchs.[1]

**§ 61 Bekanntmachung des Verschmelzungsvertrags.** [1]Der Verschmelzungsvertrag oder sein Entwurf ist vor der Einberufung der Hauptversammlung, die gemäß § 13 Abs. 1 über die Zustimmung beschließen soll, zum Register einzureichen. [2]Das Gericht hat in den für die Bekanntmachung seiner Eintragungen bestimmten Blättern (§ 10 des Handelsgesetzbuchs)[1] einen Hinweis darauf bekanntzumachen, daß der Vertrag oder sein Entwurf beim Handelsregister eingereicht worden ist.

**§ 62 Hauptversammlung in besonderen Fällen.** (1) [1]Befinden sich mindestens neun Zehntel des Stammkapitals oder des Grundkapitals einer übertragenden Kapitalgesellschaft in der Hand einer übernehmenden Aktiengesellschaft, so ist ein Verschmelzungsbeschluß der übernehmenden Aktiengesellschaft zur Aufnahme dieser übertragenden Gesellschaft nicht erforderlich. [2]Eigene Anteile der übertragenden Gesellschaft und Anteile, die einem anderen für Rechnung dieser Gesellschaft gehören, sind vom Stammkapital oder Grundkapital abzusetzen.

(2) [1]Absatz 1 gilt nicht, wenn Aktionäre der übernehmenden Gesellschaft, deren Anteile zusammen den zwanzigsten Teil des Grundkapitals dieser Gesellschaft erreichen, die Einberufung einer Hauptversammlung verlangen, in der über die Zustimmung zu der Verschmelzung beschlossen wird. [2]Die Satzung kann das Recht, die Einberufung der Hauptversammlung zu verlangen, an den Besitz eines geringeren Teils am Grundkapital der übernehmenden Gesellschaft knüpfen.

---

[1] Abgedruckt unter **Nr. 10**.

(3) [1]Einen Monat vor dem Tage der Gesellschafterversammlung oder der Hauptversammlung der übertragenden Gesellschaft, die gemäß § 13 Abs. 1 über die Zustimmung zum Verschmelzungsvertrag beschließen soll, sind in dem Geschäftsraum der übernehmenden Gesellschaft zur Einsicht der Aktionäre die in § 63 Abs. 1 bezeichneten Unterlagen auszulegen. [2]Gleichzeitig hat der Vorstand der übernehmenden Gesellschaft einen Hinweis auf die bevorstehende Verschmelzung in den Gesellschaftsblättern der übernehmenden Gesellschaft bekanntzumachen und den Verschmelzungsvertrag oder seinen Entwurf zum Register der übernehmenden Gesellschaft einzureichen; § 61 Satz 2 ist entsprechend anzuwenden. [3]Die Aktionäre sind in der Bekanntmachung nach Satz 2 erster Halbsatz auf ihr Recht nach Absatz 2 hinzuweisen. [4]Der Anmeldung der Verschmelzung zur Eintragung in das Handelsregister ist der Nachweis der Bekanntmachung beizufügen. [5]Der Vorstand hat bei der Anmeldung zu erklären, ob ein Antrag nach Absatz 2 gestellt worden ist. [6]Auf Verlangen ist jedem Aktionär der übernehmenden Gesellschaft unverzüglich und kostenlos eine Abschrift der in Satz 1 bezeichneten Unterlagen zu erteilen.

**§ 63 Vorbereitung der Hauptversammlung.** (1) Von der Einberufung der Hauptversammlung an, die gemäß § 13 Abs. 1 über die Zustimmung zum Verschmelzungsvertrag beschließen soll, sind in dem Geschäftsraum der Gesellschaft zur Einsicht der Aktionäre auszulegen

1. der Verschmelzungsvertrag oder sein Entwurf;

2. die Jahresabschlüsse und die Lageberichte der an der Verschmelzung beteiligten Rechtsträger für die letzten drei Geschäftsjahre;

3. falls sich der letzte Jahresabschluß auf ein Geschäftsjahr bezieht, das mehr als sechs Monate vor dem Abschluß des Verschmelzungsvertrags oder der Aufstellung des Entwurfs abgelaufen ist, eine Bilanz auf einen Stichtag, der nicht vor dem ersten Tag des dritten Monats liegt, der dem Abschluß oder der Aufstellung vorausgeht (Zwischenbilanz);

4. die nach § 8 erstatteten Verschmelzungsberichte;

5. die nach § 60 in Verbindung mit § 12 erstatteten Prüfungsberichte.

(2) [1]Die Zwischenbilanz (Absatz 1 Nr. 3) ist nach den Vorschriften aufzustellen, die auf die letzte Jahresbilanz des Rechtsträgers angewendet worden sind. [2]Eine körperliche Bestandsaufnahme ist nicht erforderlich. [3]Die Wertansätze der letzten Jahresbilanz dürfen übernommen werden. [4]Dabei sind jedoch Abschreibungen, Wertberichtigungen und Rückstellungen sowie wesentliche, aus den Büchern nicht ersichtliche Veränderungen der wirklichen Werte von Vermögensgegenständen bis zum Stichtag der Zwischenbilanz zu berücksichtigen.

(3) Auf Verlangen ist jedem Aktionär unverzüglich und kostenlos eine Abschrift der in Absatz 1 bezeichneten Unterlagen zu erteilen.

**§ 64 Durchführung der Hauptversammlung.** (1) [1]In der Hauptversammlung sind die in § 63 Abs. 1 bezeichneten Unterlagen auszulegen. [2]Der Vorstand hat den Verschmelzungsvertrag oder seinen Entwurf zu Beginn der Verhandlung mündlich zu erläutern.

(2) Jedem Aktionär ist auf Verlangen in der Hauptversammlung Auskunft auch über alle für die Verschmelzung wesentlichen Angelegenheiten der anderen beteiligten Rechtsträger zu geben.

**§ 65 Beschluß der Hauptversammlung.** (1) [1]Der Verschmelzungsbeschluß der Hauptversammlung bedarf einer Mehrheit, die mindestens drei Viertel des bei der Beschlußfassung vertretenen Grundkapitals umfaßt. [2]Die Satzung kann eine größere Kapitalmehrheit und weitere Erfordernisse bestimmen.

(2) [1]Sind mehrere Gattungen von Aktien vorhanden, so bedarf der Beschluß der Hauptversammlung zu seiner Wirksamkeit der Zustimmung der stimmberechtigten Aktionäre jeder Gattung. [2]Über die Zustimmung haben die Aktionäre jeder Gattung einen Sonderbeschluß zu fassen. [3]Für diesen gilt Absatz 1.

**§ 66 Eintragung bei Erhöhung des Grundkapitals.** Erhöht die übernehmende Gesellschaft zur Durchführung der Verschmelzung ihr Grundkapital, so darf die Verschmelzung erst eingetragen werden, nachdem die Durchführung der Erhöhung des Grundkapitals im Register eingetragen worden ist.

**§ 67 Anwendung der Vorschriften über die Nachgründung.** [1]Wird der Verschmelzungsvertrag in den ersten zwei Jahren seit Eintragung der übernehmenden Gesellschaft in das Register geschlossen, so ist § 52 Abs. 3, 4, 7 bis 9 des Aktiengesetzes über die Nachgründung entsprechend anzuwenden. [2]Dies gilt nicht, wenn auf die zu gewährenden Aktien nicht mehr als der zehnte Teil des Grundkapitals dieser Gesellschaft entfällt. [3]Wird zur Durchführung der Verschmelzung das Grundkapital erhöht, so ist der Berechnung das erhöhte Grundkapital zugrunde zu legen.

**§ 68 Verschmelzung ohne Kapitalerhöhung.** (1) [1]Die übernehmende Gesellschaft darf zur Durchführung der Verschmelzung ihr Grundkapital nicht erhöhen, soweit

1. sie Anteile eines übertragenden Rechtsträgers innehat;
2. ein übertragender Rechtsträger eigene Anteile innehat oder
3. ein übertragender Rechtsträger Aktien dieser Gesellschaft besitzt, auf die der Ausgabebetrag nicht voll geleistet ist.

[2]Die übernehmende Gesellschaft braucht ihr Grundkapital nicht zu erhöhen, soweit

1. sie eigene Aktien besitzt oder
2. ein übertragender Rechtsträger Aktien dieser Gesellschaft besitzt, auf die der Ausgabebetrag bereits voll geleistet ist.

(2) Absatz 1 gilt entsprechend, wenn Inhaber der dort bezeichneten Anteile ein Dritter ist, der im eigenen Namen, jedoch in einem Fall des Absatzes 1 Satz 1 Nr. 1 oder des Absatzes 1 Satz 2 Nr. 1 für Rechnung der übernehmenden Gesellschaft oder in einem der anderen Fälle des Absatzes 1 für Rechnung des übertragenden Rechtsträgers handelt.

(3) Im Verschmelzungsvertrag festgesetzte bare Zuzahlungen dürfen nicht den zehnten Teil des auf sie gewährten Aktien der übernehmenden Gesellschaft entfallenden anteiligen Betrags ihres Grundkapitals übersteigen.

**§ 69 Verschmelzung mit Kapitalerhöhung.** (1) [1]Erhöht die übernehmende Gesellschaft zur Durchführung der Verschmelzung ihr Grundkapital, so sind § 182 Abs. 4, § 184 Abs. 2, §§ 185, 186, 187 Abs. 1, § 188 Abs. 2 und

3 Nr. 1 des Aktiengesetzes nicht anzuwenden; eine Prüfung der Sacheinlage nach § 183 Abs. 3 des Aktiengesetzes findet nur statt, soweit übertragende Rechtsträger die Rechtsform einer Personenhandelsgesellschaft, einer Partnerschaftsgesellschaft oder eines rechtsfähigen Vereins haben, wenn Vermögensgegenstände in der Schlußbilanz eines übertragenden Rechtsträgers höher bewertet worden sind als in dessen letzter Jahresbilanz, wenn die in einer Schlußbilanz angesetzten Werte nicht als Anschaffungskosten in den Jahresbilanzen der übernehmenden Gesellschaft angesetzt werden oder wenn das Gericht Zweifel hat, ob der Wert der Sacheinlage den geringsten Ausgabebetrag der dafür zu gewährenden Aktien erreicht. [2]Dies gilt auch dann, wenn das Grundkapital durch Ausgabe neuer Aktien auf Grund der Ermächtigung nach § 202 des Aktiengesetzes erhöht wird. [3]In diesem Fall ist außerdem § 203 Abs. 3 des Aktiengesetzes nicht anzuwenden.

(2) Der Anmeldung der Kapitalerhöhung zum Register sind außer den in § 188 Abs. 3 Nr. 2 des Aktiengesetzes bezeichneten Schriftstücken der Verschmelzungsvertrag und die Niederschriften der Verschmelzungsbeschlüsse in Ausfertigung oder öffentlich beglaubigter Abschrift beizufügen.

**§ 70 Geltendmachung eines Schadenersatzanspruchs.** Die Bestellung eines besonderen Vertreters nach § 26 Abs. 1 Satz 2 können nur solche Aktionäre einer übertragenden Gesellschaft beantragen, die ihre Aktien bereits gegen Anteile des übernehmenden Rechtsträgers umgetauscht haben.

**§ 71 Bestellung eines Treuhänders.** (1) [1]Jeder übertragende Rechtsträger hat für den Empfang der zu gewährenden Aktien und der baren Zuzahlungen einen Treuhänder zu bestellen. [2]Die Verschmelzung darf erst eingetragen werden, wenn der Treuhänder dem Gericht angezeigt hat, daß er im Besitz der Aktien und der im Verschmelzungsvertrag festgesetzten baren Zuzahlungen ist.

(2) § 26 Abs. 4 ist entsprechend anzuwenden.

**§ 72 Umtausch von Aktien.** (1) [1]Für den Umtausch der Aktien einer übertragenden Gesellschaft gilt § 73 Abs. 1 und 2 des Aktiengesetzes, bei Zusammenlegung von Aktien dieser Gesellschaft § 226 Abs. 1 und 2 des Aktiengesetzes über die Kraftloserklärung von Aktien entsprechend. [2]Einer Genehmigung des Gerichts bedarf es nicht.

(2) Ist der übernehmende Rechtsträger ebenfalls eine Aktiengesellschaft, so gelten ferner § 73 Abs. 3 des Aktiengesetzes sowie bei Zusammenlegung von Aktien § 73 Abs. 4 und § 226 Abs. 3 des Aktiengesetzes entsprechend.

### Zweiter Unterabschnitt. Verschmelzung durch Neugründung

**§ 73 Anzuwendende Vorschriften.** Auf die Verschmelzung durch Neugründung sind die Vorschriften des Ersten Unterabschnitts mit Ausnahme der §§ 66, 67, 68 Abs. 1 und 2 und des § 69 entsprechend anzuwenden.

**§ 74 Inhalt der Satzung.** [1]In die Satzung sind Festsetzungen über Sondervorteile, Gründungsaufwand, Sacheinlagen und Sachübernahmen, die in den Gesellschaftsverträgen, Partnerschaftsverträgen, Satzungen oder Statuten übertragender Rechtsträger enthalten waren, zu übernehmen. [2]§ 26 Abs. 4 und 5 des Aktiengesetzes bleibt unberührt.

**§ 75 Gründungsbericht und Gründungsprüfung.** (1) In dem Gründungsbericht (§ 32 des Aktiengesetzes) sind auch der Geschäftsverlauf und die Lage der übertragenden Rechtsträger darzustellen.

(2) Ein Gründungsbericht und eine Gründungsprüfung (§ 33 Abs. 2 des Aktiengesetzes) sind nicht erforderlich, soweit eine Kapitalgesellschaft oder eine eingetragene Genossenschaft übertragender Rechtsträger ist.

**§ 76 Verschmelzungsbeschlüsse.** (1) Eine übertragende Aktiengesellschaft darf die Verschmelzung erst beschließen, wenn sie und jede andere übertragende Aktiengesellschaft bereits zwei Jahre im Register eingetragen sind.

(2) [1] Die Satzung der neuen Gesellschaft wird nur wirksam, wenn ihr die Anteilsinhaber jedes der übertragenden Rechtsträger durch Verschmelzungsbeschluß zustimmen. [2] Dies gilt entsprechend für die Bestellung der Mitglieder des Aufsichtsrats der neuen Gesellschaft, soweit diese nach § 31 des Aktiengesetzes zu wählen sind. [3] Auf eine übertragende Aktiengesellschaft ist § 124 Abs. 2 Satz 2, Abs. 3 Satz 1 und 3 des Aktiengesetzes entsprechend anzuwenden.

**§ 77 Bekanntmachung der Eintragung der neuen Gesellschaft.** In die Bekanntmachung der Eintragung der neuen Gesellschaft sind außer den sonst erforderlichen Angaben die Bestimmungen des Verschmelzungsvertrags über die Zahl und, wenn mehrere Gattungen bestehen, die Gattung der Aktien, welche die neue Gesellschaft den Anteilsinhabern der übertragenden Rechtsträger gewährt, sowie über die Art und den Zeitpunkt der Zuteilung dieser Aktien aufzunehmen.

### Vierter Abschnitt. Verschmelzung unter Beteiligung von Kommanditgesellschaften auf Aktien

**§ 78 Anzuwendende Vorschriften.** [1] Auf Verschmelzungen unter Beteiligung von Kommanditgesellschaften auf Aktien sind die Vorschriften des Dritten Abschnitts entsprechend anzuwenden. [2] An die Stelle der Aktiengesellschaft und ihres Vorstands treten die Kommanditgesellschaft auf Aktien und die zu ihrer Vertretung ermächtigten persönlich haftenden Gesellschafter. [3] Der Verschmelzungsbeschluß bedarf auch der Zustimmung der persönlich haftenden Gesellschafter; die Satzung der Kommanditgesellschaft auf Aktien kann eine Mehrheitsentscheidung dieser Gesellschafter vorsehen. [4] Im Verhältnis zueinander gelten Aktiengesellschaften und Kommanditgesellschaften auf Aktien nicht als Rechtsträger anderer Rechtsform im Sinne der §§ 29 und 34.

### Fünfter Abschnitt. Verschmelzung unter Beteiligung eingetragener Genossenschaften

#### Erster Unterabschnitt. Verschmelzung durch Aufnahme

**§ 79 Möglichkeit der Verschmelzung.** Ein Rechtsträger anderer Rechtsform kann im Wege der Aufnahme mit einer eingetragenen Genossenschaft nur verschmolzen werden, wenn eine erforderliche Änderung des Statuts der übernehmenden Genossenschaft gleichzeitig mit der Verschmelzung beschlossen wird.

**§ 80 Inhalt des Verschmelzungsvertrags bei Aufnahme durch eine Genossenschaft.** (1) [1]Der Verschmelzungsvertrag oder sein Entwurf hat bei Verschmelzungen im Wege der Aufnahme durch eine eingetragene Genossenschaft für die Festlegung des Umtauschverhältnisses der Anteile (§ 5 Abs. 1 Nr. 3) die Angabe zu enthalten,

1. daß jeder Genosse einer übertragenden Genossenschaft mit einem Geschäftsanteil bei der übernehmenden Genossenschaft beteiligt wird, sofern das Statut dieser Genossenschaft die Beteiligung mit mehr als einem Geschäftsanteil nicht zuläßt, oder

2. daß jeder Genosse einer übertragenden Genossenschaft mit mindestens einem und im übrigen mit so vielen Geschäftsanteilen bei der übernehmenden Genossenschaft beteiligt wird, wie durch Anrechnung seines Geschäftsguthabens bei der übertragenden Genossenschaft als voll eingezahlt anzusehen sind, sofern das Statut der übernehmenden Genossenschaft die Beteiligung eines Genossen mit mehreren Geschäftsanteilen zuläßt oder die Genossen zur Übernahme mehrerer Geschäftsanteile verpflichtet; der Verschmelzungsvertrag oder sein Entwurf kann eine andere Berechnung der Zahl der zu gewährenden Geschäftsanteile vorsehen.

[2]Bei Verschmelzungen im Wege der Aufnahme eines Rechtsträgers anderer Rechtsform durch eine eingetragene Genossenschaft hat der Verschmelzungsvertrag oder sein Entwurf zusätzlich für jeden Anteilsinhaber eines solchen Rechtsträgers den Betrag des Geschäftsanteils und die Zahl der Geschäftsanteile anzugeben, mit denen er bei der Genossenschaft beteiligt wird.

(2) Der Verschmelzungsvertrag oder sein Entwurf hat für jede übertragende Genossenschaft den Stichtag der Schlußbilanz anzugeben.

**§ 81 Gutachten des Prüfungsverbandes.** (1) [1]Vor der Einberufung der Generalversammlung, die gemäß § 13 Abs. 1 über die Zustimmung zum Verschmelzungsvertrag beschließen soll, ist für jede beteiligte Genossenschaft eine gutachtliche Äußerung des Prüfungsverbandes einzuholen, ob die Verschmelzung mit den Belangen der Genossen und der Gläubiger der Genossenschaft vereinbar ist (Prüfungsgutachten). [2]Das Prüfungsgutachten kann für mehrere beteiligte Genossenschaften auch gemeinsam erstattet werden.

(2) Liegen die Voraussetzungen des Artikels 25 Abs. 1 des Einführungsgesetzes zum Handelsgesetzbuche[1]) in der Fassung des Artikels 21 § 5 Abs. 2 des Gesetzes vom 25. Juli 1988 (BGBl. I S. 1093) vor, so kann die Prüfung der Verschmelzung (§§ 9 bis 12) für die dort bezeichneten Rechtsträger auch von dem zuständigen Prüfungsverband durchgeführt werden.

**§ 82 Vorbereitung der Generalversammlung.** (1) [1]Von der Einberufung der Generalversammlung an, die gemäß § 13 Abs. 1 über die Zustimmung zum Verschmelzungsvertrag beschließen soll, sind auch in dem Geschäftsraum jeder beteiligten Genossenschaft die in § 63 Abs. 1 Nr. 1 bis 4 bezeichneten Unterlagen sowie die nach § 81 erstatteten Prüfungsgutachten zur Einsicht der Genossen auszulegen. [2]Dazu erforderliche Zwischenbilanzen sind gemäß § 63 Abs. 2 aufzustellen.

---

[1]) Abgedruckt in **dtv 5002 „HGB"**.

(2) Auf Verlangen ist jedem Genossen unverzüglich und kostenlos eine Abschrift der in Absatz 1 bezeichneten Unterlagen zu erteilen.

**§ 83 Durchführung der Generalversammlung.** (1) [1]In der Generalversammlung sind die in § 63 Abs. 1 Nr. 1 bis 4 bezeichneten Unterlagen sowie die nach § 81 erstatteten Prüfungsgutachten auszulegen. [2]Der Vorstand hat den Verschmelzungsvertrag oder seinen Entwurf zu Beginn der Verhandlung mündlich zu erläutern. [3]§ 64 Abs. 2 ist entsprechend anzuwenden.

(2) [1]Das für die beschließende Genossenschaft erstattete Prüfungsgutachten ist in der Generalversammlung zu verlesen. [2]Der Prüfungsverband ist berechtigt, an der Generalversammlung beratend teilzunehmen.

**§ 84 Beschluß der Generalversammlung.** [1]Der Verschmelzungsbeschluß der Generalversammlung bedarf einer Mehrheit von drei Vierteln der abgegebenen Stimmen. [2]Das Statut kann eine größere Mehrheit und weitere Erfordernisse bestimmen.

**§ 85 Verbesserung des Umtauschverhältnisses.** (1) Bei der Verschmelzung von Genossenschaften miteinander ist § 15 nur anzuwenden, wenn und soweit das Geschäftsguthaben eines Genossen in der übernehmenden Genossenschaft niedriger als das Geschäftsguthaben in der übertragenden Genossenschaft ist.

(2) Der Anspruch nach § 15 kann auch durch Zuschreibung auf das Geschäftsguthaben erfüllt werden, soweit nicht der Gesamtbetrag der Geschäftsanteile des Genossen bei der übernehmenden Genossenschaft überschritten wird.

**§ 86 Anlagen der Anmeldung.** (1) Der Anmeldung der Verschmelzung ist außer den sonst erforderlichen Unterlagen auch das für die anmeldende Genossenschaft erstattete Prüfungsgutachten in Urschrift oder in öffentlich beglaubigter Abschrift beizufügen.

(2) Der Anmeldung zur Eintragung in das Register des Sitzes des übernehmenden Rechtsträgers ist ferner jedes andere für eine übertragende Genossenschaft erstattete Prüfungsgutachten in Urschrift oder in öffentlich beglaubigter Abschrift beizufügen.

**§ 87 Anteilstausch.** (1) [1]Auf Grund der Verschmelzung ist jeder Genosse einer übertragenden Genossenschaft entsprechend dem Verschmelzungsvertrag an dem übernehmenden Rechtsträger beteiligt. [2]Eine Verpflichtung, bei einer übernehmenden Genossenschaft weitere Geschäftsanteile zu übernehmen, bleibt unberührt. [3]Rechte Dritter an den Geschäftsguthaben bei einer übertragenden Genossenschaft bestehen an den Anteilen oder Mitgliedschaften des übernehmenden Rechtsträgers anderer Rechtsform weiter, die an die Stelle der Geschäftsanteile der übertragenden Genossenschaft treten. [4]Rechte Dritter an den Anteilen oder Mitgliedschaften des übertragenden Rechtsträgers bestehen an den bei der übernehmenden Genossenschaft erlangten Geschäftsguthaben weiter.

(2) [1]Übersteigt das Geschäftsguthaben, das der Genosse bei einer übertragenden Genossenschaft hatte, den Gesamtbetrag der Geschäftsanteile, mit de-

nen er nach Absatz 1 bei einer übernehmenden Genossenschaft beteiligt ist, so ist der übersteigende Betrag nach Ablauf von sechs Monaten seit dem Tage, an dem die Eintragung der Verschmelzung in das Register des Sitzes der übernehmenden Genossenschaft nach § 19 Abs. 3 als bekanntgemacht gilt, an den Genossen auszuzahlen; die Auszahlung darf jedoch nicht erfolgen, bevor die Gläubiger, die sich nach § 22 gemeldet haben, befriedigt oder sichergestellt sind. ²Im Verschmelzungsvertrag festgesetzte bare Zuzahlungen dürfen nicht den zehnten Teil des Gesamtnennbetrags der gewährten Geschäftsanteile der übernehmenden Genossenschaft übersteigen.

(3) Für die Berechnung des Geschäftsguthabens, das dem Genossen bei einer übertragenden Genossenschaft zugestanden hat, ist deren Schlußbilanz maßgebend.

**§ 88 Geschäftsguthaben bei der Aufnahme von Kapitalgesellschaften und rechtsfähigen Vereinen.** (1) ¹Ist an der Verschmelzung eine Kapitalgesellschaft als übertragender Rechtsträger beteiligt, so ist jedem Anteilsinhaber dieser Gesellschaft als Geschäftsguthaben bei der übernehmenden Genossenschaft der Wert der Geschäftsanteile oder der Aktien gutzuschreiben, mit denen er an der übertragenden Gesellschaft beteiligt war. ²Für die Feststellung des Wertes dieser Beteiligung ist die Schlußbilanz der übertragenden Gesellschaft maßgebend. ³Übersteigt das durch die Verschmelzung erlangte Geschäftsguthaben eines Genossen den Gesamtbetrag der Geschäftsanteile, mit denen er bei der übernehmenden Genossenschaft beteiligt ist, so ist der übersteigende Betrag nach Ablauf von sechs Monaten seit dem Tage, an dem die Eintragung der Verschmelzung in das Register des Sitzes der übernehmenden Genossenschaft nach § 19 Abs. 3 als bekanntgemacht gilt, an den Genossen auszuzahlen; die Auszahlung darf jedoch nicht erfolgen, bevor die Gläubiger, die sich nach § 22 gemeldet haben, befriedigt oder sichergestellt sind.

(2) Ist an der Verschmelzung ein rechtsfähiger Verein als übertragender Rechtsträger beteiligt, so kann jedem Mitglied dieses Vereins als Geschäftsguthaben bei der übernehmenden Genossenschaft höchstens der Nennbetrag der Geschäftsanteile gutgeschrieben werden, mit denen es an der übernehmenden Genossenschaft beteiligt ist.

**§ 89 Eintragung der Genossen in die Mitgliederliste; Benachrichtigung.** (1) ¹Die übernehmende Genossenschaft hat jeden neuen Genossen nach der Eintragung der Verschmelzung in das Register des Sitzes der übernehmenden Genossenschaft unverzüglich in die Mitgliederliste einzutragen und hiervon unverzüglich zu benachrichtigen. ²Sie hat ferner die Zahl der Geschäftsanteile des Genossen einzutragen, sofern der Genosse mit mehr als einem Geschäftsanteil beteiligt ist.

(2) Die übernehmende Genossenschaft hat jedem Anteilsinhaber eines übertragenden Rechtsträgers, bei unbekannten Aktionären dem Treuhänder der übertragenden Gesellschaft, unverzüglich schriftlich mitzuteilen:

1. den Betrag des Geschäftsguthabens bei der übernehmenden Genossenschaft;

2. den Betrag des Geschäftsanteils bei der übernehmenden Genossenschaft;

3. die Zahl der Geschäftsanteile, mit denen der Anteilsinhaber bei der übernehmenden Genossenschaft beteiligt ist;

4. den Betrag der von dem Genossen nach Anrechnung seines Geschäftsguthabens noch zu leistenden Einzahlung oder den Betrag, der ihm nach § 87 Abs. 2 oder nach § 88 Abs. 1 auszuzahlen ist, sowie

5. den Betrag der Haftsumme der übernehmenden Genossenschaft, sofern deren Genossen Nachschlüsse bis zu einer Haftsumme zu leisten haben.

**§ 90 Ausschlagung durch einzelne Anteilsinhaber.** (1) Die §§ 29 bis 34 sind auf die Genossen einer übertragenden Genossenschaft nicht anzuwenden.

(2) Auf der Verschmelzungswirkung beruhende Anteile und Mitgliedschaften an dem übernehmenden Rechtsträger gelten als nicht erworben, wenn sie ausgeschlagen werden.

(3) ¹Das Recht zur Ausschlagung hat jeder Genosse einer übertragenden Genossenschaft, wenn er in der Generalversammlung oder als Vertreter in der Vertreterversammlung, die gemäß § 13 Abs. 1 über die Zustimmung zum Verschmelzungsvertrag beschließen soll,

1. erscheint und gegen den Verschmelzungsbeschluß Widerspruch zur Niederschrift erklärt oder

2. nicht erscheint, sofern er zu der Versammlung zu Unrecht nicht zugelassen worden ist oder die Versammlung nicht ordnungsgemäß einberufen oder der Gegenstand der Beschlußfassung nicht ordnungsgemäß bekanntgemacht worden ist.

²Wird der Verschmelzungsbeschluß einer übertragenden Genossenschaft von einer Vertreterversammlung gefaßt, so steht das Recht zur Ausschlagung auch jedem anderen Genossen dieser Genossenschaft zu, der im Zeitpunkt der Beschlußfassung nicht Vertreter ist.

**§ 91 Form und Frist der Ausschlagung.** (1) Die Ausschlagung ist gegenüber dem übernehmenden Rechtsträger schriftlich zu erklären.

(2) Die Ausschlagung kann nur binnen sechs Monaten nach dem Tage erklärt werden, an dem die Eintragung der Verschmelzung in das Register des Sitzes des übernehmenden Rechtsträgers nach § 19 Abs. 3 als bekanntgemacht gilt.

(3) Die Ausschlagung kann nicht unter einer Bedingung oder einer Zeitbestimmung erklärt werden.

**§ 92 Eintragung der Ausschlagung in die Mitgliederliste.** (1) Die übernehmende Genossenschaft hat jede Ausschlagung unverzüglich in die Mitgliederliste einzutragen und den Genossen von der Eintragung unverzüglich zu benachrichtigen.

(2) Die Ausschlagung wird in dem Zeitpunkt wirksam, in dem die Ausschlagungserklärung dem übernehmenden Rechtsträger zugeht.

**§ 93 Auseinandersetzung.** (1) ¹Mit einem früheren Genossen, dessen Beteiligung an dem übernehmenden Rechtsträger nach § 90 Abs. 2 als nicht erworben gilt, hat der übernehmende Rechtsträger sich auseinanderzusetzen. ²Maßgebend ist die Schlußbilanz der übertragenden Genossenschaft.

(2) Dieser Genosse kann die Auszahlung des Geschäftsguthabens, das er bei der übertragenden Genossenschaft hatte, verlangen; an den Rücklagen und

dem sonstigen Vermögen der übertragenden Genossenschaft hat er vorbehaltlich des § 73 Abs. 3 des Gesetzes betreffend die Erwerbs- und Wirtschaftsgenossenschaften[1]) keinen Anteil, auch wenn sie bei der Verschmelzung den Geschäftsguthaben anderer Genossen, die von dem Recht zur Ausschlagung keinen Gebrauch machen, zugerechnet werden.

(3) [1]Reichen die Geschäftsguthaben und die in der Schlußbilanz einer übertragenden Genossenschaft ausgewiesenen Rücklagen zur Deckung eines in dieser Bilanz ausgewiesenen Verlustes nicht aus, so kann der übernehmende Rechtsträger von dem früheren Genossen, dessen Beteiligung als nicht erworben gilt, die Zahlung des anteiligen Fehlbetrags verlangen, wenn und soweit dieser Genosse im Falle der Insolvenz Nachschüsse an die übertragende Genossenschaft zu leisten gehabt hätte. [2]Der anteilige Fehlbetrag wird, falls das Statut der übertragenden Genossenschaft nichts anderes bestimmt, nach der Zahl ihrer Genossen berechnet.

(4) [1]Die Ansprüche verjähren in fünf Jahren. [2]Die Verjährung beginnt mit dem Schluß des Kalenderjahres, in dem die Ansprüche fällig geworden sind.

**§ 94 Auszahlung des Auseinandersetzungsguthabens.** Ansprüche auf Auszahlung des Geschäftsguthabens nach § 93 Abs. 2 sind binnen sechs Monaten seit der Ausschlagung zu befriedigen; die Auszahlung darf jedoch nicht erfolgen, bevor die Gläubiger, die sich nach § 22 gemeldet haben, befriedigt oder sichergestellt sind, und nicht vor Ablauf von sechs Monaten seit dem Tag, an dem die Eintragung der Verschmelzung in das Register des Sitzes des übernehmenden Rechtsträgers nach § 19 Abs. 3 als bekanntgemacht gilt.

**§ 95 Fortdauer der Nachschußpflicht.** (1) [1]Ist die Haftsumme bei einer übernehmenden Genossenschaft geringer, als sie bei einer übertragenden Genossenschaft war, oder haften den Gläubigern eines übernehmenden Rechtsträgers nicht alle Anteilsinhaber dieses Rechtsträgers unbeschränkt, so haben zur Befriedigung der Gläubiger der übertragenden Genossenschaft diejenigen Anteilsinhaber, die Mitglieder der übertragenden Genossenschaft waren, weitere Nachschüsse bis zur Höhe der Haftsumme bei der übertragenden Genossenschaft zu leisten, sofern die Gläubiger, die sich nach § 22 gemeldet haben, wegen ihrer Forderung Befriedigung oder Sicherstellung auch nicht aus den von den Genossen eingezogenen Nachschüssen erlangen können. [2]Für die Einziehung der Nachschüsse gelten die §§ 105 bis 115a des Gesetzes betreffend die Erwerbs- und Wirtschaftsgenossenschaften[1]) entsprechend.

(2) Absatz 1 ist nur anzuwenden, wenn das Insolvenzverfahren über das Vermögen des übernehmenden Rechtsträgers binnen zwei Jahren nach dem Tage eröffnet wird, an dem die Eintragung der Verschmelzung in das Register des Sitzes dieses Rechtsträgers nach § 19 Abs. 3 als bekanntgemacht gilt.

### Zweiter Unterabschnitt. Verschmelzung durch Neugründung

**§ 96 Anzuwendende Vorschriften.** Auf die Verschmelzung durch Neugründung sind die Vorschriften des Ersten Unterabschnitts entsprechend anzuwenden.

---

[1]) Abgedruckt in **dtv 5584 „GenG".**

**§ 97 Pflichten der Vertretungsorgane der übertragenden Rechtsträger.** (1) Das Statut der neuen Genossenschaft ist durch sämtliche Mitglieder des Vertretungsorgans jedes der übertragenden Rechtsträger aufzustellen und zu unterzeichnen.

(2) [1] Die Vertretungsorgane aller übertragenden Rechtsträger haben den ersten Aufsichtsrat der neuen Genossenschaft zu bestellen. [2] Das gleiche gilt für die Bestellung des ersten Vorstands, sofern nicht durch das Statut der neuen Genossenschaft anstelle der Wahl durch die Generalversammlung eine andere Art der Bestellung des Vorstands festgesetzt ist.

**§ 98 Verschmelzungsbeschlüsse.** [1] Das Statut der neuen Genossenschaft wird nur wirksam, wenn ihm die Anteilsinhaber jedes der übertragenden Rechtsträger durch Verschmelzungsbeschluß zustimmen. [2] Dies gilt entsprechend für die Bestellung der Mitglieder des Vorstands und des Aufsichtsrats der neuen Genossenschaft, für die Bestellung des Vorstands jedoch nur, wenn dieser von den Vertretungsorganen aller übertragenden Rechtsträger bestellt worden ist.

### Sechster Abschnitt. Verschmelzung unter Beteiligung rechtsfähiger Vereine

**§ 99 Möglichkeit der Verschmelzung.** (1) Ein rechtsfähiger Verein kann sich an einer Verschmelzung nur beteiligen, wenn die Satzung des Vereins oder Vorschriften des Landesrechts nicht entgegenstehen.

(2) Ein eingetragener Verein darf im Wege der Verschmelzung Rechtsträger anderer Rechtsform nicht aufnehmen und durch die Verschmelzung solcher Rechtsträger nicht gegründet werden.

**§ 100 Prüfung der Verschmelzung.** [1] Der Verschmelzungsvertrag oder sein Entwurf ist für einen wirtschaftlichen Verein nach den §§ 9 bis 12 zu prüfen. [2] Bei einem eingetragenen Verein ist diese Prüfung nur erforderlich, wenn mindestens zehn vom Hundert der Mitglieder sie schriftlich verlangen.

**§ 101 Vorbereitung der Mitgliederversammlung.** (1) [1] Von der Einberufung der Mitgliederversammlung an, die gemäß § 13 Abs. 1 über die Zustimmung zum Verschmelzungsvertrag beschließen soll, sind in dem Geschäftsraum des Vereins die in § 63 Abs. 1 Nr. 1 bis 4 bezeichneten Unterlagen sowie ein nach § 100 erforderlicher Prüfungsbericht zur Einsicht der Mitglieder auszulegen. [2] Dazu erforderliche Zwischenbilanzen sind gemäß § 63 Abs. 2 aufzustellen.

(2) Auf Verlangen ist jedem Mitglied unverzüglich und kostenlos eine Abschrift der in Absatz 1 bezeichneten Unterlagen zu erteilen.

**§ 102 Durchführung der Mitgliederversammlung.** [1] In der Mitgliederversammlung sind die in § 63 Abs. 1 Nr. 1 bis 4 bezeichneten Unterlagen sowie ein nach § 100 erforderlicher Prüfungsbericht auszulegen. [2] § 64 Abs. 1 Satz 2 und Abs. 2 ist entsprechend anzuwenden.

**§ 103 Beschluß der Mitgliederversammlung.** [1] Der Verschmelzungsbeschluß der Mitgliederversammlung bedarf einer Mehrheit von drei Vierteln der erschienenen Mitglieder. [2]Die Satzung kann eine größere Mehrheit und weitere Erfordernisse bestimmen.

**§ 104 Bekanntmachung der Verschmelzung.** (1) [1]Ist ein übertragender wirtschaftlicher Verein nicht in ein Handelsregister eingetragen, so hat sein Vorstand die bevorstehende Verschmelzung durch den Bundesanzeiger und durch mindestens ein anderes Blatt bekanntzumachen. [2]Die Bekanntmachung im Bundesanzeiger tritt an die Stelle der Eintragung im Register. [3]Sie ist mit einem Vermerk zu versehen, daß die Verschmelzung erst mit der Eintragung im Register des Sitzes des übernehmenden Rechtsträgers wirksam wird. [4]Die §§ 16 und 17 Abs. 1 und § 19 Abs. 1 Satz 2, Abs. 2 und Abs. 3 Satz 1 sind nicht anzuwenden, soweit sie sich auf die Anmeldung und Eintragung dieses übertragenden Vereins beziehen.

(2) Die Schlußbilanz eines solchen übertragenden Vereins ist der Anmeldung zum Register des Sitzes des übernehmenden Rechtsträgers beizufügen.

**§ 104 a Ausschluß der Barabfindung in bestimmten Fällen.** Die §§ 29 bis 34 sind auf die Verschmelzung eines eingetragenen Vereins, der nach § 5 Abs. 1 Nr. 9 des Körperschaftsteuergesetzes von der Körperschaftsteuer befreit ist, nicht anzuwenden.

### Siebenter Abschnitt. Verschmelzung genossenschaftlicher Prüfungsverbände

**§ 105 Möglichkeit der Verschmelzung.** Genossenschaftliche Prüfungsverbände können nur im Wege der Aufnahme eines Verbandes (übertragender Verband) durch einen anderen Verband (übernehmender Verband) verschmolzen werden.

**§ 106 Vorbereitung, Durchführung und Beschluß der Mitgliederversammlung.** Auf die Vorbereitung, die Durchführung und den Beschluß der Mitgliederversammlung sind die §§ 101 bis 103 entsprechend anzuwenden.

**§ 107 Pflichten der Vorstände.** (1) [1]Die Vorstände beider Verbände haben die Verschmelzung gemeinschaftlich unverzüglich zur Eintragung in die Register des Sitzes jedes Verbandes anzumelden, soweit der Verband eingetragen ist. [2]Ist der übertragende Verband nicht eingetragen, so ist § 104 entsprechend anzuwenden.

(2) Die Vorstände haben ferner gemeinschaftlich den für die Verleihung des Prüfungsrechts zuständigen obersten Landesbehörden (§ 63 des Gesetzes betreffend die Erwerbs- und Wirtschaftsgenossenschaften)[1]) die Eintragung unverzüglich mitzuteilen.

(3) Der Vorstand des übernehmenden Verbandes hat die Mitglieder unverzüglich von der Eintragung zu benachrichtigen.

**§ 108 Austritt von Mitgliedern des übertragenden Verbandes.** Tritt ein ehemaliges Mitglied des übertragenden Verbandes gemäß § 39 des Bür-

---

[1]) Abgedruckt in **dtv 5584 „GenG".**

gerlichen Gesetzbuchs aus dem übernehmenden Verband aus, so sind Bestimmungen der Satzung des übernehmenden Verbandes, die gemäß § 39 Abs. 2 des Bürgerlichen Gesetzbuchs eine längere Kündigungsfrist als zum Schlusse des Geschäftsjahres vorsehen, nicht anzuwenden.

### Achter Abschnitt. Verschmelzung von Versicherungsvereinen auf Gegenseitigkeit

#### Erster Unterabschnitt. Möglichkeit der Verschmelzung

**§ 109 Verschmelzungsfähige Rechtsträger.** [1]Versicherungsvereine auf Gegenseitigkeit können nur miteinander verschmolzen werden. [2]Sie können ferner im Wege der Verschmelzung durch eine Aktiengesellschaft, die den Betrieb von Versicherungsgeschäften zum Gegenstand hat (Versicherungs-Aktiengesellschaft), aufgenommen werden.

#### Zweiter Unterabschnitt. Verschmelzung durch Aufnahme

**§ 110 Inhalt des Verschmelzungsvertrags.** Sind nur Versicherungsvereine auf Gegenseitigkeit an der Verschmelzung beteiligt, braucht der Verschmelzungsvertrag oder sein Entwurf die Angaben nach § 5 Abs. 1 Nr. 3 bis 5 und 7 nicht zu enthalten.

**§ 111 Bekanntmachung des Verschmelzungsvertrags.** [1]Der Verschmelzungsvertrag oder sein Entwurf ist vor der Einberufung der obersten Vertretung, die gemäß § 13 Abs. 1 über die Zustimmung zum Verschmelzungsvertrag beschließen soll, zum Register einzureichen. [2]Das Gericht hat in den für die Bekanntmachung seiner Eintragungen bestimmten Blättern (§ 10 des Handelsgesetzbuchs) einen Hinweis darauf bekanntzumachen, daß der Vertrag oder sein Entwurf beim Handelsregister eingereicht worden ist.

**§ 112 Vorbereitung, Durchführung und Beschluß der Versammlung der obersten Vertretung.** (1) [1]Von der Einberufung der Versammlung der obersten Vertretung an, die gemäß § 13 Abs. 1 über die Zustimmung zum Verschmelzungsvertrag beschließen soll, sind in dem Geschäftsraum des Vereins die in § 63 Abs. 1 bezeichneten Unterlagen zur Einsicht der Mitglieder auszulegen. [2]Dazu erforderliche Zwischenbilanzen sind gemäß § 63 Abs. 2 aufzustellen.

(2) [1]In der Versammlung der obersten Vertretung sind die in § 63 Abs. 1 bezeichneten Unterlagen auszulegen. [2]§ 64 Abs. 1 Satz 2 und Abs. 2 ist entsprechend anzuwenden.

(3) [1]Der Verschmelzungsbeschluß der obersten Vertretung bedarf einer Mehrheit von drei Vierteln der abgegebenen Stimmen. [2]Die Satzung kann eine größere Mehrheit und weitere Erfordernisse bestimmen.

**§ 113 Keine gerichtliche Nachprüfung.** Sind nur Versicherungsvereine auf Gegenseitigkeit an der Verschmelzung beteiligt, findet eine gerichtliche Nachprüfung des Umtauschverhältnisses der Mitgliedschaften nicht statt.

### Dritter Unterabschnitt. Verschmelzung durch Neugründung

**§ 114 Anzuwendende Vorschriften.** Auf die Verschmelzung durch Neugründung sind die Vorschriften des Zweiten Unterabschnitts entsprechend anzuwenden, soweit sich aus den folgenden Vorschriften nichts anderes ergibt.

**§ 115 Bestellung der Vereinsorgane.** [1]Die Vorstände der übertragenden Vereine haben den ersten Aufsichtsrat des neuen Rechtsträgers und den Abschlußprüfer für das erste Voll- oder Rumpfgeschäftsjahr zu bestellen. [2]Die Bestellung bedarf notarieller Beurkundung. [3]Der Aufsichtsrat bestellt den ersten Vorstand.

**§ 116 Beschlüsse der obersten Vertretungen.** (1) [1]Die Satzung des neuen Rechtsträgers und die Bestellung seiner Aufsichtsratsmitglieder bedürfen der Zustimmung der übertragenden Vereine durch Verschmelzungsbeschlüsse. [2]§ 76 Abs. 2 und § 112 Abs. 3 sind entsprechend anzuwenden.

(2) [1]In der Bekanntmachung der Tagesordnung eines Vereins ist der wesentliche Inhalt des Verschmelzungvertrags bekanntzumachen. [2]In der Bekanntmachung haben der Vorstand und der Aufsichtsrat, zur Wahl von Aufsichtsratsmitgliedern und Prüfern nur der Aufsichtsrat, Vorschläge zur Beschlußfassung zu machen. [3]Hat der Aufsichtsrat auch aus Aufsichtsratsmitgliedern der Arbeitnehmer zu bestehen, so bedürfen Beschlüsse des Aufsichtsrats über Vorschläge zur Wahl von Aufsichtsratsmitgliedern nur der Mehrheit der Stimmen der Aufsichtsratsmitglieder der Mitglieder des Vereins.

**§ 117 Entstehung und Bekanntmachung des neuen Vereins.** (1) [1]Vor der Eintragung in das Register besteht ein neuer Verein als solcher nicht. [2]Wer vor der Eintragung des Vereins in seinem Namen handelt, haftet persönlich; handeln mehrere, so haften sie als Gesamtschuldner.

(2) [1]In die Bekanntmachung der Eintragung eines neuen Vereins sind außer deren sonst erforderlichen Inhalt Name, Beruf und Wohnort der Mitglieder des ersten Aufsichtsrats aufzunehmen. [2]Zugleich ist bekanntzumachen, daß die mit der Anmeldung eingereichten Schriftstücke bei dem Gericht eingesehen werden können.

### Vierter Unterabschnitt. Verschmelzung kleinerer Vereine

**§ 118 Anzuwendende Vorschriften.** [1]Auf die Verschmelzung kleinerer Vereine im Sinne des § 53 des Versicherungsaufsichtsgesetzes sind die Vorschriften des Zweiten und des Dritten Unterabschnitts entsprechend anzuwenden. [2]Dabei treten bei kleineren Vereinen an die Stelle der Anmeldung zur Eintragung in das Register der Antrag an die Aufsichtsbehörde auf Genehmigung, an die Stelle der Eintragung in das Register und ihrer Bekanntmachung die Bekanntmachung im Bundesanzeiger nach § 119.

**§ 119 Bekanntmchung der Verschmelzung.** Sobald die Verschmelzung von allen beteiligten Aufsichtsbehörden genehmigt worden ist, macht die für den übernehmenden kleineren Verein zuständige Aufsichtsbehörde, bei einer Verschmelzung durch Neugründung eines kleineren Vereins die für den neuen Verein zuständige Aufsichtsbehörde die Verschmelzung und ihre Genehmigung im Bundesanzeiger sowie in den weiteren Blättern bekannt, die für die Bekanntmachungen der Amtsgerichte bestimmt sind, in deren Bezirken die beteiligten kleineren Vereine ihren Sitz haben.

### Neunter Abschnitt. Verschmelzung von Kapitalgesellschaften mit dem Vermögen eines Alleingesellschafters

**§ 120 Möglichkeit der Verschmelzung.** (1) Ist eine Verschmelzung nach den Vorschriften des Ersten bis Achten Abschnitts nicht möglich, so kann eine Kapitalgesellschaft im Wege der Aufnahme mit dem Vermögen eines Gesellschafters oder eines Aktionärs verschmolzen werden, sofern sich alle Geschäftsanteile oder alle Aktien der Gesellschaft in der Hand des Gesellschafters oder Aktionärs befinden.

(2) Befinden sich eigene Anteile in der Hand der Kapitalgesellschaft, so werden sie bei der Feststellung der Voraussetzungen der Verschmelzung dem Gesellschafter oder Aktionär zugerechnet.

**§ 121 Anzuwendende Vorschriften.** Auf die Kapitalgesellschaft sind die für ihre Rechtsform geltenden Vorschriften des Ersten und Zweiten Teils anzuwenden.

**§ 122 Eintragung in das Handelsregister.** (1) Ein noch nicht in das Handelsregister eingetragener Alleingesellschafter oder Alleinaktionär ist nach den Vorschriften des Handelsgesetzbuchs in das Handelsregister einzutragen; § 18 Abs. 1 bleibt unberührt.

(2) Kommt eine Eintragung nicht in Betracht, treten die in § 20 genannten Wirkungen durch die Eintragung der Verschmelzung in das Register des Sitzes der übertragenden Kapitalgesellschaft ein.

### Drittes Buch. Spaltung

### Erster Teil. Allgemeine Vorschriften

#### Erster Abschnitt. Möglichkeit der Spaltung

**§ 123 Arten der Spaltung.** (1) Ein Rechtsträger (übertragender Rechtsträger) kann unter Auflösung ohne Abwicklung sein Vermögen aufspalten

1. zur Aufnahme durch gleichzeitige Übertragung der Vermögensteile jeweils als Gesamtheit auf andere bestehende Rechtsträger (übernehmende Rechtsträger) oder

2. zur Neugründung durch gleichzeitige Übertragung der Vermögensteile jeweils als Gesamtheit auf andere, von ihm dadurch gegründete neue Rechtsträger

gegen Gewährung von Anteilen oder Mitgliedschaften dieser Rechtsträger an die Anteilsinhaber des übertragenden Rechtsträgers (Aufspaltung).

(2) Ein Rechtsträger (übertragender Rechtsträger) kann von seinem Vermögen einen Teil oder mehrere Teile abspalten

1. zur Aufnahme durch Übertragung dieses Teils oder dieser Teile jeweils als Gesamtheit auf einen bestehenden oder mehrere bestehende Rechtsträger (übernehmende Rechtsträger) oder

2. zur Neugründung durch Übertragung dieses Teils oder dieser Teile jeweils als Gesamtheit auf einen oder mehrere, von ihm dadurch gegründeten neuen oder gegründete neue Rechtsträger

gegen Gewährung von Anteilen oder Mitgliedschaften dieses Rechtsträgers oder dieser Rechtsträger an die Anteilsinhaber des übertragenden Rechtsträgers (Abspaltung).

(3) Ein Rechtsträger (übertragender Rechtsträger) kann aus seinem Vermögen einen Teil oder mehrere Teile ausgliedern

1. zur Aufnahme durch Übertragung dieses Teils oder dieser Teile jeweils als Gesamtheit auf einen bestehenden oder mehrere bestehende Rechtsträger (übernehmende Rechtsträger) oder

2. zur Neugründung durch Übertragung dieses Teils oder dieser Teile jeweils als Gesamtheit auf einen oder mehrere, von ihm dadurch gegründeten neuen oder gegründete neue Rechtsträger

gegen Gewährung von Anteilen oder Mitgliedschaften dieses Rechtsträgers oder dieser Rechtsträger an den übertragenden Rechtsträger (Ausgliederung).

(4) Die Spaltung kann auch durch gleichzeitige Übertragung auf bestehende und neue Rechtsträger erfolgen.

**§ 124 Spaltungsfähige Rechtsträger.** (1) An einer Aufspaltung oder einer Abspaltung können als übertragende, übernehmende oder neue Rechtsträger die in § 3 Abs. 1 genannten Rechtsträger sowie als übertragende Rechtsträger wirtschaftliche Vereine, an einer Ausgliederung können als übertragende, übernehmende oder neue Rechtsträger die in § 3 Abs. 1 genannten Rechtsträger sowie als übertragende Rechtsträger wirtschaftliche Vereine, Einzelkaufleute, Stiftungen sowie Gebietskörperschaften oder Zusammenschlüsse von Gebietskörperschaften, die nicht Gebietskörperschaften sind, beteiligt sein.

(2) § 3 Abs. 3 und 4 ist auf die Spaltung entsprechend anzuwenden.

**§ 125 Anzuwendende Vorschriften.** [1]Auf die Spaltung sind die Vorschriften des Zweiten Buches mit Ausnahme des § 9 Abs. 2, bei Abspaltung und Ausgliederung mit Ausnahme des § 18 sowie bei Ausgliederung mit Ausnahme des § 14 Abs. 2 und der §§ 15, 29 bis 34, 54, 68 und 71 entsprechend anzuwenden, soweit sich aus diesem Buch nichts anderes ergibt. [2]Eine Prüfung im Sinne der §§ 9 bis 12 findet bei Ausgliederung nicht statt. [3]An die Stelle der übertragenden Rechtsträger tritt der übertragende Rechtsträger, an die Stelle des übernehmenden oder neuen Rechtsträgers treten gegebenenfalls die übernehmenden oder neuen Rechtsträger.

### Zweiter Abschnitt. Spaltung zur Aufnahme

**§ 126 Inhalt des Spaltungs- und Übernahmevertrags.** (1) Der Spaltungs- und Übernahmevertrag oder sein Entwurf muß mindestens folgende Angaben enthalten:

1. den Namen oder die Firma und den Sitz der an der Spaltung beteiligten Rechtsträger;

2. die Vereinbarung über die Übertragung der Teile des Vermögens des übertragenden Rechtsträgers jeweils als Gesamtheit gegen Gewährung von Anteilen oder Mitgliedschaften an den übernehmenden Rechtsträgern;

3. bei Aufspaltung und Abspaltung das Umtauschverhältnis der Anteile und gegebenenfalls die Höhe der baren Zuzahlung oder Angaben über die Mitgliedschaft bei den übernehmenden Rechtsträgern;

4. bei Aufspaltung und Abspaltung die Einzelheiten für die Übertragung der Anteile der übernehmenden Rechtsträger oder über den Erwerb der Mitgliedschaft bei den übernehmenden Rechtsträgern;

5. den Zeitpunkt, von dem an diese Anteile oder die Mitgliedschaft einen Anspruch auf einen Anteil am Bilanzgewinn gewähren, sowie alle Besonderheiten in bezug auf diesen Anspruch;

6. den Zeitpunkt, von dem an die Handlungen des übertragenden Rechtsträgers als für Rechnung jedes der übernehmenden Rechtsträger vorgenommen gelten (Spaltungsstichtag);

7. die Rechte, welche die übernehmenden Rechtsträger einzelnen Anteilsinhabern sowie den Inhabern besonderer Rechte wie Anteile ohne Stimmrecht, Vorzugsaktien, Mehrstimmrechtsaktien, Schuldverschreibungen und Genußrechte gewähren, oder die für diese Personen vorgesehenen Maßnahmen;

8. jeden besonderen Vorteil, der einem Mitglied eines Vertretungsorgans oder eines Aufsichtsorgans der an der Spaltung beteiligten Rechtsträger, einem geschäftsführenden Gesellschafter, einem Partner, einem Abschlußprüfer oder einem Spaltungsprüfer gewährt wird;

9. die genaue Bezeichnung und Aufteilung der Gegenstände des Aktiv- und Passivvermögens, die an jeden der übernehmenden Rechtsträger übertragen werden, sowie der übergehenden Betriebe und Betriebsteile unter Zuordnung zu den übernehmenden Rechtsträgern;

10. bei Aufspaltung und Abspaltung die Aufteilung der Anteile oder Mitgliedschaften jedes der beteiligten Rechtsträger auf die Anteilsinhaber des übertragenden Rechtsträgers sowie den Maßstab für die Aufteilung;

11. die Folgen der Spaltung für die Arbeitnehmer und ihre Vertretungen sowie die insoweit vorgesehenen Maßnahmen.

(2) [1]Soweit für die Übertragung von Gegenständen im Falle der Einzelrechtsnachfolge in den allgemeinen Vorschriften eine besondere Art der Bezeichnung bestimmt ist, sind diese Regelungen auch für die Bezeichnung der Gegenstände des Aktiv- und Passivvermögens (Absatz 1 Nr. 9) anzuwenden. [2]§ 28 der Grundbuchordnung[1]) ist zu beachten. [3]Im übrigen kann auf Urkunden wie Bilanzen und Inventare Bezug genommen werden, deren Inhalt eine Zuweisung des einzelnen Gegenstandes ermöglicht; die Urkunden sind dem Spaltungs- und Übernahmevertrag als Anlagen beizufügen.

(3) Der Vertrag oder sein Entwurf ist spätestens einen Monat vor dem Tag der Versammlung der Anteilsinhaber jedes beteiligten Rechtsträgers, die ge-

---

[1]) Abgedruckt in **dtv 5527 „FGG".**

mäß § 125 in Verbindung mit § 13 Abs. 1 über die Zustimmung zum Spaltungs- und Übernahmevertrag beschließen soll, dem zuständigen Betriebsrat dieses Rechtsträgers zuzuleiten.

**§ 127 Spaltungsbericht.** [1]Die Vertretungsorgane jedes der an der Spaltung beteiligten Rechtsträger haben einen ausführlichen schriftlichen Bericht zu erstatten, in dem die Spaltung, der Vertrag oder sein Entwurf im einzelnen und bei Aufspaltung und Abspaltung insbesondere das Umtauschverhältnis der Anteile oder die Angaben über die Mitgliedschaften bei den übernehmenden Rechtsträgern, der Maßstab für ihre Aufteilung sowie die Höhe einer anzubietenden Barabfindung rechtlich und wirtschaftlich erläutert und begründet werden (Spaltungsbericht); der Bericht kann von den Vertretungsorganen auch gemeinsam erstattet werden. [2]§ 8 Abs. 1 Satz 2 bis 4, Abs. 2 und 3 ist entsprechend anzuwenden.

**§ 128 Zustimmung zur Spaltung in Sonderfällen.** [1]Werden bei Aufspaltung oder Abspaltung die Anteile oder Mitgliedschaften der übernehmenden Rechtsträger den Anteilsinhabern des übertragenden Rechtsträgers nicht in dem Verhältnis zugeteilt, das ihrer Beteiligung an dem übertragenden Rechtsträger entspricht, so wird der Spaltungs- und Übernahmevertrag nur wirksam, wenn ihm alle Anteilsinhaber des übertragenden Rechtsträgers zustimmen. [2]Bei einer Spaltung zur Aufnahme ist der Berechnung des Beteiligungsverhältnisses der jeweils zu übertragende Teil des Vermögens zugrunde zu legen.

**§ 129 Anmeldung der Spaltung.** Zur Anmeldung der Spaltung ist auch das Vertretungsorgan jedes der übernehmenden Rechtsträger berechtigt.

**§ 130 Eintragung der Spaltung.** (1) [1]Die Spaltung darf in das Register des Sitzes des übertragenden Rechtsträgers erst eingetragen werden, nachdem sie im Register des Sitzes jedes der übernehmenden Rechtsträger eingetragen worden ist. [2]Die Eintragung im Register des Sitzes jedes der übernehmenden Rechtsträger ist mit dem Vermerk zu versehen, daß die Spaltung erst mit der Eintragung im Register des Sitzes des übertragenden Rechtsträgers wirksam wird.

(2) [1]Das Gericht des Sitzes des übertragenden Rechtsträgers hat von Amts wegen dem Gericht des Sitzes jedes der übernehmenden Rechtsträger den Tag der Eintragung der Spaltung mitzuteilen sowie einen Registerauszug und eine Abschrift des Gesellschaftsvertrages, des Partnerschaftsvertrages, der Satzung oder des Statuts des übertragenden Rechtsträgers zu übersenden. [2]Nach Eingang der Mitteilung hat das Gericht des Sitzes jedes der übernehmenden Rechtsträger von Amts wegen den Tag der Eintragung der Spaltung im Register des Sitzes des übertragenden Rechtsträgers zu vermerken.

**§ 131 Wirkungen der Eintragung.** (1) Die Eintragung der Spaltung in das Register des Sitzes des übertragenden Rechtsträgers hat folgende Wirkungen:

1. [1]Das Vermögen des übertragenden Rechtsträgers, bei Abspaltung und Ausgliederung der abgespaltene oder ausgegliederte Teil oder die abgespaltenen oder ausgegliederten Teile des Vermögens einschließlich der Verbindlich-

keiten gehen entsprechend der im Spaltungs- und Übernahmevertrag vorgesehenen Aufteilung jeweils als Gesamtheit auf die übernehmenden Rechtsträger über. [2]Gegenstände, die nicht durch Rechtsgeschäft übertragen werden können, verbleiben bei Abspaltung und Ausgliederung im Eigentum oder in Inhaberschaft des übertragenden Rechtsträgers.

2. [1]Bei der Aufspaltung erlischt der übertragende Rechtsträger. [2]Einer besonderen Löschung bedarf es nicht.

3. [1]Bei Aufspaltung und Abspaltung werden die Anteilsinhaber des übertragenden Rechtsträgers entsprechend der im Spaltungs- und Übernahmevertrag vorgesehenen Aufteilung Anteilsinhaber der beteiligten Rechtsträger; dies gilt nicht, soweit der übernehmende Rechtsträger oder ein Dritter, der im eigenen Namen, jedoch für Rechnung dieses Rechtsträgers handelt, Anteilsinhaber des übertragenden Rechtsträgers ist oder der übertragende Rechtsträger eigene Anteile innehat oder ein Dritter, der im eigenen Namen, jedoch für Rechnung dieses Rechtsträgers handelt, dessen Anteilsinhaber ist. [2]Rechte Dritter an den Anteilen oder Mitgliedschaften des übertragenden Rechtsträgers bestehen an den an ihre Stelle tretenden Anteilen oder Mitgliedschaften der übernehmenden Rechtsträger weiter. [3]Bei Ausgliederung wird der übertragende Rechtsträger entsprechend dem Ausgliederungs- und Übernahmevertrag Anteilsinhaber der übernehmenden Rechtsträger.

4. Der Mangel der notariellen Beurkundung des Spaltungs- und Übernahmevertrags und gegebenenfalls erforderlicher Zustimmungs- oder Verzichtserklärungen einzelner Anteilsinhaber wird geheilt.

(2) Mängel der Spaltung lassen die Wirkungen der Eintragung nach Absatz 1 unberührt.

(3) Ist bei einer Aufspaltung ein Gegenstand im Vertrag keinem der übernehmenden Rechtsträger zugeteilt worden und läßt sich die Zuteilung auch nicht durch Auslegung des Vertrags ermitteln, so geht der Gegenstand auf alle übernehmenden Rechtsträger in dem Verhältnis über, das sich aus dem Vertrag für die Aufteilung des Überschusses der Aktivseite der Schlußbilanz über deren Passivseite ergibt; ist eine Zuteilung des Gegenstandes an mehrere Rechtsträger nicht möglich, so ist sein Gegenwert in dem bezeichneten Verhältnis zu verteilen.

**§ 132  Beachtung allgemeinen Rechts.** [1]Allgemeine Vorschriften, welche die Übertragbarkeit eines bestimmten Gegenstandes ausschließen oder an bestimmte Voraussetzungen knüpfen oder nach denen die Übertragung eines bestimmten Gegenstandes einer staatlichen Genehmigung bedarf, bleiben durch die Wirkungen der Eintragung nach § 131 unberührt. [2]§ 399 des Bürgerlichen Gesetzbuchs steht der Aufspaltung nicht entgegen.

**§ 133  Schutz der Gläubiger und der Inhaber von Sonderrechten.**
(1) [1]Für die Verbindlichkeiten des übertragenden Rechtsträgers, die vor dem Wirksamwerden der Spaltung begründet worden sind, haften die an der Spaltung beteiligten Rechtsträger als Gesamtschuldner. [2]Die §§ 25, 26 und 28 des Handelsgesetzbuchs sowie § 125 in Verbindung mit § 22 bleiben unberührt; zur Sicherheitsleistung ist nur der an der Spaltung beteiligte Rechtsträger verpflichtet, gegen den sich der Anspruch richtet.

(2) ¹Für die Erfüllung der Verpflichtung nach § 125 in Verbindung mit § 23 haften die an der Spaltung beteiligten Rechtsträger als Gesamtschuldner. ²Bei Abspaltung und Ausgliederung können die gleichwertigen Rechte im Sinne des § 125 in Verbindung mit § 23 auch in dem übertragenden Rechtsträger gewährt werden.

(3) Diejenigen Rechtsträger, denen die Verbindlichkeiten nach Absatz 1 Satz 1 im Spaltungs- und Übernahmevertrag nicht zugewiesen worden sind, haften für diese Verbindlichkeiten, wenn sie vor Ablauf von fünf Jahren nach der Spaltung fällig und daraus Ansprüche gegen sie gerichtlich geltend gemacht sind; bei öffentlich-rechtlichen Verbindlichkeiten genügt zur Geltendmachung der Erlaß eines Verwaltungsakts.

(4) ¹Die Frist beginnt mit dem Tage, an dem die Eintragung der Spaltung in das Register des Sitzes des übertragenden Rechtsträgers nach § 125 in Verbindung mit § 19 Abs. 3 als bekanntgemacht gilt. ²Die für die Verjährung geltenden §§ 203, 206, 207, 210, 212 bis 216 und 220 des Bürgerlichen Gesetzbuchs sind entsprechend anzuwenden.

(5) Einer gerichtlichen Geltendmachung bedarf es nicht, soweit die in Absatz 3 bezeichneten Rechtsträger den Anspruch schriftlich anerkannt haben.

(6) ¹Die Ansprüche nach Absatz 2 verjähren in fünf Jahren. ²Für den Beginn der Verjährung gilt Absatz 4 Satz 1 entsprechend.

**§ 134 Schutz der Gläubiger in besonderen Fällen.** (1) ¹Spaltet ein Rechtsträger sein Vermögen in der Weise, daß die zur Führung eines Betriebes notwendigen Vermögensteile im wesentlichen auf einen übernehmenden oder mehrere übernehmende oder auf einen neuen oder mehrere neue Rechtsträger übertragen werden und die Tätigkeit dieses Rechtsträgers oder dieser Rechtsträger sich im wesentlichen auf die Verwaltung dieser Vermögensteile beschränkt (Anlagegesellschaft), während dem übertragenden Rechtsträger diese Vermögensteile bei der Führung seines Betriebes zur Nutzung überlassen werden (Betriebsgesellschaft), und sind an den an der Spaltung beteiligten Rechtsträgern im wesentlichen dieselben Personen beteiligt, so haftet die Anlagegesellschaft auch für die Forderungen der Arbeitnehmer der Betriebsgesellschaft als Gesamtschuldner, die binnen fünf Jahren nach dem Wirksamwerden der Spaltung auf Grund der §§ 111 bis 113 des Betriebsverfassungsgesetzes begründet werden. ²Dies gilt auch dann, wenn die Vermögensteile bei dem übertragenden Rechtsträger verbleiben und dem übernehmenden oder neuen Rechtsträger oder den übernehmenden oder neuen Rechtsträgern zur Nutzung überlassen werden.

(2) Die gesamtschuldnerische Haftung nach Absatz 1 gilt auch für vor dem Wirksamwerden der Spaltung begründete Versorgungsverpflichtungen auf Grund des Gesetzes zur Verbesserung der betrieblichen Altersversorgung.

(3) Für die Ansprüche gegen die Anlagegesellschaft nach den Absätzen 1 und 2 gilt § 133 Abs. 3 bis 5 entsprechend mit der Maßgabe, daß die Frist fünf Jahre nach dem in § 133 Abs. 4 Satz 1 bezeichneten Tage beginnt.

**Dritter Abschnitt. Spaltung zur Neugründung**

**§ 135 Anzuwendende Vorschriften.** (1) ¹Auf die Spaltung eines Rechtsträgers zur Neugründung sind die Vorschriften des Zweiten Abschnitts entsprechend anzuwenden, jedoch mit Ausnahme der §§ 129 und 130 Abs. 2 sowie der nach § 125 entsprechend anzuwendenden §§ 4, 7 und 16 Abs. 1 und des § 27. [2] An die Stelle der übernehmenden Rechtsträger treten die neuen Rechtsträger, an die Stelle der Eintragung der Spaltung im Register des Sitzes jeder der übernehmenden Rechtsträger tritt die Eintragung jedes der neuen Rechtsträger in das Register.

(2) [1] Auf die Gründung der neuen Rechtsträger sind die für die jeweilige Rechtsform des neuen Rechtsträgers geltenden Gründungsvorschriften anzuwenden, soweit sich aus diesem Buch nichts anderes ergibt. [2] Den Gründern steht der übertragende Rechtsträger gleich. [3] Vorschriften, die für die Gründung eine Mindestzahl der Gründer vorschreiben, sind nicht anzuwenden.

**§ 136 Spaltungsplan.** [1] Das Vertretungsorgan des übertragenden Rechtsträgers hat einen Spaltungsplan aufzustellen. [2] Der Spaltungsplan tritt an die Stelle des Spaltungs- und Übernahmevertrags.

**§ 137 Anmeldung und Eintragung der neuen Rechtsträger und der Spaltung.** (1) Das Vertretungsorgan des übertragenden Rechtsträgers hat jeden der neuen Rechtsträger bei dem Gericht, in dessen Bezirk er seinen Sitz haben soll, zur Eintragung in das Register anzumelden.

(2) Das Vertretungsorgan des übertragenden Rechtsträgers hat die Spaltung zur Eintragung in das Register des Sitzes des übertragenden Rechtsträgers anzumelden.

(3) [1] Das Gericht des Sitzes jedes der neuen Rechtsträger hat von Amts wegen dem Gericht des Sitzes des übertragenden Rechtsträgers den Tag der Eintragung des neuen Rechtsträgers mitzuteilen. [2] Nach Eingang der Mitteilungen für alle neuen Rechtsträger hat das Gericht des Sitzes des übertragenden Rechtsträgers die Spaltung einzutragen sowie von Amts wegen den Zeitpunkt der Eintragung den Gerichten des Sitzes jedes der neuen Rechtsträger mitzuteilen sowie ihnen einen Registerauszug und eine Abschrift des Gesellschaftsvertrags, des Partnerschaftsvertrages, der Satzung oder des Statuts des übertragenden Rechtsträgers zu übersenden. [3] Der Zeitpunkt der Eintragung der Spaltung ist in den Registern des Sitzes jedes der neuen Rechtsträger von Amts wegen einzutragen; gesetzlich vorgesehene Bekanntmachungen über die Eintragung der neuen Rechtsträger sind erst danach zulässig.

## Zweiter Teil. Besondere Vorschriften

### Erster Abschnitt. Spaltung unter Beteiligung von Gesellschaften mit beschränkter Haftung

**§ 138 Sachgründungsbericht.** Ein Sachgründungsbericht (§ 5 Abs. 4 des Gesetzes betreffend die Gesellschaften mit beschränkter Haftung) die ist stets erforderlich.

**§ 139 Herabsetzung des Stammkapitals.** [1] Ist zur Durchführung der Abspaltung oder der Ausgliederung eine Herabsetzung des Stammkapitals einer übertragenden Gesellschaft mit beschränkter Haftung erforderlich, so kann diese auch in vereinfachter Form vorgenommen werden. [2] Wird das Stammkapital herabgesetzt, so darf die Abspaltung oder die Ausgliederung erst eingetragen werden, nachdem die Herabsetzung des Stammkapitals im Register eingetragen worden ist.

**§ 140 Anmeldung der Abspaltung oder der Ausgliederung.** Bei der Anmeldung der Abspaltung oder der Ausgliederung zur Eintragung in das Register des Sitzes einer übertragenden Gesellschaft mit beschränkter Haftung haben deren Geschäftsführer auch zu erklären, daß die durch Gesetz und Gesellschaftsvertrag vorgesehenen Voraussetzungen für die Gründung dieser Gesellschaft unter Berücksichtigung der Abspaltung oder der Ausgliederung im Zeitpunkt der Anmeldung vorliegen.

### Zweiter Abschnitt. Spaltung unter Beteiligung von Aktiengesellschaften und Kommanditgesellschaften auf Aktien

**§ 141 Ausschluß der Spaltung.** Eine Aktiengesellschaft oder eine Kommanditgesellschaft auf Aktien, die noch nicht zwei Jahre im Register eingetragen ist, kann nicht gespalten werden.

**§ 142 Spaltung mit Kapitalerhöhung; Spaltungsbericht.** (1) § 69 ist mit der Maßgabe anzuwenden, daß eine Prüfung der Sacheinlage nach § 183 Abs. 3 des Aktiengesetzes stets stattzufinden hat.

(2) In dem Spaltungsbericht ist gegebenenfalls auf den Bericht über die Prüfung von Sacheinlagen bei einer übernehmenden Aktiengesellschaft nach § 183 Abs. 3 des Aktiengesetzes sowie auf das Register, bei dem dieser Bericht zu hinterlegen ist, hinzuweisen.

**§ 143 Besondere Unterrichtung über Vermögensveränderungen.** [1]Der Vorstand einer übertragenden Aktiengesellschaft oder Kommanditgesellschaft auf Aktien hat deren Aktionäre vor der Beschlußfassung über jede wesentliche Veränderung des Vermögens dieser Gesellschaft, die zwischen dem Abschluß des Vertrags oder der Aufstellung des Entwurfs und dem Zeitpunkt der Beschlußfassung eingetreten ist, zu unterrichten. [2]Der Vorstand hat hierüber auch die Vertretungsorgane der übernehmenden Rechtsträger zu unterrichten; diese haben ihrerseits die Anteilsinhaber der von ihnen vertretenen Rechtsträgers vor der Beschlußfassung über die Spaltung zu unterrichten.

**§ 144 Gründungsbericht und Gründungsprüfung.** Ein Gründungsbericht (§ 32 des Aktiengesetzes) und eine Gründungsprüfung (§ 33 Abs. 2 des Aktiengesetzes) sind stets erforderlich.

**§ 145 Herabsetzung des Grundkapitals.** [1]Ist zur Durchführung der Abspaltung oder der Ausgliederung eine Herabsetzung des Grundkapitals einer übertragenden Aktiengesellschaft oder Kommanditgesellschaft auf Aktien erforderlich, so kann diese auch in vereinfachter Form vorgenommen werden. [2]Wird das Grundkapital herabgesetzt, so darf die Abspaltung oder die Ausgliederung erst eingetragen werden, nachdem die Durchführung der Herabsetzung des Grundkapitals im Register eingetragen worden ist.

**§ 146 Anmeldung der Abspaltung oder der Ausgliederung.** (1) Bei der Anmeldung der Abspaltung oder der Ausgliederung zur Eintragung in das Register des Sitzes einer übertragenden Aktiengesellschaft hat deren Vorstand oder einer Kommanditgesellschaft auf Aktien haben deren zu ihrer Vertretung ermächtigte persönlich haftende Gesellschafter auch zu erklären, daß die durch Gesetz und Satzung vorgesehenen Voraussetzungen für die Gründung dieser Gesellschaft unter Berücksichtigung der Abspaltung oder der Ausgliederung im Zeitpunkt der Anmeldung vorliegen.

(2) Der Anmeldung der Abspaltung oder der Ausgliederung sind außer den sonst erforderlichen Unterlagen auch beizufügen:

1. der Spaltungsbericht nach § 127;

2. bei Abspaltung der Prüfungsbericht nach § 125 in Verbindung mit § 12.

### Dritter Abschnitt. Spaltung unter Beteiligung eingetragener Genossenschaften

**§ 147 Möglichkeit der Spaltung.** Die Spaltung eines Rechtsträgers anderer Rechtsform zur Aufnahme von Teilen seines Vermögens durch eine eingetragene Genossenschaft kann nur erfolgen, wenn eine erforderliche Änderung des Statuts der übernehmenden Genossenschaft gleichzeitig mit der Spaltung beschlossen wird.

**§ 148 Anmeldung der Abspaltung oder der Ausgliederung.** (1) Bei der Anmeldung der Abspaltung oder der Ausgliederung zur Eintragung in das Register des Sitzes einer übertragenden Genossenschaft hat deren Vorstand auch zu erklären, daß die durch Gesetz und Statut vorgesehenen Voraussetzungen für die Gründung dieser Genossenschaft unter Berücksichtigung der Abspaltung oder der Ausgliederung im Zeitpunkt der Anmeldung vorliegen.

(2) Der Anmeldung der Abspaltung oder der Ausgliederung sind außer den sonst erforderlichen Unterlagen auch beizufügen:

1. der Spaltungsbericht nach § 127;

2. das Prüfungsgutachten nach § 125 in Verbindung mit § 81.

### Vierter Abschnitt. Spaltung unter Beteiligung rechtsfähiger Vereine

**§ 149 Möglichkeit der Spaltung.** (1) Ein rechtsfähiger Verein kann sich an einer Spaltung nur beteiligen, wenn die Satzung des Vereins oder Vorschriften des Landesrechts nicht entgegenstehen.

(2) Ein eingetragener Verein kann als übernehmender Rechtsträger im Wege der Spaltung nur andere eingetragene Vereine aufnehmen oder mit ihnen einen eingetragenen Verein gründen.

### Fünfter Abschnitt. Spaltung unter Beteiligung genossenschaftlicher Prüfungsverbände

**§ 150 Möglichkeit der Spaltung.** Die Aufspaltung genossenschaftlicher Prüfungsverbände oder die Abspaltung oder Ausgliederung von Teilen eines solchen Verbandes kann nur zur Aufnahme der Teile eines Verbandes (übertragender Verband) durch einen anderen Verband (übernehmender Verband), die Ausgliederung auch zur Aufnahme von Teilen des Verbandes durch eine oder zur Neugründung einer Kapitalgesellschaft erfolgen.

### Sechster Abschnitt. Spaltung unter Beteiligung von Versicherungsvereine auf Gegenseitigkeit

**§ 151 Möglichkeit der Spaltung.** [1] Die Spaltung unter Beteiligung von Versicherungsvereinen auf Gegenseitigkeit kann nur durch Aufspaltung oder Abspaltung und nur in der Weise erfolgen, daß die Teile eines übertragenden Vereins auf andere bestehende oder neue Versicherungsvereine auf Gegenseitigkeit oder auf Versicherungs-Aktiengesellschaften übergehen. [2] Ein Versicherungsverein auf Gegenseitigkeit kann ferner im Wege der Ausgliederung einen Vermögensteil auf eine bestehende oder neue Gesellschaft mit beschränkter Haftung übertragen, sofern damit keine Übertragung von Versicherungsverträgen verbunden ist.

### Siebenter Abschnitt. Ausgliederung aus dem Vermögen eines Einzelkaufmanns

### Erster Unterabschnitt. Möglichkeit der Ausgliederung

**§ 152 Übernehmende oder neue Rechtsträger.** [1] Die Ausgliederung des von einem Einzelkaufmann betriebenen Unternehmens, dessen Firma im Handelsregister eingetragen ist, oder von Teilen desselben aus dem Vermögen dieses Kaufmanns kann nur zur Aufnahme dieses Unternehmens oder von Teilen dieses Unternehmens durch Personenhandelsgesellschaften, Kapitalgesellschaften oder eingetragene Genossenschaften oder zur Neugründung von Kapitalgesellschaften erfolgen. [2] Sie kann nicht erfolgen, wenn die Verbindlichkeiten des Einzelkaufmanns sein Vermögen übersteigen.

### Zweiter Unterabschnitt. Ausgliederung zur Aufnahme

**§ 153 Ausgliederungsbericht.** Ein Ausgliederungsbericht ist für den Einzelkaufmann nicht erforderlich.

**§ 154 Eintragung der Ausgliederung.** Das Gericht des Sitzes des Einzelkaufmanns hat die Eintragung der Ausgliederung auch dann abzulehnen, wenn offensichtlich ist, daß die Verbindlichkeiten des Einzelkaufmanns sein Vermögen übersteigen.

**§ 155 Wirkungen der Ausgliederung.** [1] Erfaßt die Ausgliederung das gesamte Unternehmen des Einzelkaufmanns, so bewirkt die Eintragung der Ausgliederung nach § 131 das Erlöschen der von dem Einzelkaufmann geführten Firma. [2] Das Erlöschen der Firma ist von Amts wegen in das Register einzutragen.

**§ 156 Haftung des Einzelkaufmanns.** [1] Durch den Übergang der Verbindlichkeiten auf übernehmende oder neue Gesellschaften wird der Einzelkaufmann von der Haftung für die Verbindlichkeiten nicht befreit. [2] § 418 des Bürgerlichen Gesetzbuchs ist nicht anzuwenden.

**§ 157 Zeitliche Begrenzung der Haftung für übertragene Verbindlichkeiten.** (1) [1] Der Einzelkaufmann haftet für die im Ausgliederungs- und

Übernahmevertrag aufgeführten Verbindlichkeiten, wenn sie vor Ablauf von fünf Jahren nach der Ausgliederung fällig und daraus Ansprüche gegen ihn gerichtlich geltend gemacht sind; bei öffentlich-rechtlichen Verbindlichkeiten genügt zur Geltendmachung der Erlaß eines Verwaltungsaktes. [2]Eine Haftung des Einzelkaufmanns als Gesellschafter des aufnehmenden Rechtsträgers nach § 128 des Handelsgesetzbuchs bleibt unberührt.

(2) [1]Die Frist beginnt mit dem Tage, an dem die Eintragung der Ausgliederung in das Register des Sitzes des Einzelkaufmanns nach § 125 in Verbindung mit § 19 Abs. 3 als bekanntgemacht gilt. [2]Die für die Verjährung geltenden §§ 203, 206, 207, 210, 212 bis 216 und 220 des Bürgerlichen Gesetzbuchs sind entsprechend anzuwenden.

(3) Einer gerichtlichen Geltendmachung bedarf es nicht, soweit der Einzelkaufmann den Anspruch schriftlich anerkannt hat.

(4) Die Absätze 1 bis 3 sind auch anzuwenden, wenn der Einzelkaufmann in dem Rechtsträger anderer Rechtsform geschäftsführend tätig wird.

### Dritter Unterabschnitt. Ausgliederung zur Neugründung

**§ 158 Anzuwendende Vorschriften.** Auf die Ausgliederung zur Neugründung sind die Vorschriften des Zweiten Unterabschnitts entsprechend anzuwenden, soweit sich aus diesem Unterabschnitt nichts anderes ergibt.

**§ 159 Sachgründungsbericht, Gründungsbericht und Gründungsprüfung.** (1) Auf den Sachgründungsbericht (§ 5 Abs. 4 des Gesetzes betreffend die Gesellschaften mit beschränkter Haftung) ist § 58 Abs. 1, auf den Gründungsbericht (§ 32 des Aktiengesetzes) § 75 Abs. 1 entsprechend anzuwenden.

(2) Im Falle der Gründung einer Aktiengesellschaft oder einer Kommanditgesellschaft auf Aktien haben die Prüfung durch die Mitglieder des Vorstands und des Aufsichtsrats (§ 33 Abs. 1 des Aktiengesetzes) sowie die Prüfung durch einen oder mehrere Prüfer (§ 33 Abs. 2 des Aktiengesetzes) sich auch darauf zu erstrecken, ob die Verbindlichkeiten des Einzelkaufmanns sein Vermögen übersteigen.

(3) [1]Zur Prüfung, ob die Verbindlichkeiten des Einzelkaufmanns sein Vermögen übersteigen, hat der Einzelkaufmann den Prüfern eine Aufstellung vorzulegen, in der sein Vermögen seinen Verbindlichkeiten gegenübergestellt ist. [2]Die Aufstellung ist zu gliedern, soweit das für die Prüfung notwendig ist. [3]§ 320 Abs. 1 Satz 2 und Abs. 2 Satz 1 des Handelsgesetzbuchs gilt entsprechend, wenn Anlaß für die Annahme besteht, daß in der Aufstellung aufgeführte Vermögensgegenstände überbewertet oder Verbindlichkeiten nicht oder nicht vollständig aufgeführt worden sind.

**§ 160 Anmeldung und Eintragung.** (1) Die Anmeldung nach § 137 Abs. 1 ist von dem Einzelkaufmann und den Geschäftsführern oder den Mitgliedern des Vorstands und des Aufsichtsrats einer neuen Gesellschaft vorzunehmen.

(2) Die Eintragung der Gesellschaft ist abzulehnen, wenn die Verbindlichkeiten des Einzelkaufmanns sein Vermögen übersteigen.

### Achter Abschnitt. Ausgliederung aus dem Vermögen rechtsfähiger Stiftungen

**§ 161 Möglichkeit der Ausgliederung.** Die Ausgliederung des von einer rechtsfähigen Stiftung (§ 80 des Bürgerlichen Gesetzbuchs) betriebenen Unternehmens oder von Teilen desselben aus dem Vermögen dieser Stiftung kann nur zur Aufnahme dieses Unternehmens oder von Teilen dieses Unternehmens durch Personenhandelsgesellschaften oder Kapitalgesellschaften oder zur Neugründung von Kapitalgesellschaften erfolgen.

**§ 162 Ausgliederungsbericht.** (1) Ein Ausgliederungsbericht ist nur erforderlich, wenn die Ausgliederung nach § 164 Abs. 1 der staatlichen Genehmigung bedarf oder wenn sie bei Lebzeiten des Stifters von dessen Zustimmung abhängig ist.

(2) Soweit nach § 164 Abs. 1 die Ausgliederung der staatlichen Genehmigung oder der Zustimmung des Stifters bedarf, ist der Ausgliederungsbericht der zuständigen Behörde und dem Stifter zu übermitteln.

**§ 163 Beschluß über den Vertrag.** (1) Auf den Ausgliederungsbeschluß sind die Vorschriften des Stiftungsrechts für die Beschlußfassung über Satzungsänderungen entsprechend anzuwenden.

(2) Sofern das nach Absatz 1 anzuwendende Stiftungsrecht nicht etwas anderes bestimmt, muß der Ausgliederungsbeschluß von dem für die Beschlußfassung über Satzungsänderungen nach der Satzung zuständigen Organ oder, wenn ein solches Organ nicht bestimmt ist, vom Vorstand der Stiftung einstimmig gefaßt werden.

(3) Der Beschluß und die Zustimmung nach den Absätzen 1 und 2 müssen notariell beurkundet werden.

**§ 164 Genehmigung der Ausgliederung.** (1) Die Ausgliederung bedarf der staatlichen Genehmigung, sofern das Stiftungsrecht dies vorsieht.

(2) Soweit die Ausgliederung nach Absatz 1 der staatlichen Genehmigung nicht bedarf, hat das Gericht des Sitzes der Stiftung die Eintragung der Ausgliederung auch dann abzulehnen, wenn offensichtlich ist, daß die Verbindlichkeiten der Stiftung ihr Vermögen übersteigen.

**§ 165 Sachgründungsbericht und Gründungsbericht.** Auf den Sachgründungsbericht (§ 5 Abs. 4 des Gesetzes betreffend die Gesellschaften mit beschränkter Haftung) ist § 58 Abs. 1, auf den Gründungsbericht (§ 32 des Aktiengesetzes) § 75 Abs. 1 entsprechend anzuwenden.

**§ 166 Haftung der Stiftung.** [1]Durch den Übergang der Verbindlichkeiten auf übernehmende oder neue Gesellschaften wird die Stiftung von der Haftung für die Verbindlichkeiten nicht befreit. [2]§ 418 des Bürgerlichen Gesetzbuchs ist nicht anzuwenden.

**§ 167 Zeitliche Begrenzung der Haftung für übertragene Verbindlichkeiten.** Auf die zeitliche Begrenzung der Haftung der Stiftung für die im Ausgliederungs- und Übernahmevertrag aufgeführten Verbindlichkeiten ist § 157 entsprechend anzuwenden.

### Neunter Abschnitt. Ausgliederung aus dem Vermögen von Gebietskörperschaften oder Zusammenschlüssen von Gebietskörperschaften

**§ 168 Möglichkeit der Ausgliederung.** Die Ausgliederung eines Unternehmens, das von einer Gebietskörperschaft oder von einem Zusammenschluß von Gebietskörperschaften, der nicht Gebietskörperschaft ist, betrieben wird, aus dem Vermögen dieser Körperschaft oder dieses Zusammenschlusses kann nur zur Aufnahme dieses Unternehmens durch eine Personenhandelsgesellschaft, eine Kapitalgesellschaft oder eine eingetragene Genossenschaft oder zur Neugründung einer Kapitalgesellschaft oder einer eingetragenen Genossenschaft sowie nur dann erfolgen, wenn das für die Körperschaft oder den Zusammenschluß maßgebende Bundes- oder Landesrecht einer Ausgliederung nicht entgegensteht.

**§ 169 Ausgliederungsbericht; Ausgliederungsbeschluß.** [1] Ein Ausgliederungsbericht ist für die Körperschaft oder den Zusammenschluß nicht erforderlich. [2] Das Organisationsrecht der Körperschaft oder des Zusammenschlusses bestimmt, ob und unter welchen Voraussetzungen ein Ausgliederungsbeschluß erforderlich ist.

**§ 170 Sachgründungsbericht und Gründungsbericht.** Auf den Sachgründungsbericht (§ 5 Abs. 4 des Gesetzes betreffend die Gesellschaften mit beschränkter Haftung) ist § 58 Abs. 1, auf den Gründungsbericht (§ 32 des Aktiengesetzes) § 75 Abs. 1 entsprechend anzuwenden.

**§ 171 Wirksamwerden der Ausgliederung.** Die Wirkungen der Ausgliederung nach § 131 treten mit deren Eintragung in das Register des Sitzes des übernehmenden Rechtsträgers oder mit der Eintragung des neuen Rechtsträgers ein.

**§ 172 Haftung der Körperschaft oder des Zusammenschlusses.** [1] Durch den Übergang der Verbindlichkeiten auf den übernehmenden oder neuen Rechtsträger wird die Körperschaft oder der Zusammenschluß von der Haftung für die Verbindlichkeiten nicht befreit. [2] § 418 des Bürgerlichen Gesetzbuchs ist nicht anzuwenden.

**§ 173 Zeitliche Begrenzung der Haftung für übertragene Verbindlichkeiten.** Auf die zeitliche Begrenzung der Haftung für die im Ausgliederungs- und Übernahmevertrag aufgeführten Verbindlichkeiten ist § 157 entsprechend anzuwenden.

## Viertes Buch. Vermögensübertragung

### Erster Teil. Möglichkeit der Vermögensübertragung

**§ 174 Arten der Vermögensübertragung.** (1) Ein Rechtsträger (übertragender Rechtsträger) kann unter Auflösung ohne Abwicklung sein Vermögen als Ganzes auf einen anderen bestehenden Rechtsträger (übernehmender

Rechtsträger) gegen Gewährung einer Gegenleistung an die Anteilsinhaber des übertragenden Rechtsträgers, die nicht in Anteilen oder Mitgliedschaften besteht, übertragen (Vollübertragung).

(2) Ein Rechtsträger (übertragender Rechtsträger) kann

1. unter Auflösung ohne Abwicklung sein Vermögen aufspalten durch gleichzeitige Übertragung der Vermögensteile jeweils als Gesamtheit auf andere bestehende Rechtsträger,

2. von seinem Vermögen einen Teil oder mehrere Teile abspalten durch Übertragung dieses Teils oder dieser Teile jeweils als Gesamtheit auf einen oder mehrere bestehende Rechtsträger oder

3. aus seinem Vermögen einen Teil oder mehrere Teile ausgliedern durch Übertragung dieses Teils oder dieser Teile jeweils als Gesamtheit auf einen oder mehrere bestehende Rechtsträger

gegen Gewährung der in Absatz 1 bezeichneten Gegenleistung in den Fällen der Nummer 1 oder 2 an die Anteilsinhaber des übertragenden Rechtsträgers, im Falle der Nummer 3 an den übertragenden Rechtsträger (Teilübertragung).

**§ 175 Beteiligte Rechtsträger.** Eine Vollübertragung ist oder Teilübertragungen sind jeweils nur möglich

1. von einer Kapitalgesellschaft auf den Bund, ein Land, eine Gebietskörperschaft oder einen Zusammenschluß von Gebietskörperschaften;

2. a) von einer Versicherungs-Aktiengesellschaft auf Versicherungsvereine auf Gegenseitigkeit oder auf öffentlich-rechtliche Versicherungsunternehmen;

   b) von einem Versicherungsverein auf Gegenseitigkeit auf Versicherungs-Aktiengesellschaften oder auf öffentlich-rechtliche Versicherungsunternehmen;

   c) von einem öffentlich-rechtlichen Versicherungsunternehmen auf Versicherungs-Aktiengesellschaften oder auf Versicherungsvereine auf Gegenseitigkeit.

## Zweiter Teil. Übertragung des Vermögens oder von Vermögensteilen einer Kapitalgesellschaft auf die öffentliche Hand

### Erster Abschnitt. Vollübertragung

**§ 176 Anwendung der Verschmelzungsvorschriften.** (1) Bei einer Vollübertragung nach § 175 Nr. 1 sind auf die übertragende Kapitalgesellschaft die für die Verschmelzung durch Aufnahme einer solchen übertragenden Gesellschaft jeweils geltenden Vorschriften des Zweiten Buches entsprechend anzuwenden, soweit sich aus den folgenden Vorschriften nichts anderes ergibt.

(2) [1]Die Angaben im Übertragungsvertrag nach § 5 Abs. 1 Nr. 4, 5 und 7 entfallen. [2]An die Stelle des Registers des Sitzes des übernehmenden Rechtsträgers tritt das Register des Sitzes der übertragenden Gesellschaft. [3]An die Stelle des Umtauschverhältnisses der Anteile treten Art und Höhe der Gegen-

leistung. [4]An die Stelle des Anspruchs nach § 23 tritt ein Anspruch auf Barabfindung; auf diesen sind § 29 Abs. 1, § 30 und § 34 entsprechend anzuwenden.

(3) [1]Mit der Eintragung der Vermögensübertragung in das Handelsregister des Sitzes der übertragenden Gesellschaft geht deren Vermögen einschließlich der Verbindlichkeiten auf den übernehmenden Rechtsträger über. [2]Die übertragende Gesellschaft erlischt; einer besonderen Löschung bedarf es nicht.

(4) Die Beteiligung des übernehmenden Rechtsträgers an der Vermögensübertragung richtet sich nach den für ihn geltenden Vorschriften.

### Zweiter Abschnitt. Teilübertragung

**§ 177 Anwendung der Spaltungsvorschriften.** (1) Bei einer Teilübertragung nach § 175 Nr. 1 sind auf die übertragende Kapitalgesellschaft die für die Aufspaltung, Abspaltung oder Ausgliederung zur Aufnahme von Teilen einer solchen übertragenden Gesellschaft geltenden Vorschriften des Dritten Buches sowie die dort für entsprechend anwendbar erklärten Vorschriften des Zweiten Buches auf den vergleichbaren Vorgang entsprechend anzuwenden, soweit sich aus den folgenden Vorschriften nichts anderes ergibt.

(2) [1]§ 176 Abs. 2 bis 4 ist entsprechend anzuwenden. [2]An die Stelle des § 5 Abs. 1 Nr. 4, 5 und 7 tritt § 126 Abs. 1 Nr. 4, 5, 7 und 10.

## Dritter Teil. Vermögensübertragung unter Versicherungsunternehmen

### Erster Abschnitt. Übertragung des Vermögens einer Aktiengesellschaft auf Versicherungsvereine auf Gegenseitigkeit oder öffentlich-rechtliche Versicherungsunternehmen

#### Erster Unterabschnitt. Vollübertragung

**§ 178 Anwendung der Verschmelzungsvorschriften.** (1) Bei einer Vollübertragung nach § 175 Nr. 2 Buchstabe a sind auf die beteiligten Rechtsträger die für die Verschmelzung durch Aufnahme einer Aktiengesellschaft und die für einen übernehmenden Versicherungsverein im Falle der Verschmelzung jeweils geltenden Vorschriften des Zweiten Buches entsprechend anzuwenden, soweit sich aus den folgenden Vorschriften nichts anderes ergibt.

(2) § 176 Abs. 2 bis 4 ist entsprechend anzuwenden.

(3) Das für ein übernehmendes öffentlich-rechtliches Versicherungsunternehmen maßgebende Bundes- oder Landesrecht bestimmt, ob der Vertrag über die Vermögensübertragung zu seiner Wirksamkeit auch der Zustimmung eines anderen als des zur Vertretung befugten Organs des öffentlich-rechtlichen Versicherungsunternehmens oder einer anderen Stelle und welcher Erfordernisse die Zustimmung bedarf.

#### Zweiter Unterabschnitt. Teilübertragung

**§ 179 Anwendung der Spaltungsvorschriften.** (1) Bei einer Teilübertragung nach § 175 Nr. 2 Buchstabe a sind auf die beteiligten Rechtsträger die für die Aufspaltung, Abspaltung oder Ausgliederung zur Aufnahme von Teilen einer Aktiengesellschaft und die für übernehmende Versicherungsvereine auf Gegenseitigkeit im Falle der Aufspaltung, Abspaltung oder Ausgliederung von Vermögensteilen geltenden Vorschriften des Dritten Buches und die dort für entsprechend anwendbar erklärten Vorschriften des Zweiten Buches auf den vergleichbaren Vorgang entsprechend anzuwenden, soweit sich aus den folgenden Vorschriften nichts anderes ergibt.

(2) § 176 Abs. 2 bis 4 sowie § 178 Abs. 3 sind entsprechend anzuwenden.

## Zweiter Abschnitt. Übertragung des Vermögens eines Versicherungsvereins auf Gegenseitigkeit auf Aktiengesellschaften oder öffentlich-rechtliche Versicherungsunternehmen

### Erster Unterabschnitt. Vollübertragung

**§ 180 Anwendung der Verschmelzungsvorschriften.** (1) Bei einer Vollübertragung nach § 175 Nr. 2 Buchstabe b sind auf die beteiligten Rechtsträger die für die Verschmelzung durch Aufnahme eines Versicherungsvereins und die für eine übernehmende Aktiengesellschaft im Falle der Verschmelzung jeweils geltenden Vorschriften des Zweiten Buches entsprechend anzuwenden, soweit sich aus den folgenden Vorschriften nichts anderes ergibt.

(2) § 176 Abs. 2 bis 4 sowie § 178 Abs. 3 sind entsprechend anzuwenden.

(3) Hat ein Mitglied oder ein Dritter nach der Satzung des Vereins ein unentziehbares Recht auf den Abwicklungsüberschuß oder einen Teil davon, so bedarf der Beschluß über die Vermögensübertragung der Zustimmung des Mitglieds oder des Dritten; die Zustimmung muß notariell beurkundet werden.

**§ 181 Gewährung der Gegenleistung.** (1) Der übernehmende Rechtsträger ist zur Gewährung einer angemessenen Gegenleistung verpflichtet, wenn dies unter Berücksichtigung der Vermögens- und Ertragslage des übertragenden Vereins im Zeitpunkt der Beschlußfassung der obersten Vertretung gerechtfertigt ist.

(2) [1]In dem Beschluß, durch den dem Übertragungsvertrag zugestimmt wird, ist zu bestimmen, daß bei der Verteilung der Gegenleistung jedes Mitglied zu berücksichtigen ist, das dem Verein seit mindestens drei Monaten vor dem Beschluß angehört hat. [2]Ferner sind in dem Beschluß die Maßstäbe festzusetzen, nach denen die Gegenleistung auf die Mitglieder zu verteilen ist.

(3) [1]Jedes berechtigte Mitglied erhält eine Gegenleistung in gleicher Höhe. [2]Eine andere Verteilung kann nur nach einem oder mehreren der folgenden Maßstäbe festgesetzt werden:

1. die Höhe der Versicherungssumme,

2. die Höhe der Beiträge,

3. die Höhe der Deckungsrückstellung in der Lebensversicherung,

4. der in der Satzung des Vereins bestimmte Maßstab für die Verteilung des Überschusses,

5. der in der Satzung des Vereins bestimmte Maßstab für die Verteilung des Vermögens,

6. die Dauer der Mitgliedschaft.

(4) Ist eine Gegenleistung entgegen Absatz 1 nicht vereinbart worden, so ist sie auf Antrag vom Gericht zu bestimmen; § 30 Abs. 1 und § 34 sind entsprechend anzuwenden.

**§ 182 Unterrichtung der Mitglieder.** [1] Sobald die Vermögensübertragung wirksam geworden ist, hat das Vertretungsorgan des übernehmenden Rechtsträgers allen Mitgliedern, die dem Verein seit mindestens drei Monaten vor dem Beschluß der obersten Vertretung über die Vermögensübertragung angehört haben, den Wortlaut des Vertrags schriftlich mitzuteilen. [2] In der Mitteilung ist auf die Möglichkeit hinzuweisen, die gerichtliche Bestimmung der angemessenen Gegenleistung zu verlangen.

**§ 183 Bestellung eines Treuhänders.** (1) [1] Ist für die Vermögensübertragung eine Gegenleistung vereinbart worden, so hat der übertragende Verein einen Treuhänder für deren Empfang zu bestellen. [2] Die Vermögensübertragung darf erst eingetragen werden, wenn der Treuhänder dem Gericht angezeigt hat, daß er im Besitz der Gegenleistung ist.

(2) [1] Bestimmt das Gericht nach § 181 Abs. 4 die Gegenleistung, so hat es von Amts wegen einen Treuhänder für deren Empfang zu bestellen. [2] Die Gegenleistung steht zu gleichen Teilen den Mitgliedern zu, die dem Verein seit mindestens drei Monaten vor dem Beschuß der obersten Vertretung über die Vermögensübertragung angehört haben. [3] § 26 Abs. 4 ist entsprechend anzuwenden.

### Zweiter Unterabschnitt. Teilübertragung

**§ 184 Anwendung der Spaltungsvorschriften.** (1) Bei einer Teilübertragung nach § 175 Nr. 2 Buchstabe b sind auf die beteiligten Rechtsträger die für die Aufspaltung, Abspaltung oder Ausgliederung zur Aufnahme von Teilen eines Versicherungsvereins auf Gegenseitigkeit und die für übernehmende Aktiengesellschaften im Falle der Aufspaltung, Abspaltung oder Ausgliederung geltenden Vorschriften des Dritten Buches und die dort für entsprechend anwendbar erklärten Vorschriften des Zweiten Buches auf den vergleichbaren Vorgang entsprechend anzuwenden, soweit sich aus den folgenden Vorschriften nichts anderes ergibt.

(2) § 176 Abs. 2 bis 4 sowie § 178 Abs. 3 sind entsprechend anzuwenden.

### Dritter Abschnitt. Übertragung des Vermögens eines kleineren Versicherungsvereins auf Gegenseitigkeit auf eine Aktiengesellschaft oder auf ein öffentlich-rechtliches Versicherungsunternehmen

**§ 185 Möglichkeit der Vermögensübertragung.** Ein kleinerer Versicherungsverein auf Gegenseitigkeit kann sein Vermögen nur im Wege der Vollübertragung auf eine Versicherungs-Aktiengesellschaft oder auf ein öffentlich-rechtliches Versicherungsunternehmen übertragen.

**§ 186 Anzuwendende Vorschriften.** [1] Auf die Vermögensübertragung sind die Vorschriften des Zweiten Abschnitts entsprechend anzuwenden. [2] Dabei treten bei kleineren Vereinen an die Stelle der Anmeldung zur Eintragung in das Register der Antrag an die Aufsichtsbehörde auf Genehmigung, an die Stelle der Eintragung in das Register und ihrer Bekanntmachung die Bekanntmachung im Bundesanzeiger nach § 187.

**§ 187 Bekanntmachung der Vermögensübertragung.** Sobald die Vermögensübertragung von allen beteiligten Aufsichtsbehörden genehmigt worden ist, macht bei einer Vermögensübertragung auf ein öffentlich-rechtliches Versicherungsunternehmen die für den übertragenden kleineren Verein zuständige Aufsichtsbehörde die Vermögensübertragung und ihre Genehmigung im Bundesanzeiger sowie in den weiteren Blättern bekannt, die für die Bekanntmachungen des Amtsgerichts bestimmt sind, in dessen Bezirk der übertragende kleinere Verein seinen Sitz hat.

### Vierter Abschnitt. Übertragung des Vermögens eines öffentlich-rechtlichen Versicherungsunternehmens auf Aktiengesellschaften oder Versicherungsvereine auf Gegenseitigkeit

#### Erster Unterabschnitt. Vollübertragung

**§ 188 Anwendung der Verschmelzungsvorschriften.** (1) Bei einer Vollübertragung nach § 175 Nr. 2 Buchstabe c sind auf die übernehmenden Rechtsträger die für die Verschmelzung durch Aufnahme geltenden Vorschriften des Zweiten Buches sowie auf das übertragende Versicherungsunternehmen § 176 Abs. 3 entsprechend anzuwenden, soweit sich aus den folgenden Vorschriften nichts anderes ergibt.

(2) § 176 Abs. 2 und 4 sowie § 178 Abs. 3 sind entsprechend anzuwenden.

(3) [1] An die Stelle der Anmeldung zur Eintragung in das Register treten bei den öffentlich-rechtlichen Versicherungsunternehmen der Antrag an die Aufsichtsbehörde auf Genehmigung, an die Stelle der Eintragung in das Register und ihrer Bekanntmachung die Bekanntmachung nach Satz 2. [2] Die für das öffentlich-rechtliche Versicherungsunternehmen zuständige Aufsichtsbehörde macht, sobald die Vermögensübertragung von allen beteiligten Aufsichtsbehörden genehmigt worden ist, die Übertragung und ihre Genehmigung im Bundesanzeiger sowie in den weiteren Blättern bekannt, die für die Bekanntmachungen des Amtsgerichts bestimmt sind, in dessen Bezirk das übertragende Versicherungsunternehmen seinen Sitz hat.

#### Zweiter Unterabschnitt. Teilübertragung

**§ 189 Anwendung der Spaltungsvorschriften.** (1) Bei einer Teilübertragung nach § 175 Nr. 2 Buchstabe c sind auf die übernehmenden Rechtsträger die für die Aufspaltung, Abspaltung oder Ausgliederung zur Aufnahme geltenden Vorschriften des Dritten Buches und die dort für entsprechend anwendbar erklärten Vorschriften des Zweiten Buches auf den vergleichbaren Vorgang sowie auf das übertragende Versicherungsunternehmen § 176 Abs. 3 entsprechend anzuwenden, soweit sich aus den folgenden Vorschriften nichts anderes ergibt.

(2) § 176 Abs. 2 und 4, § 178 Abs. 3 sowie § 188 Abs. 3 sind entsprechend anzuwenden.

## Fünftes Buch. Formwechsel

### Erster Teil. Allgemeine Vorschriften

**§ 190 Allgemeiner Anwendungsbereich.** (1) Ein Rechtsträger kann durch Formwechsel eine andere Rechtsform erhalten.

(2) Soweit nicht in diesem Buch etwas anderes bestimmt ist, gelten die Vorschriften über den Formwechsel nicht für Änderungen der Rechtsform, die in anderen Gesetzen vorgesehen oder zugelassen sind.

**§ 191 Einbezogene Rechtsträger.** (1) Formwechselnde Rechtsträger können sein:

1. Personenhandelsgesellschaften (§ 3 Abs. 1 Nr. 1) und Partnerschaftsgesellschaften;

2. Kapitalgesellschaften (§ 3 Abs. 1 Nr. 2);

3. eingetragene Genossenschaften;

4. rechtsfähige Vereine;

5. Versicherungsvereine auf Gegenseitigkeit;

6. Körperschaften und Anstalten des öffentlichen Rechts.

(2) Rechtsträger neuer Rechtsform können sein:

1. Gesellschaften des bürgerlichen Rechts;

2. Personenhandelsgesellschaften und Partnerschaftsgesellschaften;

3. Kapitalgesellschaften;

4. eingetragene Genossenschaften.

(3) Der Formwechsel ist auch bei aufgelösten Rechtsträgern möglich, wenn ihre Fortsetzung in der bisherigen Rechtsform beschlossen werden könnte.

**§ 192 Umwandlungsbericht.** (1) [1] Das Vertretungsorgan des formwechselnden Rechtsträgers hat einen ausführlichen schriftlichen Bericht zu erstatten, in dem der Formwechsel und insbesondere die künftige Beteiligung der Anteilsinhaber an dem Rechtsträger rechtlich und wirtschaftlich erläutert und begründet werden (Umwandlungsbericht). [2] § 8 Abs. 1 Satz 2 bis 4 und Abs. 2 ist entsprechend anzuwenden. [3] Der Umwandlungsbericht muß einen Entwurf des Umwandlungsbeschlusses enthalten.

(2) [1] Dem Bericht ist eine Vermögensaufstellung beizufügen, in der die Gegenstände und Verbindlichkeiten des formwechselnden Rechtsträgers mit dem wirklichen Wert anzusetzen sind, der ihnen am Tage der Erstellung des Berichts beizulegen ist. [2] Die Aufstellung ist Bestandteil des Berichts.

(3) [1] Ein Umwandlungsbericht ist nicht erforderlich, wenn an dem formwechselnden Rechtsträger nur ein Anteilsinhaber beteiligt ist oder wenn alle Anteilsinhaber auf seine Erstattung verzichten. [2] Die Verzichtserklärungen sind notariell zu beurkunden.

**§ 193 Umwandlungsbeschluß.** (1) [1] Für den Formwechsel ist ein Beschluß der Anteilsinhaber des formwechselnden Rechtsträgers (Umwandlungsbeschluß) erforderlich. [2] Der Beschluß kann nur in einer Versammlung der Anteilsinhaber gefaßt werden.

(2) Ist die Abtretung der Anteile des formwechselnden Rechtsträgers von der Genehmigung einzelner Anteilsinhaber abhängig, so bedarf der Umwandlungsbeschluß zu seiner Wirksamkeit ihrer Zustimmung.

(3) [1] Der Umwandlungsbeschluß und die nach diesem Gesetz erforderlichen Zustimmungserklärungen einzelner Anteilsinhaber einschließlich der erforderlichen Zustimmungserklärungen nicht erschienener Anteilsinhaber müssen notariell beurkundet werden. [2] Auf Verlangen ist jedem Anteilsinhaber auf seine Kosten unverzüglich eine Abschrift der Niederschrift des Beschlusses zu erteilen.

**§ 194 Inhalt des Umwandlungsbeschlusses.** (1) In dem Umwandlungsbeschluß müssen mindestens bestimmt werden:

1. die Rechtsform, die der Rechtsträger durch den Formwechsel erlangen soll;

2. der Name oder die Firma des Rechtsträgers neuer Rechtsform;

3. eine Beteiligung der bisherigen Anteilsinhaber an dem Rechtsträger nach den für die neue Rechtsform geltenden Vorschriften, soweit ihre Beteiligung nicht nach diesem Buch entfällt;

4. Zahl, Art und Umfang der Anteile oder der Mitgliedschaften, welche die Anteilsinhaber durch den Formwechsel erlangen sollen oder die einem beitretenden persönlich haftenden Gesellschafter eingeräumt werden sollen;

5. die Rechte, die einzelnen Anteilsinhabern sowie den Inhabern besonderer Rechte wie Anteile ohne Stimmrecht, Vorzugsaktien, Mehrstimmrechtsaktien, Schuldverschreibungen und Genußrechte in dem Rechtsträger gewährt werden sollen, oder die Maßnahmen, die für diese Personen vorgesehen sind;

6. ein Abfindungsangebot nach § 207, sofern nicht der Umwandlungsbeschluß zu seiner Wirksamkeit der Zustimmung aller Anteilsinhaber bedarf oder an dem formwechselnden Rechtsträger nur ein Anteilsinhaber beteiligt ist;

7. die Folgen des Formwechsels für die Arbeitnehmer und ihre Vertretungen sowie die insoweit vorgesehenen Maßnahmen.

(2) Der Entwurf des Umwandlungsbeschlusses ist spätestens einen Monat vor dem Tage der Versammlung der Anteilsinhaber, die den Formwechsel beschließen soll, dem zuständigen Betriebsrat des formwechselnden Rechtsträgers zuzuleiten.

**§ 195 Befristung und Ausschluß von Klagen gegen den Umwandlungsbeschluß.** (1) Ein Klage gegen die Wirksamkeit des Umwandlungsbeschlusses muß binnen eines Monats nach der Beschlußfassung erhoben werden.

(2) Eine Klage gegen die Wirksamkeit des Umwandlungsbeschlusses kann nicht darauf gestützt werden, daß die in dem Beschluß bestimmten Anteile an dem Rechtsträger neuer Rechtsform zu niedrig bemessen sind oder daß die Mitgliedschaft kein ausreichender Gegenwert für die Anteile oder die Mitgliedschaft bei dem formwechselnden Rechtsträger ist.

**§ 196 Verbesserung des Beteiligungsverhältnisses.** [1] Sind die in dem Umwandlungsbeschluß bestimmten Anteile an dem Rechtsträger neuer

Rechtsform zu niedrig bemessen oder ist die Mitgliedschaft bei diesem kein ausreichender Gegenwert für die Anteile oder die Mitgliedschaft bei dem formwechselnden Rechtsträger, so kann jeder Anteilsinhaber, dessen Recht, gegen die Wirksamkeit des Umwandlungsbeschlusses Klage zu erheben, nach § 195 Abs. 2 ausgeschlossen ist, von dem Rechtsträger einen Ausgleich durch bare Zuzahlung verlangen. [2] § 15 Abs. 2 ist entsprechend anzuwenden.

**§ 197 Anzuwendende Gründungsvorschriften.** [1] Auf den Formwechsel sind die für die neue Rechtsform geltenden Gründungsvorschriften anzuwenden, soweit sich aus diesem Buch nichts anderes ergibt. [2] Vorschriften, die für die Gründung eine Mindestzahl der Gründer vorschreiben, sowie die Vorschriften über die Bildung und Zusammensetzung des ersten Aufsichtsrats sind nicht anzuwenden.

**§ 198 Anmeldung des Formwechsels.** (1) Die neue Rechtsform des Rechtsträgers ist zur Eintragung in das Register, in dem der formwechselnde Rechtsträger eingetragen ist, anzumelden.

(2) [1] Ist der formwechselnde Rechtsträger nicht in einem Register eingetragen, so ist der Rechtsträger neuer Rechtsform bei dem zuständigen Gericht zur Eintragung in das für die neue Rechtsform maßgebende Register anzumelden. [2] Das gleiche gilt, wenn sich durch den Formwechsel die Art des für den Rechtsträger maßgebenden Registers ändert oder durch eine mit dem Formwechsel verbundene Sitzverlegung die Zuständigkeit eines anderen Registergerichts begründet wird. [3] Im Falle des Satzes 2 ist die Umwandlung auch zur Eintragung in das Register anzumelden, in dem der formwechselnde Rechtsträger eingetragen ist. [4] Diese Eintragung ist mit dem Vermerk zu versehen, daß die Umwandlung erst mit der Eintragung des Rechtsträgers neuer Rechtsform in das für diese maßgebende Register wirksam wird. [5] Der Rechtsträger neuer Rechtsform darf erst eingetragen werden, nachdem die Umwandlung nach den Sätzen 3 und 4 eingetragen worden ist.

(3) § 16 Abs. 2 und 3 ist entsprechend anzuwenden.

**§ 199 Anlagen der Anmeldung.** Der Anmeldung der neuen Rechtsform oder des Rechtsträgers neuer Rechtsform sind in Ausfertigung oder öffentlich beglaubigter Abschrift oder, soweit sie nicht notariell zu beurkunden sind, in Urschrift oder Abschrift außer den sonst erforderlichen Unterlagen auch die Niederschrift des Umwandlungsbeschlusses, die nach diesem Gesetz erforderlichen Zustimmungserklärungen einzelner Anteilsinhaber einschließlich der Zustimmungserklärungen nicht erschienener Anteilsinhaber, der Umwandlungsbericht oder die Erklärungen über den Verzicht auf seine Erstellung, ein Nachweis über die Zuleitung nach § 194 Abs. 2 sowie, wenn der Formwechsel der staatlichen Genehmigung bedarf, die Genehmigungsurkunde beizufügen.

**§ 200 Firma oder Name des Rechtsträgers.** (1) [1] Der Rechtsträger neuer Rechtsform darf seine bisher geführte Firma beibehalten, soweit sich aus diesem Buch nichts anderes ergibt. [2] Zusätzliche Bezeichnungen, die auf die Rechtsform der formwechselnden Gesellschaft hinweisen, dürfen auch dann nicht verwendet werden, wenn der Rechtsträger die bisher geführte Firma beibehält.

(2) Auf eine nach dem Formwechsel beibehaltene Firma ist § 19 des Handelsgesetzbuchs, § 4 des Gesetzes betreffend die Gesellschaften mit beschränkter Haftung, §§ 4, 279 des Aktiengesetzes oder § 3 des Gesetzes betreffend die Erwerbs- und Wirtschaftsgenossenschaften entsprechend anzuwenden.

(3) War an dem formwechselnden Rechtsträger eine natürliche Person beteiligt, deren Beteiligung an dem Rechtsträger neuer Rechtsform entfällt, so darf der Name dieses Anteilsinhabers nur dann in der beibehaltenen bisherigen oder in der neu gebildeten Firma verwendet werden, wenn der betroffene Anteilsinhaber oder dessen Erben ausdrücklich in die Verwendung des Namens einwilligen.

(4) [1] Ist formwechselnder Rechtsträger oder Rechtsträger neuer Rechtsform eine Partnerschaftsgesellschaft, gelten für die Beibehaltung oder Bildung der Firma oder des Namens die Absätze 1 und 3 entsprechend. [2] Eine Firma darf als Name einer Partnerschaftsgesellschaft nur unter den Voraussetzungen des § 2 Abs. 1 des Partnerschaftsgesellschaftsgesetzes beibehalten werden. [3] § 1 Abs. 3 und § 11 des Partnerschaftsgesellschaftsgesetzes sind entsprechend anzuwenden.

(5) Durch den Formwechsel in eine Gesellschaft des bürgerlichen Rechts erlischt die Firma der formwechselnden Gesellschaft.

**§ 201 Bekanntmachung des Formwechsels.** [1] Das für die Anmeldung der neuen Rechtsform oder des Rechtsträgers neuer Rechtsform zuständige Gericht hat die Eintragung der neuen Rechtsform oder des Rechtsträgers neuer Rechtsform durch den Bundesanzeiger und durch mindestens ein anderes Blatt ihrem ganzen Inhalt nach bekanntzumachen. [2] Mit dem Ablauf des Tages, an dem das letzte der die Bekanntmachung enthaltenden Blätter erschienen ist, gilt die Bekanntmachung als erfolgt.

**§ 202 Wirkungen der Eintragung.** (1) Die Eintragung der neuen Rechtsform in das Register hat folgende Wirkungen:

1. Der formwechselnde Rechtsträger besteht in der in dem Umwandlungsbeschluß bestimmten Rechtsform weiter.

2. [1] Die Anteilsinhaber des formwechselnden Rechtsträgers sind an dem Rechtsträger nach den für die neue Rechtsform geltenden Vorschriften beteiligt, soweit ihre Beteiligung nicht nach diesem Buch entfällt. [2] Rechte Dritter an den Anteilen oder Mitgliedschaften des formwechselnden Rechtsträgers bestehen an den an ihre Stelle tretenden Anteilen oder Mitgliedschaften des Rechtsträgers neuer Rechtsform weiter.

3. Der Mangel der notariellen Beurkundung des Umwandlungsbeschlusses und gegebenenfalls erforderlicher Zustimmungs- oder Verzichtserklärungen einzelner Anteilsinhaber wird geheilt.

(2) Die in Absatz 1 bestimmten Wirkungen treten in den Fällen des § 198 Abs. 2 mit der Eintragung des Rechtsträgers neuer Rechtsform in das Register ein.

(3) Mängel des Formwechsels lassen die Wirkungen der Eintragung der neuen Rechtsform oder des Rechtsträgers neuer Rechtsform in das Register unberührt.

**§ 203 Amtsdauer von Aufsichtsratsmitgliedern.** [1] Wird bei einem Formwechsel bei dem Rechtsträger neuer Rechtsform in gleicher Weise wie bei dem formwechselnden Rechtsträger ein Aufsichtsrat gebildet und zusammengesetzt, so bleiben die Mitglieder des Aufsichtsrats für den Rest ihrer Wahlzeit als Mitglieder des Aufsichtsrats des Rechtsträgers neuer Rechtsform im Amt. [2] Die Anteilsinhaber des formwechselnden Rechtsträgers können im Umwandlungsbeschluß für ihre Aufsichtsratsmitglieder die Beendigung des Amtes bestimmen.

**§ 204 Schutz der Gläubiger und der Inhaber von Sonderrechten.** Auf den Schutz der Gläubiger ist § 22, auf den Schutz der Inhaber von Sonderrechten § 23 entsprechend anzuwenden.

**§ 205 Schadenersatzpflicht der Verwaltungsträger des formwechselnden Rechtsträgers.** (1) [1] Die Mitglieder des Vertretungsorgans und, wenn ein Aufsichtsorgan vorhanden ist, des Aufsichtsorgans des formwechselnden Rechtsträgers sind als Gesamtschuldner zum Ersatz des Schadens verpflichtet, den der Rechtsträger, seine Anteilsinhaber oder seine Gläubiger durch den Formwechsel erleiden. [2] § 25 Abs. 1 Satz 2 ist entsprechend anzuwenden.

(2) Die Ansprüche nach Absatz 1 verjähren in fünf Jahren seit dem Tage, an dem die anzumeldende Eintragung der neuen Rechtsform oder des Rechtsträgers neuer Rechtsform in das Register nach § 201 Satz 2 als bekanntgemacht gilt.

**§ 206 Geltendmachung des Schadenersatzanspruchs.** [1] Die Ansprüche nach § 205 Abs. 1 können nur durch einen besonderen Vertreter geltend gemacht werden. [2] Das Gericht des Sitzes des Rechtsträgers neuer Rechtsform hat einen solchen Vertreter auf Antrag eines Anteilsinhabers oder eines Gläubigers des formwechselnden Rechtsträgers zu bestellen. [3] § 26 Abs. 1 Satz 3 und 4, Abs. 2, Abs. 3 Satz 2 und 3 und Abs. 4 ist entsprechend anzuwenden; an die Stelle der Blätter für die öffentlichen Bekanntmachungen des übertragenden Rechtsträgers treten die entsprechenden Blätter des Rechtsträgers neuer Rechtsform.

**§ 207 Angebot der Barabfindung.** (1) [1] Der formwechselnde Rechtsträger hat jedem Anteilsinhaber, der gegen den Umwandlungsbeschluß Widerspruch zur Niederschrift erklärt, den Erwerb seiner umgewandelten Anteile oder Mitgliedschaften gegen eine angemessene Barabfindung anzubieten; § 71 Abs. 4 Satz 2 des Aktiengesetzes ist insoweit nicht anzuwenden. [2] Kann der Rechtsträger auf Grund seiner neuen Rechtsform eigene Anteile oder Mitgliedschaften nicht erwerben, so ist die Barabfindung für den Fall anzubieten, daß der Anteilsinhaber sein Ausscheiden aus dem Rechtsträger erklärt. [3] Der Rechtsträger hat die Kosten für eine Übertragung zu tragen.

(2) § 29 Abs. 2 ist entsprechend anzuwenden.

**§ 208 Inhalt des Anspruchs auf Barabfindung und Prüfung der Barabfindung.** Auf den Anspruch auf Barabfindung ist § 30 entsprechend anzuwenden.

**§ 209 Annahme des Angebots.** [1]Das Angebot nach § 207 kann nur binnen zwei Monaten nach dem Tage angenommen werden, an dem die Eintragung der neuen Rechtsform oder des Rechtsträgers neuer Rechtsform in das Register nach § 201 Satz 2 als bekanntgemacht gilt. [2]Ist nach § 212 ein Antrag auf Bestimmung der Barabfindung durch das Gericht gestellt worden, so kann das Angebot binnen zwei Monaten nach dem Tage angenommen werden, an dem die Entscheidung im Bundesanzeiger bekanntgemacht worden ist.

**§ 210 Ausschluß von Klagen gegen den Umwandlungsbeschluß.** Eine Klage gegen die Wirksamkeit des Umwandlungsbeschlusses kann nicht darauf gestützt werden, daß das Angebot nach § 207 zu niedrig bemessen oder daß die Barabfindung im Umwandlungsbeschluß nicht oder nicht ordnungsgemäß angeboten worden ist.

**§ 211 Anderweitige Veräußerung.** Einer anderweitigen Veräußerung des Anteils durch den Anteilsinhaber stehen nach Fassung des Umwandlungsbeschlusses bis zum Ablauf der in § 209 bestimmten Frist Verfügungsbeschränkungen nicht entgegen.

**§ 212 Gerichtliche Nachprüfung der Abfindung.** [1]Macht ein Anteilsinhaber geltend, daß eine im Umwandlungsbeschluß bestimmte Barabfindung, die ihm nach § 207 Abs. 1 anzubieten war, zu niedrig bemessen sei, so hat auf seinen Antrag das Gericht die angemessene Barabfindung zu bestimmen. [2]Das gleiche gilt, wenn die Barabfindung nicht oder nicht ordnungsgemäß angeboten worden ist.

**§ 213 Bezeichnung unbekannter Aktionäre.** Auf die Bezeichnung unbekannter Aktionäre ist § 35 entsprechend anzuwenden.

## Zweiter Teil. Besondere Vorschriften

### Erster Abschnitt. Formwechsel von Personengesellschaften

#### Erster Unterabschnitt. Formwechsel von Personenhandelsgesellschaften

**§ 214 Möglichkeit des Formwechsels.** (1) Eine Personenhandelsgesellschaft kann auf Grund eines Umwandlungsbeschlusses nach diesem Gesetz nur die Rechtsform einer Kapitalgesellschaft oder eine eingetragenen Genossenschaft erlangen.

(2) Eine aufgelöste Personenhandelsgesellschaft kann die Rechtsform nicht wechseln, wenn die Gesellschafter nach § 145 des Handelsgesetzbuchs[1] eine andere Art der Auseinandersetzung als die Abwicklung oder als den Formwechsel vereinbart haben.

**§ 215 Umwandlungsbericht.** Ein Umwandlungsbericht ist nicht erforderlich, wenn alle Gesellschafter der formwechselnden Gesellschaft zur Geschäftsführung berechtigt sind.

---

[1] Abgedruckt in **dtv 5002 „HGB"**.

**§ 216 Unterrichtung der Gesellschafter.** Das Vertretungsorgan der formwechselnden Gesellschaft hat allen von der Geschäftsführung ausgeschlossenen Gesellschaftern spätestens zusammen mit der Einberufung der Gesellschafterversammlung, die den Formwechsel beschließen soll, diesen Formwechsel als Gegenstand der Beschlußfassung schriftlich anzukündigen und einen nach diesem Buch erforderlichen Umwandlungsbericht sowie ein Abfindungsangebot nach § 207 zu übersenden.

**§ 217 Beschluß der Gesellschafterversammlung.** (1) ¹Der Umwandlungsbeschluß der Gesellschafterversammlung bedarf der Zustimmung aller anwesenden Gesellschafter; ihm müssen auch die nicht erschienenen Gesellschafter zustimmen. ²Der Gesellschaftsvertrag der formwechselnden Gesellschaft kann eine Mehrheitsentscheidung der Gesellschafter vorsehen. ³Die Mehrheit muß mindestens drei Viertel der abgegebenen Stimmen betragen.

(2) Die Gesellschafter, die im Falle einer Mehrheitsentscheidung für den Formwechsel gestimmt haben, sind in der Niederschrift über den Umwandlungsbeschluß namentlich aufzuführen.

(3) Dem Formwechsel in eine Kommanditgesellschaft auf Aktien müssen alle Gesellschafter zustimmen, die in dieser Gesellschaft die Stellung eines persönlich haftenden Gesellschafters haben sollen.

**§ 218 Inhalt des Umwandlungsbeschlusses.** (1) ¹In dem Umwandlungsbeschluß muß auch der Gesellschaftsvertrag der Gesellschaft mit beschränkter Haftung oder das Statut der Genossenschaft enthalten sein oder die Satzung der Aktiengesellschaft oder der Kommanditgesellschaft auf Aktien festgestellt werden. ²Eine Unterzeichnung des Statuts durch die Genossen ist nicht erforderlich.

(2) Der Beschluß zur Umwandlung in eine Kommanditgesellschaft auf Aktien muß vorsehen, daß sich an dieser Gesellschaft mindestens ein Gesellschafter der formwechselnden Gesellschaft als persönlich haftender Gesellschafter beteiligt oder daß der Gesellschaft mindestens ein persönlich haftender Gesellschafter beitritt.

(3) ¹Der Beschluß zur Umwandlung in eine Genossenschaft muß die Beteiligung jedes Genossen mit mindestens einem Geschäftsanteil vorsehen. ²In dem Beschluß kann auch bestimmt werden, daß jeder Genosse bei der Genossenschaft mit mindestens einem und im übrigen mit so vielen Geschäftsanteilen, wie sie durch Anrechnung seines Geschäftsguthabens bei dieser Genossenschaft als voll eingezahlt anzusehen sind, beteiligt wird.

**§ 219 Rechtsstellung als Gründer.** ¹Bei der Anwendung der Gründungsvorschriften stehen den Gründern die Gesellschafter der formwechselnden Gesellschaft gleich. ²Im Falle einer Mehrheitsentscheidung treten an die Stelle der Gründer die Gesellschafter, die für den Formwechsel gestimmt haben, sowie beim Formwechsel in eine Kommanditgesellschaft auf Aktien auch beitretende persönlich haftende Gesellschafter.

**§ 220 Kapitalschutz.** (1) Der Nennbetrag des Stammkapitals einer Gesellschaft mit beschränkter Haftung oder des Grundkapitals einer Aktiengesellschaft oder einer Kommanditgesellschaft auf Aktien darf das nach Abzug der Schulden verbleibende Vermögen der formwechselnden Gesellschaft nicht übersteigen.

(2) In dem Sachgründungsbericht beim Formwechsel in eine Gesellschaft mit beschränkter Haftung oder in dem Gründungsbericht beim Formwechsel in eine Aktiengesellschaft oder in eine Kommanditgesellschaft auf Aktien sind auch der bisherige Geschäftsverlauf und die Lage der formwechselnden Gesellschaft darzulegen.

(3) [1]Beim Formwechsel in eine Aktiengesellschaft oder in eine Kommanditgesellschaft auf Aktien hat die Gründungsprüfung durch einen oder mehrere Prüfer (§ 33 Abs. 2 des Aktiengesetzes) in jedem Fall stattzufinden. [2]Die für Nachgründungen in § 52 Abs. 1 des Aktiengesetzes bestimmte Frist von zwei Jahren beginnt mit dem Wirksamwerden des Formwechsels.

**§ 221　Beitritt persönlich haftender Gesellschafter.** [1]Der in einem Beschluß zur Umwandlung in eine Kommanditgesellschaft auf Aktien vorgesehene Beitritt eines Gesellschafters, welcher der formwechselnden Gesellschaft nicht angehört hat, muß notariell beurkundet werden. [2]Die Satzung der Kommanditgesellschaft auf Aktien ist von jedem beitretenden persönlich haftenden Gesellschafter zu genehmigen.

**§ 222　Anmeldung des Formwechsels.** (1) [1]Die Anmeldung nach § 198 einschließlich der Anmeldung des Statuts der Genossenschaft ist durch alle Mitglieder des künftigen Vertretungsorgans sowie, wenn der Rechtsträger nach den für die neue Rechtsform geltenden Vorschriften einen Aufsichtsrat haben muß, auch durch alle Mitglieder dieses Aufsichtsrats vorzunehmen. [2]Zugleich mit der Genossenschaft sind die Mitglieder ihres Vorstandes zur Eintragung in das Register anzumelden.

(2) Ist der Rechtsträger neuer Rechtsform eine Aktiengesellschaft oder eine Kommanditgesellschaft auf Aktien, so haben die Anmeldung nach Absatz 1 auch alle Gesellschafter vorzunehmen, die nach § 219 den Gründern dieser Gesellschaft gleichstehen.

(3) Die Anmeldung der Umwandlung zur Eintragung in das Register nach § 198 Abs. 2 Satz 3 kann auch von den zur Vertretung der formwechselnden Gesellschaft ermächtigten Gesellschaftern vorgenommen werden.

**§ 223　Anlagen der Anmeldung.** Der Anmeldung der neuen Rechtsform oder des Rechtsträgers neuer Rechtsform sind beim Formwechsel in eine Kommanditgesellschaft auf Aktien außer den sonst erforderlichen Unterlagen auch die Urkunden über den Beitritt aller beitretenden persönlich haftenden Gesellschafter in Ausfertigung oder öffentlich beglaubigter Abschrift beizufügen.

**§ 224　Fortdauer und zeitliche Begrenzung der persönlichen Haftung.** (1) Der Formwechsel berührt nicht die Ansprüche der Gläubiger der Gesellschaft gegen einen ihrer Gesellschafter aus Verbindlichkeiten der formwechselnden Gesellschaft, für die dieser im Zeitpunkt des Formwechsels nach § 128 des Handelsgesetzbuchs[1]) persönlich haftet.

(2) Der Gesellschafter haftet für diese Verbindlichkeiten, wenn sie vor Ablauf von fünf Jahren nach dem Formwechsel fällig und daraus Ansprüche gegen ihn gerichtlich geltend gemacht sind; bei öffentlich-rechtlichen Verbindlichkeiten genügt zur Geltendmachung der Erlaß eines Verwaltungsakts.

---

[1]) Abgedruckt in **dtv 5002 „HGB“**.

(3) [1]Die Frist beginnt mit dem Tage, an dem die Eintragung der neuen Rechtsform oder des Rechtsträgers neuer Rechtsform in das Register nach § 201 Satz 2 als bekanntgemacht gilt. [2]Die für die Verjährung geltenden §§ 203, 206, 207, 210, 212 bis 216 und 220 des Bürgerlichen Gesetzbuchs sind entsprechend anzuwenden.

(4) Einer gerichtlichen Geltendmachung bedarf es nicht, soweit der Gesellschafter den Anspruch schriftlich anerkannt hat.

(5) Die Absätze 1 bis 4 sind auch anzuwenden, wenn der Gesellschafter in dem Rechtsträger anderer Rechtsform geschäftsführend tätig wird.

**§ 225 Prüfung des Abfindungsangebots.** [1]Im Falle des § 217 Abs. 1 Satz 2 ist die Angemessenheit der angebotenen Barabfindung nach § 208 in Verbindung mit § 30 Abs. 2 nur auf Verlangen eines Gesellschafters zu prüfen. [2]Die Kosten trägt die Gesellschaft.

### Zweiter Unterabschnitt. Formwechsel von Partnerschaftsgesellschaften

**§ 225 a Möglichkeit des Formwechsels.** Eine Partnerschaftsgesellschaft kann auf Grund eines Umwandlungsbeschlusses nach diesem Gesetz nur die Rechtsform einer Kapitalgesellschaft oder einer eingetragenen Genossenschaft erlangen.

**§ 225 b Umwandlungsbericht und Unterrichtung der Partner.** [1]Ein Umwandlungsbericht ist nur erforderlich, wenn ein Partner der formwechselnden Partnerschaft gemäß § 6 Abs. 2 des Partnerschaftsgesellschaftsgesetzes von der Geschäftsführung ausgeschlossen ist. [2]Von der Geschäftsführung ausgeschlossene Partner sind entsprechend § 216 zu unterrichten.

**§ 225 c Anzuwendende Vorschriften.** Auf den Formwechsel einer Partnerschaftsgesellschaft sind § 214 Abs. 2 und die §§ 217 bis 225 entsprechend anzuwenden.

### Zweiter Abschnitt. Formwechsel von Kapitalgesellschaften

#### Erster Unterabschnitt. Allgemeine Vorschriften

**§ 226 Möglichkeit des Formwechsels.** Eine Kapitalgesellschaft kann auf Grund eines Umwandlungsbeschlusses nach diesem Gesetz nur die Rechtsform einer Gesellschaft des bürgerlichen Rechts, einer Personenhandelsgesellschaft, einer Partnerschaftsgesellschaft, einer anderen Kapitalgesellschaft oder einer eingetragenen Genossenschaft erlangen.

**§ 227 Nicht anzuwendende Vorschriften.** Die §§ 207 bis 212 sind beim Formwechsel einer Kommanditgesellschaft auf Aktien nicht auf deren persönlich haftende Gesellschafter anzuwenden.

#### Zweiter Unterabschnitt. Formwechsel in eine Personengesellschaft

**§ 228 Möglichkeit des Formwechsels.** (1) Durch den Formwechsel kann eine Kapitalgesellschaft die Rechtsform einer Personenhandelsgesellschaft nur erlangen, wenn der Unternehmensgegenstand im Zeitpunkt des

Wirksamwerdens des Formwechsels den Vorschriften über die Gründung einer offenen Handelsgesellschaft (§ 105 Abs. 1 und 2 des Handelsgesetzbuchs)[1] genügt.

(2) Genügt der Gegenstand des Unternehmens diesen Vorschriften nicht, kann durch den Umwandlungsbeschluß bestimmt werden, daß die formwechselnde Gesellschaft die Rechtsform einer Gesellschaft des bürgerlichen Rechts erlangen soll.

(3) [1]Ein Formwechsel in eine Partnerschaftsgesellschaft ist nur möglich, wenn im Zeitpunkt seines Wirksamwerdens alle Anteilsinhaber des formwechselnden Rechtsträgers natürliche Personen sind, die einen Freien Beruf ausüben (§ 1 Abs. 1 und 2 des Partnerschaftsgesellschaftsgesetzes). [2]§ 1 Abs. 3 des Partnerschaftsgesellschaftsgesetzes bleibt unberührt.

**§ 229 Vermögensaufstellung.** [1]Beim Formwechsel einer Kommanditgesellschaft auf Aktien ist die Vermögensaufstellung nach § 192 Abs. 2, soweit erforderlich, nach den Grundsätzen aufzustellen, die für die Auseinandersetzung mit den persönlich haftenden Gesellschaftern vorgesehen sind. [2]Soll für die Auseinandersetzung ein Stichtag maßgebend sein, der vor dem Tage der Einberufung der Hauptversammlung liegt, so kann die Vermögensaufstellung auf diesen Stichtag aufgestellt werden.

**§ 230 Vorbereitung der Versammlung der Anteilsinhaber.** (1) Die Geschäftsführer einer formwechselnden Gesellschaft mit beschränkter Haftung haben allen Gesellschaftern spätestens zusammen mit der Einberufung der Gesellschafterversammlung, die den Formwechsel beschließen soll, diesen Formwechsel als Gegenstand der Beschlußfassung schriftlich anzukündigen und den Umwandlungsbericht zu übersenden.

(2) [1]Der Umwandlungsbericht einer Aktiengesellschaft oder einer Kommanditgesellschaft auf Aktien ist von der Einberufung der Hauptversammlung an, die den Formwechsel beschließen soll, in dem Geschäftsraum der Gesellschaft zur Einsicht der Aktionäre auszulegen. [2]Auf Verlangen ist jedem Aktionär und jedem von der Geschäftsführung ausgeschlossenen persönlich haftenden Gesellschafter unverzüglich und kostenlos eine Abschrift des Umwandlungsberichts zu erteilen.

**§ 231 Mitteilung des Abfindungsangebots.** [1]Das Vertretungsorgan der formwechselnden Gesellschaft hat den Gesellschaftern oder Aktionären spätestens zusammen mit der Einberufung der Gesellschafterversammlung oder der Hauptversammlung, die den Formwechsel beschließen soll, das Abfindungsangebot nach § 207 zu übersenden. [2]Der Übersendung steht es gleich, wenn das Abfindungsangebot im Bundesanzeiger und den sonst bestimmten Gesellschaftsblättern bekanntgemacht wird.

**§ 232 Durchführung der Versammlung der Anteilsinhaber.** (1) In der Gesellschafterversammlung oder in der Hauptversammlung, die den Formwechsel beschließen soll, ist der Umwandlungsbericht auszulegen.

(2) Der Entwurf des Umwandlungsbeschlusses einer Aktiengesellschaft oder einer Kommanditgesellschaft auf Aktien ist von deren Vertretungsorgan zu Beginn der Verhandlung mündlich zu erläutern.

---

[1] Abgedruckt in **dtv 5002 „HGB".**

**§ 233** **Beschluß der Versammlung der Anteilsinhaber.** (1) Der Umwandlungsbeschluß der Gesellschafterversammlung oder der Hauptversammlung bedarf, wenn die formwechselnde Gesellschaft die Rechtsform einer Gesellschaft des bürgerlichen Rechts, einer offenen Handelsgesellschaft oder einer Partnerschaftsgesellschaft erlangen soll, der Zustimmung aller anwesenden Gesellschafter oder Aktionäre; ihm müssen auch die nicht erschienenen Anteilsinhaber zustimmen.

(2) [1]Soll die formwechselnde Gesellschaft in eine Kommanditgesellschaft umgewandelt werden, so bedarf der Umwandlungsbeschluß einer Mehrheit von mindestens drei Vierteln der bei der Gesellschafterversammlung einer Gesellschaft mit beschränkter Haftung abgegebenen Stimmen oder des bei der Beschlußfassung einer Aktiengesellschaft oder einer Kommanditgesellschaft auf Aktien vertretenen Grundkapitals; § 50 Abs. 2 und § 65 Abs. 2 sind entsprechend anzuwenden. [2]Der Gesellschaftsvertrag oder die Satzung der formwechselnden Gesellschaft kann eine größere Mehrheit und weitere Erfordernisse bestimmen. [3]Dem Formwechsel müssen alle Gesellschafter oder Aktionäre zustimmen, die in der Kommanditgesellschaft die Stellung eines persönlich haftenden Gesellschafters haben sollen.

(3) [1]Dem Formwechsel einer Kommanditgesellschaft auf Aktien müssen ferner deren persönlich haftende Gesellschafter zustimmen. [2]Die Satzung der formwechselnden Gesellschaft kann für den Fall des Formwechsels in eine Kommanditgesellschaft eine Mehrheitsentscheidung dieser Gesellschafter vorsehen. [3]Jeder dieser Gesellschafter kann sein Ausscheiden aus dem Rechtsträger für den Zeitpunkt erklären, in dem der Formwechsel wirksam wird.

**§ 234** **Inhalt des Umwandlungsbeschlusses.** [1]In dem Umwandlungsbeschluß müssen auch enthalten sein:

1. die Bestimmung des Sitzes der Personengesellschaft;
2. beim Formwechsel in eine Kommanditgesellschaft die Angabe der Kommanditisten sowie des Betrages der Einlage eines jeden von ihnen;
3. beim Formwechsel in eine Partnerschaftsgesellschaft der Partnerschaftsvertrag. [2]§ 213 ist nicht anzuwenden.

**§ 235** **Anmeldung des Formwechsels.** (1) [1]Beim Formwechsel in eine Gesellschaft des bürgerlichen Rechts ist statt der neuen Rechtsform die Umwandlung der Gesellschaft zur Eintragung in das Register, in dem die formwechselnde Gesellschaft eingetragen ist, anzumelden. [2]§ 198 Abs. 2 ist nicht anzuwenden.

(2) Die Anmeldung nach Absatz 1 oder nach § 198 ist durch das Vertretungsorgan der formwechselnden Gesellschaft vorzunehmen.

**§ 236** **Wirkungen des Formwechsels.** Mit dem Wirksamwerden des Formwechsels einer Kommanditgesellschaft auf Aktien scheiden persönlich haftende Gesellschafter, die nach § 233 Abs. 3 Satz 3 ihr Ausscheiden aus dem Rechtsträger erklärt haben, aus der Gesellschaft aus.

**§ 237** **Fortdauer und zeitliche Begrenzung der persönlichen Haftung.** Erlangt ein persönlich haftender Gesellschafter einer formwechselnden Kommanditgesellschaft auf Aktien beim Formwechsel in eine Kommanditgesellschaft die Rechtsstellung eines Kommanditisten, so ist auf seine Haftung für die im Zeitpunkt des Formwechsels begründeten Verbindlichkeiten der formwechselnden Gesellschaft § 224 entsprechend anzuwenden.

### Dritter Unterabschnitt. Formwechsel in eine Kapitalgesellschaft anderer Rechtsform

**§ 238 Vorbereitung der Versammlung der Anteilsinhaber.** [1] Auf die Vorbereitung der Gesellschafterversammlung oder der Hauptversammlung, die den Formwechsel beschließen soll, sind die §§ 230 und 231 entsprechend anzuwenden. [2] § 192 Abs. 2 ist nicht anzuwenden. [3] § 192 Abs. 3 bleibt unberührt.

**§ 239 Durchführung der Versammlung der Anteilsinhaber.** (1) In der Gesellschafterversammlung oder in der Hauptversammlung, die den Formwechsel beschließen soll, ist der Umwandlungsbericht auszulegen.

(2) Der Entwurf des Umwandlungsbeschlusses einer Aktiengesellschaft oder eine Kommanditgesellschaft auf Aktien ist von deren Vertretungsorgan zu Beginn der Verhandlung mündlich zu erläutern.

**§ 240 Beschluß der Versammlung der Anteilsinhaber.** (1) [1] Der Umwandlungsbeschluß bedarf einer Mehrheit von mindestens drei Vierteln der bei der Gesellschafterversammlung einer Gesellschaft mit beschränkter Haftung abgegebenen Stimmen oder des bei der Beschlußfassung einer Aktiengesellschaft oder einer Kommanditgesellschaft auf Aktien vertretenen Grundkapitals; § 65 Abs. 2 ist entsprechend anzuwenden. [2] Der Gesellschaftsvertrag oder die Satzung der formwechselnden Gesellschaft kann eine größere Mehrheit und weitere Erfordernisse, beim Formwechsel einer Kommanditgesellschaft auf Aktien in eine Aktiengesellschaft auch eine geringere Mehrheit bestimmen.

(2) [1] Dem Formwechsel einer Gesellschaft mit beschränkter Haftung oder einer Aktiengesellschaft in eine Kommanditgesellschaft auf Aktien müssen alle Gesellschafter oder Aktionäre zustimmen, die in der Gesellschaft neuer Rechtsform die Stellung eines persönlich haftenden Gesellschafters haben sollen. [2] Auf den Beitritt persönlich haftender Gesellschafter ist § 221 entsprechend anzuwenden.

(3) [1] Dem Formwechsel einer Kommanditgesellschaft auf Aktien müssen ferner deren persönlich haftende Gesellschafter zustimmen. [2] Die Satzung der formwechselnden Gesellschaft kann eine Mehrheitsentscheidung dieser Gesellschafter vorsehen.

**§ 241 Zustimmungserfordernisse beim Formwechsel einer Gesellschaft mit beschränkter Haftung.** (1) [1] Werden durch den Umwandlungsbeschluß einer formwechselnden Gesellschaft mit beschränkter Haftung die Aktien in der Satzung der Aktiengesellschaft oder der Kommanditgesellschaft auf Aktien auf einen höheren als den Mindestbetrag nach § 8 Abs. 2 oder 3 des Aktiengesetzes und abweichend vom Nennbetrag der Geschäftsanteile der formwechselnden Gesellschaft gestellt, so muß dem jeder Gesellschafter zustimmen, der sich nicht dem Gesamtnennbetrag seiner Geschäftsanteile entsprechend beteiligen kann. [2] § 17 Abs. 6 des Gesetzes betreffend die Gesellschaften mit beschränkter Haftung gilt insoweit nicht.

(2) Auf das Erfordernis der Zustimmung einzelner Gesellschafter ist ferner § 50 Abs. 2 entsprechend anzuwenden.

(3) Sind einzelnen Gesellschaftern außer der Leistung von Kapitaleinlagen noch andere Verpflichtungen gegenüber der Gesellschaft auferlegt und können diese wegen der einschränkenden Bestimmung des § 55 des Aktiengesetzes bei dem Formwechsel nicht aufrechterhalten werden, so bedarf der Formwechsel auch der Zustimmung dieser Gesellschafter.

**§ 242 Zustimmungserfordernis beim Formwechsel einer Aktiengesellschaft oder einer Kommanditgesellschaft auf Aktien.** Wird durch den Umwandlungsbeschluß einer formwechselnden Aktiengesellschaft oder Kommanditgesellschaft auf Aktien der Nennbetrag der Geschäftsanteile in dem Gesellschaftsvertrag der Gesellschaft mit beschränkter Haftung abweichend vom Betrag der Aktien festgesetzt und ist dies nicht durch § 243 Abs. 3 Satz 2 bedingt, so muß der Festsetzung jeder Aktionär zustimmen, der sich nicht mit seinem gesamten Anteil beteiligen kann.

**§ 243 Inhalt des Umwandlungsbeschlusses.** (1) ¹Auf den Umwandlungsbeschluß ist § 218 entsprechend anzuwenden. ²Festsetzungen über Sondervorteile, Gründungsaufwand, Sacheinlagen und Sachübernahmen, die in dem Gesellschaftsvertrag oder in der Satzung der formwechselnden Gesellschaft enthalten sind, sind in den Gesellschaftsvertrag oder in die Satzung der Gesellschaft neuer Rechtsform zu übernehmen. ³§ 26 Abs. 4 und 5 des Aktiengesetzes bleibt unberührt.

(2) Vorschriften anderer Gesetze über die Änderung des Stammkapitals oder des Grundkapitals bleiben unberührt.

(3) ¹In dem Gesellschaftsvertrag oder in der Satzung der Gesellschaft neuer Rechtsform kann der auf die Anteile entfallende Betrag des Stamm- oder Grundkapitals abweichend vom Betrag der Anteile der formwechselnden Gesellschaft festgesetzt werden. ²Bei einer Gesellschaft mit beschränkter Haftung muß er in jedem Fall mindestens fünfzig Euro betragen und durch zehn teilbar sein.

**§ 244 Niederschrift über den Umwandlungsbeschluß; Gesellschaftsvertrag.** (1) In der Niederschrift über den Umwandlungsbeschluß sind die Personen, die nach § 245 Abs. 1 bis 3 den Gründern der Gesellschaft gleichstehen, namentlich aufzuführen.

(2) Beim Formwechsel einer Aktiengesellschaft oder einer Kommanditgesellschaft auf Aktien in eine Gesellschaft mit beschränkter Haftung braucht der Gesellschaftsvertrag von den Gesellschaftern nicht unterzeichnet zu werden.

**§ 245 Rechtsstellung als Gründer; Kapitalschutz.** (1) ¹Bei einem Formwechsel einer Gesellschaft mit beschränkter Haftung in eine Aktiengesellschaft oder in eine Kommanditgesellschaft auf Aktien treten bei der Anwendung der Gründungsvorschriften des Aktiengesetzes an die Stelle der Gründer die Gesellschafter, die für den Formwechsel gestimmt haben, sowie beim Formenwechsel einer Gesellschaft mit beschränkter Haftung in eine Kommanditgesellschaft auf Aktien auch beitretende persönlich haftende Gesellschafter. ²§ 220 ist entsprechend anzuwenden.

(2) [1] Beim Formwechsel einer Aktiengesellschaft in eine Kommanditgesellschaft auf Aktien treten bei der Anwendung der Gründungsvorschriften des Aktiengesetzes an die Stelle der Gründer die persönlich haftenden Gesellschafter der Gesellschaft neuer Rechtsform. [2] § 220 ist entsprechend anzuwenden.

(3) [1] Beim Formwechsel einer Kommanditgesellschaft auf Aktien in eine Aktiengesellschaft treten bei der Anwendung der Gründungsvorschriften des Aktiengesetzes an die Stelle der Gründer die persönlich haftenden Gesellschafter der formwechselnden Gesellschaft. [2] § 220 ist entsprechend anzuwenden.

(4) Beim Formwechsel einer Aktiengesellschaft oder einer Kommanditgesellschaft auf Aktien in eine Gesellschaft mit beschränkter Haftung ist ein Sachgründungsbericht nicht erforderlich.

**§ 246 Anmeldung des Formwechsels.** (1) Die Anmeldung nach § 198 ist durch das Vertretungsorgan der formwechselnden Gesellschaft vorzunehmen.

(2) Zugleich mit der neuen Rechtsform oder mit dem Rechtsträger neuer Rechtsform sind die Geschäftsführer der Gesellschaft mit beschränkter Haftung, die Vorstandsmitglieder der Aktiengesellschaft oder die persönlich haftenden Gesellschafter der Kommanditgesellschaft auf Aktien zur Eintragung in das Register anzumelden.

(3) § 8 Abs. 2 des Gesetzes betreffend die Gesellschaften mit beschränkter Haftung und § 37 Abs. 1 des Aktiengesetzes sind auf die Anmeldung nach § 198 nicht anzuwenden.

**§ 247 Wirkungen des Formwechsels.** (1) Durch den Formwechsel wird das bisherige Stammkapital einer formwechselnden Gesellschaft mit beschränkter Haftung zum Grundkapital der Gesellschaft neuer Rechtsform oder das bisherige Grundkapital einer formwechselnden Aktiengesellschaft oder Kommanditgesellschaft auf Aktien zum Stammkapital der Gesellschaft neuer Rechtsform.

(2) Eine vereinfachte Kapitalherabsetzung nach dem Formwechsel kann in der Jahresbilanz auch dann rückwirkend berücksichtigt werden, wenn diese Bilanz das letzte vor dem Formwechsel abgelaufene Geschäftsjahr einer formwechselnden Gesellschaft mit beschränkter Haftung betrifft.

(3) Durch den Formwechsel einer Kommanditgesellschaft auf Aktien scheiden deren persönlich haftende Gesellschafter als solche aus der Gesellschaft aus.

**§ 248 Umtausch der Anteile.** (1) Auf den Umtausch der Geschäftsanteile einer formwechselnden Gesellschaft mit beschränkter Haftung gegen Aktien ist § 73 des Aktiengesetzes, bei Zusammenlegung von Geschäftsanteilen § 226 des Aktiengesetzes über die Kraftloserklärung von Aktien entsprechend anzuwenden.

(2) Auf den Umtausch der Aktien einer formwechselnden Aktiengesellschaft oder Kommanditgesellschaft auf Aktien gegen Geschäftsanteile einer Gesellschaft mit beschränkter Haftung ist § 73 Abs. 1 und 2 des Aktiengesetzes, bei Zusammenlegung von Aktien § 226 Abs. 1 und 2 des Aktiengesetzes über die Kraftloserklärung von Aktien entsprechend anzuwenden.

(3) Einer Genehmigung des Gerichts bedarf es nicht.

**§ 249 Gläubigerschutz.** Auf den Formwechsel einer Kommanditgesellschaft auf Aktien in eine Gesellschaft mit beschränkter Haftung oder in eine Aktiengesellschaft ist auch § 224 entsprechend anzuwenden.

**§ 250 Nicht anzuwendende Vorschriften.** Die §§ 207 bis 212 sind auf den Formwechsel einer Aktiengesellschaft in eine Kommanditgesellschaft auf Aktien oder einer Kommanditgesellschaft auf Aktien in eine Aktiengesellschaft nicht anzuwenden.

### Vierter Unterabschnitt. Formwechsel in eine eingetragene Genossenschaft

**§ 251 Vorbereitung und Durchführung der Versammlung der Anteilsinhaber.** (1) [1]Auf die Vorbereitung der Gesellschafterversammlung oder der Hauptversammlung, die den Formwechsel beschließen soll, sind die §§ 229 bis 231 entsprechend anzuwenden. [2]§ 192 Abs. 3 beibt unberührt.

(2) Auf die Gesellschafterversammlung oder die Hauptversammlung, die den Formwechsel beschließen soll, ist § 239 Abs. 1, auf die Hauptversammlung auch § 239 Abs. 2 entsprechend anzuwenden.

**§ 252 Beschluß der Versammlung der Anteilsinhaber.** (1) Der Umwandlungsbeschluß der Gesellschafterversammlung oder der Hauptversammlung bedarf, wenn das Statut der Genossenschaft eine Verpflichtung der Genossen zur Leistung von Nachschüssen vorsieht, der Zustimmung aller anwesenden Gesellschafter oder Aktionäre; ihm müssen auch die nicht erschienenen Anteilsinhaber zustimmen.

(2) [1]Sollen die Genossen nicht zur Leistung von Nachschüssen verpflichtet werden, so bedarf der Umwandlungsbeschluß einer Mehrheit von mindestens drei Vierteln der bei der Gesellschafterversammlung einer Gesellschaft mit beschränkter Haftung abgegebenen Stimmen oder des bei der Beschlußfassung einer Aktiengesellschaft oder einer Kommanditgesellschaft auf Aktien vertretenen Grundkapitals; § 50 Abs. 2 und § 65 Abs. 2 sind entsprechend anzuwenden. [2]Der Gesellschaftsvertrag oder die Satzung der formwechselnden Gesellschaft kann eine größere Mehrheit und weitere Erfordernisse bestimmen.

(3) Auf den Formwechsel einer Kommanditgesellschaft auf Aktien ist § 240 Abs. 3 entsprechend anzuwenden.

**§ 253 Inhalt des Umwandlungsbeschlusses.** (1) [1]In dem Umwandlungsbeschluß muß auch das Statut der Genossenschaft enthalten sein. [2]Eine Unterzeichnung des Status durch die Genossen ist nicht erforderlich.

(2) [1]Der Umwandlungsbeschluß muß die Beteiligung jedes Genossen mit mindestens einem Geschäftsanteil vorsehen. [2]In dem Beschluß kann auch bestimmt werden, daß jeder Genosse bei der Genossenschaft mit mindestens einem und im übrigen mit so vielen Geschäftsanteilen, wie sie durch Anrechnung seines Geschäftsguthabens bei dieser Genossenschaft als voll eingezahlt anzusehen sind, beteiligt wird.

**§ 254 Anmeldung des Formwechsels.** (1) Die Anmeldung nach § 198 einschließlich der Anmeldung des Statuts der Genossenschaft ist durch das Vertretungsorgan der formwechselnden Gesellschaft vorzunehmen.

(2) Zugleich mit der Genossenschaft sind die Mitglieder ihres Vorstandes zur Eintragung in das Register anzumelden.

**§ 255 Wirkungen des Formwechsels.** (1) [1]Jeder Anteilsinhaber, der die Rechtsstellung eines Genossen erlangt, ist bei der Genossenschaft nach Maßgabe des Umwandlungsbeschlusses beteiligt. [2]Eine Verpflichtung zur Übernahme weiterer Geschäftsanteile bleibt unberührt. [3]§ 202 Abs. 1 Nr. 2 Satz 2 ist mit der Maßgabe anzuwenden, daß die an den bisherigen Anteilen bestehenden Rechte Dritter an den durch den Formwechsel erlangten Geschäftsguthaben weiterbestehen.

(2) Das Gericht darf eine Auflösung der Genossenschaft von Amts wegen nach § 80 des Gesetzes betreffend die Erwerbs- und Wirtschaftsgenossenschaften nicht vor Ablauf eines Jahres seit dem Wirksamwerden des Formwechsels aussprechen.

(3) Durch den Formwechsel einer Kommanditgesellschaft auf Aktien scheiden deren persönlich haftende Gesellschafter als solche aus dem Rechtsträger aus.

**§ 256 Geschäftsguthaben; Benachrichtigung der Genossen.** (1) Jedem Genossen ist als Geschäftsguthaben der Wert der Geschäftsanteile oder der Aktien gutzuschreiben, mit denen er an der formwechselnden Gesellschaft beteiligt war.

(2) [1]Übersteigt das durch den Formwechsel erlangte Geschäftsguthaben eines Genossen den Gesamtbetrag der Geschäftsanteile, mit denen er bei der Genossenschaft beteiligt ist, so ist der übersteigende Betrag nach Ablauf von sechs Monaten seit dem Tage, an dem die Eintragung der Genossenschaft in das Register nach § 201 Satz 2 als bekanntgemacht gilt, an den Genossen auszuzahlen. [2]Die Auszahlung darf jedoch nicht erfolgen, bevor die Gläubiger, die sich nach § 204 in Verbindung mit § 22 gemeldet haben, befriedigt oder sichergestellt sind.

(3) Die Genossenschaft hat jedem Genossen unverzüglich nach der Bekanntmachung der Eintragung der Genossenschaft in das Register schriftlich mitzuteilen:

1. den Betrag seines Geschäftsguthabens;
2. den Betrag und die Zahl der Geschäftsanteile, mit denen er bei der Genossenschaft beteiligt ist;
3. den Betrag der von dem Genossen nach Anrechnung seines Geschäftsguthabens noch zu leistenden Einzahlung oder den Betrag, der nach Absatz 2 an ihn auszuzahlen ist;
4. den Betrag der Haftsumme der Genossenschaft, sofern die Genossen Nachschüsse bis zu einer Haftsumme zu leisten haben.

**§ 257 Gläubigerschutz.** Auf den Formwechsel einer Kommanditgesellschaft auf Aktien ist auch § 224 entsprechend anzuwenden.

### Dritter Abschnitt. Formwechsel eingetragener Genossenschaften

**§ 258 Möglichkeit des Formwechsels.** (1) Eine eingetragene Genossenschaft kann auf Grund eines Umwandlungsbeschlusses nach diesem Gesetz nur die Rechtsform einer Kapitalgesellschaft erlangen.

(2) Der Formwechsel ist nur möglich, wenn auf jeden Genossen, der an der Gesellschaft neuer Rechtsform beteiligt wird, als beschränkt haftender Gesellschafter ein durch zehn teilbarer Geschäftsanteil von mindestens fünfzig Euro oder als Aktionär mindestens eine volle Aktie entfällt.

**§ 259　Gutachten des Prüfungsverbandes.** Vor der Einberufung der Generalversammlung, die den Formwechsel beschließen soll, ist eine gutachtliche Äußerung des Prüfungsverbandes einzuholen, ob der Formwechsel mit den Belangen der Genossen und der Gläubiger der Genossenschaft vereinbar ist, insbesondere ob bei der Festsetzung des Stammkapitals oder des Grundkapitals § 263 Abs. 2 Satz 2 und § 264 Abs. 1 beachtet sind (Prüfungsgutachten).

**§ 260　Vorbereitung der Generalversammlung.** (1) [1]Der Vorstand der formwechselnden Genossenschaft hat allen Genossen spätestens zusammen mit der Einberufung der Generalversammlung, die den Formwechsel beschließen soll, diesen Formwechsel als Gegenstand der Beschlußfassung schriftlich anzukündigen. [2]In der Ankündigung ist auf die für die Beschlußfassung nach § 262 Abs. 1 erforderlichen Mehrheiten sowie auf die Möglichkeit der Erhebung eines Widerspruchs und die sich daraus ergebenden Rechte hinzuweisen.

(2) [1]Auf die Vorbereitung der Generalversammlung sind die §§ 229, 230 Abs. 2 und § 231 Satz 1 entsprechend anzuwenden. [2]§ 192 Abs. 3 bleibt unberührt.

(3) [1]In dem Geschäftsraum der formwechselnden Genossenschaft ist außer den sonst erforderlichen Unterlagen auch das nach § 259 erstattete Prüfungsgutachten zur Einsicht der Genossen auszulegen. [2]Auf Verlangen ist jedem Genossen unverzüglich und kostenlos eine Abschrift dieses Prüfungsgutachtens zu erteilen.

**§ 261　Durchführung der Generalversammlung.** (1) [1]In der Generalversammlung, die den Formwechsel beschließen soll, ist der Umwandlungsbericht, sofern er nach diesem Buch erforderlich ist, und das nach § 259 erstattete Prüfungsgutachten auszulegen. [2]Der Vorstand hat den Umwandlungsbeschluß zu Beginn der Verhandlung mündlich zu erläutern.

(2) [1]Das Prüfungsgutachten ist in der Generalversammlung zu verlesen. [2]Der Prüfungsverband ist berechtigt, an der Generalversammlung beratend teilzunehmen.

**§ 262　Beschluß der Generalversammlung.** (1) [1]Der Umwandlungsbeschluß der Generalversammlung bedarf einer Mehrheit von mindestens drei Vierteln der abgegebenen Stimmen. [2]Er bedarf einer Mehrheit von neun Zehnteln der abgegebenen Stimmen, wenn spätestens bis zum Ablauf des dritten Tages vor der Generalversammlung wenigstens hundert Genossen, bei Genossenschaften mit weniger als tausend Genossen ein Zehntel der Genossen, durch eingeschriebenen Brief Widerspruch gegen den Formwechsel erhoben haben. [3]Das Statut kann größere Mehrheiten und weitere Erfordernisse bestimmen.

(2) Auf den Formwechsel in eine Kommanditgesellschaft auf Aktien ist § 240 Abs. 2 entsprechend anzuwenden.

**§ 263 Inhalt des Umwandlungsbeschlusses.** (1) Auf den Umwandlungsbeschluß sind auch die §§ 218, 243 Abs. 3 und § 244 Abs. 2 entsprechend anzuwenden.

(2) [1] In dem Beschluß ist bei der Festlegung von Zahl, Art und Umfang der Anteile (§ 194 Abs. 1 Nr. 4) zu bestimmen, daß an dem Stammkapital oder an dem Grundkapital der Gesellschaft neuer Rechtsform jeder Genosse, der die Rechtsstellung eines beschränkt haftenden Gesellschafters oder eines Aktionärs erlangt, in dem Verhältnis beteiligt wird, in dem am Ende des letzten vor der Beschlußfassung über den Formwechsel abgelaufenen Geschäftsjahres sein Geschäftsguthaben zur Summe der Geschäftsguthaben aller Genossen gestanden hat, die durch den Formwechsel Gesellschafter oder Aktionäre geworden sind. [2] Der Nennbetrag des Grundkapitals ist so zu bemessen, daß auf jeden Genossen möglichst volle Aktien entfallen.

(3) [1] Die Geschäftsanteile einer Gesellschaft mit beschränkter Haftung sollen auf einen höheren Nennbetrag als hundert Euro nur gestellt werden, soweit auf die Genossen der formwechselnden Genossenschaft volle Geschäftsanteile mit dem höheren Nennbetrag entfallen. [2] Aktien können auf einen höheren Betrag als der Mindestbetrag nach § 8 Abs. 2 und 3 des Aktiengesetzes nur gestellt werden, soweit volle Aktien mit dem höheren Betrag auf die Genossen entfallen. [3] Wird das Vertretungsorgan der Aktiengesellschaft oder der Kommanditgesellschaft auf Aktien in der Satzung ermächtigt, das Grundkapital bis zu einem bestimmten Nennbetrag durch Ausgabe neuer Aktien gegen Einlagen zu erhöhen, so darf die Ermächtigung nicht vorsehen, daß das Vertretungsorgan über den Ausschluß des Bezugsrechts entscheidet.

**§ 264 Kapitalschutz.** (1) Der Nennbetrag des Stammkapitals einer Gesellschaft mit beschränkter Haftung oder des Grundkapitals einer Aktiengesellschaft oder einer Kommanditgesellschaft auf Aktien darf das nach Abzug der Schulden verbleibende Vermögen der formwechselnden Genossenschaft nicht übersteigen.

(2) Beim Formwechsel in eine Gesellschaft mit beschränkter Haftung sind die Genossen der formwechselnden Genossenschaft nicht verpflichtet, einen Sachgründungsbericht zu erstatten.

(3) [1] Beim Formwechsel in eine Aktiengesellschaft oder in eine Kommanditgesellschaft auf Aktien hat die Gründungsprüfung durch einen oder mehrere Prüfer (§ 33 Abs. 2 des Aktiengesetzes) in jedem Fall stattzufinden. [2] Jedoch sind die Genossen der formwechselnden Genossenschaft nicht verpflichtet, einen Gründungsbericht zu erstatten; die §§ 32, 35 Abs. 1 und 2 und § 46 des Aktiengesetzes sind nicht anzuwenden. [3] Die für Nachgründungen in § 52 Abs. 1 des Aktiengesetzes bestimmte Frist von zwei Jahren beginnt mit dem Wirksamwerden des Formwechsels.

**§ 265 Anmeldung des Formwechsels.** [1] Auf die Anmeldung nach § 198 ist § 222 Abs. 1 Satz 1 und Abs. 3 entsprechend anzuwenden. [2] Der Anmeldung ist das nach § 259 erstattete Prüfungsgutachten in Urschrift oder in öffentlich beglaubigter Abschrift beizufügen.

**§ 266 Wirkungen des Formwechsels.** (1) [1] Durch den Formwechsel werden die bisherigen Geschäftsanteile zu Anteilen an der Gesellschaft neuer

Rechtsform und zu Teilrechten. [2] § 202 Abs. 1 Nr. 2 Satz 2 ist mit der Maßgabe anzuwenden, daß die an den bisherigen Geschäftsguthaben bestehenden Rechte Dritter an den durch den Formwechsel erlangten Anteilen und Teilrechten weiterbestehen.

(2) Teilrechte, die durch den Formwechsel entstehen, sind selbständig veräußerlich und vererblich.

(3) [1] Die Rechte aus einer Aktie einschließlich des Anspruchs auf Ausstellung einer Aktienurkunde können nur ausgeübt werden, wenn Teilrechte, die zusammen eine volle Aktie ergeben, in einer Hand vereinigt sind oder wenn mehrere Berechtigte, deren Teilrechte zusammen eine volle Aktie ergeben, sich zur Ausübung der Rechte zusammenschließen. [2] Der Rechtsträger soll die Zusammenführung von Teilrechten zu vollen Aktien vermitteln.

## § 267 Benachrichtigung der Anteilsinhaber. (1) [1] Das Vertretungsorgan der Gesellschaft neuer Rechtsform hat jedem Anteilsinhaber unverzüglich nach der Bekanntmachung der Eintragung der Gesellschaft in das Register deren Inhalt sowie die Zahl und, mit Ausnahme von Stückaktien, den Nennbetrag der Anteile und des Teilrechts, die auf ihn entfallen sind, schriftlich mitzuteilen. [2] Dabei soll auf die Vorschriften über Teilrechte in § 266 hingewiesen werden.

(2) [1] Zugleich mit der schriftlichen Mitteilung ist deren wesentlicher Inhalt in den Gesellschaftsblättern bekanntzumachen. [2] Der Hinweis nach Absatz 1 Satz 2 braucht in die Bekanntmachung nicht aufgenommen zu werden.

## § 268 Aufforderung an die Aktionäre; Veräußerung von Aktien.
(1) [1] In der Mitteilung nach § 267 sind Aktionäre aufzufordern, die ihnen zustehenden Aktien abzuholen. [2] Dabei ist darauf hinzuweisen, daß die Gesellschaft berechtigt ist, Aktien, die nicht binnen sechs Monaten seit der Bekanntmachung der Aufforderung in den Gesellschaftsblättern abgeholt werden, nach dreimaliger Androhung für Rechnung der Beteiligten zu veräußern. [3] Dieser Hinweis braucht nicht in die Bekanntmachung der Aufforderung in den Gesellschaftsblättern aufgenommen zu werden.

(2) [1] Nach Ablauf von sechs Monaten seit der Bekanntmachung der Aufforderung in den Gesellschaftsblättern hat die Gesellschaft neuer Rechtsform die Veräußerung der nicht abgeholten Aktien anzudrohen. [2] Die Androhung ist dreimal in Abständen von mindestens einem Monat in den Gesellschaftsblättern bekanntzumachen. [3] Die letzte Bekanntmachung muß vor dem Ablauf von einem Jahr seit der Bekanntmachung der Aufforderung ergehen.

(3) [1] Nach Ablauf von sechs Monaten seit der letzten Bekanntmachung der Androhung hat die Gesellschaft die nicht abgeholten Aktien für Rechnung der Beteiligten zum amtlichen Börsenpreis durch Vermittlung eines Kursmaklers und beim Fehlen eines Börsenpreises durch öffentliche Versteigerung zu veräußern. [2] § 226 Abs. 3 Satz 2 bis 6 des Aktiengesetzes ist entsprechend anzuwenden.

## § 269 Hauptversammlungsbeschlüsse; genehmigtes Kapital. [1] Solange beim Formwechsel in eine Aktiengesellschaft oder in eine Kommanditgesellschaft auf Aktien die abgeholten oder nach § 268 Abs. 3 veräußerten Aktien nicht insgesamt mindestens sechs Zehntel des Grundkapitals erreichen, kann

die Hauptversammlung der Gesellschaft neuer Rechtsform keine Beschlüsse fassen, die nach Gesetz oder Satzung einer Kapitalmehrheit bedürfen. ²Das Vertretungsorgan der Gesellschaft darf während dieses Zeitraums von einer Ermächtigung zu einer Erhöhung des Grundkapitals keinen Gebrauch machen.

**§ 270 Abfindungsangebot.** (1) Das Abfindungsangebot nach § 207 Abs. 1 Satz 1 gilt auch für jeden Genossen, der dem Formwechsel bis zum Ablauf des dritten Tages vor dem Tage, an dem der Umwandlungsbeschluß gefaßt worden ist, durch eingeschriebenen Brief widersprochen hat.

(2) ¹Zu dem Abfindungsangebot ist eine gutachtliche Äußerung des Prüfungsverbandes einzuholen. ²§ 30 Abs. 2 Satz 2 und 3 ist nicht anzuwenden.

**§ 271 Fortdauer der Nachschußpflicht.** ¹Wird über das Vermögen der Gesellschaft neuer Rechtsform binnen zwei Jahren nach dem Tage, an dem ihre Eintragung in das Register nach § 201 Satz 2 als bekanntgemacht gilt, das Insolvenzverfahren eröffnet, so ist jeder Genosse, der durch den Formwechsel die Rechtsstellung eines beschränkt haftenden Gesellschafters oder eines Aktionärs erlangt hat, im Rahmen der Statuten der formwechselnden Genossenschaft (§ 6 Nr. 3 des Gesetzes betreffend die Erwerbs- und Wirtschaftsgenossenschaften) zu Nachschlüssen verpflichtet, auch wenn er seinen Geschäftsanteil oder seine Aktie veräußert hat. ²Die §§ 105 bis 115a des Gesetzes betreffend die Erwerbs- und Wirtschaftsgenossenschaften[1] sind mit der Maßgabe entsprechend anzuwenden, daß nur solche Verbindlichkeiten der Gesellschaft zu berücksichtigen sind, die bereits im Zeitpunkt des Formwechsels begründet waren.

## Vierter Abschnitt. Formwechsel rechtsfähiger Vereine

### Erster Unterabschnitt. Allgemeine Vorschriften

**§ 272 Möglichkeit des Formwechsels.** (1) Ein rechtsfähiger Verein kann auf Grund eines Umwandlungsbeschlusses nur die Rechtsform einer Kapitalgesellschaft oder einer eingetragenen Genossenschaft erlangen.

(2) Ein Verein kann die Rechtsform nur wechseln, wenn seine Satzung oder Vorschriften des Landesrechts nicht entgegenstehen.

### Zweiter Unterabschnitt. Formwechsel in eine Kapitalgesellschaft

**§ 273 Möglichkeit des Formwechsels.** Der Formwechsel ist nur möglich, wenn auf jedes Mitglied, das an der Gesellschaft neuer Rechtsform beteiligt wird, als beschränkt haftender Gesellschafter ein durch zehn teilbarer Geschäftsanteil von mindestens fünfzig Euro oder als Aktionär mindestens eine volle Aktie entfällt.

**§ 274 Vorbereitung und Durchführung der Mitgliederversammlung.** (1) ¹Auf die Vorbereitung der Mitgliederversammlung, die den Formwechsel beschließen soll, sind die §§ 229, 230 Abs. 2, § 231 Satz 1 und § 260 Abs. 1 entsprechend anzuwenden. ²§ 192 Abs. 3 bleibt unberührt.

---

[1] Abgedruckt in **dtv 5584 „GenG".**

(2) Auf die Mitgliederversammlung, die den Formwechsel beschließen soll, ist § 239 entsprechend anzuwenden.

**§ 275 Beschluß der Mitgliederversammlung.** (1) Der Umwandlungsbeschluß der Mitgliederversammlung bedarf, wenn der Zweck des Rechtsträgers geändert werden soll (§ 33 Abs. 1 Satz 2 des Bürgerlichen Gesetzbuchs), der Zustimmung aller anwesenden Mitglieder; ihm müssen auch die nicht erschienenen Mitglieder zustimmen.

(2) ¹In anderen Fällen bedarf der Umwandlungsbeschluß einer Mehrheit von mindestens drei Vierteln der erschienen Mitglieder. ²Er bedarf einer Mehrheit von mindestens neun Zehnteln der erschienenen Mitglieder, wenn spätestens bis zum Ablauf des dritten Tages vor der Mitgliederversammlung wenigstens hundert Mitglieder, bei Vereinen mit weniger als tausend Mitgliedern ein Zehntel der Mitglieder, durch eingeschriebenen Brief Widerspruch gegen den Formwechsel erhoben haben. ³Die Satzung kann größere Mehrheiten und weitere Erfordernisse bestimmen.

(3) Auf den Formwechsel in eine Kommanditgesellschaft auf Aktien ist § 240 Abs. 2 entsprechend anzuwenden.

**§ 276 Inhalt des Umwandlungsbeschlusses.** (1) Auf den Umwandlungsbeschluß sind auch die §§ 218, 243 Abs. 3, § 244 Abs. 2 und § 263 Abs. 2 Satz 2, Abs. 3 entsprechend anzuwenden.

(2) Die Beteiligung der Mitglieder am Stammkapital oder am Grundkapital der Gesellschaft neuer Rechtsform darf, wenn nicht alle Mitglieder einen gleich hohen Anteil erhalten sollen, nur nach einem oder mehreren der folgenden Maßstäbe festgesetzt werden:

1. bei Vereinen, deren Vermögen in übertragbare Anteile zerlegt ist, der Nennbetrag oder der Wert dieser Anteile;

2. die Höhe der Beiträge;

3. bei Vereinen, die zu ihren Mitgliedern oder einem Teil der Mitglieder in vertraglichen Geschäftsbeziehungen stehen, der Umfang der Inanspruchnahme von Leistungen des Vereins durch die Mitglieder oder der Umfang der Inanspruchnahme von Leistungen der Mitglieder durch den Verein;

4. ein in der Satzung bestimmter Maßstab für die Verteilung des Überschusses;

5. ein in der Satzung bestimmter Maßstab für die Verteilung des Vermögens;

6. die Dauer der Mitgliedschaft.

**§ 277 Kapitalschutz.** Bei der Anwendung der für die neue Rechtsform maßgebenden Gründungsvorschriften ist auch § 264 entsprechend anzuwenden.

**§ 278 Anmeldung des Formwechsels.** (1) Auf die Anmeldung nach § 198 ist § 222 Abs. 1 und 3 entsprechend anzuwenden.

(2) ¹Ist der formwechselnde Verein nicht in ein Handelsregister eingetragen, so hat sein Vorstand den bevorstehenden Formwechsel durch das in der Vereinssatzung für Veröffentlichungen bestimmte Blatt, in Ermangelung eine solchen durch dasjenige Blatt bekanntzumachen, das für Bekanntmachungen

des Amtsgerichts bestimmt ist, in dessen Bezirk der formwechselnde Verein seinen Sitz hat. [2] Die Bekanntmachung tritt an die Stelle der Eintragung der Umwandlung in das Register nach § 198 Abs. 2 Satz 3. [3] § 50 Abs. 1 Satz 4 des Bürgerlichen Gesetzbuchs ist entsprechend anzuwenden.

**§ 279 Bekanntmachung des Formwechsels.** In der Bekanntmachung nach § 201 Satz 1 ist auch anzugeben, nach welchen Maßstäben die Mitglieder des formwechselnden Vereins an der Gesellschaft neuer Rechtsform beteiligt sind.

**§ 280 Wirkungen des Formwechsels.** [1] Durch den Formwechsel werden die bisherigen Mitgliedschaften zu Anteilen an der Gesellschaft neuer Rechtsform und zu Teilrechten. [2] § 266 Abs. 1 Satz 2, Abs. 2 und 3 ist entsprechend anzuwenden.

**§ 281 Benachrichtigung der Anteilsinhaber; Veräußerung von Aktien; Hauptversammlungsbeschlüsse.** (1) Auf die Benachrichtigung der Anteilsinhaber durch die Gesellschaft, auf die Aufforderung von Aktionären zur Abholung der ihnen zustehenden Aktien und auf die Veräußerung nicht abgeholter Aktien sind die §§ 267 und 268 entsprechend anzuwenden.

(2) Auf Beschlüsse der Hauptversammlung der Gesellschaft neuer Rechtsform sowie auf eine Ermächtigung des Vertretungsorgans zur Erhöhung des Grundkapitals ist § 269 entsprechend anzuwenden.

**§ 282 Abfindungsangebot.** (1) Auf das Abfindungsangebot nach § 207 Abs. 1 Satz 1 ist § 270 Abs. 1 entsprechend anzuwenden.

(2) Absatz 1 und die §§ 207 bis 212 sind auf den Formwechsel eines eingetragenen Vereins, der nach § 5 Abs. 1 Nr. 9 des Körperschaftsteuergesetzes von der Körperschaftsteuer befreit ist, nicht anzuwenden.

### Dritter Unterabschnitt. Formwechsel in eine eingetragene Genossenschaft

**§ 283 Vorbereitung und Durchführung der Mitgliederversammlung.** (1) [1] Auf die Vorbereitung der Mitgliederversammlung, die den Formwechsel beschließen soll, sind die §§ 229 und 230 Abs. 2, § 231 Satz 1 und § 260 Abs. 1 entsprechend anzuwenden. [2] § 192 Abs. 3 bleibt unberührt.

(2) Auf die Mitgliederversammlung, die den Formwechsel beschließen soll, ist § 239 entsprechend anzuwenden.

**§ 284 Beschluß der Mitgliederversammlung.** [1] Der Umwandlungsbeschluß der Mitgliederversammlung bedarf, wenn der Zweck des Rechtsträgers geändert werden soll (§ 33 Abs. 1 Satz 2 des Bürgerlichen Gesetzbuchs) oder wenn das Statut der Genossenschaft eine Verpflichtung der Genossen zur Leistung von Nachschüssen vorsieht, der Zustimmung aller anwesenden Mitglieder; ihm müssen auch die nicht erschienenen Mitglieder zustimmen. [2] Im übrigen ist § 275 Abs. 2 entsprechend anzuwenden.

**§ 285 Inhalt des Umwandlungsbeschlusses.** (1) Auf den Umwandlungsbeschluß ist auch § 253 Abs. 1 und Abs. 2 Satz 1 entsprechend anzuwenden.

(2) Sollen bei der Genossenschaft nicht alle Mitglieder mit der gleichen Zahl von Geschäftsanteilen beteiligt werden, so darf die unterschiedlich hohe Beteiligung nur nach einem oder mehreren der in § 276 Abs. 2 Satz 1 bezeichneten Maßstäbe festgesetzt werden.

**§ 286 Anmeldung des Formwechsels.** Auf die Anmeldung nach § 198 sind die §§ 254 und 278 Abs. 2 entsprechend anzuwenden.

**§ 287 Bekanntmachung des Formwechsels.** In der Bekanntmachung nach § 201 Satz 1 ist auch anzugeben, nach welchen Maßstäben die Mitglieder des formwechselnden Vereins an der Genossenschaft beteiligt sind.

**§ 288 Wirkungen des Formwechsels.** (1) [1]Jedes Mitglied, das die Rechtsstellung eines Genossen erlangt, ist bei der Genossenschaft nach Maßgabe des Umwandlungsbeschlusses beteiligt. [2]Eine Verpflichtung zur Übernahme weiterer Geschäftsanteile bleibt unberührt. [3]§ 255 Abs. 1 Satz 3 ist entsprechend anzuwenden.

(2) Das Gericht darf eine Auflösung der Genossenschaft von Amts wegen nach § 80 des Gesetzes betreffend die Erwerbs- und Wirtschaftsgenossenschaften nicht vor Ablauf eines Jahres seit dem Wirksamwerden des Formwechsels aussprechen.

**§ 289 Geschäftsguthaben; Benachrichtigung der Genossen.** (1) Jedem Genossen kann als Geschäftsguthaben auf Grund des Formwechsels höchstens der Nennbetrag der Geschäftsanteile gutgeschrieben werden, mit denen er bei der Genossenschaft beteiligt ist.

(2) § 256 Abs. 3 ist entsprechend anzuwenden.

**§ 290 Abfindungsangebot.** Auf das Abfindungsangebot nach § 207 Abs. 1 Satz 2 sind § 270 Abs. 1 sowie § 282 Abs. 2 entsprechend anzuwenden.

### Fünfter Abschnitt. Formwechsel von Versicherungsvereinen auf Gegenseitigkeit

**§ 291 Möglichkeit des Formwechsels.** (1) Ein Versicherungsverein auf Gegenseitigkeit, der kein kleinerer Verein im Sinne des § 53 des Versicherungsaufsichtsgesetzes ist, kann auf Grund eines Umwandlungsbeschlusses nur die Rechtsform einer Aktiengesellschaft erlangen.

(2) Der Formwechsel ist nur möglich, wenn auf jedes Mitglied des Vereins, das an der Aktiengesellschaft beteiligt wird, mindestens eine volle Aktie entfällt.

**§ 292 Vorbereitung und Durchführung der Versammlung der obersten Vertretung.** (1) Auf die Vorbereitung der Versammlung der obersten Vertretung, die den Formwechsel beschließen soll, sind die §§ 229 und 230 Abs. 2, § 231 Satz 1 und § 260 Abs. 1 entsprechend anzuwenden.

(2) Auf die Durchführung der Versammlung der obersten Vertretung, die den Formwechsel beschließen soll, ist § 239 entsprechend anzuwenden.

**§ 293 Beschluß der obersten Vertretung.** [1]Der Umwandlungsbeschluß der obersten Vertretung bedarf einer Mehrheit von mindestens drei Vierteln der abgegebenen Stimmen. [2]Er bedarf einer Mehrheit von neun Zehnteln der abgegebenen Stimmen, wenn spätestens bis zum Ablauf des dritten Tages vor der Versammlung der obersten Vertretung wenigstens hundert Mitglieder des Vereins durch eingeschriebenen Brief Widerspruch gegen den Formwechsel erhoben haben. [3]Die Satzung kann größere Mehrheiten und weitere Erfordernisse bestimmen.

**§ 294 Inhalt des Umwandlungsbeschlusses.** (1) [1]Auf den Umwandlungsbeschluß sind auch § 218 Abs. 1 und § 263 Abs. 3 Satz 2 und 3 entsprechend anzuwenden. [2]In dem Umwandlungsbeschluß kann bestimmt werden, daß Mitglieder, die dem formwechselnden Verein weniger als drei Jahre vor der Beschlußfassung über den Formwechsel angehören, von der Beteiligung an der Aktiengesellschaft ausgeschlossen sind.

(2) [1]Das Grundkapital der Aktiengesellschaft ist in der Höhe des Grundkapitals vergleichbarer Versicherungsunternehmen in der Rechtsform der Aktiengesellschaft festzusetzen. [2]Würde die Aufsichtsbehörde einer neu zu gründenden Versicherungs-Aktiengesellschaft die Erlaubnis zum Geschäftsbetrieb nur bei Festsetzung eines höheren Grundkapitals erteilen, so ist das Grundkapital auf diesen Betrag festzusetzen, soweit dies nach den Vermögensverhältnissen des formwechselnden Vereins möglich ist. [3]Ist eine solche Festsetzung nach den Vermögensverhältnissen des Vereins nicht möglich, so ist der Nennbetrag des Grundkapitals so zu bemessen, daß auf jedes Mitglied, das die Rechtsstellung eines Aktionärs erlangt, möglichst volle Aktien entfallen.

(3) Die Beteiligung der Mitglieder am Grundkapital der Aktiengesellschaft darf, wenn nicht alle Mitglieder einen gleich hohen Anteil erhalten sollen, nur nach einem oder mehreren der folgenden Maßstäbe festgesetzt werden:

1. die Höhe der Versicherungssumme;
2. die Höhe der Beiträge;
3. die Höhe der Deckungsrückstellung in der Lebensversicherung;
4. der in der Satzung bestimmte Maßstab für die Verteilung des Überschusses;
5. ein in der Satzung bestimmter Maßstab für die Verteilung des Vermögens;
6. die Dauer der Mitgliedschaft.

**§ 295 Kapitalschutz.** Bei der Anwendung der Gründungsvorschriften des Aktiengesetzes ist auch § 264 Abs. 1 und 3 entsprechend anzuwenden.

**§ 296 Anmeldung des Formwechsels.** Auf die Anmeldung nach § 198 ist § 246 Abs. 1 und 2 entsprechend anzuwenden.

**§ 297 Bekanntmachung des Formwechsels.** In der Bekanntmachung nach § 201 Satz 1 ist auch anzugeben, nach welchen Maßstäben die Mitglieder des formwechselnden Vereins an der Aktiengesellschaft beteiligt sind.

**§ 298 Wirkungen des Formwechsels.** [1]Durch den Formwechsel werden die bisherigen Mitgliedschaften zu Aktien und Teilrechten. [2]§ 266 Abs. 1 Satz 2, Abs. 2 und 3 ist entsprechend anzuwenden.

**§ 299 Benachrichtigung der Aktionäre; Veräußerung von Aktien; Hauptversammlungsbeschlüsse.** (1) Auf die Benachrichtigung der Aktionäre durch die Gesellschaft ist § 267, auf die Aufforderung zur Abholung der ihnen zustehenden Aktien und auf die Veräußerung nicht abgeholter Aktien ist § 268 entsprechend anzuwenden.

(2) ¹Auf Beschlüsse der Hauptversammlung der Aktiengesellschaft sowie auf eine Ermächtigung des Vorstandes zur Erhöhung des Grundkapitals ist § 269 entsprechend anzuwenden. ²Die Aufsichtsbehörde kann Ausnahmen von der entsprechenden Anwendung des § 269 Satz 1 zulassen, wenn dies erforderlich ist, um zu verhindern, daß der Aktiengesellschaft erhebliche Nachteile entstehen.

**§ 300 Abfindungsangebot.** Auf das Abfindungsangebot nach § 207 Abs. 1 Satz 1 ist § 270 Abs. 1 entsprechend anzuwenden.

### Sechster Abschnitt. Formwechsel von Körperschaften und Anstalten des öffentlichen Rechts

**§ 301 Möglichkeit des Formwechsels.** (1) Soweit gesetzlich nichts anderes bestimmt ist, kann eine Körperschaft oder Anstalt des öffentlichen Rechts durch Formwechsel nur die Rechtsform einer Kapitalgesellschaft erlangen.

(2) Der Formwechsel ist nur möglich, wenn die Körperschaft oder Anstalt rechtsfähig ist und das für sie maßgebende Bundes- oder Landesrecht einen Formwechsel vorsieht oder zuläßt.

**§ 302 Anzuwendende Vorschriften.** ¹Die Vorschriften des Ersten Teils sind auf den Formwechsel nur anzuwenden, soweit sich aus dem für die formwechselnde Körperschaft oder Anstalt maßgebenden Bundes- oder Landesrecht nichts anderes ergibt. ²Nach diesem Recht richtet es sich insbesondere, auf welche Weise der Gesellschaftsvertrag oder die Satzung der Gesellschaft neuer Rechtsform abgeschlossen oder festgestellt wird, wer an dieser Gesellschaft als Anteilsinhaber beteiligt wird und welche Person oder welche Personen den Gründern der Gesellschaft gleichstehen; die §§ 28 und 29 des Aktiengesetzes sind nicht anzuwenden.

**§ 303 Kapitalschutz; Zustimmungserfordernisse.** (1) Außer den für die neue Rechtsform maßgebenden Gründungsvorschriften ist auch § 220 entsprechend anzuwenden.

(2) ¹Ein Formwechsel in eine Kommanditgesellschaft auf Aktien bedarf der Zustimmung aller Anteilsinhaber, die in dieser Gesellschaft die Stellung eines persönlich haftenden Gesellschafters haben sollen. ²Auf den Beitritt persönlich haftender Gesellschafter ist § 221 entsprechend anzuwenden.

**§ 304 Wirksamwerden des Formwechsels.** ¹Der Formwechsel wird mit der Eintragung der Kapitalgesellschaft in das Handelsregister wirksam. ²Mängel des Formwechsels lassen die Wirkungen der Eintragung unberührt.

### Sechstes Buch. Spruchverfahren

**§ 305 Antragsfrist.** Ein Antrag auf gerichtliche Entscheidung nach den §§ 15, 34, 176 bis 181, 184, 186, 196 oder 212 kann nur binnen zwei Monaten nach dem Tage gestellt werden, an dem die Eintragung der Umwandlung nach den Vorschriften dieses Gesetzes als bekanntgemacht gilt.

**§ 306 Gerichtliche Zuständigkeit.** (1) Zuständig ist das Landgericht, in dessen Bezirk der Rechtsträger, dessen Anteilsinhaber antragsberechtigt sind, seinen Sitz hat.

(2) ¹Ist bei dem Landgericht eine Kammer für Handelssachen gebildet, so entscheidet diese an Stelle der Zivilkammer. ²Der Vorsitzende einer Kammer für Handelssachen entscheidet

1. über die Abgabe von Verfahren;

2. im Zusammenhang mit öffentlichen Bekanntmachungen;

3. über Fragen, welche die Zulässigkeit des Antrags betreffen;

4. über alle vorbereitenden Maßnahmen für die Beweisaufnahme;

5. in den Fällen des § 308;

6. über Geschäftswert, Kosten, Gebühren und Auslagen;

7. über die einstweilige Einstellung der Zwangsvollstreckung.

³Im Einverständnis der Beteiligten kann der Vorsitzende auch im übrigen an Stelle der Kammer entscheiden.

(3) ¹Die Landesregierung kann die Entscheidung durch Rechtsverordnung für die Bezirke mehrerer Landgerichte einem der Landgerichte übertragen, wenn dies der Sicherung einer einheitlichen Rechtsprechung dient. ²Die Landesregierung kann die Ermächtigung auf die Landesjustizverwaltung übertragen.

**§ 307 Gerichtliches Verfahren.** (1) Auf das Verfahren ist das Gesetz über die Angelegenheiten der freiwilligen Gerichtsbarkeit anzuwenden, soweit in den folgenden Vorschriften nichts anderes bestimmt ist.

(2) Der Antrag ist gegen die übernehmenden oder neuen Rechtsträger oder gegen den Rechtsträger neuer Rechtsform, im Falle einer Gesellschaft des bürgerlichen Rechts gegen deren Gesellschafter zu richten.

(3) ¹Das Landgericht hat den Antrag im Bundesanzeiger und, wenn der Gesellschaftsvertrag, der Partnerschaftsvertrag, die Satzung oder das Statut andere Blätter für die öffentlichen Bekanntmachungen eines übertragenden oder formwechselnden Rechtsträgers bestimmt hatte, auch in diesen Blättern bekanntzumachen. ²Andere Antragsberechtigte können noch binnen zwei Monaten nach dieser Bekanntmachung eigene Anträge stellen. ³Auf dieses Recht ist in der Bekanntmachung hinzuweisen. ⁴Nach Ablauf dieser Frist sind Anträge unzulässig.

(4) Das Landgericht hat jeden verpflichteten Rechtsträger zu hören.

(5) ¹Das Landgericht entscheidet durch einen mit Gründen versehenen Beschluß. ²Es hat seine Entscheidung den Beteiligten zuzustellen.

**§ 308 Gemeinsamer Vertreter.** (1) ¹Das Landgericht hat den außenstehenden Anteilsinhabern, die nicht selbst Antragsteller sind, zur Wahrung ihrer Rechte einen gemeinsamen Vertreter zu bestellen. ²Dieser hat die Stellung eines gesetzlichen Vertreter. ³Werden die Festsetzung eines Ausgleichs durch bare Zuzahlung und die Festsetzung der angemessenen Barabfindung beantragt, so ist für jeden Antrag ein gemeinsamer Vertreter zu bestellen. [4] Die Bestellung kann unterbleiben, wenn die Wahrung der Rechte der Anteilsinhaber auf andere Weise sichergestellt ist. [5] Die Bestellung des gemeinsamen Vertreters hat das Landgericht nach § 307 Abs. 3 Satz 1 bekanntzumachen.

(2) [1] Der Vertreter kann von jedem Rechtsträger, der Antragsgegner ist, den Ersatz angemessener barer Auslagen und eine Vergütung für seine Tätigkeit verlangen; mehrere Rechtsträger haften als Gesamtschuldner. [2] Die Auslagen und die Vergütung setzt das Gericht fest. [3] Es kann den Rechtsträgern auf Verlangen des Vertreters die Zahlung von Vorschüssen aufgeben. [4] Aus der Festsetzung findet die Zwangsvollstreckung nach der Zivilprozeßordnung statt.

(3) [1] Der gemeinsame Vertreter kann das Verfahren auch nach Rücknahme eines Antrages weiterführen. [2] Er steht in diesem Falle einem Antragsteller gleich.

**§ 309 Rechtsmittel.** (1) [1] Gegen die Entscheidung nach § 307 Abs. 5 findet die sofortige Beschwerde statt. [2] Sie kann nur durch Einreichung einer von einem Rechtsanwalt unterzeichneten Beschwerdeschrift eingelegt werden.

(2) [1] Über die Beschwerde entscheidet das Oberlandesgericht. [2] § 28 Abs. 2 und 3 des Gesetzes über die Angelegenheiten der freiwilligen Gerichtsbarkeit gilt entsprechend. [3] Die weitere Beschwerde ist ausgeschlossen.

(3) [1] Die Landesregierung kann die Entscheidung über die Beschwerde durch Rechtsverordnung für die Bezirke mehrerer Oberlandesgerichte einem der Oberlandesgerichte oder dem obersten Landesgericht übertragen, wenn dies der Sicherung einer einheitlichen Rechtsprechung dient. [2] Die Landesregierung kann die Ermächtigung auf die Landesjustizverwaltung übertragen.

**§ 310 Bekanntmachung der Entscheidung.** Die gesetzlichen Vertreter jedes übernehmenden oder neuen Rechtsträgers oder des Rechtsträgers neuer Rechtsform haben die rechtskräftige Entscheidung ohne Gründe gemäß § 307 Abs. 3 Satz 1 bekanntzumachen.

**§ 311 Wirkung der Entscheidung.** [1] Die Entscheidung wird erst mit der Rechtskraft wirksam. [2] Sie wirkt für und gegen alle.

**§ 312 Kosten des Verfahrens.** (1) Für die Kosten des Verfahrens gilt die Kostenordnung.

(2) [1] Für das Verfahren des ersten Rechtszugs wird das Doppelte der vollen Gebühr erhoben. [2] Für den zweiten Rechtszug wird die gleiche Gebühr erhoben; dies gilt auch dann, wenn die Beschwerde Erfolg hat. [3] Wird der Antrag oder die Beschwerde zurückgenommen, bevor es zu einer Entscheidung kommt, so ermäßigt sich die Gebühr auf die Hälfte.

(3) [1] Der Geschäftswert ist von Amts wegen festzusetzen. [2] Er bestimmt sich nach § 30 Abs. 1 der Kostenordnung.

(4) [1] Schuldner der Kosten sind die übernehmenden oder neuen Rechtsträger oder der Rechtsträger neuer Rechtsform. [2] Die Kosten können jedoch ganz oder zum Teil einem anderen Beteiligten auferlegt werden, wenn dies der Billigkeit entspricht.

## Siebentes Buch. Strafvorschriften und Zwangsgelder

**§ 313 Unrichtige Darstellung.** (1) Mit Freiheitsstrafe bis zu drei Jahren oder mit Geldstrafe wird bestraft, wer als Mitglied eines Vertretungsorgans, als vertretungsberechtigter Gesellschafter oder Partner, als Mitglied eines Aufsichtsrats oder als Abwickler eines an einer Umwandlung beteiligten Rechtsträgers bei dieser Umwandlung

1. die Verhältnisse des Rechtsträgers einschließlich seiner Beziehungen zu verbundenen Unternehmen in einem in diesem Gesetz vorgesehenen Bericht (Verschmelzungsbericht, Spaltungsbericht, Übertragungsbericht, Umwandlungsbericht), in Darstellungen oder Übersichten über den Vermögensstand, in Vorträgen oder Auskünften in der Versammlung der Anteilsinhaber unrichtig wiedergibt oder verschleiert, wenn die Tat nicht in § 331 Nr. 1 des Handelsgesetzbuchs mit Strafe bedroht ist, oder

2. in Aufklärungen und Nachweisen, die nach den Vorschriften dieses Gesetzes einem Verschmelzungs-, Spaltungs- oder Übertragungsprüfer zu geben sind, unrichtige Angaben macht oder die Verhältnisse des Rechtsträgers einschließlich seiner Beziehungen zu verbundenen Unternehmen unrichtig wiedergibt oder verschleiert.

(2) Ebenso wird bestraft, wer als Geschäftsführer einer Gesellschaft mit beschränkter Haftung, als Mitglied des Vorstands einer Aktiengesellschaft, als zur Vertretung ermächtigter persönlich haftender Gesellschafter einer Kommanditgesellschaft auf Aktien oder als Abwickler einer solchen Gesellschaft in einer Erklärung nach § 52 Abs. 1 über die Zustimmung der Anteilsinhaber dieses Rechtsträgers oder in einer Erklärung nach § 140 oder § 146 Abs. 1 über die Deckung des Stammkapitals oder Grundkapitals der übertragenden Gesellschaft unrichtige Angaben macht oder seiner Erklärung zugrunde legt.

**§ 314 Verletzung der Berichtspflicht.** (1) Mit Freiheitsstrafe bis zu drei Jahren oder mit Geldstrafe wird bestraft, wer als Verschmelzungs-, Spaltungs- oder Übertragungsprüfer oder als Gehilfe eines solchen Prüfers über das Ergebnis einer aus Anlaß einer Umwandlung erforderlichen Prüfung falsch berichtet oder erhebliche Umstände in dem Prüfungsbericht verschweigt.

(2) Handelt der Täter gegen Entgelt oder in der Absicht, sich oder einen anderen zu bereichern oder einen anderen zu schädigen, so ist die Strafe Freiheitsstrafe bis zu fünf Jahren oder Geldstrafe.

**§ 315 Verletzung der Geheimhaltungspflicht.** (1) Mit Freiheitsstrafe bis zu einem Jahr oder mit Geldstrafe wird bestraft, wer ein Geheimnis eines an einer Umwandlung beteiligten Rechtsträgers, namentlich ein Betriebs- oder Geschäftsgeheimnis, das ihm in seiner Eigenschaft als

1. Mitglied des Vertretungsorgans, vertretungsberechtigter Gesellschafter oder Partner, Mitglied eines Aufsichtsrats oder Abwickler dieses oder eines anderen an der Umwandlung beteiligten Rechtsträgers,

2. Verschmelzungs-, Spaltungs- oder Übertragungsprüfer oder Gehilfe eines solchen Prüfers

bekannt geworden ist, unbefugt offenbart, wenn die Tat im Falle der Nummer 1 nicht in § 85 des Gesetzes betreffend die Gesellschaften mit beschränkter Haftung, § 404 des Aktiengesetzes, § 151 des Gesetzes betreffend die Erwerbs- und Wirtschaftsgenossenschaften oder § 138 des Versicherungsaufsichtsgesetzes, im Falle der Nummer 2 nicht in § 333 des Handelsgesetzbuchs mit Strafe bedroht ist.

(2) [1] Handelt der Täter gegen Entgelt oder in der Absicht, sich oder einen anderen zu bereichern oder einen anderen zu schädigen, so ist die Strafe Freiheitsstrafe bis zu zwei Jahren oder Geldstrafe. [2] Ebenso wird bestraft, wer ein Geheimnis der in Absatz 1 bezeichneten Art, namentlich ein Betriebs- oder Geschäftsgeheimnis, das ihm unter den Voraussetzungen des Absatzes 1 bekannt geworden ist, unbefugt verwertet.

(3) [1] Die Tat wird nur auf Antrag eines der an der Umwandlung beteiligten Rechtsträgers verfolgt. [2] Hat ein Mitglied eines Vertretungsorgans, ein vertretungsberechtigter Gesellschafter oder Partner oder ein Abwickler die Tat begangen, so sind auch ein Aufsichtsrat oder ein nicht vertretungsberechtigter Gesellschafter oder Partner antragsberechtigt. [3] Hat ein Mitglied eines Aufsichtsrats die Tat begangen, sind auch die Mitglieder des Vorstands, die vertretungsberechtigten Gesellschafter oder Partner oder die Abwickler antragsberechtigt.

**§ 316  Zwangsgelder.** (1) [1] Mitglieder eines Vertretungsorgans, vertretungsberechtigte Gesellschafter, vertretungsberechtigte Partner oder Abwickler, die § 13 Abs. 3 Satz 3 sowie § 125 Satz 1, § 176 Abs. 1, § 177 Abs. 1, § 178 Abs. 1, § 179 Abs. 1, § 180 Abs. 1, § 184 Abs. 1, § 186 Satz 1, § 188 Abs. 1 und § 189 Abs. 1, jeweils in Verbindung mit § 13 Abs. 3 Satz 3, sowie § 193 Abs. 3 Satz 2 nicht befolgen, sind hierzu von dem zuständigen Registergericht durch Festsetzung von Zwangsgeld anzuhalten; § 14 des Handelsgesetzbuchs bleibt unberührt. [2] Das einzelne Zwangsgeld darf den Betrag von zehntausend Deutschen Mark nicht übersteigen.

(2) Die Anmeldungen einer Umwandlung zu dem zuständigen Register nach § 16 Abs. 1, den §§ 38, 129 und 137 Abs. 1 und 2, § 176 Abs. 1, § 177 Abs. 1, § 178 Abs. 1, § 179 Abs. 1, § 180 Abs. 1, § 184 Abs. 1, §§ 186, 188 Abs. 1, § 189 Abs. 1, §§ 198, 222, 235, 246, 254, 265, 278 Abs. 1, §§ 286 und 296 werden durch Festsetzung von Zwangsgeld nicht erzwungen.

## Achtes Buch. Übergangs- und Schlußvorschriften

**§ 317  Umwandlung alter juristischer Personen.** [1] Eine juristische Person im Sinne des Artikels 163 des Einführungsgesetzes zum Bürgerlichen Gesetzbuche kann nach den für wirtschaftliche Vereine geltenden Vorschriften dieses Gesetzes umgewandelt werden. [2] Hat eine solche juristische Person keine Mitglieder, so kann sie nach den für Stiftungen geltenden Vorschriften dieses Gesetzes umgewandelt werden.

**§ 318  Eingeleitete Umwandlungen; Umstellung auf den Euro.**
(1) [1] Die Vorschriften dieses Gesetzes sind nicht auf solche Umwandlungen anzuwenden, zu deren Vorbereitung bereits vor dem 1. Januar 1995 ein Vertrag oder eine Erklärung beurkundet oder notariell beglaubigt oder eine Versammlung der Anteilsinhaber einberufen worden ist. [2] Für diese Umwandlungen bleibt es bei der Anwendung der bis zu diesem Tage geltenden Vorschriften.

(2) ¹Wird eine Umwandlung nach dem 31. Dezember 1998 in das Handelsregister eingetragen, so erfolgt eine Neufestsetzung der Nennbeträge von Anteilen einer Kapitalgesellschaft als übernehmendem Rechtsträger, deren Anteile noch der bis dahin gültigen Nennbetragseinteilung entsprechen, nach den bis zu diesem Zeitpunkt geltenden Vorschriften. ²Wo dieses Gesetz für einen neuen Rechtsträger oder einen Rechtsträger neuer Rechtsform auf die jeweils geltenden Gründungsvorschriften verweist oder bei dem Formwechsel in eine Kapitalgesellschaft anderer Rechtsform die Vorschriften anderer Gesetze über die Änderung des Stammkapitals oder des Grundkapitals unberührt läßt, gilt dies jeweils auch für die entsprechenden Überleitungsvorschriften zur Einführung des Euro im Einführungsgesetz zum Aktiengesetz und im Gesetz betreffend die Gesellschaften mit beschränkter Haftung; ist ein neuer Rechtsträger oder ein Rechtsträger neuer Rechtsform bis zum 31. Dezember 1998 zur Eintragung in das Handelsregister angemeldet worden, bleibt es bei der Anwendung der bis zu diesem Tage geltenden Gründungsvorschriften.

**§ 319 Enthaftung bei Altverbindlichkeiten.** ¹Die §§ 45, 133 Abs. 1, 3 bis 5, §§ 157, 167, 173, 224, 237, 249 und 257 sind auch auf vor dem 1. Januar 1995 entstandene Verbindlichkeiten anzuwenden, wenn

1. die Umwandlung danach in das Register eingetragen wird und

2. die Verbindlichkeiten nicht später als vier Jahre nach dem Zeitpunkt, an dem die Eintragung der Umwandlung in das Register als bekanntgemacht gilt, fällig werden oder nach Inkrafttreten des Gesetzes zur zeitlichen Begrenzung der Nachhaftung von Gesellschaftern vom 18. März 1994 (BGBl. I S. 560) begründet worden sind.

²Auf später fällig werdende und vor Inkrafttreten des Gesetzes zur zeitlichen Begrenzung der Nachhaftung von Gesellschaftern vom 18. März 1994 (BGBl. I S. 560) entstandene Verbindlichkeiten sind die §§ 45, 49 Abs. 4, §§ 56, 56f Abs. 2, § 57 Abs. 2 und § 58 Abs. 2 des Umwandlungsgesetzes in der durch Artikel 10 Abs. 8 des Gesetzes vom 19. Dezember 1985 (BGBl. I S. 2355) geänderten Fassung der Bekanntmachung vom 6. November 1969 (BGBl. I S. 2081) mit der Maßgabe anwendbar, daß die Verjährungsfrist ein Jahr beträgt. ³In den Fällen, in denen das bisher geltende Recht eine Umwandlungsmöglichkeit nicht vorsah, verjähren die in Satz 2 genannten Verbindlichkeiten entsprechend den dort genannten Vorschriften.

**§ 320 Aufhebung des Umwandlungsgesetzes 1969.** Das Umwandlungsgesetz in der Fassung der Bekanntmachung vom 6. November 1969 (BGBl. I S. 2081), zuletzt geändert durch Artikel 2 des Gesetzes vom 18. März 1994 (BGBl. I S. 560), wird aufgehoben.

**§ 321 Übergangsmandat des Betriebsrats bei Betriebsspaltung.**
(1) ¹Hat die Spaltung oder die Teilübertragung eines Rechtsträgers nach dem Dritten oder Vierten Buch die Spaltung eines Betriebs zur Folge, so bleibt dessen Betriebsrat im Amt und führt die Geschäfte für die ihm bislang zugeordneten Betriebsteile weiter, soweit sie über die in § 1 des Betriebsverfassungsgesetzes genannte Arbeitnehmerzahl verfügen und nicht in einen Betrieb eingegliedert werden, in dem ein Betriebsrat besteht. ²Der Betriebsrat hat insbesondere unverzüglich Wahlvorstände zu bestellen. ³Das Über-

gangsmandat endet, sobald in den Betriebsteilen ein neuer Betriebsrat gewählt und das Wahlergebnis bekanntgegeben ist, spätestens jedoch sechs Monate nach Wirksamwerden der Spaltung oder der Teilübertragung des Rechtsträgers.

(2) [1] Werden Betriebsteile, die bislang verschiedenen Betrieben zugeordnet waren, zu einem Betrieb zusammengefaßt, so nimmt der Betriebsrat, dem der nach der Zahl der wahlberechtigten Arbeitnehmer größte Betriebsteil zugeordnet war, das Übergangsmandat wahr. [2] Satz 1 gilt entsprechend, wenn Betriebe zu einem neuen Betrieb zusammengefaßt werden.

**§ 322 Gemeinsamer Betrieb.** (1) Wird im Falle des § 321 Abs. 1 Satz 1 die Organisation des gespaltenen Betriebes nicht geändert, so wird für die Anwendung des Betriebsverfassungsgesetzes vermutet, daß dieser Betrieb von den an der Spaltung beteiligten Rechtsträgern gemeinsam geführt wird.

(2) Führen an einer Spaltung oder an einer Teilübertragung nach dem Dritten oder Vierten Buch beteiligte Rechtsträger nach dem Wirksamwerden der Spaltung oder der Teilübertragung einen Betrieb gemeinsam, gilt dieser als Betrieb im Sinne des Kündigungsschutzrechts.

**§ 323 Kündigungsrechtliche Stellung.** (1) Die kündigungsrechtliche Stellung eines Arbeitnehmers, der vor dem Wirksamwerden einer Spaltung oder Teilübertragung mit dem Dritten oder Vierten Buch zu dem übertragenden Rechtsträger in einem Arbeitsverhältnis steht, verschlechtert sich auf Grund der Spaltung oder Teilübertragung für die Dauer von zwei Jahren ab dem Zeitpunkt ihres Wirksamwerdens nicht.

(2) Kommt bei einer Verschmelzung, Spaltung oder Vermögensübertragung ein Interessenausgleich zustande, in dem diejenigen Arbeitnehmer namentlich bezeichnet werden, die nach der Umwandlung einem bestimmten Betrieb oder Betriebsteil zugeordnet werden, so kann die Zuordnung der Arbeitnehmer durch das Arbeitsgericht nur auf grobe Fehlerhaftigkeit überprüft werden.

**§ 324 Rechte und Pflichten bei Betriebsübergang.** § 613a Abs. 1 und 4 des Bürgerlichen Gesetzbuchs bleibt durch die Wirkungen der Eintragung einer Verschmelzung, Spaltung oder Vermögensübertragung unberührt.

**§ 325 Mitbestimmungsbeibehaltung.** (1) [1] Entfallen durch Abspaltung oder Ausgliederung im Sinne des § 123 Abs. 2 und 3 bei einem übertragenden Rechtsträger die gesetzlichen Voraussetzungen für die Beteiligung der Arbeitnehmer im Aufsichtsrat, so finden die vor der Spaltung geltenden Vorschriften noch für einen Zeitraum von fünf Jahren nach dem Wirksamwerden der Abspaltung oder Ausgliederung Anwendung. [2] Dies gilt nicht, wenn die betreffenden Vorschriften eine Mindestzahl von Arbeitnehmern voraussetzen und die danach berechnete Zahl der Arbeitnehmer des übertragenden Rechtsträgers auf weniger als in der Regel ein Viertel dieser Mindestzahl sinkt.

(2) [1] Hat die Spaltung oder Teilübertragung eines Rechtsträgers die Spaltung eines Betriebes zur Folge und entfallen für die aus der Spaltung hervorgegangenen Betriebe Rechte oder Beteiligungsrechte des Betriebsrats, so kann

259

durch Betriebsvereinbarung oder Tarifvertrag die Fortgeltung dieser Rechte und Beteiligungsrechte vereinbart werden. [2]Die §§ 9 und 27 des Betriebsverfassungsgesetzes bleiben unberührt.

**Nr. 5** *(nicht belegt)*

# 6. Gesetz über die Rechnungslegung von bestimmten Unternehmen und Konzernen

Vom 15. August 1969 (BGBl. I S. 1189, ber. 1970 I S. 1113)

**BGBl. III/FNA 4120-7**

zuletzt geändert durch Art. 3 Gesetz zur Kontrolle und Transparenz im Unternehmensbereich
(KonTraG) vom 27. 4. 1998 (BGBl. I S. 786)

## Erster Abschnitt. Rechnungslegung von Unternehmen

**§ 1 Zur Rechnungslegung verpflichtete Unternehmen.** (1) Ein Unternehmen hat nach diesem Abschnitt Rechnung zu legen, wenn für den Tag des Ablaufs eines Geschäftsjahrs (Abschlußstichtag) und für die zwei darauf folgenden Abschlußstichtage jeweils mindestens zwei der drei nachstehenden Merkmale zutreffen:

1. Die Bilanzsumme einer auf den Abschlußstichtag aufgestellten Jahresbilanz übersteigt einhundertfünfundzwanzig Millionen Deutsche Mark.

2. Die Umsatzerlöse des Unternehmens in den zwölf Monaten vor dem Abschlußstichtag übersteigen zweihundertfünfzig Millionen Deutsche Mark.

3. Das Unternehmen hat in den zwölf Monaten vor dem Abschlußstichtag durchschnittlich mehr als fünftausend Arbeitnehmer beschäftigt.

(2) ¹Bilanzsumme nach Absatz 1 Nr. 1 ist die Bilanzsumme einer gemäß § 5 Abs. 2 aufgestellten Jahresbilanz; bei Unternehmen, die in ihrer Jahresbilanz Beträge für von ihnen geschuldete Verbrauchsteuern oder Monopolabgaben unter Rückstellungen oder Verbindlichkeiten angesetzt haben, ist die Bilanzsumme um diese Beträge zu kürzen. ²Trifft für den Abschlußstichtag das Merkmal nach Absatz 1 Nr. 2 oder das Merkmal nach Absatz 1 Nr. 3 zu, hat das Unternehmen zur Feststellung, ob auch das Merkmal nach Absatz 1 Nr. 1 zutrifft, eine Jahresbilanz nach § 5 Abs. 2 aufzustellen. ³Für die Ermittlung der Umsatzerlöse nach Absatz 1 Nr. 2 gilt § 277 Abs. 1 des Handelsgesetzbuchs¹) mit der Maßgabe, daß auch die in den Umsatzerlösen enthaltenen Verbrauchsteuern oder Monopolabgaben abzusetzen sind. ⁴Umsatzerlöse in fremder Währung sind nach dem amtlichen Kurs in Deutsche Mark umzurechnen. ⁵Durchschnittliche Zahl der Arbeitnehmer nach Absatz 1 Nr. 3 ist der zwölfte Teil der Summe aus den Zahlen der am Ende eines jeden Monats beschäftigten Arbeitnehmer einschließlich der zu ihrer Berufsausbildung Beschäftigten sowie der im Ausland beschäftigten Arbeitnehmer.

(3), (4) *(aufgehoben)*

(5) Mehrere Handelsgeschäfte eines Einzelkaufmanns sind, auch wenn sie nicht unter der gleichen Firma betrieben werden, nur ein Unternehmen im Sinne dieses Gesetzes.

---

¹) Abgedruckt unter Nr. **10**.

**§ 2  Beginn und Dauer der Pflicht zur Rechnungslegung.** (1) [1]Das Unternehmen hat erstmals für den dritten der aufeinander folgenden Abschlußstichtage, für die mindestens zwei der drei Merkmale des § 1 Abs. 1 oder das Merkmal des § 1 Abs. 4 zutreffen, Rechnung zu legen. [2]Es hat jedoch bereits für den ersten Abschlußstichtag Rechnung zu legen, für den mindestens zwei der drei Merkmale des § 1 Abs. 1 zutreffen, wenn auf das Unternehmen während des Geschäftsjahrs das Vermögen eines anderen Unternehmens durch Umwandlung oder in anderer Weise als Ganzes übergegangen ist und auf das andere Unternehmen an den beiden letzten Abschlußstichtagen mindestens zwei der drei Merkmale des § 1 Abs. 1 zutrafen; dies gilt auch, wenn das andere Unternehmen nicht nach diesem Abschnitt Rechnung zu legen brauchte. [3]Ein Unternehmen braucht nicht mehr nach diesem Abschnitt Rechnung zu legen, wenn für drei aufeinander folgende Abschlußstichtage mindestens zwei der drei Merkmale des § 1 Abs. 1 nicht mehr zutreffen.

(2) [1]Die gesetzlichen Vertreter eines Unternehmens, auf das erstmals für einen Abschlußstichtag mindestens zwei der drei Merkmale des § 1 Abs. 1 zutreffen, haben, wenn das Unternehmen oder die Firma in das Handelsregister eingetragen ist, unverzüglich zum Handelsregister die Erklärung einzureichen, daß für diesen Abschlußstichtag zwei der drei Merkmale des § 1 Abs. 1 zutreffen. [2]Eine entsprechende Erklärung haben die gesetzlichen Vertreter auch für jeden der beiden folgenden Abschlußstichtage unverzüglich zum Handelsregister einzureichen, wenn die Merkmale auch für diesen Abschlußstichtag zutreffen.

(3) [1]Das Gericht hat zur Prüfung der Frage, ob ein Unternehmen nach diesem Abschnitt Rechnung zu legen hat, Prüfer zu bestellen, wenn Anlaß für die Annahme besteht, daß das Unternehmen zur Rechnungslegung nach diesem Abschnitt verpflichtet ist. [2]Hat das Unternehmen einen Aufsichtsrat, ist vor der Bestellung außer den gesetzlichen Vertretern auch dieser zu hören. [3]Gegen die Entscheidung ist die sofortige Beschwerde zulässig. [4]Für die Auswahl der Prüfer, den Ersatz angemessener barer Auslagen und die Vergütung der Prüfer, die Verantwortlichkeit und die Rechte der Prüfer und die Kosten gelten § 142 Abs. 6, §§ 143, 145 Abs. 1 bis 3, § 146 des Aktiengesetzes und § 323 des Handelsgesetzbuchs[1]) sinngemäß; die Kosten trägt jedoch die Staatskasse, wenn eine Verpflichtung zur Rechnungslegung nach diesem Abschnitt nicht besteht. [5]Die Prüfer haben über das Ergebnis der Prüfung schriftlich zu berichten und den Bericht zu unterzeichnen. [6]Sie haben ihn unverzüglich dem Gericht und den gesetzlichen Vertretern einzureichen; kommt der Bericht zu dem Ergebnis, daß das Unternehmen zur Rechnungslegung nach diesem Abschnitt verpflichtet ist und ist das Unternehmen oder die Firma in das Handelsregister eingetragen, ist der Bericht auch zum Handelsregister des Sitzes (der Hauptniederlassung) des Unternehmens einzureichen. [7]Unterliegt das Unternehmen einer staatlichen Aufsicht, so haben die gesetzlichen Vertreter den Bericht auch der Aufsichtsbehörde einzureichen.

**§ 3  Geltungsbereich.** (1) Dieser Abschnitt ist nur anzuwenden auf Unternehmen in der Rechtsform

1. einer Personenhandelsgesellschaft oder des Einzelkaufmanns,
2. einer bergrechtlichen Gewerkschaft,

---

[1]) Abgedruckt unter Nr. **10**.

3. des Vereins, dessen Zweck auf einen wirtschaftlichen Geschäftsbetrieb gerichtet ist,

4. der rechtsfähigen Stiftung des bürgerlichen Rechts, wenn sie ein Gewerbe betreibt,

5. einer Körperschaft, Stiftung oder Anstalt des öffentlichen Rechts, die Kaufmann nach § 1 des Handelsgesetzbuchs sind oder als Kaufmann im Handelsregister eingetragen sind.

(2) ¹Dieser Abschnitt gilt nicht für

1. Unternehmen in der Rechtsform der Genossenschaft,

1a. Unternehmen ohne eigene Rechtspersönlichkeit einer Gemeinde, eines Gemeindeverbandes oder eines Zweckverbandes,

2. Verwertungsgesellschaften nach dem Gesetz über die Wahrnehmung von Urheberrechten und verwandten Schutzrechten vom 9. September 1965 (BGBl. I S. 1294), zuletzt geändert durch Artikel 2 des Gesetzes vom 24. Juni 1985 (BGBl. I S. 1137).

²Dieser Abschnitt ist ferner auf Kreditinstitute im Sinne des § 340 des Handelsgesetzbuchs und auf die in § 2 Abs. 1 Nr. 1, 2 und 4 des Gesetzes über das Kreditwesen genannten Personen sowie auf Versicherungsunternehmen im Sinne des § 341 des Handelsgesetzbuchs nicht anzuwenden.

(3) Dieser Abschnitt gilt nicht für Unternehmen in Abwicklung.

**§ 4 Gesetzliche Vertreter, Aufsichtsrat, Feststellung, Gericht.** (1) ¹Im Sinne dieses Gesetzes sind gesetzliche Vertreter eines Unternehmens

1. bei einer juristischen Person die Mitglieder des vertretungsberechtigten Organs,

2. bei einer Personenhandelsgesellschaft der oder die vertretungsberechtigten Gesellschafter.

²Die Vorschriften für die gesetzlichen Vertreter des Unternehmens gelten, wenn es sich um das Unternehmen eines Einzelkaufmanns handelt, sinngemäß für den Einzelkaufmann oder seinen gesetzlichen Vertreter.

(2) Die Vorschriften dieses Gesetzes für den Aufsichtsrat gelten sinngemäß für ein entsprechendes Überwachungsorgan.

(3) Als Feststellung des Jahresabschlusses ist die Billigung des Jahresabschlusses durch die zuständige Stelle, und wenn es sich um das Unternehmen eines Einzelkaufmanns handelt, die Billigung des Jahresabschlusses durch den Inhaber anzusehen.

(4) Gericht im Sinne dieses Gesetzes ist das Gericht des Sitzes (der Hauptniederlassung) des Unternehmens.

**§ 5 Aufstellung von Jahresabschluß und Lagebericht.** (1) ¹Die gesetzlichen Vertreter des Unternehmens haben den Jahresabschluß (§ 242 des Handelsgesetzbuchs) in den ersten drei Monaten des Geschäftsjahrs für das vergangene Geschäftsjahr aufzustellen. ²Für den Inhalt des Jahresabschlusses, seine Gliederung und für die einzelnen Posten des Jahresabschlusses gelten §§ 265, 266, 268 bis 275, 277, 278, 281, 282 des Handelsgesetzbuchs¹⁾ sinn-

---

¹⁾ Abgedruckt unter Nr. **10**.

gemäß. ³Sonstige Vorschriften, die durch die Rechtsform oder den Geschäftszweig bedingt sind, bleiben unberührt.

(2) ¹Die gesetzlichen Vertreter eines Unternehmens, das nicht in der Rechtsform einer Personenhandelsgesellschaft oder des Einzelkaufmanns geführt wird, haben den Jahresabschluß um einen Anhang zu erweitern, der mit der Bilanz und der Gewinn- und Verlustrechnung eine Einheit bildet, sowie einen Lagebericht aufzustellen. ²Für den Anhang gelten die §§ 284, 285 Nr. 1 bis 5, 7 bis 13, §§ 286, 287 des Handelsgesetzbuchs¹⁾ und für den Lagebericht § 289 des Handelsgesetzbuchs sinngemäß.

(3) § 330 des Handelsgesetzbuchs¹⁾ über den Erlaß von Rechtsverordnungen gilt auch für Unternehmen, auf die dieser Abschnitt nach § 3 Abs. 1 anzuwenden ist.

(4) Handelt es sich um das Unternehmen einer Personenhandelsgesellschaft oder eines Einzelkaufmanns, so dürfen das sonstige Vermögen des Einzelkaufmanns oder der Gesellschafter (Privatvermögen) nicht in die Bilanz und die auf das Privatvermögen entfallenden Aufwendungen und Erträge nicht in die Gewinn- und Verlustrechnung aufgenommen werden.

(5) ¹Personenhandelsgesellschaften und Einzelkaufleute können die Gewinn- und Verlustrechnung nach den für ihr Unternehmen geltenden Bestimmungen aufstellen. ²Bei Anwendung einer Gliederung nach § 275 des Handelsgesetzbuchs¹⁾ dürfen die Steuern, die Personenhandelsgesellschaften und Einzelkaufleute als Steuerschuldner zu entrichten haben, unter den sonstigen Aufwendungen ausgewiesen werden. ³Soll die Gewinn- und Verlustrechnung nicht nach § 9 offengelegt werden, sind außerdem in einer Anlage zur Bilanz folgende Angaben zu machen:

1. Die Umsatzerlöse im Sinne des § 277 Abs. 1 des Handelsgesetzbuchs,¹⁾

2. die Erträge aus Beteiligungen,

3. die Löhne, Gehälter, sozialen Abgaben sowie Aufwendungen für Altersversorgung und Unterstützung,

4. die Bewertungs- und Abschreibungsmethoden einschließlich wesentlicher Änderungen,

5. die Zahl der Beschäftigten.

**§ 6 Prüfung durch die Abschlußprüfer.** (1) ¹Der Jahresabschluß und der Lagebericht sind durch einen Abschlußprüfer zu prüfen. ²Soweit in den Absätzen 2 bis 4 nichts anderes bestimmt ist, gelten § 316 Abs. 3, § 317 Abs. 1 und 2, § 318 Abs. 1, 3 bis 7, § 319 Abs. 1 bis 3, § 320 Abs. 1, 2, §§ 321 bis 324 des Handelsgesetzbuchs¹⁾ über die Prüfung des Jahresabschlusses sinngemäß.

(2) Handelt es sich um das Unternehmen einer Personenhandelsgesellschaft oder eines Einzelkaufmanns, so hat sich die Prüfung auch darauf zu erstrekken, ob § 5 Abs. 4 beachtet worden ist.

(3) ¹Der Abschlußprüfer wird bei bergrechtlichen Gewerkschaften und bei Personenhandelsgesellschaften, soweit nicht das Gesetz, die Satzung oder der Gesellschaftsvertrag etwas anderes vorsehen, von den Gewerken oder den Gesellschaftern gewählt. ²Handelt es sich um das Unternehmen eines Einzelkaufmanns, so bestellt dieser den Abschlußprüfer. ³Bei anderen Unternehmen

---

¹⁾ Abgedruckt unter Nr. **10**.

wird der Abschlußprüfer, sofern über seine Bestellung nichts anderes bestimmt ist, vom Aufsichtsrat gewählt; hat das Unternehmen keinen Aufsichtsrat, so bestellen die gesetzlichen Vertreter den Abschlußprüfer. [4]Bei einer bergrechtlichen Gewerkschaft können den Antrag nach § 318 Abs. 3 Satz 1 des Handelsgesetzbuchs[1] auch Gewerken stellen, deren Anteile zusammen den zehnten Teil der Kuxe erreichen; den Antrag nach § 318 Abs. 4 Satz 1 des Handelsgesetzbuchs kann auch jeder Gewerke stellen.

**§ 7 Prüfung durch den Aufsichtsrat.** [1]Hat das Unternehmen einen Aufsichtsrat, so haben die gesetzlichen Vertreter unverzüglich nach Eingang des Prüfungsberichts der Abschlußprüfer den Jahresabschluß, den Lagebericht und den Prüfungsbericht der Abschlußprüfer dem Aufsichtsrat vorzulegen. [2]Der Aufsichtsrat hat den Jahresabschluß und den Lagebericht zu prüfen; er hat über das Ergebnis seiner Prüfung schriftlich zu berichten. § 170 Abs. 3, § 171 Abs. 1 Satz 2, Abs. 2 Satz 2 bis 4, Abs. 3 des Aktiengesetzes gelten sinngemäß.

**§ 8 Feststellung des Jahresabschlusses.** (1) [1]Bedarf es zur Feststellung des Jahresabschlusses der Entscheidung oder Mitwirkung einer anderen Stelle als der gesetzlichen Vertreter und des Aufsichtsrats, so haben die gesetzlichen Vertreter den Jahresabschluß, wenn das Unternehmen einen Aufsichtsrat hat, unverzüglich nach Eingang seines Prüfungsberichts (§ 7), wenn das Unternehmen keinen Aufsichtsrat hat, unverzüglich nach Eingang des Prüfungsberichts der Abschlußprüfer der zuständigen Stelle vorzulegen. [2]Bedarf es zur Feststellung des Jahresabschlusses einer Versammlung der Gesellschafter, so ist die Versammlung unverzüglich nach dem Eingang des Prüfungsberichts des Aufsichtsrats oder der Abschlußprüfer einzuberufen; berufen die für die Einberufung zuständigen Stellen die Versammlung nicht unverzüglich ein, so haben die gesetzlichen Vertreter sie einzuberufen.

(2) Auf den Jahresabschluß sind bei der Feststellung die für seine Aufstellung geltenden Vorschriften anzuwenden.

(3) [1]Ändert die zuständige Stelle den von den gesetzlichen Vertretern aufgestellten Jahresabschluß, so haben die Abschlußprüfer ihn erneut zu prüfen, soweit es die Änderung fordert. [2]Ein bereits erteilter Bestätigungsvermerk ist unwirksam. [3]Eine vor der erneuten Prüfung getroffene Entscheidung über die Feststellung des Jahresabschlusses wird erst wirksam, wenn auf Grund der erneuten Prüfung ein hinsichtlich der Änderung uneingeschränkter Bestätigungsvermerk erteilt worden ist. [4]Sie wird nichtig, wenn nicht binnen zwei Wochen seit der Entscheidung ein hinsichtlich der Änderung uneingeschränkter Bestätigungsvermerk erteilt wird.

(4) Der festgestellte Jahresabschluß ist der Jahresabschluß im Sinne der für die Rechtsform des Unternehmens geltenden Vorschriften.

**§ 9 Offenlegung des Jahresabschlusses und des Lageberichts. Prüfung durch das Registergericht.** (1) [1]Die gesetzlichen Vertreter des Unternehmens haben den Jahresabschluß und die sonst in § 325 Abs. 1 des Handelsgesetzbuchs bezeichneten Unterlagen, soweit sie aufzustellen sind, in sinngemäßer Anwendung des § 325 Abs. 1, 2, 4, 5, § 328 des Handelsgesetzbuchs[1] offenzulegen. [2]§ 329 Abs. 1 des Handelsgesetzbuchs über die Prüfungspflicht

---

[1] Abgedruckt unter Nr. **10.**

des Registergerichts gilt sinngemäß. [3] Ist das Unternehmen in das Handelsregister eingetragen, so erfolgt die Einreichung zum Handelsregister des Sitzes des Unternehmens. [4] Ist das Unternehmen nicht in das Handelsregister eingetragen, so sind die Unterlagen bei dem für den Sitz des Unternehmens zuständigen Registergericht einzureichen; die Vorschriften über die zum Handelsregister eingereichten Schriftstücke gelten für sie sinngemäß.

(2) Personenhandelsgesellschaften und Einzelkaufleute brauchen die Gewinn- und Verlustrechnung und den Beschluß über die Verwendung des Ergebnisses nicht offenzulegen, wenn sie in einer Anlage zur Bilanz die nach § 5 Abs. 5 Satz 3 erforderlichen Angaben aufnehmen.

(3) In der Bilanz von Personenhandelsgesellschaften dürfen bei der Offenlegung die Kapitalanteile der Gesellschafter, die Rücklagen, ein Gewinnvortrag und ein Gewinn unter Abzug der nicht durch Vermögenseinlagen gedeckten Verlustanteile von Gesellschaftern, eines Verlustvortrags und eines Verlustes in einem Posten „Eigenkapital" ausgewiesen werden.

**§ 10 Nichtigkeit des Jahresabschlusses.** [1] Der Jahresabschluß ist nichtig, wenn er

1. nicht nach § 6 Abs. 1 Satz 1 und 2 dieses Gesetzes in Verbindung mit § 316 Abs. 3 des Handelsgesetzbuchs geprüft worden ist oder

2. von Personen geprüft worden ist, die nicht zum Abschlußprüfer bestellt sind oder nach § 6 Abs. 1 Satz 2 dieses Gesetzes in Verbindung mit § 319 Abs. 1 des Handelsgesetzbuchs[1]) nicht Abschlußprüfer sind.

[2] Die Nichtigkeit nach Nummer 2 kann nicht mehr geltend gemacht werden, wenn seit der Bekanntmachung des Jahresabschlusses im Bundesanzeiger sechs Monate verstrichen sind. [3] § 256 Abs. 6 Satz 2 des Aktiengesetzes gilt sinngemäß.

## Zweiter Abschnitt. Rechnungslegung von Konzernen

**§ 11 Zur Rechnungslegung verpflichtete Mutterunternehmen.**

(1) Stehen in einem Konzern die Unternehmen unter der einheitlichen Leitung eines Unternehmens mit Sitz (Hauptniederlassung) im Inland, so hat dieses Unternehmen (Mutterunternehmen) nach den folgenden Vorschriften Rechnung zu legen, wenn für drei aufeinanderfolgende Konzernabschlußstichtage jeweils mindestens zwei der drei folgenden Merkmale zutreffen:

1. Die Bilanzsumme einer auf den Konzernabschlußstichtag aufgestellten Konzernbilanz übersteigt einhundertfünfundzwanzig Millionen Deutsche Mark.

2. Die Umsatzerlöse einer auf den Konzernabschlußstichtag aufgestellten Konzern-Gewinn- und Verlustrechnung in den zwölf Monaten vor dem Abschlußstichtag übersteigen zweihundertfünfzig Millionen Deutsche Mark.

3. Die Konzernunternehmen mit Sitz im Inland haben in den zwölf Monaten vor dem Konzernabschlußstichtag insgesamt durchschnittlich mehr als fünftausend Arbeitnehmer beschäftigt.

---

[1]) Abgedruckt unter Nr. **10**.

(2) ¹Bilanzsumme nach Absatz 1 Nr. 1 ist die Bilanzsumme einer nach § 13 Abs. 2 aufgestellten Konzernbilanz; § 1 Abs. 2 Satz 2 bis 5 gilt sinngemäß. ²Braucht das Mutterunternehmen einen Jahresabschluß nicht aufzustellen, so ist der Abschlußstichtag des größten Unternehmens mit Sitz im Inland maßgebend.

(3) ¹Stehen in einem Konzern die Unternehmen unter der einheitlichen Leitung eines Unternehmens mit Sitz (Hauptniederlassung) im Ausland und beherrscht dieses Unternehmen über ein oder mehrere zum Konzern gehörende Unternehmen mit Sitz (Hauptniederlassung) im Inland andere Unternehmen, so haben die Unternehmen mit Sitz im Inland, die der Konzernleitung am nächsten stehen (Mutterunternehmen), für ihren Konzernbereich (Teilkonzern) nach diesem Abschnitt Rechnung zu legen, wenn für drei aufeinanderfolgende Abschlußstichtage des Mutterunternehmens mindestens zwei der drei Merkmale des Absatzes 1 für den Teilkonzern zutreffen. ²Absatz 2 gilt sinngemäß.

(4) *(aufgehoben)*

(5) ¹Dieser Abschnitt ist nicht anzuwenden, wenn das Mutterunternehmen eine Aktiengesellschaft, eine Kommanditgesellschaft auf Aktien, eine Gesellschaft mit beschränkter Haftung, ein Kreditinstitut im Sinne des § 340 des Handelsgesetzbuchs oder eine in § 2 Abs. 1 Nr. 1, 2 und 4 des Gesetzes über das Kreditwesen genannte Person oder ein Versicherungsunternehmen im Sinne des § 341 des Handelsgesetzbuchs ist. ²Weiterhin sind Personenhandelsgesellschaften und Einzelkaufleute zur Aufstellung eines Konzernabschlusses nach diesem Abschnitt nicht verpflichtet, wenn sich ihr Gewerbebetrieb auf die Vermögensverwaltung beschränkt und sie nicht die Aufgaben der Konzernleitung wahrnehmen.

(6) § 291 des Handelsgesetzbuchs über befreiende Konzernabschlüsse und Konzernlageberichte gilt sinngemäß.

## § 12 Beginn und Dauer der Pflicht zur Konzernrechnungslegung.

(1) Für den Beginn und die Dauer der Pflicht, nach diesem Abschnitt Rechnung zu legen, gilt § 2 Abs. 1 Satz 1 und 3 sinngemäß.

(2) ¹Die gesetzlichen Vertreter eines Mutterunternehmens, für dessen Abschlußstichtag erstmals mindestens zwei der drei Merkmale des § 11 Abs. 1 zutreffen, haben, wenn das Unternehmen oder die Firma des Mutterunternehmens in das Handelsregister eingetragen ist, unverzüglich zum Handelsregister die Erklärung einzureichen, daß für diesen Abschlußstichtag zwei der drei Merkmale des § 11 Abs. 1 zutreffen; § 11 Abs. 2 Satz 2 gilt sinngemäß. ²Eine entsprechende Erklärung haben die gesetzlichen Vertreter des Mutterunternehmens auch für jeden der beiden folgenden Abschlußstichtage unverzüglich zum Handelsregister einzureichen, wenn die Merkmale auch für diesen Abschlußstichtag zutreffen.

(3) ¹Das Gericht hat zur Prüfung der Frage, ob ein Mutterunternehmen nach diesem Abschnitt Rechnung zu legen hat, Prüfer zu bestellen, wenn Anlaß für die Annahme besteht, daß das Mutterunternehmen zur Rechnungslegung nach diesem Abschnitt verpflichtet ist. ²Hat das Mutterunternehmen einen Aufsichtsrat, so ist vor der Bestellung außer den gesetzlichen Vertretern des Mutterunternehmens auch dieser zu hören. ³§ 2 Abs. 3 Satz 3 bis 8 gilt sinngemäß.

### § 13 Aufstellung von Konzernabschluß und Konzernlagebericht.

(1) Die gesetzlichen Vertreter des Mutterunternehmens haben in den ersten fünf Monaten des Konzerngeschäftsjahrs für das vergangene Konzerngeschäftsjahr einen Konzernabschluß sowie einen Konzernlagebericht oder einen Teilkonzernabschluß oder einen Teilkonzernlagebericht aufzustellen.

(2) ¹Für den Konzernabschluß oder Teilkonzernabschluß gelten die §§ 294 bis 314 des Handelsgesetzbuchs¹⁾ sinngemäß; soweit eine abweichende Gliederung zulässig ist, kann diese auch für den Konzernabschluß oder den Teilkonzernabschluß verwendet werden. ²Sonstige Vorschriften, die durch die Rechtsform oder den Geschäftszweig bedingt sind, bleiben unberührt. ³Für den Konzernlagebericht oder den Teilkonzernlagebericht gilt § 315 des Handelsgesetzbuchs sinngemäß.

(3) ¹Auf den Konzernabschluß oder den Teilkonzernabschluß brauchen § 279 Abs. 1, §§ 280, 314 Nr. 5, 6 des Handelsgesetzbuchs¹⁾ nicht angewendet zu werden. ²Ist das Mutterunternehmen eine Personenhandelsgesellschaft oder ein Einzelkaufmann, so gilt § 5 Abs. 4, 5 für den Konzernabschluß sinngemäß. ³Bei Anwendung des Satzes 1 oder des § 5 Abs. 5 haben der Konzernabschluß oder der Teilkonzernabschluß befreiende Wirkung nach § 291 des Handelsgesetzbuchs oder einer nach Absatz 4 in Verbindung mit § 292 des Handelsgesetzbuchs¹⁾ erlassenen Rechtsverordnung nur, wenn das befreite Tochterunternehmen, das gleichzeitig Mutterunternehmen ist, diese Erleichterungen für seinen Konzernabschluß oder Teilkonzernabschluß hätte in Anspruch nehmen können.

(4) Die §§ 292, 330 des Handelsgesetzbuchs¹⁾ über den Erlaß von Rechtsverordnungen gelten auch für Konzernabschlüsse, Teilkonzernabschlüsse, Konzernlageberichte und Teilkonzernlageberichte nach diesem Abschnitt.

### § 14 Prüfung des Konzernabschlusses.

(1) ¹Der Konzernabschluß oder Teilkonzernabschluß ist unter Einbeziehung des Konzernlageberichts oder des Teilkonzernlageberichts durch einen Abschlußprüfer zu prüfen. ²§ 316 Abs. 3, §§ 317 bis 324 des Handelsgesetzbuchs¹⁾ über die Prüfung sowie § 6 Abs. 2, 3 dieses Gesetzes gelten sinngemäß.

(2) ¹Ist das Mutterunternehmen eine Genossenschaft, so ist der Prüfungsverband, dem die Genossenschaft angehört, auch Abschlußprüfer des Konzernabschlusses. ²Der von einem Prüfungsverband geprüfte Konzernabschluß oder Teilkonzernabschluß hat befreiende Wirkung nach § 291 des Handelsgesetzbuchs oder einer nach § 13 Abs. 4 dieses Gesetzes in Verbindung mit § 292 des Handelsgesetzbuchs¹⁾ erlassenen Rechtsverordnung nur, wenn das befreite Tochterunternehmen, das gleichzeitig Mutterunternehmen ist, seinen Konzernabschluß oder Teilkonzernabschluß von dieser Person hätte prüfen lassen können.

(3) ¹Hat das Mutterunternehmen einen Aufsichtsrat, so haben die gesetzlichen Vertreter den Konzernabschluß oder den Teilkonzernabschluß, den Konzernlagebericht oder den Teilkonzernlagebericht und den Prüfungsbericht des Abschlußprüfers des Konzernabschlusses unverzüglich nach Eingang des Prüfungsberichts dem Aufsichtsrat zur Kenntnisnahme vorzulegen. ²Jedes Aufsichtsratsmitglied hat das Recht, von den Vorlagen Kenntnis zu

---

¹⁾ Abgedruckt unter Nr. **10.**

nehmen. [3]Die Vorlagen sind auch jedem Aufsichtsratsmitglied auf Verlangen auszuhändigen, soweit der Aufsichtsrat nichts anderes beschlossen hat.

**§ 15 Offenlegung des Konzernabschlusses.** (1) [1]Die gesetzlichen Vertreter des Mutterunternehmens haben den Konzernabschluß oder Teilkonzernabschluß mit dem Bestätigungsvermerk oder dem Vermerk über dessen Versagung und den Konzernlagebericht oder Teilkonzernlagebericht in sinngemäßer Anwendung des § 325 Abs. 3 bis 5 des Handelsgesetzbuchs[1]) offenzulegen. [2]Ist das Mutterunternehmen eine Genossenschaft, so tritt an die Stelle des Handelsregisters das Genossenschaftsregister. [3]Ist das Mutterunternehmen nicht in das Handelsregister oder das Genossenschaftsregister eingetragen, gilt § 9 Abs. 1 Satz 4 sinngemäß.

(2) Für die Offenlegung, Veröffentlichung und Vervielfältigung des Konzernabschlusses, Teilkonzernabschlusses, Konzernlageberichts und des Teilkonzernlageberichts gilt § 328, für die Prüfungspflicht des Registergerichts § 329 des Handelsgesetzbuchs[1]) sinngemäß.

**§ 16.** *(aufgehoben)*

**Dritter Abschnitt. Straf-, Bußgeld- und Schlußvorschriften**

**§ 17 Unrichtige Darstellung.** Mit Freiheitsstrafe bis zu drei Jahren oder mit Geldstrafe wird bestraft, wer als gesetzlicher Vertreter (§ 4 Abs. 1 Satz 1) eines Unternehmens oder eines Mutterunternehmens, beim Einzelkaufmann als Inhaber oder dessen gesetzlicher Vertreter,

1. die Verhältnisse des Unternehmens im Jahresabschluß oder Lagebericht unrichtig wiedergibt oder verschleiert,

2. die Verhältnisse des Konzerns oder Teilkonzerns im Konzernabschluß, Konzernlagebericht, Teilkonzernabschluß oder Teilkonzernlagebericht unrichtig wiedergibt oder verschleiert,

3. zum Zwecke der Befreiung nach § 11 Abs. 6 in Verbindung mit § 291 des Handelsgesetzbuchs[1]) oder auf Grund einer nach § 13 Abs. 4 in Verbindung mit § 292 des Handelsgesetzbuchs[1]) erlassenen Rechtsverordnung einen Konzernabschluß, Konzernlagebericht, Teilkonzernabschluß oder Teilkonzernlagebericht, in dem die Verhältnisse des Konzerns oder Teilkonzerns unrichtig wiedergegeben oder verschleiert worden sind, vorsätzlich oder leichtfertig offenlegt oder

4. in Aufklärungen oder Nachweisen, die nach § 2 Abs. 3 Satz 4 in Verbindung mit § 145 Abs. 2 und 3 des Aktiengesetzes, § 6 Abs. 1 Satz 2 in Verbindung mit § 320 Abs. 1, 2 des Handelsgesetzbuchs, § 12 Abs. 3 Satz 3 in Verbindung mit § 2 Abs. 3 Satz 4 und § 145 Abs. 2 und 3 des Aktiengesetzes oder § 14 Abs. 1 Satz 2 in Verbindung mit § 320 Abs. 3 des Handelsgesetzbuchs[1]) einem Abschlußprüfer des Unternehmens, eines verbundenen Unternehmens, des Konzerns oder des Teilkonzerns zu geben sind, unrichtige Angaben macht oder die Verhältnisse des Unternehmens, eines

---

[1]) Abgedruckt unter Nr. **10**.

Tochterunternehmens, des Konzerns oder des Teilkonzerns unrichtig wiedergibt oder verschleiert.

**§ 18 Verletzung der Berichtspflicht.** (1) Mit Freiheitsstrafe bis zu drei Jahren oder mit Geldstrafe wird bestraft, wer als Prüfer nach diesem Gesetz oder als Gehilfe eines solchen Prüfers über das Ergebnis der Prüfung falsch berichtet oder erhebliche Umstände im Bericht verschweigt.

(2) Handelt der Täter gegen Entgelt oder in der Absicht, sich oder einen anderen zu bereichern oder einen anderen zu schädigen, so ist die Strafe Freiheitsstrafe bis zu fünf Jahren oder Geldstrafe.

**§ 19 Verletzung der Geheimhaltungspflicht.** (1) Mit Freiheitsstrafe bis zu einem Jahr oder mit Geldstrafe wird bestraft, wer ein Geheimnis des Unternehmens (Konzernleitung, Teilkonzernleitung), namentlich ein Betriebs- oder Geschäftsgeheimnis, das ihm in seiner Eigenschaft als Prüfer nach diesem Gesetz oder als Gehilfe eines solchen Prüfers bekanntgeworden ist, unbefugt offenbart.

(2) [1]Handelt der Täter gegen Entgelt oder in der Absicht, sich oder einen anderen zu bereichern oder einen anderen zu schädigen, so ist die Strafe Freiheitsstrafe bis zu zwei Jahren oder Geldstrafe. [2]Ebenso wird bestraft, wer ein Geheimnis der in Absatz 1 bezeichneten Art, namentlich ein Betriebs- oder Geschäftsgeheimnis, das ihm unter den Voraussetzungen des Absatzes 1 bekanntgeworden ist, unbefugt verwertet.

(3) Die Tat wird nur auf Antrag des Unternehmens (Konzernleitung, Teilkonzernleitung) verfolgt.

**§ 20 Bußgeldvorschriften.** (1) Ordnungswidrig handelt, wer als gesetzlicher Vertreter (§ 4 Abs. 1 Satz 1) eines Unternehmens oder eines Mutterunternehmens, beim Einzelkaufmann als Inhaber oder dessen gesetzlicher Vertreter,

1. bei der Aufstellung oder Feststellung des Jahresabschlusses einer Vorschrift
   a) des § 243 Abs. 1 oder 2, der §§ 244, 245, 246, 247, 248, 249 Abs. 1 Satz 1 oder Abs. 3, des § 250 Abs. 1 Satz 1 oder Abs. 2 oder des § 251 des Handelsgesetzbuchs[1]) über Form oder Inhalt,
   b) des § 253 Abs. 1 Satz 1 in Verbindung mit § 255 Abs. 1 oder 2 Satz 1, 2 oder 6 oder des § 253 Abs. 2 oder Abs. 3 Satz 1 oder 2 des Handelsgesetzbuchs[1]) über die Bewertung,
   c) des § 5 Abs. 1 Satz 2 in Verbindung mit einer Vorschrift des § 282 des Handelsgesetzbuchs[1]) über die Bewertung,
   d) des § 5 Abs. 1 Satz 2 in Verbindung mit einer Vorschrift des § 265 Abs. 2, 3, 4 oder 6, der §§ 266, 268 Abs. 2, 3, 4, 5, 6 oder 7, der §§ 272, 273, 274 Abs. 1, des § 275 oder des § 277 des Handelsgesetzbuchs[1]) über die Gliederung oder
   e) des § 5 Abs. 1 Satz 2 oder Abs. 2 Satz 2 in Verbindung mit einer Vorschrift des § 281 Abs. 1 Satz 2 oder 3 oder Abs. 2 Satz 1, des § 284 oder des § 285 des Handelsgesetzbuchs[1]) über die in der Bilanz oder im Anhang zu machenden Angaben,

---

[1]) Abgedruckt unter Nr. **10**.

2. bei der Aufstellung des Konzernabschlusses oder Teilkonzernabschlusses einer Vorschrift des § 13 Abs. 2 Satz 1 in Verbindung mit einer Vorschrift
   a) des § 294 Abs. 1 des Handelsgesetzbuchs[1] über den Konsolidierungskreis,
   b) des § 297 Abs. 2 oder 3 oder des § 298 Abs. 1 in Verbindung mit den §§ 244, 245, 246, 247, 248, 249 Abs. 1 Satz 1 oder Abs. 3, dem § 250 Abs. 1 Satz 1 oder Abs. 2 oder dem § 251 des Handelsgesetzbuchs[1] über Inhalt oder Form des Konzernabschlusses,
   c) des § 300 des Handelsgesetzbuchs[1] über die Konsolidierungsgrundsätze oder das Vollständigkeitsgebot,
   d) des § 308 Abs. 1 Satz 1 in Verbindung mit den in Nummer 1 Buchstabe b bezeichneten Vorschriften des Handelsgesetzbuchs[1] oder des § 308 Abs. 2 des Handelsgesetzbuchs über die Bewertung,
   e) des § 311 Abs. 1 Satz 1 in Verbindung mit § 312 des Handelsgesetzbuchs[1] über die Behandlung assoziierter Unternehmen oder
   f) des § 308 Abs. 1 Satz 3, des § 313 oder des § 314 des Handelsgesetzbuchs[1] über die im Anhang zu machenden Angaben,

3. bei der Aufstellung des Lageberichts der Vorschrift des § 5 Abs. 2 Satz 2 in Verbindung mit § 289 Abs. 1 des Handelsgesetzbuchs[1] über den Inhalt des Lageberichts,

4. bei der Aufstellung des Konzernlageberichts oder des Teilkonzernlageberichts der Vorschrift des § 13 Abs. 2 Satz 3 in Verbindung mit § 315 Abs. 1 des Handelsgesetzbuchs[1] über den Inhalt des Konzernlageberichts,

5. bei der Offenlegung, Veröffentlichung oder Vervielfältigung einer Vorschrift des § 9 Abs. 1 oder des § 15 Abs. 2, jeweils in Verbindung mit § 328 des Handelsgesetzbuchs[1] über Form oder Inhalt, oder

6. einer auf Grund des § 5 Abs. 3 oder des § 13 Abs. 4, jeweils in Verbindung mit § 330 Satz 1 des Handelsgesetzbuchs,[1] erlassenen Rechtsverordnung, soweit sie für einen bestimmten Tatbestand auf diese Bußgeldvorschrift verweist,

zuwiderhandelt.

(2) Ordnungswidrig handelt auch, wer entgegen § 2 Abs. 2 oder § 12 Abs. 2 die dort vorgeschriebene Erklärung dem Registergericht oder der Aufsichtsbehörde nicht oder nicht rechtzeitig einreicht.

(3) Die Ordnungswidrigkeit kann mit einer Geldbuße bis zu fünfzigtausend Deutsche Mark geahndet werden.

## § 21 Zwangsgelder. [1] Gesetzliche Vertreter (§ 4 Abs. 1 Satz 1) eines Unternehmens oder eines Mutterunternehmens, beim Einzelkaufmann der Inhaber oder dessen gesetzlicher Vertreter, die

1. § 2 Abs. 3 Satz 4, § 12 Abs. 3 Satz 3 in Verbindung mit § 145 Abs. 1 bis 3 des Aktiengesetzes über die Pflichten gegenüber Prüfern,

2. § 5 Abs. 1 und 2, § 13 Abs. 1 über die Pflicht zur Aufstellung des Jahresabschlusses, des Lageberichts, des Konzernabschlusses, des Konzernlageberichts, des Teilkonzernabschlusses oder des Teilkonzernlageberichts,

---

[1] Abgedruckt unter Nr. **10**.

3. § 6 Abs. 1 Satz 2, § 14 Abs. 1 Satz 2 jeweils in Verbindung mit § 318 Abs. 1 Satz 4 des Handelsgesetzbuchs[1]) über die Pflicht zur unverzüglichen Erteilung des Prüfungsauftrags,

4. § 6 Abs. 1 Satz 2, § 14 Abs. 1 Satz 2 jeweils in Verbindung mit § 318 Abs. 4 Satz 3 des Handelsgesetzbuchs[1]) über die Pflicht, den Antrag auf gerichtliche Bestellung des Abschlußprüfers zu stellen,

5. § 6 Abs. 1 Satz 2, § 14 Abs. 1 Satz 2 jeweils in Verbindung mit § 320 des Handelsgesetzbuchs[1]) über die Pflichten gegenüber dem Abschlußprüfer,

6. § 7 Satz 1, § 14 Abs. 3 Satz 1 über die Vorlagen an den Aufsichtsrat,

7. § 7 Satz 3 in Verbindung mit § 170 Abs. 3 des Aktiengesetzes, § 14 Abs. 3 Satz 2 und 3 dieses Gesetzes über das Recht der Aufsichtsratsmitglieder auf Kenntnisnahme und Aushändigung der Vorlagen oder

8. § 9 Abs. 1, § 15 Abs. 1 hinsichtlich der Pflicht zur Bekanntmachung des Jahresabschlusses, des Lageberichts, des Konzernabschlusses, des Konzernlageberichts, des Teilkonzernabschlusses oder des Teilkonzernlageberichts im Bundesanzeiger

nicht befolgen, sind hierzu vom Registergericht durch Festsetzung von Zwangsgeld anzuhalten; § 14 des Handelsgesetzbuchs bleibt unberührt. [2]Das einzelne Zwangsgeld darf den Betrag von zehntausend Deutsche Mark nicht überschreiten.

**§ 22.** *(Änderung anderer Gesetze; vom Abdruck wurde abgesehen)*

**§ 23   Erstmalige Anwendung.** (1) Nach dem Ersten Abschnitt dieses Gesetzes ist erstmals für das nach dem 31. Dezember 1970 beginnende Geschäftsjahr Rechnung zu legen, wenn für den Abschlußstichtag dieses Geschäftsjahrs und für die beiden vorausgegangenen Abschlußstichtage jeweils mindestens zwei der drei Merkmale des § 1 Abs. 1 oder die Merkmale des § 1 Abs. 3 oder 4 zutrafen; § 2 Abs. 1 Satz 2 gilt sinngemäß.

(2) Konzernabschlüsse und Konzerngeschäftsberichte sowie Teilkonzernabschlüsse und Teilkonzerngeschäftsberichte nach dem Zweiten Abschnitt dieses Gesetzes sind erstmals auf den Stichtag des Jahresabschlusses aufzustellen, der für das Geschäftsjahr aufgestellt wird, das nach dem 31. Dezember 1970 beginnt, wenn für den Stichtag dieses Jahresabschlusses und für die beiden vorausgegangenen Abschlußstichtage jeweils mindestens zwei der drei Merkmale des § 11 Abs. 1 oder die Merkmale des § 11 Abs. 4 zutrafen.

(3) [1]Unternehmen, die für das in Absatz 1 genannte Geschäftsjahr nach dem Ersten Abschnitt Rechnung legen, brauchen die Erklärungen nach § 2 Abs. 2 nicht einzureichen. [2]Konzernleitungen oder Teilkonzernleitungen, die auf den in Absatz 2 genannten Stichtag einen Konzernabschluß oder Teilkonzernabschluß und einen Konzerngeschäftsbericht oder Teilkonzerngeschäftsbericht aufstellen, brauchen die Erklärungen nach § 12 Abs. 2 nicht einzureichen.

**§ 24   Geltung in Berlin.** *(gegenstandslos)*

**§ 25   Inkrafttreten.** Dieses Gesetz tritt am Tage nach seiner Verkündung in Kraft.

# 7. Gesetz über die Mitbestimmung der Arbeitnehmer (Mitbestimmungsgesetz – MitbestG)

Vom 4. Mai 1976 (BGBl. I S. 1153)

**BGBl. III/FNA 801-8**

zuletzt geändert durch Art. 12 Gesetz zur Bereinigung des Umwandlungsrechts (UmwBerG) vom 28. 10. 1994 (BGBl. I S. 3210)

## Erster Teil. Geltungsbereich

**§ 1 Erfaßte Unternehmen.** (1) In Unternehmen, die

1. in der Rechtsform einer Aktiengesellschaft, einer Kommanditgesellschaft auf Aktien, einer Gesellschaft mit beschränkter Haftung, einer bergrechtlichen Gewerkschaft mit eigener Rechtspersönlichkeit oder einer Erwerbs- und Wirtschaftsgenossenschaft betrieben werden und

2. in der Regel mehr als 2000 Arbeitnehmer beschäftigen,

haben die Arbeitnehmer ein Mitbestimmungsrecht nach Maßgabe dieses Gesetzes.

(2) Dieses Gesetz ist nicht anzuwenden auf die Mitbestimmung in Organen von Unternehmen, in denen die Arbeitnehmer nach

1. dem Gesetz über die Mitbestimmung der Arbeitnehmer in den Aufsichtsräten und Vorständen der Unternehmen des Bergbaus und der Eisen und Stahl erzeugenden Industrie vom 21. Mai 1951 (Bundesgesetzbl. I S. 347) – Montan-Mitbestimmungsgesetz –, zuletzt geändert durch das Einführungsgesetz zum Aktiengesetz vom 6. September 1965 (Bundesgesetzbl. I S. 1185), oder

2. dem Gesetz zur Ergänzung des Gesetzes über die Mitbestimmung der Arbeitnehmer in den Aufsichtsräten und Vorständen der Unternehmen des Bergbaus und der Eisen und Stahl erzeugenden Industrie vom 7. August 1956 (Bundesgesetzbl. I S. 707) – Mitbestimmungsergänzungsgesetz –, zuletzt geändert durch das Gesetz zur Änderung des Gesetzes zur Ergänzung des Gesetzes über die Mitbestimmung der Arbeitnehmer in den Aufsichtsräten und Vorständen der Unternehmen des Bergbaus und der Eisen und Stahl erzeugenden Industrie vom 27. April 1967 (Bundesgesetzbl. I S. 505),

ein Mitbestimmungsrecht haben.

(3) Die Vertretung der Arbeitnehmer in den Aufsichtsräten von Unternehmen, in denen die Arbeitnehmer nicht nach Absatz 1 oder nach den in Absatz 2 bezeichneten Gesetzen ein Mitbestimmungsrecht haben, bestimmt sich nach den Vorschriften des Betriebsverfassungsgesetzes 1952 (Bundesgesetzbl. I S. 681), zuletzt geändert durch das Betriebsverfassungsgesetz vom 15. Januar 1972 (Bundesgesetzbl. I S. 13).

(4) [1] Dieses Gesetz ist nicht anzuwenden auf Unternehmen, die unmittelbar und überwiegend

1. politischen, koalitionspolitischen, konfessionellen, karitativen, erzieherischen, wissenschaftlichen oder künstlerischen Bestimmungen oder

2. Zwecken der Berichterstattung oder Meinungsäußerung, auf die Artikel 5 Abs. 1 Satz 2 des Grundgesetzes anzuwenden ist,

dienen. ²Dieses Gesetz ist nicht anzuwenden auf Religionsgemeinschaften und ihre karitativen und erzieherischen Einrichtungen unbeschadet deren Rechtsform.

**§ 2  Anteilseigner.** Anteilseigner im Sinne dieses Gesetzes sind je nach der Rechtsform der in § 1 Abs. 1 Nr. 1 bezeichneten Unternehmen Aktionäre, Gesellschafter, Gewerkschaften oder Genossen.

**§ 3  Arbeitnehmer.** (1) ¹Arbeitnehmer im Sinne dieses Gesetzes sind Arbeiter und Angestellte. ²Die in § 5 Abs. 2 des Betriebsverfassungsgesetzes bezeichneten Personen sind keine Arbeitnehmer im Sinne dieses Gesetzes.

(2) Arbeiter im Sinne dieses Gesetzes sind die in § 6 Abs. 1 des Betriebsverfassungsgesetzes bezeichneten Arbeitnehmer.

(3) Angestellte im Sinne dieses Gesetzes sind

1. die in § 6 Abs. 2 des Betriebsverfassungsgesetzes bezeichneten Arbeitnehmer mit Ausnahme der in § 5 Abs. 3 des Betriebsverfassungsgesetzes bezeichneten leitenden Angestellten,

2. die in § 5 Abs. 3 des Betriebsverfassungsgesetzes bezeichneten leitenden Angestellten.

**§ 4  Kommanditgesellschaft.** (1) ¹Ist ein in § 1 Abs. 1 Nr. 1 bezeichnetes Unternehmen persönlich haftender Gesellschafter einer Kommanditgesellschaft und hat die Mehrheit der Kommanditisten dieser Kommanditgesellschaft, berechnet nach der Mehrheit der Anteile oder der Stimmen, die Mehrheit der Anteile oder der Stimmen in dem Unternehmen des persönlich haftenden Gesellschafters inne, so gelten für die Anwendung dieses Gesetzes auf den persönlich haftenden Gesellschafter die Arbeitnehmer der Kommanditgesellschaft als Arbeitnehmer des persönlich haftenden Gesellschafters, sofern nicht der persönlich haftende Gesellschafter einen eigenen Geschäftsbetrieb mit in der Regel mehr als 500 Arbeitnehmern hat. ²Ist die Kommanditgesellschaft persönlich haftender Gesellschafter einer anderen Kommanditgesellschaft, so gelten auch deren Arbeitnehmer als Arbeitnehmer des in § 1 Abs. 1 Nr. 1 bezeichneten Unternehmens. ³Dies gilt entsprechend, wenn sich die Verbindung von Kommanditgesellschaften in dieser Weise fortsetzt.

(2) Das Unternehmen kann von der Führung der Geschäfte der Kommanditgesellschaft nicht ausgeschlossen werden.

**§ 5  Konzern.** (1) ¹Ist ein in § 1 Abs. 1 Nr. 1 bezeichnetes Unternehmen herrschendes Unternehmen eines Konzerns (§ 18 Abs. 1 des Aktiengesetzes), so gelten für die Anwendung dieses Gesetzes auf das herrschende Unternehmen die Arbeitnehmer der Konzernunternehmen als Arbeitnehmer des herrschenden Unternehmens. ²Dies gilt auch für die Arbeitnehmer eines in § 1 Abs. 1 Nr. 1 bezeichneten Unternehmens, das persönlich haftender Gesellschafter eines abhängigen Unternehmens (§ 18 Abs. 1 des Aktiengesetzes) in der Rechtsform einer Kommanditgesellschaft ist.

(2) [1] Ist eine Kommanditgesellschaft, bei der für die Anwendung dieses Gesetzes auf den persönlich haftenden Gesellschafter die Arbeitnehmer der Kommanditgesellschaft nach § 4 Abs. 1 als Arbeitnehmer des persönlich haftenden Gesellschafters gelten, herrschendes Unternehmen eines Konzerns (§ 18 Abs. 1 des Aktiengesetzes), so gelten für die Anwendung dieses Gesetzes auf den persönlich haftenden Gesellschafter der Kommanditgesellschaft die Arbeitnehmer der Konzernunternehmen als Arbeitnehmer des persönlich haftenden Gesellschafters. [2] Absatz 1 Satz 2 sowie § 4 Abs. 2 sind entsprechend anzuwenden.

(3) Stehen in einem Konzern die Konzernunternehmen unter der einheitlichen Leitung eines anderen als eines in Absatz 1 oder 2 bezeichneten Unternehmens, beherrscht aber die Konzernleitung über ein in Absatz 1 oder 2 bezeichnetes Unternehmen oder über mehrere solcher Unternehmen andere Konzernunternehmen, so gelten die in Absatz 1 oder 2 bezeichneten und der Konzernleitung am nächsten stehenden Unternehmen, über die die Konzernleitung andere Konzernunternehmen beherrscht, für die Anwendung dieses Gesetzes als herrschende Unternehmen.

# Zweiter Teil. Aufsichtsrat

## Erster Abschnitt. Bildung und Zusammensetzung

**§ 6 Grundsatz.** (1) Bei den in § 1 Abs. 1 bezeichneten Unternehmen ist ein Aufsichtsrat zu bilden, soweit sich dies nicht schon aus anderen gesetzlichen Vorschriften ergibt.

(2) [1] Die Bildung und die Zusammensetzung des Aufsichtsrats sowie die Bestellung und die Abberufung seiner Mitglieder bestimmen sich nach den §§ 7 bis 24 dieses Gesetzes und, soweit sich dies nicht schon aus anderen gesetzlichen Vorschriften ergibt, nach § 96 Abs. 2, den §§ 97 bis 101 Abs. 1 und 3 und den §§ 102 bis 106 des Aktiengesetzes mit der Maßgabe, daß die Wählbarkeit eines Prokuristen als Aufsichtsratsmitglied der Arbeitnehmer nur ausgeschlossen ist, wenn dieser dem zur gesetzlichen Vertretung des Unternehmens befugten Organ unmittelbar unterstellt und zur Ausübung der Prokura für den gesamten Geschäftsbereich des Organs ermächtigt ist. [2] Andere gesetzliche Vorschriften und Bestimmungen der Satzung (des Gesellschaftsvertrags, des Statuts) über die Zusammensetzung des Aufsichtsrats sowie über die Bestellung und die Abberufung seiner Mitglieder bleiben unberührt, soweit Vorschriften dieses Gesetzes dem nicht entgegenstehen.

(3) [1] Auf Erwerbs- und Wirtschaftsgenossenschaften sind die §§ 100, 101 Abs. 1 und 3 und die §§ 103 und 106 des Aktiengesetzes nicht anzuwenden. [2] Auf die Aufsichtsratsmitglieder der Arbeitnehmer ist § 9 Abs. 2 des Gesetzes betreffend die Erwerbs- und Wirtschaftsgenossenschaften nicht anzuwenden.

**§ 7 Zusammensetzung des Aufsichtsrats.** (1) [1] Der Aufsichtsrat eines Unternehmens

1. mit in der Regel nicht mehr als 10 000 Arbeitnehmern setzt sich zusammen aus je sechs Aufsichtsratsmitgliedern der Anteilseigner und der Arbeitnehmer;

2. mit in der Regel mehr als 10000, jedoch nicht mehr als 20000 Arbeitnehmern setzt sich zusammen aus je acht Aufsichtsratsmitgliedern der Anteilseigner und der Arbeitnehmer;

3. mit in der Regel mehr als 20000 Arbeitnehmern setzt sich zusammen aus je zehn Aufsichtsratsmitgliedern der Anteilseigner und der Arbeitnehmer.

[2]Bei den in Satz 1 Nr. 1 bezeichneten Unternehmen kann die Satzung (der Gesellschaftsvertrag, das Statut) bestimmen, daß Satz 1 Nr. 2 oder 3 anzuwenden ist. [3]Bei den in Satz 1 Nr. 2 bezeichneten Unternehmen kann die Satzung (der Gesellschaftsvertrag, das Statut) bestimmen, daß Satz 1 Nr. 3 anzuwenden ist.

(2) Unter den Aufsichtsratsmitgliedern der Arbeitnehmer müssen sich befinden

1. in einem Aufsichtsrat, dem sechs Aufsichtsratsmitglieder der Arbeitnehmer angehören, vier Arbeitnehmer des Unternehmens und zwei Vertreter von Gewerkschaften;

2. in einem Aufsichtsrat, dem acht Aufsichtsratsmitglieder der Arbeitnehmer angehören, sechs Arbeitnehmer des Unternehmens und zwei Vertreter von Gewerkschaften;

3. in einem Aufsichtsrat, dem zehn Aufsichtsratsmitglieder der Arbeitnehmer angehören, sieben Arbeitnehmer des Unternehmens und drei Vertreter von Gewerkschaften.

(3) Die in Absatz 2 bezeichneten Arbeitnehmer des Unternehmens müssen das 18. Lebensjahr vollendet haben, ein Jahr dem Unternehmen angehören und die weiteren Wählbarkeitsvoraussetzungen des § 8 des Betriebsverfassungsgesetzes erfüllen.

(4) Die in Absatz 2 bezeichneten Gewerkschaften müssen in dem Unternehmen selbst oder in einem anderen Unternehmen vertreten sein, dessen Arbeitnehmer nach diesem Gesetz an der Wahl von Aufsichtsratsmitgliedern des Unternehmens teilnehmen.

## Zweiter Abschnitt. Bestellung der Aufsichtsratsmitglieder

### Erster Unterabschnitt. Aufsichtsratsmitglieder der Anteilseigner

**§ 8.** (1) Die Aufsichtsratsmitglieder der Anteilseigner werden durch das nach Gesetz, Satzung, Gesellschaftsvertrag oder Statut zur Wahl von Mitgliedern des Aufsichtsrats befugte Organ (Wahlorgan) und, soweit gesetzliche Vorschriften dem nicht entgegenstehen, nach Maßgabe der Satzung, des Gesellschaftsvertrages oder des Statuts bestellt.

(2) § 101 Abs. 2 des Aktiengesetzes bleibt unberührt.

### Zweiter Unterabschnitt. Aufsichtsratsmitglieder der Arbeitnehmer, Grundsatz

**§ 9.** (1) Die Aufsichtsratsmitglieder der Arbeitnehmer (§ 7 Abs. 2) eines Unternehmens mit in der Regel mehr als 8000 Arbeitnehmern werden durch Delegierte gewählt, sofern nicht die wahlberechtigten Arbeitnehmer die unmittelbare Wahl beschließen.

(2) Die Aufsichtsratsmitglieder der Arbeitnehmer (§ 7 Abs. 2) eines Unternehmens mit in der Regel nicht mehr als 8000 Arbeitnehmern werden in unmittelbarer Wahl gewählt, sofern nicht die wahlberechtigten Arbeitnehmer die Wahl durch Delegierte beschließen.

(3) [1] Zur Abstimmung darüber, ob die Wahl durch Delegierte oder unmittelbar erfolgen soll, bedarf es eines Antrages, der von einem Zwanzigstel der wahlberechtigten Arbeitnehmer des Unternehmens unterzeichnet sein muß. [2] Die Abstimmung ist geheim. [3] Ein Beschluß nach Absatz 1 oder 2 kann nur unter Beteiligung von mindestens der Hälfte der wahlberechtigten Arbeitnehmer und nur mit der Mehrheit der abgegebenen Stimmen gefaßt werden.

### Dritter Unterabschnitt. Wahl der Aufsichtsratsmitglieder der Arbeitnehmer durch Delegierte

**§ 10 Wahl der Delegierten.** (1) [1] In jedem Betrieb des Unternehmens wählen die Arbeiter (§ 3 Abs. 2) und die Angestellten (§ 3 Abs. 3) in getrennter Wahl, geheim und nach den Grundsätzen der Verhältniswahl Delegierte. [2] Auf Nebenbetriebe und Betriebsteile sind § 4 des Betriebsverfassungsgesetzes und nach § 3 Abs. 1 Nr. 3 des Betriebsverfassungsgesetzes in Tarifverträgen getroffene Regelungen über die Zuordnung von Betriebsteilen und Nebenbetrieben anzuwenden.

(2) [1] Abweichend von Absatz 1 werden die Delegierten in gemeinsamer Wahl gewählt, wenn die wahlberechtigten Arbeiter und Angestellten des Betriebs dies in getrennten, geheimen Abstimmungen beschließen. [2] Beschlüsse nach Satz 1 können jeweils nur auf Antrag eines Zwanzigstels und unter Beteiligung von mindestens der Hälfte der wahlberechtigten Gruppenangehörigen sowie nur mit der Mehrheit der abgegebenen Stimmen gefaßt werden.

(3) Wahlberechtigt für die Wahl von Delegierten sind die Arbeitnehmer des Unternehmens, die das 18. Lebensjahr vollendet haben.

(4) Zu Delegierten wählbar sind die in Absatz 3 bezeichneten Arbeitnehmer, die die weiteren Wählbarkeitsvoraussetzungen des § 8 des Betriebsverfassungsgesetzes erfüllen.

(5) [1] Wird für einen Wahlgang nur ein Wahlvorschlag gemacht, so gelten die darin aufgeführten Arbeitnehmer in der angegebenen Reihenfolge als gewählt. [2] § 11 Abs. 2 ist anzuwenden.

**§ 11 Errechnung der Zahl der Delegierten.** (1) [1] In jedem Betrieb entfällt auf je 60 wahlberechtigte Arbeitnehmer ein Delegierter. [2] Ergibt die Errechnung nach Satz 1 in einem Betrieb für eine Gruppe mehr als

1. 30 Delegierte, so vermindert sich die Zahl der zu wählenden Delegierten auf die Hälfte; diese Delegierten erhalten je zwei Stimmen;

2. 90 Delegierte, so vermindert sich die Zahl der zu wählenden Delegierten auf ein Drittel; diese Delegierten erhalten je drei Stimmen;

3. 150 Delegierte, so vermindert sich die Zahl der zu wählenden Delegierten auf ein Viertel; diese Delegierten erhalten je vier Stimmen.

[3] Bei der Errechnung der Zahl der Delegierten werden Teilzahlen voll gezählt, wenn sie mindestens die Hälfte der vollen Zahl betragen.

(2) [1] Die Arbeiter und die Angestellten müssen unter den Delegierten in jedem Betrieb entsprechend ihrem zahlenmäßigen Verhältnis vertreten sein.

²Unter den Delegierten der Angestellten müssen die in § 3 Abs. 3 Nr. 1 bezeichneten Angestellten und die leitenden Angestellten entsprechend ihrem zahlenmäßigen Verhältnis vertreten sein. ³Sind in einem Betrieb mindestens neun Delegierte zu wählen, so entfällt auf die Arbeiter, die in § 3 Abs. 3 Nr. 1 bezeichneten Angestellten und die leitenden Angestellten mindestens je ein Delegierter; dies gilt nicht, soweit in dem Betrieb nicht mehr als fünf Arbeiter, in § 3 Abs. 3 Nr. 1 bezeichnete Angestellte oder leitende Angestellte wahlberechtigt sind. ⁴Soweit auf die Arbeiter, die in § 3 Abs. 3 Nr. 1 bezeichneten Angestellten und die leitenden Angestellten lediglich nach Satz 3 Delegierte entfallen, vermehrt sich die nach Absatz 1 errechnete Zahl der Delegierten des Betriebs entsprechend.

(3) ¹Soweit nach Absatz 2 auf die Arbeiter, die in § 3 Abs. 3 Nr. 1 bezeichneten Angestellten und die leitenden Angestellten eines Betriebs nicht mindestens je ein Delegierter entfällt, gelten diese für die Wahl der Delegierten als Arbeitnehmer des Betriebs der Hauptniederlassung des Unternehmens. ²Soweit nach Absatz 2 und nach Satz 1 auf die Arbeiter, die in § 3 Abs. 3 Nr. 1 bezeichneten Angestellten und die leitenden Angestellten des Betriebs der Hauptniederlassung nicht mindestens je ein Delegierter entfällt, gelten diese für die Wahl der Delegierten als Arbeitnehmer des nach der Zahl der wahlberechtigten Arbeitnehmer größten Betriebs des Unternehmens.

(4) Entfällt auf einen Betrieb kein Delegierter, so ist Absatz 3 entsprechend anzuwenden.

(5) ¹Die Eigenschaft eines Delegierten als Delegierter der Arbeiter oder der Angestellten bleibt bei einem Wechsel der Gruppenzugehörigkeit erhalten. ²Satz 1 ist entsprechend anzuwenden, wenn ein Delegierter der Angestellten seine Eigenschaft als in § 3 Abs. 3 Nr. 1 bezeichneter Angestellter oder leitender Angestellter wechselt.

**§ 12 Wahlvorschläge für Delegierte.** (1) ¹Zur Wahl der Delegierten können die wahlberechtigten Arbeitnehmer des Betriebs Wahlvorschläge machen. ²Jeder Wahlvorschlag für Delegierte

1. der Arbeiter muß von einem Zehntel oder 100 der wahlberechtigten Arbeiter,

2. der Angestellten, die auf die in § 3 Abs. 3 Nr. 1 bezeichneten Angestellten entfallen, muß von einem Zehntel oder 100 der wahlberechtigten in § 3 Abs. 3 Nr. 1 bezeichneten Angestellten,

3. der Angestellten, die auf die leitenden Angestellten entfallen, muß von einem Zehntel oder 100 der wahlberechtigten leitenden Angestellten

des Betriebs unterzeichnet sein.

(2) Jeder Wahlvorschlag soll mindestens doppelt so viele Bewerber enthalten, wie in dem Wahlgang Delegierte zu wählen sind.

**§ 13 Amtszeit der Delegierten.** (1) ¹Die Delegierten werden für eine Zeit gewählt, die der Amtszeit der von ihnen zu wählenden Aufsichtsratsmitglieder entspricht. ²Sie nehmen die ihnen nach den Vorschriften dieses Gesetzes zustehenden Aufgaben und Befugnisse bis zur Einleitung der Neuwahl der Aufsichtsratsmitglieder der Arbeitnehmer wahr.

(2) In den Fällen des § 9 Abs. 1 endet die Amtszeit der Delegierten, wenn

1. die wahlberechtigten Arbeitnehmer nach § 9 Abs. 1 die unmittelbare Wahl beschließen;

2. das Unternehmen nicht mehr die Voraussetzungen für die Anwendung des § 9 Abs. 1 erfüllt, es sei denn, die wahlberechtigten Arbeitnehmer beschließen, daß die Amtszeit bis zu dem in Absatz 1 genannten Zeitpunkt fortdauern soll; § 9 Abs. 3 ist entsprechend anzuwenden.

(3) In den Fällen des § 9 Abs. 2 endet die Amtszeit der Delegierten, wenn die wahlberechtigten Arbeitnehmer die unmittelbare Wahl beschließen; § 9 Abs. 3 ist anzuwenden.

(4) Abweichend von Absatz 1 endet die Amtszeit der Delegierten eines Betriebs, wenn nach Eintreten aller Ersatzdelegierten des Wahlvorschlags, dem die zu ersetzenden Delegierten angehören, die Gesamtzahl der Delegierten des Betriebs unter die im Zeitpunkt ihrer Wahl vorgeschriebene Zahl der auf den Betrieb entfallenden Delegierten gesunken ist.

**§ 14 Vorzeitige Beendigung der Amtszeit oder Verhinderung von Delegierten.** (1) Die Amtszeit eines Delegierten endet vor dem in § 13 bezeichneten Zeitpunkt

1. durch Niederlegung des Amtes,

2. durch Beendigung der Beschäftigung des Delegierten in dem Betrieb, dessen Delegierter er ist,

3. durch Verlust der Wählbarkeit.

(2) [1]Endet die Amtszeit eines Delegierten vorzeitig oder ist er verhindert, so tritt an seine Stelle ein Ersatzdelegierter. [2]Die Ersatzdelegierten werden der Reihe nach aus den nicht gewählten Arbeitnehmern derjenigen Wahlvorschläge entnommen, denen die zu ersetzenden Delegierten angehören.

**§ 15 Wahl der unternehmensangehörigen Aufsichtsratsmitglieder der Arbeitnehmer.** (1) Die Delegierten wählen die Aufsichtsratsmitglieder, die nach § 7 Abs. 2 Arbeitnehmer des Unternehmens sein müssen, geheim und nach den Grundsätzen der Verhältniswahl für die Zeit, die im Gesetz oder in der Satzung (im Gesellschaftsvertrag, im Statut) für die durch das Wahlorgan der Anteilseigner zu wählenden Mitglieder des Aufsichtsrats bestimmt ist.

(2) [1]Unter den nach Absatz 1 zu wählenden Mitgliedern des Aufsichtsrats müssen sich Arbeiter und Angestellte entsprechend ihrem zahlenmäßigen Verhältnis im Unternehmen befinden. [2]Unter den Aufsichtsratsmitgliedern der Angestellten müssen sich in § 3 Abs. 3 Nr. 1 bezeichnete Angestellte und leitende Angestellte entsprechend ihrem zahlenmäßigen Verhältnis befinden. [3]Dem Aufsichtsrat müssen mindestens ein Arbeiter, ein in § 3 Abs. 3 Nr. 1 bezeichneter Angestellter und ein leitender Angestellter angehören.

(3) [1]Die Aufsichtsratsmitglieder der Arbeiter werden von den Delegierten der Arbeiter, die Aufsichtsratsmitglieder der Angestellten von den Delegierten der Angestellten gewählt. [2]Abweichend von Satz 1 werden die Mitglieder des Aufsichtsrats in gemeinsamer Wahl gewählt, wenn die Delegierten der Arbeiter und die Delegierten der Angestellten dies in getrennten, geheimen Abstimmungen beschließen; § 10 Abs. 2 Satz 2 ist entsprechend anzuwenden.

(4) [1]Die Wahl erfolgt auf Grund von Wahlvorschlägen. [2]Jeder Wahlvorschlag für

1. Aufsichtsratmitglieder der Arbeiter muß von einem Fünftel oder 100 der wahlberechtigten Arbeiter des Unternehmens unterzeichnet sein;

2. Aufsichtsratmitglieder der Angestellten, die auf die in § 3 Abs. 3 Nr. 1 bezeichneten Angestellten entfallen, muß von einem Fünftel oder 100 der Wahlberechtigten in § 3 Abs. 3 Nr. 1 bezeichneten Angestellten des Unternehmens unterzeichnet sein;

3. Aufsichtsratmitglieder der Angestellten, die auf die leitenden Angestellten entfallen, wird auf Grund von Abstimmungsvorschlägen durch Beschluß der wahlberechtigten leitenden Angestellten aufgestellt. ³Jeder Abstimmungsvorschlag muß von einem Zwanzigstel oder 50 der wahlberechtigten leitenden Angestellten unterzeichnet sein. ⁴Der Beschluß wird in geheimer Abstimmung mit der Mehrheit der abgegebenen Stimmen gefaßt. ⁵Soweit diese Mehrheit nicht für die in Absatz 5 Satz 3 vorgeschriebene Anzahl von Bewerbern erreicht wird, findet eine zweite Abstimmung statt, für die neue Abstimmungsvorschläge gemacht werden können. ⁶Nach der zweiten Abstimmung sind so viele Bewerber, wie nach der ersten Abstimmung an der in Absatz 5 Satz 3 vorgeschriebenen Anzahl von Bewerbern fehlen, nach der Reihenfolge der auf sie entfallenden Stimmenzahlen in den Wahlvorschlag aufzunehmen. ⁷Bei den Abstimmungen hat jeder leitende Angestellte so viele Stimmen, wie durch sie für den Wahlvorschlag nach Absatz 5 Satz 3 Bewerber zu benennen sind.

(5) ¹Abweichend von Absatz 1 findet Mehrheitswahl statt, soweit dem Aufsichtsrat nach Absatz 2 nur ein Arbeiter, ein in § 3 Abs. 3 Nr. 1 bezeichneter Angestellter oder ein leitender Angestellter angehören muß. ²Außerdem findet Mehrheitswahl statt, soweit für die

1. Aufsichtsratmitglieder der Arbeiter,

2. Aufsichtsratmitglieder der Angestellten, die auf die in § 3 Abs. 3 Nr. 1 bezeichneten Angestellten entfallen,

3. Aufsichtsratmitglieder der Angestellten, die auf die leitenden Angestellten entfallen,

nur ein Wahlvorschlag gemacht wird. ³Soweit nach Satz 2 Mehrheitswahl stattfindet, muß der Wahlvorschlag doppelt so viele Bewerber enthalten, wie Aufsichtsratmitglieder auf die Arbeiter, die in § 3 Abs. 3 Nr. 1 bezeichneten Angestellten oder die leitenden Angestellten entfallen.


## § 16 Wahl der Vertreter der Gewerkschaften in den Aufsichtsrat.

(1) Die Delegierten wählen die Aufsichtsratmitglieder, die nach § 7 Abs. 2 Vertreter von Gewerkschaften sind, in gemeinsamer Wahl, geheim und nach den Grundsätzen der Verhältniswahl für die in § 15 Abs. 1 bestimmte Zeit.

(2) ¹Die Wahl erfolgt auf Grund von Wahlvorschlägen der Gewerkschaften, die in dem Unternehmen selbst oder in einem anderen Unternehmen vertreten sind, dessen Arbeitnehmer nach diesem Gesetz an der Wahl von Aufsichtsratmitgliedern des Unternehmens teilnehmen. ²Wird nur ein Wahlvorschlag gemacht, so findet abweichend von Satz 1 Mehrheitswahl statt. ³In diesem Falle muß der Wahlvorschlag mindestens doppelt so viele Bewerber enthalten, wie Vertreter von Gewerkschaften in den Aufsichtsrat zu wählen sind.

**§ 17 Ersatzmitglieder.** (1) [1] In jedem Wahlvorschlag kann zusammen mit jedem Bewerber für diesen ein Ersatzmitglied des Aufsichtsrats vorgeschlagen werden. [2] Für einen Bewerber, der Arbeiter ist, kann nur ein Arbeiter, für einen in § 3 Abs. 3 Nr. 1 bezeichneten Angestellten nur ein in § 3 Abs. 3 Nr. 1 bezeichneter Angestellter und für einen leitenden Angestellten nur ein leitender Angestellter als Ersatzmitglied vorgeschlagen werden. [3] Ein Bewerber kann nicht zugleich als Ersatzmitglied vorgeschlagen werden.

(2) Wird ein Bewerber als Aufsichtsratsmitglied gewählt, so ist auch das zusammen mit ihm vorgeschlagene Ersatzmitglied gewählt.

**Vierter Unterabschnitt. Unmittelbare Wahl
der Aufsichtsratsmitglieder der Arbeitnehmer**

**§ 18.** [1] Sind nach § 9 die Aufsichtsratsmitglieder der Arbeitnehmer in unmittelbarer Wahl zu wählen, so sind die Arbeitnehmer des Unternehmens, die das 18. Lebensjahr vollendet haben, wahlberechtigt. [2] Für die Wahl sind die §§ 15 bis 17 mit der Maßgabe anzuwenden, daß an die Stelle der

1. Delegierten der Arbeiter die wahlberechtigten Arbeiter,

2. Delegierten der Angestellten die wahlberechtigten Angestellten

des Unternehmens treten.

**Fünfter Unterabschnitt. Weitere Vorschriften über das
Wahlverfahren sowie über die Bestellung und Abberufung von
Aufsichtsratsmitgliedern**

**§ 19 Bekanntmachung der Mitglieder des Aufsichtsrats.** [1] Das zur gesetzlichen Vertretung des Unternehmens befugte Organ hat die Namen der Mitglieder und der Ersatzmitglieder des Aufsichtsrats unverzüglich nach ihrer Bestellung durch zweiwöchigen Aushang in den Betrieben des Unternehmens bekanntzumachen und im Bundesanzeiger zu veröffentlichen. [2] Nehmen an der Wahl der Aufsichtsratsmitglieder des Unternehmens auch die Arbeitnehmer eines anderen Unternehmens teil, so ist daneben das zur gesetzlichen Vertretung des anderen Unternehmens befugte Organ zu dem Aushang in seinen Betrieben verpflichtet.

**§ 20 Wahlschutz und Wahlkosten.** (1) [1] Niemand darf die Wahlen nach den §§ 10, 15, 16, und 18 behindern. [2] Insbesondere darf niemand in der Ausübung des aktiven und passiven Wahlrechts beschränkt werden.

(2) Niemand darf die Wahlen durch Zufügung oder Androhung von Nachteilen oder durch Gewährung oder Versprechen von Vorteilen beeinflussen.

(3) Die Kosten der Wahlen trägt das Unternehmen. Versäumnis von Arbeitszeit, die zur Ausübung des Wahlrechts oder der Betätigung im Wahlvorstand erforderlich ist, berechtigt den Arbeitgeber nicht zur Minderung des Arbeitsentgelts.

**§ 21 Anfechtung der Wahl von Delegierten.** (1) Die Wahl der Delegierten eines Betriebs kann beim Arbeitsgericht angefochten werden, wenn gegen wesentliche Vorschriften über das Wahlrecht, die Wählbarkeit oder das

Wahlverfahren verstoßen worden und eine Berichtigung nicht erfolgt ist, es sei denn, daß durch den Verstoß das Wahlergebnis nicht geändert oder beeinflußt werden konnte.

(2) ¹Zur Anfechtung berechtigt sind

1. mindestens drei wahlberechtigte Arbeitnehmer des Betriebs,

2. der Betriebsrat,

3. das zur gesetzlichen Vertretung des Unternehmens befugte Organ.

²Die Anfechtung ist nur binnen einer Frist von zwei Wochen, vom Tage der Bekanntgabe des Wahlergebnisses an gerechnet, zulässig.

**§ 22 Anfechtung der Wahl von Aufsichtsratsmitgliedern der Arbeitnehmer.** (1) Die Wahl eines Aufsichtsratsmitglieds oder eines Ersatzmitglieds der Arbeitnehmer kann beim Arbeitsgericht angefochten werden, wenn gegen wesentliche Vorschriften über das Wahlrecht, die Wählbarkeit oder das Wahlverfahren verstoßen worden und eine Berichtigung nicht erfolgt ist, es sei denn, daß durch den Verstoß das Wahlergebnis nicht geändert oder beeinflußt werden konnte.

(2) ¹Zur Anfechtung berechtigt sind

1. mindestens drei wahlberechtigte Arbeitnehmer des Unternehmens,

2. der Gesamtbetriebsrat des Unternehmens oder, wenn in dem Unternehmen nur ein Betriebsrat besteht, der Betriebsrat sowie, wenn das Unternehmen herrschendes Unternehmen eines Konzerns ist, der Konzernbetriebsrat, soweit ein solcher besteht,

3. der Gesamtbetriebsrat eines anderen Unternehmens, dessen Arbeitnehmer nach diesem Gesetz an der Wahl der Aufsichtsratsmitglieder des Unternehmens teilnehmen, oder, wenn in dem anderen Unternehmen nur ein Betriebsrat besteht, der Betriebsrat,

4. jede nach § 16 Abs. 2 vorschlagsberechtigte Gewerkschaft,

5. das zur gesetzlichen Vertretung des Unternehmens befugte Organ.

²Die Anfechtung ist nur binnen einer Frist von zwei Wochen, vom Tage der Veröffentlichung im Bundesanzeiger an gerechnet, zulässig.

**§ 23 Abberufung von Aufsichtsratsmitgliedern der Arbeitnehmer.**
(1) ¹Ein Aufsichtsratsmitglied der Arbeitnehmer kann vor Ablauf der Amtszeit auf Antrag abberufen werden. ²Antragsberechtigt sind für die Abberufung eines

1. Aufsichtsratsmitglieds der Arbeiter drei Viertel der wahlberechtigten Arbeiter,

2. Aufsichtsratsmitglieds der Angestellten, das auf die in § 3 Abs. 3 Nr. 1 bezeichneten Angestellten entfällt, drei Viertel der wahlberechtigten in § 3 Abs. 3 Nr. 1 bezeichneten Angestellten,

3. Aufsichtsratsmitglieds der Angestellten, das auf die leitenden Angestellten entfällt, drei Viertel der wahlberechtigten leitenden Angestellten,

4. Aufsichtsratsmitglieds, das nach § 7 Abs. 2 Vertreter einer Gewerkschaft ist, die Gewerkschaft, die das Mitglied vorgeschlagen hat.

(2) ¹Ein durch Delegierte in getrennter Wahl (§ 15 Abs. 3 Satz 1) gewähltes Aufsichtsratsmitglied wird durch Beschluß der Delegierten seiner Gruppe ab-

berufen. [2]Ein durch Delegierte in gemeinsamer Wahl (§ 15 Abs. 3 Satz 2) gewähltes Aufsichtsratsmitglied wird durch Beschluß der Delegierten abberufen. [3]Beschlüsse nach Satz 1 und 2 werden in geheimer Abstimmung gefaßt; sie bedürfen einer Mehrheit von drei Vierteln der abgegebenen Stimmen.

(3) [1]Ein von den Arbeitnehmern einer Gruppe unmittelbar gewähltes Aufsichtsratsmitglied wird durch Beschluß der wahlberechtigten Arbeitnehmer dieser Gruppe abberufen. [2]Ein von den Arbeitnehmern in gemeinsamer Wahl unmittelbar gewähltes Aufsichtsratsmitglied wird durch Beschluß der wahlberechtigten Arbeitnehmer abberufen. [3]Beschlüsse nach Satz 1 und 2 werden in geheimer, unmittelbarer Abstimmung gefaßt; sie bedürfen einer Mehrheit von drei Vierteln der abgegebenen Stimmen.

(4) Die Absätze 1 bis 3 sind für die Abberufung von Ersatzmitgliedern entsprechend anzuwenden.

**§ 24 Verlust der Wählbarkeit und Wechsel der Gruppenzugehörigkeit unternehmensangehöriger Aufsichtsratsmitglieder.** (1) Verliert ein Aufsichtsratsmitglied, das nach § 7 Abs. 2 Arbeitnehmer des Unternehmens sein muß, die Wählbarkeit, so erlischt sein Amt.

(2) [1]Der Wechsel der Gruppenzugehörigkeit eines Aufsichtsratsmitglieds der Arbeiter oder der Angestellten führt nicht zum Erlöschen seines Amtes. [2]Satz 1 ist entsprechend anzuwenden, wenn sich die Zuordnung eines Aufsichtsratsmitglieds der Angestellten zu den in § 3 Abs. 3 Nr. 1 bezeichneten Angestellten oder den leitenden Angestellten ändert.

### Dritter Abschnitt. Innere Ordnung, Rechte und Pflichten des Aufsichtsrats

**§ 25 Grundsatz.** (1) [1]Die innere Ordnung, die Beschlußfassung sowie die Rechte und Pflichten des Aufsichtsrats bestimmen sich nach den §§ 27 bis 29, den §§ 31 und 32 und, soweit diese Vorschriften dem nicht entgegenstehen,

1. für Aktiengesellschaften und Kommanditgesellschaften auf Aktien nach dem Aktiengesetz,

2. für Gesellschaften mit beschränkter Haftung und bergrechtliche Gewerkschaften mit eigener Rechtspersönlichkeit nach § 90 Abs. 3, 4 und 5 Sätze 1 und 2, den §§ 107 bis 116, 118 Abs. 2, § 125 Abs. 3 und den §§ 171 und 268 Abs. 2 des Aktiengesetzes,

3. für Erwerbs- und Wirtschaftsgenossenschaften nach dem Gesetz betreffend die Erwerbs- und Wirtschaftsgenossenschaften.

[2]§ 4 Abs. 2 des Gesetzes über die Überführung der Anteilsrechte an der Volkswagenwerk Gesellschaft mit beschränkter Haftung in private Hand vom 21. Juli 1960 (Bundesgesetzbl. I S. 585), zuletzt geändert durch das Zweite Gesetz zur Änderung des Gesetzes über die Überführung der Anteilsrechte an der Volkswagenwerk Gesellschaft mit beschränkter Haftung in private Hand vom 31. Juli 1970 (Bundesgesetzbl. I S. 1149), bleibt unberührt.

(2) Andere gesetzliche Vorschriften und Bestimmungen der Satzung (des Gesellschaftsvertrags, des Statuts) oder der Geschäftsordnung des Aufsichtsrats über die innere Ordnung, die Beschlußfassung sowie die Rechte und Pflichten des Aufsichtsrats bleiben unberührt, soweit Absatz 1 dem nicht entgegensteht.

**§ 26 Schutz von Aufsichtsratsmitgliedern vor Benachteiligung.** [1]Aufsichtsratsmitglieder der Arbeitnehmer dürfen in der Ausübung ihrer Tätigkeit nicht gestört oder behindert werden. [2]Sie dürfen wegen ihrer Tätigkeit im Aufsichtsrat eines Unternehmens, dessen Arbeitnehmer sie sind oder als dessen Arbeitnehmer sie nach § 4 oder § 5 gelten, nicht benachteiligt werden. [3]Dies gilt auch für ihre berufliche Entwicklung.

**§ 27 Vorsitz im Aufsichtsrat.** (1) Der Aufsichtsrat wählt mit einer Mehrheit von zwei Dritteln der Mitglieder, aus denen er insgesamt zu bestehen hat, aus seiner Mitte einen Aufsichtsratsvorsitzenden und einen Stellvertreter.

(2) [1]Wird bei der Wahl des Aufsichtsratsvorsitzenden oder seines Stellvertreters die nach Absatz 1 erforderliche Mehrheit nicht erreicht, so findet für die Wahl des Aufsichtsratsvorsitzenden und seines Stellvertreters ein zweiter Wahlgang statt. [2]In diesem Wahlgang wählen die Aufsichtsratsmitglieder der Anteilseigner den Aufsichtsratsvorsitzenden und die Aufsichtsratsmitglieder der Arbeitnehmer den Stellvertreter jeweils mit der Mehrheit der abgegebenen Stimmen.

(3) Unmittelbar nach der Wahl des Aufsichtsratsvorsitzenden und seines Stellvertreters bildet der Aufsichtsrat zur Wahrnehmung der in § 31 Abs. 3 Satz 1 bezeichneten Aufgabe einen Ausschuß, dem der Aufsichtsratsvorsitzende, sein Stellvertreter sowie je ein von den Aufsichtsratsmitgliedern der Arbeitnehmer und von den Aufsichtsratsmitgliedern der Anteilseigner mit der Mehrheit der abgegebenen Stimmen gewähltes Mitglied angehören.

**§ 28 Beschlußfähigkeit.** [1]Der Aufsichtsrat ist nur beschlußfähig, wenn mindestens die Hälfte der Mitglieder, aus denen er insgesamt zu bestehen hat, an der Beschlußfassung teilnimmt. [2]§ 108 Abs. 2 Satz 4 des Aktiengesetzes ist anzuwenden.

**§ 29 Abstimmungen.** (1) Beschlüsse des Aufsichtsrats bedürfen der Mehrheit der abgegebenen Stimmen, soweit nicht in Absatz 2 und in den §§ 27, 31 und 32 etwas anderes bestimmt ist.

(2) [1]Ergibt eine Abstimmung im Aufsichtsrat Stimmengleichheit, so hat bei einer erneuten Abstimmung über denselben Gegenstand, wenn auch sie Stimmengleichheit ergibt, der Aufsichtsratsvorsitzende zwei Stimmen. [2]§ 108 Abs. 3 des Aktiengesetzes ist auch auf die Abgabe der zweiten Stimme anzuwenden. [3]Dem Stellvertreter steht die zweite Stimme nicht zu.

## Dritter Teil. Gesetzliches Vertretungsorgan

**§ 30 Grundsatz.** Die Zusammensetzung, die Rechte und Pflichten des zur gesetzlichen Vertretung des Unternehmens befugten Organs sowie die Bestellung seiner Mitglieder bestimmen sich nach den für die Rechtsform des Unternehmens geltenden Vorschriften, soweit sich aus den §§ 31 bis 33 nichts anderes ergibt.

**§ 31 Bestellung und Widerruf.** (1) [1]Die Bestellung der Mitglieder des zur gesetzlichen Vertretung des Unternehmens befugten Organs und der Widerruf der Bestellung bestimmen sich nach den §§ 84 und 85 des Aktiengesetzes, soweit sich nicht aus den Absätzen 2 bis 5 etwas anderes ergibt. [2]Dies gilt nicht für Kommanditgesellschaften auf Aktien.

(2) Der Aufsichtsrat bestellt die Mitglieder des zur gesetzlichen Vertretung des Unternehmens befugten Organs mit einer Mehrheit, die mindestens zwei Drittel der Stimmen seiner Mitglieder umfaßt.

(3) [1]Kommt eine Bestellung nach Absatz 2 nicht zustande, so hat der in § 27 Abs. 3 bezeichnete Ausschuß des Aufsichtsrats innerhalb eines Monats nach der Abstimmung, in der die in Absatz 2 vorgeschriebene Mehrheit nicht erreicht worden ist, dem Aufsichtsrat einen Vorschlag für die Bestellung zu machen; dieser Vorschlag schließt andere Vorschläge nicht aus. [2]Der Aufsichtsrat bestellt die Mitglieder des zur gesetzlichen Vertretung des Unternehmens befugten Organs mit der Mehrheit der Stimmen seiner Mitglieder.

(4) [1]Kommt eine Bestellung nach Absatz 3 nicht zustande, so hat bei einer erneuten Abstimmung der Aufsichtsratsvorsitzende zwei Stimmen; Absatz 3 Satz 2 ist anzuwenden. [2]Auf die Abgabe der zweiten Stimme ist § 108 Abs. 3 des Aktiengesetzes anzuwenden. [3]Dem Stellvertreter steht die zweite Stimme nicht zu.

(5) Die Absätze 2 bis 4 sind für den Widerruf der Bestellung eines Mitglieds des zur gesetzlichen Vertretung des Unternehmens befugten Organs entsprechend anzuwenden.

**§ 32  Ausübung von Beteiligungsrechten.** (1) [1]Die einem Unternehmen, in dem die Arbeitnehmer nach diesem Gesetz ein Mitbestimmungsrecht haben, auf Grund von Beteiligungen an einem anderen Unternehmen, in dem die Arbeitnehmer nach diesem Gesetz ein Mitbestimmungsrecht haben, zustehenden Rechte bei der Bestellung, dem Widerruf der Bestellung oder der Entlastung von Verwaltungsträgern sowie bei der Beschlußfassung über die Auflösung und Umwandlung des anderen Unternehmens, den Abschluß von Unternehmensverträgen (§§ 291, 292 des Aktiengesetzes) mit dem anderen Unternehmen, über dessen Fortsetzung nach seiner Auflösung oder über die Übertragung seines Vermögens können durch das zur gesetzlichen Vertretung des Unternehmens befugte Organ nur auf Grund von Beschlüssen des Aufsichtsrats ausgeübt werden. [2]Diese Beschlüsse bedürfen nur der Mehrheit der Stimmen der Aufsichtsratsmitglieder der Anteilseigner; sie sind für das zur gesetzlichen Vertretung des Unternehmens befugte Organ verbindlich.

(2) Absatz 1 ist nicht anzuwenden, wenn die Beteiligung des Unternehmens an dem anderen Unternehmen weniger als ein Viertel beträgt.

**§ 33  Arbeitsdirektor.** (1) [1]Als gleichberechtigtes Mitglied des zur gesetzlichen Vertretung des Unternehmens befugten Organs wird ein Arbeitsdirektor bestellt. [2]Dies gilt nicht für Kommanditgesellschaften auf Aktien.

(2) [1]Der Arbeitsdirektor hat wie die übrigen Mitglieder des zur gesetzlichen Vertretung des Unternehmens befugten Organs seine Aufgaben im engsten Einvernehmen mit dem Gesamtorgan auszuüben. [2]Das Nähere bestimmt die Geschäftsordnung.

(3) Bei Erwerbs- und Wirtschaftsgenossenschaften ist auf den Arbeitsdirektor § 9 Abs. 2 des Gesetzes betreffend die Erwerbs- und Wirtschaftsgenossenschaften nicht anzuwenden.

## Vierter Teil. Seeschiffahrt

**§ 34.** (1) Die Gesamtheit der Schiffe eines Unternehmens gilt für die Anwendung dieses Gesetzes als ein Betrieb.

(2) [1]Schiffe im Sinne dieses Gesetzes sind Kauffahrteischiffe, die nach dem Flaggenrechtsgesetz die Bundesflagge führen. [2]Schiffe, die in der Regel binnen 48 Stunden nach dem Auslaufen an den Sitz eines Landbetriebs zurückkehren, gelten als Teil dieses Landbetriebes.

(3) Leitende Angestellte im Sinne des § 3 Abs. 3 Nr. 2 dieses Gesetzes sind in einem in Absatz 1 bezeichneten Betrieb nur die Kapitäne.

(4) Die Arbeitnehmer eines in Absatz 1 bezeichneten Betriebs nehmen an einer Abstimmung nach § 9 nicht teil und bleiben für die Errechnung der für die Antragstellung und für die Beschlußfassung erforderlichen Zahl von Arbeitnehmern außer Betracht.

(5) [1]Werden die Aufsichtsratsmitglieder der Arbeitnehmer durch Delegierte gewählt, so werden abweichend von § 10 in einem in Absatz 1 bezeichneten Betrieb keine Delegierten gewählt. [2]Abweichend von § 15 Abs. 1 nehmen die Arbeitnehmer dieses Betriebs unmittelbar an der Wahl der Aufsichtsratsmitglieder der Arbeitnehmer teil mit der Maßgabe,

1. daß die Stimme eines dieser Arbeitnehmer als ein Sechzigstel der Stimme eines Delegierten zu zählen ist; § 11 Abs. 1 Satz 3 ist entsprechend anzuwenden;

2. daß diese Arbeitnehmer an Abstimmungen über die gemeinsame Wahl der Aufsichtsratsmitglieder der Arbeitnehmer durch die Delegierten nicht teilnehmen und für die Errechnung der für die Antragstellung und für die Beschlußfassung erforderlichen Zahlen von Delegierten der Arbeiter und Delegierten der Angestellten außer Betracht bleiben.

(6) Werden die Aufsichtsratsmitglieder der Arbeitnehmer in unmittelbarer Wahl gewählt und gehören nicht mehr als ein Zehntel der Arbeitnehmer des Unternehmens zu einem in Absatz 1 bezeichneten Betrieb, so nehmen diese Arbeitnehmer an einer Abstimmung über die gemeinsame Wahl der Aufsichtsratsmitglieder der Arbeitnehmer nicht teil und bleiben für die Errechnung der für die Antragstellung und für die Beschlußfassung erforderlichen Zahlen von Arbeitern und Angestellten außer Betracht.

## Fünfter Teil. Übergangs- und Schlußvorschriften

**§ 35 Änderung und Außerkrafttreten von Gesetzen** *(Vom Abdruck wurde abgesehen)*

**§ 36 Verweisungen.** (1) Soweit in anderen Vorschriften auf Vorschriften des Betriebsverfassungsgesetzes 1952 über die Vertretung der Arbeitnehmer in den Aufsichtsräten von Unternehmen verwiesen wird, gelten diese Verweisungen für die in § 1 Abs. 1 dieses Gesetzes bezeichneten Unternehmen als Verweisungen auf dieses Gesetz.

(2) Soweit in anderen Vorschriften für das Gesetz über die Mitbestimmung der Arbeitnehmer in den Aufsichtsräten und Vorständen der Unternehmen

des Bergbaus und der Eisen und Stahl erzeugenden Industrie vom 21. Mai 1951 (Bundesgesetzbl. I S. 347), zuletzt geändert durch das Einführungsgesetz zum Aktiengesetz vom 6. September 1965 (Bundesgesetzbl. I S. 1185), die Bezeichnung „Mitbestimmungsgesetz" verwendet wird, tritt an ihre Stelle die Bezeichnung „Montan-Mitbestimmungsgesetz".

## § 37 Erstmalige Anwendung des Gesetzes auf ein Unternehmen.

(1) [1]Andere als die in § 97 Abs. 2 Satz 2 des Aktiengesetzes bezeichneten Bestimmungen der Satzung (des Gesellschaftsvertrags, des Statuts), die mit den Vorschriften dieses Gesetzes nicht vereinbar sind, treten mit dem in § 97 Abs. 2 Satz 2 des Aktiengesetzes bezeichneten Zeitpunkt oder, im Falle einer gerichtlichen Entscheidung, mit dem in § 98 Abs. 4 Satz 2 des Aktiengesetzes bezeichneten Zeitpunkt außer Kraft. [2]Eine Hauptversammlung (Gesellschafterversammlung, Gewerkenversammlung, Generalversammlung), die bis zu diesem Zeitpunkt stattfindet, kann an Stelle der außer Kraft tretenden Satzungsbestimmungen mit einfacher Mehrheit neue Satzungsbestimmungen beschließen.

(2) Die §§ 25 bis 29, 31 bis 33 sind erstmalig anzuwenden, wenn der Aufsichtsrat nach den Vorschriften dieses Gesetzes zusammengesetzt ist.

(3) [1]Die Bestellung eines vor dem Inkrafttreten dieses Gesetzes bestellten Mitglieds des zur gesetzlichen Vertretung befugten Organs eines Unternehmens, auf das dieses Gesetz bereits bei seinem Inkrafttreten anzuwenden ist, kann, sofern die Amtszeit dieses Mitglieds nicht aus anderen Gründen früher endet, nach Ablauf von fünf Jahren seit dem Inkrafttreten dieses Gesetzes von dem nach diesem Gesetz gebildeten Aufsichtsrat jederzeit widerrufen werden. [2]Für den Widerruf bedarf es der Mehrheit der abgegebenen Stimmen aller Aufsichtsratsmitglieder, aller Stimmen der Aufsichtsratsmitglieder der Anteilseigner oder aller Stimmen der Aufsichtsratsmitglieder der Arbeitnehmer. [3]Für die Ansprüche aus dem Anstellungsvertrag gelten die allgemeinen Vorschriften. [4]Bis zum Widerruf bleiben für diese Mitglieder Satzungsbestimmungen über die Amtszeit abweichend von Absatz 1 Satz 1 in Kraft. [5]Diese Vorschriften sind entsprechend anzuwenden, wenn dieses Gesetz auf ein Unternehmen erst nach dem Zeitpunkt des Inkrafttretens dieses Gesetzes erstmalig anzuwenden ist.

(4) Absatz 3 gilt nicht für persönlich haftende Gesellschafter einer Kommanditgesellschaft auf Aktien.

## § 38[1] Übergangsvorschrift.

(1) [1]In den ersten zwei Jahren nach Inkrafttreten dieses Gesetzes tritt bei dessen erstmaliger Anwendung auf ein Unternehmen an die Stelle des in § 97 Abs. 2 Satz 2 des Aktiengesetzes bezeichneten Zeitpunkts die Beendigung der zweiten Hauptversammlung (Gesellschafterversammlung, Gewerkenversammlung, Generalversammlung), die nach Inkrafttreten dieses Gesetzes einberufen wird, spätestens jedoch der Tag des Ablaufs von zwei Jahren nach Inkrafttreten dieses Gesetzes. [2]Satz 1 ist nicht anzuwenden, wenn der in § 97 Abs. 2 Satz 2 des Aktiengesetzes bezeichnete Zeitpunkt später liegt als der in Satz 1 bezeichnete Zeitpunkt. [3]Abweichend von Satz 1 kann die erste Hauptversammlung (Gesellschafterversammlung,

---

[1] § 38 ist aufgrund des Einigungsvertrages vom 31. 8. 1990 (BGBl. II S. 889, 1022) für das Gebiet der ehem. DDR nicht anzuwenden.

Gewerkenversammlung, Generalversammlung), die nach Inkrafttreten dieses Gesetzes einberufen wird, einen früheren Zeitpunkt bestimmen.

(2) Wird in den ersten zwei Jahren nach Inkrafttreten dieses Gesetzes durch eine gerichtliche Entscheidung nach § 98 des Aktiengesetzes rechtskräftig festgestellt, daß der Aufsichtsrat nach den Vorschriften dieses Gesetzes zusammenzusetzen ist, so tritt an die Stelle des in § 98 Abs. 4 Satz 2, § 97 Abs. 2 Satz 2 des Aktiengesetzes bezeichneten Zeitpunkts die Beendigung der nächsten Hauptversammlung (Gesellschafterversammlung, Gewerkenversammlung, Generalversammlung), die nach Eintritt der Rechtskraft einberufen wird, wenn die Frist zwischen dem Eintritt der Rechtskraft und der Einberufung mindestens sechs Monate beträgt; beträgt diese Frist weniger als sechs Monate, so tritt an die Stelle des in § 98 Abs. 4 Satz 2, § 97 Abs. 2 Satz 2 des Aktiengesetzes bezeichneten Zeitpunkts die Beendigung der übernächsten Hauptversammlung (Gesellschafterversammlung, Gewerkenversammlung, Generalversammlung), die nach Eintritt der Rechtskraft einberufen wird, spätestens jedoch der Tag des Ablaufs von einem Jahr nach Eintritt der Rechtskraft.

(3) [1] Wird in den ersten zwei Jahren nach Inkrafttreten dieses Gesetzes ein Verfahren nach § 97 oder § 98 des Aktiengesetzes eingeleitet, damit der Aufsichtsrat nach den Vorschriften dieses Gesetzes zusammengesetzt wird, so verlängert sich die Amtszeit von Aufsichtsratsmitgliedern der Arbeitnehmer, die nach § 76 des Betriebsverfassungsgesetzes 1952 gewählt worden sind, bis zum Beginn der Amtszeit der nach Abschluß des Verfahrens neu zu wählenden Aufsichtsratsmitglieder der Arbeitnehmer, längstens jedoch im Falle des § 97 des Aktiengesetzes bis zu dem in Absatz 1, im Falle des § 98 des Aktiengesetzes bis zu dem in Absatz 2 bezeichneten Zeitpunkt. [2] Entscheidet das Gericht, daß der Aufsichtsrat nicht nach den Vorschriften dieses Gesetzes zusammenzusetzen ist, so erlischt das Amt spätestens mit dem in § 98 Abs. 4 Satz 2 des Aktiengesetzes bezeichneten Zeitpunkt.

**§ 39 Ermächtigung zum Erlaß von Rechtsverordnungen.** Die Bundesregierung wird ermächtigt, durch Rechtsverordnung Vorschriften über das Verfahren für die Wahl und die Abberufung von Aufsichtsratsmitgliedern der Arbeitnehmer zu erlassen, insbesondere über

1. die Vorbereitung der Wahl oder Abstimmung, die Bestellung der Wahlvorstände und Abstimmungsvorstände sowie die Aufstellung der Wählerlisten,

2. die Abstimmungen darüber, ob die Wahl der Aufsichtsratsmitglieder in unmittelbarer Wahl oder durch Delegierte erfolgen soll, und darüber, ob gemeinsame Wahl stattfinden soll,

3. die Frist für die Einsichtnahme in die Wählerlisten und die Erhebung von Einsprüchen,

4. die Errechnung der Zahl der Aufsichtsratsmitglieder der Arbeitnehmer sowie ihre Verteilung auf die Arbeiter, die in § 3 Abs. 3 Nr. 1 bezeichneten Angestellten, die leitenden Angestellten und die Gewerkschaftsvertreter,

5. die Errechnung der Zahl der Delegierten sowie ihre Verteilung auf die Arbeiter, die in § 3 Abs. 3 Nr. 1 bezeichneten Angestellten und die leitenden Angestellten,

6. die Wahlvorschläge und die Frist für ihre Einreichung,

7. die Ausschreibung der Wahl oder der Abstimmung und die Fristen für die Bekanntmachung des Ausschreibens,

8. die Teilnahme von Arbeitnehmern eines in § 34 Abs. 1 bezeichneten Betriebs an Wahlen und Abstimmungen,

9. die Stimmabgabe,

10. die Feststellung des Ergebnisses der Wahl oder der Abstimmung und die Fristen für seine Bekanntmachung,

11. die Aufbewahrung der Wahlakten und der Abstimmungsakten.

**§ 40 Berlin-Klausel.** *(gegenstandslos)*

**§ 41 Inkrafttreten.** Dieses Gesetz tritt am 1. Juli 1976 in Kraft.

# 8. Gesetz
## über die Mitbestimmung der Arbeitnehmer in den Aufsichtsräten und Vorständen der Unternehmen des Bergbaus und der Eisen und Stahl erzeugenden Industrie (sog. Montan-Mitbestimmungsgesetz)

Vom 21. Mai 1951 (BGBl. I S. 347)

**BGBl. III/FNA 801-2**

zuletzt geändert durch Art. 3 § 8 Gesetz zur Einführung des Euro (Euro-Einführungsgesetz – EuroEG) vom 9. 6. 1998 (BGBl. I S. 1242)

## Erster Teil. Allgemeines

**§ 1**[1] **[Kreis der dem Gesetz unterliegenden Unternehmen]** (1) [1]Die Arbeitnehmer haben ein Mitbestimmungsrecht in den Aufsichtsräten und in den zur gesetzlichen Vertretung berufenen Organen nach Maßgabe dieses Gesetzes in

a) den Unternehmen, deren überwiegender Betriebszweck in der Förderung von Steinkohle, Braunkohle oder Eisenerz oder in der Aufbereitung, Verkokung, Verschwelung oder Brikettierung dieser Grundstoffe liegt und deren Betrieb unter der Aufsicht der Bergbehörden steht,

b) den Unternehmen der Eisen und Stahl erzeugenden Industrie in dem Umfang, wie er in Gesetz Nr. 27 der Alliierten Hohen Kommission vom

---

[1] Aufgrund des Einigungsvertrages vom 31. 8. 1990 (BGBl. II S. 889, 1022) gilt § 1 Abs. 1 für das Gebiet der ehem. DDR mit folgenden Maßgaben:

„(1) [1]Die Arbeitnehmer haben ein Mitbestimmungsrecht in den Aufsichtsräten und in den zur gesetzlichen Vertretung berufenen Organen nach Maßgabe dieses Gesetzes in

a) den Unternehmen, deren überwiegender Betriebszweck in der Förderung von Steinkohle, Braunkohle oder Eisenerz oder in der Aufbereitung, Verkokung, Verschwelung oder Brikettierung dieser Grundstoffe liegt und deren Betrieb unter der Aufsicht der Bergbehörden steht,

b) den Unternehmen, deren überwiegender Betriebszweck in der Erzeugung von Eisen und Stahl besteht. Die Herstellung von Walzwerkserzeugnissen einschließlich Walzdraht, Röhren, Walzen, rollendem Eisenbahnmaterial, Freiformschmiedestücken und Gießereierzeugnissen aus Eisen oder Stahl ist als Erzeugung von Eisen und Stahl anzusehen.

1. in einem Unternehmen, dessen Aufsichtsrat am 1. April 1991 nach §§ 4 oder 9 zusammengesetzt ist, oder

2. in einem anderen Unternehmen nach der Verschmelzung mit einem in Nummer 1 bezeichneten Unternehmen oder nach dem Übergang von Betrieben oder Betriebsteilen eines in Nummer 1 bezeichneten Unternehmens, die die genannten Erzeugnisse herstellen oder Roheisen oder Rohstahl erzeugen, auf das andere Unternehmen, wenn dieses mit dem in Nummer 1 bezeichneten Unternehmen verbunden ist (§ 15 des Aktiengesetzes), und solange nach der Verschmelzung oder dem Übergang der überwiegende Betriebszweck des anderen Unternehmens die Herstellung der genannten Erzeugnisse oder die Erzeugung von Roheisen oder Rohstahl ist.

[2]Satz 2 Nr. 2 gilt entsprechend für die weitere Verschmelzung sowie für den weiteren Übergang von Betrieben oder Betriebsteilen."

16. Mai 1950 (Amtsblatt der Alliierten Hohen Kommission für Deutschland S. 299) bezeichnet ist, soweit diese Unternehmen in „Einheitsgesellschaften" im Sinne des Gesetzes Nr. 27 überführt oder in anderer Form weiterbetrieben und nicht liquidiert werden,

c) den Unternehmen, die von einem vorstehend bezeichneten oder nach Gesetz Nr. 27 der Alliierten Hohen Kommission zu liquidierenden Unternehmen abhängig sind, wenn sie die Voraussetzungen nach Buchstabe a erfüllen oder überwiegend Eisen und Stahl erzeugen.

²Die Herstellung von Walzwerkserzeugnissen einschließlich Walzdraht. ³Röhren, Walzen, rollendem Eisenbahnmaterial, Freiformschmiedestücken und Gießereierzeugnissen aus Eisen oder Stahl ist als Erzeugung von Eisen und Stahl im Sinne von Satz 1 Buchstabe b und c anzusehen

1. in einem Unternehmen, dessen Aufsichtsrat am 1. Juli 1981 nach § 4 oder § 9 zusammengesetzt ist, oder

2. in einem anderen Unternehmen nach der Verschmelzung mit einem in Nummer 1 bezeichneten Unternehmen oder nach dem Übergang von Betrieben oder Betriebsteilen eines in Nummer 1 bezeichneten Unternehmens, die die genannten Erzeugnisse herstellen oder Roheisen oder Rohstahl erzeugen, auf das andere Unternehmen, wenn dieses mit dem in Nummer 1 bezeichneten Unternehmen verbunden ist (§ 15 des Aktiengesetzes) und solange nach der Verschmelzung oder dem Übergang der überwiegende Betriebszweck des anderen Unternehmens die Herstellung der genannten Erzeugnisse oder die Erzeugung von Roheisen oder Rohstahl ist.

⁴Satz 2 Nr. 2 gilt entsprechend für die weitere Verschmelzung sowie für den weiteren Übergang von Betrieben oder Betriebsteilen.

(2) Dieses Gesetz findet nur auf diejenigen in Absatz 1 bezeichneten Unternehmen Anwendung, welche in Form einer Aktiengesellschaft, einer Gesellschaft mit beschränkter Haftung oder einer bergrechtlichen Gewerkschaft mit eigener Rechtspersönlichkeit betrieben werden und in der Regel mehr als eintausend Arbeitnehmer beschäftigen oder „Einheitsgesellschaften" sind.

(3) Erfüllt ein Unternehmen die in Absatz 1 bezeichneten Voraussetzungen nicht mehr oder beschäftigt es nicht mehr die nach Absatz 2 erforderliche Zahl von Arbeitnehmern, so sind die Vorschriften dieses Gesetzes über das Mitbestimmungsrecht erst dann nicht mehr anzuwenden, wenn in sechs aufeinanderfolgenden Geschäftsjahren eine dieser Voraussetzungen nicht mehr vorgelegen hat.

(4) ¹Ist ein Unternehmen, dessen Aufsichtsrat nach § 4 oder § 9 zusammenzusetzen ist, herrschendes Unternehmen eines Konzerns (§ 18 Abs. 1 des Aktiengesetzes) und ist für diesen Konzern ein Konzernbetriebsrat errichtet, so gelten für die Anwendung der §§ 4, 6 und 9 auf das herrschende Unternehmen die Arbeitnehmer der Konzernunternehmen als Arbeitnehmer des herrschenden Unternehmens und die in Konzernunternehmen vertretenen Gewerkschaften als im herrschenden Unternehmen vertreten. ²Liegen die Voraussetzungen des Satzes 1 vor, so tritt für die Anwendung der §§ 6 und 11 auf das herrschende Unternehmen der Konzernbetriebsrat an die Stelle der Betriebsräte.

**§ 2.** Auf die in § 1 bezeichneten Unternehmen finden die Vorschriften des Aktiengesetzes, des Gesetzes betreffend die Gesellschaften mit beschränkter Haftung, der Berggesetze und des Betriebsverfassungsrechts insoweit keine Anwendung, als sie den Vorschriften dieses Gesetzes widersprechen.

## Zweiter Teil. Aufsichtsrat

**§ 3** [**Bildung eines Aufsichtsrats auch bei GmbH und bergrechtlicher Gewerkschaft**] (1) Betreibt eine Gesellschaft mit beschränkter Haftung oder eine bergrechtliche Gewerkschaft mit eigener Rechtspersönlichkeit ein Unternehmen im Sinne des § 1, so ist nach Maßgabe dieses Gesetzes ein Aufsichtsrat zu bilden.

(2) Auf den Aufsichtsrat, seine Rechte und Pflichten finden die Vorschriften des Aktienrechts sinngemäß Anwendung.

**§ 4** [**Zusammensetzung**] (1) [1]Der Aufsichtsrat besteht aus elf Mitgliedern. [2]Er setzt sich zusammen aus
a) vier Vertretern der Anteilseigner und einem weiteren Mitglied,
b) vier Vertretern der Arbeitnehmer und einem weiteren Mitglied,
c) einem weiteren Mitglied.

(2) Die in Absatz 1 bezeichneten weiteren Mitglieder dürfen nicht
a) Repräsentant einer Gewerkschaft oder einer Vereinigung der Arbeitgeber oder einer Spitzenorganisation dieser Verbände sein oder zu diesen in einem ständigen Dienst- oder Geschäftsbesorgungsverhältnis stehen,
b) im Laufe des letzten Jahres vor der Wahl eine unter Buchstabe a bezeichnete Stellung innegehabt haben,
c) in den Unternehmen als Arbeitnehmer oder Arbeitgeber tätig sein,
d) an dem Unternehmen wirtschaftlich wesentlich interessiert sein.

(3) [1]Alle Aufsichtsratsmitglieder haben die gleichen Rechte und Pflichten. [2]Sie sind an Aufträge und Weisungen nicht gebunden.

**§ 5** [**Wahl der Mitglieder**] Die in § 4 Abs. 1 Buchstabe a bezeichneten Mitglieder des Aufsichtsrats werden durch das nach Gesetz, Satzung oder Gesellschaftsvertrag zur Wahl von Aufsichtsratsmitgliedern berufene Organ (Wahlorgan) nach Maßgabe der Satzung oder des Gesellschaftsvertrags gewählt.

**§ 6** [**Wahlvorschläge**] (1) [1]Unter den in § 4 Abs. 1 Buchstabe b bezeichneten Mitgliedern des Aufsichtsrats müssen sich ein Arbeiter und ein Angestellter befinden, die in einem Betriebe des Unternehmens beschäftigt sind. [2]Diese Mitglieder werden dem Wahlorgan durch die Betriebsräte der Betriebe des Unternehmens nach Beratung mit den in den Betrieben des Unternehmens vertretenen Gewerkschaften und deren Spitzenorganisationen vorgeschlagen. [3]Zur Aufstellung dieser Vorschläge bilden die Arbeitermitglieder und die Angestelltenmitglieder der Betriebsräte je einen Wahlkörper. [4]Jeder Wahlkörper wählt in geheimer Wahl das auf ihn entfallende Mitglied.

(2) [1]Die nach Absatz 1 gewählten Personen sind vor Weiterleitung der Vorschläge an das Wahlorgan innerhalb von zwei Wochen nach der Wahl

den Spitzenorganisationen mitzuteilen, denen die in den Betrieben des Unternehmens vertretenen Gewerkschaften angehören. [2]Jede Spitzenorganisation kann binnen zwei Wochen nach Zugang der Mitteilung Einspruch bei den Betriebsräten einlegen, wenn der begründete Verdacht besteht, daß ein Vorgeschlagener nicht die Gewähr bietet, zum Wohle des Unternehmens und der gesamten Volkswirtschaft verantwortlich im Aufsichtsrat mitzuarbeiten. [3]Lehnen die Betriebsräte den Einspruch mit einfacher Stimmenmehrheit ab, so können die Betriebsräte oder die Spitzenorganisation, welche den Einspruch eingelegt hat, den Bundesminister für Arbeit und Sozialordnung anrufen; dieser entscheidet endgültig.

(3) [1]Zwei der in § 4 Abs. 1 Buchstabe b bezeichneten Mitglieder werden von den Spitzenorganisationen nach vorheriger Beratung mit den im Betriebe vertretenen Gewerkschaften den Betriebsräten vorgeschlagen. [2]Die Spitzenorganisationen sind nach dem Verhältnis ihrer Vertretung in den Betrieben vorschlagsberechtigt; sie sollen bei ihren Vorschlägen die innerhalb der Belegschaften bestehenden Minderheiten in angemessener Weise berücksichtigen.

(4) Für das in § 4 Abs. 1 Buchstabe b bezeichnete weitere Mitglied gilt Absatz 3 entsprechend.

(5) [1]Die Mitglieder der Betriebsräte der Betriebe des Unternehmens wählen gemeinsam in geheimer Wahl auf Grund der nach den Absätzen 3 und 4 gemachten Vorschläge die Bewerber und schlagen diese dem Wahlorgan vor. [2]Wird von einer Spitzenorganisation nur ein Bewerber für ein Aufsichtsratsmitglied vorgeschlagen, so bedarf der Vorschlag gegenüber dem Wahlorgan der Mehrheit der Stimmen der Mitglieder der Betriebsräte.

(6) Das Wahlorgan ist an die Vorschläge der Betriebsräte gebunden.

## § 7. *(aufgehoben)*

## § 8 [Wahl des weiteren Aufsichtsratsmitgliedes] (1) [1]Das in § 4 Abs. 1 Buchstabe c bezeichnete weitere Mitglied des Aufsichtsrats wird durch das Wahlorgan auf Vorschlag der übrigen Aufsichtsratsmitglieder gewählt. [2]Der Vorschlag wird durch diese Aufsichtsratsmitglieder mit Mehrheit aller Stimmen beschlossen. [3]Er bedarf jedoch der Zustimmung von mindestens je drei Mitgliedern, die nach § 5 und die nach § 6 gewählt sind.

(2) [1]Kommt ein Vorschlag nach Absatz 1 nicht zustande oder wird eine vorgeschlagene Person nicht gewählt, so ist ein Vermittlungsausschuß zu bilden, der aus vier Mitgliedern besteht. [2]Je zwei Mitglieder werden von den nach § 5 und den nach § 6 gewählten Aufsichtsratsmitgliedern gewählt.

(3) [1]Der Vermittlungsausschuß schlägt innerhalb eines Monats dem Wahlorgan drei Personen zur Wahl vor, aus denen das Wahlorgan das Aufsichtsratsmitglied wählen soll. [2]Kommt die Wahl auf Grund des Vorschlages des Vermittlungsausschusses aus wichtigen Gründen nicht zustande, insbesondere dann, wenn keiner der Vorgeschlagenen die Gewähr für ein gedeihliches Wirken für das Unternehmen bietet, so muß die Ablehnung durch Beschluß festgestellt werden. [3]Dieser Beschluß muß mit Gründen versehen sein. [4]Über die Berechtigung der Ablehnung der Wahl entscheidet auf Antrag des Vermittlungsausschusses das für das Unternehmen zuständige Oberlandesgericht. [5]Im Falle der Bestätigung der Ablehnung hat der Vermittlungsausschuß dem

Wahlorgan drei weitere Personen vorzuschlagen; für diesen zweiten Vorschlag gilt die vorstehende Regelung (Sätze 2 bis 4) entsprechend. 6 Wird die Ablehnung der Wahl von dem Gericht für unberechtigt erklärt, so hat das Wahlorgan einen der Vorgeschlagenen zu wählen. 7 Wird die Ablehnung der Wahl aus dem zweiten Wahlvorschlag von dem Gericht für berechtigt erklärt, oder erfolgt kein Wahlvorschlag, so wählt das Wahlorgan von sich aus das weitere Mitglied.

(4) Wird die in Absatz 2 vorgesehene Anzahl von Mitgliedern des Vermittlungsausschusses nicht gewählt, oder bleiben Mitglieder des Vermittlungsausschusses trotz rechtzeitiger Einladung ohne genügende Entschuldigung einer Sitzung fern, so kann der Vermittlungsausschuß tätig werden, wenn wenigstens zwei Mitglieder mitwirken.

**§ 9 [Zusammensetzung der Aufsichtsräte mit 15 oder 21 Mitgliedern]** (1) 1 Bei Gesellschaften mit einem Nennkapital von mehr als zehn Millionen Euro kann durch Satzung oder Gesellschaftsvertrag bestimmt werden, daß der Aufsichtsrat aus fünfzehn Mitgliedern besteht. 2 Die Vorschriften der §§ 4 bis 8 finden sinngemäß Anwendung mit der Maßgabe, daß die Zahl der gemäß § 6 Abs. 1 und 2 zu wählenden Arbeiter zwei, die Zahl der in § 6 Abs. 3 bezeichneten Vertreter der Arbeitnehmer drei beträgt.

(2) 1 Bei Gesellschaften mit einem Nennkapital von mehr als fünfundzwanzig Millionen Euro kann durch Satzung oder Gesellschaftsvertrag bestimmt werden, daß der Aufsichtsrat aus einundzwanzig Mitgliedern besteht. 2 Die Vorschriften der §§ 4 bis 8 finden sinngemäß Anwendung mit der Maßgabe, daß die Zahl der in § 4 Abs. 1 Buchstaben a und b bezeichneten weiteren Mitglieder je zwei, die Zahl der gemäß § 6 Abs. 1 und 2 zu wählenden Arbeiter drei und die Zahl der in § 6 Abs. 3 bezeichneten Vertreter der Arbeitnehmer vier beträgt.

**§ 10 [Beschlußfähigkeit]** 1 Der Aufsichtsrat ist beschlußfähig, wenn mindestens die Hälfte der Mitglieder, aus denen er nach diesem Gesetz oder der Satzung insgesamt zu bestehen hat, an der Beschlußfassung teilnimmt. 2 § 108 Abs. 2 Satz 4 des Aktiengesetzes findet Anwendung.

**§ 11 [Abberufung der Mitglieder]** (1) Auf die in § 5 bezeichneten Mitglieder des Aufsichtsrats findet § 103 des Aktiengesetzes Anwendung.

(2) 1 Auf die Abberufung eines in § 6 bezeichneten Mitglieds des Aufsichtsrats durch das Wahlorgan findet Absatz 1 entsprechende Anwendung mit der Maßgabe, daß die Abberufung auf Vorschlag der Betriebsräte der Betriebe des Unternehmens erfolgt. 2 Die Abberufung eines in § 6 Abs. 3 oder 4 bezeichneten Mitglieds kann nur auf Antrag der Spitzenorganisation, die das Mitglied vorgeschlagen hat, von den Betriebsräten vorgeschlagen werden.

(3) Eine Abberufung des in § 8 bezeichneten Mitgliedes des Aufsichtsrats kann auf Antrag von mindestens drei Aufsichtsratsmitgliedern durch das Gericht aus wichtigem Grunde erfolgen.

### Dritter Teil. Vorstand

**§ 12 [Bestellung der Mitglieder]** Die Bestellung der Mitglieder des zur gesetzlichen Vertretung berufenen Organs und der Widerruf ihrer Bestellung erfolgen nach Maßgabe des § 76 Abs. 3 und des § 84 des Aktiengesetzes durch den Aufsichtsrat.

**§ 13 [Bestellung eines Arbeitsdirektors]** (1) [1]Als gleichberechtigtes Mitglied des zur gesetzlichen Vertretung berufenen Organs wird ein Arbeitsdirektor bestellt. [2]Der Arbeitsdirektor kann nicht gegen die Stimmen der Mehrheit der nach § 6 gewählten Aufsichtsratsmitglieder bestellt werden. [3]Das gleiche gilt für den Widerruf der Bestellung.

(2) [1]Der Arbeitsdirektor hat wie die übrigen Mitglieder des zur gesetzlichen Vertretung berufenen Organs seine Aufgaben im engsten Einvernehmen mit dem Gesamtorgan auszuüben. [2]Das Nähere bestimmt die Geschäftsordnung.

## Vierter Teil. Schlußvorschriften

**§ 14 [Inkrafttreten]** (1) Die Vorschriften dieses Gesetzes treten in Kraft
a) für Unternehmen, die dem Gesetz Nr. 27 der Alliierten Hohen Kommission nicht unterliegen, am 31. Dezember 1951,
b) für Unternehmen, die aus der Kontrolle nach dem Gesetz Nr. 27 der Alliierten Hohen Kommission entlassen werden, im Zeitpunkt ihrer Entlassung, spätestens am 31. Dezember 1951,
c) für Unternehmen, die auf Grund des Gesetzes Nr. 27 der Alliierten Hohen Kommission in eine „Einheitsgesellschaft" überführt werden, mit deren Errichtung, spätestens am 31. Dezember 1951,
d) für die übrigen Unternehmen in dem Zeitpunkt, in dem feststeht, daß sie auf Grund des Gesetzes Nr. 27 der Alliierten Hohen Kommission nicht in eine „Einheitsgesellschaft" überführt werden, spätestens am 31. Dezember 1951.

(2) Die Wahl von Aufsichtsratsmitgliedern nach §§ 5 und 6 findet erstmalig innerhalb von zwei Monaten nach Inkrafttreten dieses Gesetzes statt.

**§ 14a [Berlin-Klausel]** *(gegenstandslos)*

**§ 15 [Ermächtigung]** Die Bundesregierung wird ermächtigt, durch Rechtsverordnung Vorschriften zu erlassen über
a) die Anpassung von Satzungen und Gesellschaftsverträgen an die Vorschriften dieses Gesetzes,
b) das Verfahren für die Aufstellung der in § 6 bezeichneten Wahlvorschläge.

## 9. Gesetz
### zur Ergänzung des Gesetzes über die Mitbestimmung der Arbeitnehmer in den Aufsichtsräten und Vorständen der Unternehmen des Bergbaus und der Eisen und Stahl erzeugenden Industrie (sog. Mitbestimmungsergänzungsgesetz)

Vom 7. August 1956 (BGBl. I S. 707)

**BGBl. III/FNA 801-3**

zuletzt geändert durch Art. 3 § 9 Gesetz zur Einführung des Euro (Euro-Einführungsgesetz – EuroEG) vom 9. 6. 1998 (BGBl. I S. 1242)

## Artikel 1. Mitbestimmung in herrschenden Unternehmen

**§ 1 [Begriff des Organschaftsverhältnisses]** Die Mitbestimmung der Arbeitnehmer in den Aufsichtsräten und den zur gesetzlichen Vertretung berufenen Organen von Unternehmen in der Rechtsform einer Aktiengesellschaft, einer Gesellschaft mit beschränkter Haftung oder einer bergrechtlichen Gewerkschaft mit eigener Rechtspersönlichkeit, die ein Unternehmen beherrschen, in dem die Arbeitnehmer nach den Vorschriften des Gesetzes über die Mitbestimmung der Arbeitnehmer in den Aufsichtsräten und Vorständen der Unternehmen des Bergbaus und der Eisen und Stahl erzeugenden Industrie vom 21. Mai 1951 – Bundesgesetzbl. I S. 347 – (Montan-Mitbestimmungsgesetz) ein Mitbestimmungsrecht haben, regelt sich nach den Vorschriften dieses Gesetzes.

**§ 2 [Anwendung des Montan-Mitbestimmungsgesetzes]** ¹Liegen bei dem herrschenden Unternehmen nach seinem eigenen überwiegenden Betriebszweck die Voraussetzungen für die Anwendung des Montan-Mitbestimmungsgesetzes vor, so gilt für das herrschende Unternehmen das Montan-Mitbestimmungsgesetz. ²Dies gilt auch, solange in dem herrschenden Unternehmen das Mitbestimmungsrecht nach § 1 Abs. 3 des Montan-Mitbestimmungsgesetzes fortbesteht.

**§ 3 [Unternehmenszweck]** (1) ¹Liegen bei dem herrschenden Unternehmen die Voraussetzungen für die Anwendung des Montan-Mitbestimmungsgesetzes nach § 2 nicht vor, wird jedoch der Unternehmenszweck des Konzerns durch Konzernunternehmen und abhängige Unternehmen gekennzeichnet, die unter das Montan-Mitbestimmungsgesetz fallen, so gelten für das herrschende Unternehmen die §§ 5 bis 13. ²Ist das herrschende Unternehmen eine Gesellschaft mit beschränkter Haftung oder eine bergrechtliche Gewerkschaft mit eigener Rechtspersönlichkeit, so findet § 3 des Montan-Mitbestimmungsgesetzes entsprechende Anwendung.

(2) ¹Der Unternehmenszweck des Konzerns wird durch die unter das Montan-Mitbestimmungsgesetz fallenden Konzernunternehmen und ab-

hängigen Unternehmen gekennzeichnet, wenn diese Konzernunternehmen und abhängigen Unternehmen insgesamt

1. mindestens ein Fünftel der Umsätze sämtlicher Konzernunternehmen und abhängigen Unternehmen erzielen, jeweils vermindert um die in den Umsätzen enthaltenen Kosten für fremdbezogene Roh-, Hilfs- und Betriebsstoffe und für Fremdleistungen, oder

2.[1]) in der Regel mehr als 2000 Arbeitnehmer beschäftigen.

[2]Soweit Konzernunternehmen und abhängige Unternehmen Umsätze erzielen, die nicht auf der Veräußerung selbsterzeugter, bearbeiteter oder verarbeiteter Waren beruhen, ist ein Fünftel der unverminderten Umsätze anzurechnen.

**§ 4 [Maßgebliches Umsatzverhältnis]** (1) [1]Das nach § 3 maßgebliche Umsatzverhältnis hat der Abschlußprüfer des herrschenden Unternehmens zu ermitteln. [2]Ist der Jahresabschluß des herrschenden Unternehmens nicht auf Grund gesetzlicher Vorschriften durch Abschlußprüfer zu prüfen, so wird das Umsatzverhältnis von einem in entsprechender Anwendung der §§ 318, 319 Abs. 1 bis 3 des Handelsgesetzbuchs[2]) zu bestellenden Prüfer ermittelt.

(2) [1]Der Prüfer hat für jedes Geschäftsjahr vor Ablauf von fünf Monaten nach dessen Ende über das Ergebnis seiner Ermittlungen schriftlich zu berichten. [2]Der Bericht ist den Verwaltungsträgern des herrschenden Unternehmens vorzulegen.

(3) [1]Der Prüfer hat, soweit dies für seine Ermittlungen erforderlich ist, gegenüber sämtlichen Konzernunternehmen und abhängigen Unternehmen die ihm nach § 320 Abs. 1 Satz 2, Abs. 2 des Handelsgesetzbuchs[1]) zustehenden Rechte. [2]§ 323 des Handelsgesetzbuchs ist anzuwenden.

(4) Hat der Aufsichtsrat Bedenken gegen die von dem Prüfer getroffenen Feststellungen, so hat der Prüfer auf Verlangen des Aufsichtsrats die beanstandeten Feststellungen zu überprüfen und über das Ergebnis zu berichten.

(5) Das zur gesetzlichen Vertretung berufene Organ des herrschenden Unternehmens hat das festgestellte Umsatzverhältnis und die abschließende Stellungnahme des Aufsichtsrats unverzüglich den Betriebsräten (Gesamtbetriebsräten) der Konzernunternehmen und abhängigen Unternehmen sowie den nach § 7 vorschlagsberechtigten Spitzenorganisationen der Gewerkschaften mitzuteilen.

(6) Die Absätze 1 bis 5 sind nicht anzuwenden, wenn die Voraussetzungen des § 3 Abs. 2 Satz 1 Nr. 2 vorliegen.

**§ 5 [Zusammensetzung des Aufsichtsrates]** (1) [1]Der Aufsichtsrat besteht aus fünfzehn Mitgliedern. [2]Er setzt sich zusammen aus

a) sieben Vertretern der Anteilseigner,
b) sieben Vertretern der Arbeitnehmer,
c) einem weiteren Mitglied.

[3]Bei Unternehmen mit einem Gesellschaftskapital von mehr als fünfundzwanzig Millionen Euro kann durch Satzung oder Gesellschaftsvertrag bestimmt

---

[1]) § 3 Abs. 2 Satz 1 Nr. 2 in Verbindung mit § 16 ist mit Art. 3 Abs. 1 Grundgesetz unvereinbar und nichtig; vgl. Urteil des BVerfG vom 2. 3. 1999 – BvL 2/91 – (BGBl. 1999 I S. 372).
[2]) Abgedruckt unter Nr. **10**.

werden, daß der Aufsichtsrat aus einundzwanzig Mitgliedern besteht. [4] In diesem Fall beträgt die Zahl der in Satz 2 Buchstabe a und b bezeichneten Mitglieder je zehn.

(2) Für die Bestellung der in Absatz 1 Satz 2 Buchstabe a genannten Mitglieder gilt § 5 des Montan-Mitbestimmungsgesetzes; für ihre Abberufung gilt § 103 des Aktiengesetzes.

(3) [1] Auf das in Absatz 1 Satz 2 Buchstabe c genannte Mitglied findet § 4 Abs. 2 des Montan-Mitbestimmungsgesetzes Anwendung. [2] Für seine Bestellung gilt § 8 des Montan-Mitbestimmungsgesetzes, wobei an die Stelle des § 6 des Montan-Mitbestimmungsgesetzes die §§ 6 bis 10h dieses Gesetzes treten; für seine Abberufung gilt § 11 Abs. 3 des Montan-Mitbestimmungsgesetzes.

(4) § 4 Abs. 3 des Montan-Mitbestimmungsgesetzes findet Anwendung.

(5) [1] Arbeitnehmer im Sinne dieses Gesetzes sind Arbeiter und Angestellte. [2] Die in § 5 Abs. 2 des Betriebsverfassungsgesetzes bezeichneten Personen sind keine Arbeitnehmer im Sinne dieses Gesetzes. [3] Arbeiter im Sinne dieses Gesetzes sind die in § 6 Abs. 1 des Betriebsverfassungsgesetzes bezeichneten Arbeitnehmer. [4] Angestellte im Sinne dieses Gesetzes sind die in § 6 Abs. 2 des Betriebsverfassungsgesetzes bezeichneten Arbeitnehmer.

**§ 6 [Vertretung im Aufsichtsrat]** (1) [1] Unter den Aufsichtsratsmitgliedern der Arbeitnehmer müssen sich fünf Arbeitnehmer von Konzernunternehmen und zwei Vertreter von Gewerkschaften befinden. [2] Besteht der Aufsichtsrat aus einundzwanzig Mitgliedern, so müssen sich unter den Aufsichtsratsmitgliedern der Arbeitnehmer sieben Arbeitnehmer von Konzernunternehmen und drei Vertreter von Gewerkschaften befinden.

(2) Die in Absatz 1 bezeichneten Arbeitnehmer müssen das 18. Lebensjahr vollendet haben, ein Jahr einem Konzernunternehmen angehören und die weiteren Wählbarkeitsvoraussetzungen des § 8 des Betriebsverfassungsgesetzes erfüllen.

(3) Die in Absatz 1 bezeichneten Gewerkschaften müssen im Konzern vertreten sein.

**§ 7 [Wahl der Arbeitnehmervertreter in den Aufsichtsrat]** (1) [1] Die Aufsichtsratsmitglieder der Arbeitnehmer eines Konzerns mit in der Regel mehr als 8 000 Arbeitnehmern werden durch Delegierte gewählt, sofern nicht die wahlberechtigten Arbeitnehmer die unmittelbare Wahl beschließen. [2] Für die Wahl der Aufsichtsratsmitglieder der Arbeitnehmer durch Delegierte gelten die §§ 8 bis 10 f und 10 h.

(2) [1] Die Aufsichtsratsmitglieder der Arbeitnehmer eines Konzerns mit in der Regel nicht mehr als 8 000 Arbeitnehmern werden in unmittelbarer Wahl gewählt, sofern nicht die wahlberechtigten Arbeitnehmer die Wahl durch Delegierte beschließen. [2] Für die unmittelbare Wahl der Aufsichtsratsmitglieder der Arbeitnehmer gelten die §§ 10 g und 10 h.

(3) [1] Zur Abstimmung darüber, ob die Wahl durch Delegierte oder unmittelbar erfolgen soll, bedarf es eines Antrags, der von einem Zwanzigstel der wahlberechtigten Arbeitnehmer des Konzerns unterzeichnet sein muß. [2] Die Abstimmung ist geheim. [3] Ein Beschluß nach Absatz 1 oder 2 kann nur unter Beteiligung von mindestens der Hälfte der wahlberechtigten Arbeitnehmer und nur mit der Mehrheit der abgegebenen Stimmen gefaßt werden.

**§ 8 [Durchführung der Delegierten-Wahlen]** (1) [1]Sind nach § 7 die Aufsichtsratsmitglieder der Arbeitnehmer durch Delegierte zu wählen, so wählen in jedem Betrieb des Konzerns die Arbeiter und die Angestellten in getrennter Wahl, geheim und nach den Grundsätzen der Verhältniswahl Delegierte. [2]Auf Nebenbetriebe und Betriebsteile sind § 4 des Betriebsverfassungsgesetzes und nach § 3 Abs. 1 Nr. 3 des Betriebsverfassungsgesetzes in Tarifverträgen getroffene Regelungen über die Zuordnung von Betriebsteilen und Nebenbetrieben anzuwenden.

(2) [1]Abweichend von Absatz 1 werden die Delegierten in gemeinsamer Wahl gewählt, wenn die wahlberechtigten Arbeiter und Angestellten dies in getrennten, geheimen Abstimmungen beschließen. [2]Beschlüsse nach Satz 1 können jeweils nur auf Antrag eines Zwanzigstels und unter Beteiligung von mindestens der Hälfte der wahlberechtigten Gruppenangehörigen sowie nur mit der Mehrheit der abgegebenen Stimmen gefaßt werden.

(3) Wahlberechtigt für die Wahl von Delegierten sind diejenigen Arbeitnehmer der Konzernunternehmen, die das 18. Lebensjahr vollendet haben.

(4) Zu Delegierten wählbar sind die in Absatz 3 bezeichneten Arbeitnehmer, die die weiteren Wählbarkeitsvoraussetzungen des § 8 des Betriebsverfassungsgesetzes erfüllen.

(5) [1]Wird für einen Wahlgang nur ein Wahlvorschlag gemacht, so gelten die darin aufgeführten Arbeitnehmer in der angegebenen Reihenfolge als gewählt. [2]§ 9 Abs. 2 ist anzuwenden.

**§ 9 [Wahldelegierte]** (1) [1]In jedem Betrieb entfällt auf je 60 wahlberechtigte Arbeitnehmer ein Delegierter. [2]Ergibt die Berechnung nach Satz 1 in einem Betrieb für eine Gruppe mehr als

1. 30 Delegierte, so vermindert sich die Zahl der zu wählenden Delegierten auf die Hälfte; diese Delegierten erhalten je zwei Stimmen;

2. 90 Delegierte, so vermindert sich die Zahl der zu wählenden Delegierten auf ein Drittel; diese Delegierten erhalten je drei Stimmen;

3. 150 Delegierte, so vermindert sich die Zahl der zu wählenden Delegierten auf ein Viertel; diese Delegierten erhalten je vier Stimmen.

[3]Bei der Errechnung der Zahl der Delegierten werden Teilzahlen voll gezählt, wenn sie mindestens die Hälfte der vollen Zahl betragen.

(2) [1]Die Arbeiter und die Angestellten müssen unter den Delegierten in jedem Betrieb entsprechend ihrem zahlenmäßigen Verhältnis vertreten sein. [2]Sind in einem Betrieb mindestens neun Delegierte zu wählen, so entfällt auf die Arbeiter und die Angestellten mindestens je ein Delegierter; dies gilt nicht, soweit in dem Betrieb nicht mehr als fünf Arbeiter oder Angestellte wahlberechtigt sind. [3]Entfällt auf die Arbeiter oder die Angestellten lediglich nach Satz 2 ein Delegierter, so vermehrt sich die nach Absatz 1 errechnete Zahl der Delegierten des Betriebs um einen.

(3) [1]Soweit nach Absatz 2 auf die Arbeiter und die Angestellten eines Betriebs nicht mindestens je ein Delegierter entfällt, gelten diese für die Wahl der Delegierten als Arbeitnehmer des Betriebs der Hauptniederlassung des betreffenden Konzernunternehmens. [2]Soweit nach Absatz 2 und nach Satz 1 auf die Arbeiter und die Angestellten des Betriebs der Haupt-

niederlassung nicht mindestens je ein Delegierter entfällt, gelten diese für die Wahl der Delegierten als Arbeitnehmer des nach der Zahl der wahlberechtigten Arbeitnehmer größten Betriebs des betreffenden Konzernunternehmens.

(4) Entfällt auf einen Betrieb kein Delegierter, so ist Absatz 3 entsprechend anzuwenden.

(5) Die Eigenschaft eines Delegierten als Delegierter der Arbeiter oder der Angestellten bleibt bei einem Wechsel der Gruppenzugehörigkeit erhalten.

**§ 10 [Vorschläge zur Wahl der Delegierten]** (1) [1]Zur Wahl der Delegierten können die wahlberechtigten Arbeitnehmer des Betriebs Wahlvorschläge machen. [2]Jeder Wahlvorschlag für Delegierte

1. der Arbeiter muß von einem Zehntel oder 100 der wahlberechtigten Arbeiter,

2. der Angestellten muß von einem Zehntel oder 100 der wahlberechtigten Angestellten

des Betriebs unterzeichnet sein.

(2) Jeder Wahlvorschlag soll mindestens doppelt so viele Bewerber enthalten, wie in dem Wahlgang Delegierte zu wählen sind.

**§ 10 a [Amtszeit der Delegierten]** (1) [1]Die Delegierten werden für eine Zeit gewählt, die der Amtszeit der von ihnen zu wählenden Aufsichtsratsmitglieder entspricht. [2]Sie nehmen die ihnen nach den Vorschriften dieses Gesetzes zustehenden Aufgaben und Befugnisse bis zur Einleitung der Neuwahl der Aufsichtsratsmitglieder der Arbeitnehmer wahr.

(2) In den Fällen des § 7 Abs. 1 endet die Amtszeit der Delegierten, wenn

1. die wahlberechtigten Arbeitnehmer nach § 7 Abs. 1 die unmittelbare Wahl beschließen;

2. der Konzern nicht mehr die Voraussetzungen für die Anwendung des § 7 Abs. 1 erfüllt, es sei denn, die wahlberechtigten Arbeitnehmer beschließen, daß die Amtszeit bis zu dem in Absatz 1 genannten Zeitpunkt fortdauern soll; § 7 Abs. 3 ist entsprechend anzuwenden.

(3) In den Fällen des § 7 Abs. 2 endet die Amtszeit der Delegierten, wenn die wahlberechtigten Arbeitnehmer die unmittelbare Wahl beschließen; § 7 Abs. 3 ist anzuwenden.

(4) Abweichend von Absatz 1 endet die Amtszeit der Delegierten eines Betriebs, wenn nach Eintreten aller Ersatzdelegierten des Wahlvorschlags, dem die zu ersetzenden Delegierten angehören, die Gesamtzahl der Delegierten des Betriebs unter die im Zeitpunkt ihrer Wahl vorgeschriebene Zahl der auf den Betrieb entfallenden Delegierten gesunken ist.

**§ 10 b [Vorzeitiges Ende der Amtszeit eines Delegierten]** (1) Die Amtszeit eines Delegierten endet vor dem in § 10 a bezeichneten Zeitpunkt

1. durch Niederlegung des Amtes,

2. durch Beendigung der Beschäftigung des Delegierten in dem Betrieb, dessen Delegierter er ist,

3. durch Verlust der Wählbarkeit.

(2) [1] Endet die Amtszeit eines Delegierten vorzeitig oder ist er verhindert, so tritt an seine Stelle ein Ersatzdelegierter. [2] Die Ersatzdelegierten werden der Reihe nach aus den nicht gewählten Arbeitnehmern derjenigen Wahlvorschläge entnommen, denen die zu ersetzenden Delegierten angehören.

**§ 10c** [**Durchführung der Aufsichtsratswahlen durch die Delegierten**] (1) Die Delegierten wählen die Aufsichtsratsmitglieder, die nach § 6 Abs. 1 Arbeitnehmer von Konzernunternehmen sein müssen, geheim und nach den Grundsätzen der Verhältniswahl für die Zeit, die im Gesetz oder in der Satzung (im Gesellschaftsvertrag, im Statut) für die durch das Wahlorgan der Anteilseigner zu wählenden Mitglieder des Aufsichtsrats bestimmt ist.

(2) [1] Unter den nach Absatz 1 zu wählenden Mitgliedern des Aufsichtsrats müssen sich Arbeiter und Angestellte entsprechend ihrem zahlenmäßigen Verhältnis im Konzern befinden. [2] Dem Aufsichtsrat müssen mindestens ein Arbeiter und ein Angestellter angehören.

(3) [1] Die Aufsichtsratsmitglieder der Arbeiter werden von den Delegierten der Arbeiter, die Aufsichtsratsmitglieder der Angestellten von den Delegierten der Angestellten gewählt. [2] Abweichend von Satz 1 werden die Mitglieder des Aufsichtsrats in gemeinsamer Wahl gewählt, wenn die Delegierten der Arbeiter und die Delegierten der Angestellten dies in getrennten, geheimen Abstimmungen beschließen; § 8 Abs. 2 Satz 2 ist entsprechend anzuwenden.

(4) [1] Die Wahl erfolgt aufgrund von Wahlvorschlägen. [2] Jeder Wahlvorschlag für

1. Aufsichtsratsmitglieder der Arbeiter muß von einem Fünftel oder 100 der wahlberechtigten Arbeiter,

2. Aufsichtsratsmitglieder der Angestellten muß von einem Fünftel oder 100 der wahlberechtigten Angestellten

des Konzerns unterzeichnet sein.

(5) [1] Abweichend von Absatz 1 findet Mehrheitswahl statt, soweit dem Aufsichtsrat nach Absatz 2 nur ein Arbeiter oder ein Angestellter angehören muß. [2] Außerdem findet Mehrheitswahl statt, soweit für die Aufsichtsratsmitglieder der Arbeiter oder die Aufsichtsratsmitglieder der Angestellten nur ein Wahlvorschlag gemacht wird. [3] Soweit nach Satz 2 Mehrheitswahl stattfindet, muß der Wahlvorschlag mindestens doppelt so viele Bewerber enthalten, wie Aufsichtsratsmitglieder auf die Arbeiter oder die Angestellten entfallen.

**§ 10d** [**Wahl der Gewerkschaftsmitglieder in den Aufsichtsrat**] (1) Die Delegierten wählen die Aufsichtsratsmitglieder, die nach § 6 Abs. 1 Vertreter von Gewerkschaften sind, in gemeinsamer Wahl, geheim und nach den Grundsätzen der Verhältniswahl für die in § 10c Abs. 1 bestimmte Zeit.

(2) [1] Die Wahl erfolgt aufgrund von Wahlvorschlägen der Gewerkschaften, die im Konzern vertreten sind. [2] Wird nur ein Wahlvorschlag gemacht, so findet abweichend von Absatz 1 Mehrheitswahl statt. [3] In diesem Falle muß der Wahlvorschlag mindestens doppelt so viele Bewerber enthalten, wie Vertreter von Gewerkschaften in den Aufsichtsrat zu wählen sind.

**§ 10e** [**Wahl von Ersatzmitgliedern**] (1) [1] In jedem Wahlvorschlag kann zusammen mit jedem Bewerber für diesen ein Ersatzmitglied des Aufsichtsrats vorgeschlagen werden. ²Für einen Bewerber, der Arbeiter ist, kann nur ein Arbeiter, für einen Angestellten nur ein Angestellter als Ersatzmitglied vorgeschlagen werden. ³Ein Bewerber kann nicht zugleich als Ersatzmitglied vorgeschlagen werden.

(2) Wird ein Bewerber als Aufsichtsratsmitglied gewählt, so ist auch das zusammen mit ihm vorgeschlagene Ersatzmitglied gewählt.

**§ 10f [Bekanntmachung der Wahlergebnisse]** ¹Das zur gesetzlichen Vertretung berufene Organ des herrschenden Unternehmens hat die Namen der Mitglieder und der Ersatzmitglieder des Aufsichtsrats unverzüglich nach ihrer Bestellung durch zweiwöchigen Aushang in den Betrieben des Unternehmens bekanntzumachen und im Bundesanzeiger zu veröffentlichen. ²Daneben ist in jedem abhängigen Konzernunternehmen das zur gesetzlichen Vertretung berufene Organ zum Aushang in dessen Betrieben verpflichtet.

**§ 10g [Unmittelbare Wahlen, Wahlberechtigung]** ¹Sind nach § 7 die Aufsichtsratsmitglieder der Arbeitnehmer in unmittelbarer Wahl zu wählen, so sind diejenigen Arbeitnehmer der Konzernunternehmen, die das 18. Lebensjahr vollendet haben, wahlberechtigt. ²Für die Wahl sind die §§ 10c bis 10f mit der Maßgabe anzuwenden, daß an die Stelle der

1. Delegierten der Arbeiter die wahlberechtigten Arbeiter,

2. Delegierten der Angestellten die wahlberechtigten Angestellten

der Konzernunternehmen treten.

**§ 10h [Aufsichtsratswahlen in Schiffahrtsunternehmen]** (1) Die Gesamtheit der Schiffe eines Unternehmens gilt für die Anwendung dieses Gesetzes als ein Betrieb.

(2) ¹Schiffe im Sinne dieses Gesetzes sind Kauffahrteischiffe, die nach dem Flaggenrechtsgesetz die Bundesflagge führen. ²Schiffe, die in der Regel binnen 48 Stunden nach dem Auslaufen an den Sitz eines Landbetriebs zurückkehren, gelten als Teil dieses Landbetriebs.

(3) Die Arbeitnehmer eines in Absatz 1 bezeichneten Betriebs nehmen an einer Abstimmung nach § 7 nicht teil und bleiben für die Errechnung der für die Antragstellung und für die Beschlußfassung erforderlichen Zahlen von Arbeitnehmern außer Betracht.

(4) ¹Werden die Aufsichtsratsmitglieder der Arbeitnehmer durch Delegierte gewählt, so werden abweichend von § 8 in einem in Absatz 1 bezeichneten Betrieb keine Delegierten gewählt. ²Abweichend von § 10c Abs. 1 nehmen die Arbeitnehmer dieses Betriebs unmittelbar an der Wahl der Aufsichtsratsmitglieder der Arbeitnehmer teil mit der Maßgabe,

1. daß die Stimme eines dieser Arbeitnehmer als ein Sechzigstel der Stimme eines Delegierten zu zählen ist; § 9 Abs. 1 Satz 3 ist entsprechend anzuwenden;

2. daß diese Arbeitnehmer an Abstimmungen über die gemeinsame Wahl der Aufsichtsratsmitglieder der Arbeitnehmer durch die Delegierten nicht teilnehmen und für die Errechnung der für die Antragstellung und für die Beschlußfassung erforderlichen Zahlen von Delegierten der Arbeiter und Delegierten der Angestellten außer Betracht bleiben.

(5) Werden die Aufsichtsratsmitglieder der Arbeitnehmer in unmittelbarer Wahl gewählt und gehören nicht mehr als ein Zehntel der Arbeitnehmer des Konzerns zu einem in Absatz 1 bezeichneten Betrieb, so nehmen diese Arbeitnehmer an einer Abstimmung über die gemeinsame Wahl der Aufsichtsratsmitglieder der Arbeitnehmer nicht teil und bleiben für die Errechnung der für die Antragstellung und für die Beschlußfassung erforderlichen Zahlen von Arbeitern und Angestellten außer Betracht.

**§ 10i [Wahlgarantien]** (1) [1]Niemand darf die Wahlen nach den §§ 8, 10c, 10d und 10g behindern. [2]Insbesondere darf niemand in der Ausübung des aktiven und passiven Wahlrechts beschränkt werden.

(2) Niemand darf die Wahlen durch Zufügung oder Androhung von Nachteilen oder durch Gewährung oder Versprechen von Vorteilen beeinflussen.

(3) [1]Die Kosten der Wahlen trägt das herrschende Unternehmen. [2]Versäumnis von Arbeitszeit, die zur Ausübung des Wahlrechts oder der Betätigung im Wahlvorstand erforderlich ist, berechtigt den Arbeitgeber nicht zur Minderung des Arbeitsentgelts.

**§ 10k [Anfechtung von Delegiertenwahlen]** (1) Die Wahl der Delegierten eines Betriebs kann beim Arbeitsgericht angefochten werden, wenn gegen wesentliche Vorschriften über das Wahlrecht, die Wählbarkeit oder das Wahlverfahren verstoßen worden und eine Berichtigung nicht erfolgt ist, es sei denn, daß durch den Verstoß das Wahlergebnis nicht geändert oder beeinflußt werden konnte.

(2) [1]Zur Anfechtung berechtigt sind

1. mindestens drei wahlberechtigte Arbeitnehmer des Betriebs,

2. der Betriebsrat,

3. das zur gesetzlichen Vertretung berufene Organ des Unternehmens.

[2]Die Anfechtung ist nur binnen einer Frist von zwei Wochen, vom Tage der Bekanntgabe des Wahlergebnisses an gerechnet, zulässig.

**§ 10l [Anfechtung von Aufsichtsratswahlen]** (1) Die Wahl eines Aufsichtsratsmitglieds oder eines Ersatzmitglieds der Arbeitnehmer kann beim Arbeitsgericht angefochten werden, wenn gegen wesentliche Vorschriften über das Wahlrecht, die Wählbarkeit oder das Wahlverfahren verstoßen worden und eine Berichtigung nicht erfolgt ist, es sei denn, daß durch den Verstoß das Wahlergebnis nicht geändert oder beeinflußt werden konnte.

(2) [1]Zur Anfechtung berechtigt sind

1. mindestens drei wahlberechtigte Arbeitnehmer von Konzernunternehmen,

2. der Gesamtbetriebsrat des herrschenden Unternehmens oder, wenn in dem herrschenden Unternehmen nur ein Betriebsrat besteht, der Betriebsrat sowie der Konzernbetriebsrat, soweit ein solcher besteht,

3. der Gesamtbetriebsrat eines anderen Konzernunternehmens oder, wenn in dem anderen Konzernunternehmen nur ein Betriebsrat besteht, der Betriebsrat,

4. jede nach § 10d Abs. 2 vorschlagsberechtigte Gewerkschaft,

5. das zur gesetzlichen Vertretung berufene Organ des herrschenden Unternehmens.

[2]Die Anfechtung ist nur binnen einer Frist von zwei Wochen, vom Tage der Veröffentlichung im Bundesanzeiger an gerechnet, zulässig.

**§ 10m [Abberufung von Aufsichtsratsmitgliedern]** (1) [1]Ein Aufsichtsratsmitglied der Arbeitnehmer kann vor Ablauf der Amtszeit auf Antrag abberufen werden. [2]Antragsberechtigt sind für die Abberufung eines

1. Aufsichtsratsmitglieds der Arbeiter drei Viertel der wahlberechtigten Arbeiter,

2. Aufsichtsratsmitglieds der Angestellten drei Viertel der wahlberechtigten Angestellten,

3. Aufsichtsratsmitglieds, das nach § 6 Abs. 1 Vertreter einer Gewerkschaft ist, die Gewerkschaft, die das Mitglied vorgeschlagen hat.

(2) [1]Ein durch Delegierte in getrennter Wahl (§ 10c Abs. 3 Satz 1) gewähltes Aufsichtsratsmitglied wird durch Beschluß der Delegierten seiner Gruppe abberufen. [2]Ein durch Delegierte in gemeinsamer Wahl (§ 10c Abs. 3 Satz 2) gewähltes Aufsichtsratsmitglied wird durch Beschluß der Delegierten abberufen. [3]Beschlüsse nach den Sätzen 1 und 2 werden in geheimer Abstimmung gefaßt; sie bedürfen einer Mehrheit von drei Vierteln der abgegebenen Stimmen.

(3) [1]Ein von den Arbeitnehmern einer Gruppe unmittelbar gewähltes Aufsichtsratsmitglied wird durch Beschluß der wahlberechtigten Arbeitnehmer dieser Gruppe abberufen. [2]Ein von den Arbeitnehmern in gemeinsamer Wahl unmittelbar gewähltes Aufsichtsratsmitglied wird durch Beschluß der wahlberechtigten Arbeitnehmer abberufen. [3]Beschlüsse nach den Sätzen 1 und 2 werden in geheimer, unmittelbarer Abstimmung gefaßt; sie bedürfen einer Mehrheit von drei Vierteln der abgegebenen Stimmen.

(4) Die Absätze 1 bis 3 sind für die Abberufung von Ersatzmitgliedern entsprechend anzuwenden.

**§ 10n [Erlöschen der Mitgliedschaft von Aufsichtsratsmitgliedern]**
(1) Verliert ein Aufsichtsratsmitglied, das nach § 6 Abs. 1 Arbeitnehmer eines Konzernunternehmens sein muß, die Wählbarkeit, so erlischt sein Amt.

(2) Der Wechsel der Gruppenzugehörigkeit eines Aufsichtsratsmitglieds der Arbeiter oder der Angestellten führt nicht zum Erlöschen seines Amtes.

**§ 11 [Beschlußfähigkeit des Aufsichtsrats]** [1]Der Aufsichtsrat ist beschlußfähig, wenn mindestens die Hälfte der Mitglieder, aus denen er nach diesem Gesetz oder der Satzung insgesamt zu bestehen hat, an der Beschlußfassung teilnimmt. [2]§ 108 Abs. 2 Satz 4 des Aktiengesetzes findet Anwendung.

**§ 12.** *(aufgehoben)*

**§ 13 [Organvertretung]** [1]Für die Bestellung der Mitglieder des zur gesetzlichen Vertretung berufenen Organs und für den Widerruf ihrer Bestellung gelten § 76 Abs. 3 und § 84 des Aktiengesetzes und § 13 Abs. 1

Satz 1 des Montan-Mitbestimmungsgesetzes. [2]§ 13 Abs. 2 des Montan-Mitbestimmungsgesetzes findet Anwendung.

**§ 14.** *(aufgehoben)*

**§ 15 [Zuständigkeit des Aufsichtsrats]** (1) [1]Die einem Unternehmen, in dem die Arbeitnehmer nach dem Montan-Mitbestimmungsgesetz oder nach § 2 oder § 3 dieses Gesetzes ein Mitbestimmungsrecht haben, auf Grund von Beteiligungen an einem anderen Unternehmen zustehenden Rechte bei der Bestellung, dem Widerruf der Bestellung oder der Entlastung von Verwaltungsträgern sowie bei der Beschlußfassung über die Auflösung oder Umwandlung des anderen Unternehmens, über dessen Fortsetzung nach seiner Auflösung, über die Übertragung seines Vermögens können durch das zur gesetzlichen Vertretung berufene Organ nur auf Grund von Beschlüssen des Aufsichtsrats ausgeübt werden. [2]Diese Beschlüsse bedürfen nur der Mehrheit der Stimmen der nach § 5 des Montan-Mitbestimmungsgesetzes oder der nach § 5 Abs. 2 dieses Gesetzes bestellten Mitglieder; sie sind für das zur gesetzlichen Vertretung berufene Organ verbindlich.

(2) Absatz 1 gilt nicht, wenn die Beteiligung des Unternehmens an dem anderen Unternehmen weniger als ein Viertel beträgt.

**§ 16[1]) [Voraussetzung für die Anwendung der §§ 5 bis 13]** (1) Die §§ 5 bis 13 sind auf das herrschende Unternehmen erst anzuwenden,

1. wenn in sechs aufeinanderfolgenden Geschäftsjahren der nach § 3 berechnete Anteil der unter das Montan-Mitbestimmungsgesetz fallenden Unternehmen an den Umsätzen sämtlicher Konzernunternehmen und abhängigen Unternehmen mehr als die Hälfte betragen hat oder

2. wenn auf dieses Unternehmen das Montan-Mitbestimmungsgesetz, nach dem die Arbeitnehmer bisher ein Mitbestimmungsrecht hatten, nicht mehr anwendbar ist.

(2) Die §§ 5 bis 13 sind auf das herrschende Unternehmen nicht mehr anzuwenden, wenn in sechs aufeinanderfolgenden Geschäftsjahren

1. die Voraussetzungen des § 3 nicht mehr vorliegen oder

2. kein Unternehmen, in dem die Arbeitnehmer nach den Vorschriften des Montan-Mitbestimmungsgesetzes ein Mitbestimmungsrecht haben, beherrscht wird.

**§ 17 [Ermächtigung zum Erlaß von Rechtsverordnungen]** Die Bundesregierung wird ermächtigt, durch Rechtsverordnung Vorschriften über das Verfahren für die Wahl und die Abberufung von Aufsichtsratsmitgliedern der Arbeitnehmer zu erlassen, insbesondere über

1. die Vorbereitung der Wahl oder Abstimmung, die Bestellung der Wahlvorstände und die Aufstellung der Wählerlisten,

2. die Abstimmungen darüber, ob die Wahl der Aufsichtsratsmitglieder in unmittelbarer Wahl oder durch Delegierte erfolgen soll, und darüber, ob gemeinsame Wahl stattfinden soll,

---

[1]) Vgl. dazu Anm. 1) zu § 3 Abs. 2 MitbestErgG.

3. die Frist für die Einsichtnahme in die Wählerlisten und die Erhebung von Einsprüchen,

4. die Verteilung der Aufsichtsratsmitglieder der Arbeitnehmer auf die Arbeiter, die Angestellten und die Gewerkschaftsvertreter,

5. die Errechnung der Zahl der Delegierten sowie ihre Verteilung auf die Arbeiter und die Angestellten,

6. die Wahlvorschläge und die Frist für ihre Einreichung,

7. die Ausschreibung der Wahl oder der Abstimmung und die Fristen für die Bekanntmachung des Ausschreibens,

8. die Teilnahme von Arbeitnehmern eines in § 10h Abs. 1 bezeichneten Betriebs an Wahlen und Abstimmungen,

9. die Stimmabgabe,

10. die Feststellung des Ergebnisses der Wahl oder der Abstimmung und die Fristen für seine Bekanntmachung,

11. die Aufbewahrung der Wahlakten und der Abstimmungsakten.

## Artikel 2. Anwendung und Änderung des Reichsgesetzes über die Angelegenheiten der freiwilligen Gerichtsbarkeit

**§ 18.** (1) [1] Im Falle des § 8 Abs. 3 Satz 4 des Montan-Mitbestimmungsgesetzes sind auf das Verfahren des Oberlandesgerichts die Vorschriften des Reichsgesetzes über die Angelegenheiten der freiwilligen Gerichtsbarkeit entsprechend anzuwenden. [2] Gegen die Entscheidung des Oberlandesgerichts findet ein Rechtsmittel nicht statt.

(2) [1] Für das Verfahren des Oberlandesgerichts werden von dem Unternehmen Gebühren nach § 121 der Kostenordnung erhoben. [2] § 8 der Kostenordnung ist nicht anzuwenden.

**§§ 19, 20** [Änderungsvorschriften]

## Artikel 3. Übergangs- und Schlußvorschriften

**§ 21** [Gegenstandslose Überleitungsvorschrift]

**§ 22** [Berlin-Klausel] *(gegenstandslos)*

**§ 23** [Inkrafttreten] Dieses Gesetz tritt am Tage nach seiner Verkündung[1] in Kraft.

---

[1] Verkündet am 8. 8. 1956.

# 10. Handelsgesetzbuch

Vom 10. Mai 1897 (RGBl. S. 219)

**BGBl. III/FNA 4100-1**

zuletzt geändert durch Art. 4 Gesetz zur Einführung des Euro (Euro-Einführungsgesetz – EuroEG) vom 9. 6. 1998 (BGBl. I S. 1242), Art. 3 Gesetz zur Neuregelung des Kaufmanns- und Firmenrechts und zur Änderung anderer handels- und gesellschaftsrechtlicher Vorschriften (Handelsrechtsreformgesetz – HRefG) vom 22. 6. 1998 (BGBl. I S. 1474) und Art. 4 Steueränderungsgesetz 1998 vom 19. 12. 1998 (BGBl. I S. 3816)

(Auszug: Drittes Buch. Handelsbücher – §§ 238 bis 339)

## Drittes Buch. Handelsbücher

### Erster Abschnitt. Vorschriften für alle Kaufleute

#### Erster Unterabschnitt. Buchführung. Inventar

**§ 238 Buchführungspflicht.** (1) [1]Jeder Kaufmann ist verpflichtet, Bücher zu führen und in diesen seine Handelsgeschäfte und die Lage seines Vermögens nach den Grundsätzen ordnungsmäßiger Buchführung ersichtlich zu machen. [2]Die Buchführung muß so beschaffen sein, daß sie einem sachverständigen Dritten innerhalb angemessener Zeit einen Überblick über die Geschäftsvorfälle und über die Lage des Unternehmens vermitteln kann. [3]Die Geschäftsvorfälle müssen sich in ihrer Entstehung und Abwicklung verfolgen lassen.

(2) Der Kaufmann ist verpflichtet, eine mit der Urschrift übereinstimmende Wiedergabe der abgesandten Handelsbriefe (Kopie, Abdruck, Abschrift oder sonstige Wiedergabe des Wortlauts auf einem Schrift-, Bild- oder anderen Datenträger) zurückzuhalten.

**§ 239 Führung der Handelsbücher.** (1) [1]Bei der Führung der Handelsbücher und bei den sonst erforderlichen Aufzeichnungen hat sich der Kaufmann einer lebenden Sprache zu bedienen. [2]Werden Abkürzungen, Ziffern, Buchstaben oder Symbole verwendet, muß im Einzelfall deren Bedeutung eindeutig festliegen.

(2) Die Eintragungen in Büchern und die sonst erforderlichen Aufzeichnungen müssen vollständig, richtig, zeitgerecht und geordnet vorgenommen werden.

(3) [1]Eine Eintragung oder eine Aufzeichnung darf nicht in einer Weise verändert werden, daß der ursprüngliche Inhalt nicht mehr feststellbar ist. [2]Auch solche Veränderungen dürfen nicht vorgenommen werden, deren Beschaffenheit es ungewiß läßt, ob sie ursprünglich oder erst später gemacht worden sind.

(4) [1]Die Handelsbücher und die sonst erforderlichen Aufzeichnungen können auch in der geordneten Ablage von Belegen bestehen oder auf Datenträgern geführt werden, soweit diese Formen der Buchführung einschließlich

des dabei angewandten Verfahrens den Grundsätzen ordnungsmäßiger Buchführung entsprechen. ²Bei der Führung der Handelsbücher und der sonst erforderlichen Aufzeichnungen auf Datenträgern muß insbesondere sichergestellt sein, daß die Daten während der Dauer der Aufbewahrungsfrist verfügbar sind und jederzeit innerhalb angemessener Frist lesbar gemacht werden können. ³Absätze 1 bis 3 gelten sinngemäß.

**§ 240 Inventar.** (1) Jeder Kaufmann hat zu Beginn seines Handelsgewerbes seine Grundstücke, seine Forderungen und Schulden, den Betrag seines baren Geldes sowie seine sonstigen Vermögensgegenstände genau zu verzeichnen und dabei den Wert der einzelnen Vermögensgegenstände und Schulden anzugeben.

(2) ¹Er hat demnächst für den Schluß eines jeden Geschäftsjahrs ein solches Inventar aufzustellen. ²Die Dauer des Geschäftsjahres darf zwölf Monate nicht überschreiten. ³Die Aufstellung des Inventars ist innerhalb der einem ordnungsmäßigen Geschäftsgang entsprechenden Zeit zu bewirken.

(3) ¹Vermögensgegenstände des Sachanlagevermögens sowie Roh-, Hilfs- und Betriebsstoffe können, wenn sie regelmäßig ersetzt werden und ihr Gesamtwert für das Unternehmen von nachrangiger Bedeutung ist, mit einer gleichbleibenden Menge und einem gleichbleibenden Wert angesetzt werden, sofern ihr Bestand in seiner Größe, seinem Wert und seiner Zusammensetzung nur geringen Veränderungen unterliegt. ²Jedoch ist in der Regel alle drei Jahre eine körperliche Bestandsaufnahme durchzuführen.

(4) Gleichartige Vermögensgegenstände des Vorratsvermögens sowie andere gleichartige oder annähernd gleichwertige bewegliche Vermögensgegenstände und Schulden können jeweils zu einer Gruppe zusammengefaßt und mit dem gewogenen Durchschnittswert angesetzt werden.

**§ 241 Inventurvereinfachungsverfahren.** (1) ¹Bei der Aufstellung des Inventars darf der Bestand der Vermögensgegenstände nach Art, Menge und Wert auch mit Hilfe anerkannter mathematisch-statistischer Methoden auf Grund von Stichproben ermittelt werden. ²Das Verfahren muß den Grundsätzen ordnungsmäßiger Buchführung entsprechen. ³Der Aussagewert des auf diese Weise aufgestellten Inventars muß dem Aussagewert eines auf Grund einer körperlichen Bestandsaufnahme aufgestellten Inventars gleichkommen.

(2) Bei der Aufstellung des Inventars für den Schluß eines Geschäftsjahrs bedarf es einer körperlichen Bestandsaufnahme der Vermögensgegenstände für diesen Zeitpunkt nicht, soweit durch Anwendung eines den Grundsätzen ordnungsmäßiger Buchführung entsprechenden anderen Verfahrens gesichert ist, daß der Bestand der Vermögensgegenstände nach Art, Menge und Wert auch ohne die körperliche Bestandsaufnahme für diesen Zeitpunkt festgestellt werden kann.

(3) In dem Inventar für den Schluß eines Geschäftsjahrs brauchen Vermögensgegenstände nicht verzeichnet zu werden, wenn

1. der Kaufmann ihren Bestand auf Grund einer körperlichen Bestandsaufnahme oder auf Grund eines nach Absatz 2 zulässigen anderen Verfahrens nach Art, Menge und Wert in einem besonderen Inventar verzeichnet hat, das für einen Tag innerhalb der letzten drei Monate vor oder der ersten beiden Monate nach dem Schluß des Geschäftsjahrs aufgestellt ist, und

2. auf Grund des besonderen Inventars durch Anwendung eines den Grundsätzen ordnungsmäßiger Buchführung entsprechenden Fortschreibungs- oder Rückrechnungsverfahrens gesichert ist, daß der am Schluß des Geschäftsjahrs vorhandene Bestand der Vermögensgegenstände für diesen Zeitpunkt ordnungsgemäß bewertet werden kann.

### Zweiter Unterabschnitt. Eröffnungsbilanz. Jahresabschluß

### Erster Titel. Allgemeine Vorschriften

**§ 242 Pflicht zur Aufstellung.** (1) [1] Der Kaufmann hat zu Beginn seines Handelsgewerbes und für den Schluß eines jeden Geschäftsjahrs einen das Verhältnis seines Vermögens und seiner Schulden darstellenden Abschluß (Eröffnungsbilanz, Bilanz) aufzustellen. [2] Auf die Eröffnungsbilanz sind die für den Jahresabschluß geltenden Vorschriften entsprechend anzuwenden, soweit sie sich auf die Bilanz beziehen.

(2) Er hat für den Schluß eines jeden Geschäftsjahrs eine Gegenüberstellung der Aufwendungen und Erträge des Geschäftsjahrs (Gewinn- und Verlustrechnung) aufzustellen.

(3) Die Bilanz und die Gewinn- und Verlustrechnung bilden den Jahresabschluß.

**§ 243 Aufstellungsgrundsatz.** (1) Der Jahresabschluß ist nach den Grundsätzen ordnungsmäßiger Buchführung aufzustellen.

(2) Er muß klar und übersichtlich sein.

(3) Der Jahresabschluß ist innerhalb der einem ordnungsmäßigen Geschäftsgang entsprechenden Zeit aufzustellen.

**§ 244 Sprache. Währungseinheit.** Der Jahresabschluß ist in deutscher Sprache und in Euro aufzustellen.

**§ 245 Unterzeichnung.** [1] Der Jahresabschluß ist vom Kaufmann unter Angabe des Datums zu unterzeichnen. [2] Sind mehrere persönlich haftende Gesellschafter vorhanden, so haben sie alle zu unterzeichnen.

### Zweiter Titel. Ansatzvorschriften

**§ 246 Vollständigkeit. Verrechnungsverbot.** (1) [1] Der Jahresabschluß hat sämtliche Vermögensgegenstände, Schulden, Rechnungsabgrenzungsposten, Aufwendungen und Erträge zu enthalten, soweit gesetzlich nichts anderes bestimmt ist. [2] Vermögensgegenstände, die unter Eigentumsvorbehalt erworben oder an Dritte für eigene oder fremde Verbindlichkeiten verpfändet oder in anderer Weise als Sicherheit übertragen worden sind, sind in die Bilanz des Sicherungsgebers aufzunehmen. [3] In die Bilanz des Sicherungsnehmers sind sie nur aufzunehmen, wenn es sich um Bareinlagen handelt.

(2) Posten der Aktivseite dürfen nicht mit Posten der Passivseite, Aufwendungen nicht mit Erträgen, Grundstücksrechte nicht mit Grundstückslasten verrechnet werden.

**§ 247 Inhalt der Bilanz.** (1) In der Bilanz sind das Anlage- und das Umlaufvermögen, das Eigenkapital, die Schulden sowie die Rechnungsabgrenzungsposten gesondert auszuweisen und hinreichend aufzugliedern.

(2) Beim Anlagevermögen sind nur die Gegenstände auszuweisen, die bestimmt sind, dauernd dem Geschäftsbetrieb zu dienen.

(3) [1] Passivposten, die für Zwecke der Steuern vom Einkommen und vom Ertrag zulässig sind, dürfen in der Bilanz gebildet werden. [2] Sie sind als Sonderposten mit Rücklageanteil auszuweisen und nach Maßgabe des Steuerrechts aufzulösen. [3] Einer Rückstellung bedarf es insoweit nicht.

**§ 248 Bilanzierungsverbote.** (1) Aufwendungen für die Gründung des Unternehmens und für die Beschaffung des Eigenkapitals dürfen in die Bilanz nicht als Aktivposten aufgenommen werden.

(2) Für immaterielle Vermögensgegenstände des Anlagevermögens, die nicht entgeltlich erworben wurden, darf ein Aktivposten nicht angesetzt werden.

(3) Aufwendungen für den Abschluß von Versicherungsverträgen dürfen nicht aktiviert werden.

**§ 249 Rückstellungen.** (1) [1] Rückstellungen sind für ungewisse Verbindlichkeiten und für drohende Verluste aus schwebenden Geschäften zu bilden. [2] Ferner sind Rückstellungen zu bilden für

1. im Geschäftsjahr unterlassene Aufwendungen für Instandhaltung, die im folgenden Geschäftsjahr innerhalb von drei Monaten, oder für Abraumbeseitigung, die im folgenden Geschäftsjahr nachgeholt werden,

2. Gewährleistungen, die ohne rechtliche Verpflichtung erbracht werden.

[3] Rückstellungen dürfen für unterlassene Aufwendungen für Instandhaltung auch gebildet werden, wenn die Instandhaltung nach Ablauf der Frist nach Satz 2 Nr. 1 innerhalb des Geschäftsjahrs nachgeholt wird.

(2) Rückstellungen dürfen außerdem für ihrer Eigenart nach genau umschriebene, dem Geschäftsjahr oder einem früheren Geschäftsjahr zuzuordnende Aufwendungen gebildet werden, die am Abschlußstichtag wahrscheinlich oder sicher, aber hinsichtlich ihrer Höhe oder des Zeitpunkts ihres Eintritts unbestimmt sind.

(3) [1] Für andere als die in den Absätzen 1 und 2 bezeichneten Zwecke dürfen Rückstellungen nicht gebildet werden. [2] Rückstellungen dürfen nur aufgelöst werden, soweit der Grund hierfür entfallen ist.

**§ 250 Rechnungsabgrenzungsposten.** (1) [1] Als Rechnungsabgrenzungsposten sind auf der Aktivseite Ausgaben vor dem Abschlußstichtag auszuweisen, soweit sie Aufwand für eine bestimmte Zeit nach diesem Tag darstellen. [2] Ferner dürfen ausgewiesen werden

1. als Aufwand berücksichtigte Zölle und Verbrauchsteuern, soweit sie auf am Abschlußstichtag auszuweisende Vermögensgegenstände des Vorratsvermögens entfallen,

2. als Aufwand berücksichtigte Umsatzsteuer auf am Abschlußstichtag auszuweisende oder von den Vorräten offen abgesetzte Anzahlungen.

(2) Auf der Passivseite sind als Rechnungsabgrenzungsposten Einnahmen vor dem Abschlußstichtag auszuweisen, soweit sie Ertrag für eine bestimmte Zeit nach diesem Tag darstellen.

(3) ¹Ist der Rückzahlungsbetrag einer Verbindlichkeit höher als der Ausgabebetrag, so darf der Unterschiedsbetrag in den Rechnungsabgrenzungsposten auf der Aktivseite aufgenommen werden. ²Der Unterschiedsbetrag ist durch planmäßige jährliche Abschreibungen zu tilgen, die auf die gesamte Laufzeit der Verbindlichkeit verteilt werden können.

**§ 251 Haftungsverhältnisse.** ¹Unter der Bilanz sind, sofern sie nicht auf der Passivseite auszuweisen sind, Verbindlichkeiten aus der Begebung und Übertragung von Wechseln, aus Bürgschaften, Wechsel- und Scheckbürgschaften und aus Gewährleistungsverträgen sowie Haftungsverhältnisse aus der Bestellung von Sicherheiten für fremde Verbindlichkeiten zu vermerken; sie dürfen in einem Betrag angegeben werden. ²Haftungsverhältnisse sind auch anzugeben, wenn ihnen gleichwertige Rückgriffsforderungen gegenüberstehen.

**Dritter Titel.¹⁾ Bewertungsvorschriften**

**§ 252 Allgemeine Bewertungsgrundsätze.** (1) Bei der Bewertung der im Jahresabschluß ausgewiesenen Vermögensgegenstände und Schulden gilt insbesondere folgendes:

1. Die Wertansätze in der Eröffnungsbilanz des Geschäftsjahrs müssen mit denen der Schlußbilanz des vorhergehenden Geschäftsjahrs übereinstimmen.

2. Bei der Bewertung ist von der Fortführung der Unternehmenstätigkeit auszugehen, sofern dem nicht tatsächliche oder rechtliche Gegebenheiten entgegenstehen.

3. Die Vermögensgegenstände und Schulden sind zum Abschlußstichtag einzeln zu bewerten.

4. Es ist vorsichtig zu bewerten, namentlich sind alle vorhersehbaren Risiken und Verluste, die bis zum Abschlußstichtag entstanden sind, zu berücksich-

---

¹⁾ Beachte dazu Art. 24 EGHGB v. 10. 5. 1897 (RGBl. S. 437):
„**Art. 24 [Bewertungsvorschriften]** (1) ¹Waren Vermögensgegenstände des Anlagevermögens im Jahresabschluß für das am 31. Dezember 1986 endende oder laufende Geschäftsjahr mit einem niedrigeren Wert angesetzt, als er nach § 240 Abs. 3 und 4, §§ 252, 253 Abs. 1, 2 und 4, §§ 254, 255, 279 und 280 Abs. 1 und 2 des Handelsgesetzbuchs zulässig ist, so darf der niedrigere Wertansatz beibehalten werden. ²§ 253 Abs. 2 des Handelsgesetzbuchs ist in diesem Falle mit der Maßgabe anzuwenden, daß der niedrigere Wertansatz um planmäßige Abschreibungen entsprechend der voraussichtlichen Restnutzungsdauer zu vermindern ist.

(2) Waren Vermögensgegenstände des Umlaufvermögens im Jahresabschluß für das am 31. Dezember 1986 endende oder laufende Geschäftsjahr mit einem niedrigeren Wert angesetzt als er nach §§ 252, 253 Abs. 1, 3 und 4, §§ 254, 255 Abs. 1 und 2, §§ 256, 279 Abs. 1 Satz 1, Abs. 2, § 280 Abs. 1 und 2 des Handelsgesetzbuchs zulässig ist, so darf der niedrigere Wertansatz insoweit beibehalten werden, als

1. er aus den Gründen des § 253 Abs. 3, §§ 254, 279 Abs. 2, § 280 Abs. 2 des Handelsgesetzbuchs angesetzt worden ist oder

2. es sich um einen niedrigeren Wertansatz im Sinne des § 253 Abs. 4 des Handelsgesetzbuchs handelt.

(3) bis (6) *(gegenstandslose Übergangsvorschriften)*"

tigen, selbst wenn diese erst zwischen dem Abschlußstichtag und dem Tag der Aufstellung des Jahresabschlusses bekanntgeworden sind; Gewinne sind nur zu berücksichtigen, wenn sie am Abschlußstichtag realisiert sind.

5. Aufwendungen und Erträge des Geschäftsjahrs sind unabhängig von den Zeitpunkten der entsprechenden Zahlungen im Jahresabschluß zu berücksichtigen.

6. Die auf den vorhergehenden Jahresabschluß angewandten Bewertungsmethoden sollen beibehalten werden.

(2) Von den Grundsätzen des Absatzes 1 darf nur in begründeten Ausnahmefällen abgewichen werden.

### § 253 Wertansätze der Vermögensgegenstände und Schulden.

(1) [1] Vermögensgegenstände sind höchstens mit den Anschaffungs- oder Herstellungskosten, vermindert um Abschreibungen nach den Absätzen 2 und 3 anzusetzen. [2] Verbindlichkeiten sind zu ihrem Rückzahlungsbetrag, Rentenverpflichtungen, für die eine Gegenleistung nicht mehr zu erwarten ist, zu ihrem Barwert und Rückstellungen nur in Höhe des Betrags anzusetzen, der nach vernünftiger kaufmännischer Beurteilung notwendig ist; Rückstellungen dürfen nur abgezinst werden, soweit die ihnen zugrundeliegenden Verbindlichkeiten einen Zinsanteil enthalten.

(2) [1] Bei Vermögensgegenständen des Anlagevermögens, deren Nutzung zeitlich begrenzt ist, sind die Anschaffungs- oder Herstellungskosten um planmäßige Abschreibungen zu vermindern. [2] Der Plan muß die Anschaffungs- oder Herstellungskosten auf die Geschäftsjahre verteilen, in denen der Vermögensgegenstand voraussichtlich genutzt werden kann. [3] Ohne Rücksicht darauf, ob ihre Nutzung zeitlich begrenzt ist, können bei Vermögensgegenständen des Anlagevermögens außerplanmäßige Abschreibungen vorgenommen werden, um die Vermögensgegenstände mit dem niedrigeren Wert anzusetzen, der ihnen am Abschlußstichtag beizulegen ist; sie sind vorzunehmen bei einer voraussichtlich dauernden Wertminderung.

(3) [1] Bei Vermögensgegenständen des Umlaufvermögens sind Abschreibungen vorzunehmen, um diese mit einem niedrigeren Wert anzusetzen, der sich aus einem Börsen- oder Marktpreis am Abschlußstichtag ergibt. [2] Ist ein Börsen- oder Marktpreis nicht festzustellen und übersteigen die Anschaffungs- oder Herstellungskosten den Wert, der den Vermögensgegenständen am Abschlußstichtag beizulegen ist, so ist auf diesen Wert abzuschreiben. [3] Außerdem dürfen Abschreibungen vorgenommen werden, soweit diese nach vernünftiger kaufmännischer Beurteilung notwendig sind, um zu verhindern, daß in der nächsten Zukunft der Wertansatz dieser Vermögensgegenstände auf Grund von Wertschwankungen geändert werden muß.

(4) Abschreibungen sind außerdem im Rahmen vernünftiger kaufmännischer Beurteilung zulässig.

(5) Ein niedrigerer Wertansatz nach Absatz 2 Satz 3, Absatz 3 oder 4 darf beibehalten werden, auch wenn die Gründe dafür nicht mehr bestehen.

### § 254 Steuerrechtliche Abschreibungen. [1] Abschreibungen können auch vorgenommen werden, um Vermögensgegenstände des Anlage- oder Umlaufvermögens mit dem niedrigeren Wert anzusetzen, der auf einer nur steuerrechtlich zulässigen Abschreibung beruht. [2] § 253 Abs. 5 ist entsprechend anzuwenden.

**§ 255 Anschaffungs- und Herstellungskosten.** (1) [1]Anschaffungskosten sind die Aufwendungen, die geleistet werden, um einen Vermögensgegenstand zu erwerben und ihn in einen betriebsbereiten Zustand zu versetzen, soweit sie dem Vermögensgegenstand einzeln zugeordnet werden können. [2]Zu den Anschaffungskosten gehören auch die Nebenkosten sowie die nachträglichen Anschaffungskosten. [3]Anschaffungspreisminderungen sind abzusetzen.

(2) [1]Herstellungskosten sind die Aufwendungen, die durch den Verbrauch von Gütern und die Inanspruchnahme von Diensten für die Herstellung eines Vermögensgegenstands, seine Erweiterung oder für eine über seinen ursprünglichen Zustand hinausgehende wesentliche Verbesserung entstehen. [2]Dazu gehören die Materialkosten, die Fertigungskosten und die Sonderkosten der Fertigung. [3]Bei der Berechnung der Herstellungskosten dürfen auch angemessene Teile der notwendigen Materialgemeinkosten, der notwendigen Fertigungsgemeinkosten und des Wertverzehrs des Anlagevermögens, soweit er durch die Fertigung veranlaßt ist, eingerechnet werden. [4]Kosten der allgemeinen Verwaltung sowie Aufwendungen für soziale Einrichtungen des Betriebs, für freiwillige soziale Leistungen und für betriebliche Altersversorgung brauchen nicht eingerechnet zu werden. [5]Aufwendungen im Sinne der Sätze 3 und 4 dürfen nur insoweit berücksichtigt werden, als sie auf den Zeitraum der Herstellung entfallen. [6]Vertriebskosten dürfen nicht in die Herstellungskosten einbezogen werden.

(3) [1]Zinsen für Fremdkapital gehören nicht zu den Herstellungskosten. [2]Zinsen für Fremdkapital, das zur Finanzierung der Herstellung eines Vermögensgegenstands verwendet wird, dürfen angesetzt werden, soweit sie auf den Zeitraum der Herstellung entfallen; in diesem Falle gelten sie als Herstellungskosten des Vermögensgegenstands.

(4) [1]Als Geschäfts- oder Firmenwert darf der Unterschiedsbetrag angesetzt werden, um den die für die Übernahme eines Unternehmens bewirkte Gegenleistung den Wert der einzelnen Vermögensgegenstände des Unternehmens abzüglich der Schulden im Zeitpunkt der Übernahme übersteigt. [2]Der Betrag ist in jedem folgenden Geschäftsjahr zu mindestens einem Viertel durch Abschreibungen zu tilgen. [3]Die Abschreibung des Geschäfts- oder Firmenwerts kann aber auch planmäßig auf die Geschäftsjahre verteilt werden, in denen er voraussichtlich genutzt wird.

**§ 256 Bewertungsvereinfachungsverfahren.** [1]Soweit es den Grundsätzen ordnungsmäßiger Buchführung entspricht, kann für den Wertansatz gleichartiger Vermögensgegenstände des Vorratsvermögens unterstellt werden, daß die zuerst oder daß die zuletzt angeschafften oder hergestellten Vermögensgegenstände zuerst oder in einer sonstigen bestimmten Folge verbracht oder veräußert worden sind. [2]§ 240 Abs. 3 und 4 ist auch auf den Jahresabschluß anwendbar.

### Dritter Unterabschnitt. Aufbewahrung und Vorlage

**§ 257 Aufbewahrung von Unterlagen. Aufbewahrungsfristen.** (1) Jeder Kaufmann ist verpflichtet, die folgenden Unterlagen geordnet aufzubewahren:

1. Handelsbücher, Inventare, Eröffnungsbilanzen, Jahresabschlüsse, Lageberichte, Konzernabschlüsse, Konzernlageberichte sowie die zu ihrem Ver-

ständnis erforderlichen Arbeitsanweisungen und sonstigen Organisations-
unterlagen,

2. die empfangenen Handelsbriefe,
3. Wiedergaben der abgesandten Handelsbriefe,
4. Belege für Buchungen in den von ihm nach § 238 Abs. 1 zu führenden Büchern (Buchungsbelege).

(2) Handelsbriefe sind nur Schriftstücke, die ein Handelsgeschäft betreffen.

(3) [1] Mit Ausnahme der Eröffnungsbilanzen, Jahresabschlüsse und der Konzernabschlüsse können die in Absatz 1 aufgeführten Unterlagen auch als Wiedergabe auf einem Bildträger oder auf anderen Datenträgern aufbewahrt werden, wenn dies den Grundsätzen ordnungsmäßiger Buchführung entspricht und sichergestellt ist, daß die Wiedergabe oder die Daten

1. mit den empfangenen Handelsbriefen und den Buchungsbelegen bildlich und mit den anderen Unterlagen inhaltlich übereinstimmen, wenn sie lesbar gemacht werden,
2. während der Dauer der Aufbewahrungsfrist verfügbar sind und jederzeit innerhalb angemessener Frist lesbar gemacht werden können.

[2] Sind Unterlagen auf Grund des § 239 Abs. 4 Satz 1 auf Datenträgern hergestellt worden, können statt des Datenträgers die Daten auch ausgedruckt aufbewahrt werden; die ausgedruckten Unterlagen können auch nach Satz 1 aufbewahrt werden.

(4) Die in Absatz 1 Nr. 1 und 4 aufgeführten Unterlagen sind zehn Jahre, die sonstigen in Absatz 1 aufgeführten Unterlagen sechs Jahre aufzubewahren.

(5) Die Aufbewahrungsfrist beginnt mit dem Schluß des Kalenderjahrs, in dem die letzte Eintragung in das Handelsbuch gemacht, das Inventar aufgestellt, die Eröffnungsbilanz oder der Jahresabschluß festgestellt, der Konzernabschluß aufgestellt, der Handelsbrief empfangen oder abgesandt worden oder der Buchungsbeleg entstanden ist.

**§ 258 Vorlegung im Rechtsstreit.** (1) Im Laufe eines Rechtsstreits kann das Gericht auf Antrag oder von Amts wegen die Vorlegung der Handelsbücher einer Partei anordnen.

(2) Die Vorschriften der Zivilprozeßordnung über die Verpflichtung des Prozeßgegners zur Vorlegung von Urkunden bleiben unberührt.

**§ 259 Auszug bei Vorlegung im Rechtsstreit.** [1] Werden in einem Rechtsstreit Handelsbücher vorgelegt, so ist von ihrem Inhalt, soweit er den Streitpunkt betrifft, unter Zuziehung der Parteien Einsicht zu nehmen und geeignetenfalls ein Auszug zu fertigen. [2] Der übrige Inhalt der Bücher ist dem Gericht insoweit offenzulegen, als es zur Prüfung ihrer ordnungsmäßigen Führung notwendig ist.

**§ 260 Vorlegung bei Auseinandersetzungen.** Bei Vermögensauseinandersetzungen, insbesondere in Erbschafts-, Gütergemeinschafts- und Gesellschaftsteilungssachen, kann das Gericht die Vorlegung der Handelsbücher zur Kenntnisnahme von ihrem ganzen Inhalt anordnen.

**§ 261 Vorlegung von Unterlagen auf Bild- oder Datenträgern.** Wer aufzubewahrende Unterlagen nur in der Form einer Wiedergabe auf einem

Bildträger oder auf anderen Datenträgern vorlegen kann, ist verpflichtet, auf seine Kosten diejenigen Hilfsmittel zur Verfügung zu stellen, die erforderlich sind, um die Unterlagen lesbar zu machen; soweit erforderlich, hat er die Unterlagen auf seine Kosten auszudrucken oder ohne Hilfsmittel lesbare Reproduktionen beizubringen.

## Vierter Unterabschnitt. Landesrecht

**§ 262.** *(aufgehoben)*

**§ 263 Vorbehalt landesrechtlicher Vorschriften.** Unberührt bleiben bei Unternehmen ohne eigene Rechtspersönlichkeit einer Gemeinde, eines Gemeindeverbands oder eines Zweckverbands landesrechtliche Vorschriften, die von den Vorschriften dieses Abschnitts abweichen.

## Zweiter Abschnitt. Ergänzende Vorschriften für Kapitalgesellschaften (Aktiengesellschaften, Kommanditgesellschaften auf Aktien und Gesellschaften mit beschränkter Haftung)

### Erster Unterabschnitt. Jahresabschluß der Kapitalgesellschaft und Lagebericht

### Erster Titel. Allgemeine Vorschriften

**§ 264 Pflicht zur Aufstellung.** (1) ¹Die gesetzlichen Vertreter einer Kapitalgesellschaft haben den Jahresabschluß (§ 242) um einen Anhang zu erweitern, der mit der Bilanz und der Gewinn- und Verlustrechnung eine Einheit bildet, sowie einen Lagebericht aufzustellen. ²Der Jahresabschluß und der Lagebericht sind von den gesetzlichen Vertretern in den ersten drei Monaten des Geschäftsjahrs für das vergangene Geschäftsjahr aufzustellen. ³Kleine Kapitalgesellschaften (§ 267 Abs. 1) brauchen den Lagebericht nicht aufzustellen; sie dürfen den Jahresabschluß auch später aufstellen, wenn dies einem ordnungsgemäßen Geschäftsgang entspricht, jedoch innerhalb der ersten sechs Monate des Geschäftsjahres.

(2) ¹Der Jahresabschluß der Kapitalgesellschaft hat unter Beachtung der Grundsätze ordnungsmäßiger Buchführung ein den tatsächlichen Verhältnissen entsprechendes Bild der Vermögens-, Finanz- und Ertragslage der Kapitalgesellschaft zu vermitteln. ²Führen besondere Umstände dazu, daß der Jahresabschluß ein den tatsächlichen Verhältnissen entsprechendes Bild im Sinne des Satzes 1 nicht vermittelt, so sind im Anhang zusätzliche Angaben zu machen.

(3) Eine Kapitalgesellschaft, die Tochterunternehmen eines nach § 290 zur Aufstellung eines Konzernabschlusses verpflichteten Mutterunternehmens ist, braucht die Vorschriften dieses Unterabschnitts und des Dritten und Vierten Unterabschnitts dieses Abschnitts nicht anzuwenden, wenn

1. alle Gesellschafter des Tochterunternehmens der Befreiung für das jeweilige Geschäftsjahr zugestimmt haben und der Beschluß nach § 325 offengelegt worden ist,

2. das Mutterunternehmen zur Verlustübernahme nach § 302 des Aktiengesetzes verpflichtet ist oder eine solche Verpflichtung freiwillig übernommen hat und diese Erklärung nach § 325 offengelegt worden ist,

3. das Tochterunternehmen in den Konzernabschluß nach den Vorschriften dieses Abschnitts einbezogen worden ist,

4. die Befreiung des Tochterunternehmens im Anhang des von dem Mutterunternehmen aufgestellten Konzernabschlusses angegeben wird und

5. die von dem Mutterunternehmen nach den Vorschriften über die Konzernrechnungslegung gemäß § 325 offenzulegenden Unterlagen auch zum Handelsregister des Sitzes der die Befreiung in Anspruch nehmenden Kapitalgesellschaft eingereicht worden sind.

**§ 265 Allgemeine Grundsätze für die Gliederung.** (1) ¹Die Form der Darstellung, insbesondere die Gliederung der aufeinanderfolgenden Bilanzen und Gewinn- und Verlustrechnungen, ist beizubehalten, soweit nicht in Ausnahmefällen wegen besonderer Umstände Abweichungen erforderlich sind. ²Die Abweichungen sind im Anhang anzugeben und zu begründen.

(2) ¹In der Bilanz sowie in der Gewinn- und Verlustrechnung ist zu jedem Posten der entsprechende Betrag des vorhergehenden Geschäftsjahrs anzugeben. ²Sind die Beträge nicht vergleichbar, so ist dies im Anhang anzugeben und zu erläutern. ³Wird der Vorjahresbetrag angepaßt, so ist auch dies im Anhang anzugeben und zu erläutern.

(3) ¹Fällt ein Vermögensgegenstand oder eine Schuld unter mehrere Posten der Bilanz, so ist die Mitzugehörigkeit zu anderen Posten bei dem Posten, unter dem der Ausweis erfolgt ist, zu vermerken oder im Anhang anzugeben, wenn dies zur Aufstellung eines klaren und übersichtlichen Jahresabschlusses erforderlich ist. ²Eigene Anteile dürfen unabhängig von ihrer Zweckbestimmung nur unter dem dafür vorgesehenen Posten im Umlaufvermögen ausgewiesen werden.

(4) ¹Sind mehrere Geschäftszweige vorhanden und bedingt dies die Gliederung des Jahresabschlusses nach verschiedenen Gliederungsvorschriften, so ist der Jahresabschluß nach der für einen Geschäftszweig vorgeschriebenen Gliederung aufzustellen und nach der für die anderen Geschäftszweige vorgeschriebenen Gliederung zu ergänzen. ²Die Ergänzung ist im Anhang anzugeben und zu begründen.

(5) ¹Eine weitere Untergliederung der Posten ist zulässig; dabei ist jedoch die vorgeschriebene Gliederung zu beachten. ²Neue Posten dürfen hinzugefügt werden, wenn ihr Inhalt nicht von einem vorgeschriebenen Posten gedeckt wird.

(6) Gliederung und Bezeichnung der mit arabischen Zahlen versehenen Posten der Bilanz und der Gewinn- und Verlustrechnung sind zu ändern, wenn dies wegen Besonderheiten der Kapitalgesellschaft zur Aufstellung eines klaren und übersichtlichen Jahresabschlusses erforderlich ist.

(7) Die mit arabischen Zahlen versehenen Posten der Bilanz und der Gewinn- und Verlustrechnung können, wenn nicht besondere Formblätter vorgeschrieben sind, zusammengefaßt ausgewiesen werden, wenn

1. sie einen Betrag enthalten, der für die Vermittlung eines den tatsächlichen Verhältnissen entsprechenden Bildes im Sinne des § 264 Abs. 2 nicht erheblich ist,
   oder

2. dadurch die Klarheit der Darstellung vergrößert wird; in diesem Falle müssen die zusammengefaßten Posten jedoch im Anhang gesondert ausgewiesen werden.

(8) Ein Posten der Bilanz oder der Gewinn- und Verlustrechnung, der keinen Betrag ausweist, braucht nicht aufgeführt zu werden, es sei denn, daß im vorhergehenden Geschäftsjahr unter diesem Posten ein Betrag ausgewiesen wurde.

### Zweiter Titel. Bilanz

**§ 266 Gliederung der Bilanz.** (1) [1]Die Bilanz ist in Kontoform aufzustellen. [2]Dabei haben große und mittelgroße Kapitalgesellschaften (§ 267 Abs. 3, 2) auf der Aktivseite die in Absatz 2 und auf der Passivseite die in Absatz 3 bezeichneten Posten gesondert und in der vorgeschriebenen Reihenfolge auszuweisen. [3]Kleine Kapitalgesellschaften (§ 267 Abs. 1) brauchen nur eine verkürzte Bilanz aufzustellen, in die nur die in den Absätzen 2 und 3 mit Buchstaben und römischen Zahlen bezeichneten Posten gesondert und in der vorgeschriebenen Reihenfolge aufgenommen werden.

(2) Aktivseite

A. Anlagevermögen:

   I. Immaterielle Vermögensgegenstände:

      1. Konzessionen, gewerbliche Schutzrechte und ähnliche Rechte und Werte sowie Lizenzen an solchen Rechten und Werten;

      2. Geschäfts- oder Firmenwert;

      3. geleistete Anzahlungen;

   II. Sachanlagen:

      1. Grundstücke, grundstücksgleiche Rechte und Bauten einschließlich der Bauten auf fremden Grundstücken;

      2. technische Anlagen und Maschinen;

      3. andere Anlagen, Betriebs- und Geschäftsausstattung;

      4. geleistete Anzahlungen und Anlagen im Bau;

   III. Finanzanlagen:

      1. Anteile an verbundenen Unternehmen;

      2. Ausleihungen an verbundene Unternehmen;

      3. Beteiligungen;

      4. Ausleihungen an Unternehmen, mit denen ein Beteiligungsverhältnis besteht;

      5. Wertpapiere des Anlagevermögens;

      6. sonstige Ausleihungen.

B. Umlaufvermögen:

   I. Vorräte:

    1. Roh-, Hilfs- und Betriebsstoffe;

    2. unfertige Erzeugnisse, unfertige Leistungen;

    3. fertige Erzeugnisse und Waren;

    4. geleistete Anzahlungen;

  II. Forderungen und sonstige Vermögensgegenstände:

    1. Forderungen aus Lieferungen und Leistungen;

    2. Forderungen gegen verbundene Unternehmen;

    3. Forderungen gegen Unternehmen, mit denen ein Beteiligungsverhältnis besteht;

    4. sonstige Vermögensgegenstände;

  III. Wertpapiere:

    1. Anteile an verbundenen Unternehmen;

    2. eigene Anteile;

    3. sonstige Wertpapiere;

  IV. Schecks, Kassenbestand, Bundesbank- und Postgiroguthaben, Guthaben bei Kreditinstituten.

C. Rechnungsabgrenzungsposten.

 (3) Passivseite

A. Eigenkapital:

   I. Gezeichnetes Kapital;

  II. Kapitalrücklage;

  III. Gewinnrücklagen:

    1. gesetzliche Rücklage;

    2. Rücklage für eigene Anteile;

    3. satzungsmäßige Rücklagen;

    4. andere Gewinnrücklagen;

  IV. Gewinnvortrag/Verlustvortrag;

   V. Jahresüberschuß/Jahresfehlbetrag.

B. Rückstellungen:

    1. Rückstellungen für Pensionen und ähnliche Verpflichtungen;

    2. Steuerrückstellungen;

    3. sonstige Rückstellungen.

C. Verbindlichkeiten:

    1. Anleihen, davon konvertibel;

    2. Verbindlichkeiten gegenüber Kreditinstituten;

    3. erhaltene Anzahlungen auf Bestellungen;

    4. Verbindlichkeiten aus Lieferungen und Leistungen;

    5. Verbindlichkeiten aus der Annahme gezogener Wechsel und der Ausstellung eigener Wechsel;

    6. Verbindlichkeiten gegenüber verbundenen Unternehmen;

    7. Verbindlichkeiten gegenüber Unternehmen, mit denen ein Beteiligungsverhältnis besteht;

8. sonstige Verbindlichkeiten,

davon aus Steuern,

davon im Rahmen der sozialen Sicherheiten.

D. Rechnungsabgrenzungsposten.

**§ 267 Umschreibung der Größenklassen.** (1) Kleine Kapitalgesellschaften sind solche, die mindestens zwei der drei nachstehenden Merkmale nicht überschreiten:

1. Fünf Millionen dreihundertzehntausend Deutsche Mark Bilanzsumme nach Abzug eines auf der Aktivseite ausgewiesenen Fehlbetrags (§ 268 Abs. 3).

2. Zehn Millionen sechshundertzwanzigtausend Deutsche Mark Umsatzerlöse in den zwölf Monaten vor dem Abschlußstichtag.

3. Im Jahresdurchschnitt fünfzig Arbeitnehmer.

(2) Mittelgroße Kapitalgesellschaften sind solche, die mindestens zwei der drei in Absatz 1 bezeichneten Merkmale überschreiten und jeweils mindestens zwei der drei nachstehenden Merkmale nicht überschreiten:

1. Einundzwanzig Millionen zweihundertvierzigtausend Deutsche Mark Bilanzsumme nach Abzug eines auf der Aktivseite ausgewiesenen Fehlbetrags (§ 268 Abs. 3).

2. Zweiundvierzig Millionen vierhundertachtzigtausend Deutsche Mark Umsatzerlöse in den zwölf Monaten vor dem Abschlußstichtag.

3. Im Jahresdurchschnitt zweihundertfünfzig Arbeitnehmer.

(3) [1] Große Kapitalgesellschaften sind solche, die mindestens zwei der drei in Absatz 2 bezeichneten Merkmale überschreiten. [2] Eine Kapitalgesellschaft gilt stets als große, wenn Aktien oder andere von ihr ausgegebene Wertpapiere an einer Börse in einem Mitgliedstaat der Europäischen Wirtschaftsgemeinschaft zum amtlichen Handel oder zum geregelten Markt zugelassen sind oder die Zulassung zum amtlichen Handel oder zum geregelten Markt beantragt ist.

(4) [1] Die Rechtsfolgen der Merkmale nach den Absätzen 1 bis 3 Satz 1 treten nur ein, wenn sie an den Abschlußstichtagen von zwei aufeinanderfolgenden Geschäftsjahren über- oder unterschritten werden. [2] Im Falle der Umwandlung oder Neugründung treten die Rechtsfolgen schon ein, wenn die Voraussetzungen des Absatzes 1, 2 oder 3 am ersten Abschlußstichtag nach der Umwandlung oder Neugründung vorliegen.

(5) Als durchschnittliche Zahl der Arbeitnehmer gilt der vierte Teil der Summe aus den Zahlen der jeweils am 31. März, 30. Juni, 30. September und 31. Dezember beschäftigten Arbeitnehmer einschließlich der im Ausland beschäftigten Arbeitnehmer, jedoch ohne die zu ihrer Berufsausbildung Beschäftigten.

(6) Informations- und Auskunftsrechte der Arbeitnehmervertretungen nach anderen Gesetzen bleiben unberührt.

**§ 268 Vorschriften zu einzelnen Posten der Bilanz. Bilanzvermerke.** (1) [1] Die Bilanz darf auch unter Berücksichtigung der vollständigen oder teilweisen Verwendung des Jahresergebnisses aufgestellt werden. [2] Wird die Bilanz unter Berücksichtigung der teilweisen Verwendung des Jahresergebnisses aufgestellt, so tritt an die Stelle der Posten „Jahresüberschuß/Jahresfehlbetrag" und „Gewinnvortrag/Verlustvortrag" der Posten „Bilanzgewinn/Bilanzverlust"; ein vorhandener Gewinn- oder Verlustvortrag ist in den Posten „Bilanzgewinn/Bilanzverlust" einzubeziehen und in der Bilanz oder im Anhang gesondert anzugeben.

(2) ¹In der Bilanz oder im Anhang ist die Entwicklung der einzelnen Posten des Anlagevermögens und des Postens „Aufwendungen für die Ingangsetzung und Erweiterung des Geschäftsbetriebs" darzustellen. ²Dabei sind, ausgehend von den gesamten Anschaffungs- und Herstellungskosten, die Zugänge, Abgänge, Umbuchungen und Zuschreibungen des Geschäftsjahrs sowie die Abschreibungen in ihrer gesamten Höhe gesondert aufzuführen. ³Die Abschreibungen des Geschäftsjahrs sind entweder in der Bilanz bei dem betreffenden Posten zu vermerken oder im Anhang in einer der Gliederung des Anlagevermögens entsprechenden Aufgliederung anzugeben.

(3) Ist das Eigenkapital durch Verluste aufgebraucht und ergibt sich ein Überschuß der Passivposten über die Aktivposten, so ist dieser Betrag am Schluß der Bilanz auf der Aktivseite gesondert unter der Bezeichnung „Nicht durch Eigenkapital gedeckter Fehlbetrag" auszuweisen.

(4) ¹Der Betrag der Forderungen mit einer Restlaufzeit von mehr als einem Jahr ist bei jedem gesondert ausgewiesenen Posten zu vermerken ²Werden unter dem Posten „sonstige Vermögensgegenstände" Beträge für Vermögensgegenstände ausgewiesen, die erst nach dem Abschlußstichtag rechtlich entstehen, so müssen Beträge, die einen größeren Umfang haben, im Anhang erläutert werden.

(5) ¹Der Betrag der Verbindlichkeiten mit einer Restlaufzeit bis zu einem Jahr ist bei jedem gesondert ausgewiesenen Posten zu vermerken. ²Erhaltene Anzahlungen auf Bestellungen sind, soweit Anzahlungen auf Vorräte nicht von dem Posten „Vorräte" offen abgesetzt werden, unter den Verbindlichkeiten gesondert auszuweisen. ³Sind unter dem Posten „Verbindlichkeiten" Beträge für Verbindlichkeiten ausgewiesen, die erst nach dem Abschlußstichtag rechtlich entstehen, so müssen Beträge, die einen größeren Umfang haben, im Anhang erläutert werden.

(6) Ein nach § 250 Abs. 3 in den Rechnungsabgrenzungsposten auf der Aktivseite aufgenommener Unterschiedsbetrag ist in der Bilanz gesondert auszuweisen oder im Anhang anzugeben.

(7) Die in § 251 bezeichneten Haftungsverhältnisse sind jeweils gesondert unter der Bilanz oder im Anhang unter Angabe der gewährten Pfandrechte und sonstigen Sicherheiten anzugeben; bestehen solche Verpflichtungen gegenüber verbundenen Unternehmen, so sind sie gesondert anzugeben.

**§ 269 Aufwendungen für die Ingangsetzung und Erweiterung des Geschäftsbetriebs.** ¹Die Aufwendungen für die Ingangsetzung des Geschäftsbetriebs und dessen Erweiterung dürfen, soweit sie nicht bilanzierungsfähig sind, als Bilanzierungshilfe aktiviert werden; der Posten ist in der Bilanz unter der Bezeichnung „Aufwendungen für die Ingangsetzung und Erweiterung des Geschäftsbetriebs" vor dem Anlagevermögen auszuweisen und im Anhang zu erläutern. ²Werden solche Aufwendungen in der Bilanz ausgewiesen, so dürfen Gewinne nur ausgeschüttet werden, wenn die nach der Ausschüttung verbleibenden jederzeit auflösbaren Gewinnrücklagen zuzüglich eines Gewinnvortrags und abzüglich eines Verlustvortrags dem angesetzten Betrag mindestens entsprechen.

**§ 270 Bildung bestimmter Posten.** (1) [1] Einstellungen in die Kapitalrücklage und deren Auflösung sind bereits bei der Aufstellung der Bilanz vorzunehmen. [2] Satz 1 ist auf Einstellungen in den Sonderposten mit Rücklageanteil und dessen Auflösung anzuwenden.

(2) Wird die Bilanz unter Berücksichtigung der vollständigen oder teilweisen Verwendung des Jahresergebnisses aufgestellt, so sind Entnahmen aus Gewinnrücklagen sowie Einstellungen in Gewinnrücklagen, die nach Gesetz, Gesellschaftsvertrag oder Satzung vorzunehmen sind oder auf Grund solcher Vorschriften beschlossen worden sind, bereits bei der Aufstellung der Bilanz zu berücksichtigen.

**§ 271 Beteiligungen. Verbundene Unternehmen.** (1) [1] Beteiligungen sind Anteile an anderen Unternehmen, die bestimmt sind, dem eigenen Geschäftsbetrieb durch Herstellung einer dauernden Verbindung zu jenen Unternehmen zu dienen. [2] Dabei ist es unerheblich, ob die Anteile in Wertpapieren verbrieft sind oder nicht. [3] Als Beteiligung gelten im Zweifel Anteile an einer Kapitalgesellschaft, die insgesamt den fünften Teil des Nennkapitals dieser Gesellschaft überschreiten. [4] Auf die Berechnung ist § 16 Abs. 2 und 4 des Aktiengesetzes entsprechend anzuwenden. [5] Die Mitgliedschaft in einer eingetragenen Genossenschaft gilt nicht als Beteiligung im Sinne dieses Buches.

(2) Verbundene Unternehmen im Sinne dieses Buches sind solche Unternehmen, die als Mutter- oder Tochterunternehmen (§ 290) in den Konzernabschluß eines Mutterunternehmens nach den Vorschriften über die Vollkonsolidierung einzubeziehen sind, das als oberstes Mutterunternehmen den am weitestgehenden Konzernabschluß nach dem Zweiten Unterabschnitt aufzustellen hat, auch wenn die Aufstellung unterbleibt, oder das einen befreienden Konzernabschluß nach § 291 oder nach einer nach § 292 erlassenen Rechtsverordnung aufstellt oder aufstellen könnte; Tochterunternehmen, die nach § 295 oder § 296 nicht einbezogen werden, sind ebenfalls verbundene Unternehmen.

**§ 272 Eigenkapital.** (1) [1] Gezeichnetes Kapital ist das Kapital, auf das die Haftung der Gesellschafter für die Verbindlichkeiten der Kapitalgesellschaft gegenüber den Gläubigern beschränkt ist. [2] Die ausstehenden Einlagen auf das gezeichnete Kapital sind auf der Aktivseite vor dem Anlagevermögen gesondert auszuweisen und entsprechend zu bezeichnen; die davon eingeforderten Einlagen sind zu vermerken. [3] Die nicht eingeforderten ausstehenden Einlagen dürfen auch von dem Posten „Gezeichnetes Kapital" offen abgesetzt werden; in diesem Falle ist der verbleibende Betrag als Posten „Eingefordertes Kapital" in der Hauptspalte der Passivseite auszuweisen und ist außerdem der eingeforderte, aber noch nicht eingezahlte Betrag unter den Forderungen gesondert auszuweisen und entsprechend zu bezeichnen. [4] Der Nennbetrag oder, falls ein solcher nicht vorhanden ist, der rechnerische Wert von nach § 71 Abs. 1 Nr. 6 oder 8 des Aktiengesetzes zur Einziehung erworbenen Aktien ist in der Vorspalte offen von dem Posten „Gezeichnetes Kapital" als Kapitalrückzahlung abzusetzen. [5] Ist der Erwerb der Aktien nicht zur Einziehung erfolgt, ist

Satz 4 auch anzuwenden, soweit in dem Beschluß über den Rückkauf die spätere Veräußerung von einem Beschluß der Hauptversammlung in entsprechender Anwendung des § 182 Abs. 1 Satz 1 des Aktiengesetzes abhängig gemacht worden ist. [6] Wird der Nennbetrag oder der rechnerische Wert von Aktien nach Satz 4 abgesetzt, ist der Unterschiedsbetrag dieser Aktien zwischen ihrem Nennbetrag oder dem rechnerischen Wert und ihrem Kaufpreis mit den anderen Gewinnrücklagen (§ 266 Abs. 3 A.III.4) zu verrechnen; weitergehende Anschaffungskosten sind als Aufwand des Geschäftsjahres zu berücksichtigen.

(2) Als Kapitalrücklage sind auszuweisen

1. der Betrag, der bei der Ausgabe von Anteilen einschließlich von Bezugsanteilen über den Nennbetrag oder, falls ein Nennbetrag nicht vorhanden ist, über den rechnerischen Wert hinaus erzielt wird;

2. der Betrag, der bei der Ausgabe von Schuldverschreibungen für Wandlungsrechte und Optionsrechte zum Erwerb von Anteilen erzielt wird;

3. der Betrag von Zuzahlungen, die Gesellschafter gegen Gewährung eines Vorzugs für ihre Anteile leisten;

4. der Betrag von anderen Zuzahlungen, die Gesellschafter in das Eigenkapital leisten.

(3) [1] Als Gewinnrücklagen dürfen nur Beträge ausgewiesen werden, die im Geschäftsjahr oder in einem früheren Geschäftsjahr aus dem Ergebnis gebildet worden sind. [2] Dazu gehören aus dem Ergebnis zu bildende gesetzliche oder auf Gesellschaftsvertrag oder Satzung beruhende Rücklagen und andere Gewinnrücklagen.

(4) [1] In eine Rücklage für eigene Anteile ist ein Betrag einzustellen, der dem auf der Aktivseite der Bilanz für die eigenen Anteile anzusetzenden Betrag entspricht. [2] Die Rücklage darf nur aufgelöst werden, soweit die eigenen Anteile ausgegeben, veräußert oder eingezogen werden oder soweit nach § 253 Abs. 3 auf der Aktivseite ein niedrigerer Betrag angesetzt wird. [3] Die Rücklage, die bereits bei der Aufstellung der Bilanz vorzunehmen ist, darf aus vorhandenen Gewinnrücklagen gebildet werden, soweit diese frei verfügbar sind. [4] Die Rücklage nach Satz 1 ist auch für Anteile eines herrschenden oder eines mit Mehrheit beteiligten Unternehmens zu bilden.

**§ 273 Sonderposten mit Rücklageanteil.** [1] Der Sonderposten    mit Rücklageanteil (§ 247 Abs. 3) darf nur insoweit gebildet werden, als das Steuerrecht die Anerkennung des Wertansatzes bei der steuerrechtlichen Gewinnermittlung davon abhängig macht, daß der Sonderposten in der Bilanz gebildet wird. [2] Er ist auf der Passivseite vor den Rückstellungen auszuweisen; die Vorschriften, nach denen er gebildet worden ist, sind in der Bilanz oder im Anhang anzugeben.

**§ 274 Steuerabgrenzung.** (1) [1] Ist der dem Geschäftsjahr und früheren Geschäftsjahren zuzurechnende Steueraufwand zu niedrig, weil der nach den steuerrechtlichen Vorschriften zu versteuernde Gewinn niedriger als das handelsrechtliche Ergebnis ist, und gleicht sich der zu niedrige Steueraufwand des Geschäftsjahrs und früherer Geschäftsjahre in späteren Geschäftsjahren voraussichtlich aus, so ist in Höhe der voraussichtlichen Steuerbelastung nachfolgender Geschäftsjahre eine Rückstellung nach § 249 Abs. 1 Satz 1 zu bilden und in der Bilanz oder im Anhang gesondert anzugeben. [2]Die Rückstellung ist aufzulösen, sobald die höhere Steuerbelastung eintritt oder mit ihr voraussichtlich nicht mehr zu rechnen ist.

(2) [1]Ist der dem Geschäftsjahr und früheren Geschäftsjahren zuzurechnende Steueraufwand zu hoch, weil der nach den steuerrechtlichen Vorschriften zu versteuernde Gewinn höher als das handelsrechtliche Ergebnis ist, und gleicht sich der zu hohe Steueraufwand des Geschäftsjahrs und früherer Geschäftsjahre in späteren Geschäftsjahren voraussichtlich aus, so darf in Höhe der voraussichtlichen Steuerentlastung nachfolgender Geschäftsjahre ein Abgrenzungsposten als Bilanzierungshilfe auf der Aktivseite der Bilanz gebildet werden. [2]Dieser Posten ist unter entsprechender Bezeichnung gesondert auszuweisen und im Anhang zu erläutern. [3]Wird ein solcher Posten ausgewiesen, so dürfen Gewinne nur ausgeschüttet werden, wenn die nach der Ausschüttung verbleibenden jederzeit auflösbaren Gewinnrücklagen zuzüglich eines Gewinnvortrags und abzüglich eines Verlustvortrags dem angesetzten Betrag mindestens entsprechen. [4]Der Betrag ist aufzulösen, sobald die Steuerentlastung eintritt oder mit ihr voraussichtlich nicht mehr zu rechnen ist.

**§ 274a  Größenabhängige Erleichterungen.** Kleine Kapitalgesellschaften sind von der Anwendung der folgenden Vorschriften befreit:

1. § 268 Abs. 2 über die Aufstellung eines Anlagengitters,

2. § 268 Abs. 4 Satz 2 über die Pflicht zur Erläuterung bestimmter Forderungen im Anhang,

3. § 268 Abs. 5 Satz 3 über die Erläuterung bestimmter Verbindlichkeiten im Anhang,

4. § 268 Abs. 6 über den Rechnungsabgrenzungsposten nach § 250 Abs. 3,

5. § 269 Satz 1 insoweit, als die Aufwendungen für die Ingangsetzung und Erweiterung des Geschäftsbetriebs im Anhang erläutert werden müssen.

### Dritter Titel. Gewinn- und Verlustrechnung

**§ 275  Gliederung.** (1) [1]Die Gewinn- und Verlustrechnung ist in Staffelform nach dem Gesamtkostenverfahren oder dem Umsatzkostenverfahren aufzustellen. [2]Dabei sind die in Absatz 2 oder 3 bezeichneten Posten in der angegebenen Reihenfolge gesondert auszuweisen.

(2) Bei Anwendung des Gesamtkostenverfahrens sind auszuweisen:

1. Umsatzerlöse

2. Erhöhung oder Verminderung des Bestands an fertigen und unfertigen Erzeugnissen

3. andere aktivierte Eigenleistungen

4. sonstige betriebliche Erträge

5. Materialaufwand:
   a) Aufwendungen für Roh-, Hilfs- und Betriebsstoffe und für bezogene Waren
   b) Aufwendungen für bezogene Leistungen

6. Personalaufwand:
   a) Löhne und Gehälter

   b) soziale Abgaben und Aufwendungen für Altersversorgung und für Unterstützung,
     davon für Altersversorgung

7. Abschreibungen:
   a) auf immaterielle Vermögensgegenstände des Anlagevermögens und Sachanlagen sowie auf aktivierte Aufwendungen für die Ingangsetzung und Erweiterung des Geschäftsbetriebs
   b) auf Vermögensgegenstände des Umlaufvermögens, soweit diese die in der Kapitalgesellschaft üblichen Abschreibungen überschreiten

8. sonstige betriebliche Aufwendungen

9. Erträge aus Beteiligungen,
   davon aus verbundenen Unternehmen

10. Erträge aus anderen Wertpapieren und Ausleihungen des Finanzanlagevermögens,
    davon aus verbundenen Unternehmen

11. sonstige Zinsen und ähnliche Erträge,
    davon aus verbundenen Unternehmen

12. Abschreibungen auf Finanzanlagen und auf Wertpapiere des Umlaufvermögens

13. Zinsen und ähnliche Aufwendungen,
    davon an verbundene Unternehmen

14. Ergebnis der gewöhnlichen Geschäftstätigkeit

15. außerordentliche Erträge

16. außerordentliche Aufwendungen

17. außerordentliches Ergebnis

18. Steuern vom Einkommen und vom Ertrag

19. sonstige Steuern

20. Jahresüberschuß/Jahresfehlbetrag.

   (3) Bei Anwendung des Umsatzkostenverfahrens sind auszuweisen:

1. Umsatzerlöse

2. Herstellungskosten der zur Erzielung der Umsatzerlöse erbrachten Leistungen

3. Bruttoergebnis vom Umsatz

4. Vertriebskosten

5. allgemeine Verwaltungskosten

6. sonstige betriebliche Erträge

7. sonstige betriebliche Aufwendungen

8. Erträge aus Beteiligungen,
   davon aus verbundenen Unternehmen

9. Erträge aus anderen Wertpapieren und Ausleihungen des Finanzanlagevermögens,
   davon aus verbundenen Unternehmen

10. sonstige Zinsen und ähnliche Erträge,
    davon aus verbundenen Unternehmen

11. Abschreibungen auf Finanzanlagen und auf Wertpapiere des Umlaufvermögens

12. Zinsen und ähnliche Aufwendungen, davon an verbundene Unternehmen

13. Ergebnis der gewöhnlichen Geschäftstätigkeit

14. außerordentliche Erträge

15. außerordentliche Aufwendungen

16. außerordentliches Ergebnis

17. Steuern vom Einkommen und vom Ertrag

18. sonstige Steuern

19. Jahresüberschuß/Jahresfehlbetrag.

(4) Veränderungen der Kapital- und Gewinnrücklagen dürfen in der Gewinn- und Verlustrechnung erst nach dem Posten „Jahresüberschuß/Jahresfehlbetrag" ausgewiesen werden.

**§ 276 Größenabhängige Erleichterungen.** [1]Kleine und mittelgroße Kapitalgesellschaften (§ 267 Abs. 1, 2) dürfen die Posten § 275 Abs. 2 Nr. 1 bis 5 oder Abs. 3 Nr. 1 bis 3 und 6 zu einem Posten unter der Bezeichnung „Rohergebnis" zusammenfassen. [2]Kleine Kapitalgesellschaften brauchen außerdem die in § 277 Abs. 4 Satz 2 und 3 verlangten Erläuterungen zu den Posten „außerordentliche Erträge" und „außerordentliche Aufwendungen" nicht zu machen.

**§ 277 Vorschriften zu einzelnen Posten der Gewinn- und Verlustrechnung.** (1) Als Umsatzerlöse sind die Erlöse aus dem Verkauf und der Vermietung oder Verpachtung von für die gewöhnliche Geschäftstätigkeit der Kapitalgesellschaft typischen Erzeugnissen und Waren sowie aus von für die gewöhnliche Geschäftstätigkeit der Kapitalgesellschaft typischen Dienstleistungen nach Abzug von Erlösschmälerungen und der Umsatzsteuer auszuweisen.

(2) Als Bestandsveränderungen sind sowohl Änderungen der Menge als auch solche des Wertes zu berücksichtigen; Abschreibungen jedoch nur, soweit diese die in der Kapitalgesellschaft sonst üblichen Abschreibungen nicht überschreiten.

(3) [1]Außerplanmäßige Abschreibungen nach § 253 Abs. 2 Satz 3 sowie Abschreibungen nach § 253 Abs. 3 Satz 3 sind jeweils gesondert auszuweisen oder im Anhang anzugeben. [2]Erträge und Aufwendungen aus Verlustübernahme und auf Grund einer Gewinngemeinschaft, eines Gewinnabführungs- oder eines Teilgewinnabführungsvertrags erhaltene oder abgeführte Gewinne sind jeweils gesondert unter entsprechender Bezeichnung auszuweisen.

(4) [1]Unter den Posten „außerordentliche Erträge" und „außerordentliche Aufwendungen" sind Erträge und Aufwendungen auszuweisen, die außerhalb der gewöhnlichen Geschäftstätigkeit der Kapitalgesellschaft anfallen. [2]Die Posten sind hinsichtlich ihres Betrags und ihrer Art im Anhang zu erläutern, soweit die ausgewiesenen Beträge für die Beurteilung der Ertragslage nicht von untergeordneter Bedeutung sind. [3]Satz 2 gilt auch für Erträge und Aufwendungen, die einem anderen Geschäftsjahr zuzurechnen sind.

**§ 278 Steuern.** [1]Die Steuern vom Einkommen und vom Ertrag sind auf der Grundlage des Beschlusses über die Verwendung des Ergebnisses zu berechnen; liegt ein solcher Beschluß im Zeitpunkt der Feststellung des Jahresabschlusses nicht vor, so ist vom Vorschlag über die Verwendung des Ergebnisses auszugehen. [2]Weicht der Beschluß über die Verwendung des Ergebnisses vom Vorschlag ab, so braucht der Jahresabschluß nicht geändert zu werden.

### Vierter Titel. Bewertungsvorschriften

**§ 279 Nichtanwendung von Vorschriften. Abschreibungen.** (1) [1]§ 253 Abs. 4 ist nicht anzuwenden. [2]§ 253 Abs. 2 Satz 3 darf, wenn es sich nicht um eine voraussichtlich dauernde Wertminderung handelt, nur auf Vermögensgegenstände, die Finanzanlagen sind, angewendet werden.

(2) Abschreibungen nach § 254 dürfen nur insoweit vorgenommen werden, als das Steuerrecht ihre Anerkennung bei der steuerrechtlichen Gewinnermittlung davon abhängig macht, daß sie sich aus der Bilanz ergeben.

**§ 280 Wertaufholungsgebot.** (1) [1]Wird bei einem Vermögensgegenstand eine Abschreibung nach § 253 Abs. 2 Satz 3 oder Abs. 3 oder § 254 Satz 1 vorgenommen und stellt sich in einem späteren Geschäftsjahr heraus, daß die Gründe dafür nicht mehr bestehen, so ist der Betrag dieser Abschreibung im Umfang der Werterhöhung unter Berücksichtigung der Abschreibungen, die inzwischen vorzunehmen gewesen wären, zuzuschreiben. [2]§ 253 Abs. 5, § 254 Satz 2 sind insoweit nicht anzuwenden.

(2) Von der Zuschreibung nach Absatz 1 kann abgesehen werden, wenn der niedrigere Wertansatz bei der steuerrechtlichen Gewinnermittlung beibehalten werden kann und wenn Voraussetzung für die Beibehaltung ist, daß der niedrigere Wertansatz auch in der Bilanz beibehalten wird.

(3) Im Anhang ist der Betrag der im Geschäftsjahr aus steuerrechtlichen Gründen unterlassenen Zuschreibungen anzugeben und hinreichend zu begründen.

**§ 281 Berücksichtigung steuerrechtlicher Vorschriften.** (1) [1]Die nach § 254 zulässigen Abschreibungen dürfen auch in der Weise vorgenommen werden, daß der Unterschiedsbetrag zwischen der nach § 253 in Verbindung mit § 279 und der nach § 254 zulässigen Bewertung in den Sonderposten mit Rücklageanteil eingestellt wird. [2]In der Bilanz oder im Anhang sind die Vorschriften anzugeben, nach denen die Wertberichtigung gebildet worden ist. [3]Unbeschadet steuerrechtlicher Vorschriften über die Auflösung ist die Wertberichtigung insoweit aufzulösen, als die Vermögensgegenstände, für die sie gebildet worden ist, aus dem Vermögen ausscheiden oder die steuerrechtliche Wertberichtigung durch handelsrechtliche Abschreibungen ersetzt wird.

(2) [1]Im Anhang ist der Betrag der im Geschäftsjahr allein nach steuerrechtlichen Vorschriften vorgenommenen Abschreibungen, getrennt nach Anlage- und Umlaufvermögen, anzugeben, soweit er sich nicht aus der Bilanz oder der Gewinn- und Verlustrechnung ergibt, und hinreichend zu begründen. [2]Erträge aus der Auflösung des Sonderpostens mit Rücklageanteil sind in dem Posten „sonstige betriebliche Erträge", Einstellungen in den Sonderposten mit Rücklageanteil sind in dem Posten „sonstige betriebliche Aufwendungen" der

Gewinn- und Verlustrechnung gesondert auszuweisen oder im Anhang anzugeben.

**§ 282 Abschreibung der Aufwendungen für die Ingangsetzung und Erweiterung des Geschäftsbetriebs.** Für die Ingangsetzung und Erweiterung des Geschäftsbetriebs ausgewiesene Beträge sind in jedem folgenden Geschäftsjahr zumindestens einem Viertel durch Abschreibungen zu tilgen.

**§ 283 Wertansatz des Eigenkapitals.** Das gezeichnete Kapital ist zum Nennbetrag anzusetzen.

### Fünfter Titel. Anhang

**§ 284 Erläuterung der Bilanz und der Gewinn- und Verlustrechnung.** (1) In den Anhang sind diejenigen Angaben aufzunehmen, die zu den einzelnen Posten der Bilanz oder der Gewinn- und Verlustrechnung vorgeschrieben oder die im Anhang zu machen sind, weil sie in Ausübung eines Wahlrechts nicht in die Bilanz oder in die Gewinn- und Verlustrechnung aufgenommen wurden.

(2) Im Anhang müssen

1. die auf die Posten der Bilanz und der Gewinn- und Verlustrechnung angewandten Bilanzierungs- und Bewertungsmethoden angegeben werden;
2. die Grundlagen für die Umrechnung in Euro angegeben werden, soweit der Jahresabschluß Posten enthält, denen Beträge zugrunde liegen, die auf fremde Währung lauten oder ursprünglich auf fremde Währung lauteten;
3. Abweichungen von Bilanzierungs- und Bewertungsmethoden angegeben und begründet werden; deren Einfluß auf die Vermögens-, Finanz- und Ertragslage ist gesondert darzustellen;
4. bei Anwendung einer Bewertungsmethode nach § 240 Abs. 4, § 256 Satz 1 die Unterschiedsbeträge pauschal für die jeweilige Gruppe ausgewiesen werden, wenn die Bewertung im Vergleich zu einer Bewertung auf der Grundlage des letzten vor dem Abschlußstichtag bekannten Börsenkurses oder Marktpreises einen erheblichen Unterschied aufweist;
5. Angaben über die Einbeziehung von Zinsen für Fremdkapital in die Herstellungskosten gemacht werden.

**§ 285 Sonstige Pflichtangaben.** Ferner sind im Anhang anzugeben:

1. zu den in der Bilanz ausgewiesenen Verbindlichkeiten
    a) der Gesamtbetrag der Verbindlichkeiten mit einer Restlaufzeit von mehr als fünf Jahren,
    b) der Gesamtbetrag der Verbindlichkeiten, die durch Pfandrechte oder ähnliche Rechte gesichert sind, unter Angabe von Art und Form der Sicherheiten;
2. die Aufgliederung der in Nummer 1 verlangten Angaben für jeden Posten der Verbindlichkeiten nach dem vorgeschriebenen Gliederungsschema, sofern sich diese Angaben nicht aus der Bilanz ergeben;
3. der Gesamtbetrag der sonstigen finanziellen Verpflichtungen, die nicht in der Bilanz erscheinen und auch nicht nach § 251 anzugeben sind, sofern

diese Angabe für die Beurteilung der Finanzlage von Bedeutung ist; davon sind Verpflichtungen gegenüber verbundenen Unternehmen gesondert anzugeben;

4. die Aufgliederung der Umsatzerlöse nach Tätigkeitsbereichen sowie nach geographisch bestimmten Märkten, soweit sich, unter Berücksichtigung der Organisation des Verkaufs von für die gewöhnliche Geschäftstätigkeit der Kapitalgesellschaft typischen Erzeugnissen und der für die gewöhnliche Geschäftstätigkeit der Kapitalgesellschaft typischen Dienstleistungen, die Tätigkeitsbereiche und geographisch bestimmten Märkte untereinander erheblich unterscheiden;

5. das Ausmaß, in dem das Jahresergebnis dadurch beeinflußt wurde, daß bei Vermögensgegenständen im Geschäftsjahr oder in früheren Geschäftsjahren Abschreibungen nach §§ 254, 280 Abs. 2 auf Grund steuerrechtlicher Vorschriften vorgenommen oder beibehalten wurden oder ein Sonderposten nach § 273 gebildet wurde; ferner das Ausmaß erheblicher künftiger Belastungen, die sich aus einer solchen Bewertung ergeben;

6. in welchem Umfang die Steuern vom Einkommen und vom Ertrag das Ergebnis der gewöhnlichen Geschäftstätigkeit und das außerordentliche Ergebnis belasten;

7. die durchschnittliche Zahl der während des Geschäftsjahrs beschäftigten Arbeitnehmer getrennt nach Gruppen;

8. bei Anwendung des Umsatzkostenverfahrens (§ 275 Abs. 3)
   a) der Materialaufwand des Geschäftsjahrs, gegliedert nach § 275 Abs. 2 Nr. 5,
   b) der Personalaufwand des Geschäftsjahrs, gegliedert nach § 275 Abs. 2 Nr. 6;

9. für die Mitglieder des Geschäftsführungsorgans, eines Aufsichtsrats, eines Beirats oder einer ähnlichen Einrichtung jeweils für jede Personengruppe
   a) die für die Tätigkeit im Geschäftsjahr gewährten Gesamtbezüge (Gehälter, Gewinnbeteiligungen, Bezugsrechte, Aufwandsentschädigungen, Versicherungsentgelte, Provisionen und Nebenleistungen jeder Art). In die Gesamtbezüge sind auch Bezüge einzurechnen, die nicht ausgezahlt, sondern in Ansprüche anderer Art umgewandelt oder zur Erhöhung anderer Ansprüche verwendet werden. Außer den Bezügen für das Geschäftsjahr sind die weiteren Bezüge anzugeben, die im Geschäftsjahr gewährt, bisher aber in keinem Jahresabschluß angegeben worden sind;
   b) die Gesamtbezüge (Abfindungen, Ruhegehälter, Hinterbliebenenbezüge und Leistungen verwandter Art) der früheren Mitglieder der bezeichneten Organe und ihrer Hinterbliebenen. Buchstabe a Satz 2 und 3 ist entsprechend anzuwenden. Ferner ist der Betrag der für diese Personengruppe gebildeten Rückstellungen für laufende Pensionen und Anwartschaften auf Pensionen und der Betrag der für diese Verpflichtungen nicht gebildeten Rückstellungen anzugeben;
   c) die gewährten Vorschüsse und Kredite unter Angabe der Zinssätze, der wesentlichen Bedingungen und der gegebenenfalls im Geschäftsjahr zurückgezahlten Beträge sowie die zugunsten dieser Personen eingegangenen Haftungsverhältnisse;

10. alle Mitglieder des Geschäftsführungsorgans und eines Aufsichtsrats, auch wenn sie im Geschäftsjahr oder später ausgeschieden sind, mit dem Familiennamen und mindestens einem ausgeschriebenen Vornamen, einschließlich des ausgeübten Berufs und bei börsennotierten Gesellschaften auch der Mitgliedschaft in Aufsichtsräten und anderen Kontrollgremien im Sinne des § 125 Abs. 1 Satz 3 des Aktiengesetzes. Der Vorsitzende eines Aufsichtsrats, seine Stellvertreter und ein etwaiger Vorsitzender des Geschäftsführungsorgans sind als solche zu bezeichnen;

11. Name und Sitz anderer Unternehmen, von denen die Kapitalgesellschaft oder eine für Rechnung der Kapitalgesellschaft handelnde Person mindestens den fünften Teil der Anteile besitzt; außerdem sind die Höhe des Anteils am Kapital, das Eigenkapital und das Ergebnis des letzten Geschäftsjahrs dieser Unternehmen anzugeben, für das ein Jahresabschluß vorliegt; auf die Berechnung der Anteile ist § 16 Abs. 2 und 4 des Aktiengesetzes entsprechend anzuwenden; ferner sind von börsennotierten Kapitalgesellschaften zusätzlich alle Beteiligungen an großen Kapitalgesellschaften anzugeben, die fünf vom Hundert der Stimmrechte überschreiten;

12. Rückstellungen, die in der Bilanz unter dem Posten „sonstige Rückstellungen" nicht gesondert ausgewiesen werden, sind zu erläutern, wenn sie einen nicht unerheblichen Umfang haben;

13. bei Anwendung des § 255 Abs. 4 Satz 3 die Gründe für die planmäßige Abschreibung des Geschäfts- oder Firmenwerts;

14. Name und Sitz des Mutterunternehmens der Kapitalgesellschaft, das den Konzernabschluß für den größten Kreis von Unternehmen aufstellt, und ihres Mutterunternehmens, das den Konzernabschluß für den kleinsten Kreis von Unternehmen aufstellt, sowie im Falle der Offenlegung der von diesen Mutterunternehmen aufgestellten Konzernabschlüsse der Ort, wo diese erhältlich sind.

**§ 286 Unterlassen von Angaben.** (1) Die Berichterstattung hat insoweit zu unterbleiben, als es für das Wohl der Bundesrepublik Deutschland oder eines ihrer Länder erforderlich ist.

(2) Die Aufgliederung der Umsatzerlöse nach § 285 Nr. 4 kann unterbleiben, soweit die Aufgliederung nach vernünftiger kaufmännischer Beurteilung geeignet ist, der Kapitalgesellschaft oder einem Unternehmen, von dem die Kapitalgesellschaft mindestens den fünften Teil der Anteile besitzt, einen erheblichen Nachteil zuzufügen.

(3) ¹Die Angaben nach § 285 Nr. 11 können unterbleiben, soweit sie

1. für die Darstellung der Vermögens-, Finanz- und Ertragslage der Kapitalgesellschaft nach § 264 Abs. 2 von untergeordneter Bedeutung sind oder

2. nach vernünftiger kaufmännischer Beurteilung geeignet sind, der Kapitalgesellschaft oder dem anderen Unternehmen einen erheblichen Nachteil zuzufügen.

²Die Angabe des Eigenkapitals und des Jahresergebnisses kann unterbleiben, wenn das Unternehmen, über das zu berichten ist, seinen Jahresabschluß nicht offenzulegen hat und die berichtende Kapitalgesellschaft weniger als die Hälfte der Anteile besitzt. ³Die Anwendung der Ausnahmeregelung nach Satz 1 Nr. 2 ist im Anhang anzugeben.

(4) Die in § 285 Nr. 9 Buchstabe a und b verlangten Angaben über die Gesamtbezüge der dort bezeichneten Personen können unterbleiben, wenn sich anhand dieser Angaben die Bezüge eines Mitglieds dieser Organe feststellen lassen.

**§ 287 Aufstellung des Anteilsbesitzes.** [1]Die in § 285 Nr. 11 verlangten Angaben dürfen statt im Anhang auch in einer Aufstellung des Anteilsbesitzes gesondert gemacht werden. [2]Die Aufstellung ist Bestandteil des Anhangs. [3]Auf die besondere Aufstellung des Anteilsbesitzes und den Ort ihrer Hinterlegung ist im Anhang hinzuweisen.

**§ 288 Größenabhängige Erleichterungen.** [1]Kleine Kapitalgesellschaften im Sinne des § 267 Abs. 1 brauchen die Angaben nach § 284 Abs. 2 Nr. 4, § 285 Nr. 2 bis 8 Buchstabe a, Nr. 9 Buchstabe a und b und Nr. 12 nicht zu machen. [2]Mittelgroße Kapitalgesellschaften im Sinne des § 267 Abs. 2 brauchen die Angaben nach § 285 Nr. 4 nicht zu machen.

### Sechster Titel. Lagebericht

**§ 289.** (1) Im Lagebericht sind zumindest der Geschäftsverlauf und die Lage der Kapitalgesellschaft so darzustellen, daß ein den tatsächlichen Verhältnissen entsprechendes Bild vermittelt wird; dabei ist auch auf die Risiken der künftigen Entwicklung einzugehen.

(2) Der Lagebericht soll auch eingehen auf:

1. Vorgänge von besonderer Bedeutung, die nach dem Schluß des Geschäftsjahrs eingetreten sind;
2. die voraussichtliche Entwicklung der Kapitalgesellschaft;
3. den Bereich Forschung und Entwicklung;
4. bestehende Zweigniederlassungen der Gesellschaft.

### Zweiter Unterabschnitt. Konzernabschluß und Konzernlagebericht

### Erster Titel. Anwendungsbereich

**§ 290 Pflicht zur Aufstellung.** (1) Stehen in einem Konzern die Unternehmen unter der einheitlichen Leitung einer Kapitalgesellschaft (Mutterunternehmen) mit Sitz im Inland und gehört dem Mutterunternehmen eine Beteiligung nach § 271 Abs. 1 an dem oder den anderen unter der einheitlichen Leitung stehenden Unternehmen (Tochterunternehmen), so haben die gesetzlichen Vertreter des Mutterunternehmens in den ersten fünf Monaten des Konzerngeschäftsjahrs für das vergangene Konzerngeschäftsjahr einen Konzernabschluß und einen Konzernlagebericht aufzustellen.

(2) Eine Kapitalgesellschaft mit Sitz im Inland ist stets zur Aufstellung eines Konzernabschlusses und eines Konzernlageberichts verpflichtet (Mutterunternehmen), wenn ihr bei einem Unternehmen (Tochterunternehmen)

1. die Mehrheit der Stimmrechte der Gesellschafter zusteht,
2. das Recht zusteht, die Mehrheit der Mitglieder des Verwaltungs-, Leitungs- oder Aufsichtsorgans zu bestellen oder abzuberufen, und sie gleichzeitig Gesellschafter ist oder

3. das Recht zusteht, einen beherrschenden Einfluß auf Grund eines mit diesem Unternehmen geschlossenen Beherrschungsvertrags oder auf Grund einer Satzungsbestimmung dieses Unternehmens auszuüben.

(3) [1] Als Rechte, die einem Mutterunternehmen nach Absatz 2 zustehen, gelten auch die einem Tochterunternehmen zustehenden Rechte und die den für Rechnung des Mutterunternehmens oder von Tochterunternehmen handelnden Personen zustehenden Rechte. [2] Den einem Mutterunternehmen an einem anderen Unternehmen zustehenden Rechten werden die Rechte hinzugerechnet, über die es oder ein Tochterunternehmen auf Grund einer Vereinbarung mit anderen Gesellschaftern dieses Unternehmens verfügen kann. [3] Abzuziehen sind Rechte, die

1. mit Anteilen verbunden sind, die von dem Mutterunternehmen oder von Tochterunternehmen für Rechnung einer anderen Person gehalten werden, oder

2. mit Anteilen verbunden sind, die als Sicherheit gehalten werden, sofern diese Rechte nach Weisung des Sicherungsgebers oder, wenn ein Kreditinstitut die Anteile als Sicherheit für ein Darlehen hält, im Interesse des Sicherungsgebers ausgeübt werden.

(4) [1] Welcher Teil der Stimmrechte einem Unternehmen zusteht, bestimmt sich für die Berechnung der Mehrheit nach Absatz 2 Nr. 1 nach dem Verhältnis der Zahl der Stimmrechte, die es aus den ihm gehörenden Anteilen ausüben kann, zur Gesamtzahl aller Stimmrechte. [2] Von der Gesamtzahl aller Stimmrechte sind die Stimmrechte aus eigenen Anteilen abzuziehen, die dem Tochterunternehmen selbst, einem seiner Tochterunternehmen oder einer anderen Person für Rechnung dieser Unternehmen gehören.

### § 291 Befreiende Wirkung von EU/EWR-Konzernabschlüssen.

(1) [1] Ein Mutterunternehmen, das zugleich Tochterunternehmen eines Mutterunternehmens mit Sitz in einem Mitgliedstaat der Europäischen Union oder in einem anderen Vertragsstaat des Abkommens über den Europäischen Wirtschaftsraum ist, braucht einen Konzernabschluß und einen Konzernlagebericht nicht aufzustellen, wenn ein den Anforderungen des Absatzes 2 entsprechender Konzernabschluß und Konzernlagebericht seines Mutterunternehmens einschließlich des Bestätigungsvermerks oder des Vermerks über dessen Versagung nach den für den entfallenden Konzernabschluß und Konzernlagebericht maßgeblichen Vorschriften in deutscher Sprache offengelegt wird. [2] Ein befreiender Konzernabschluß und ein befreiender Konzernlagebericht können von jedem Unternehmen unabhängig von seiner Rechtsform und Größe aufgestellt werden, wenn das Unternehmen als Kapitalgesellschaft mit Sitz in einem Mitgliedstaat der Europäischen Union oder in einem anderen Vertragsstaat des Abkommens über den Europäischen Wirtschaftsraum zur Aufstellung eines Konzernabschlusses unter Einbeziehung des zu befreienden Mutterunternehmens und seiner Tochterunternehmen verpflichtet wäre.

(2) [1] Der Konzernabschluß und Konzernlagebericht eines Mutterunternehmens mit Sitz in einem Mitgliedstaat der Europäischen Union oder in einem anderen Vertragsstaat des Abkommens über den Europäischen Wirtschaftsraum haben befreiende Wirkung, wenn

1. das zu befreiende Mutterunternehmen und seine Tochterunternehmen in den befreienden Konzernabschluß unbeschadet der §§ 295, 296 einbezogen worden sind,

2. der befreiende Konzernabschluß und der befreiende Konzernlagebericht im Einklang mit der Richtlinie 83/349/EWG des Rates vom 13. Juni 1983 über den konsolidierten Abschluß (ABl. EG Nr. L 193 S. 1) und der Richtlinie 84/253/EWG des Rates vom 10. April 1984 über die Zulassung der mit der Pflichtprüfung der Rechnungslegungsunterlagen beauftragten Personen (ABl. EG Nr. L 126 S. 20) nach dem für das aufstellende Mutterunternehmen maßgeblichen Recht aufgestellt und von einem zugelassenen Abschlußprüfer geprüft worden sind,

3. der Anhang des Jahresabschlusses des zu befreienden Unternehmens folgende Angaben enthält:
   a) Name und Sitz des Mutterunternehmens, das den befreienden Konzernabschluß und Konzernlagebericht aufstellt,
   b) einen Hinweis auf die Befreiung von der Verpflichtung, einen Konzernabschluß und einen Konzernlagebericht aufzustellen, und
   c) eine Erläuterung der im befreienden Konzernabschluß vom deutschen Recht abweichend angewandten Bilanzierungs-, Bewertungs- und Konsolidierungsmethoden.

[2] Satz 1 gilt für Kreditinstitute und Versicherungsunternehmen entsprechend; unbeschadet der übrigen Voraussetzungen in Satz 1 hat die Aufstellung des befreienden Konzernabschlusses und des befreienden Konzernlageberichts bei Kreditinstituten im Einklang mit der Richtlinie 86/635/EWG des Rates vom 8. Dezember 1986 über den Jahresabschluß und den konsolidierten Abschluß von Banken und anderen Finanzinstituten (ABl. EG Nr. L 372 S. 1) und bei Versicherungsunternehmen im Einklang mit der Richtlinie 91/674/EWG des Rates vom 19. Dezember 1991 über den Jahresabschluß und den konsolidierten Jahresabschluß von Versicherungsunternehmen (ABl. EG Nr. L 374 S. 7) zu erfolgen.

(3) [1] Die Befreiung nach Absatz 1 kann trotz Vorliegens der Voraussetzungen nach Absatz 2 von einem Mutterunternehmen nicht in Anspruch genommen werden, wenn Gesellschafter, denen bei Aktiengesellschaften und Kommanditgesellschaften auf Aktien mindestens zehn vom Hundert und bei Gesellschaften mit beschränkter Haftung mindestens zwanzig vom Hundert der Anteile an dem zu befreienden Mutterunternehmen gehören, spätestens sechs Monate vor dem Ablauf des Konzerngeschäftsjahrs die Aufstellung eines Konzernabschlusses und eines Konzernlageberichts beantragt haben. [2] Gehören dem Mutterunternehmen mindestens neunzig vom Hundert der Anteile an dem zu befreienden Mutterunternehmen, so kann Absatz 1 nur angewendet werden, wenn die anderen Gesellschafter der Befreiung zugestimmt haben.

**§ 292 Rechtsverordnungsermächtigung für befreiende Konzernabschlüsse und Konzernlageberichte.** (1) [1] Das Bundesministerium der Justiz wird ermächtigt, im Einvernehmen mit dem Bundesministerium der Finanzen und dem Bundesministerium für Wirtschaft durch Rechtsverordnung, die nicht der Zustimmung des Bundesrates bedarf, zu bestimmen, daß § 291 auf Konzernabschlüsse und Konzernlageberichte von Mutterunternehmen mit Sitz in einem Staat, der nicht Mitglied der Europäischen Union und auch nicht Vertragsstaat des Abkommens über den Europäischen Wirtschaftsraum ist, mit der Maßgabe angewendet werden darf, daß der befreiende Konzernabschluß und der befreiende Konzernlagebericht nach dem mit den Anforderungen der Richtlinie 83/349/EWG übereinstimmenden Recht eines

Mitgliedstaates der Europäischen Union oder eines anderen Vertragsstaates des Abkommens über den Europäischen Wirtschaftsraum aufgestellt worden oder einem nach diesem Recht eines Mitgliedstaates der Europäischen Union oder eines anderen Vertragsstaates des Abkommens über den Europäischen Wirtschaftsraum aufgestellten Konzernabschluß und Konzernlagebericht gleichwertig sein müssen. [2]Das Recht eines anderen Mitgliedstaates der Europäischen Union oder Vertragsstaates des Abkommens über den Europäischen Wirtschaftsraum kann einem befreienden Konzernabschluß und einem befreienden Konzernlagebericht jedoch nur zugrunde gelegt oder für die Herstellung der Gleichwertigkeit herangezogen werden, wenn diese Unterlagen in dem anderen Mitgliedstaat oder Vertragsstaat anstelle eines sonst nach dem Recht dieses Mitgliedstaates oder Vertragsstaates vorgeschriebenen Konzernabschlusses und Konzernlageberichts offengelegt werden. [3]Die Anwendung dieser Vorschrift kann in der Rechtsverordnung nach Satz 1 davon abhängig gemacht werden, daß die nach diesem Unterabschnitt aufgestellten Konzernabschlüsse und Konzernlageberichte in dem Staat, in dem das Mutterunternehmen seinen Sitz hat, als gleichwertig mit den dort für Unternehmen mit entsprechender Rechtsform und entsprechendem Geschäftszweig vorgeschriebenen Konzernabschlüssen und Konzernlageberichten angesehen werden.

(2) Ist ein nach Absatz 1 zugelassener Konzernabschluß nicht von einem in Übereinstimmung mit den Vorschriften der Richtlinie 84/253/EWG zugelassenen Abschlußprüfer geprüft worden, so kommt ihm befreiende Wirkung nur zu, wenn der Abschlußprüfer eine den Anforderungen dieser Richtlinie gleichwertige Befähigung hat und der Konzernabschluß in einer den Anforderungen des Dritten Unterabschnitts entsprechenden Weise geprüft worden ist.

(3) [1]In einer Rechtsverordnung nach Absatz 1 kann außerdem bestimmt werden, welche Voraussetzungen Konzernabschlüsse und Konzernlageberichte von Mutterunternehmen mit Sitz in einem Staat, der nicht Mitglied der Europäischen Union und auch nicht Vertragsstaat des Abkommens über den Europäischen Wirtschaftsraum ist, im einzelnen erfüllen müssen, um nach Absatz 1 gleichwertig zu sein, und wie die Befähigung von Abschlußprüfern beschaffen sein muß, um nach Absatz 2 gleichwertig zu sein. [2]In der Rechtsverordnung können zusätzliche Angaben und Erläuterungen zum Konzernabschluß vorgeschrieben werden, soweit diese erforderlich sind, um die Gleichwertigkeit dieser Konzernabschlüsse und Konzernlageberichte mit solchen nach diesem Unterabschnitt oder dem Recht eines anderen Mitgliedstaates der Europäischen Union oder Vertragsstaates des Abkommens über den Europäischen Wirtschaftsraum herzustellen.

(4) [1]Die Rechtsverordnung ist vor Verkündung dem Bundestag zuzuleiten. [2]Sie kann durch Beschluß des Bundestages geändert oder abgelehnt werden. [3]Der Beschluß des Bundestages wird dem Bundesministerium der Justiz zugeleitet. [4]Das Bundesministerium der Justiz ist bei der Verkündung der Rechtsverordnung an den Beschluß gebunden. [5]Hat sich der Bundestag nach Ablauf von drei Sitzungswochen seit Eingang einer Rechtsverordnung nicht mit ihr befaßt, so wird die unveränderte Rechtsverordnung dem Bundesministerium der Justiz zur Verkündung zugeleitet. [6]Der Bundestag befaßt sich mit der Rechtsverordnung auf Antrag von so vielen Mitgliedern des Bundestages, wie zur Bildung einer Fraktion erforderlich sind.

**§ 292 a[1] Befreiung von der Aufstellungspflicht.** (1) [1]Ein börsennotiertes Unternehmen, das Mutterunternehmen eines Konzerns ist, braucht einen Konzernabschluß und einen Konzernlagebericht nach den Vorschriften dieses Unterabschnitts nicht aufzustellen, wenn es einen den Anforderungen des Absatzes 2 entsprechenden Konzernabschluß und Konzernlagebericht aufstellt und ihn in deutscher Sprache und Euro nach den §§ 325, 328 offenlegt. [2]Bei der Offenlegung der befreienden Unterlagen ist ausdrücklich darauf hinzuweisen, daß es sich um einen nicht nach deutschem Recht aufgestellten Konzernabschluß und Konzernlagebericht handelt.

(2) Der Konzernabschluß und der Konzernlagebericht haben befreiende Wirkung, wenn

1. das Mutterunternehmen und seine Tochterunternehmen in den befreienden Konzernabschluß unbeschadet der §§ 295, 296 einbezogen worden sind,

2. der Konzernabschluß und der Konzernlagebericht
   a) nach international anerkannten Rechnungslegungsgrundsätzen aufgestellt worden sind,
   b) im Einklang mit der Richtlinie 83/349/EWG und gegebenenfalls den für Kreditinstitute und Versicherungsunternehmen in § 291 Abs. 2 Satz 2 bezeichneten Richtlinien stehen,

3. die Aussagekraft der danach aufgestellten Unterlagen der Aussagekraft eines nach den Vorschriften dieses Unterabschnitts aufgestellten Konzernabschlusses und Konzernlageberichts gleichwertig ist,

4. der Anhang oder die Erläuterungen zum Konzernabschluß die folgenden Angaben enthält:
   a) die Bezeichnung der angewandten Rechnungslegungsgrundsätze,
   b) eine Erläuterung der vom deutschen Recht abweichenden Bilanzierungs-, Bewertungs- und Konsolidierungsmethoden und

5. die befreienden Unterlagen von dem nach § 318 bestellten Abschlußprüfer geprüft worden sind und von dem Abschlußprüfer außerdem bestätigt worden ist, daß die Bedingungen für die Befreiung erfüllt sind.

(3) [1]Das Bundesministerium der Justiz kann im Einvernehmen mit dem Bundesministerium der Finanzen und dem Bundesministerium für Wirtschaft durch Rechtsverordnung bestimmen, welche Voraussetzungen Konzernabschlüsse und Konzernlageberichte von Mutterunternehmen im einzelnen erfüllen müssen, um nach Absatz 2 Nr. 3 gleichwertig zu sein. [2]Dies kann auch in der Weise geschehen, daß Rechnungslegungsgrundsätze bezeichnet werden, bei deren Anwendung die Gleichwertigkeit gegeben ist.

**§ 293 Größenabhängige Befreiungen.** (1) [1]Ein Mutterunternehmen ist von der Pflicht, einen Konzernabschluß und einen Konzernlagebericht aufzustellen, befreit, wenn

1. am Abschlußstichtag seines Jahresabschlusses und am vorhergehenden Abschlußstichtag mindestens zwei der drei nachstehenden Merkmale zutreffen:

---

[1] § 292 a tritt am 31. 12. 2004 außer Kraft; die Vorschrift ist letztmals auf das Geschäftsjahr anzuwenden, das spätestens am 31. 12. 2004 endet.

a) Die Bilanzsummen in den Bilanzen des Mutterunternehmens und der Tochterunternehmen, die in den Konzernabschluß einzubeziehen wären, übersteigen insgesamt nach Abzug von in den Bilanzen auf der Aktivseite ausgewiesenen Fehlbeträgen nicht dreiundsechzig Millionen siebenhundertzwanzigtausend Deutsche Mark.

b) Die Umsatzerlöse des Mutterunternehmens und der Tochterunternehmen, die in den Konzernabschluß einzubeziehen wären, übersteigen in den zwölf Monaten vor dem Abschlußstichtag insgesamt nicht einhundertsiebenundzwanzig Millionen vierhundertvierzigtausend Deutsche Mark.

c) Das Mutterunternehmen und die Tochterunternehmen, die in den Konzernabschluß einzubeziehen wären, haben in den zwölf Monaten vor dem Abschlußstichtag im Jahresdurchschnitt nicht mehr als fünfhundert Arbeitnehmer beschäftigt;
oder

2. am Abschlußstichtag eines von ihm aufzustellenden Konzernabschlusses und am vorhergehenden Abschlußstichtag mindestens zwei der drei nachstehenden Merkmale zutreffen:

a) Die Bilanzsumme übersteigt nach Abzug eines auf der Aktivseite ausgewiesenen Fehlbetrags nicht dreiundfünfzig Millionen einhunderttausend Deutsche Mark.

b) Die Umsatzerlöse in den zwölf Monaten vor dem Abschlußstichtag übersteigen nicht einhundertsechs Millionen zweihunderttausend Deutsche Mark.

c) Das Mutterunternehmen und die in den Konzernabschluß einbezogenen Tochterunternehmen haben in den zwölf Monaten vor dem Abschlußstichtag im Jahresdurchschnitt nicht mehr als fünfhundert Arbeitnehmer beschäftigt.

[2] Auf die Ermittlung der durchschnittlichen Zahl der Arbeitnehmer ist § 267 Abs. 5 anzuwenden.

(2), (3) *(aufgehoben)*

(4) Außer in den Fällen des Absatzes 1 ist ein Mutterunternehmen von der Pflicht zur Aufstellung des Konzernabschlusses und des Konzernlageberichts befreit, wenn die Voraussetzungen des Absatzes 1 nur am Abschlußstichtag oder nur am vorhergehenden Abschlußstichtag erfüllt sind und das Mutterunternehmen am vorhergehenden Abschlußstichtag von der Pflicht zur Aufstellung des Konzernabschlusses und des Konzernlageberichts befreit war.

(5) Die Absätze 1 und 4 sind nicht anzuwenden, wenn am Abschlußstichtag Aktien oder andere von dem Mutterunternehmen oder einem in den Konzernabschluß des Mutterunternehmens einbezogenen Tochterunternehmen ausgegebene Wertpapiere an einer Börse in einem Mitgliedstaat der Europäischen Wirtschaftsgemeinschaft oder in einem anderen Vertragsstaat des Abkommens über den Europäischen Wirtschaftsraum zum amtlichen Handel oder zum geregelten Markt zugelassen sind oder die Zulassung zum amtlichen Handel oder zum geregelten Markt beantragt ist.

### Zweiter Titel. Konsolidierungskreis

**§ 294 Einzubeziehende Unternehmen. Vorlage- und Auskunftspflichten.** (1) In den Konzernabschluß sind das Mutterunternehmen und alle Tochterunternehmen ohne Rücksicht auf den Sitz der Tochterunternehmen einzubeziehen, sofern die Einbeziehung nicht nach den §§ 295, 296 unterbleibt.

(2) ¹Hat sich die Zusammensetzung der in den Konzernabschluß einbezogenen Unternehmen im Laufe des Geschäftsjahrs wesentlich geändert, so sind in den Konzernabschluß Angaben aufzunehmen, die es ermöglichen, die aufeinanderfolgenden Konzernabschlüsse sinnvoll zu vergleichen. ²Dieser Verpflichtung kann auch dadurch entsprochen werden, daß die entsprechenden Beträge des vorhergehenden Konzernabschlusses an die Änderung angepaßt werden.

(3) ¹Die Tochterunternehmen haben dem Mutterunternehmen ihre Jahresabschlüsse, Lageberichte, Konzernabschlüsse, Konzernlageberichte und, wenn eine Prüfung des Jahresabschlusses oder des Konzernabschlusses stattgefunden hat, die Prüfungsberichte sowie, wenn ein Zwischenabschluß aufzustellen ist, einen auf den Stichtag des Konzernabschlusses aufgestellten Abschluß unverzüglich einzureichen. ²Das Mutterunternehmen kann von jedem Tochterunternehmen alle Aufklärungen und Nachweise verlangen, welche die Aufstellung des Konzernabschlusses und des Konzernlageberichts erfordert.

**§ 295 Verbot der Einbeziehung.** (1) Ein Tochterunternehmen darf in den Konzernabschluß nicht einbezogen werden, wenn sich seine Tätigkeit von der Tätigkeit der anderen einbezogenen Unternehmen derart unterscheidet, daß die Einbeziehung in den Konzernabschluß mit der Verpflichtung, ein den tatsächlichen Verhältnissen entsprechendes Bild der Vermögens-, Finanz- und Ertragslage des Konzerns zu vermitteln, unvereinbar ist; § 311 über die Einbeziehung von assoziierten Unternehmen bleibt unberührt.

(2) Absatz 1 ist nicht allein deshalb anzuwenden, weil die in den Konzernabschluß einbezogenen Unternehmen teils Industrie-, teils Handels- und teils Dienstleistungsunternehmen sind oder weil diese Unternehmen unterschiedliche Erzeugnisse herstellen, mit unterschiedlichen Erzeugnissen Handel treiben oder Dienstleistungen unterschiedlicher Art erbringen.

(3) ¹Die Anwendung des Absatzes 1 ist im Konzernanhang anzugeben und zu begründen. ²Wird der Jahresabschluß oder der Konzernabschluß eines nach Absatz 1 nicht einbezogenen Unternehmens im Geltungsbereich dieses Gesetzes nicht offengelegt, so ist er gemeinsam mit dem Konzernabschluß zum Handelsregister einzureichen.

**§ 296 Verzicht auf die Einbeziehung.** (1) Ein Tochterunternehmen braucht in den Konzernabschluß nicht einbezogen zu werden, wenn

1. erhebliche und andauernde Beschränkungen die Ausübung der Rechte des Mutterunternehmens in bezug auf das Vermögen oder die Geschäftsführung dieses Unternehmens nachhaltig beeinträchtigen,

2. die für die Aufstellung des Konzernabschlusses erforderlichen Angaben nicht ohne unverhältnismäßig hohe Kosten oder Verzögerungen zu erhalten sind oder

3. die Anteile des Tochterunternehmens ausschließlich zum Zwecke ihrer Weiterveräußerung gehalten werden.

(2) ¹Ein Tochterunternehmen braucht in den Konzernabschluß nicht einbezogen zu werden, wenn es für die Verpflichtung, ein den tatsächlichen Verhältnissen entsprechendes Bild der Vermögens-, Finanz- und Ertragslage

des Konzerns zu vermitteln, von untergeordneter Bedeutung ist. [2]Entsprechen mehrere Tochterunternehmen der Voraussetzung des Satzes 1, so sind diese Unternehmen in den Konzernabschluß einzubeziehen, wenn sie zusammen nicht von untergeordneter Bedeutung sind.

(3) Die Anwendung der Absätze 1 und 2 ist im Konzernanhang zu begründen.

### Dritter Titel. Inhalt und Form des Konzernabschlusses

**§ 297 Inhalt.** (1) [1]Der Konzernabschluß besteht aus der Konzernbilanz, der Konzern-Gewinn- und Verlustrechnung und dem Konzernanhang, die eine Einheit bilden. [2]Die gesetzlichen Vertreter eines börsennotierten Mutterunternehmens haben den Konzernanhang um eine Kapitalflußrechnung und eine Segmentberichterstattung zu erweitern.

(2) [1]Der Konzernabschluß ist klar und übersichtlich aufzustellen. [2]Er hat unter Beachtung der Grundsätze ordnungsmäßiger Buchführung ein den tatsächlichen Verhältnissen entsprechendes Bild der Vermögens-, Finanz- und Ertragslage des Konzerns zu vermitteln. [3]Führen besondere Umstände dazu, daß der Konzernabschluß ein den tatsächlichen Verhältnissen entsprechendes Bild im Sinne des Satzes 2 nicht vermittelt, so sind im Konzernanhang zusätzliche Angaben zu machen.

(3) [1]Im Konzernabschluß ist die Vermögens-, Finanz- und Ertragslage der einbezogenen Unternehmen so darzustellen, als ob diese Unternehmen insgesamt ein einziges Unternehmen wären. [2]Die auf den vorhergehenden Konzernabschluß angewandten Konsolidierungsmethoden sollen beibehalten werden. [3]Abweichungen von Satz 2 sind in Ausnahmefällen zulässig. [4]Sie sind im Konzernanhang anzugeben und zu begründen. [5]Ihr Einfluß auf die Vermögens-, Finanz- und Ertragslage des Konzerns ist anzugeben.

**§ 298 Anzuwendende Vorschriften. Erleichterungen.** (1) Auf den Konzernabschluß sind, soweit seine Eigenart keine Abweichung bedingt oder in den folgenden Vorschriften nichts anderes bestimmt ist, die §§ 244 bis 256, §§ 265, 266, 268 bis 275, §§ 277 bis 283 über den Jahresabschluß und die für die Rechtsform und den Geschäftszweig der in den Konzernabschluß einbezogenen Unternehmen mit Sitz im Geltungsbereich dieses Gesetzes geltenden Vorschriften, soweit sie für große Kapitalgesellschaften gelten, entsprechend anzuwenden.

(2) In der Gliederung der Konzernbilanz dürfen die Vorräte in einem Posten zusammengefaßt werden, wenn deren Aufgliederung wegen besonderer Umstände mit einem unverhältnismäßigen Aufwand verbunden wäre.

(3) [1]Der Konzernanhang und der Anhang des Jahresabschlusses des Mutterunternehmens dürfen zusammengefaßt werden. [2]In diesem Falle müssen der Konzernabschluß und der Jahresabschluß des Mutterunternehmens gemeinsam offengelegt werden. [3]Bei Anwendung des Satzes 1 dürfen auch die Prüfungsberichte und die Bestätigungsvermerke jeweils zusammengefaßt werden.

**§ 299 Stichtag für die Aufstellung.** (1) Der Konzernabschluß ist auf den Stichtag des Jahresabschlusses des Mutterunternehmens oder auf den hiervon abweichenden Stichtag der Jahresabschlüsse der bedeutendsten oder der Mehrzahl der in den Konzernabschluß einbezogenen Unternehmen aufzustellen; die Abweichung vom Abschlußstichtag des Mutterunternehmens ist im Konzernanhang anzugeben und zu begründen.

(2) ¹Die Jahresabschlüsse der in den Konzernabschluß einbezogenen Unternehmen sollen auf den Stichtag des Konzernabschlusses aufgestellt werden. ²Liegt der Abschlußstichtag eines Unternehmens um mehr als drei Monate vor dem Stichtag des Konzernabschlusses, so ist dieses Unternehmen auf Grund eines auf den Stichtag und den Zeitraum des Konzernabschlusses aufgestellten Zwischenabschlusses in den Konzernabschluß einzubeziehen.

(3) Wird bei abweichenden Abschlußstichtagen ein Unternehmen nicht auf der Grundlage eines auf den Stichtag und den Zeitraum des Konzernabschlusses aufgestellten Zwischenabschlusses in den Konzernabschluß einbezogen, so sind Vorgänge von besonderer Bedeutung für die Vermögens-, Finanz- und Ertragslage eines in den Konzernabschluß einbezogenen Unternehmens, die zwischen dem Abschlußstichtag dieses Unternehmens und dem Abschlußstichtag des Konzernabschlusses eingetreten sind, in der Konzernbilanz und der Konzern-Gewinn- und Verlustrechnung zu berücksichtigen oder im Konzernanhang anzugeben.

### Vierter Titel. Vollkonsolidierung

**§ 300 Konsolidierungsgrundsätze. Vollständigkeitsgebot.** (1) ¹In dem Konzernabschluß ist der Jahresabschluß des Mutterunternehmens mit den Jahresabschlüssen der Tochterunternehmen zusammenzufassen. ²An die Stelle der dem Mutterunternehmen gehörenden Anteile an den einbezogenen Tochterunternehmen treten die Vermögensgegenstände, Schulden, Rechnungsabgrenzungsposten, Bilanzierungshilfen und Sonderposten der Tochterunternehmen, soweit sie nach dem Recht des Mutterunternehmens bilanzierungsfähig sind und die Eigenart des Konzernabschlusses keine Abweichungen bedingt oder in den folgenden Vorschriften nichts anderes bestimmt ist.

(2) ¹Die Vermögensgegenstände, Schulden und Rechnungsabgrenzungsposten sowie die Erträge und Aufwendungen der in den Konzernabschluß einbezogenen Unternehmen sind unabhängig von ihrer Berücksichtigung in den Jahresabschlüssen dieser Unternehmen vollständig aufzunehmen, soweit nach dem Recht des Mutterunternehmens nicht ein Bilanzierungsverbot oder ein Bilanzierungswahlrecht besteht. ²Nach dem Recht des Mutterunternehmens zulässige Bilanzierungswahlrechte dürfen im Konzernabschluß unabhängig von ihrer Ausübung in den Jahresabschlüssen der in den Konzernabschluß einbezogenen Unternehmen ausgeübt werden. ³Ansätze, die auf der Anwendung von für Kreditinstitute oder Versicherungsunternehmen wegen der Besonderheiten des Geschäftszwigs geltenden Vorschriften beruhen, dürfen beibehalten werden; auf die Anwendung dieser Ausnahme ist im Konzernanhang hinzuweisen.

**§ 301 Kapitalkonsolidierung.** (1) ¹Der Wertansatz der dem Mutterunternehmen gehörenden Anteile an einem in den Konzernabschluß einbezogenen Tochterunternehmen wird mit dem auf diese Anteile entfallenden Betrag des Eigenkapitals des Tochterunternehmens verrechnet. ²Das Eigenkapital ist anzusetzen

1. entweder mit dem Betrag, der dem Buchwert der in den Konzernabschluß aufzunehmenden Vermögensgegenstände, Schulden, Rechnungsabgren-

zungsposten, Bilanzierungshilfen und Sonderposten, gegebenenfalls nach Anpassung der Wertansätze nach § 308 Abs. 2, entspricht, oder

2. mit dem Betrag, der dem Wert der in den Konzernabschluß aufzunehmenden Vermögensgegenstände, Schulden, Rechnungsabgrenzungsposten, Bilanzierungshilfen und Sonderposten entspricht, der diesen an dem für die Verrechnung nach Absatz 2 gewählten Zeitpunkt beizulegen ist.

[3] Bei Ansatz mit dem Buchwert nach Satz 2 Nr. 1 ist ein sich ergebender Unterschiedsbetrag den Wertansätzen von in der Konzernbilanz anzusetzenden Vermögensgegenständen und Schulden des jeweiligen Tochterunternehmens insoweit zuzuschreiben oder mit diesen zu verrechnen, als deren Wert höher oder niedriger ist als der bisherige Wertansatz. [4] Bei Ansatz mit den Werten nach Satz 2 Nr. 2 darf das anteilige Eigenkapital nicht mit einem Betrag angesetzt werden, der die Anschaffungskosten des Mutterunternehmens für die Anteile an dem einbezogenen Tochterunternehmen überschreitet. [5] Die angewandte Methode ist im Konzernanhang anzugeben.

(2) [1] Die Verrechnung nach Absatz 1 wird auf der Grundlage der Wertansätze zum Zeitpunkt des Erwerbs der Anteile oder der erstmaligen Einbeziehung des Tochterunternehmens in den Konzernabschluß oder, beim Erwerb der Anteile zu verschiedenen Zeitpunkten, zu dem Zeitpunkt, zu dem das Unternehmen Tochterunternehmen geworden ist, durchgeführt. [2] Der gewählte Zeitpunkt ist im Konzernanhang anzugeben.

(3) [1] Ein bei der Verrechnung nach Absatz 1 Satz 2 Nr. 2 entstehender oder ein nach Zuschreibung oder Verrechnung nach Absatz 1 Satz 3 verbleibender Unterschiedsbetrag ist in der Konzernbilanz, wenn er auf der Aktivseite entsteht, als Geschäfts- oder Firmenwert und, wenn er auf der Passivseite entsteht, als Unterschiedsbetrag aus der Kapitalkonsolidierung auszuweisen. [2] Der Posten und wesentliche Änderungen gegenüber dem Vorjahr sind im Anhang zu erläutern. [3] Werden Unterschiedsbeträge der Aktivseite mit solchen der Passivseite verrechnet, so sind die verrechneten Beträge im Anhang anzugeben.

(4) [1] Absatz 1 ist nicht auf Anteile an dem Mutterunternehmen anzuwenden, die dem Mutterunternehmen oder einem in den Konzernabschluß einbezogenen Tochterunternehmen gehören. [2] Solche Anteile sind in der Konzernbilanz als eigene Anteile im Umlaufvermögen gesondert auszuweisen.

## § 302 Kapitalkonsolidierung bei Interessenzusammenführung.

(1) Ein Mutterunternehmen darf die in § 301 Abs. 1 vorgeschriebene Verrechnung der Anteile unter den folgenden Voraussetzungen auf das gezeichnete Kapital des Tochterunternehmens beschränken:

1. die zu verrechnenden Anteile betragen mindestens neunzig vom Hundert des Nennbetrags oder, falls ein Nennbetrag nicht vorhanden ist, des rechnerischen Wertes der Anteile des Tochterunternehmens, die nicht eigene Anteile sind,

2. die Anteile sind auf Grund einer Vereinbarung erworben worden, die die Ausgabe von Anteilen eines in den Konzernabschluß einbezogenen Unternehmens vorsieht, und

3. eine in der Vereinbarung vorgesehene Barzahlung übersteigt nicht zehn vom Hundert des Nennbetrags oder, falls ein Nennbetrag nicht vorhanden ist, des rechnerischen Wertes der ausgegebenen Anteile.

(2) Ein sich nach Absatz 1 ergebender Unterschiedsbetrag ist, wenn er auf der Aktivseite entsteht, mit den Rücklagen zu verrechnen oder, wenn er auf der Passivseite entsteht, den Rücklagen hinzuzurechnen.

(3) Die Anwendung der Methode nach Absatz 1 und die sich daraus ergebenden Veränderungen der Rücklagen sowie Name und Sitz des Unternehmens sind im Konzernanhang anzugeben.

**§ 303 Schuldenkonsolidierung.** (1) Ausleihungen und andere Forderungen, Rückstellungen und Verbindlichkeiten zwischen den in den Konzernabschluß einbezogenen Unternehmen sowie entsprechende Rechnungsabgrenzungsposten sind wegzulassen.

(2) Absatz 1 braucht nicht angewendet zu werden, wenn die wegzulassenden Beträge für die Vermittlung eines den tatsächlichen Verhältnissen entsprechenden Bildes der Vermögens-, Finanz- und Ertragslage des Konzerns nur von untergeordneter Bedeutung sind.

**§ 304 Behandlung der Zwischenergebnisse.** (1) In den Konzernabschluß zu übernehmende Vermögensgegenstände, die ganz oder teilweise auf Lieferungen oder Leistungen zwischen in den Konzernabschluß einbezogenen Unternehmen beruhen, sind in der Konzernbilanz mit einem Betrag anzusetzen, zu dem sie in der auf den Stichtag des Konzernabschlusses aufgestellten Jahresbilanz dieses Unternehmens angesetzt werden könnten, wenn die in den Konzernabschluß einbezogenen Unternehmen auch rechtlich ein einziges Unternehmen bilden würden.

(2) [1]Absatz 1 braucht nicht angewendet zu werden, wenn die Lieferung oder Leistung zu üblichen Marktbedingungen vorgenommen worden ist und die Ermittlung des nach Absatz 1 vorgeschriebenen Wertansatzes einen unverhältnismäßig hohen Aufwand erfordern würde. [2]Die Anwendung des Satzes 1 ist im Konzernanhang anzugeben und, wenn der Einfluß auf die Vermögens-, Finanz- und Ertragslage des Konzerns wesentlich ist, zu erläutern.

(3) Absatz 1 braucht außerdem nicht angewendet zu werden, wenn die Behandlung der Zwischenergebnisse nach Absatz 1 für die Vermittlung eines den tatsächlichen Verhältnissen entsprechenden Bildes der Vermögens-, Finanz- und Ertragslage des Konzerns nur von untergeordneter Bedeutung ist.

**§ 305 Aufwands- und Ertragskonsolidierung.** (1) In der Konzern-Gewinn- und Verlustrechnung sind

1. bei den Umsatzerlösen die Erlöse aus Lieferungen und Leistungen zwischen den in den Konzernabschluß einbezogenen Unternehmen mit den auf sie entfallenden Aufwendungen zu verrechnen, soweit sie nicht als Erhöhung des Bestands an fertigen und unfertigen Erzeugnissen oder als andere aktivierte Eigenleistungen auszuweisen sind,

2. andere Erträge aus Lieferungen und Leistungen zwischen den in den Konzernabschluß einbezogenen Unternehmen mit den auf sie entfallenden Aufwendungen zu verrechnen, soweit sie nicht als andere aktivierte Eigenleistungen auszuweisen sind.

(2) Aufwendungen und Erträge brauchen nach Absatz 1 nicht weggelassen zu werden, wenn die wegzulassenden Beträge für die Vermittlung eines den

tatsächlichen Verhältnissen entsprechenden Bildes der Vermögens-, Finanz-
und Ertragslage des Konzerns nur von untergeordneter Bedeutung sind.

**§ 306 Steuerabgrenzung.** [1]Ist das im Konzernabschluß ausgewiesene
Jahresergebnis auf Grund von Maßnahmen, die nach den Vorschriften dieses
Titels durchgeführt worden sind, niedriger oder höher als die Summe der
Einzelergebnisse der in den Konzernabschluß einbezogenen Unternehmen, so
ist der sich für das Geschäftsjahr und frühere Geschäftsjahre ergebende Steueraufwand, wenn er im Verhältnis zum Jahresergebnis zu hoch ist, durch Bildung eines Abgrenzungspostens auf der Aktivseite oder, wenn er im Verhältnis zum Jahresergebnis zu niedrig ist, durch Bildung einer Rückstellung
nach § 249 Abs. 1 Satz 1 anzupassen, soweit sich der zu hohe oder der zu
niedrige Steueraufwand in späteren Geschäftsjahren voraussichtlich ausgleicht.
[2]Der Posten ist in der Konzernbilanz oder im Konzernanhang gesondert anzugeben. [3]Er darf mit dem Posten nach § 274 zusammengefaßt werden.

**§ 307 Anteile anderer Gesellschafter.** (1) [1]In der Konzernbilanz ist für
nicht dem Mutterunternehmen gehörende Anteile an in den Konzernabschluß einbezogenen Tochterunternehmen ein Ausgleichsposten für die
Anteile der anderen Gesellschafter in Höhe ihres Anteils am Eigenkapital unter entsprechender Bezeichnung innerhalb des Eigenkapitals gesondert auszuweisen. [2]In den Ausgleichsposten sind auch die Beträge einzubeziehen, die
bei Anwendung der Kapitalkonsolidierungsmethode nach § 301 Abs. 1 Satz 2
Nr. 2 dem Anteil der anderen Gesellschafter am Eigenkapital entsprechen.

(2) In der Konzern-Gewinn- und Verlustrechnung ist der im Jahresergebnis
enthaltene, anderen Gesellschaftern zustehende Gewinn und der auf sie entfallende Verlust nach dem Posten „Jahresüberschuß/Jahresfehlbetrag" unter
entsprechender Bezeichnung gesondert auszuweisen.

**Fünfter Titel. Bewertungsvorschriften**

**§ 308 Einheitliche Bewertung.** (1) [1]Die in den Konzernabschluß nach
§ 300 Abs. 2 übernommenen Vermögensgegenstände und Schulden der in
den Konzernabschluß einbezogenen Unternehmen sind nach den auf den
Jahresabschluß des Mutterunternehmens anwendbaren Bewertungsmethoden
einheitlich zu bewerten. [2]Nach dem Recht des Mutterunternehmens zulässige
Bewertungswahlrechte können im Konzernabschluß unabhängig von ihrer
Ausübung in den Jahresabschlüssen der in den Konzernabschluß einbezogenen Unternehmen ausgeübt werden. [3]Abweichungen von den auf den Jahresabschluß des Mutterunternehmens angewandten Bewertungsmethoden sind
im Konzernanhang anzugeben und zu begründen.

(2) [1]Sind in den Konzernabschluß aufzunehmende Vermögensgegenstände
oder Schulden des Mutterunternehmens oder der Tochterunternehmen in
den Jahresabschlüssen dieser Unternehmen nach Methoden bewertet worden,
die sich von denen unterscheiden, die auf den Konzernabschluß anzuwenden
sind oder die von den gesetzlichen Vertretern des Mutterunternehmens in
Ausübung von Bewertungswahlrechten auf den Konzernabschluß angewendet
werden, so sind die abweichend bewerteten Vermögensgegenstände oder
Schulden nach den auf den Konzernabschluß angewandten Bewertungsmethoden neu zu bewerten und mit den neuen Wertansätzen in den Konzernabschluß zu übernehmen. [2]Wertansätze, die auf der Anwendung von für Kre-

ditinstitute oder Versicherungsunternehmen wegen der Besonderheiten des Geschäftszweigs geltenden Vorschriften beruhen, dürfen beibehalten werden; auf die Anwendung dieser Ausnahme ist im Konzernanhang hinzuweisen. [3] Eine einheitliche Bewertung nach Satz 1 braucht nicht vorgenommen zu werden, wenn ihre Auswirkungen für die Vermittlung eines den tatsächlichen Verhältnissen entsprechenden Bildes der Vermögens-, Finanz- und Ertragslage des Konzerns nur von untergeordneter Bedeutung sind. [4] Darüber hinaus sind Abweichungen in Ausnahmefällen zulässig; sie sind im Konzernanhang anzugeben und zu begründen.

(3) [1] Wurden in den Konzernabschluß zu übernehmende Vermögensgegenstände oder Schulden im Jahresabschluß eines in den Konzernabschluß einbezogenen Unternehmens mit einem nur nach Steuerrecht zulässigen Wert angesetzt, weil dieser Wertansatz sonst nicht bei der steuerrechtlichen Gewinnermittlung berücksichtigt werden würde, oder ist aus diesem Grunde auf der Passivseite ein Sonderposten gebildet worden, so dürfen diese Wertansätze unverändert in den Konzernabschluß übernommen werden. [2] Der Betrag der im Geschäftsjahr nach Satz 1 in den Jahresabschlüssen vorgenommenen Abschreibungen, Wertberichtigungen und Einstellungen in Sonderposten sowie der Betrag der unterlassenen Zuschreibungen sind im Konzernanhang anzugeben; die Maßnahmen sind zu begründen.

**§ 309 Behandlung des Unterschiedsbetrags.** (1) [1] Ein nach § 301 Abs. 3 auszuweisender Geschäfts- oder Firmenwert ist in jedem folgenden Geschäftsjahr zu mindestens einem Viertel durch Abschreibungen zu tilgen. [2] Die Abschreibung des Geschäfts- oder Firmenwerts kann aber auch planmäßig auf die Geschäftsjahre verteilt werden, in denen er voraussichtlich genutzt werden kann. [3] Der Geschäfts- oder Firmenwert darf auch offen mit den Rücklagen verrechnet werden.

(2) Ein nach § 301 Abs. 3 auf der Passivseite auszuweisender Unterschiedsbetrag darf ergebniswirksam nur aufgelöst werden, soweit

1. eine zum Zeitpunkt des Erwerbs der Anteile oder der erstmaligen Konsolidierung erwartete ungünstige Entwicklung der künftigen Ertragslage des Unternehmens eingetreten ist oder zu diesem Zeitpunkt erwartete Aufwendungen zu berücksichtigen sind oder

2. am Abschlußstichtag feststeht, daß er einem realisierten Gewinn entspricht.

### Sechster Titel. Anteilmäßige Konsolidierung

**§ 310** (1) Führt ein in einen Konzernabschluß einbezogenes Mutter- oder Tochterunternehmen ein anderes Unternehmen gemeinsam mit einem oder mehreren nicht in den Konzernabschluß einbezogenen Unternehmen, so darf das andere Unternehmen in den Konzernabschluß entsprechend den Anteilen am Kapital einbezogen werden, die dem Mutterunternehmen gehören.

(2) Auf die anteilmäßige Konsolidierung sind die §§ 297 bis 301, §§ 303 bis 306, 308, 309 entsprechend anzuwenden.

### Siebenter Titel. Assoziierte Unternehmen

**§ 311 Definition. Befreiung.** (1) [1] Wird von einem in den Konzernabschluß einbezogenen Unternehmen ein maßgeblicher Einfluß auf die Geschäfts- und Finanzpolitik eines nicht einbezogenen Unternehmens, an dem das Unternehmen nach § 271 Abs. 1 beteiligt ist, ausgeübt (assoziiertes Unternehmen), so ist diese Beteiligung in der Konzernbilanz unter einem besonderen Posten mit entsprechender Bezeichnung auszuweisen. [2] Ein maßgeblicher Einfluß wird vermutet, wenn ein Unternehmen bei einem anderen Unternehmen mindestens den fünften Teil der Stimmrechte der Gesellschafter innehat.

(2) Auf eine Beteiligung an einem assoziierten Unternehmen brauchen Absatz 1 und § 312 nicht angewendet zu werden, wenn die Beteiligung für die Vermittlung eines den tatsächlichen Verhältnissen entsprechenden Bildes der Vermögens-, Finanz- und Ertragslage des Konzerns von untergeordneter Bedeutung ist.

### § 312 Wertansatz der Beteiligung und Behandlung des Unterschiedsbetrags.

(1) [1] Eine Beteiligung an einem assoziierten Unternehmen ist in der Konzernbilanz

1. entweder mit dem Buchwert oder
2. mit dem Betrag, der dem anteiligen Eigenkapital des assoziierten Unternehmens entspricht,

anzusetzen. [2] Bei Ansatz mit dem Buchwert nach Satz 1 Nr. 1 ist der Unterschiedsbetrag zwischen diesem Wert und dem anteiligen Eigenkapital des assoziierten Unternehmens bei erstmaliger Anwendung in der Konzernbilanz zu vermerken oder im Konzernanhang anzugeben. [3] Bei Ansatz mit dem anteiligen Eigenkapital nach Satz 1 Nr. 2 ist das Eigenkapital mit dem Betrag anzusetzen, der sich ergibt, wenn die Vermögensgegenstände, Schulden, Rechnungsabgrenzungsposten, Bilanzierungshilfen und Sonderposten des assoziierten Unternehmens mit dem Wert angesetzt werden, der ihnen an dem nach Absatz 3 gewählten Zeitpunkt beizulegen ist, jedoch darf dieser Betrag die Anschaffungskosten für die Anteile an dem assoziierten Unternehmen nicht überschreiten; der Unterschiedsbetrag zwischen diesem Wertansatz und dem Buchwert der Beteiligung ist bei erstmaliger Anwendung in der Konzernbilanz gesondert auszuweisen oder im Konzernanhang anzugeben. [4] Die angewandte Methode ist im Konzernanhang anzugeben.

(2) [1] Der Unterschiedsbetrag nach Absatz 1 Satz 2 ist den Wertansätzen von Vermögensgegenständen und Schulden des assoziierten Unternehmens insoweit zuzuordnen, als deren Wert höher oder niedriger ist als der bisherige Wertansatz. [2] Der nach Satz 1 zugeordnete oder der sich nach Absatz 1 Satz 1 Nr. 2 ergebende Betrag ist entsprechend der Behandlung der Wertansätze dieser Vermögensgegenstände und Schulden im Jahresabschluß des assoziierten Unternehmens im Konzernabschluß fortzuführen, abzuschreiben oder aufzulösen. [3] Auf einen nach Zuordnung nach Satz 1 verbleibenden Unterschiedsbetrag und einen Unterschiedsbetrag nach Absatz 1 Satz 3 zweiter Halbsatz ist § 309 entsprechend anzuwenden.

(3) [1] Der Wertansatz der Beteiligung und die Unterschiedsbeträge werden auf der Grundlage der Wertansätze zum Zeitpunkt des Erwerbs der Anteile oder der erstmaligen Einbeziehung des assoziierten Unternehmens in den Konzernabschluß oder beim Erwerb der Anteile zu verschiedenen Zeitpunkten zu dem Zeitpunkt, zu dem das Unternehmen assoziiertes Unternehmen geworden ist, ermittelt. [2] Der gewählte Zeitpunkt ist im Konzernanhang anzugeben.

(4) [1]Der nach Absatz 1 ermittelte Wertansatz einer Beteiligung ist in den Folgejahren um den Betrag der Eigenkapitalveränderungen, die den dem Mutterunternehmen gehörenden Anteilen am Kapital des assoziierten Unternehmens entsprechen, zu erhöhen oder zu vermindern; auf die Beteiligung entfallende Gewinnausschüttungen sind abzusetzen. [2]In der Konzern-Gewinn- und Verlustrechnung ist das auf assoziierte Beteiligungen entfallende Ergebnis unter einem gesonderten Posten auszuweisen.

(5) [1]Wendet das assoziierte Unternehmen in seinem Jahresabschluß vom Konzernabschluß abweichende Bewertungsmethoden an, so können abweichend bewertete Vermögensgegenstände oder Schulden für die Zwecke der Absätze 1 bis 4 nach den auf den Konzernabschluß angewandten Bewertungsmethoden bewertet werden. [2]Wird die Bewertung nicht angepaßt, so ist dies im Konzernanhang anzugeben. [3]§ 304 über die Behandlung der Zwischenergebnisse ist entsprechend anzuwenden, soweit die für die Beurteilung maßgeblichen Sachverhalte bekannt oder zugänglich sind. [4]Die Zwischenergebnisse dürfen auch anteilig entsprechend den dem Mutterunternehmen gehörenden Anteilen am Kapital des assoziierten Unternehmens weggelassen werden.

(6) [1]Es ist jeweils der letzte Jahresabschluß des assoziierten Unternehmens zugrunde zu legen. [2]Stellt das assoziierte Unternehmen einen Konzernabschluß auf, so ist von diesem und nicht vom Jahresabschluß des assoziierten Unternehmens auszugehen.

### Achter Titel. Konzernanhang

**§ 313 Erläuterung der Konzernbilanz und der Konzern-Gewinn- und Verlustrechnung. Angaben zum Beteiligungsbesitz.** (1) [1]In den Konzernanhang sind diejenigen Angaben aufzunehmen, die zu einzelnen Posten der Konzernbilanz oder der Konzern-Gewinn- und Verlustrechnung vorgeschrieben oder die im Konzernanhang zu machen sind, weil sie in Ausübung eines Wahlrechts nicht in die Konzernbilanz oder in die Konzern-Gewinn- und Verlustrechnung aufgenommen wurden. [2]Im Konzernanhang müssen

1. die auf die Posten der Konzernbilanz und der Konzern-Gewinn- und Verlustrechnung angewandten Bilanzierungs- und Bewertungsmethoden angegeben werden;

2. die Grundlagen für die Umrechnung in Euro angegeben werden, sofern der Konzernabschluß Posten enthält, denen Beträge zugrunde liegen, die auf fremde Währung lauten oder ursprünglich auf fremde Währung lauteten;

3. Abweichungen von Bilanzierungs-, Bewertungs- und Konsolidierungsmethoden angegeben und begründet werden; deren Einfluß auf die Vermögens-, Finanz- und Ertragslage des Konzerns ist gesondert darzustellen.

(2) Im Konzernanhang sind außerdem anzugeben:

1. [1]Name und Sitz der in den Konzernabschluß einbezogenen Unternehmen, der Anteil am Kapital der Tochterunternehmen, der dem Mutterunternehmen und den in den Konzernabschluß einbezogenen Tochterunternehmen gehört oder von einer für Rechnung dieser Unternehmen handelnden Person gehalten wird, sowie der zur Einbeziehung in den Konzernabschluß verpflichtende Sachverhalt, sofern die Einbeziehung nicht auf

einer der Kapitalbeteiligung entsprechenden Mehrheit der Stimmrechte beruht. [2] Diese Angaben sind auch für Tochterunternehmen zu machen, die nach den §§ 295, 296 nicht einbezogen worden sind;

2. [1] Name und Sitz der assoziierten Unternehmen, der Anteil am Kapital der assoziierten Unternehmen, der dem Mutterunternehmen und den in den Konzernabschluß einbezogenen Tochterunternehmen gehört oder von einer für Rechnung dieser Unternehmen handelnden Person gehalten wird. [2] Die Anwendung des § 311 Abs. 2 ist jeweils anzugeben und zu begründen;

3. Name und Sitz der Unternehmen, die nach § 310 nur anteilmäßig in den Konzernabschluß einbezogen worden sind, der Tatbestand, aus dem sich die Anwendung dieser Vorschrift ergibt, sowie der Anteil am Kapital dieser Unternehmen, der dem Mutterunternehmen und den in den Konzernabschluß einbezogenen Tochterunternehmen gehört oder von einer für Rechnung dieser Unternehmen handelnden Person gehalten wird;

4. [1] Name und Sitz anderer als der unter den Nummern 1 bis 3 bezeichneten Unternehmen, bei denen das Mutterunternehmen, ein Tochterunternehmen oder eine für Rechnung eines dieser Unternehmen handelnde Person mindestens den fünften Teil der Anteile besitzt, unter Angabe des Anteils am Kapital sowie der Höhe des Eigenkapitals und des Ergebnisses des letzten Geschäftsjahrs, für das ein Abschluß aufgestellt worden ist. [2] Diese Angaben brauchen nicht gemacht zu werden, wenn sie für die Vermittlung eines den tatsächlichen Verhältnissen entsprechenden Bildes der Vermögens-, Finanz- und Ertragslage des Konzerns von untergeordneter Bedeutung sind. [3] Das Eigenkapital und das Ergebnis brauchen nicht angegeben zu werden, wenn das in Anteilsbesitz stehende Unternehmen seinen Jahresabschluß nicht offenzulegen hat und das Mutterunternehmen, das Tochterunternehmen oder die Person weniger als die Hälfte der Anteile an diesem Unternehmen besitzt.

(3) [1] Die in Absatz 2 verlangten Angaben brauchen insoweit nicht gemacht zu werden, als nach vernünftiger kaufmännischer Beurteilung damit gerechnet werden muß, daß durch die Angaben dem Mutterunternehmen, einem Tochterunternehmen oder einem anderen in Absatz 2 bezeichneten Unternehmen erhebliche Nachteile entstehen können. [2] Die Anwendung der Ausnahmeregelung ist im Konzernanhang anzugeben.

(4) [1] Die in Absatz 2 verlangten Angaben dürfen statt im Anhang auch in einer Aufstellung des Anteilsbesitzes gesondert gemacht werden. [2] Die Aufstellung ist Bestandteil des Anhangs. [3] Auf die besondere Aufstellung des Anteilsbesitzes und den Ort ihrer Hinterlegung ist im Anhang hinzuweisen.

**§ 314 Sonstige Pflichtangaben.** (1) Im Konzernanhang sind ferner anzugeben:

1. der Gesamtbetrag der in der Konzernbilanz ausgewiesenen Verbindlichkeiten mit einer Restlaufzeit von mehr als fünf Jahren sowie der Gesamtbetrag der in der Konzernbilanz ausgewiesenen Verbindlichkeiten, die von in den Konzernabschluß einbezogenen Unternehmen durch Pfandrechte oder ähnliche Rechte gesichert sind, unter Angabe von Art und Form der Sicherheiten;

2. der Gesamtbetrag der sonstigen finanziellen Verpflichtungen, die nicht in der Konzernbilanz erscheinen oder nicht nach § 298 Abs. 1 in Verbindung

mit § 251 anzugeben sind, sofern diese Angabe für die Beurteilung der Finanzlage des Konzerns von Bedeutung ist; davon und von den Haftungsverhältnissen nach § 251 sind Verpflichtungen gegenüber Tochterunternehmen, die nicht in den Konzernabschluß einbezogen werden, jeweils gesondert anzugeben;

3. die Aufgliederung der Umsatzerlöse nach Tätigkeitsbereichen sowie nach geographisch bestimmten Märkten, soweit sich, unter Berücksichtigung der Organisation des Verkaufs von für die gewöhnliche Geschäftstätigkeit des Konzerns typischen Erzeugnissen und der für die gewöhnliche Geschäftstätigkeit des Konzerns typischen Dienstleistungen, die Tätigkeitsbereiche und geographisch bestimmten Märkte untereinander erheblich unterscheiden;

4. die durchschnittliche Zahl der Arbeitnehmer der in den Konzernabschluß einbezogenen Unternehmen während des Geschäftsjahrs, getrennt nach Gruppen, sowie der in dem Geschäftsjahr verursachte Personalaufwand, sofern er nicht gesondert in der Konzern-Gewinn- und Verlustrechnung ausgewiesen ist; die durchschnittliche Zahl der Arbeitnehmer von nach § 310 nur anteilmäßig einbezogenen Unternehmen ist gesondert anzugeben;

5. das Ausmaß, in dem das Jahresergebnis des Konzerns dadurch beeinflußt wurde, daß bei Vermögensgegenständen im Geschäftsjahr oder in früheren Geschäftsjahren Abschreibungen nach den §§ 254, 280 Abs. 2 oder in entsprechender Anwendung auf Grund steuerrechtlicher Vorschriften vorgenommen oder beibehalten wurden oder ein Sonderposten nach § 273 oder in entsprechender Anwendung gebildet wurde; ferner das Ausmaß erheblicher künftiger Belastungen, die sich für den Konzern aus einer solchen Bewertung ergeben;

6. für die Mitglieder des Geschäftsführungsorgans, eines Aufsichtsrats, eines Beirats oder einer ähnlichen Einrichtung des Mutterunternehmens, jeweils für jede Personengruppe:
   a) die für die Wahrnehmung ihrer Aufgaben im Mutterunternehmen und den Tochterunternehmen im Geschäftsjahr gewährten Gesamtbezüge (Gehälter, Gewinnbeteiligungen, Aufwandsentschädigungen, Versicherungsentgelte, Provisionen und Nebenleistungen jeder Art). In die Gesamtbezüge sind auch Bezüge einzurechnen, die nicht ausgezahlt, sondern in Ansprüche anderer Art umgewandelt oder zur Erhöhung anderer Ansprüche verwendet werden. Außer den Bezügen für das Geschäftsjahr sind die weiteren Bezüge anzugeben, die im Geschäftsjahr gewährt, bisher aber in keinem Konzernabschluß angegeben worden sind;
   b) die für die Wahrnehmung ihrer Aufgaben im Mutterunternehmen und den Tochterunternehmen gewährten Gesamtbezüge (Abfindungen, Ruhegehälter, Hinterbliebenenbezüge und Leistungen verwandter Art) der früheren Mitglieder der bezeichneten Organe und ihrer Hinterbliebenen; Buchstabe a Satz 2 und 3 ist entsprechend anzuwenden. Ferner ist der Betrag der für diese Personengruppe gebildeten Rückstellungen für laufende Pensionen und Anwartschaften auf Pensionen und der Betrag der für diese Verpflichtungen nicht gebildeten Rückstellungen anzugeben;
   c) die vom Mutterunternehmen und den Tochterunternehmen gewährten Vorschüsse und Kredite unter Angabe der Zinssätze, der wesentlichen Bedingungen und der gegebenenfalls im Geschäftsjahr zurückgezahlten

Beträge sowie die zugunsten dieser Personengruppen eingegangenen Haftungsverhältnisse;

7. der Bestand an Anteilen an dem Mutterunternehmen, die das Mutterunternehmen oder ein Tochterunternehmen oder ein anderer für Rechnung eines in den Konzernabschluß einbezogenen Unternehmens erworben oder als Pfand genommen hat; dabei sind die Zahl und der Nennbetrag oder rechnerische Wert dieser Anteile sowie deren Anteil am Kapital anzugeben.

(2) ¹Die Umsatzerlöse brauchen nicht nach Absatz 1 Nr. 3 aufgegliedert zu werden, soweit nach vernünftiger kaufmännischer Beurteilung damit gerechnet werden muß, daß durch die Aufgliederung einem in den Konzernabschluß einbezogenen Unternehmen erhebliche Nachteile entstehen. ²Die Anwendung der Ausnahme ist im Konzernanhang anzugeben.

### Neunter Titel. Konzernlagebericht

**§ 315** (1) Im Konzernlagebericht sind zumindest der Geschäftsverlauf und die Lage des Konzerns so darzustellen, daß ein den tatsächlichen Verhältnissen entsprechendes Bild vermittelt wird; dabei ist auch auf die Risiken der künftigen Entwicklung einzugehen.

(2) Der Konzernlagebericht soll auch eingehen auf:

1. Vorgänge von besonderer Bedeutung, die nach dem Schluß des Konzerngeschäftsjahrs eingetreten sind;

2. die voraussichtliche Entwicklung des Konzerns;

3. den Bereich Forschung und Entwicklung des Konzerns.

(3) § 298 Abs. 3 über die Zusammenfassung von Konzernanhang und Anhang ist entsprechend anzuwenden.

### Dritter Unterabschnitt. Prüfung

**§ 316 Pflicht zur Prüfung.** (1) ¹Der Jahresabschluß und der Lagebericht von Kapitalgesellschaften, die nicht kleine im Sinne des § 267 Abs. 1 sind, sind durch einen Abschlußprüfer zu prüfen. ²Hat keine Prüfung stattgefunden, so kann der Jahresabschluß nicht festgestellt werden.

(2) Der Konzernabschluß und der Konzernlagebericht von Kapitalgesellschaften sind durch einen Abschlußprüfer zu prüfen.

(3) ¹Werden der Jahresabschluß, der Konzernabschluß, der Lagebericht oder der Konzernlagebericht nach Vorlage des Prüfungsberichts geändert, so hat der Abschlußprüfer diese Unterlagen erneut zu prüfen, soweit es die Änderung erfordert. ²Über das Ergebnis der Prüfung ist zu berichten; der Bestätigungsvermerk ist entsprechend zu ergänzen.

**§ 317 Gegenstand und Umfang der Prüfung.** (1) ¹In die Prüfung des Jahresabschlusses ist die Buchführung einzubeziehen. ²Die Prüfung des Jahresabschlusses und des Konzernabschlusses hat sich darauf zu erstrecken, ob die gesetzlichen Vorschriften und sie ergänzende Bestimmungen des Gesellschaftsvertrags oder der Satzung beachtet worden sind. ³Die Prüfung ist so anzulegen, daß Unrichtigkeiten und Verstöße gegen die in Satz 2 aufgeführten Bestimmungen, die sich auf die Darstellung des sich nach § 264 Abs. 2 ergebenden Bildes der Vermögens-, Finanz- und Ertragslage des Unternehmens wesentlich auswirken, bei gewissenhafter Berufsausübung erkannt werden.

(2) [1]Der Lagebericht und der Konzernlagebericht sind darauf zu prüfen, ob der Lagebericht mit dem Jahresabschluß und der Konzernlagebericht mit dem Konzernabschluß sowie mit den bei der Prüfung gewonnenen Erkenntnissen des Abschlußprüfers in Einklang stehen und ob der Lagebericht insgesamt eine zutreffende Vorstellung von der Lage des Unternehmens und der Konzernlagebericht insgesamt eine zutreffende Vorstellung von der Lage des Konzerns vermittelt. [2]Dabei ist auch zu prüfen, ob die Risiken der künftigen Entwicklung zutreffend dargestellt sind.

(3) [1]Der Abschlußprüfer des Konzernabschlusses hat auch die im Konzernabschluß zusammengefaßten Jahresabschlüsse, insbesondere die konsolidierungsbedingten Anpassungen, in entsprechender Anwendung des Absatzes 1 zu prüfen. [2]Dies gilt nicht für Jahresabschlüsse, die aufgrund gesetzlicher Vorschriften nach diesem Unterabschnitt oder die ohne gesetzliche Verpflichtungen nach den Grundsätzen dieses Unterabschnitts geprüft worden sind. [3]Satz 2 ist entsprechend auf die Jahresabschlüsse von in den Konzernabschluß einbezogenen Tochterunternehmen mit Sitz im Ausland anzuwenden; sind diese Jahresabschlüsse nicht von einem in Übereinstimmung mit den Vorschriften der Richtlinie 84/253/EWG zugelassenen Abschlußprüfer geprüft worden, so gilt dies jedoch nur, wenn der Abschlußprüfer eine den Anforderungen dieser Richtlinie gleichwertige Befähigung hat und der Jahresabschluß in einer den Anforderungen dieses Unterabschnitts entsprechenden Weise geprüft worden ist.

(4) Bei einer Aktiengesellschaft, die Aktien mit amtlicher Notierung ausgegeben hat, ist außerdem im Rahmen der Prüfung zu beurteilen, ob der Vorstand die ihm nach § 91 Abs. 2 des Aktiengesetzes obliegenden Maßnahmen in einer geeigneten Form getroffen hat und ob das danach einzurichtende Überwachungssystem seine Aufgaben erfüllen kann.

**§ 318 Bestellung und Abberufung des Abschlußprüfers.** (1) [1]Der Abschlußprüfer des Jahresabschlusses wird von den Gesellschaftern gewählt; den Abschlußprüfer des Konzernabschlusses wählen die Gesellschafter des Mutterunternehmens. [2]Bei Gesellschaften mit beschränkter Haftung kann der Gesellschaftsvertrag etwas anderes bestimmen. [3]Der Abschlußprüfer soll jeweils vor Ablauf des Geschäftsjahrs gewählt werden, auf das sich seine Prüfungstätigkeit erstreckt. [4]Die gesetzlichen Vertreter, bei Zuständigkeit des Aufsichtsrats dieser, haben unverzüglich nach der Wahl den Prüfungsauftrag zu erteilen. [5]Der Prüfungsauftrag kann nur widerrufen werden, wenn nach Absatz 3 ein anderer Prüfer bestellt worden ist.

(2) [1]Als Abschlußprüfer des Konzernabschlusses gilt, wenn kein anderer Prüfer bestellt wird, der Prüfer als bestellt, der für die Prüfung des in den Konzernabschluß einbezogenen Jahresabschlusses des Mutterunternehmens bestellt worden ist. [2]Erfolgt die Einbeziehung auf Grund eines Zwischenabschlusses, so gilt, wenn kein anderer Prüfer bestellt wird, der Prüfer als bestellt, der für die Prüfung des letzten vor dem Konzernabschlußstichtag aufgestellten Jahresabschlusses des Mutterunternehmens bestellt worden ist.

(3) [1] Auf Antrag der gesetzlichen Vertreter, des Aufsichtsrats oder von Gesellschaftern, bei Aktiengesellschaften und Kommanditgesellschaften auf Aktien jedoch nur, wenn die Anteile dieser Gesellschafter zusammen den zehnten Teil des Grundkapitals oder den anteiligen Betrag in Höhe von einer Million Euro erreichen, hat das Gericht nach Anhörung der Beteiligten und des gewählten Prüfers einen anderen Abschlußprüfer zu bestellen, wenn dies aus einem in der Person des gewählten Prüfers liegenden Grund geboten erscheint, insbesondere wenn Besorgnis der Befangenheit besteht. [2] Der Antrag ist binnen zwei Wochen seit dem Tage der Wahl des Abschlußprüfers zu stellen; Aktionäre können den Antrag nur stellen, wenn sie gegen die Wahl des Abschlußprüfers bei der Beschlußfassung Widerspruch erklärt haben. [3] Stellen Aktionäre den Antrag, so haben sie glaubhaft zu machen, daß sie seit mindestens drei Monaten vor dem Tage der Hauptversammlung Inhaber der Aktien sind. [4] Zur Glaubhaftmachung genügt eine eidesstattliche Versicherung vor einem Notar. [5] Unterliegt die Gesellschaft einer staatlichen Aufsicht, so kann auch die Aufsichtsbehörde den Antrag stellen. [6] Gegen die Entscheidung ist die sofortige Beschwerde zulässig.

(4) [1] Ist der Abschlußprüfer bis zum Ablauf des Geschäftsjahrs nicht gewählt worden, so hat das Gericht auf Antrag der gesetzlichen Vertreter, des Aufsichtsrats oder eines Gesellschafters den Abschlußprüfer zu bestellen. [2] Gleiches gilt, wenn ein gewählter Abschlußprüfer die Annahme des Prüfungsauftrags abgelehnt hat, weggefallen ist oder am rechtzeitigen Abschluß der Prüfung verhindert ist und ein anderer Abschlußprüfer nicht gewählt worden ist. [3] Die gesetzlichen Vertreter sind verpflichtet, den Antrag zu stellen. [4] Gegen die Entscheidung des Gerichts findet die sofortige Beschwerde statt; die Bestellung des Abschlußprüfers ist unanfechtbar.

(5) [1] Der vom Gericht bestellte Abschlußprüfer hat Anspruch auf Ersatz angemessener barer Auslagen und auf Vergütung für seine Tätigkeit. [2] Die Auslagen und die Vergütung setzt das Gericht fest. [3] Gegen die Entscheidung ist die sofortige Beschwerde zulässig. [4] Die weitere Beschwerde ist ausgeschlossen. [5] Aus der rechtskräftigen Entscheidung findet die Zwangsvollstreckung nach der Zivilprozeßordnung statt.

(6) [1] Ein von dem Abschlußprüfer angenommener Prüfungsauftrag kann von dem Abschlußprüfer nur aus wichtigem Grund gekündigt werden. [2] Als wichtiger Grund ist es nicht anzusehen, wenn Meinungsverschiedenheiten über den Inhalt des Bestätigungsvermerks, seine Einschränkung oder Versagung bestehen. [3] Die Kündigung ist schriftlich zu begründen. [4] Der Abschlußprüfer hat über das Ergebnis seiner bisherigen Prüfung zu berichten; § 321 ist entsprechend anzuwenden.

(7) [1] Kündigt der Abschlußprüfer den Prüfungsauftrag nach Absatz 6, so haben die gesetzlichen Vertreter die Kündigung dem Aufsichtsrat, der nächsten Hauptversammlung oder bei Gesellschaften mit beschränkter Haftung den Gesellschaftern mitzuteilen. [2] Den Bericht des bisherigen Abschlußprüfers haben die gesetzlichen Vertreter unverzüglich dem Aufsichtsrat vorzulegen. [3] Jedes Aufsichtsratsmitglied hat das Recht, von dem Bericht Kenntnis zu nehmen. [4] Der Bericht ist auch jedem Aufsichtsratsmitglied oder, soweit der Aufsichtsrat dies beschlossen hat, den Mitgliedern eines Ausschusses auszuhändigen. [5] Ist der Prüfungsauftrag vom Aufsichtsrat erteilt worden, obliegen die Pflichten der gesetzlichen Vertreter dem Aufsichtsrat einschließlich der Unterrichtung der gesetzlichen Vertreter.

**§ 319 Auswahl der Abschlußprüfer.** (1) ¹Abschlußprüfer können Wirtschaftsprüfer und Wirtschaftsprüfungsgesellschaften sein. ²Abschlußprüfer von Jahresabschlüssen und Lageberichten mittelgroßer Gesellschaften mit beschränkter Haftung (§ 267 Abs. 2) können auch vereidigte Buchprüfer und Buchprüfungsgesellschaften sein.

(2) ¹Ein Wirtschaftsprüfer oder vereidigter Buchprüfer darf nicht Abschlußprüfer sein, wenn er oder eine Person, mit der er seinen Beruf gemeinsam ausübt,

1. Anteile an der zu prüfenden Kapitalgesellschaft besitzt;

2. gesetzlicher Vertreter oder Mitglied des Aufsichtsrats oder Arbeitnehmer der zu prüfenden Kapitalgesellschaft ist oder in den letzten drei Jahren vor seiner Bestellung war;

3. gesetzlicher Vertreter oder Mitglied des Aufsichtsrats einer juristischen Person, Gesellschafter einer Personengesellschaft oder Inhaber eines Unternehmens ist, sofern die juristische Person, die Personengesellschaft oder das Einzelunternehmen mit der zu prüfenden Kapitalgesellschaft verbunden ist oder von dieser mehr als zwanzig vom Hundert der Anteile besitzt;

4. Arbeitnehmer eines Unternehmens ist, das mit der zu prüfenden Kapitalgesellschaft verbunden ist oder an dieser mehr als zwanzig vom Hundert der Anteile besitzt, oder Arbeitnehmer einer natürlichen Person ist, die an der zu prüfenden Kapitalgesellschaft mehr als zwanzig vom Hundert der Anteile besitzt;

5. bei der Führung der Bücher oder der Aufstellung des zu prüfenden Jahresabschlusses der Kapitalgesellschaft über die Prüfungstätigkeit hinaus mitgewirkt hat;

6. gesetzlicher Vertreter, Arbeitnehmer, Mitglied des Aufsichtsrats oder Gesellschafter einer juristischen oder natürlichen Person oder einer Personengesellschaft oder Inhaber eines Unternehmens ist, sofern die juristische oder natürliche Person, die Personengesellschaften oder einer ihrer Gesellschafter oder das Einzelunternehmen nach Nummer 5 nicht Abschlußprüfer der zu prüfenden Kapitalgesellschaft sein darf;

7. bei der Prüfung eine Person beschäftigt, die nach den Nummern 1 bis 6 nicht Abschlußprüfer sein darf;

8. in den letzten fünf Jahren jeweils mehr als dreißig vom Hundert der Gesamteinnahmen aus seiner beruflichen Tätigkeit aus der Prüfung und Beratung der zu prüfenden Kapitalgesellschaft und von Unternehmen, an denen die zu prüfende Kapitalgesellschaft mehr als zwanzig vom Hundert der Anteile besitzt, bezogen hat und dies auch im laufenden Geschäftsjahr zu erwarten ist; zur Vermeidung von Härtefällen kann die Wirtschaftsprüferkammer befristete Ausnahmegenehmigungen erteilen.

²Ein Wirtschaftsprüfer darf ferner nicht Abschlußprüfer sein, wenn er in entsprechender Anwendung von Absatz 3 Nr. 6 ausgeschlossen wäre.

(3) Eine Wirtschaftsprüfungsgesellschaft oder Buchprüfungsgesellschaft darf nicht Abschlußprüfer sein, wenn

1. sie Anteile an der zu prüfenden Kapitalgesellschaft besitzt oder mit dieser verbunden ist oder wenn ein mit ihr verbundenes Unternehmen an der zu prüfenden Kapitalgesellschaft mehr als zwanzig vom Hundert der Anteile besitzt oder mit dieser verbunden ist;

2. sie nach Absatz 2 Nr. 6 als Gesellschafter einer juristischen Person oder einer Personengesellschaft oder nach Absatz 2 Nr. 5, 7 oder 8 nicht Abschlußprüfer sein darf;

3. bei einer Wirtschaftsprüfungsgesellschaft oder Buchprüfungsgesellschaft, die juristische Person ist, ein gesetzlicher Vertreter oder ein Gesellschafter, der fünfzig vom Hundert oder mehr der den Gesellschaftern zustehenden Stimmrechte besitzt, oder bei anderen Wirtschaftsprüfungsgesellschaften oder Buchprüfungsgesellschaften ein Gesellschafter nach Absatz 2 Nr. 1 bis 4 nicht Abschlußprüfer sein darf;

4. einer ihrer gesetzlichen Vertreter oder einer ihrer Gesellschafter nach Absatz 2 Nr. 5 oder 6 nicht Abschlußprüfer sein darf;

5. eines ihrer Aufsichtsratsmitglieder nach Absatz 2 Nr. 2 oder 5 nicht Abschlußprüfer sein darf oder

6. sie bei der Prüfung einer Aktiengesellschaft, die Aktien mit amtlicher Notierung ausgegeben hat, einen Wirtschaftsprüfer beschäftigt, der in den dem zu prüfenden Geschäftsjahr vorhergehenden zehn Jahren den Bestätigungsvermerk nach § 322 über die Prüfung der Jahres- oder Konzernabschlüsse der Kapitalgesellschaft in mehr als sechs Fällen gezeichnet hat.

(4) Die Absätze 2 und 3 sind auf den Abschlußprüfer des Konzernabschlusses entsprechend anzuwenden.

**§ 320 Vorlagepflicht. Auskunftsrecht.** (1) [1]Die gesetzlichen Vertreter der Kapitalgesellschaft haben dem Abschlußprüfer den Jahresabschluß und den Lagebericht unverzüglich nach der Aufstellung vorzulegen. [2]Sie haben ihm zu gestatten, die Bücher und Schriften der Kapitalgesellschaft sowie die Vermögensgegenstände und Schulden, namentlich die Kasse und die Bestände an Wertpapieren und Waren, zu prüfen.

(2) [1]Der Abschlußprüfer kann von den gesetzlichen Vertretern alle Aufklärungen und Nachweise verlangen, die für eine sorgfältige Prüfung notwendig sind. [2]Soweit es die Vorbereitung der Abschlußprüfung erfordert, hat der Abschlußprüfer die Rechte nach Absatz 1 Satz 2 und nach Satz 1 auch schon vor Aufstellung des Jahresabschlusses. [3]Soweit es für eine sorgfältige Prüfung notwendig ist, hat der Abschlußprüfer die Rechte nach den Sätzen 1 und 2 auch gegenüber Mutter- und Tochterunternehmen.

(3) [1]Die gesetzlichen Vertreter einer Kapitalgesellschaft, die einen Konzernabschluß aufzustellen hat, haben dem Abschlußprüfer des Konzernabschlusses den Konzernabschluß, den Konzernlagebericht, die Jahresabschlüsse, Lageberichte und, wenn eine Prüfung stattgefunden hat, die Prüfungsberichte des Mutterunternehmens und der Tochterunternehmen vorzulegen. [2]Der Abschlußprüfer hat die Rechte nach Absatz 1 Satz 2 und nach Absatz 2 bei dem Mutterunternehmen und den Tochterunternehmen, die Rechte nach Absatz 2 auch gegenüber den Abschlußprüfern des Mutterunternehmens und der Tochterunternehmen.

**§ 321 Prüfungsbericht.** (1) [1]Der Abschlußprüfer hat über Art und Umfang sowie über das Ergebnis der Prüfung schriftlich und mit der gebotenen Klarheit zu berichten. [2]In dem Bericht ist vorweg zu der Beurteilung der Lage des Unternehmens oder Konzerns durch die gesetzlichen Vertreter Stellung zu nehmen, wobei insbesondere auf die Beurteilung des Fortbestandes und der künftigen Entwicklung des Unternehmens unter Berücksichtigung des Lageberichts und bei der Prüfung des Konzernabschlusses von Mutterunternehmen auch des Konzerns unter Berücksichtigung des Konzernlageberichts einzugehen ist, soweit die geprüften Unterlagen und der Lagebericht oder der Konzernlagebericht eine solche Beurteilung erlauben. [3] Außerdem ist darzustellen, ob bei Durchführung der Prüfung Unrichtigkeiten oder Verstöße gegen gesetzliche Vorschriften sowie Tatsachen festgestellt worden sind, die den Bestand des geprüften Unternehmens oder des Konzerns gefährden oder seine Entwicklung wesentlich beeinträchtigen können oder die schwerwiegende Verstöße der gesetzlichen Vertreter oder von Arbeitnehmern gegen Gesetz, Gesellschaftsvertrag oder die Satzung darstellen.

(2) [1] Im Hauptteil des Prüfungsberichts ist darzustellen, ob die Buchführung und die weiteren geprüften Unterlagen, der Jahresabschluß, der Lagebericht, der Konzernabschluß und der Konzernlagebericht den gesetzlichen Vorschriften und den ergänzenden Bestimmungen des Gesellschaftsvertrags oder der Satzung entsprechen und ob die gesetzlichen Vertreter die verlangten Aufklärungen und Nachweise erbracht haben. [2] Es ist auch darauf einzugehen, ob der Abschluß insgesamt unter Beachtung der Grundsätze ordnungsmäßiger Buchführung oder in den tatsächlichen Verhältnissen entsprechendes Bild der Vermögens-, Finanz- und Ertragslage der Kapitalgesellschaft vermittelt. [3] Die Posten des Jahres- und des Konzernabschlusses sind aufzugliedern und ausreichend zu erläutern, soweit dadurch die Darstellung der Vermögens-, Finanz- und Ertragslage wesentlich verbessert wird und diese Angaben im Anhang nicht enthalten sind.

(3) In einem besonderen Abschnitt des Prüfungsberichts sind Gegenstand, Art und Umfang der Prüfung zu erläutern.

(4) [1] Ist im Rahmen der Prüfung eine Beurteilung nach § 317 Abs. 4 abgegeben worden, so ist deren Ergebnis in einem besonderen Teil des Prüfungsberichts darzustellen. [2] Es ist darauf einzugehen, ob Maßnahmen erforderlich sind, um das interne Überwachungssystem zu verbessern.

(5) [1] Der Abschlußprüfer hat den Bericht zu unterzeichnen und den gesetzlichen Vertretern vorzulegen. [2] Hat der Aufsichtsrat den Auftrag erteilt, so ist der Bericht ihm vorzulegen; dem Vorstand ist vor Zuleitung Gelegenheit zur Stellungnahme zu geben.

**§ 322 Bestätigungsvermerk.** (1) [1] Der Abschlußprüfer hat das Ergebnis der Prüfung in einem Bestätigungsvermerk zum Jahresabschluß und zum Konzernabschluß zusammenzufassen. [2] Der Bestätigungsvermerk hat neben einer Beschreibung von Gegenstand, Art und Umfang der Prüfung auch eine Beurteilung des Prüfungsergebnisses zu enthalten. [3] Sind vom Abschlußprüfer keine Einwendungen zu erheben, so hat er in seinem Bestätigungsvermerk zu erklären, daß die von ihm nach § 317 durchgeführte Prüfung zu keinen Einwendungen geführt hat und daß der von den gesetzlichen Vertretern der Gesellschaft aufgestellte Jahres- oder Konzernabschluß auf Grund der bei der Prüfung gewonnenen Erkenntnisse des Abschlußprüfers nach seiner Beurteilung unter Beachtung der Grundsätze ordnungsmäßiger Buchführung ein den tatsächlichen Verhältnissen entsprechendes Bild der Vermögens-, Finanz- und Ertragslage des Unternehmens oder des Konzerns vermittelt.

(2) [1] Die Beurteilung des Prüfungsergebnisses soll allgemeinverständlich und problemorientiert unter Berücksichtigung des Umstandes erfolgen, daß die gesetzlichen Vertreter den Abschluß zu verantworten haben. [2] Auf Risiken, die den Fortbestand des Unternehmens gefährden, ist gesondert einzugehen.

(3) [1] Im Bestätigungsvermerk ist auch darauf einzugehen, ob der Lagebericht und der Konzernlagebericht insgesamt nach der Beurteilung des Abschlußprüfers eine zutreffende Vorstellung von der Lage des Unternehmens oder des Konzerns vermittelt. [2] Dabei ist auch darauf einzugehen, ob die Risiken der künftigen Entwicklung zutreffend dargestellt sind.

(4) [1] Sind Einwendungen zu erheben, so hat der Abschlußprüfer seine Erklärung nach Absatz 1 Satz 3 einzuschränken oder zu versagen. [2] Die Versagung ist in den Vermerk, der nicht mehr als Bestätigungsvermerk zu bezeichnen ist, aufzunehmen. [3] Die Einschränkung und die Versagung sind zu begründen. [4] Einschränkungen sind so darzustellen, daß deren Tragweite erkennbar wird.

(5) [1] Der Abschlußprüfer hat den Bestätigungsvermerk oder den Vermerk über seine Versagung unter Angabe von Ort und Tag zu unterzeichnen. [2] Der Bestätigungsvermerk oder der Vermerk über seine Versagung ist auch in den Prüfungsbericht aufzunehmen.

**§ 323 Verantwortlichkeit des Abschlußprüfers.** (1) [1] Der Abschlußprüfer, seine Gehilfen und die bei der Prüfung mitwirkenden gesetzlichen Vertreter einer Prüfungsgesellschaft sind zur gewissenhaften und unparteiischen Prüfung und zur Verschwiegenheit verpflichtet. [2] Sie dürfen nicht unbefugt Geschäfts- und Betriebsgeheimnisse verwerten, die sie bei ihrer Tätigkeit erfahren haben. [3] Wer vorsätzlich oder fahrlässig seine Pflichten verletzt, ist der Kapitalgesellschaft und, wenn ein verbundenes Unternehmen geschädigt worden ist, auch diesem zum Ersatz des daraus entstehenden Schadens verpflichtet. [4] Mehrere Personen haften als Gesamtschuldner.

(2) [1] Die Ersatzpflicht von Personen, die fahrlässig gehandelt haben, beschränkt sich auf zwei Millionen Deutsche Mark für eine Prüfung. [2] Bei Prüfung einer Aktiengesellschaft, die Aktien mit amtlicher Notierung ausgeben hat, beschränkt sich die Ersatzpflicht von Personen, die fahrlässig gehandelt haben, abweichend von Satz 1 auf acht Millionen Deutsche Mark für eine Prüfung. [3] Dies gilt auch, wenn an der Prüfung mehrere Personen beteiligt gewesen oder mehrere zum Ersatz verpflichtende Handlungen begangen worden sind, und ohne Rücksicht darauf, ob andere Beteiligte vorsätzlich gehandelt haben.

(3) Die Verpflichtung zur Verschwiegenheit besteht, wenn eine Prüfungsgesellschaft Abschlußprüfer ist, auch gegenüber dem Aufsichtsrat und den Mitgliedern des Aufsichtsrats der Prüfungsgesellschaft.

(4) Die Ersatzpflicht nach diesen Vorschriften kann durch Vertrag weder ausgeschlossen noch beschränkt werden.

(5) Die Ansprüche aus diesen Vorschriften verjähren in fünf Jahren.

**§ 324 Meinungsverschiedenheiten zwischen Kapitalgesellschaft und Abschlußprüfer.** (1) Bei Meinungsverschiedenheiten zwischen dem Abschlußprüfer und der Kapitalgesellschaft über die Auslegung und Anwendung der gesetzlichen Vorschriften sowie von Bestimmungen des Gesellschaftsvertrags oder der Satzung über den Jahresabschluß, Lagebericht, Konzernabschluß oder Konzernlagebericht entscheidet auf Antrag des Abschlußprüfers oder der gesetzlichen Vertreter der Kapitalgesellschaft ausschließlich das Landgericht.

(2) ¹Auf das Verfahren ist das Gesetz über die Angelegenheiten der freiwilligen Gerichtsbarkeit anzuwenden. ²Das Landgericht entscheidet durch einen mit Gründen versehenen Beschluß. ³Die Entscheidung wird erst mit der Rechtskraft wirksam. ⁴Gegen die Entscheidung findet die sofortige Beschwerde statt, wenn das Landgericht sie in der Entscheidung zugelassen hat. ⁵Es soll sie nur zulassen, wenn dadurch die Klärung einer Rechtsfrage von grundsätzlicher Bedeutung zu erwarten ist. ⁶Die Beschwerde kann nur durch Einreichung einer von einem Rechtsanwalt unterzeichneten Beschwerdeschrift eingelegt werden. ⁷Über sie entscheidet das Oberlandesgericht; § 28 Abs. 2 und 3 des Gesetzes über die Angelegenheiten der freiwilligen Gerichtsbarkeit ist entsprechend anzuwenden. ⁸Die weitere Beschwerde ist ausgeschlossen. ⁹Die Landesregierung kann durch Rechtsverordnung die Entscheidung über die Beschwerde für die Bezirke mehrerer Oberlandesgerichte einem der Oberlandesgerichte oder dem Obersten Landesgericht übertragen, wenn dies der Sicherung einer einheitlichen Rechtsprechung dient. ¹⁰Die Landesregierung kann die Ermächtigung durch Rechtsverordnung auf die Landesjustizverwaltung übertragen.

(3) ¹Für die Kosten des Verfahrens gilt die Kostenordnung. ²Für das Verfahren des ersten Rechtszugs wird das Doppelte der vollen Gebühr erhoben. ³Für den zweiten Rechtszug wird die gleiche Gebühr erhoben; dies gilt auch dann, wenn die Beschwerde Erfolg hat. ⁴Wird der Antrag oder die Beschwerde zurückgenommen, bevor es zu einer Entscheidung kommt, so ermäßigt sich die Gebühr auf die Hälfte. ⁵Der Geschäftswert ist von Amts wegen festzusetzen. ⁶Er bestimmt sich nach § 30 Abs. 2 der Kostenordnung. ⁷Der Abschlußprüfer ist zur Leistung eines Kostenvorschusses nicht verpflichtet. ⁸Schuldner der Kosten ist die Kapitalgesellschaft. ⁹Die Kosten können jedoch ganz oder zum Teil dem Abschlußprüfer auferlegt werden, wenn dies der Billigkeit entspricht.

**Vierter Unterabschnitt. Offenlegung (Einreichung zu einem Register, Bekanntmachung im Bundesanzeiger). Veröffentlichung und Vervielfältigung. Prüfung durch das Registergericht**

**§ 325 Offenlegung.** (1) ¹Die gesetzlichen Vertreter von Kapitalgesellschaften haben den Jahresabschluß unverzüglich nach seiner Vorlage an die Gesellschafter, jedoch spätestens vor Ablauf des neunten Monats des dem Abschlußstichtag nachfolgenden Geschäftsjahrs, mit dem Bestätigungsvermerk oder dem Vermerk über dessen Versagung zum Handelsregister des Sitzes der Kapitalgesellschaft einzureichen; gleichzeitig sind der Lagebericht, der Bericht des Aufsichtsrats und, soweit sich der Vorschlag für die Verwendung des Ergebnisses und der Beschluß über seine Verwendung aus dem eingereichten Jahresabschluß nicht ergeben, der Vorschlag für die Verwendung des Ergebnisses und der Beschluß über seine Verwendung unter Angabe des Jahresüberschusses oder Jahresfehlbetrags einzureichen; Angaben über die Ergebnisverwendung brauchen von Gesellschaften mit beschränkter Haftung nicht gemacht zu werden, wenn sich anhand dieser Angaben die Gewinnanteile von natürlichen Personen feststellen lassen, die Gesellschafter sind. ²Die gesetzlichen Vertreter haben unverzüglich nach der Einreichung der in Satz 1 bezeichneten Unterlagen im Bundesanzeiger bekanntzumachen, bei welchem Handelsregister und unter welcher Nummer diese Unterlagen eingereicht worden sind. ³Werden zur Wahrung der Frist nach Satz 1 der Jahresabschluß und der Lagebericht ohne die anderen Unterlagen eingereicht, so sind der Bericht und der Vorschlag nach ihrem Vorliegen, die Beschlüsse nach der Beschlußfassung und der Vermerk nach der Erteilung unverzüglich einzureichen; wird der Jahresabschluß bei nachträglicher Prüfung oder Feststellung geändert, so ist auch die Änderung nach Satz 1 einzureichen.

(2) ¹Absatz 1 ist auf große Kapitalgesellschaften (§ 267 Abs. 3) mit der Maßgabe anzuwenden, daß die in Absatz 1 bezeichneten Unterlagen zunächst im Bundesanzeiger bekanntzumachen sind und die Bekanntmachung unter Beifügung der bezeichneten Unterlagen zum Handelsregister des Sitzes der Kapitalgesellschaft einzureichen ist; die Bekanntmachung nach Absatz 1 Satz 2 entfällt. ²Die Aufstellung des Anteilsbesitzes (§ 287) braucht nicht im Bundesanzeiger bekannt gemacht zu werden.

(3) ¹Die gesetzlichen Vertreter einer Kapitalgesellschaft, die einen Konzernabschluß aufzustellen hat, haben den Konzernabschluß unverzüglich nach seiner Vorlage an die Gesellschafter, jedoch spätestens vor Ablauf des neunten Monats des dem Konzernabschlußstichtag nachfolgenden Geschäftsjahrs, mit dem Bestätigungsvermerk oder dem Vermerk über dessen Versagung und den Konzernlagebericht im Bundesanzeiger bekanntzumachen und die Bekanntmachung unter Beifügung der bezeichneten Unterlagen zum Handelsregister des Sitzes der Kapitalgesellschaft einzureichen. ²Die Aufstellung des Anteilsbesitzes (§ 313 Abs. 4) braucht nicht im Bundesanzeiger bekannt gemacht zu werden. ³Absatz 1 Satz 3 ist entsprechend anzuwenden.

(4) Bei Anwendung der Absätze 2 und 3 ist für die Wahrung der Fristen nach Absatz 1 Satz 1 und Absatz 3 Satz 1 der Zeitpunkt der Einreichung der Unterlagen beim Bundesanzeiger maßgebend.

(5) Auf Gesetz, Gesellschaftsvertrag oder Satzung beruhende Pflichten der Gesellschaft, den Jahresabschluß, Lagebericht, Konzernabschluß oder Konzernlagebericht in anderer Weise bekanntzumachen, einzureichen oder Personen zugänglich zu machen, bleiben unberührt.

**§ 325a Zweigniederlassungen von Kapitalgesellschaften mit Sitz im Ausland.** (1) ¹Bei inländischen Zweigniederlassungen von Kapitalgesellschaften mit Sitz in einem anderen Mitgliedstaat der Europäischen Wirtschaftsgemeinschaft oder Vertragsstaat des Abkommens über den Europäischen Wirtschaftsraum haben die in § 13e Abs. 2 Satz 4 Nr. 3 genannten Personen oder, wenn solche nicht angemeldet sind, die gesetzlichen Vertreter der Gesellschaft die Unterlagen der Rechnungslegung der Hauptniederlassung, die nach dem für die Hauptniederlassung maßgeblichen Recht erstellt, geprüft und offengelegt worden sind, nach den §§ 325, § 328, 329 Abs. 1 offenzulegen. ²Die Unterlagen sind zu dem Handelsregister am Sitz der Zweigniederlassung einzureichen; bestehen mehrere inländische Zweigniederlassungen derselben Gesellschaft, brauchen die Unterlagen nur zu demjenigen Handelsregister eingereicht zu werden, zu dem gemäß § 13e Abs. 5 die Satzung oder der Gesellschaftsvertrag eingereicht wurde. ³Die Unterlagen sind in deutscher Sprache oder in einer von dem Register der Hauptniederlassung beglaubigten Abschrift einzureichen. ⁴Von der Beglaubigung des Registers ist eine beglaubigte Übersetzung in deutscher Sprache einzureichen.

(2) Diese Vorschrift gilt nicht für Zweigniederlassungen, die von Kreditinstituten im Sinne des § 340 oder von Versicherungsunternehmen im Sinne des § 341 errichtet werden.

**§ 326 Größenabhängige Erleichterungen für kleine Kapitalgesellschaften bei der Offenlegung.** ¹Auf kleine Kapitalgesellschaften (§ 267 Abs. 1) ist § 325 Abs. 1 mit der Maßgabe anzuwenden, daß die gesetzlichen Vertreter nur die Bilanz und den Anhang spätestens vor Ablauf des zwölften Monats des dem Bilanzstichtag nachfolgenden Geschäftsjahrs einzureichen haben. ²Der Anhang braucht die die Gewinn- und Verlustrechnung betreffenden Angaben nicht zu enthalten.

**§ 327 Größenabhängige Erleichterungen für mittelgroße Kapitalgesellschaften bei der Offenlegung.** Auf mittelgroße Kapitalgesellschaften (§ 267 Abs. 2) ist § 325 Abs. 1 mit der Maßgabe anzuwenden, daß die gesetzlichen Vertreter

1. die Bilanz nur in der für kleine Kapitalgesellschaften nach § 266 Abs. 1 Satz 3 vorgeschriebenen Form zum Handelsregister einreichen müssen. In der Bilanz oder im Anhang sind jedoch die folgenden Posten des § 266 Abs. 2 und 3 zusätzlich gesondert anzugeben:

Auf der Aktivseite

| | |
|---|---|
| A I 2 | Geschäfts- oder Firmenwert; |
| A II 1 | Grundstücke, grundstücksgleiche Rechte und Bauten einschließlich der Bauten auf fremden Grundstücken; |
| A II 2 | technische Anlagen und Maschinen; |
| A II 3 | andere Anlagen, Betriebs- und Geschäftsausstattung; |
| A II 4 | geleistete Anzahlungen und Anlagen im Bau; |
| A III 1 | Anteile an verbundenen Unternehmen; |
| A III 2 | Ausleihungen an verbundene Unternehmen; |
| A III 3 | Beteiligungen; |
| A III 4 | Ausleihungen an Unternehmen, mit denen ein Beteiligungsverhältnis besteht; |
| B II 2 | Forderungen gegen verbundene Unternehmen; |
| B II 3 | Forderungen gegen Unternehmen, mit denen ein Beteiligungsverhältnis besteht; |
| B III 1 | Anteile an verbundenen Unternehmen; |
| B III 2 | eigene Anteile. |

Auf der Passivseite

| | |
|---|---|
| C 1 | Anleihen, davon konvertibel; |
| C 2 | Verbindlichkeiten gegenüber Kreditinstituten; |

C 6       Verbindlichkeiten gegenüber verbundenen Unternehmen;

C 7       Verbindlichkeiten gegenüber Unternehmen, mit denen ein Beteiligungsverhältnis besteht;

2. den Anhang ohne die Angaben nach § 285 Nr. 2, 5 und 8 Buchstabe a, Nr. 12 zum Handelsregister einreichen dürfen.

**§ 328 Form und Inhalt der Unterlagen bei der Offenlegung, Veröffentlichung und Vervielfältigung.** (1) Bei der vollständigen oder teilweisen Offenlegung des Jahresabschlusses und des Konzernabschlusses und bei der Veröffentlichung oder Vervielfältigung in anderer Form auf Grund des Gesellschaftsvertrags oder der Satzung sind die folgenden Vorschriften einzuhalten:

1. ¹Der Jahresabschluß und der Konzernabschluß sind so wiederzugeben, daß sie den für ihre Aufstellung maßgeblichen Vorschriften entsprechen, soweit nicht Erleichterungen nach §§ 326, 327 in Anspruch genommen werden; sie haben in diesem Rahmen vollständig und richtig zu sein. ²Das Datum der Feststellung ist anzugeben, sofern der Jahresabschluß festgestellt worden ist. ³Wurde der Jahresabschluß oder der Konzernabschluß auf Grund gesetzlicher Vorschriften durch einen Abschlußprüfer geprüft, so ist jeweils der vollständige Wortlaut des Bestätigungsvermerks oder des Vermerks über dessen Versagung wiederzugeben; wird der Jahresabschluß wegen der Inanspruchnahme von Erleichterungen nur teilweise offengelegt und bezieht sich der Bestätigungsvermerk auf den vollständigen Jahresabschluß, so ist hierauf hinzuweisen.

2. Werden der Jahresabschluß oder der Konzernabschluß zur Wahrung der gesetzlich vorgeschriebenen Fristen über die Offenlegung vor der Prüfung oder Feststellung, sofern diese gesetzlich vorgeschrieben sind, oder nicht gleichzeitig mit beizufügenden Unterlagen offengelegt, so ist hierauf bei der Offenlegung hinzuweisen.

(2) ¹Werden der Jahresabschluß oder der Konzernabschluß in Veröffentlichungen und Vervielfältigungen, die nicht durch Gesetz, Gesellschaftsvertrag oder Satzung vorgeschrieben sind, nicht in der nach Absatz 1 vorgeschriebenen Form wiedergegeben, so ist jeweils in einer Überschrift darauf hinzuweisen, daß es sich nicht um eine der gesetzlichen Form entsprechende Veröffentlichung handelt. ²Ein Bestätigungsvermerk darf nicht beigefügt werden. ³Ist jedoch auf Grund gesetzlicher Vorschriften eine Prüfung durch einen Abschlußprüfer erfolgt, so ist anzugeben, ob der Abschlußprüfer den in gesetzlicher Form erstellten Jahresabschluß oder den Konzernabschluß bestätigt hat oder ob er die Bestätigung eingeschränkt oder versagt hat. ⁴Ferner ist anzugeben, bei welchem Handelsregister und in welcher Nummer des Bundesanzeigers die Offenlegung erfolgt ist oder daß die Offenlegung noch nicht erfolgt ist.

(3) ¹Absatz 1 Nr. 1 ist auf den Lagebericht, den Konzernlagebericht, den Vorschlag für die Verwendung des Ergebnisses und den Beschluß über seine Verwendung sowie auf die Aufstellung des Anteilsbesitzes entsprechend anzuwenden. ²Werden die in Satz 1 bezeichneten Unterlagen nicht gleichzeitig mit dem Jahresabschluß oder dem Konzernabschluß offengelegt, so ist bei ihrer nachträglichen Offenlegung jeweils anzugeben, auf welchen Abschluß sie sich beziehen und wo dieser offengelegt worden ist; dies gilt auch für die

nachträgliche Offenlegung des Bestätigungsvermerks oder des Vermerks über seine Versagung.

(4) *(aufgehoben)*

**§ 329 Prüfungspflicht des Registergerichts.** (1) Das Gericht prüft, ob die vollständig oder teilweise zum Handelsregister einzureichenden Unterlagen vollzählig sind und, sofern vorgeschrieben, bekanntgemacht worden sind.

(2) ¹Gibt die Prüfung nach Absatz 1 Anlaß zu der Annahme, daß von der Größe der Kapitalgesellschaft abhängige Erleichterungen nicht hätten in Anspruch genommen werden dürfen, so kann das Gericht zu seiner Unterrichtung von der Kapitalgesellschaft innerhalb einer angemessenen Frist die Mitteilung der Umsatzerlöse (§ 277 Abs. 1) und der durchschnittlichen Zahl der Arbeitnehmer (§ 267 Abs. 5) verlangen. ²Unterläßt die Kapitalgesellschaft die fristgemäße Mitteilung, so gelten die Erleichterungen als zu Unrecht in Anspruch genommen.

**Fünfter Unterabschnitt. Verordnungsermächtigung für Formblätter und andere Vorschriften**

**§ 330** (1) ¹Das Bundesministerium der Justiz wird ermächtigt, im Einvernehmen mit dem Bundesministerium der Finanzen und dem Bundesministerium für Wirtschaft durch Rechtsverordnung, die nicht der Zustimmung des Bundesrates bedarf, für Kapitalgesellschaften Formblätter vorzuschreiben oder andere Vorschriften für die Gliederung des Jahresabschlusses oder des Konzernabschlusses oder den Inhalt des Anhangs, des Konzernanhangs, des Lageberichts oder des Konzernlageberichts zu erlassen, wenn der Geschäftszweig eine von den §§ 266, 275 abweichende Gliederung des Jahresabschlusses oder des Konzernabschlusses oder von den Vorschriften des Ersten Abschnitts und des Ersten und Zweiten Unterabschnitts des Zweiten Abschnitts abweichende Regelungen erfordert. ²Die sich aus den abweichenden Vorschriften ergebenden Anforderungen an die in Satz 1 bezeichneten Unterlagen sollen den Anforderungen gleichwertig sein, die sich für große Kapitalgesellschaften (§ 267 Abs. 3) aus den Vorschriften des Ersten Abschnitts und des Ersten und Zweiten Unterabschnitts des Zweiten Abschnitts sowie den für den Geschäftszweig geltenden Vorschriften ergeben. ³Über das geltende Recht hinausgehende Anforderungen dürfen nur gestellt werden, soweit sie auf Rechtsakten des Rates der Europäischen Union beruhen.

(2) ¹Absatz 1 ist auf Kreditinstitute im Sinne des § 1 Abs. 1 des Gesetzes über das Kreditwesen, soweit sie nach dessen § 2 Abs. 1, 4 oder 5 von der Anwendung nicht ausgenommen sind, und auf Finanzdienstleistungsinstitute im Sinne des § 1 Abs. 1a des Gesetzes über das Kreditwesen, soweit sie nach dessen § 2 Abs. 6 oder 10 von der Anwendung nicht ausgenommen sind, nach Maßgabe der Sätze 3 und 4 ungeachtet ihrer Rechtsform anzuwenden. ²Satz 1 ist auch auf Zweigstellen von Unternehmen mit Sitz in einem Staat anzuwenden, der nicht Mitglied der Europäischen Gemeinschaft und auch nicht Vertragsstaat des Abkommens über den Europäischen Wirtschaftsraum ist, sofern die Zweigstelle nach § 53 Abs. 1 des Gesetzes über das Kreditwesen als Kreditinstitut oder als Finanzinstitut gilt. ³Die Rechtsverordnung bedarf nicht der Zustimmung des Bundesrates; sie ist im Einvernehmen mit dem Bundesministerium der Finanzen und im Benehmen mit der Deutschen Bun-

desbank zu erlassen. ⁴In die Rechtsverordnung nach Satz 1 können auch nähere Bestimmungen über die Aufstellung des Jahresabschlusses und des Konzernabschlusses im Rahmen der vorgeschriebenen Formblätter für die Gliederung des Jahresabschlusses und des Konzernabschlusses sowie des Zwischenabschlusses gemäß § 340a Abs. 3 und des Konzernzwischenabschlusses gemäß § 340i Abs. 4 aufgenommen werden, soweit dies zur Erfüllung der Aufgaben des Bundesaufsichtsamts für das Kreditwesen oder der Deutschen Bundesbank erforderlich ist, insbesondere um einheitliche Unterlagen zur Beurteilung der von den Kreditinstituten und Finanzdienstleistungsinstituten durchgeführten Bankgeschäfte und erbrachten Finanzdienstleistungen zu erhalten.

(3) ¹Absatz 1 ist auf Versicherungsunternehmen nach Maßgabe der Sätze 3 und 4 ungeachtet ihrer Rechtsform anzuwenden. ²Satz 1 ist auch auf Niederlassungen im Geltungsbereich dieses Gesetzes von Versicherungsunternehmen mit Sitz in einem anderen Staat anzuwenden, wenn sie zum Betrieb des Direktversicherungsgeschäfts der Erlaubnis durch die deutsche Versicherungsaufsichtsbehörde bedürfen. ³Die Rechtsverordnung bedarf der Zustimmung des Bundesrates und ist im Einvernehmen mit dem Bundesministerium der Finanzen zu erlassen. ⁴In die Rechtsverordnung nach Satz 1 können auch nähere Bestimmungen über die Aufstellung des Jahresabschlusses und des Konzernabschlusses im Rahmen der vorgeschriebenen Formblätter für die Gliederung des Jahresabschlusses und des Konzernabschlusses sowie Vorschriften über den Ansatz und die Bewertung von versicherungstechnischen Rückstellungen, insbesondere die Näherungsverfahren, aufgenommen werden.

(4) ¹In der Rechtsverordnung nach Absatz 1 in Verbindung mit Absatz 3 kann bestimmt werden, daß Versicherungsunternehmen, auf die die Richtlinie 91/674/EWG nach deren Artikel 2 in Verbindung mit Artikel 3 der Richtlinie 73/239/EWG oder in Verbindung mit Artikel 2 Nr. 2 oder 3 oder Artikel 3 der Richtlinie 79/267/EWG nicht anzuwenden ist, von den Regelungen des Zweiten Unterabschnitts des Vierten Abschnitts ganz oder teilweise befreit werden, soweit dies erforderlich ist, um eine im Verhältnis zur Größe der Versicherungsunternehmen unangemessene Belastung zu vermeiden; Absatz 1 Satz 2 ist insoweit nicht anzuwenden. ²In der Rechtsverordnung dürfen diesen Versicherungsunternehmen auch für die Gliederung des Jahresabschlusses und des Konzernabschlusses, für die Erstellung von Anhang und Lagebericht und Konzernanhang und Konzernlagebericht sowie für die Offenlegung ihrer Größe angemessene Vereinfachungen gewährt werden.

### Sechster Unterabschnitt. Straf- und Bußgeldvorschriften. Zwangsgelder

**§ 331 Unrichtige Darstellung.** Mit Freiheitsstrafe bis zu drei Jahren oder mit Geldstrafe wird bestraft, wer

1. als Mitglied des vertretungsberechtigten Organs oder des Aufsichtsrats einer Kapitalgesellschaft die Verhältnisse der Kapitalgesellschaft in der Eröffnungsbilanz, im Jahresabschluß, im Lagebericht oder im Zwischenabschluß nach § 340a Abs. 3 unrichtig wiedergibt oder verschleiert,

2. als Mitglied des vertretungsberechtigten Organs oder des Aufsichtsrats einer Kapitalgesellschaft die Verhältnisse des Konzerns im Konzernabschluß, im Konzernlagebericht oder im Konzernzwischenabschluß nach § 340i Abs. 4 unrichtig wiedergibt oder verschleiert,

3. als Mitglied des vertretungsberechtigten Organs einer Kapitalgesellschaft zum Zwecke der Befreiung nach den §§ 291, 292a oder einer nach § 292 erlassenen Rechtsverordnung einen Konzernabschluß oder Konzernlagebericht, in dem die Verhältnisse des Konzerns unrichtig wiedergegeben oder verschleiert worden sind, vorsätzlich oder leichtfertig offenlegt oder

4. als Mitglied des vertretungsberechtigten Organs einer Kapitalgesellschaft oder als Mitglied des vertretungsberechtigten Organs oder als vertretungsberechtigter Gesellschafter eines ihrer Tochterunternehmen (§ 290 Abs. 1, 2) in Aufklärungen oder Nachweisen, die nach § 320 einem Abschlußprüfer der Kapitalgesellschaft, eines verbundenen Unternehmens oder des Konzerns zu geben sind, unrichtige Angaben macht oder die Verhältnisse der Kapitalgesellschaft, eines Tochterunternehmens oder des Konzerns unrichtig wiedergibt oder verschleiert.

**§ 332 Verletzung der Berichtspflicht.** (1) Mit Freiheitsstrafe bis zu drei Jahren oder mit Geldstrafe wird bestraft, wer als Abschlußprüfer oder Gehilfe eines Abschlußprüfers über das Ergebnis der Prüfung eines Jahresabschlusses, eines Lageberichts, eines Konzernabschlusses, eines Konzernlageberichts einer Kapitalgesellschaft oder eines Zwischenabschlusses nach § 340a Abs. 3 oder eines Konzernzwischenabschlusses gemäß § 340i Abs. 4 unrichtig berichtet, im Prüfungsbericht (§ 321) erhebliche Umstände verschweigt oder einen inhaltlich unrichtigen Bestätigungsvermerk (§ 322) erteilt.

(2) Handelt der Täter gegen Entgelt oder in der Absicht, sich oder einen anderen zu bereichern oder einen anderen zu schädigen, so ist die Strafe Freiheitsstrafe bis zu fünf Jahren oder Geldstrafe.

**§ 333 Verletzung der Geheimhaltungspflicht.** (1) Mit Freiheitsstrafe bis zu einem Jahr oder mit Geldstrafe wird bestraft, wer ein Geheimnis der Kapitalgesellschaft, eines Tochterunternehmens (§ 290 Abs. 1, 2), eines gemeinsam geführten Unternehmens (§ 310) oder eines assoziierten Unternehmens (§ 311), namentlich ein Betriebs- oder Geschäftsgeheimnis, das ihm in seiner Eigenschaft als Abschlußprüfer oder Gehilfe eines Abschlußprüfers bei Prüfung des Jahresabschlusses oder des Konzernabschlusses bekannt geworden ist, unbefugt offenbart.

(2) ¹Handelt der Täter gegen Entgelt oder in der Absicht, sich oder einen anderen zu bereichern oder einen anderen zu schädigen, so ist die Strafe Freiheitsstrafe bis zu zwei Jahren oder Geldstrafe. ²Ebenso wird bestraft, wer ein Geheimnis der in Absatz 1 bezeichneten Art, namentlich ein Betriebs- oder Geschäftsgeheimnis, das ihm unter den Voraussetzungen des Absatzes 1 bekannt geworden ist, unbefugt verwertet.

(3) Die Tat wird nur auf Antrag der Kapitalgesellschaft verfolgt.

**§ 334 Bußgeldvorschriften.** (1) Ordnungswidrig handelt, wer als Mitglied des vertretungsberechtigten Organs oder des Aufsichtsrats einer Kapitalgesellschaft

1. bei der Aufstellung oder Feststellung des Jahresabschlusses einer Vorschrift
   a) des § 243 Abs. 1 oder 2, der §§ 244, 245, 246, 247, 248, 249 Abs. 1 Satz 1 oder Abs. 3, des § 250 Abs. 1 Satz 1 oder Abs. 2, des § 251 oder des § 264 Abs. 2 über Form oder Inhalt,
   b) des § 253 Abs. 1 Satz 1 in Verbindung mit § 255 Abs. 1 oder 2 Satz 1, 2 oder 6, des § 253 Abs. 1 Satz 2 oder Abs. 2 Satz 1, 2 oder 3, dieser in Verbindung mit § 279 Abs. 1 Satz 2, des § 253 Abs. 3 Satz 1 oder 2, des § 280 Abs. 1, des § 282 oder des § 283 über die Bewertung,
   c) des § 265 Abs. 2, 3, 4 oder 6, der §§ 266, 268 Abs. 2, 3, 4, 5, 6 oder 7, der §§ 272, 273, 274 Abs. 1, des § 275 oder des § 277 über die Gliederung oder
   d) des § 280 Abs. 3, des § 281 Abs. 1 Satz 2 oder 3 oder Abs. 2 Satz 1, des § 284 oder des § 285 über die in der Bilanz oder im Anhang zu machenden Angaben,

2. bei der Aufstellung des Konzernabschlusses einer Vorschrift
   a) des § 294 Abs. 1 über den Konsolidierungskreis,
   b) des § 297 Abs. 2 oder 3 oder des § 298 Abs. 1 in Verbindung mit den §§ 244, 245, 246, 247, 248, 249 Abs. 1 Satz 1 oder Abs. 3, dem § 250 Abs. 1 Satz 1 oder Abs. 2 oder dem § 251 über Inhalt oder Form,
   c) des § 300 über die Konsolidierungsgrundsätze oder das Vollständigkeitsgebot,
   d) des § 308 Abs. 1 Satz 1 in Verbindung mit den in Nummer 1 Buchstabe b bezeichneten Vorschriften oder des § 308 Abs. 2 über die Bewertung,
   e) des § 311 Abs. 1 Satz 1 in Verbindung mit § 312 über die Behandlung assoziierter Unternehmen oder
   f) des § 308 Abs. 1 Satz 3, des § 313 oder des § 314 über die im Anhang zu machenden Angaben,

3. bei der Aufstellung des Lageberichts einer Vorschrift des § 289 Abs. 1 über den Inhalt des Lageberichts,

4. bei der Aufstellung des Konzernlageberichts einer Vorschrift des § 315 Abs. 1 über den Inhalt des Konzernlageberichts,

5. bei der Offenlegung, Veröffentlichung oder Vervielfältigung einer Vorschrift des § 328 über Form oder Inhalt oder

6. einer auf Grund des § 330 Abs. 1 Satz 1 erlassenen Rechtsverordnung, soweit sie für einen bestimmten Tatbestand auf diese Bußgeldvorschrift verweist,

zuwiderhandelt.

(2) Ordnungswidrig handelt auch, wer zu einem Jahresabschluß oder einem Konzernabschluß, der auf Grund gesetzlicher Vorschriften zu prüfen ist, einen Vermerk nach § 322 erteilt, obwohl nach § 319 Abs. 2 er oder nach § 319 Abs. 3 die Wirtschaftsprüfungsgesellschaft oder Buchprüfungsgesellschaft, für die er tätig wird, nicht Abschlußprüfer sein darf.

(3) Die Ordnungswidrigkeit kann mit einer Geldbuße bis zu fünfzigtausend Deutsche Mark geahndet werden.

(4) Die Absätze 1 bis 3 sind auf Kreditinstitute im Sinne des § 340 und auf Versicherungsunternehmen im Sinne des § 341 Abs. 1 nicht anzuwenden.

**§ 335 Festsetzung von Zwangsgeld.** [1]Mitglieder des vertretungsberechtigten Organs einer Kapitalgesellschaft, die

1. § 242 Abs. 1 und 2, § 264 Abs. 1 über die Pflicht zur Aufstellung eines Jahresabschlusses und eines Lageberichts,

2. § 290 Abs. 1 und 2 über die Pflicht zur Aufstellung eines Konzernabschlusses und eines Konzernlageberichts,

3. § 318 Abs. 1 Satz 4 über die Pflicht zur unverzüglichen Erteilung des Prüfungsauftrags,

4. § 318 Abs. 4 Satz 3 über die Pflicht, den Antrag auf gerichtliche Bestellung des Abschlußprüfers zu stellen,

5. § 320 über die Pflichten gegenüber dem Abschlußprüfer oder

6. § 325 über die Pflicht zur Offenlegung des Jahresabschlusses, des Lageberichts, des Konzernabschlusses, des Konzernlageberichts und anderer Unterlagen der Rechnungslegung

7. § 325 a über die Pflicht zur Offenlegung der Rechnungslegungsunterlagen der Hauptniederlassung

nicht befolgen, sind hierzu vom Registergericht durch Festsetzung von Zwangsgeld nach § 132 Abs. 1 des Gesetzes über die Angelegenheiten der freiwilligen Gerichtsbarkeit anzuhalten; im Fall der Nummer 7 treten die in § 13 e Abs. 2 Satz 4 Nr. 3 genannten Personen, sobald sie angemeldet sind, an die Stelle der Mitglieder des vertretungsberechtigten Organs der Kapitalgesellschaft. [2]Das Registergericht schreitet jedoch nur ein, wenn ein Gesellschafter, Gläubiger oder der Gesamtbetriebsrat oder, wenn ein solcher nicht besteht, der Betriebsrat der Kapitalgesellschaft dies beantragt; § 14 ist insoweit nicht anzuwenden. [3]Bestehen die Pflichten hinsichtlich eines Konzernabschlusses und eines Konzernlageberichts, so können den Antrag nach Satz 2 auch die Gesellschafter und Gläubiger eines Tochterunternehmens sowie der Konzernbetriebsrat stellen. [4]Die Antragsberechtigung ist glaubhaft zu machen. [5]Ein späterer Wegfall der Antragsberechtigung ist unschädlich. [6]Der Antrag kann nicht zurückgenommen werden. [7]Das Gericht kann von der wiederholten Androhung und Festsetzung eines Zwangsgeldes absehen. [8]Das einzelne Zwangsgeld darf den Betrag von zehntausend Deutsche Mark nicht übersteigen.

## Dritter Abschnitt. Ergänzende Vorschriften für eingetragene Genossenschaften

**§ 336 Pflicht zur Aufstellung von Jahresabschluß und Lagebericht.**
(1) [1]Der Vorstand einer Genossenschaft hat den Jahresabschluß (§ 242) um einen Anhang zu erweitern, der mit der Bilanz und der Gewinn- und Verlustrechnung eine Einheit bildet, sowie einen Lagebericht aufzustellen. [2]Der Jahresabschluß und der Lagebericht sind in den ersten fünf Monaten des Geschäftsjahrs für das vergangene Geschäftsjahr aufzustellen.

(2) [1]Auf den Jahresabschluß und den Lagebericht sind, soweit in den folgenden Vorschriften nichts anderes bestimmt ist, § 264 Abs. 2, §§ 265 bis 289 über den Jahresabschluß und den Lagebericht entsprechend anzuwenden; § 277 Abs. 3 Satz 1, §§ 279, 280, 281 Abs. 2 Satz 1, § 285 Nr. 5, 6 brauchen

jedoch nicht angewendet zu werden. ²Sonstige Vorschriften, die durch den Geschäftszweig bedingt sind, bleiben unberührt.

(3) § 330 Abs. 1 über den Erlaß von Rechtsverordnungen ist entsprechend anzuwenden.

**§ 337 Vorschriften zur Bilanz.** (1) ¹An Stelle des gezeichneten Kapitals ist der Betrag der Geschäftsguthaben der Genossen auszuweisen. ²Dabei ist der Betrag der Geschäftsguthaben der mit Ablauf des Geschäftsjahrs ausgeschiedenen Genossen gesondert anzugeben. ³Werden rückständige fällige Einzahlungen auf Geschäftsanteile in der Bilanz als Geschäftsguthaben ausgewiesen, so ist der entsprechende Betrag auf der Aktivseite unter der Bezeichnung „Rückständige fällige Einzahlungen auf Geschäftsanteile" einzustellen. ⁴Werden rückständige fällige Einzahlungen nicht als Geschäftsguthaben ausgewiesen, so ist der Betrag bei dem Posten „Geschäftsguthaben" zu vermerken. ⁵In beiden Fällen ist der Betrag mit dem Nennwert anzusetzen.

(2) An Stelle der Gewinnrücklagen sind die Ergebnisrücklagen auszuweisen und wie folgt aufzugliedern:

1. Gesetzliche Rücklage;
2. andere Ergebnisrücklagen; die Ergebnisrücklage nach § 73 Abs. 3 des Gesetzes betreffend die Erwerbs- und Wirtschaftsgenossenschaften und die Beträge, die aus dieser Ergebnisrücklage an ausgeschiedene Genossen auszuzahlen sind, müssen vermerkt werden.

(3) Bei den Ergebnisrücklagen sind gesondert aufzuführen:

1. Die Beträge, welche die Generalversammlung aus dem Bilanzgewinn des Vorjahrs eingestellt hat;
2. die Beträge, die aus dem Jahresüberschuß des Geschäftsjahrs eingestellt werden;
3. die Beträge, die für das Geschäftsjahr entnommen werden.

**§ 338 Vorschriften zum Anhang.** (1) ¹Im Anhang sind auch Angaben zu machen über die Zahl der im Laufe des Geschäftsjahrs eingetretenen oder ausgeschiedenen sowie die Zahl der am Schluß des Geschäftsjahrs der Genossenschaft angehörenden Genossen. ²Ferner sind der Gesamtbetrag, um welchen in diesem Jahr die Geschäftsguthaben sowie die Haftsummen der Genossen sich vermehrt oder vermindert haben, und der Betrag der Haftsummen anzugeben, für welche am Jahresschluß alle Genossen zusammen aufzukommen haben.

(2) Im Anhang sind ferner anzugeben:

1. Name und Anschrift des zuständigen Prüfungsverbandes, dem die Genossenschaft angehört;
2. alle Mitglieder des Vorstands und des Aufsichtsrats, auch wenn sie im Geschäftsjahr oder später ausgeschieden sind, mit dem Familiennamen und mindestens einem ausgeschriebenen Vornamen; ein etwaiger Vorsitzender des Aufsichtsrats ist als solcher zu bezeichnen.

(3) ¹An Stelle der in § 285 Nr. 9 vorgeschriebenen Angaben über die an Mitglieder von Organen geleisteten Bezüge, Vorschüsse und Kredite sind lediglich die Forderungen anzugeben, die der Genossenschaft gegen Mitglieder

des Vorstands oder Aufsichtsrats zustehen. ²Die Beträge dieser Forderungen können für jedes Organ in einer Summe zusammengefaßt werden.

**§ 339 Offenlegung.** (1) ¹Der Vorstand hat unverzüglich nach der Generalversammlung über den Jahresabschluß den festgestellten Jahresabschluß, den Lagebericht und den Bericht des Aufsichtsrats zum Genossenschaftsregister des Sitzes der Genossenschaft einzureichen. ²Ist die Erteilung eines Bestätigungsvermerks nach § 58 Abs. 2 des Gesetzes betreffend die Erwerbs- und Wirtschaftsgenossenschaften vorgeschrieben, so ist dieser mit dem Jahresabschluß einzureichen; hat der Prüfungsverband die Bestätigung des Jahresabschlusses versagt, so muß dies auf dem eingereichten Jahresabschluß vermerkt und der Vermerk vom Prüfungsverband unterschrieben sein. ³Ist die Prüfung des Jahresabschlusses im Zeitpunkt der Einreichung der Unterlagen nach Satz 1 nicht abgeschlossen, so ist der Bestätigungsvermerk oder der Vermerk über seine Versagung unverzüglich nach Abschluß der Prüfung einzureichen. ⁴Wird der Jahresabschluß oder der Lagebericht nach der Einreichung geändert, so ist auch die geänderte Fassung einzureichen.

(2) ¹Der Vorstand einer Genossenschaft, die die Größenmerkmale des § 267 Abs. 3 erfüllt, hat ferner unverzüglich nach der Generalversammlung über den Jahresabschluß den festgestellten Jahresabschluß mit dem Bestätigungsvermerk in den für die Bekanntmachungen der Genossenschaft bestimmten Blättern bekanntzumachen und die Bekanntmachung zu dem Genossenschaftsregister des Sitzes der Genossenschaft einzureichen. ²Ist die Prüfung des Jahresabschlusses im Zeitpunkt der Generalversammlung nicht abgeschlossen, so hat die Bekanntmachung nach Satz 1 unverzüglich nach dem Abschluß der Prüfung zu erfolgen.

(3) Die §§ 326 bis 329 über die größenabhängigen Erleichterungen bei der Offenlegung, über Form und Inhalt der Unterlagen bei der Offenlegung, Veröffentlichung und Vervielfältigung sowie über die Prüfungspflicht des Registergerichts sind entsprechend anzuwenden.

# Sachverzeichnis

Die fetten Zahlen bezeichnen die Ordnungsnummern, welche die Gesetze in dieser Ausgabe erhalten haben, die mageren Zahlen bezeichnen deren Paragraphen. Die Buchstaben ä, ö und ü sind wie a, o und u in das Alphabet eingeordnet.

# Sachverzeichnis

# Sachverzeichnis

**Sachverzeichnis**